Das große
BILDWÖRTERBUCH
SPANISCH DEUTSCH

Jourist Verlags GmbH

jourist

Das Bildwörterbuch bietet anhand der detaillierten realistischen Abbildungen eine umfangreiche Auswahl von allgemeinen und fachlichen Begriffen aus allen Bereichen des täglichen Lebens. Ein besonderer Vorteil des Bildwörterbuchs besteht darin, dass man die Begriffe nicht nur verstehen, sondern sich auch leicht einprägen kann. Nicht nur die Abbildungen selbst sind benannt, bei vielen Illustrationen werden auch deren Teile bezeichnet. So erlernt man gleichzeitig auch die Begriffe, die zu dem jeweiligen Gegenstand gehören. Anhand des Registers kann man den gesuchten Begriff in allen Sprachen nachschlagen.

Bildwörterbuch-App

Die App zum Bildwörterbuch für iOS und Android beinhaltet folgende Sprachen: Deutsch, Englisch (US), Englisch (GB), Italienisch, Französisch, Spanisch und Russisch. Alle Wörter in der App sind von Muttersprachlern vertont.

de.jourist.com/product/bildwoerterbuch

Das große Bildwörterbuch

Autor: **Igor Jourist**

Illustrationen, Texte und Gesamtherstellung - Jourist Verlags GmbH, Hamburg

ISBN 978-3-89894-656-8

jourist

KAPITELREGISTER

TIERE UND PFLANZEN	10
MENSCH	74
MEDIZIN	108
HAUS UND HAUSHALT	126
NAHRUNGSMITTEL	204
KLEIDUNG UND ACCESSOIRES	242
GESELLSCHAFT	280
KUNST UND ARCHITEKTUR	352
SPORT	386
FREIZEIT	450
BÜRO UND KOMMUNIKATION	474
TRANSPORT	494
WISSENSCHAFT	568
INDUSTRIE UND ENERGIE	586
REGISTER	600

INHALTSVERZEICHNIS

TIERE UND PFLANZEN 10

Tiere 10

Tierische Zelle, Huftiere, Bären, Fleischfressende Säugetiere, Meeressäuger, Hunde, Katzen, Hasentiere, Beuteltiere, Nagetiere, Wassersäuger, Schildkröten, Reptilien, Amphibien, Primaten, Fische, Krustentiere und Weichtiere, Vögel, Insekten

Pflanzen 60

Pflanzenzelle, Landwirtschaftliche Nutzpflanzen, Gartenpflanzen, Laubbäume, Koniferen, Blütenpflanzen, Zimmerpflanzen, Wasserpflanzen

MENSCH 74

Menschlicher Körper 74

Weiblicher Körper, männlicher Körper

Muskeln 78

Zellen 81

Skelett 82

Wirbel, Schädel

Gebiss 89

Atmungssystem 91

Blutkreislauf 92

Nervensystem 96

Gehirn, Struktur des Nervensystems

Lymphsystem 99

Fortpflanzungssystem 100

Weibliches Fortpflanzungssystem, männliches Fortpflanzungssystem

Harnsystem 101

Verdauungssystem 102

Endokrines System 104

Sinnesorgane 105

MEDIZIN 108

Krankenhaus 108

Angiografieraum, MRT-Raum,Operationsraum, Krankenhauszimmer, Intensivstation, Sportmedizin und Rehabilitationseinrichtung, gynäkologischer Untersuchungsraum, Neugeborenen -Intensivstation, zahnärztlicher Raum, Psychotherapieraum

Medizinische Untersuchungsgeräte 118

Arzneimittel 120

Chirurgische Ausrüstung 121

Mobilitätshilfen 123

Erste Hilfe 125

HAUS UND HAUSHALT 126

Wohngebäude 126

Innenausstattung 134

Wohnzimmer, Schlafzimmer, Badezimmer, Kinderzimmer, Küche

Essenszubereitung 148

Küchengeräte, Tischgedeck, Geschirr

Hauseinrichtung 170

Möbel, Haushaltsgeräte und technische Geräte, Beleuchtung und elektrisches

Zubehör, Reinigungsgerät, Haustierbedarf, Fensterdekorationen und Textilien
Wohnbauten 184
Backsteingaus, Heizung, Wasserleitungen
Hof und Garten 188
Pool und Sauna, Gartenmöbel, Grillen
Werkzeug 192
Gartenwerkzeug, Sanitärwerkzeug, Schraubenschlüssel und Zangen, Sägen, Lötwerkzeug, Stromwerkzeug, Bohrmaschinen, Zimmermannswerkzeug, Eisenwaren, Metallbearbeitungswerkzeug, Bau- und Malerwerkzeug

NAHRUNGSMITTEL 204

Tierische Lebensmittel 204
Feinkost, Innereien, Geflügel, Wildfleisch, Fleischstücke, Molkereiprodukte, Fisch und Meeresfrüchte
Pflanzliche Lebensmittel 214
Gemüse, Kräuter, Nüsse, Getreide, Tee und Kaffee, Früchte, Obst, Pilze, Gewürze
Industriell verarbeitete Lebensmittel 232
Würzsaucen und Essige, Öle, Pasta, Backwaren, Desserts und Süßigkeiten
Fast Food und Snacks 238
Getränke 240
Wasser und Säfte, alkoholische Getränke

KLEIDUNG UND ACCESSOIRES 242

Modenschau 242
Kleidungsaufbewahrung 244
Herrenkleidung 245
Oberbekleidung, Anzug und Accessoires, Hosen und Gürtel, Pullover, Hemden, Unterwäsche, Bademode und Socken
Damenkleidung 250
Mäntel und Jacken, Hosen, Kleider und Röcke, Tops und Jacken, Strumpfwaren, Unterwäsche und Nachtwäsche
Babyausstattung 258
Schuhe 260
Herrenschuhe, Damenschuhe
Mützen und Schals 262
Taschen und Accessoires 263
Uhren 264
Brillen und Kontaktlinsen 265
Schmuck 267
Ohrringe, Herren-Accessoires, Ringe, Edelsteinschliffe, Edelsteine und Halbedelsteine
Körperpflege 270
Make-up, Hand- und Nagelpflege, Rasierprodukte, Haarpflege, Zahnpflege, Hygieneartikel

GESELLSCHAFT 280

Familie 280
Bildungseinrichtungen 282
Stadt 286
Stadtviertel, Einkaufen, Essen außer Haus, Hotel, Konferenzsaal, Kommunale Dienstleistungen
Schilder und Piktogramme 316
Leitsystem, Gefahrensymbole, Warnpiktogramme, Warnschilder, Hinweisschilder, Rettungszeichen, Brandschutzschilder
Politik 322
Geld und Zahlungsmittel 332
Militär 334
Waffen und Munition, Ausrüstung der Bodentruppen, Ausrüstung der Luftwaffe, Ausrüstung der Marine

KUNST UND ARCHITEKTUR 352

Darstellende Künste 352
Konzert, Kino, Fernsehen, Theater, Ballett
Musik 364
Musiknotation, Klavierinstrumente, Schlaginstrumente, Blasinstrumente, Saiteninstrumente, Aerophone
Bildende Künste 378
Handarbeit 380
Architektur 382

SPORT 386

Ballsportarten 386
Fußball, American Football, Basketball, Baseball, Volleyball, Handball
Spiele mit Schlägern 398
Badminton, Tennis, Tischtennis
Leichtathletik 404
Gymnastik 406
Golf 411
Boxen 414
Fitnesscenter 416
Kraftraum, Fitnessgeräte
Rollsport 424
Skateboarding, Inlineskating
Fahrräder 426
Reitsport 428
Springreiten, Rennen und Rodeo
Luftsport 432
Wassersport 433
Wassermotorsport, Rudern, Surfen und Segeln, Wasserballspiel, Schwimmen, Wasserspringen, Tauchen
Wintersport 442
Hockey, Eiskunstlauf, Bob, Curling, Ski Alpin

FREIZEIT 450

Spielzeug 450
Außenspielgeräte 453
Vergnügungspark 456
Spiele 458
Brettspiele, Bowling, Billiard, Dart, Arcade-Spiele, Glücksspiele, Spielkarten
Aktive Freizeit 471
Campingausrüstung, Jagdausrüstung, Angelausrüstung

BÜRO UND KOMMUNIKATION 474

Büroräume 474
Großraumbüro, Callcenter, Rezeption, Konferenzsaal
Bürotechnik 478
Computer und Peripheriegeräte, Kommunikationsgeräte, andere elektronische Geräte, Fotokamera, Zubehörteile und Kabel
Büromaterial 488
Papierprodukte, Bürotafeln, Bürozubehör, Dokumentenaufbewahrung

TRANSPORT 494

Straßentransport 494
Schnellstraße, Brücken, Tankstelle, Autozubehör, Fahrzeugsysteme, Autoteile, Autoaußenansicht, Fahrzeugarten, Motorräder und Geländefahrzeuge, Fahrräder, Busse, Frachtfahrzeuge, Einsatzfahrzeuge
Schwermaschinen 532
Landwirtschaftsmaschinen 536
Lufttransport 538
Flughafen, Flugzeuge und Hubschrauber
Schienentransport 548
Bahnhof, Personenzüge, Lokomotiven, Frachtwagen, U-Bahnstation

Seetransport 560
Hafen, Schiffe und Wasserfahrzeuge

Andere Fahrzeuge 566

Hebevorrichtungen 567

WISSENSCHAFT 568

Mathematik 568

Meteorologie 572
Wetterkarte, Wettersymbole

Laborgeräte 574

Erde und Weltraum 578
Astronomie, Erde, Weltraumforschung

INDUSTRIE UND ENERGIE 586

Stromerzeugung 586

Fossile Brennstoffe 589

Industriemaschinen 595
Metallbearbeitung, Sicherheit

REGISTER 600

Deutsch 600

Spanisch 620

HINWEISE ZUR BENUTZUNG

Unterthema
Themen sind in kleinere Unterthemen aufgeteilt, wie z. B. hier Hauseinrichtung, Innenausstattung usw.

Zeigelinie
Die Zeigelinie wird verwendet, wenn anhand eines Gegenstands mehrere Begriffe gezeigt werden.

Abschnitt
Abschnitte sind eine Aufteilung der Unterthemen. Themen, Unterthemen und Abschnitte sind einsprachig.

Teilabschnitt
Die Aufteilung in Abschnitte erfolgt meistens mithilfe kleinerer Gegenstandsgruppen, hier z. B. Sofas, Schränke und Regale. Die Abschnitte wie auch die Gegenstände sind immer mit Übersetzungen kombiniert.

Geschlechtsangabe bzw. Artikelangabe
Je nach Sprache werden für die Substantive entweder das Geschlecht oder die zu verwendenden Artikel angegeben. Diese Angaben sind beim Sprachenlernen besonders wichtig.

Gegenstand
Die Darstellung eines Gegenstands kann eine oder mehrere Bezeichnungen enthalten. Die Darstellung des Ecksofas ist ein Beispiel eines Gegenstands mit mehreren Begriffen.

Thema
Durchgehende Themenbenennung. Das Wörterbuch enthält insgesamt 14 Themen für die wichtigsten Lebensbereiche.

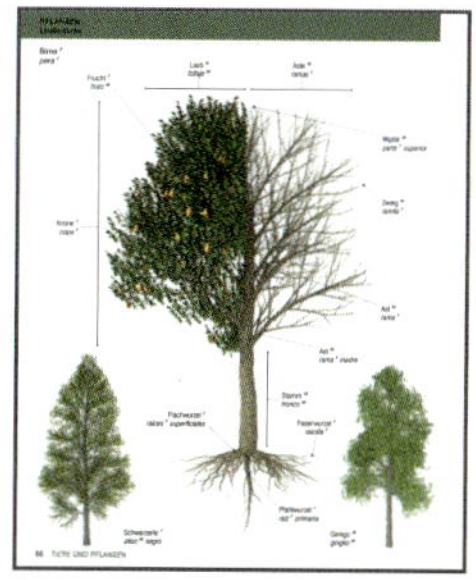

Symbolische Abbildung des Gegenstands
Manchmal ist es wichtig, normalerweise verdeckte Teile des Gegenstands zu zeigen. Dazu wird z. B. hier der Baum teilweise ohne Laub gezeigt.

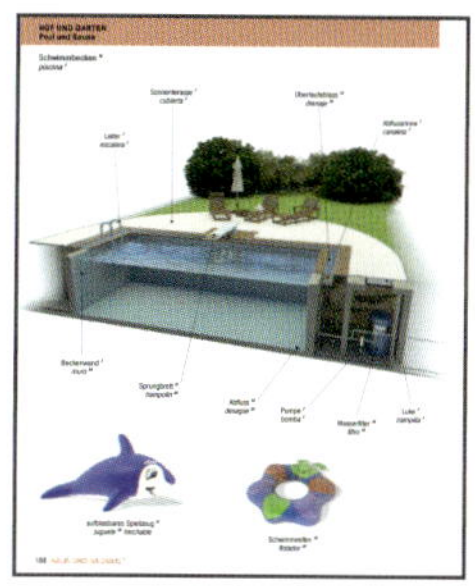

Querschnitt
Besonders bei den technischen Gegenständen ist es üblich, zur besseren Veranschaulichung den Querschnitt des Gegenstands zu zeigen.

tierische Zelle [F]
célula [F] animal

rotes Blutkörperchen [N]
glóbulo [M] rojo

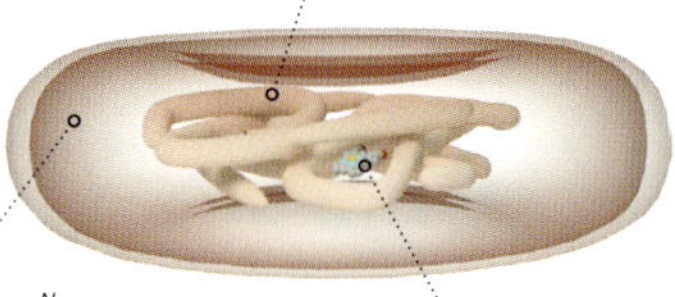

Eizelle [F]
óvulo [M]

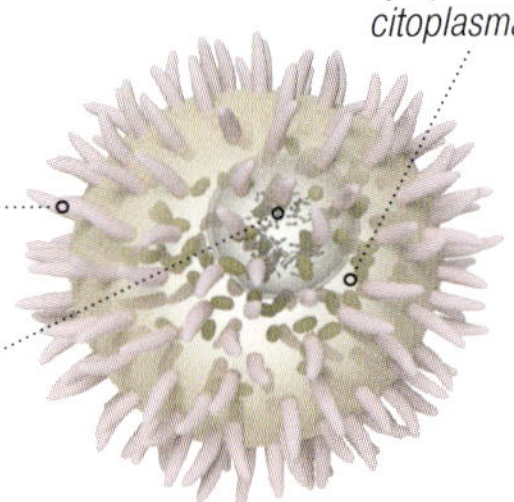

Pferd [N]
caballo [M]

Weißwedelhirsch ^{M}
venado ^{M} de cola ^{F} blanca

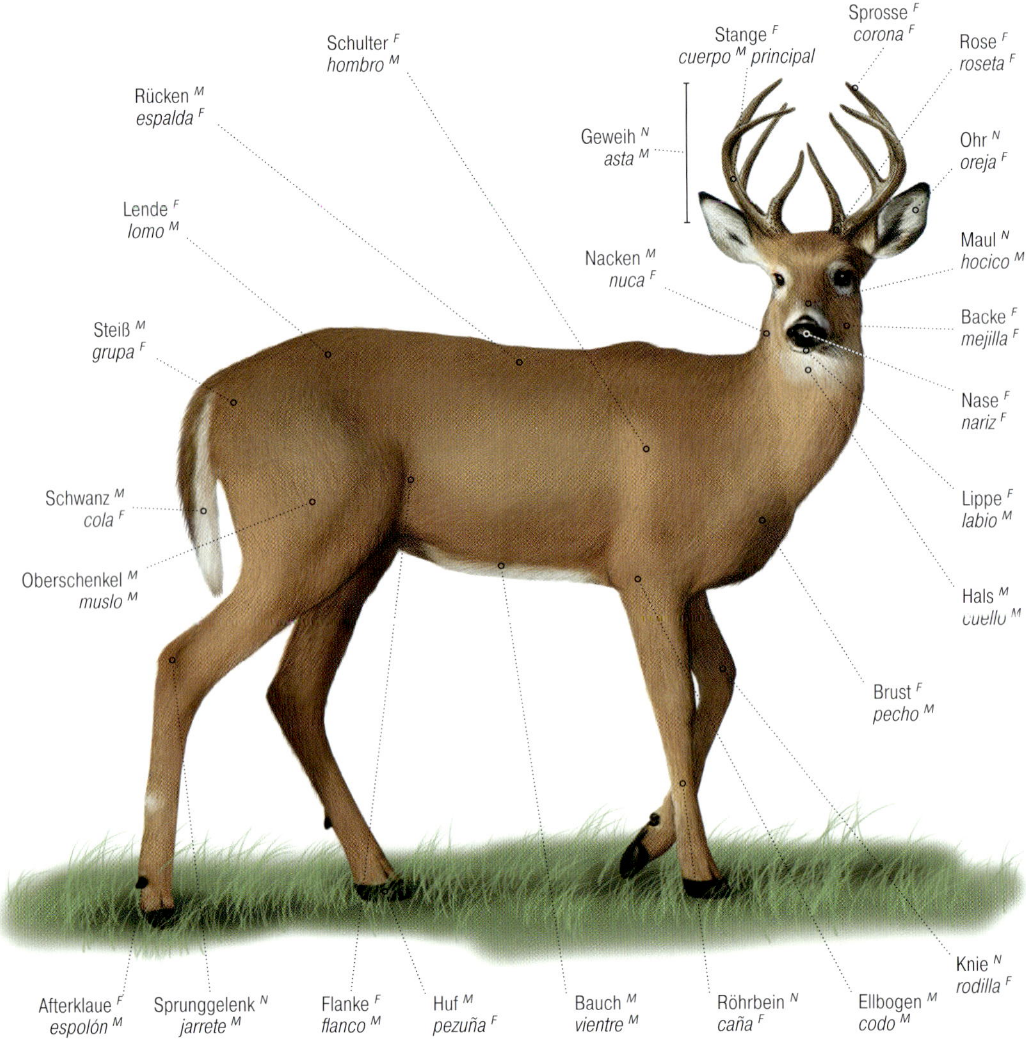

Antilope [F]
antílope [M]

Alpensteinbock [M]
cabra [F] salvaje de los Alpes

Rentier [N]
reno [M]

Wapiti [M]
alce [M]

Gazelle [F]
gacela [F]

Elch [M]
alce [M]

Ziege [F]
cabra [F]

Wisent [M]
bisonte [M] *europeo*

Moschusochse [M]
buey [M] *almizclero*

Büffel [M]
búfalo [M]

Bison [M]
bisonte [M]

Tapir [M]
tapir [M] / *danta* [F]

Damwild [N]
gamo [M] común

Dickhornschaf [N]
muflón [M]

Kaschmirziege [F]
cabra [F] de cachemira

Rothirsch [M]
venado [M] de cola [F] blanca [F]

Maultier [N]
mula [F]

Europäisches Reh [N]
corzo [M]

Nashorn [N]
rinoceronte [M]

Flusspferd [N]
hipopótamo [M]

Giraffe [F]
jirafa [F]

Asiatischer Elefant [M]
elefante [M] *asiático*

Dromedar [N]
dromedario [M]

Trampeltier [N]
camello [M] *bactriano*

Saiga [F]
saiga [M]

Zebra [N]
cebra [F]

Lama [N]
llama [F]

Rind N
vaca F

Esel M
burro M

Wildschwein N
jabalí M

Schwein N
cerdo M

Schaf N
oveja F

Eisbär ^{M}
oso ^{M} polar

Baribal ^{M}
oso ^{M} negro americano

Großer Panda ^{M}
oso ^{M} panda

Grizzlybär ^{M}
oso ^{M} pardo americano

Puma [M]
puma [M]

Ohr [N] *oreja* [F]
Brust [F] *pecho* [M]
Oberarm [M] *parte* [F] *superior del brazo* [M]
Wange [F] *mejilla* [F]
Schulter [F] *hombro* [M]
Rücken [M] *espalda* [F]
Auge [N] *ojo* [M]
Brustkorb [M] *costillas* [F]
Stirn [F] *frente* [F]
Flanke [F] *flanco* [M]
Schwanzwurzel [F] *raíz* [F] *de la cola* [F]
Stop [M] *depresión* [F] *frontonasal*
Steiß [M] *anca* [F]
Nasenrücken [M] *dorso* [M] *nasal*
Oberschenkel [M] *muslo* [M]
Schnurrhaare [N] *bigotes* [M]
Schnauze [F] *hocico* [M]
Nase [F] *nariz* [F]
Schwanz [M] *cola* [F]
Ellbogen [M] *codo* [M]
Hinterbein [N] *pata* [F] *trasera*
Pfote [F] *pata* [F]
Sprunggelenk [N] *jarrete* [M]
Wolfskralle [F] *espolón* [M]
Bauch [M] *vientre* [M]
Vorderbein [N] *pata* [F] *delantera*
Unterarm [M] *antebrazo* [M]
Zehe [F] *dedo* [M]
Kralle [F] *garra* [F]
Vordermittelfuß [M] *cuartilla* [F]

Wolf [M]
lobo [M]

Gepard [M]
guepardo [M]

Löwe [M]
león [M]

Schakal [M]
chacal [M]

Luchs [M]
lince [M]

Tüpfelhyäne [F]
hiena [F] manchada

Streifenhyäne [F]
hiena [F] rayada

Schneeleopard [M]
leopardo [M] de las nieves [F]

Tiger [M]
tigre [M]

Jaguar [M]
jaguar [M]

Dachs ^{M}
tejón ^{M}

Otter ^{M}
nutria ^{F} *europea*

Hermelin ^{N}
armiño ^{M}

Iltis ^{M}
turón ^{M}

Stinktier ^{N}
mofeta ^{F}

Waschbär ^{M}
mapache ^{M}

Marder [M]
marta [F] europea

Rohrkatze [F]
gato [M] salvaje

Vielfraß [M]
glotón [M]

Wildkatze [F]
gato [M] montés

Rotfuchs [M]
zorro [M] rojo

Kegelrobbe [M]
foca [F]

Seebär [M]
foca [M] *peletera*

Seelöwe [M]
león [M] *marino*

Walross [N]
morsa [F]

Labrador-Retriever ^{M}
labrador ^{M}

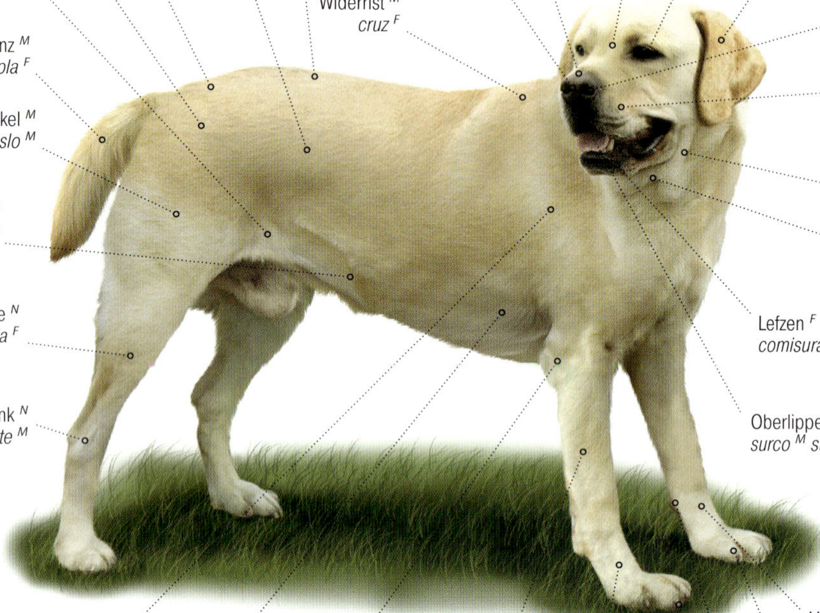

Rottweiler [M]
rottweiler [M]

Bulldogge [F]
buldog [M]

Siberian Husky [M]
husky [M] *siberiano*

Dobermann [M]
dóberman [M]

Collie [M]
collie [M]

Dackel [M]
perro [M] *salchicha* [F]

Pudel ^{M}
caniche ^{M}

Deutscher Schäferhund ^{M}
pastor ^{M} *alemán*

Golden Retriever ^{M}
golden retriever ^{M}

Dalmatiner ^{M}
dálmata ^{M}

Chihuahua ^{M}
Chihuahua ^{M}

Britisch Kurzhaar F
británico M de pelo M corto

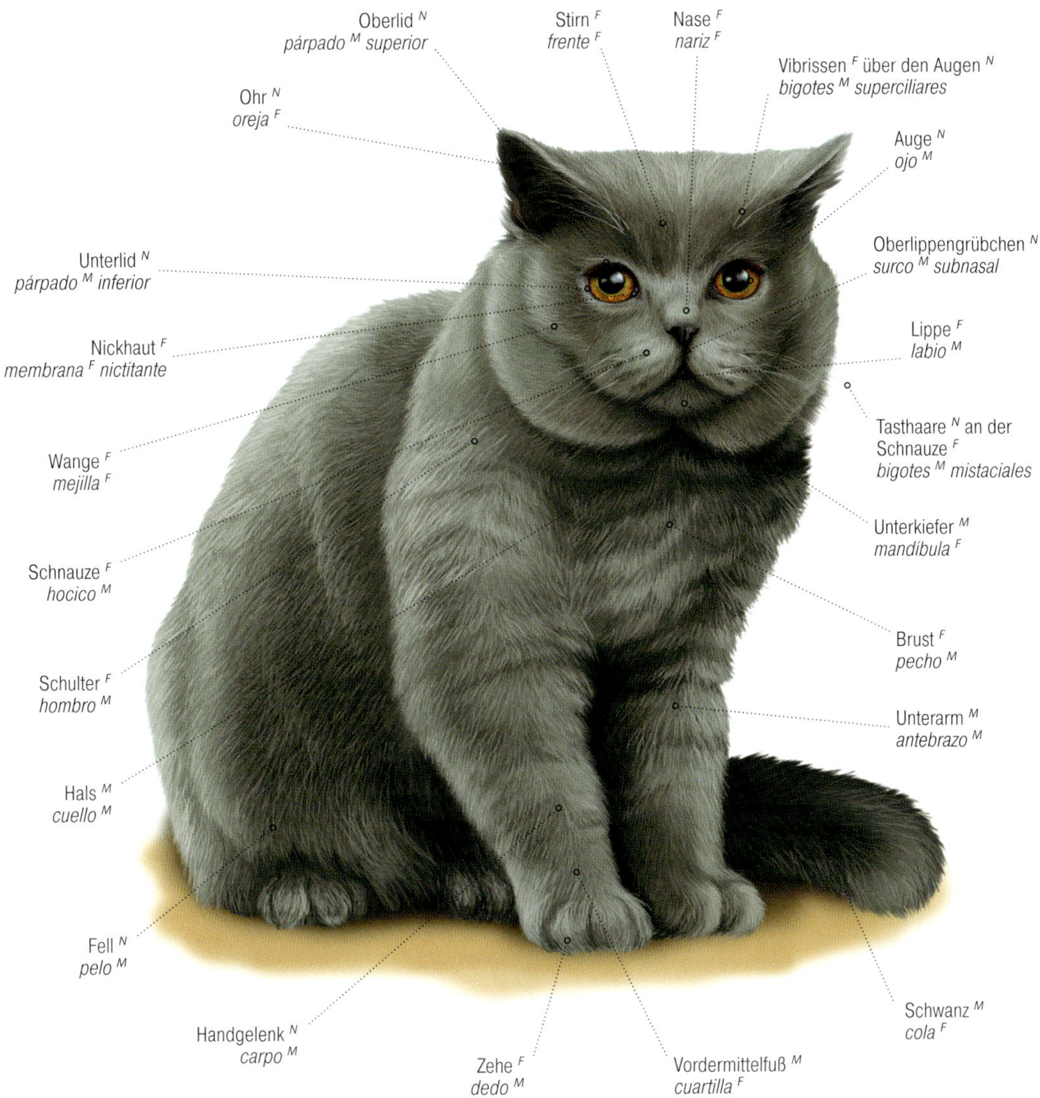

Norwegische Waldkatze ^{F}
gato ^{M} del bosque ^{M} de Noruega ^{F}

Russisch Blau ^{F}
azul ruso ^{M}

Maine-Coon-Katze ^{F}
gato ^{M} maine coon

Perserkatze ^{F}
persa ^{M}

Siamkatze ^{F}
siamés ^{M}

Kaninchen [N]
conejo [M]

Hase [M]
liebre [F]

Koala M
koala M

Känguru N
canguro M

Opossum N
zarigüeya F

Hausmaus ^F^
ratón ^M^ común

Feldmaus F
topillo M agreste

Stachelschwein N
puercoespín M

Wanderratte F
rata F parda

Eichhörnchen N
ardilla F

Springmaus F
jerbo M

Meerschweinchen N
conejillo M de Indias F / cobaya F

Buckelwal [M]
ballena [F] *jorobada*

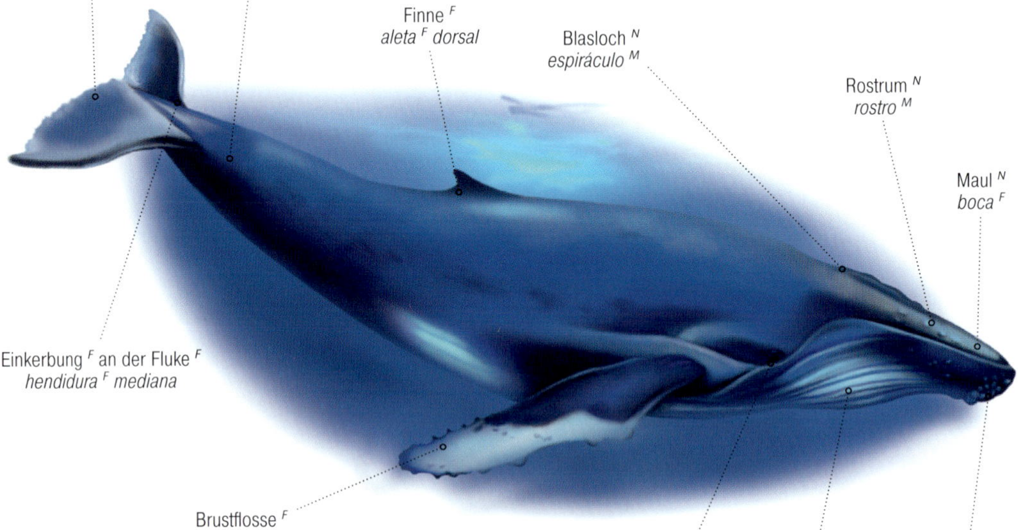

Blauwal ^{M}
ballena ^{F} azul

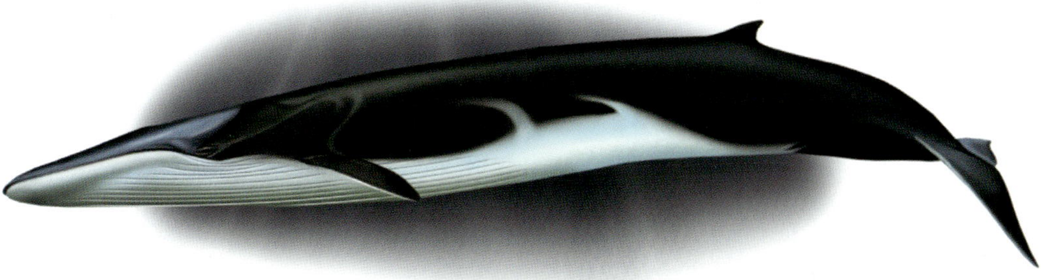

Finnwal ^{M}
rorcual ^{M} común

Weißwal ^{M}
beluga ^{F}

Galápagos-Schildkröte F
tortuga F de las galápagos

amerikanische Sumpfschildkröte F
tortuga F Blandingii

Grüne Meeresschildkröte F
tortuga F marina verde

Europäisches Chamäleon [N]
camaleón [M]

Leguan [M]
iguana [F]

Gecko [M]
geco [M]

Mauereidechse [F]
lagartija [F]

Waran [M]
varano [M]

Mississippi-Alligator [M]
caimán [M] *americano*

Kubakrokodil [N]
cocodrilo [M] *cubano*

Schlangen F
Serpientes F

Jararaca F
jararaca F

Abgottschlange F
boa F

Wüsten-Hornviper F
víbora F cornuda sahariana

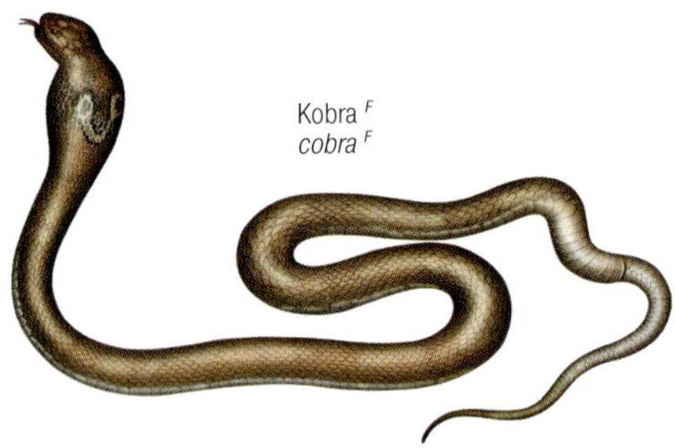

Kobra F
cobra F

Nasen-Peitschennatter F
bejuquilla F verde

Klapperschlange F
serpiente F de cascabel

Agakröte [F]
sapo [M] de caña [F]

Salamander [M]
salamandra [F]

Grasfrosch [M]
rana [F] común

Teichfrosch [M]
rana [F] comestible

Glasfrosch [M]
rana [F] de cristal [M]

Teichmolch [M]
tritón [F] común

Japanmakak [M]
macaco [M] japonés

Lemur [M]
lémur [M]

Schimpanse [M]
chimpancé [M]

Pavian [M]
papión [M] amarillo

Orang-Utan ᴹ
orangután ᴹ

Löwenäffchen ᴺ
mono ᴹ *tití*

Roter Brüllaffe ᴹ
mono ᴹ *aullador rojo*

Plumploris ᶠ
loris ᴹ *perezosos*

Mandrill ᴹ
mandril ᴹ

Gorilla ᴹ
gorila ᴹ

Hummer [M]
bogavante [M]

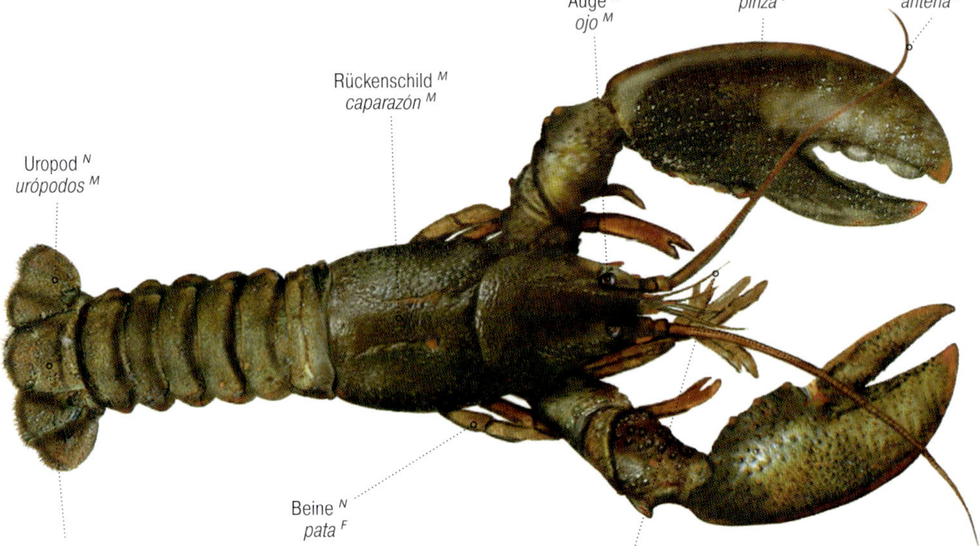

Garnele [F]
camarón [M]

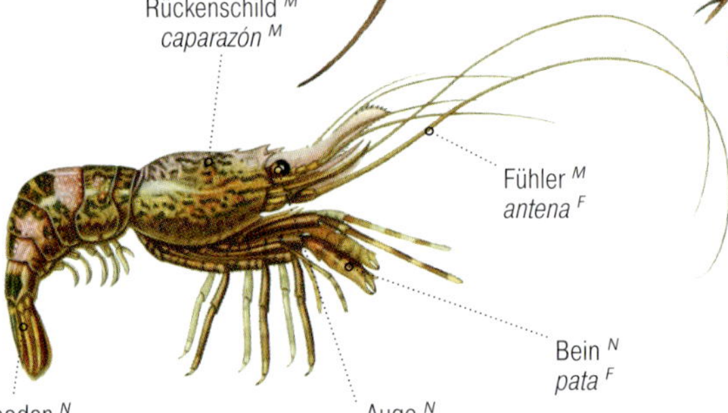

Makrele F
caballa F

Forelle F
trucha F

Karpfen M
carpa F común

Schellfisch M
abadejo M

Barsch M
perca F

Scherenschwanz-Sergeant M
pez M sargento M

Forellenbarsch M
lobina F negra

Buntbarsch M
tilapia F

Rochen M
raya F

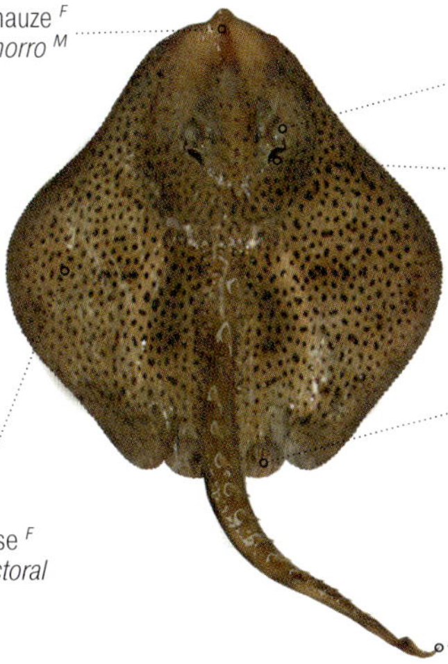

Seezunge F
lenguado M

Dorsch M
bacalao M

Blauhai [M]
tiburón [M] azul

Lachs [M]
salmón [M]

Hecht [M]
lucio [M]

getüpfelter Gabelwels [M]
pez gato [M] americano

Schwertfisch [M]
pez [M] espada [F]

Thunfisch [M]
atún [M]

Stör [M]
esturión [M]

Oktopus M
pulpo M

Krabbe F
cangrejo M

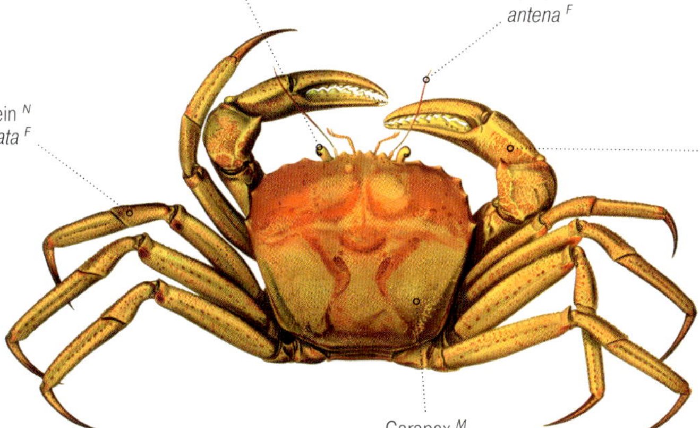

Eichelhäher [M]
arrendajo [M]

Erlenzeisig [M]
lúgano [M]

Gimpel [M]
camachuelo [M]

Mauersegler [M]
vencejo [M] *común*

Kohlmeise [F]
herrerillo [M] *común*

Taube [F]
paloma [F]

Neuntöter [M]
alcaudón [M] *dorsirrojo*

Blauhäher [M]
urraca [F] *azul*

Specht [M]
pájaro [M] carpintero

Kolibri [M]
colibrí [M]

Schwarzkopfmeise [F]
carbonero [M] cabecinegro

Nymphensittich [M]
cacatúa [F] ninfa [F]

Eisvogel [M]
martín pescador [M]

Rauchschwalbe [F]
golondrina [F] común

Goldzeisig [M]
jilguero [M] americano

Rotkardinal [M]
cardenal [M]

Wanderdrossel [F]
mirlo [M] americano

Amerikanische Krähe ^{F}
cuervo ^{M} americano

Nachtigall ^{F}
ruiseñor ^{M}

Drossel ^{F}
tordo ^{M}

Star ^{M}
estornino ^{M}

Sperling ^{M}
gorrión ^{M}

Eule ^{F}
búho ^{M}

Gerfalke ^{M}
halcón ^{M} gerifalte

Rebhuhn ^{N}
perdiz ^{F}

Storch ^{M}
cigüeña ^{F}

Kondor [M]
cóndor [M]

Kragenhuhn [N]
perdiz [F] *martineta copetona*

Weißkopfseeadler [M]
águila [F] *calva*

Hahn [M]
gallo [M]

Strauß [M]
avestruz [F]

Pfau [M]
pavo [M] *real*

Schweifhuhn [N]
gallo [M] *de las praderas* [F] *rabudo*

Albatros [M]
albatros [M]

Seeschwalbe [F]
charrán [M]

Ente [F]
pato [M]

Möwe [F]
gaviota [F]

Schwan [M]
cisne [M]

Pinguin [M]
pingüino [M]

Pelikan [M]
pelícano [M]

Reiher [M]
garza [F]

Flamingo [M]
flamenco [M]

Gans [F]
ganso [M]

Spinnentiere N
Arácnidos M

Skorpion M
escorpión M

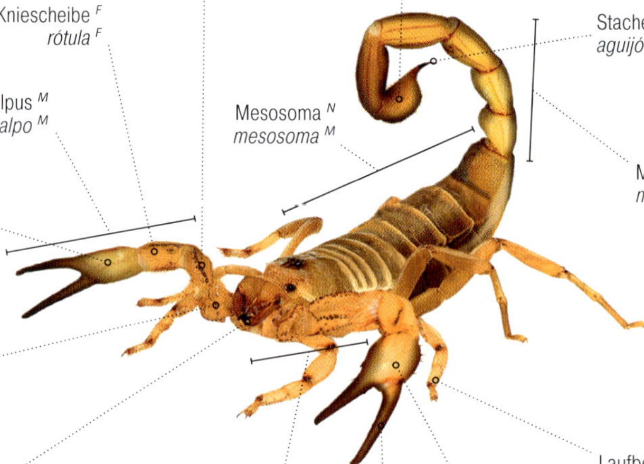

Schwarze Witwe F
viuda F negra

Rote Röhrenspinne F
eresus M

Wasserspinne F
araña F de agua F

Zecke F
garrapata F

Gartenkreuzspinne F
araña F de jardín M europea

Krabbenspinne F
araña F cangrejo M

Mexikanische Vogelspinne F
tarántula F de anillos M rojos

Sechsaugenspinne F
araña F disdera

Blauvioletter Waldlaufkäfer [M]
Carabus problematicus

Bockkäfer [M]
carcoma [F]

Froschkäfer [M]
Sagra buqueti

Gefurchter Dickmaulrüssler [M]
gorgojo [M] *negro de la vid* [F]

Maikäfer [M]
escarabajo [M] *sanjuanero*

Marienkäfer [M]
mariquita [F]

Grüner Scheinbockkäfer [M]
Oedemera nobilis

Nashornkäfer [M]
escarabajo [M] *rinoceronte* [M] *europeo*

Hirschkäfer [M]
ciervo [M] *volante*

Kartoffelkäfer [M]
escarabajo [M] *de la patata* [F]

Goldglänzender Rosenkäfer [M]
Cetonia aurata

Goliathkäfer [M]
escarabajo [M] *Goliat*

Nadelbaum-Marienkäfer [M]
Aphidecta obliterata

Heiliger Pillendreher [M]
escarabajo [M] *pelotero*

Blumenkäfer [M]
escarabajo [M] *de las flores* [F]

Goldkäfer [M]
escarabajo [M] *dorado*

Schmetterlinge [M] und Falter [F]
Mariposas [F] y polillas [F]

Schwalbenschwanz-Raupe [F]
gusano [M] de mariposa [F] macaón [M]

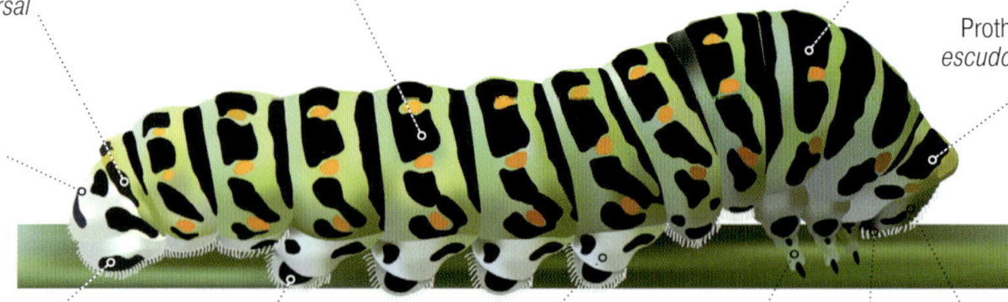

Schwalbenschwanz-Puppe [F]
crisálida [F] de mariposa [F] macaón [M]

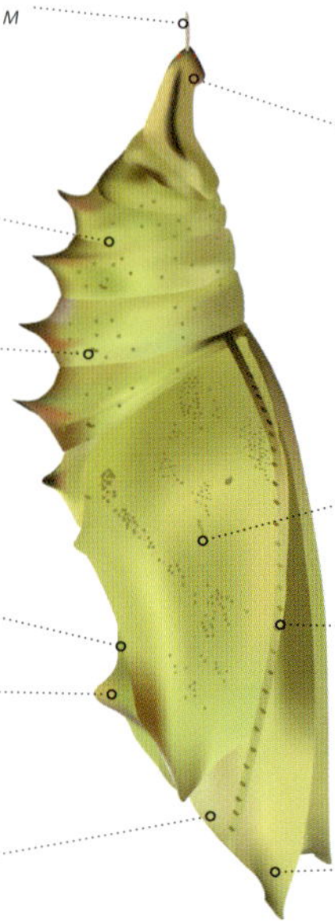

kanadischer Tigerschwalbenschwanz ^{M}
papilo ^{M} glaucus

Monarchfalter [M]
mariposa [F] monarca

Apollo [M]
apolo [F]

Luna-Motte [F]
Actias luna

Herkulesspinner [M]
mariposa [F] hércules

Blauer Morphofalter [M]
mariposa [F] morpho azul

Baumweißling [M]
blanca [F] del majuelo [M]

Zitronenfalter [M]
popilla [F] limonera

Kleidermotte [F]
polilla [F]

Brahmaea wallichii
Brahmaea wallichii

Divana diva
divana [F]

Himmelblauer Bläuling [M]
mariposa [F] niña [M] celeste

Segelfalter [M]
podalirio [M]

Großer Schillerfalter [M]
Apatura iris [F]

Großer Speerspanner [M]
Rheumaptera hastata

Mondvogel [M]
mariposa [F] pájaro [M] luna [F]

Kleiner Kohlweißling [M]
blanquita de la col [F]

Kiefernspinner [M]
procesionaria [F] del pino [M]

Seidenspinner [M]
gusano [M] de seda [F]

Hautflügler M
Avispas F e insectos M parecidos

Wespe F
avispa F

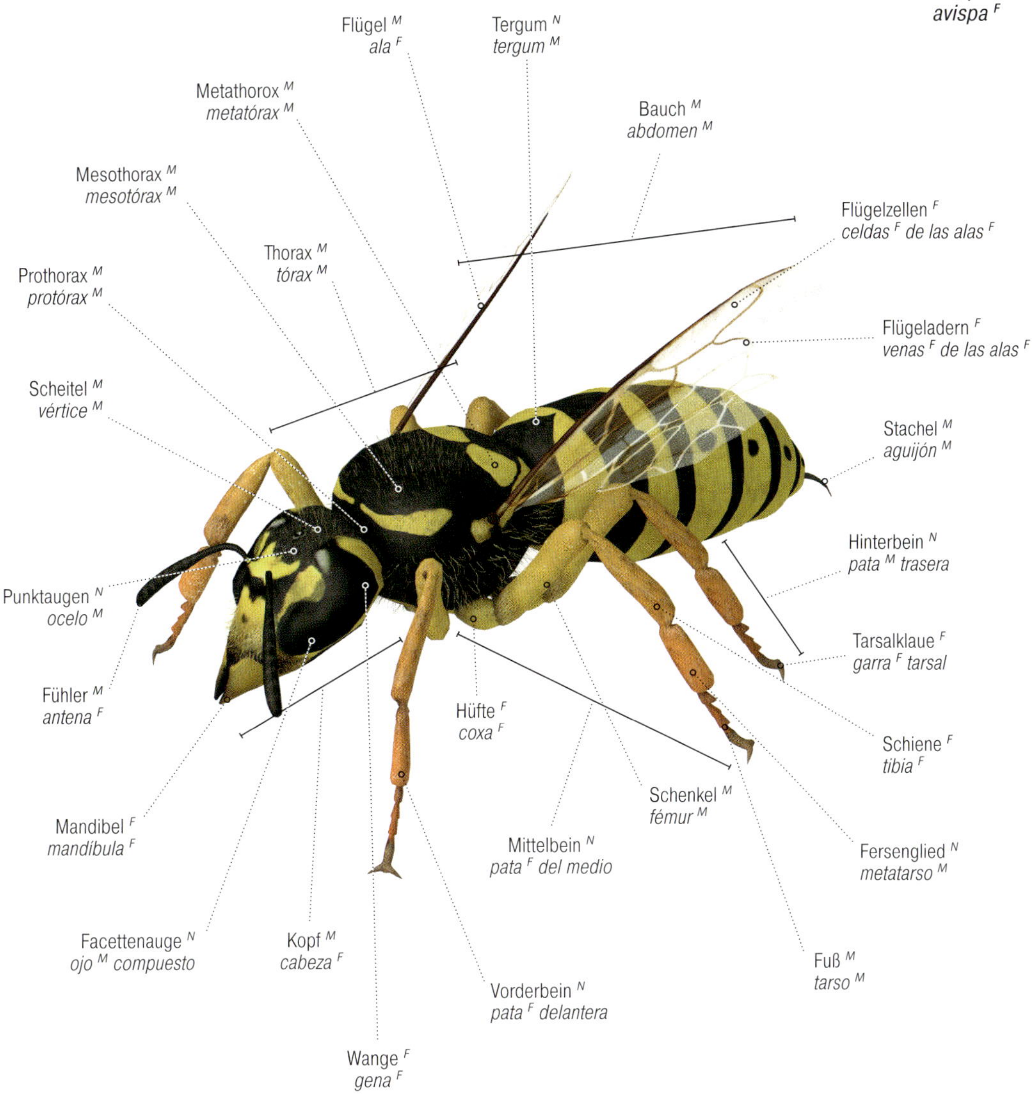

Ameise [F]
hormiga [F]

Dunkle Erdhummel [F]
abejorro [M] *común*

Hornisse [F]
avispón [M]

Rote Waldameise [F]
hormiga [F] *roja de la madera* [F]

Honigbiene [F]
abeja [F] *europea*

Sceliphron [M]
avispa [F] *alfarera*

Zweiflügler [M]
Moscas [F] *verdaderas*

Bremse [F]
tábano [M]

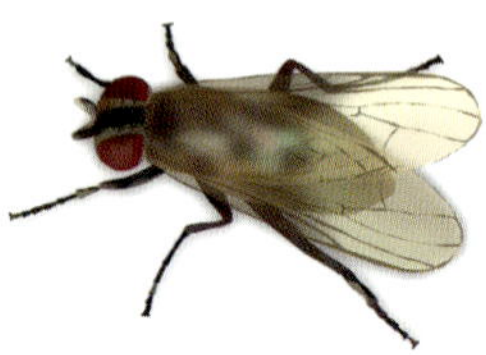

Stubenfliege [F]
mosca [F]

Fleischfliege [F]
moscarda [F] *de la carne* [F]

Kleine Stubenfliege [F]
mosca [F] *doméstica*

Kriebelmücke [F]
mosca [F] *negra*

Schmeißfliege [F]
califórido [M]

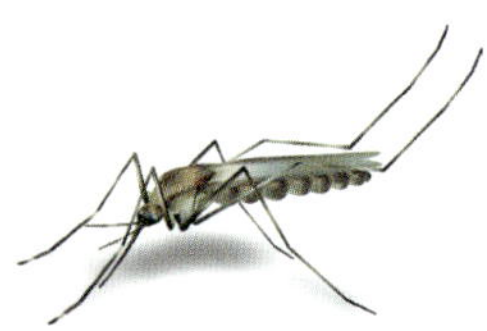

Stechmücke [F]
mosquito [M]

Tsetsefliege [F]
mosca [F] *tse-tse*

Neuflügler [M]
Neópteros [M]

Gottesanbeterin [F]
mántido [M]

Stinkwanze [F]
chinche [F] verde

Termite [F]
termita [F]

Floh [M]
pulga [F]

Feuerwanze [F]
chinche [F] roja

Grashüpfer [M]
saltamonte [M]

Heuschrecke [F]
langosta [F]

Madagaskar-Fauchschabe [F]
cucaracha [F] gigante de Madagascar

Ohrwurm [M]
tijereta [F]

Laus [F]
piojo [F]

Amerikanische Großschabe [F]
cucaracha [F] rubia

Pflanzenzelle F
célula F vegetal

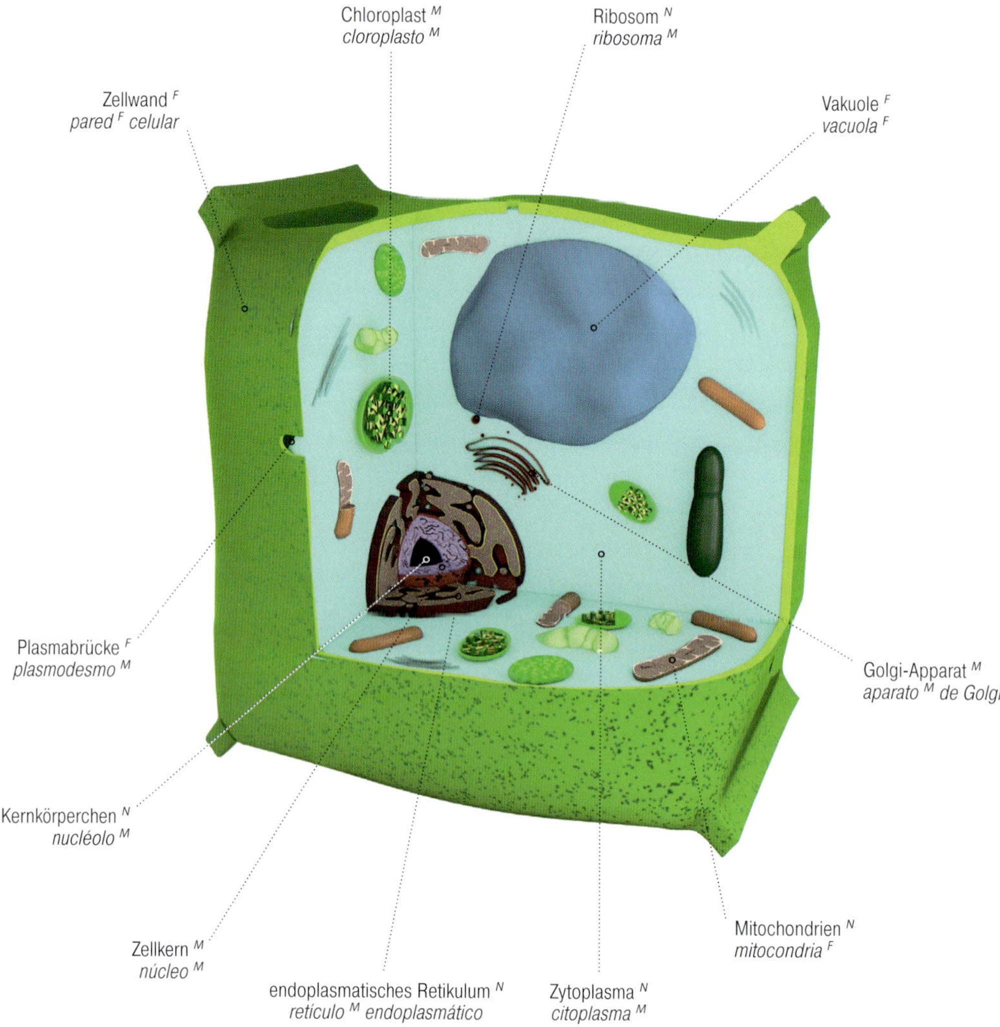

Maiskolben [M]
mazorca [F] de maíz [M]

Mais [M]
maíz [M]

Gerste [F]
cebada [F]

Weizen [M]
trigo [M]

Reis [M]
arroz [M]

Geranie F
geranio M

Ringelblume F
caléndula F

Zimmercalla F
cala F

Hortensie F
hortensia F

Obst ^{N} und Gemüse ^{N}
Frutas ^{F} y verduras ^{M}

Erdbeere ^{F}
fresa ^{F}

Blumenkohl ^{M}
coliflor ^{F}

Brokkoli ^{M}
brócoli ^{M}

Kopfsalat ^{M}
lechuga ^{F}

Karotte F
zanahoria F

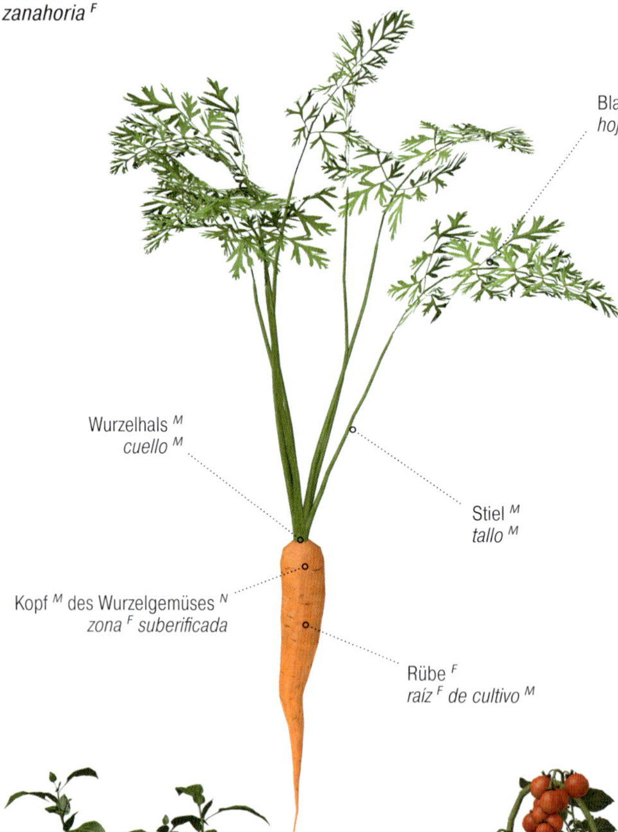

Erbse F
guisantes M

Chilipfeffer M
chile M

Tomate F
tomate M

Aubergine F
berenjena F

Kürbis [M]
calabacita [M]

Zucchini [F]
calabacín [M]

Wassermelone [F]
sandía [F]

Cantaloupe-Melone [F]
melón [M]

Zwiebel [F]
cebolla [F]

Gurke [F]
pepino [M]

Birne [F]
pera [F]

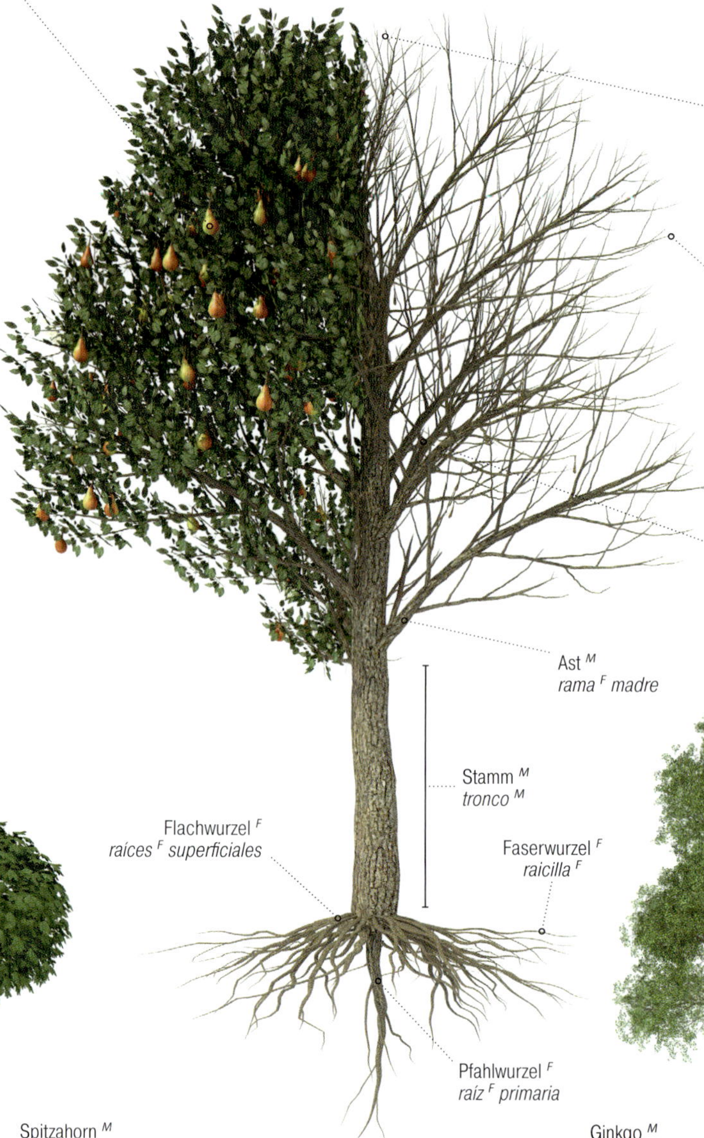

Spitzahorn [M]
arce [M] *de Noruega*

Ginkgo [M]
gingko [M]

Espe F
álamo M temblón

Esche F
fresno M

Roteiche F
roble M rojo

Zucker-Ahorn M
arce M azucarero

Kastanie F
castaño M

Weißbirke F
abedul M común

Gummibaum M
árbol M de caucho M

Hainbuche F
carpe M

Amerikanische Buche [F]
haya [F] americana

Deutsche Eiche [F]
roble [M] común

Palme [F]
bjuvia [M]

Apfel [M]
manzano [M]

Schwarzerle [F]
aliso [M] negro

Rotbuche [F]
haya [F] común

Flatterulme [F]
olmo [M] blanco europeo

Amerikanische Platane [F]
plátano [M] occidental

Aleppo-Kiefer ^{F}
pino ^{M} de Alepo

Wacholder ^{M}
enebro ^{M} común

Riesen-Lebensbaum ^{M}
tuya ^{F} gigante

Nordmanntanne ^{F}
abeto ^{M} del Cáucaso

Europäische Eibe ^{F}
tejo ^{M} común

Blaufichte [F]
pícea [F] azul de Colorado

Italienische Zypresse [F]
ciprés [M] mediterráneo

Amerikanische Rot-Kiefer [F]
pino [M] rojo

Gemeine Fichte [F]
pícea [F] común

Weymouth-Kiefer [F]
pino [M] blanco

Aufbau ^{M} der Blume ^{F}
estructura ^{F} de una flor ^{F}

Rose ^{F}
rosa ^{F}

Amaryllis ^{F}
amarilis ^{M}

PFLANZEN
Blütenpflanzen

Spinnengerbera ^F
margarita ^F africana

Orchidee ^F
orquídea ^F

Gladiole ^F
gladiolo ^M

Tulpe ^F
tulipán ^M

Zimmerpflanzen

Drachenbaum ^M
dracaena ^F de puntas ^F rojas

Blatt ^N
hoja ^F

Stamm ^M
tronco ^M

Erde ^F
tierra ^F

Blumentopf ^M
tiesto ^M / maceta ^F

Ferocactus ^M
cactus ^M de barril ^M

Sagopalme ^F
palmera ^F sagú

Birkenfeige ^{F}
Laurel ^{M} de la India ^{F}

Efeu ^{M}
hiedra ^{F}

Kroton Petra ^{M}
crotón ^{M}

Schwertfarn ^{M}
helecho ^{M} común

Fächerpalme ^{F}
palma ^{F} de abanico ^{M}

Wasserpflanzen

Lotosblume ^{F}
loto ^{M}

Vorderansicht [F] eines weiblichen Körpers [M]
vista [F] anterior del cuerpo [M] femenino

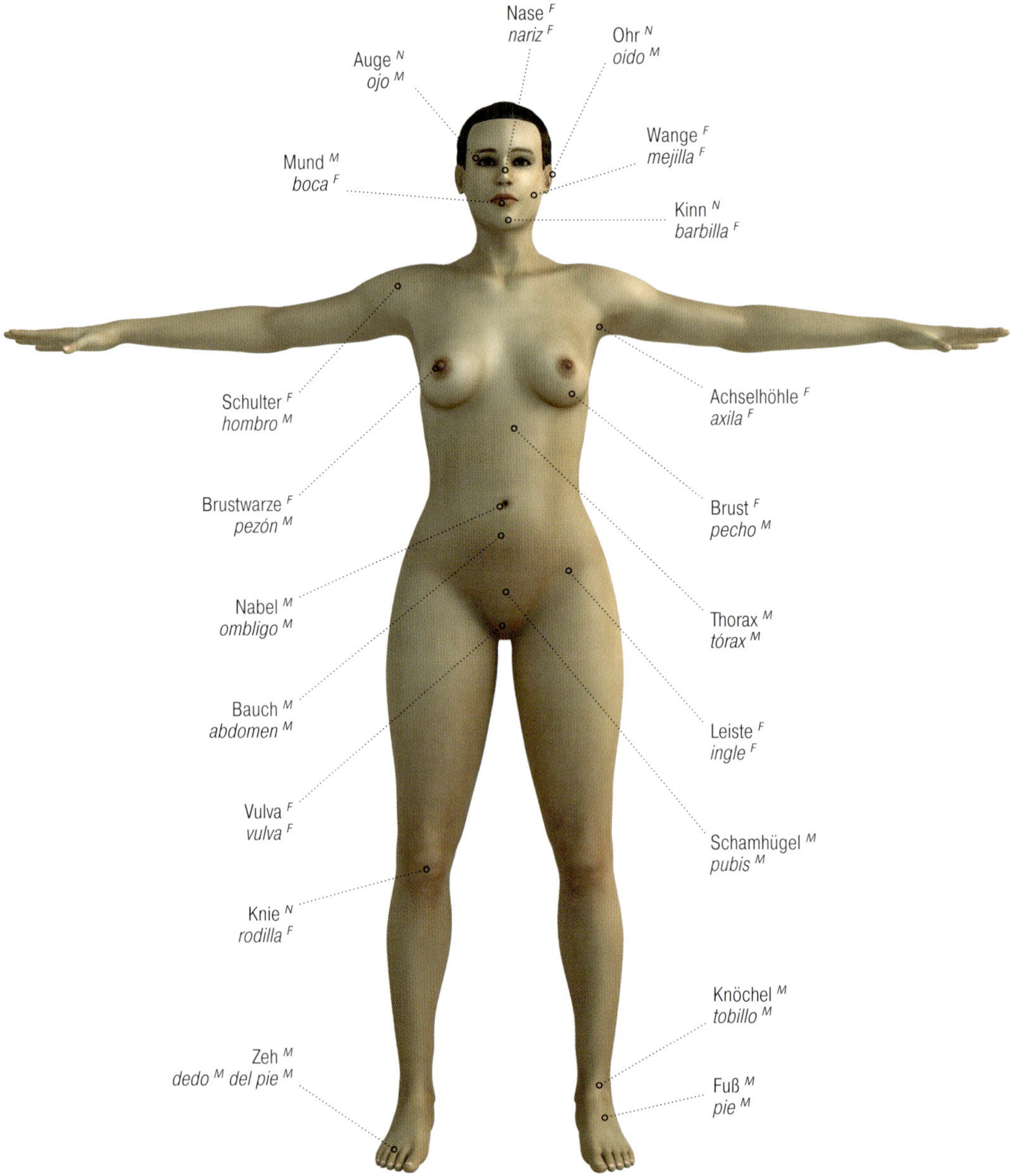

Hinteransicht ᶠ eines weiblichen Körpers ᴹ
vista ᶠ posterior del cuerpo ᴹ femenino

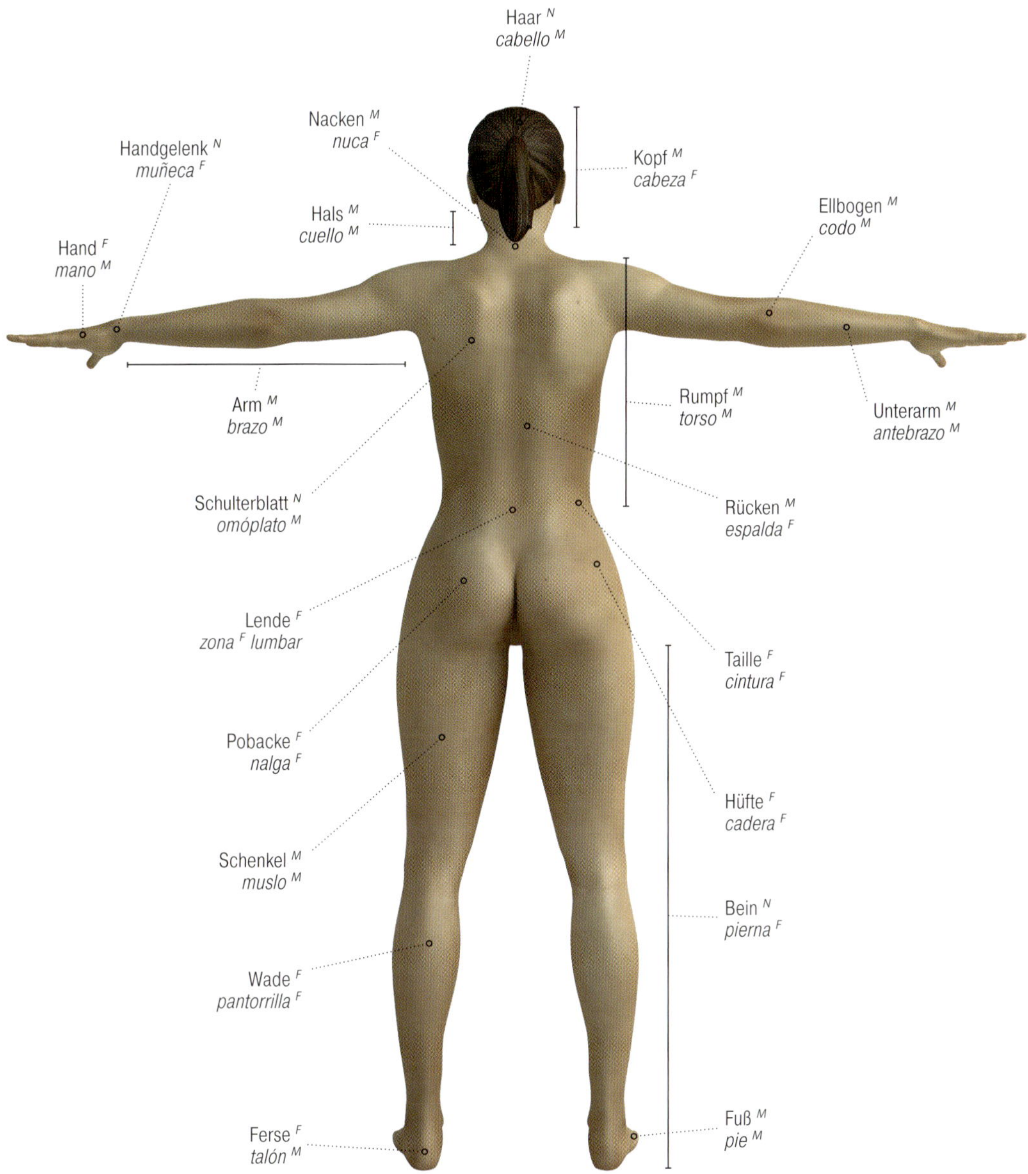

Vorderansicht [F] eines männlichen Körpers [M]
vista [F] anterior del cuerpo [M] masculino

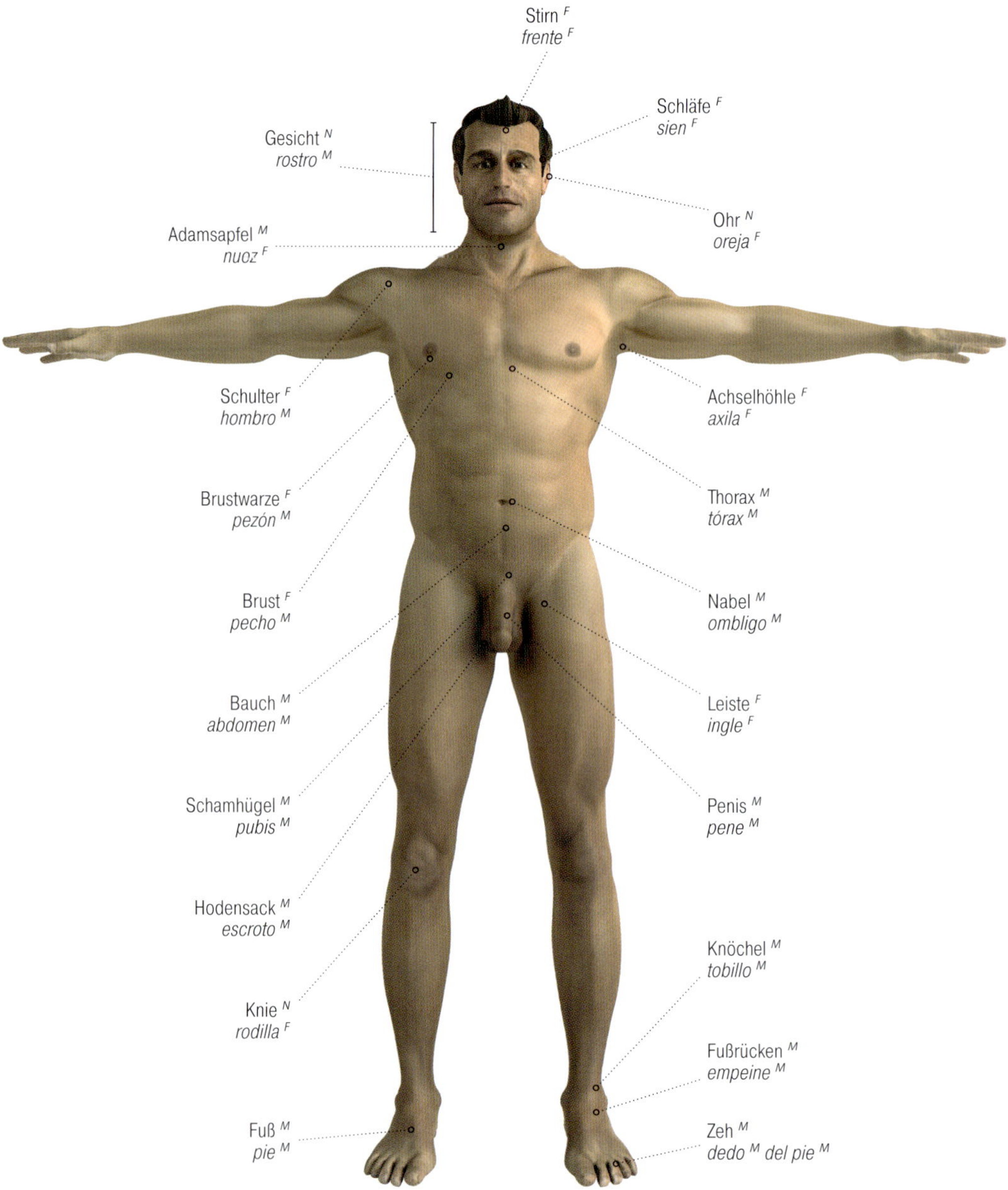

Hinteransicht F eines männlichen Körpers M
vista F posterior del cuerpo M masculino

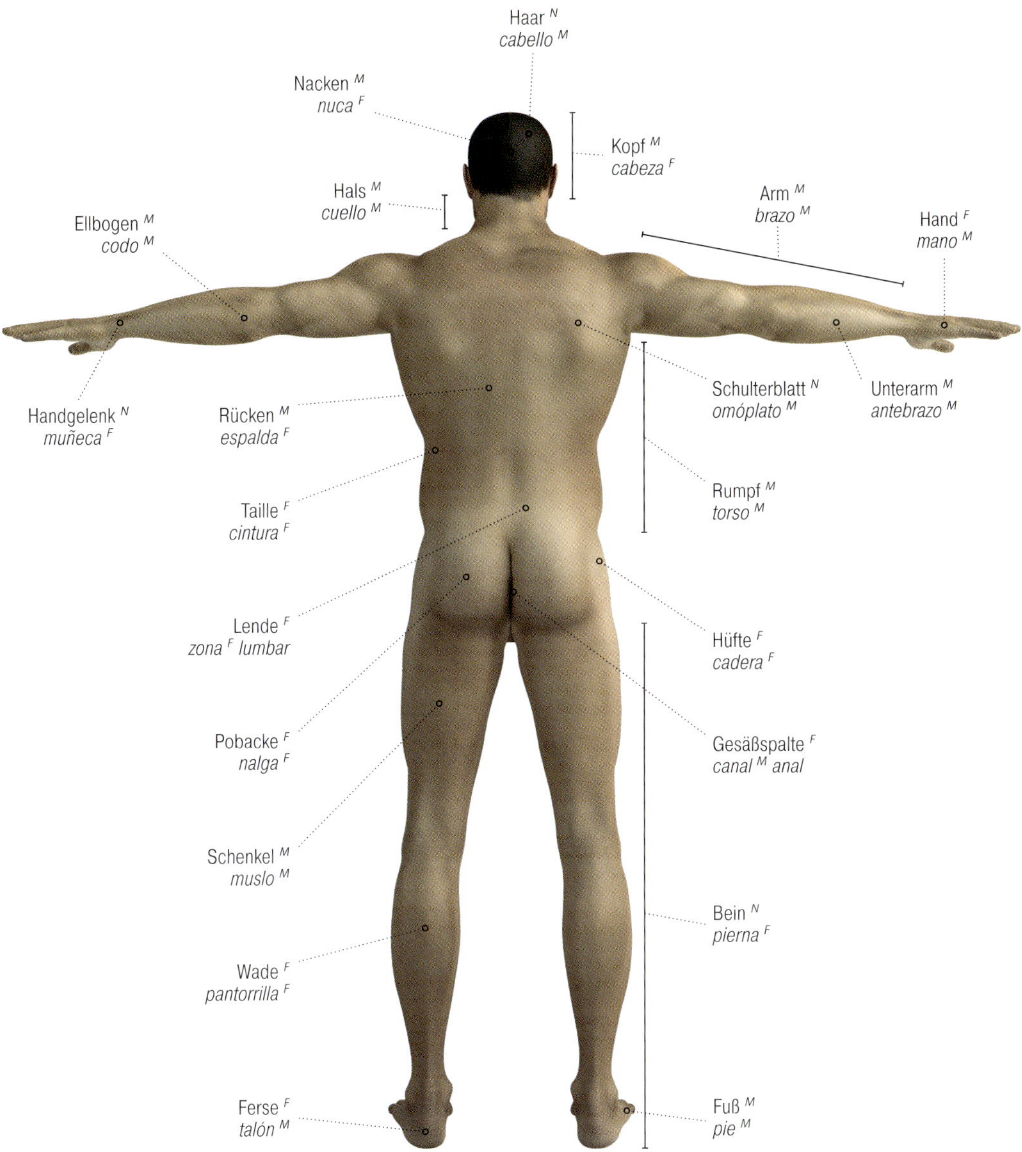

Vorderansicht F der Muskulatur F
vista F anterior de los músculos M principales

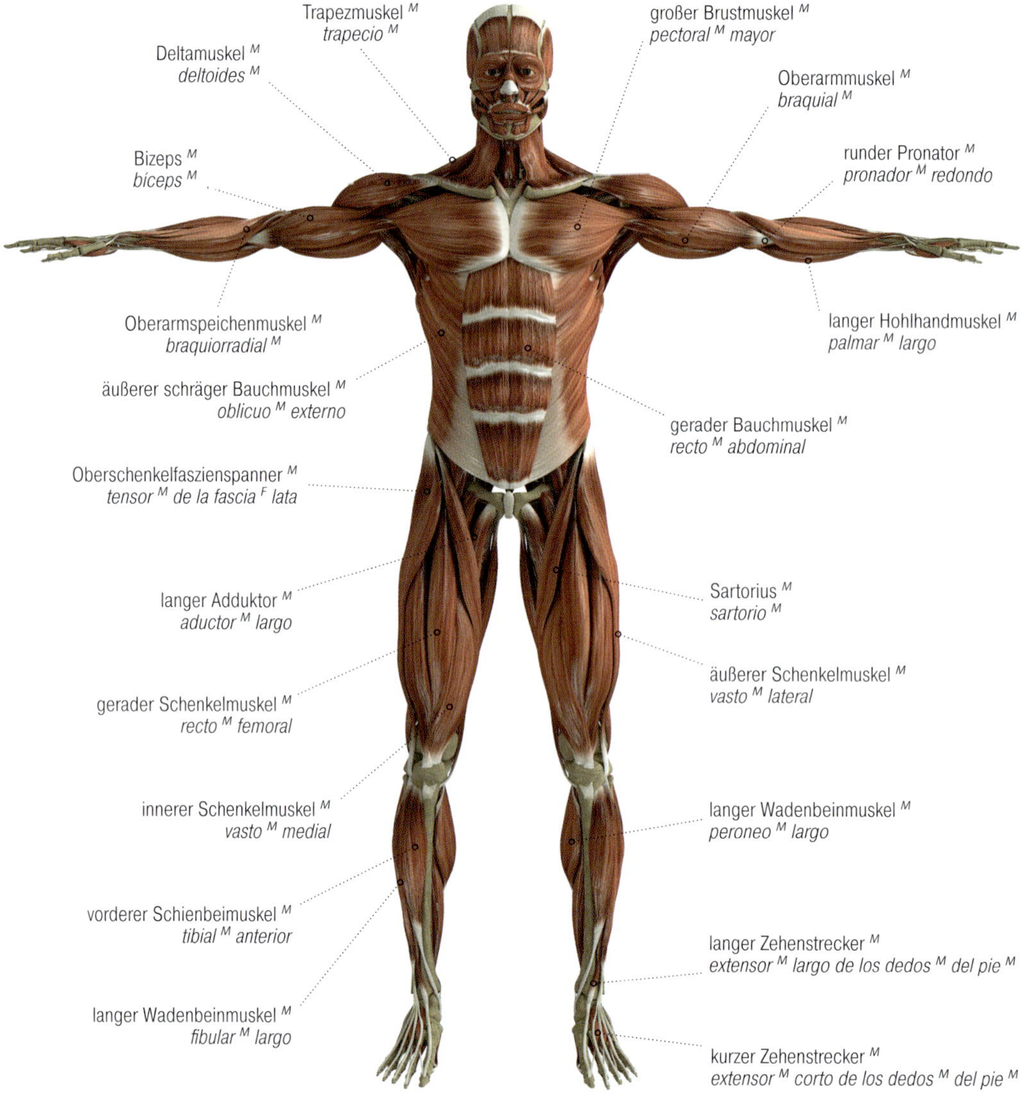

Hinteransicht F der Muskulatur F
vista F posterior de los músculos M principales

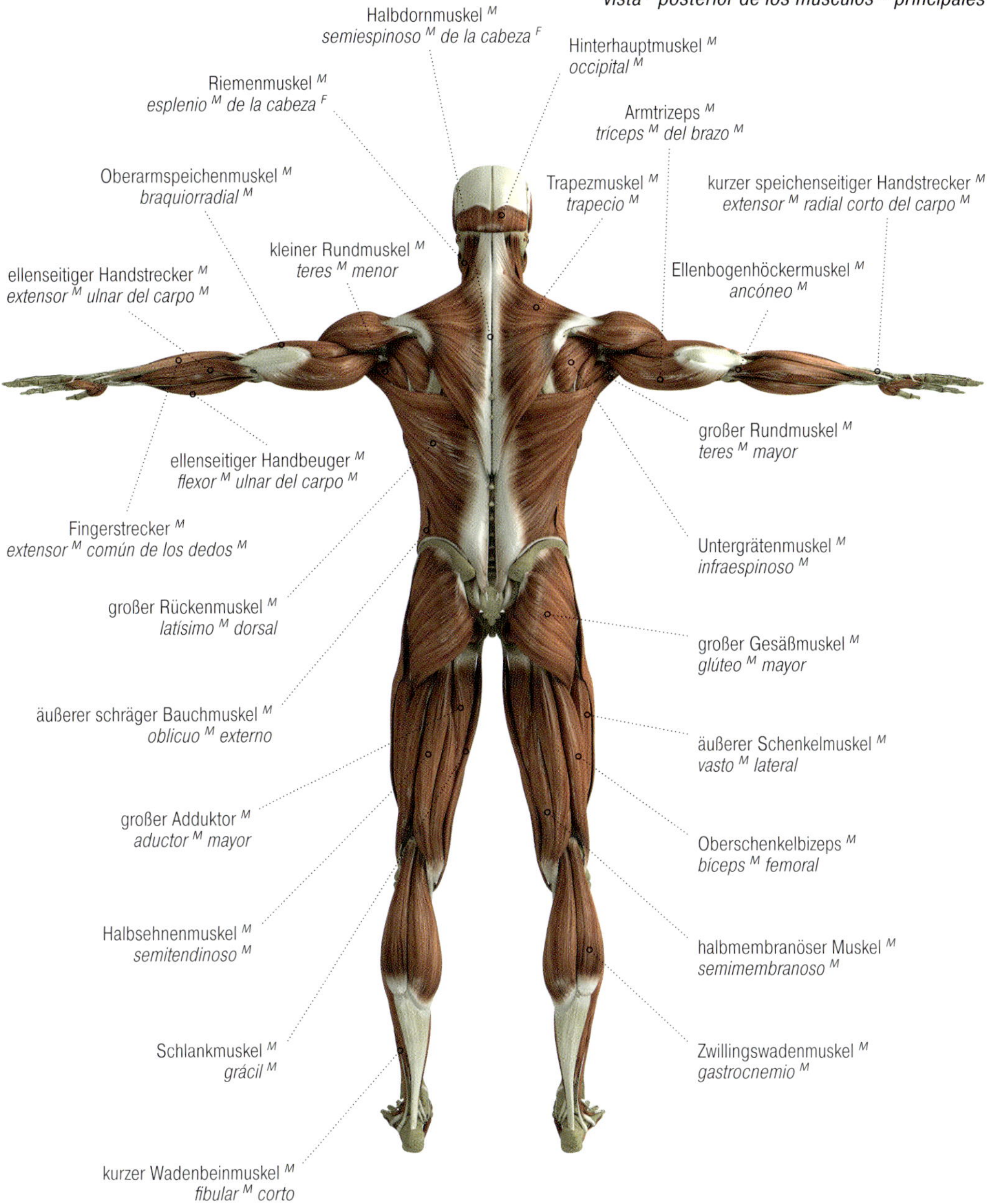

Gesichtsmuskeln M
músculos M faciales

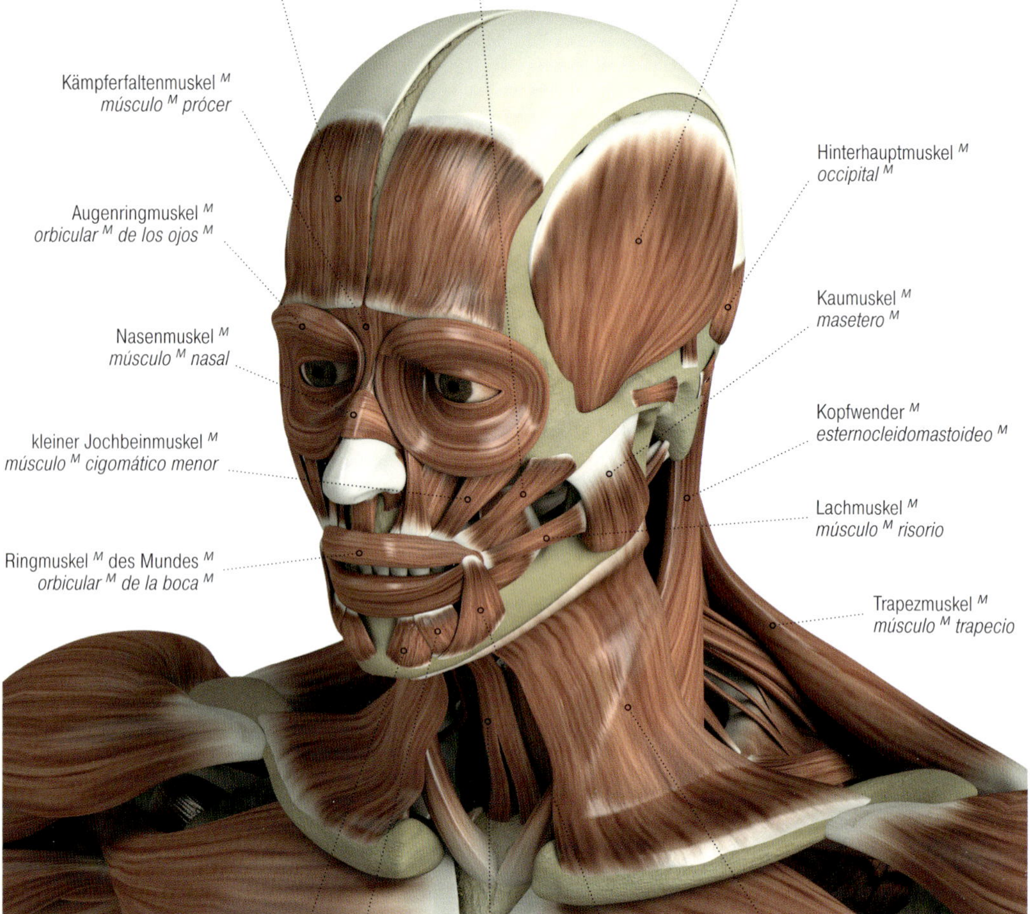

Hautschnitt [M]
sección [F] *de la piel* [F]

Nervenzelle [F]
neurona [F]

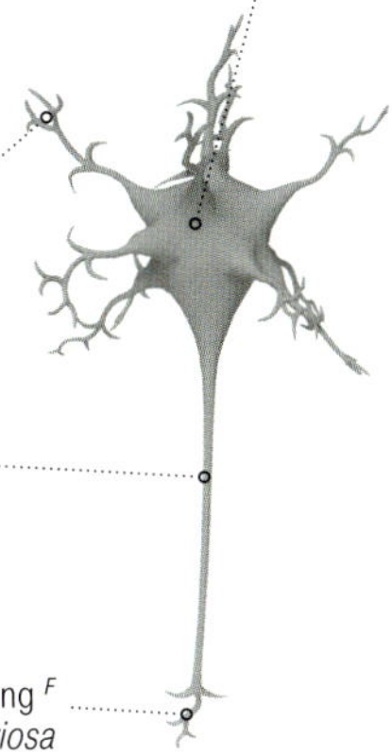

Leberzelle [F]
hepatocito [M]

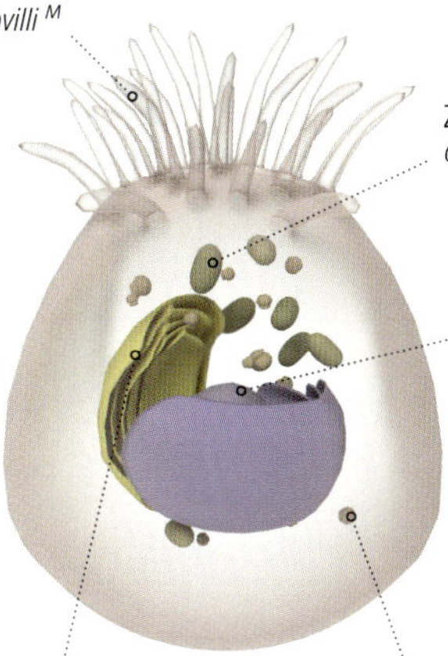

Makrophage [M]
macrófago [M]

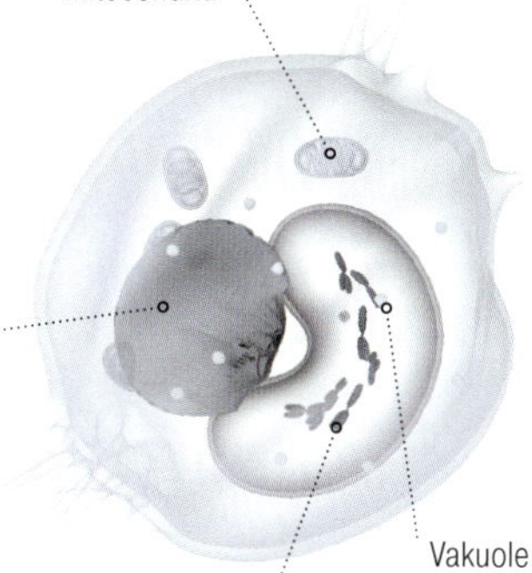

Vorderansicht F des Skeletts N
vista F anterior del esqueleto M

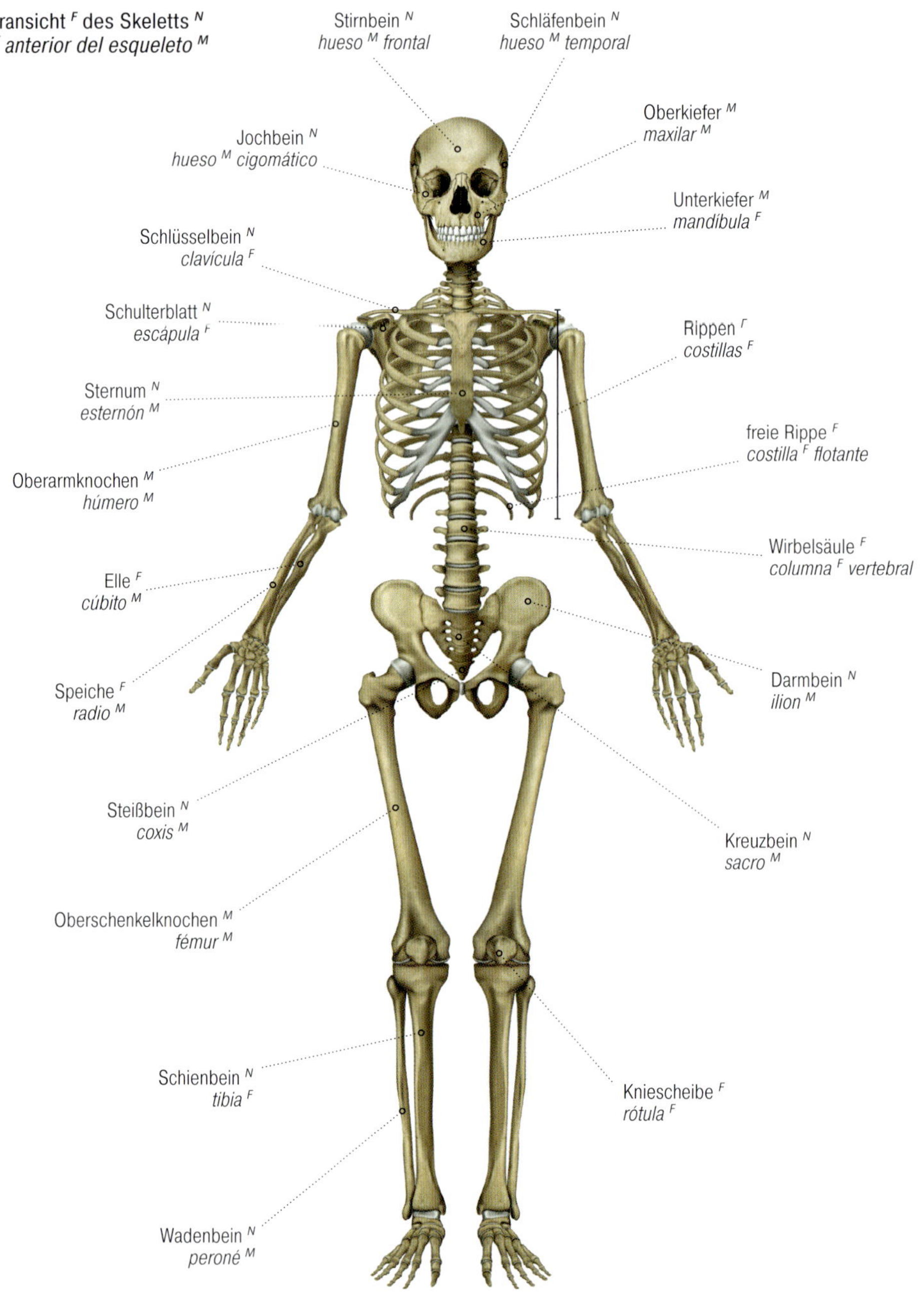

Hinteransicht F des Skeletts N
vista F posterior del esqueleto M

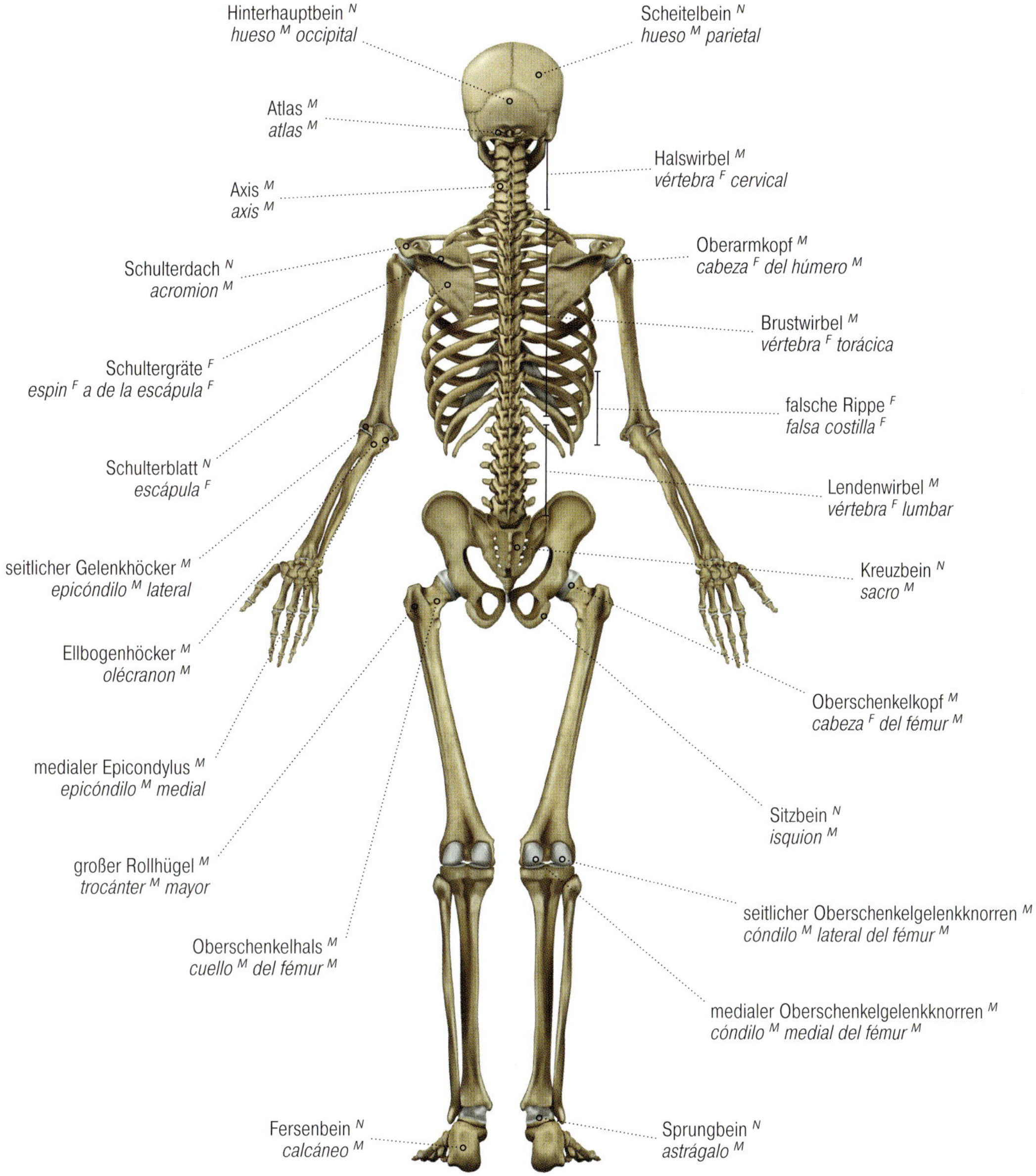

Schulter F
huesos M del hombro M

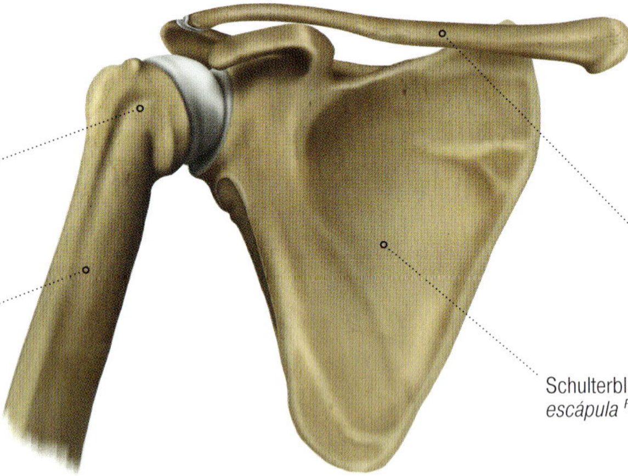

Fußknochen M
huesos M del pie M

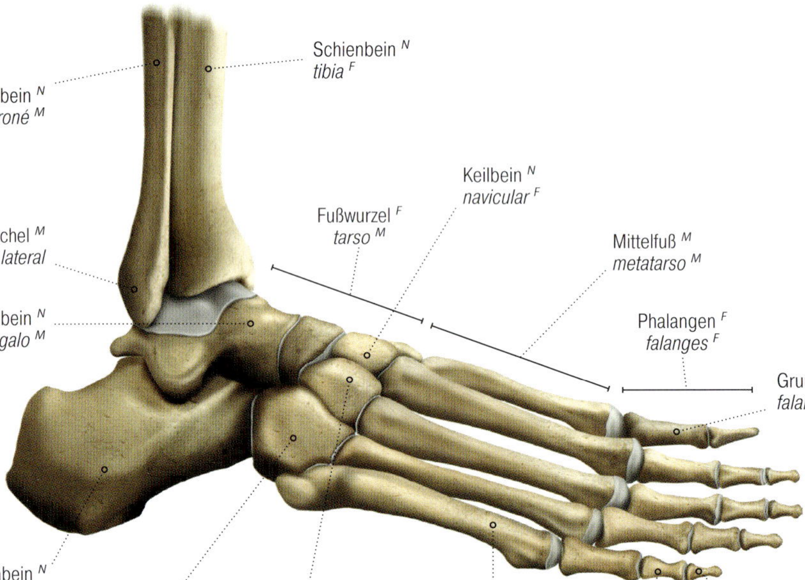

Handknochen M
huesos M de la mano F

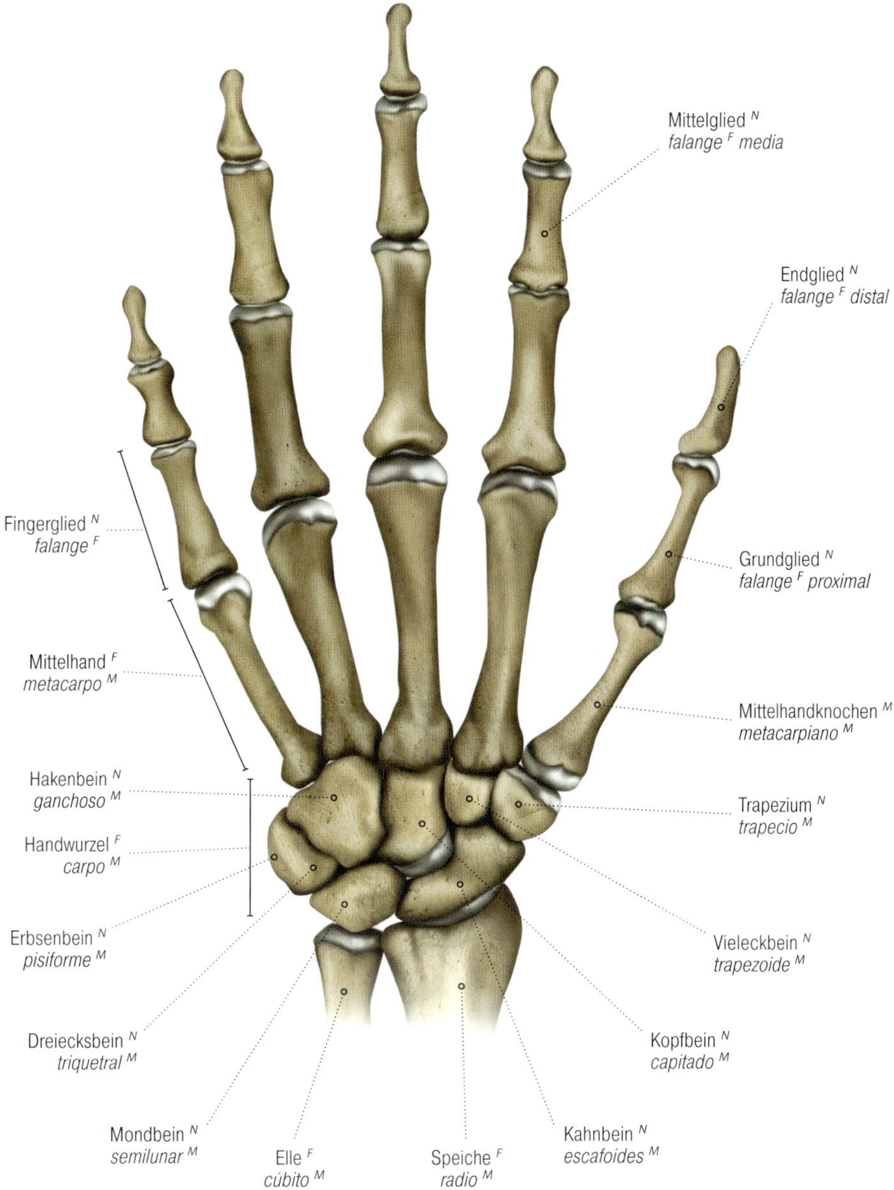

Wirbelsäule ^{F}
columna ^{F} vertebral

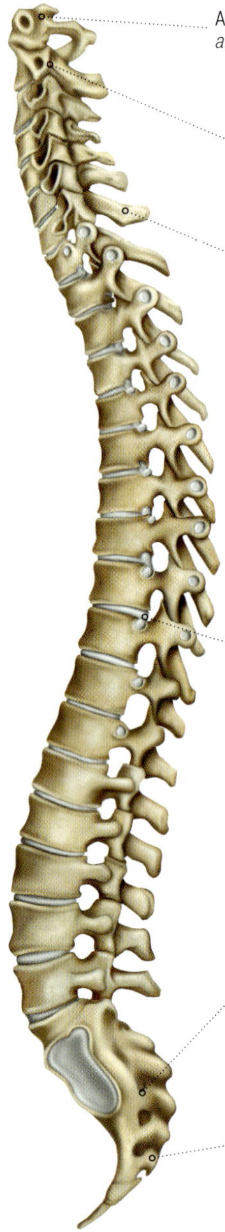

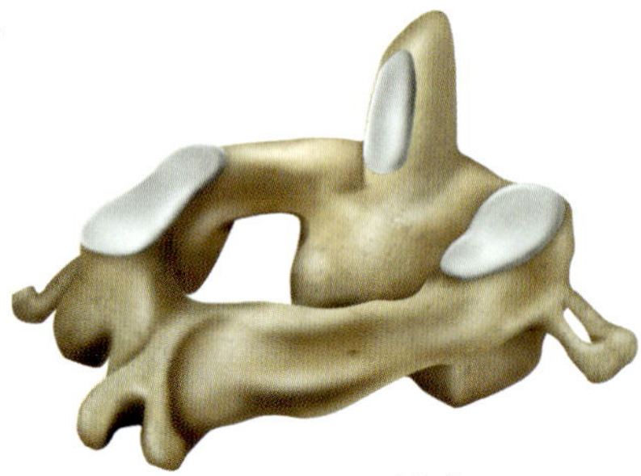

Axis ^{M}
axis ^{M}

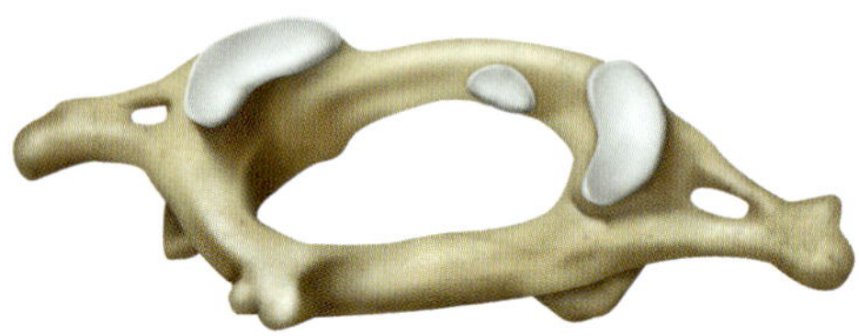

Atlas ^{M}
atlas ^{M}

Kreuzbein [N]
sacro [M]

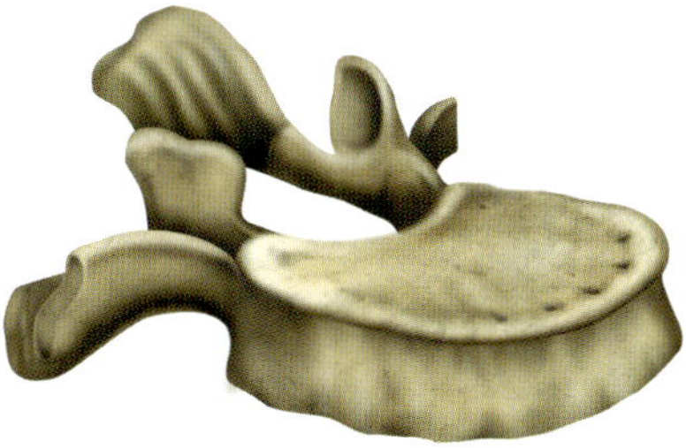

Lendenwirbel [M]
vértebras [F] lumbares

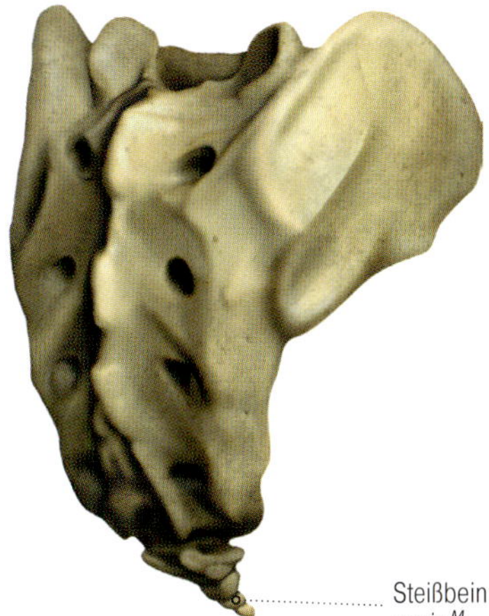

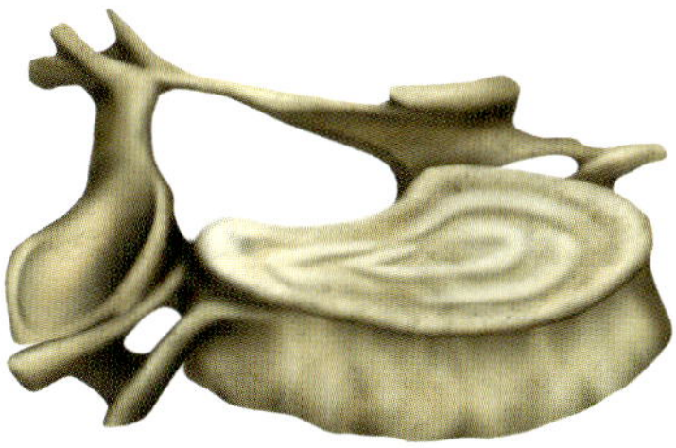

Halswirbel [M]
vértebras [F] cervicales

Brustwirbel [M]
vértebra [F] torácica

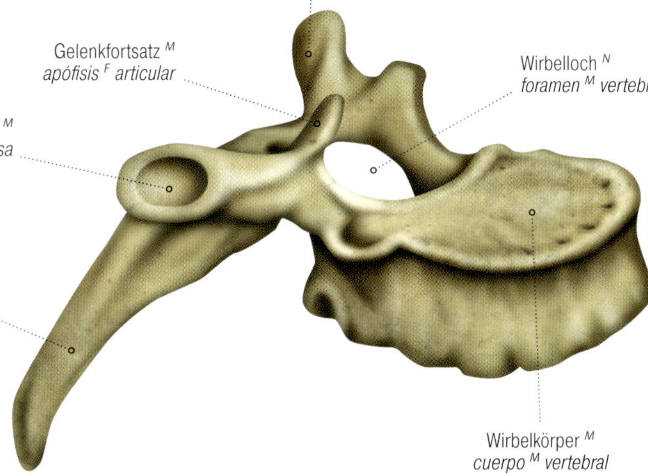

Schädel M eines Erwachsenen M
cráneo M de un adulto M

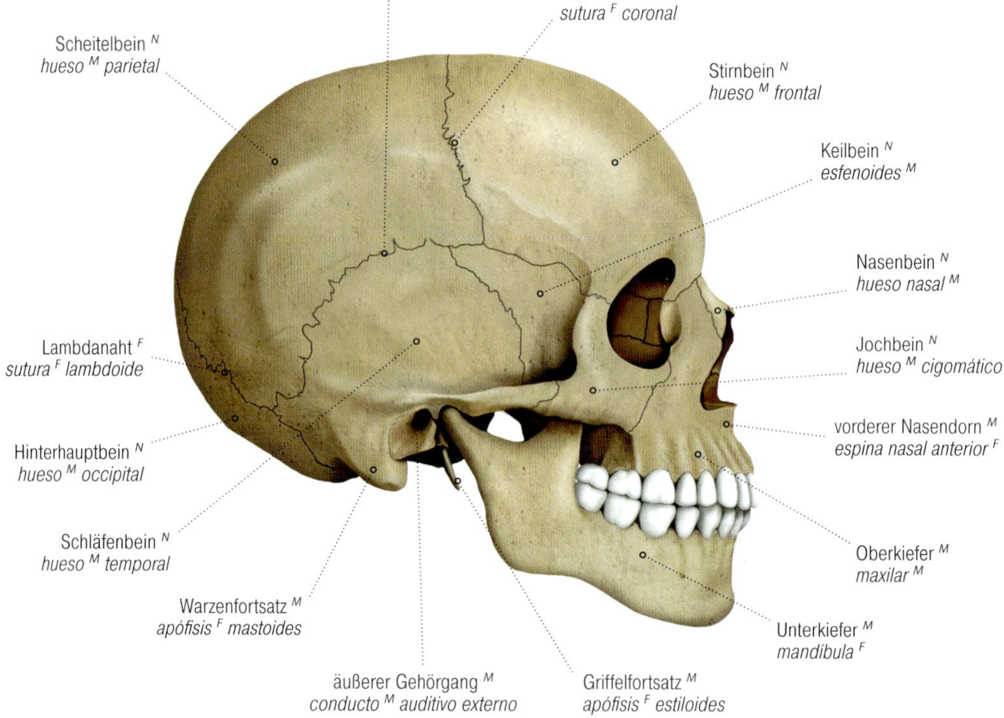

Schädel M eines Kindes N
cráneo M de un niño M

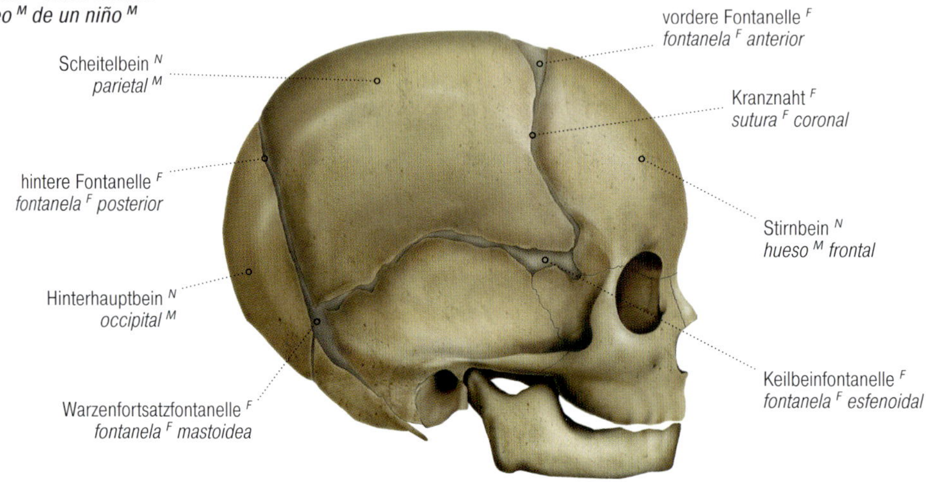

Zähne M und Schädel M
dentadura y cráneo F

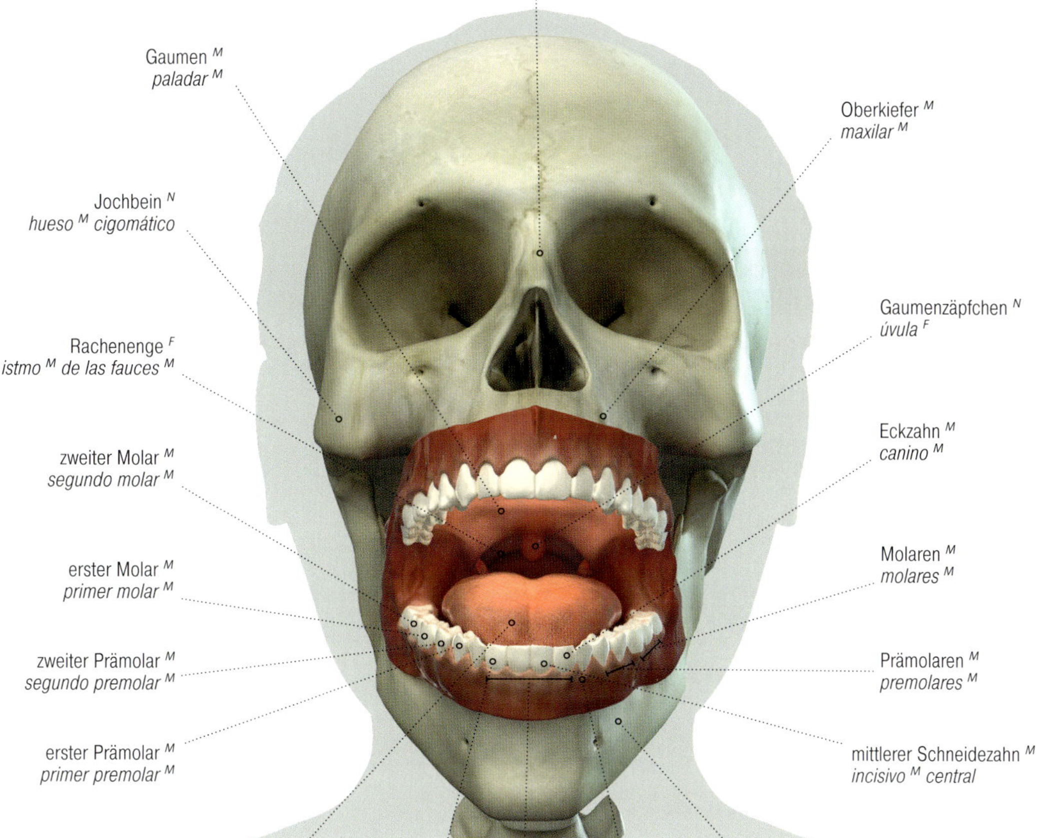

Querschnitt ^M eines Molars ^M
sección ^F transversal de un molar ^F

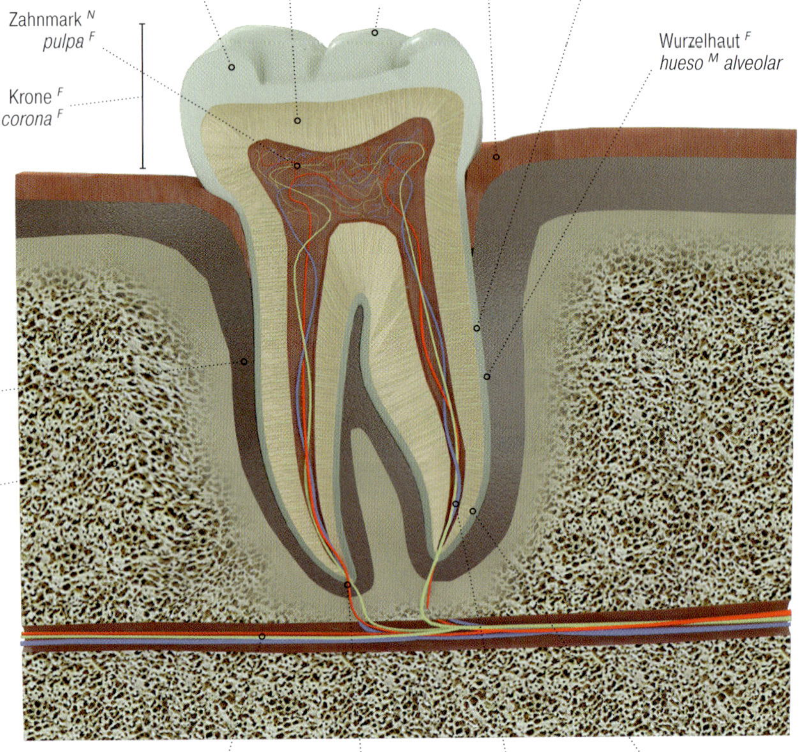

Atmungssystem [N]
órganos [M] respiratorios

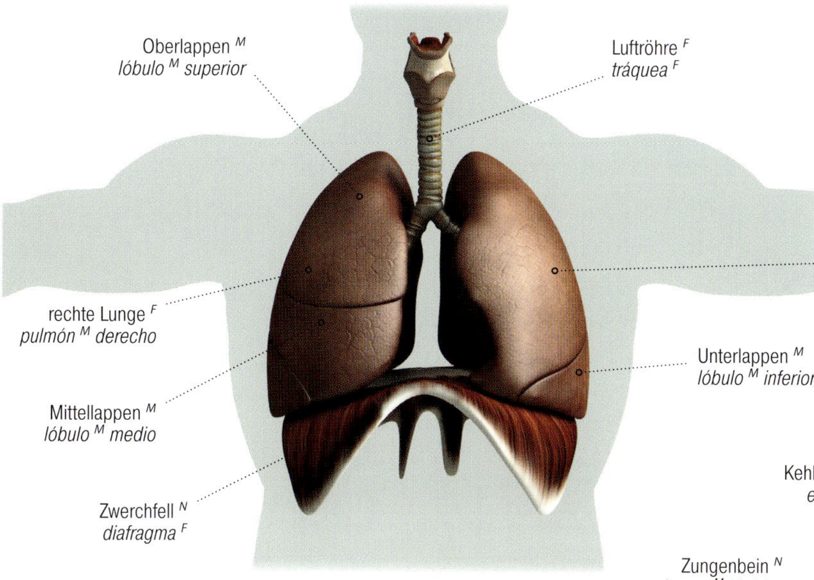

Kehlkopf [N]
laringe [F]

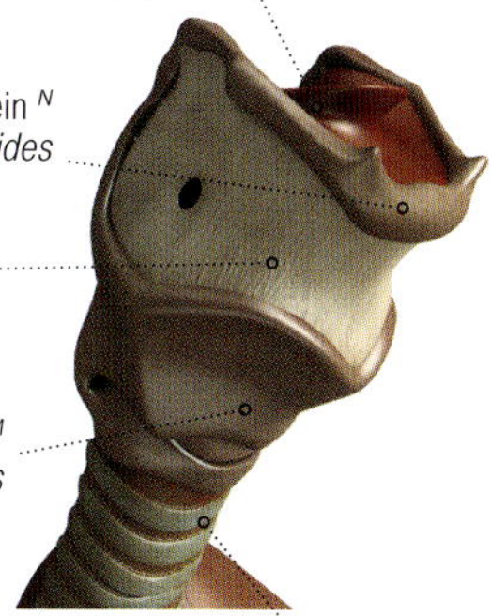

Lunge [F]
pulmones [M]

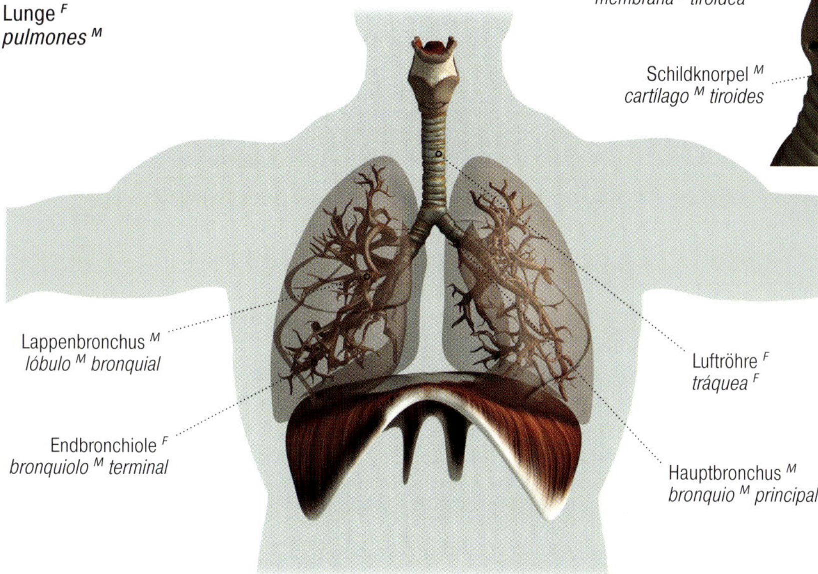

Hauptarterien F
arterias F principales

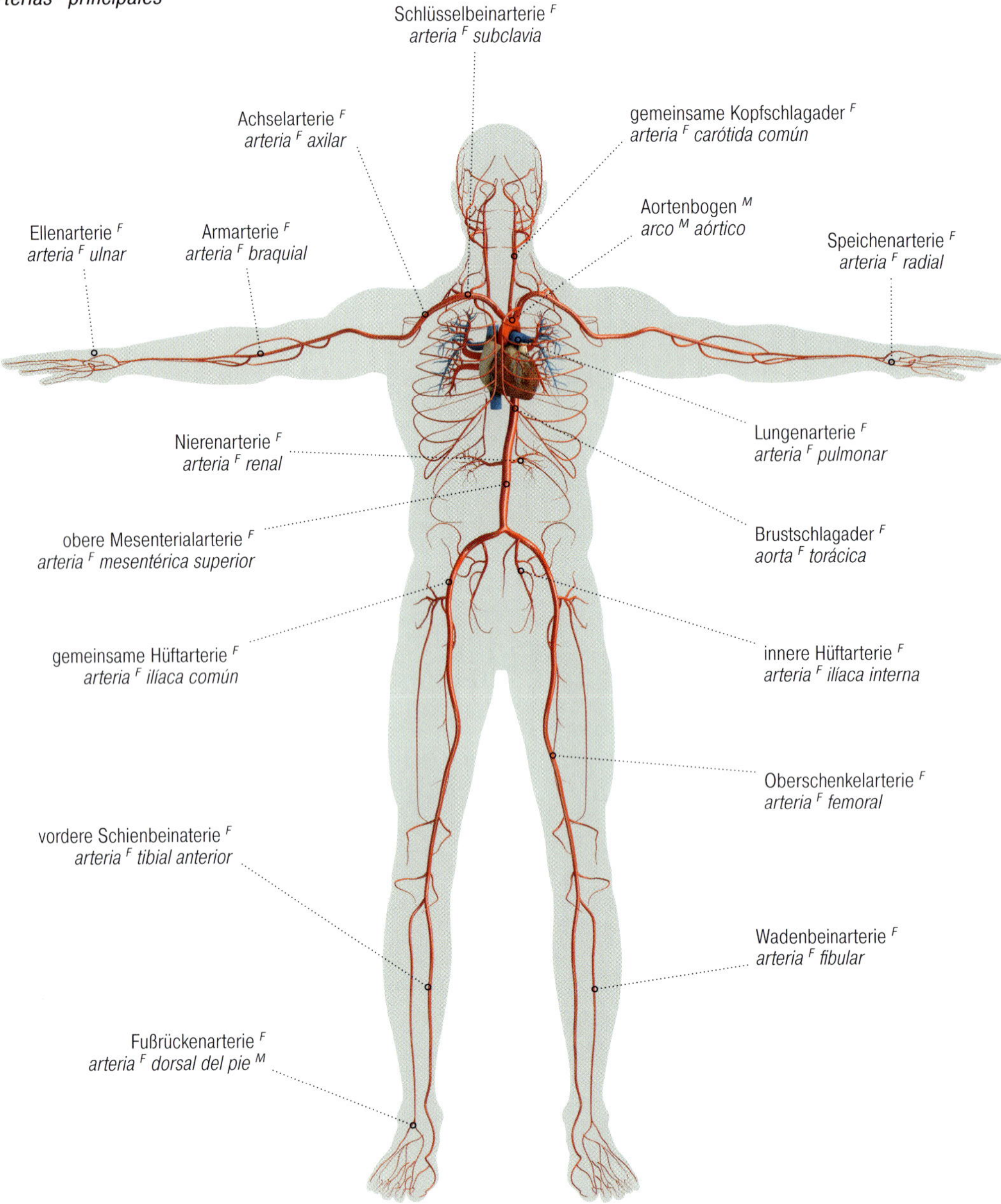

Hauptvenen F
venas F principales

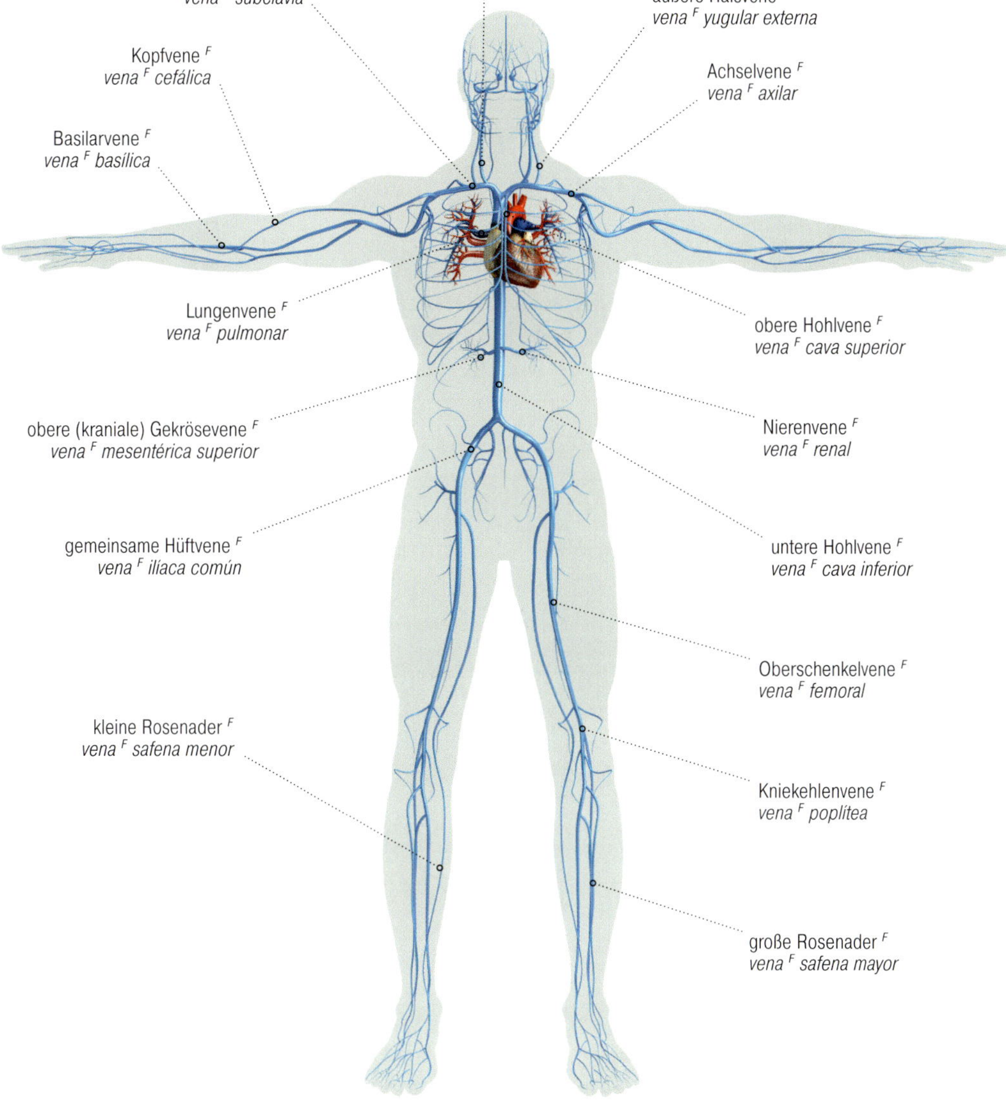

Herz N
corazón M

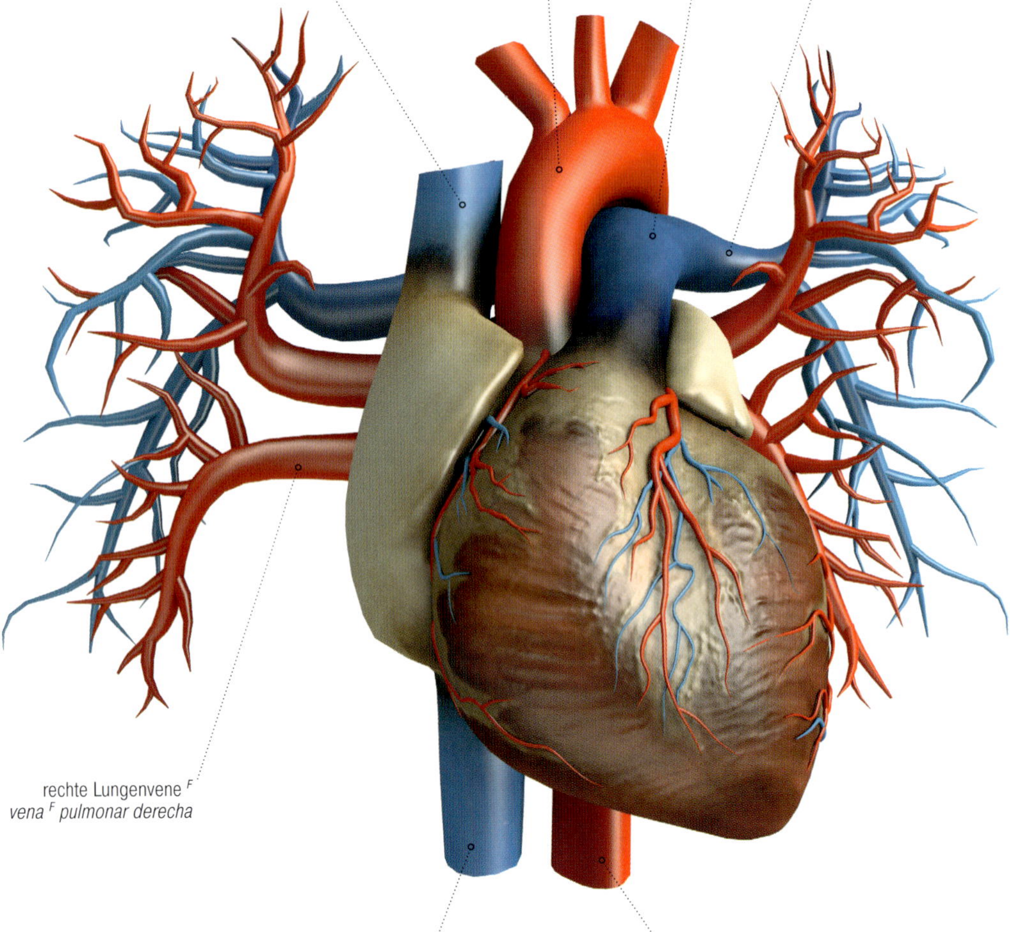

Herz ᴺ im Querschnitt ᴹ
sección ᶠ transversal de corazón ᴹ

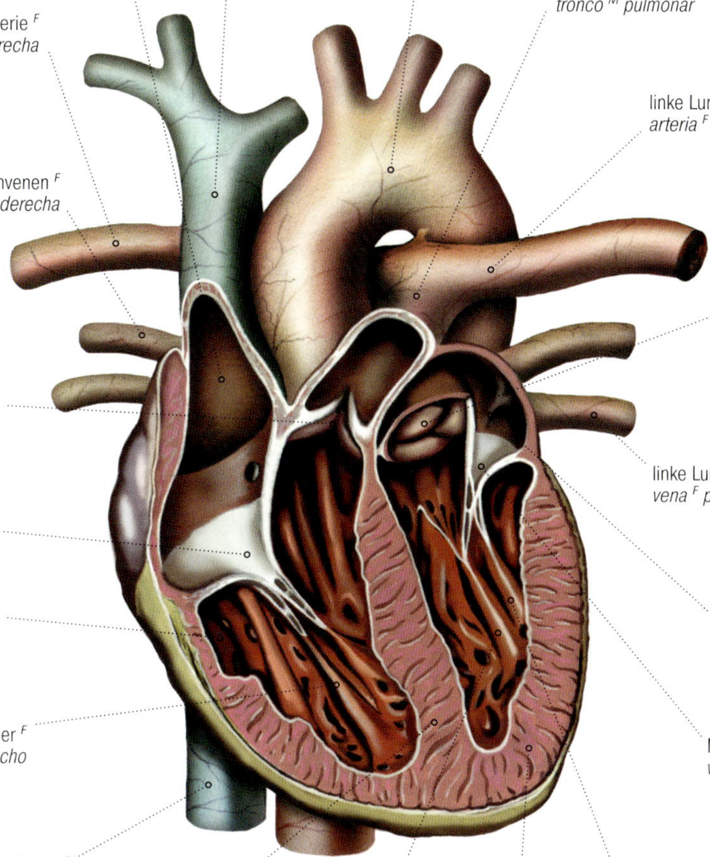

Vorderansicht [F] des Gehirns [N]
vista [F] anterior del cerebro [M]

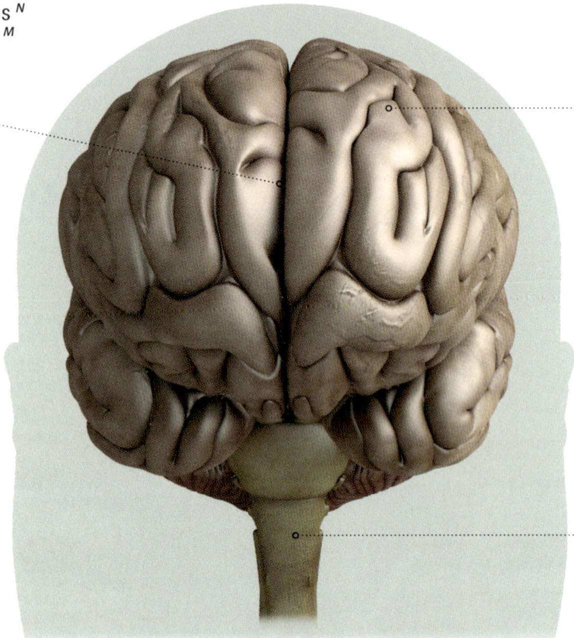

Rückansicht [F] des Gehirns [N]
vista [F] posterior del cerebro [M]

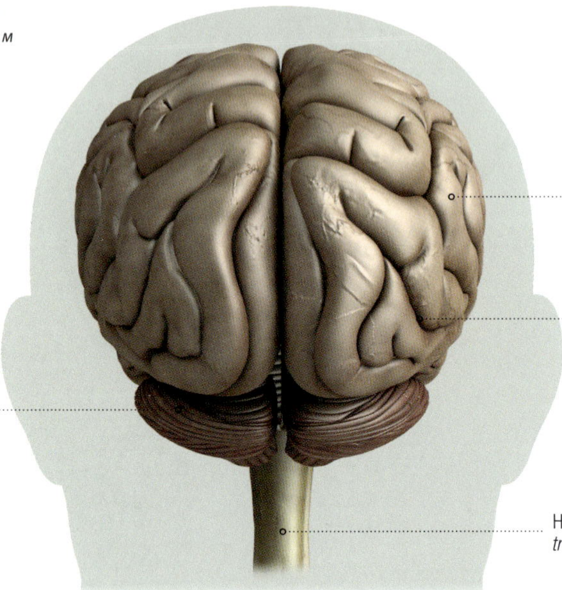

Querschnitt M des Gehirns N
vista F transversal del cerebro M

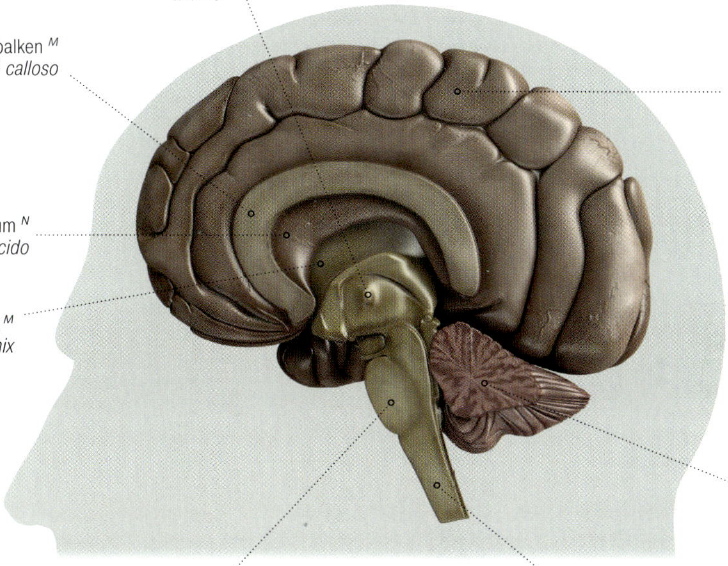

Seitenansicht F des Gehirns N
vista F lateral del cerebro M

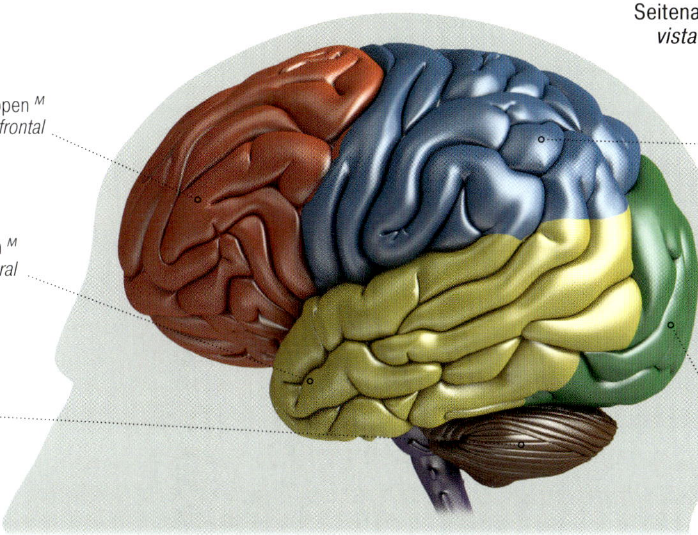

Struktur F des Nervensystems N
estructura F del sistema M nervioso

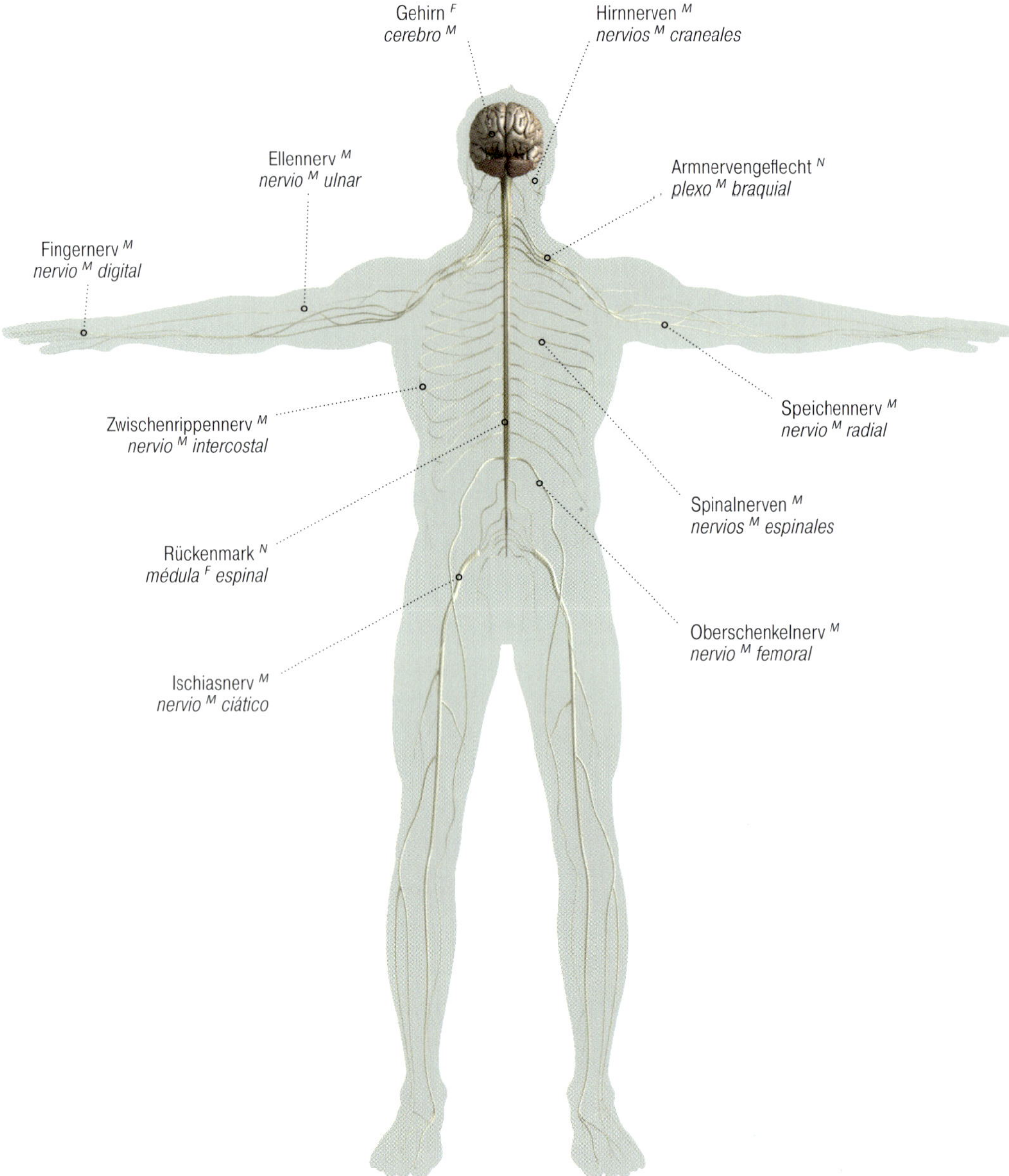

Lymphsystem [N]
órganos [M] linfáticos

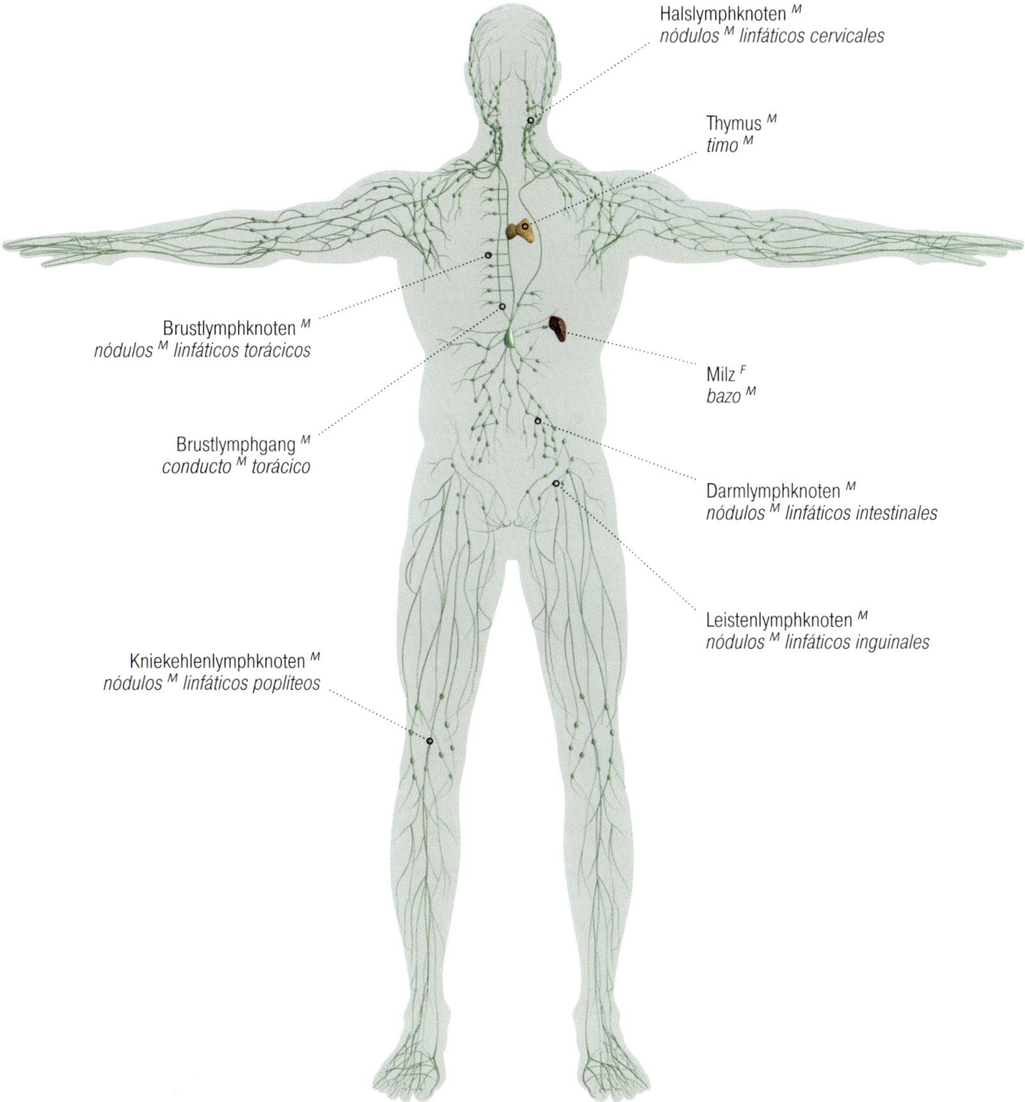

Brust F
pecho M

weibliche Fortpflanzungsorgane N
órganos M reproductores femeninos

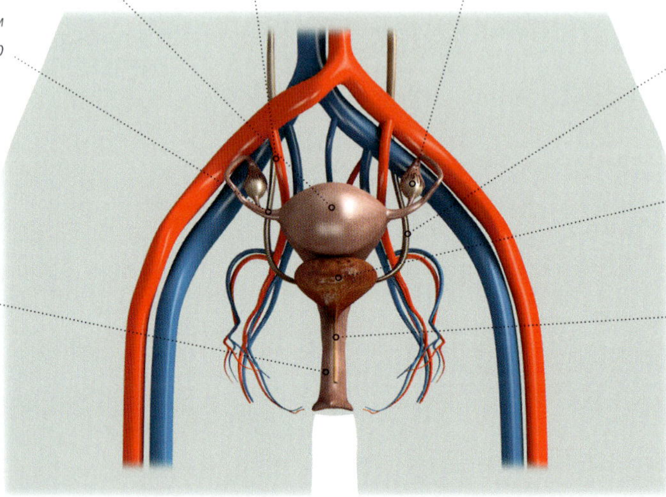

FORTPFLANZUNGSSYSTEM
Männliches Fortpflanzungssystem

männliche Fortpflanzungsorgane N
órganos M reproductores masculinos

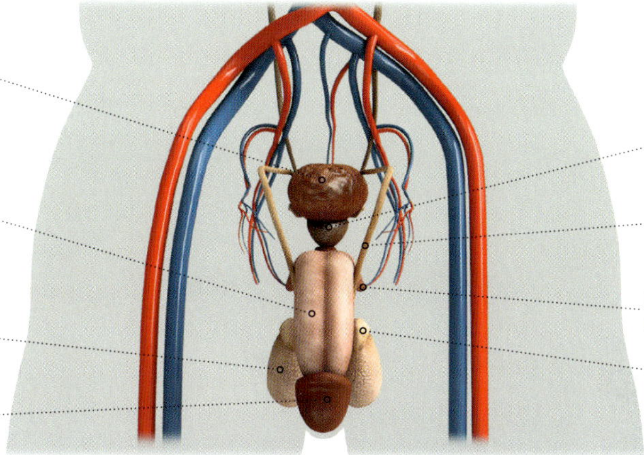

HARNSYSTEM

Harnweg M
órganos M urinarios

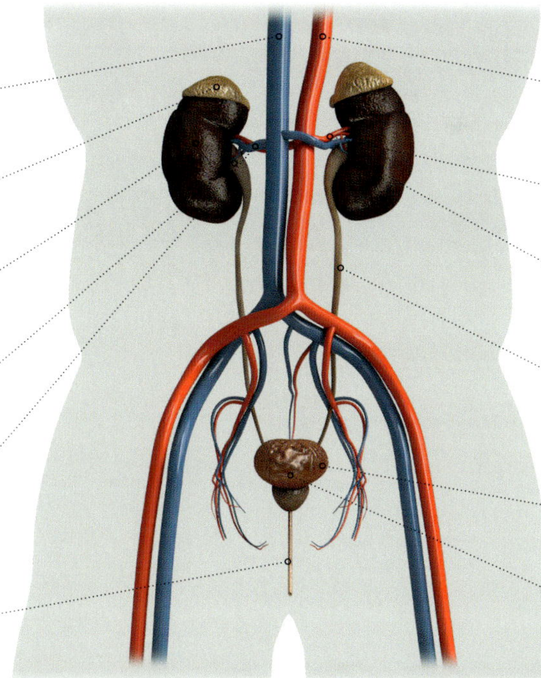

Vorderansicht F des Verdauungssystems N
vista F anterior del sistema M digestivo

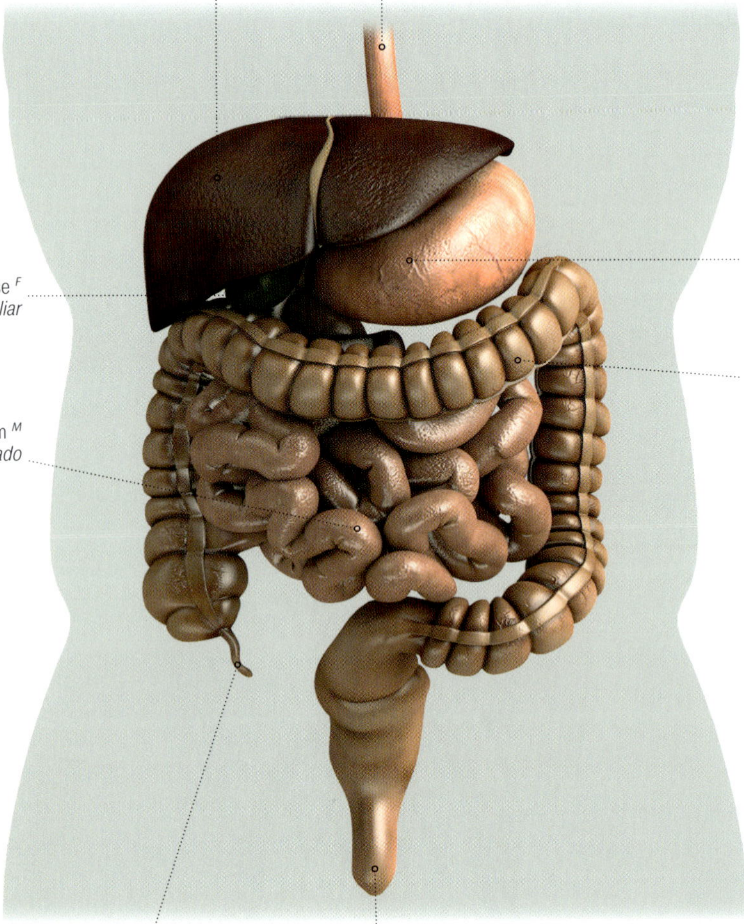

Hinteransicht F des Verdauungssystems N
vista F posterior del sistema M digestivo

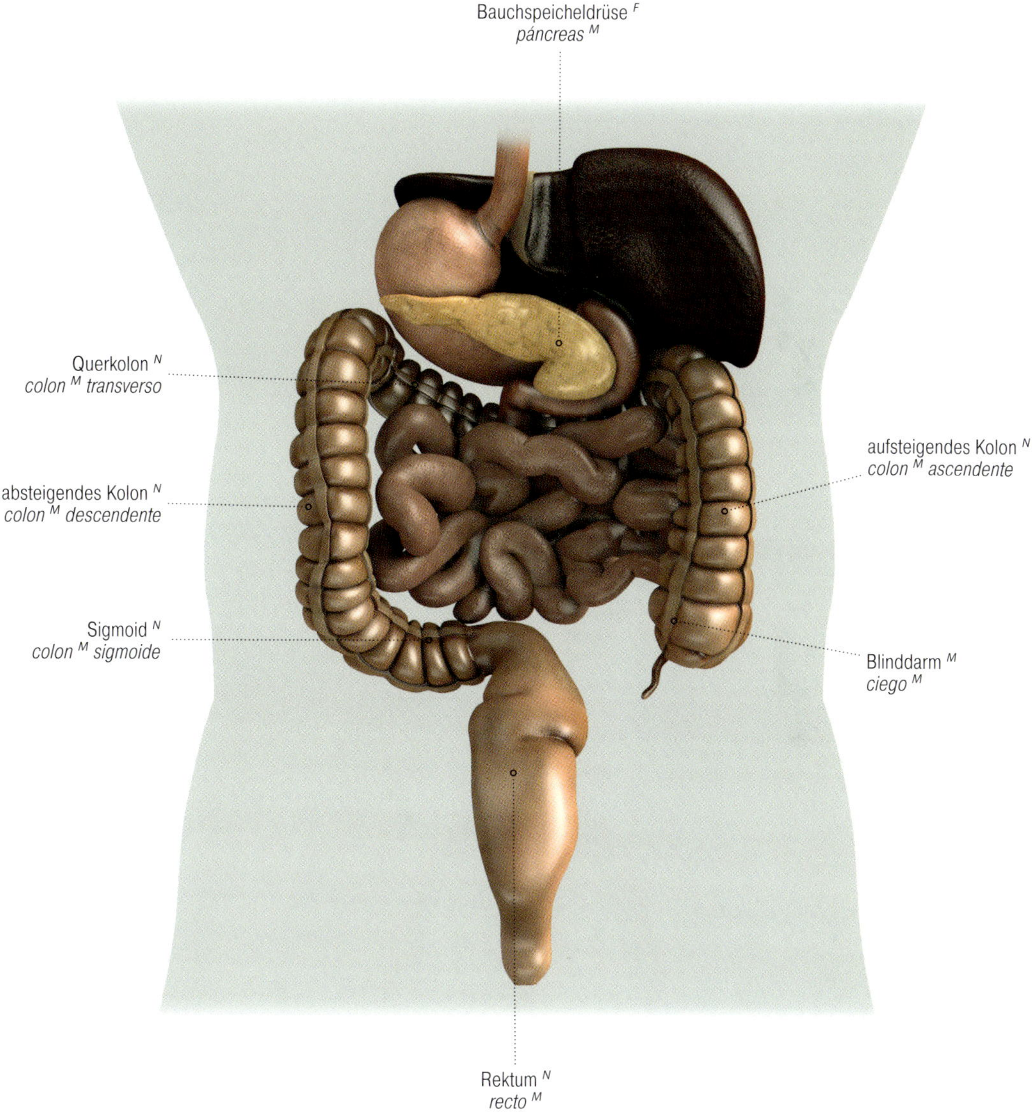

weibliches Hormonsystem N
sistema M endocrino femenino

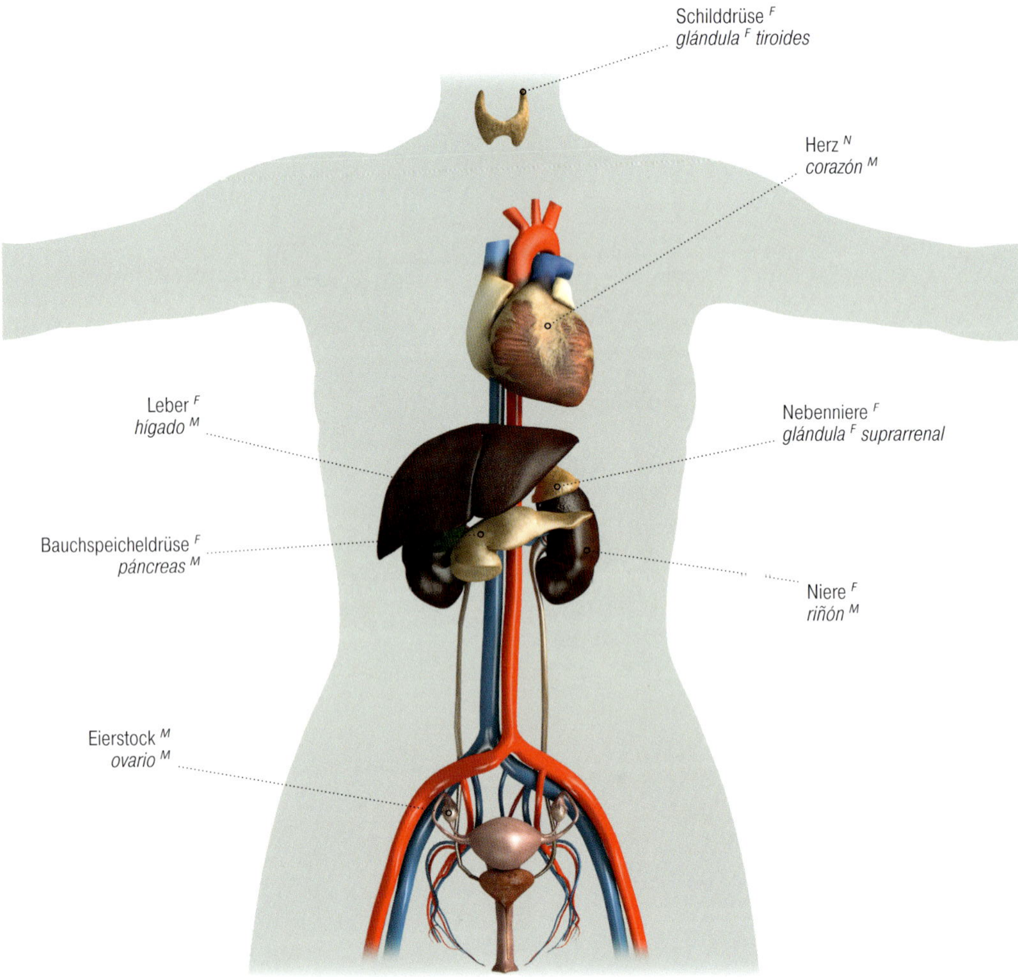

Hand F
mano F

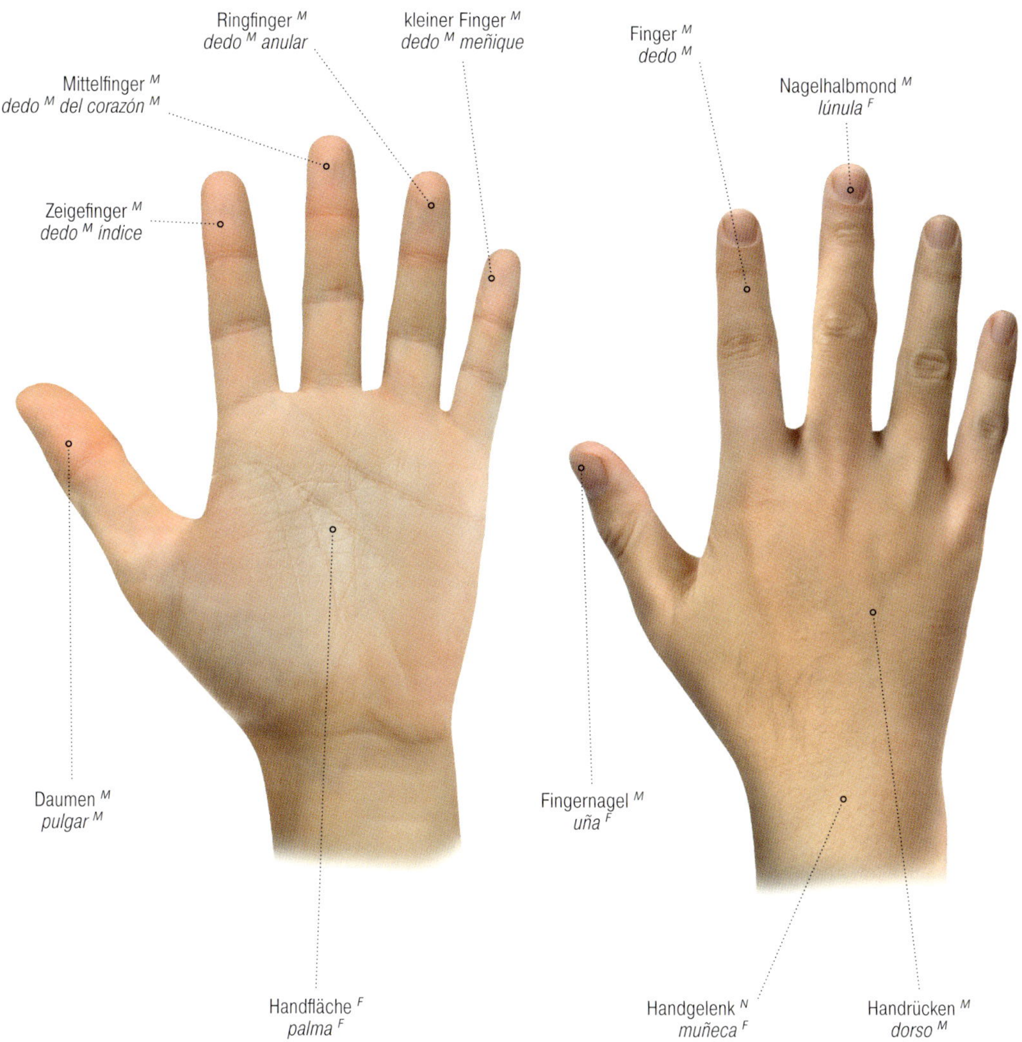
Ringfinger M
dedo M *anular*
kleiner Finger M
dedo M *meñique*
Mittelfinger M
dedo M *del corazón* M
Zeigefinger M
dedo M *índice*
Daumen M
pulgar M
Handfläche F
palma F
Finger M
dedo M
Nagelhalbmond M
lúnula F
Fingernagel M
uña F
Handgelenk N
muñeca F
Handrücken M
dorso M

Ohr N
oído M

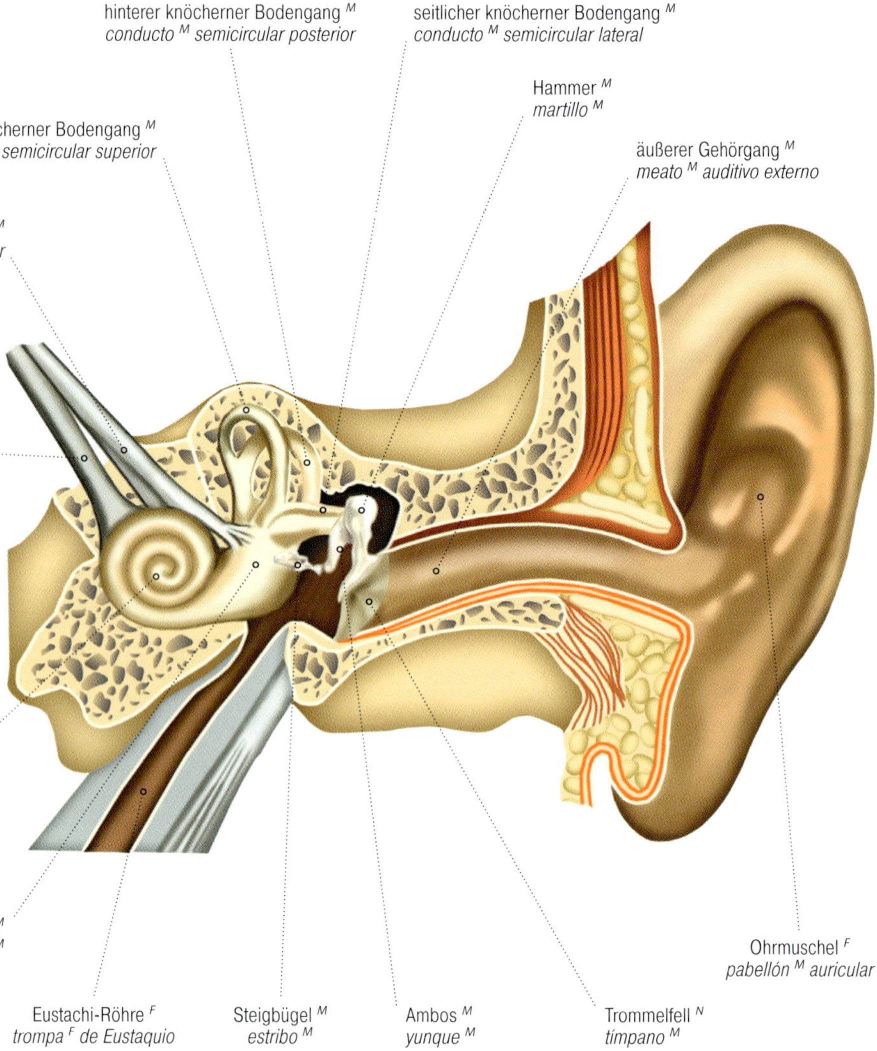
hinterer knöcherner Bodengang M
conducto M semicircular posterior
seitlicher knöcherner Bodengang M
conducto M semicircular lateral
Hammer M
martillo M
oberer knöcherner Bodengang M
conducto M semicircular superior
äußerer Gehörgang M
meato M auditivo externo
Vestibularnerv M
nervio M vestibular
Hörnerv M
nervio M auditivo
Schnecke F
cóclea F
Innenvorhof M
vestíbulo M
Ohrmuschel F
pabellón M auricular
Eustachi-Röhre F
trompa F de Eustaquio
Steigbügel M
estribo M
Ambos M
yunque M
Trommelfell N
tímpano M

Auge ^{N}
ojo ^{M}

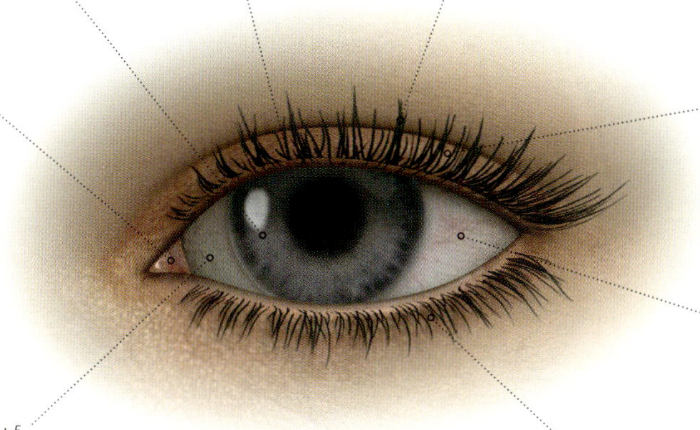

Augapfel ^{M}
globo ^{M} ***ocular***

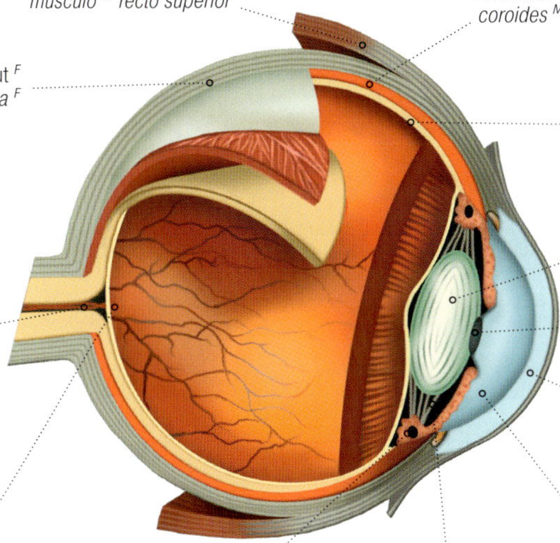

Angiografieraum M
sala F de angiografía F

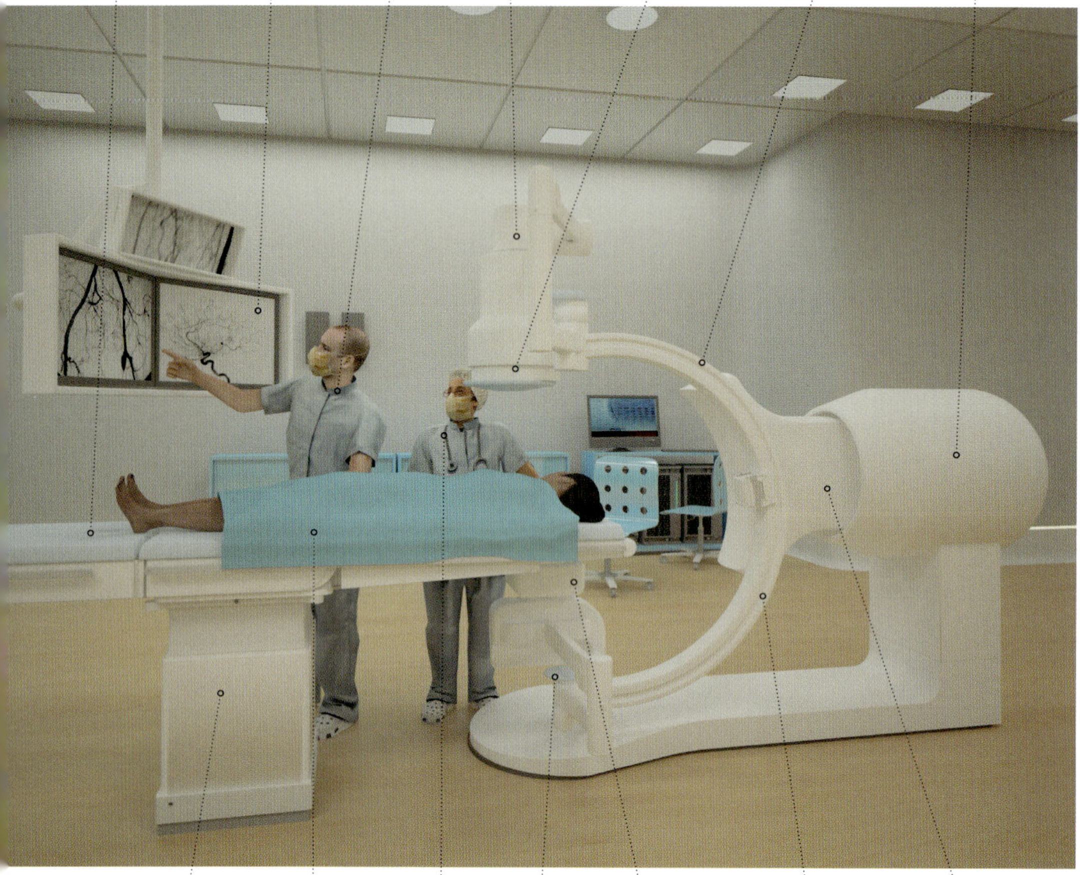

MRT-Raum ^{M}
sala ^{F} de resonancia ^{F} magnética

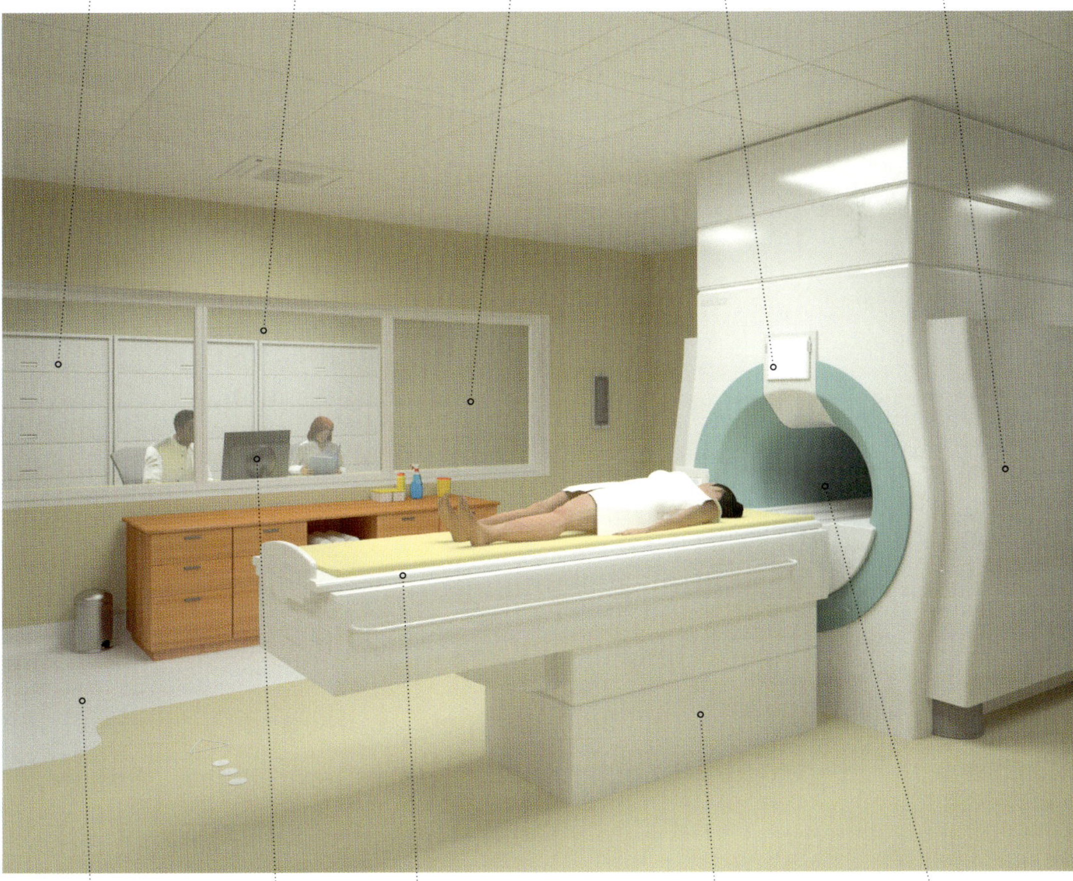

Operationsraum M
sala F de operaciones F

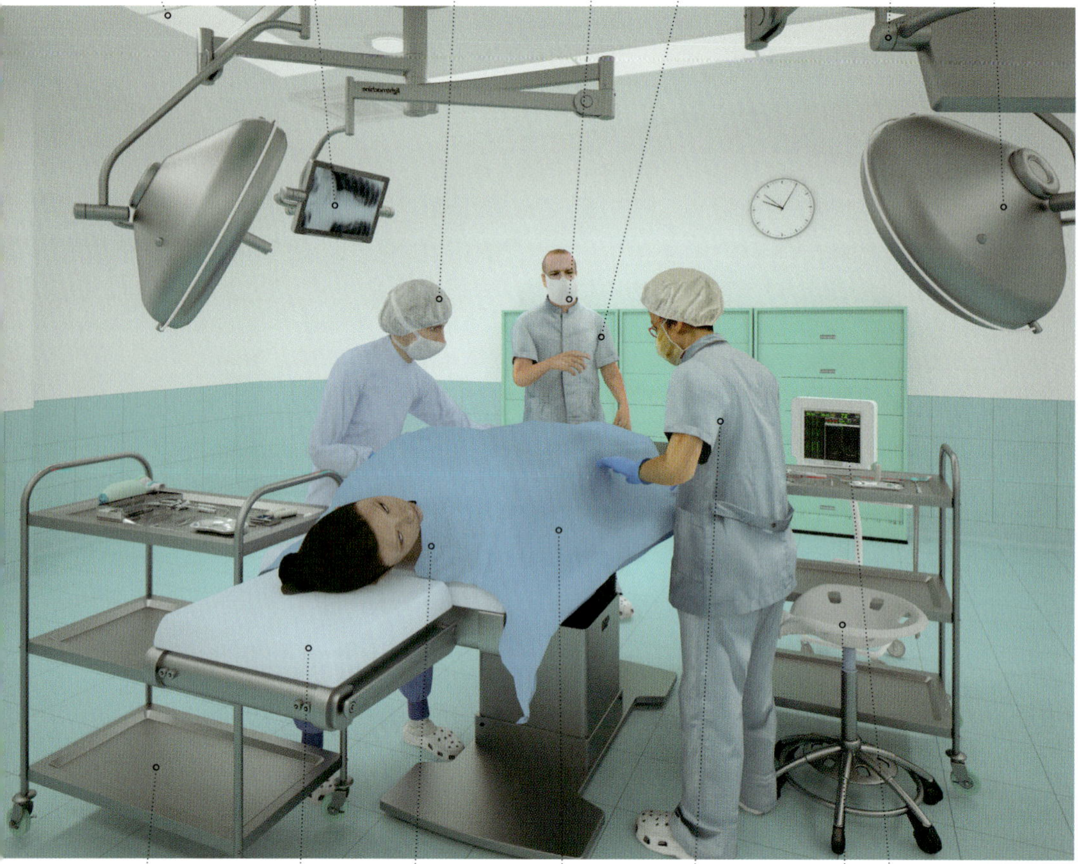

Krankenhauszimmer N
habitación F de hospital M

Paravent M/N
biombo M

Infusionsständer M
soporte M para bolsa F intravenosa

Krankenschwester-Ruftaste F
botón M para llamar a la enfermera F

Bettleuchte F
lámpara F

Instrumententisch M
mesa F para instrumental M médico

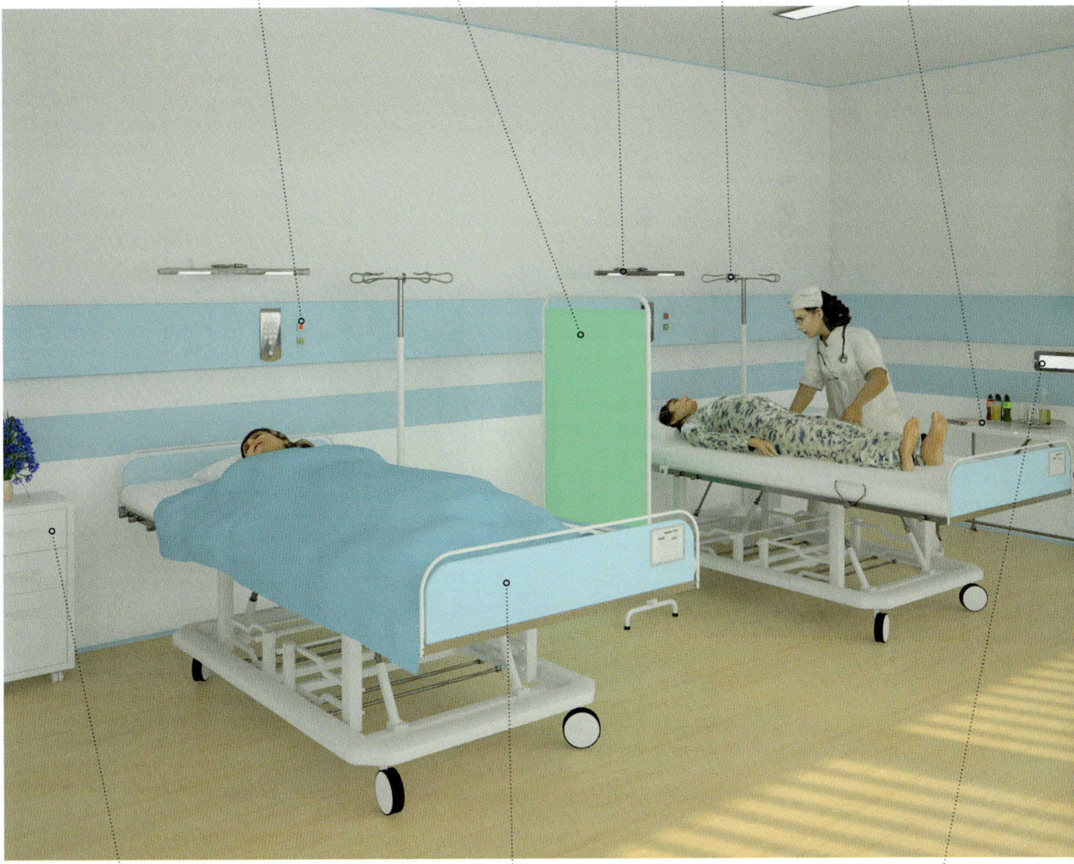

Nachttisch M
mesa F auxiliar

verstellbares Krankenbett N
cama F regulable de hospital M

Wandleuchte F
luz F de pared F

Intensivstation [F]
unidad [F] de cuidados [M] intensivos

Patientenmonitor [M]
monitor [M] del paciente [M]

Patientenanschlussleiste [F]
panel [M] de conexión [F] con el paciente [M]

Wellenfelder [N]
campos [M] de onda [F]

Parameterfelder [N]
campos [M] de parámetro [M]

Wagen [M]
carrito [M]

Nachttisch [M]
mesa [F] auxiliar

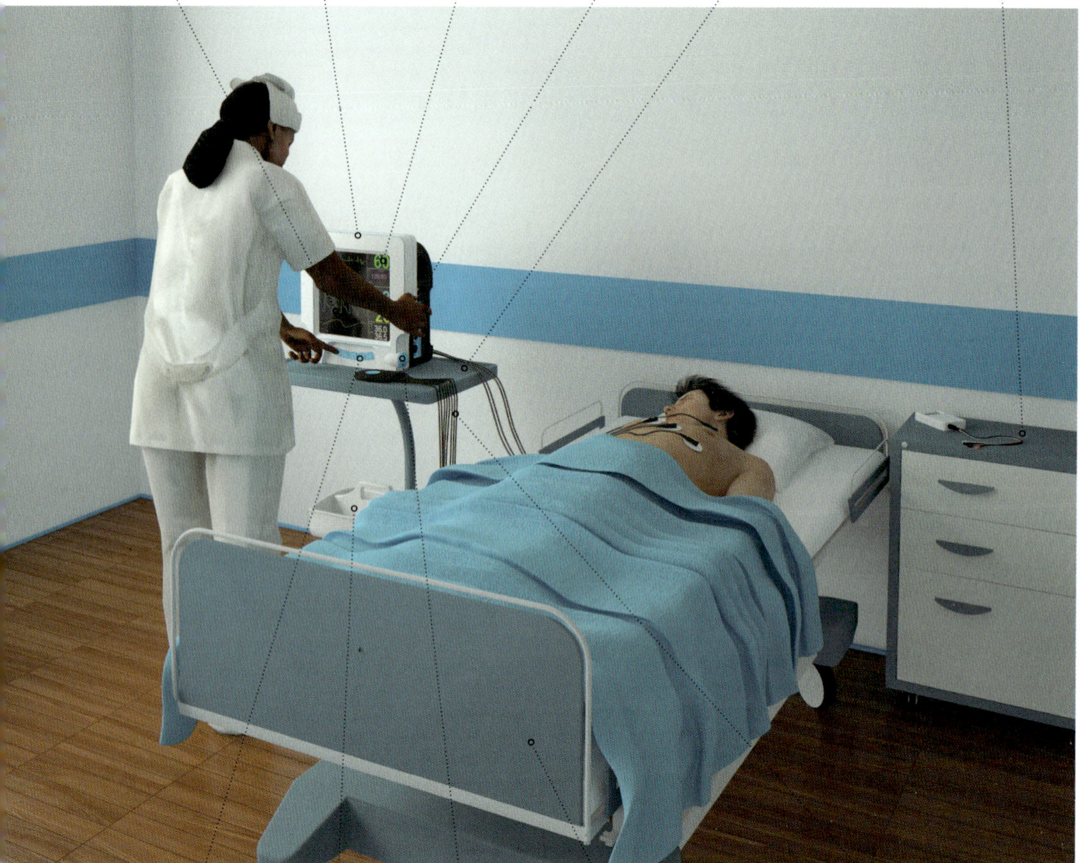

Funktionstastenleiste [F]
botones [M] de funciones [F]

Drehknopf [M]
perilla [F] de ajuste [M]

verstellbares Krankenhausbett [N]
cama [F] regulable de hospital [M]

Patientenkabel [N]
cables [M]

Allzweckkorb [M]
cesta [F] de instrumental [M]

Sportmedizin [F] und Rehabilitationseinrichtung [F]
unidad [F] de medicina [F] deportiva y rehabilitación [F]

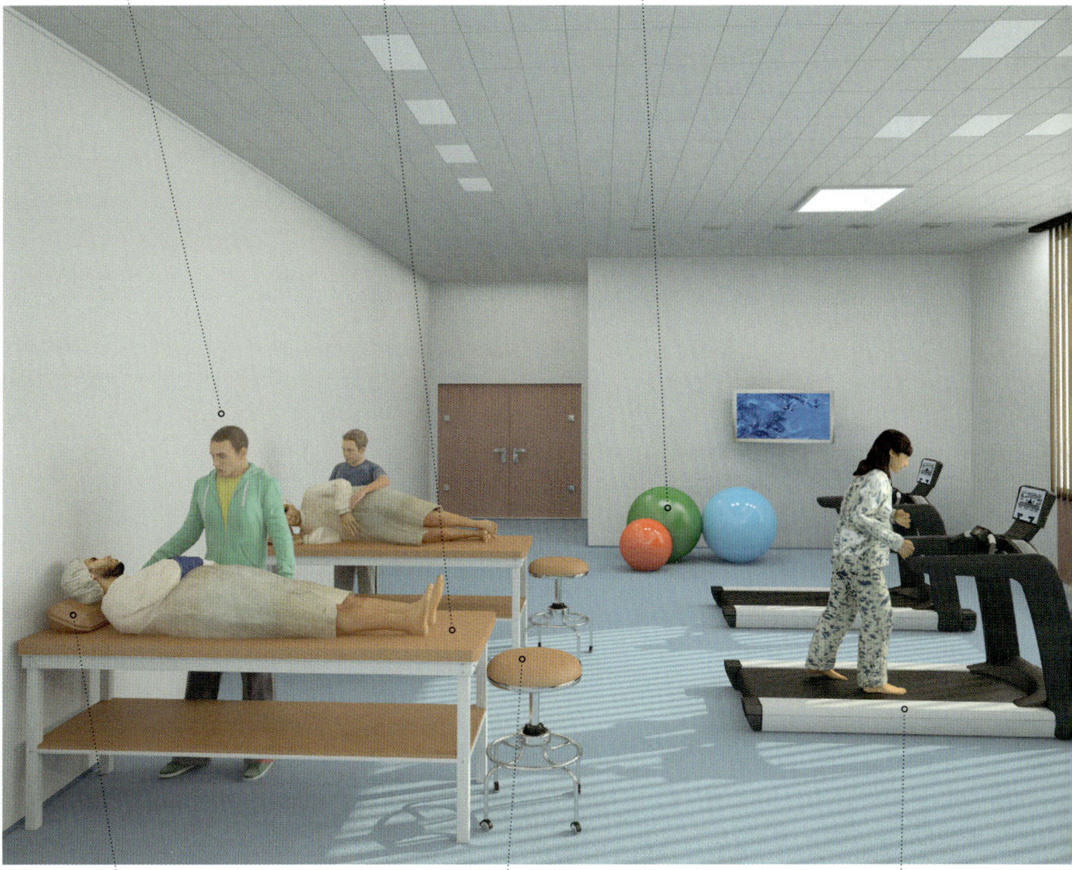

gynäkologischer Untersuchungsraum M
sala F de examen M ginecológico

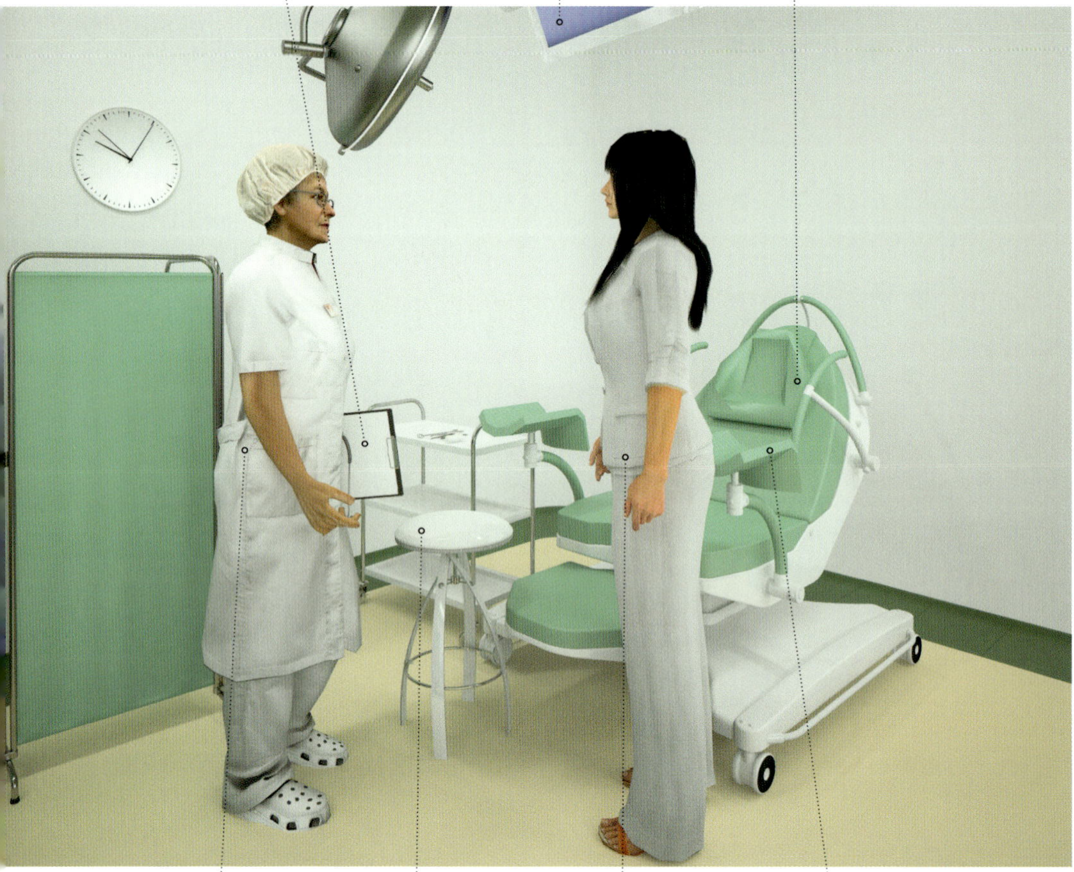

Neugeborenen ^{N} -Intensivstation ^{F}
unidad ^{F} de cuidados ^{M} intensivos para neonatos

Anästhesiemonitor ^{M}
monitor ^{M} de anestesia ^{F}

Matratzenablage ^{F}
base ^{F} del colchón ^{M}

Brutkasten ^{M}
incubadora ^{F}

Matratze ^{F}
colchón ^{M}

Abschirmung ^{F}
cubierta ^{F}

Neugeborenes ^{N}
niño ^{M} recién nacido

Anschlussöffnung ^{F}
portilla ^{F}

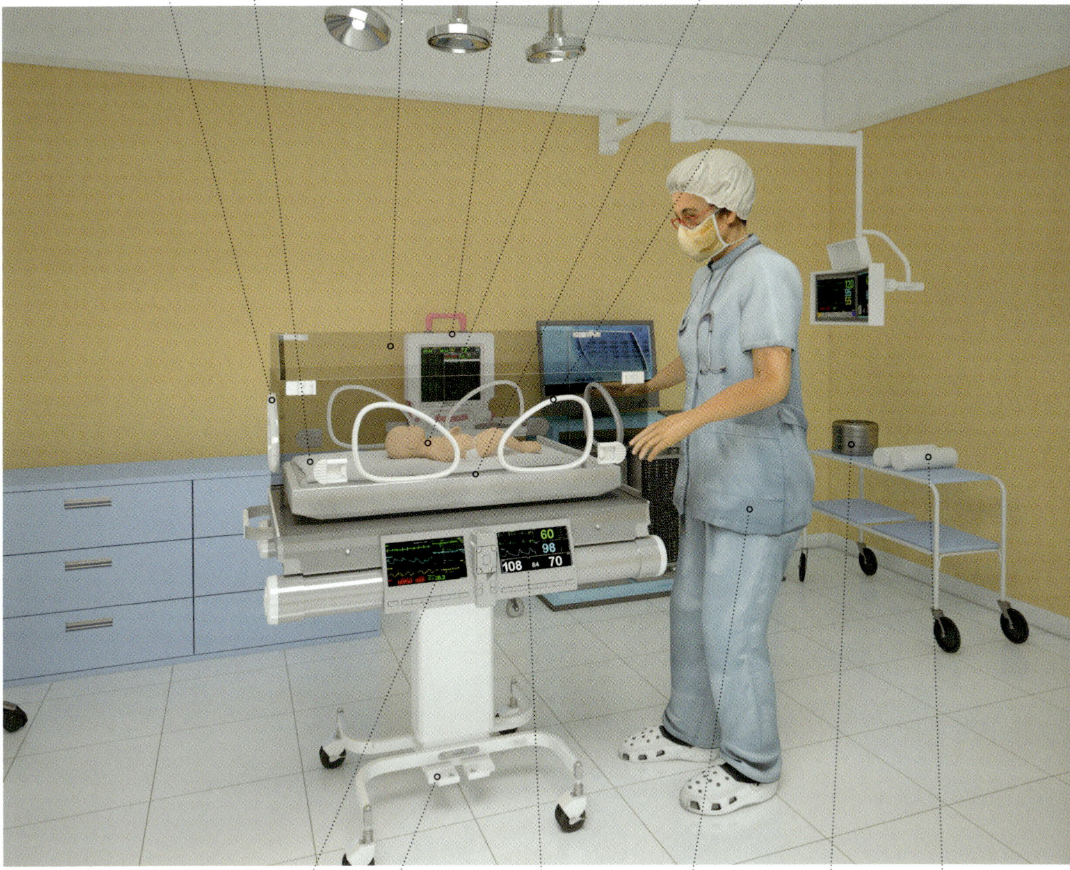

Anzeigetafel ^{F}
pantalla ^{F}

Neonatologin ^{F}
neonatóloga ^{F}

Unterlage ^{F}
empapador ^{M}

Fußschalter ^{M} für vertikale Höhenverstellung ^{F}
pedales ^{M} de ajuste ^{M} vertical

Bedien- und Informationsfeld ^{N}
panel ^{M} de control e ^{M} información ^{F}

Verbandtrommel ^{F}
tambor ^{M} de esterilización ^{F}

zahnärztlicher Raum ᴹ
sala ᶠ dental

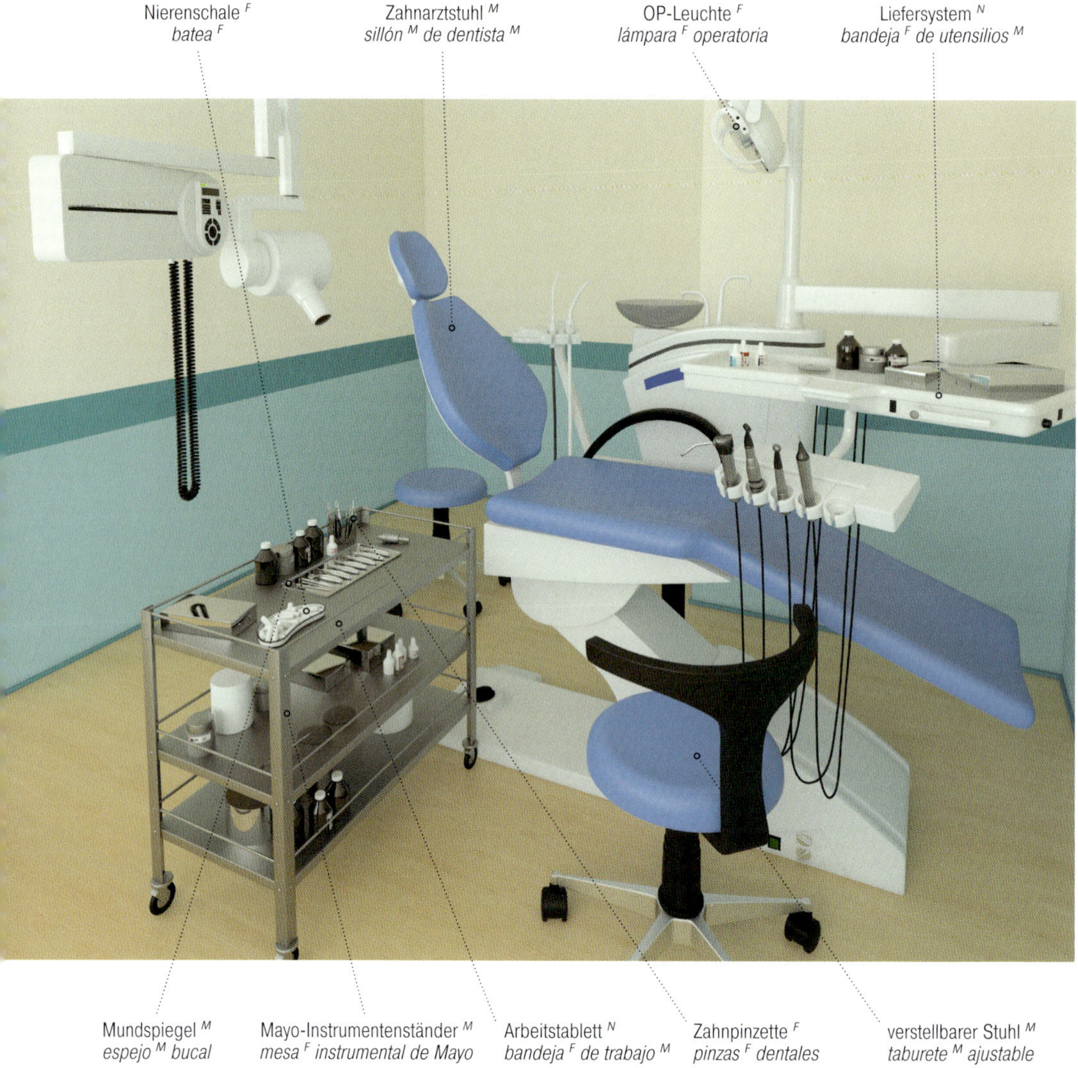

Psychotherapieraum ᴹ
sala ᶠ de psicoterapia ᶠ

Spritze ^{F}
jeringa ^{F}

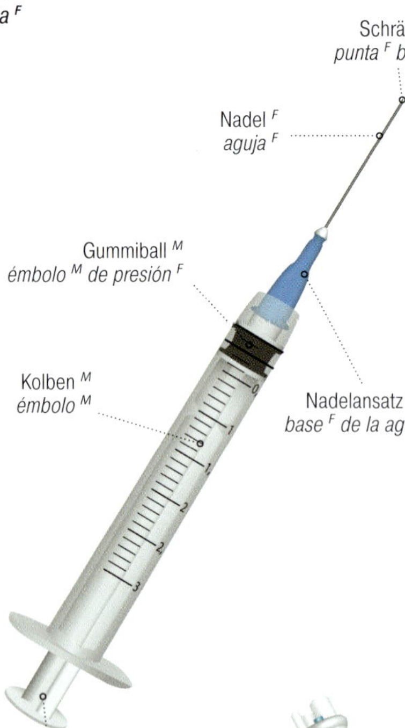

Digitalthermometer ^{N}
termómetro ^{M} digital

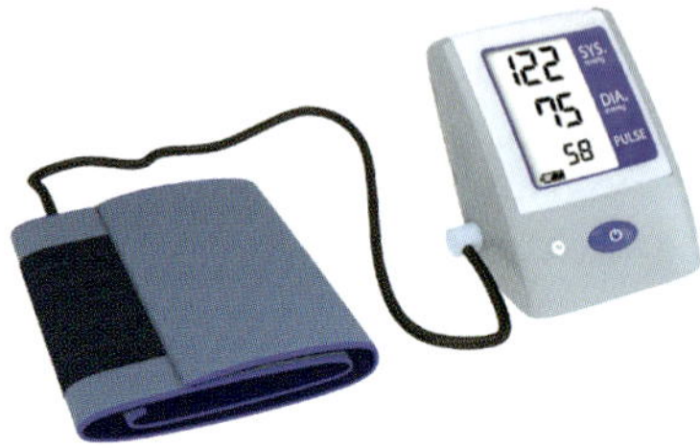

Blutdruckmessgerät ^{N}
monitor ^{M} de presión ^{F} arterial

Quecksilberthermometer ^{N}
termómetro ^{M} de mercurio ^{M}

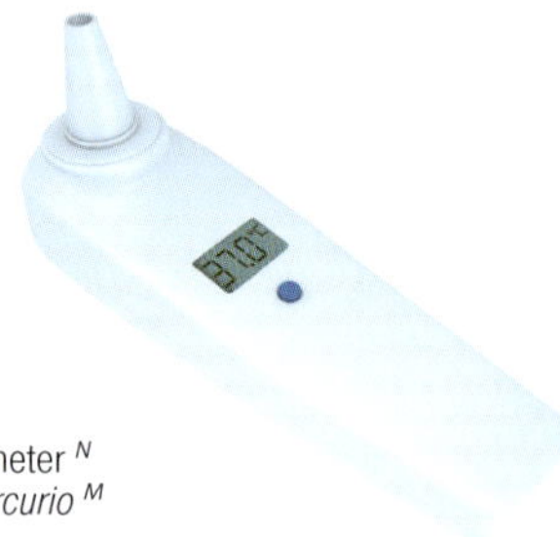

Ohrenthermometer ^{N}
termómetro ^{M} auricular

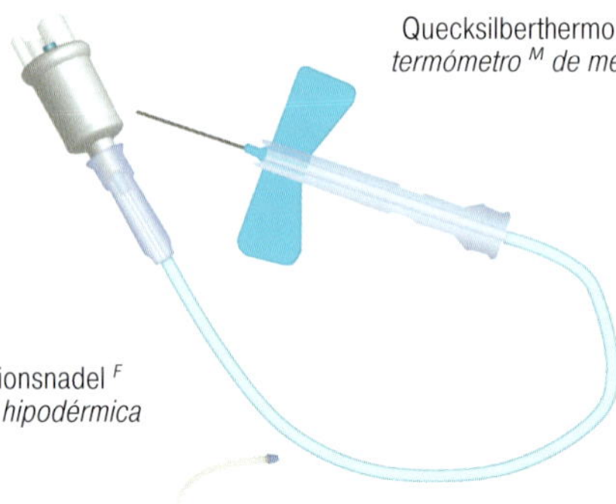

Injektionsnadel ^{F}
aguja ^{F} hipodérmica

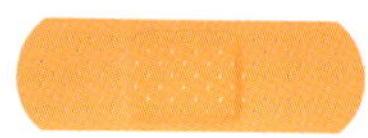

Pflaster ^{N}
apósito ^{M} adhesivo

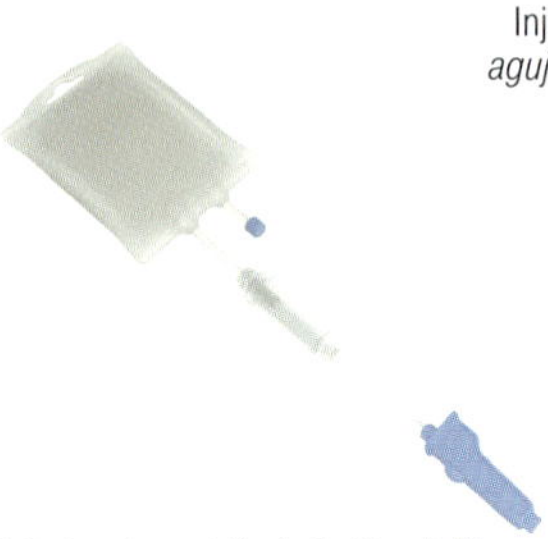

Infusionsbeutel ^{M} mit Schlauch ^{M}
bolsa ^{F} y sonda ^{F} intravenosa

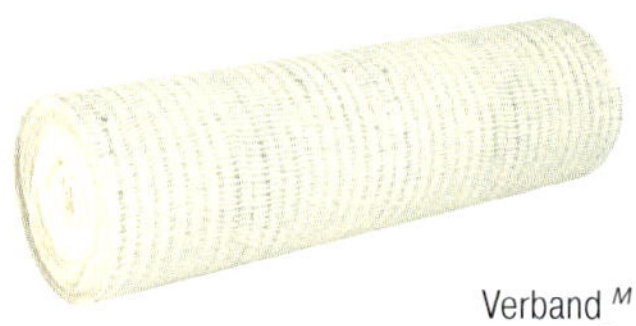

Verband ^{M}
venda ^{F}

Hautmikroskop [N]
microscopio [M] para la piel [F]

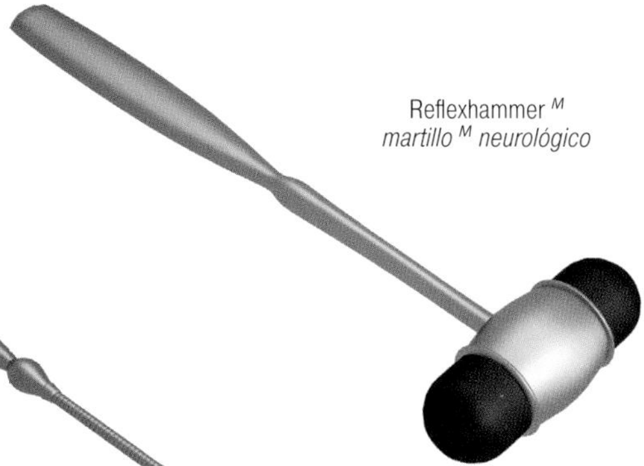

Reflexhammer [M]
martillo [M] neurológico

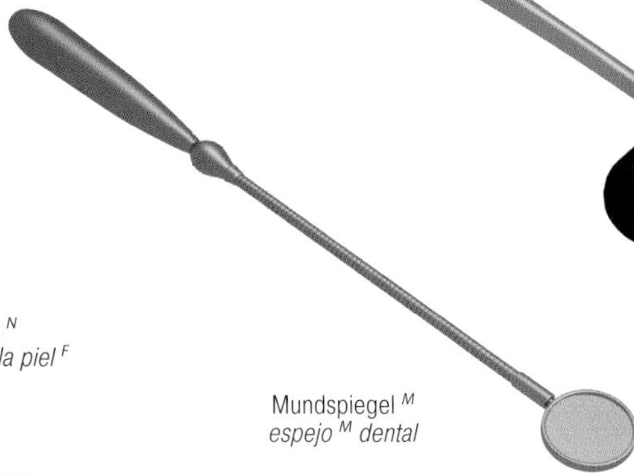

Mundspiegel [M]
espejo [M] dental

Kopfspiegel [M]
espejo [M] frontal

Otoskop [N]
otoscopio [M]

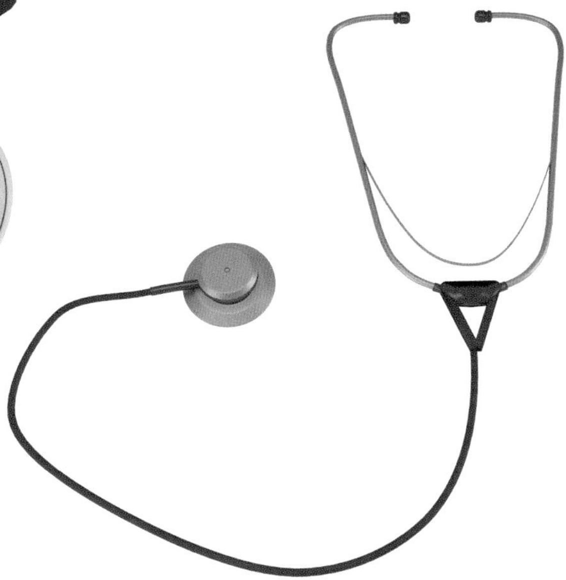

Stethoskop [N]
estetoscopio [M]

Pillen [F]
pastillas [F]

Zäpfchen [N]
supositorio [M]

Arzneimittelkapsel [F]
cápsula [F]

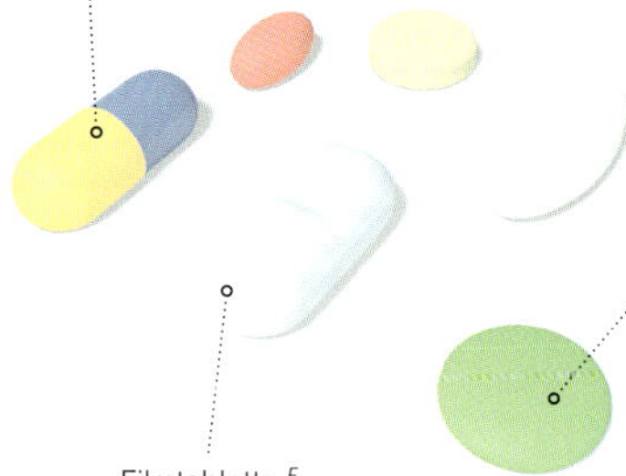

Tablette [F]
pastilla [F]

Filmtablette [F]
comprimido [M]

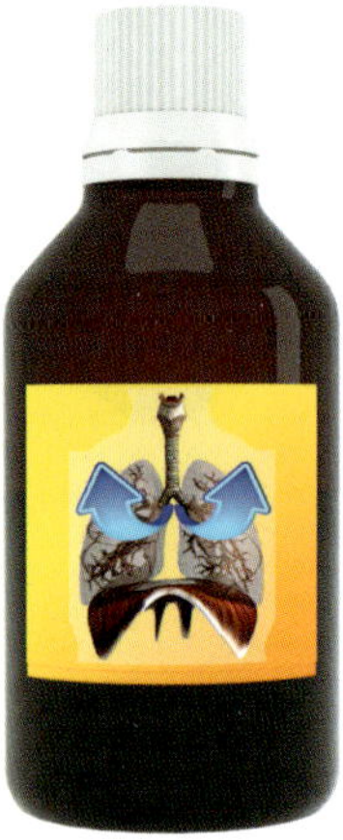

Sirup [M]
jarabe [M]

Autoinjektor [M]
autoinyector [M]

Ampulle [F]
ampolla [F] *de vidrio* [M]

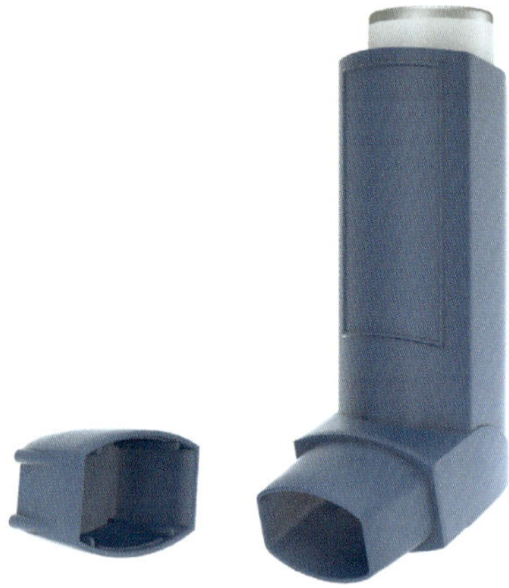

Dosierinhalator [M]
inhalador [M] *dosificador*

Nasenspray [N]
aerosol [M] *nasal*

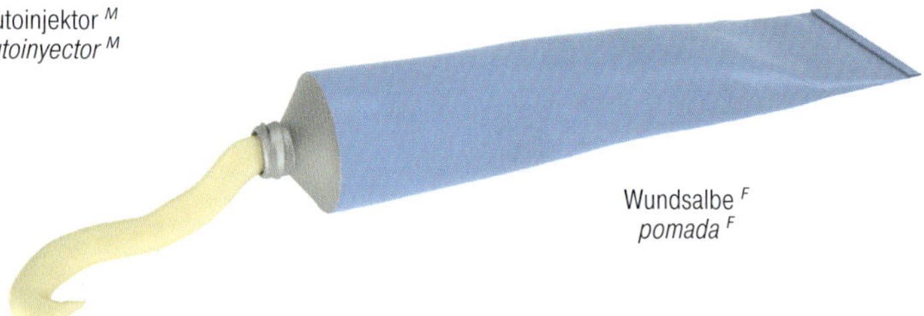

Wundsalbe [F]
pomada [F]

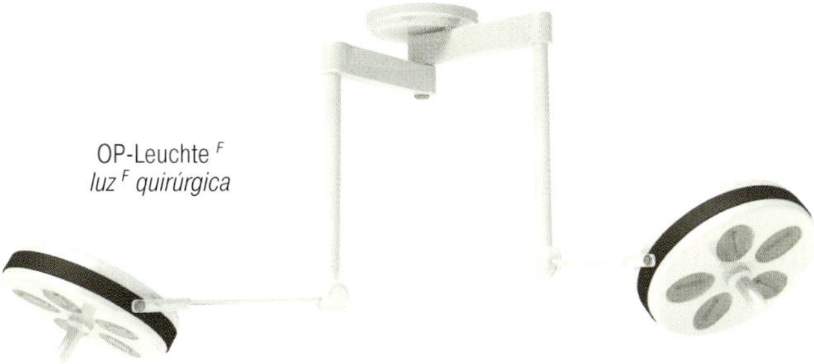

OP-Leuchte F
luz F quirúrgica

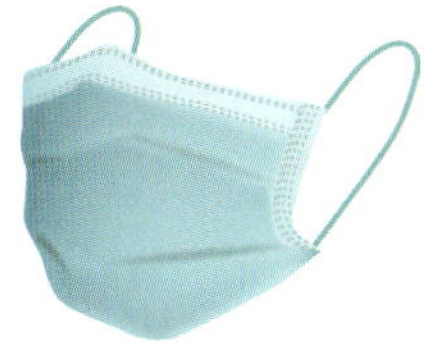

Operationsmaske F
mascarilla F de operaciones F

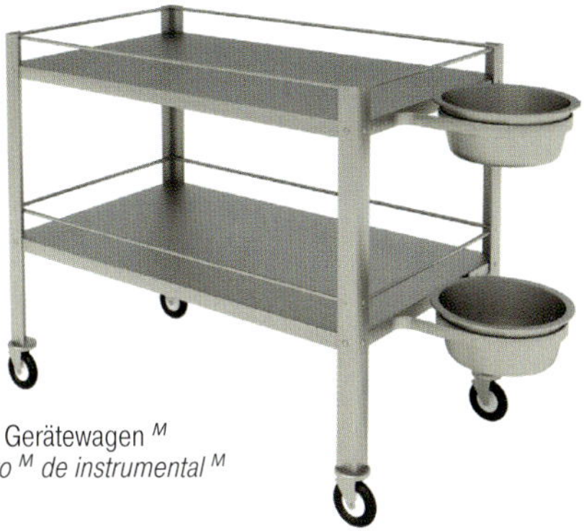

Gerätewagen M
carrito M de instrumental M

Schalenständer M
soporte M para lavamanos M

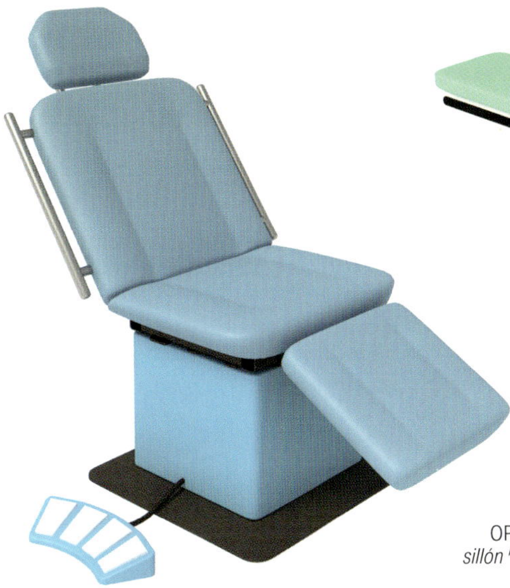

OP-Stuhl M
sillón M quirúrgico

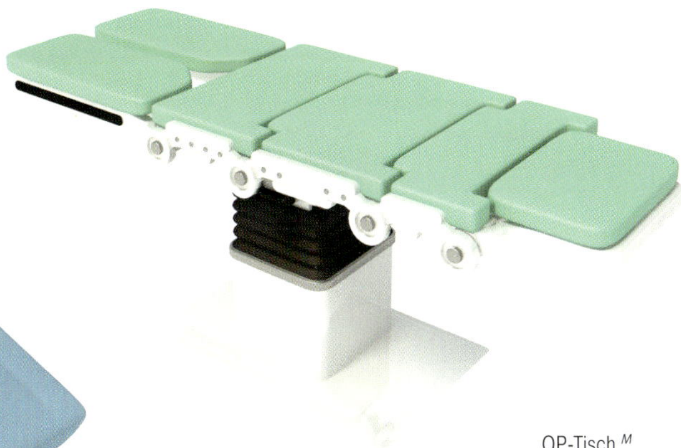

OP-Tisch M
mesa F quirúrgica

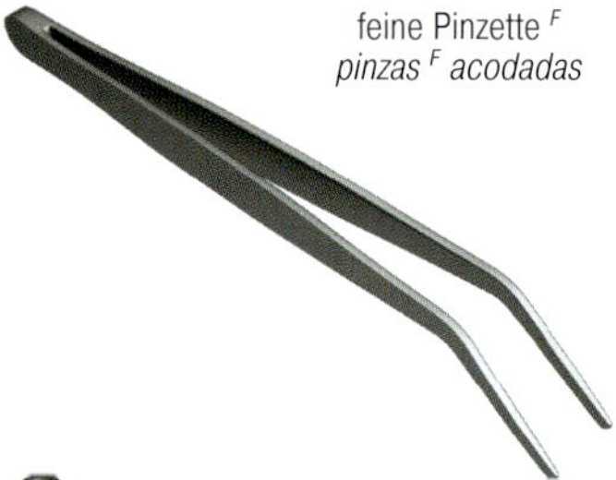

feine Pinzette F
pinzas F acodadas

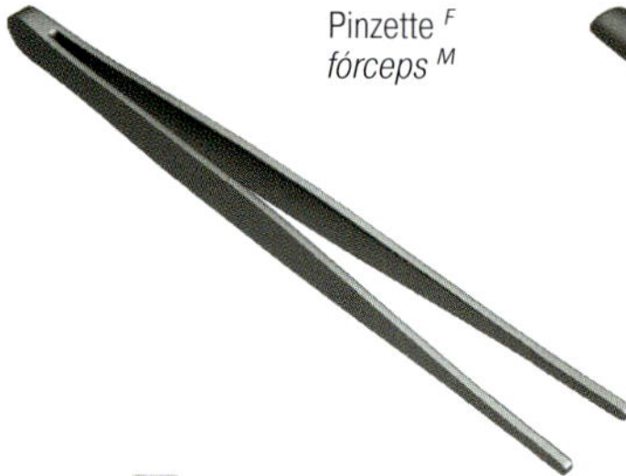

Pinzette F
fórceps M

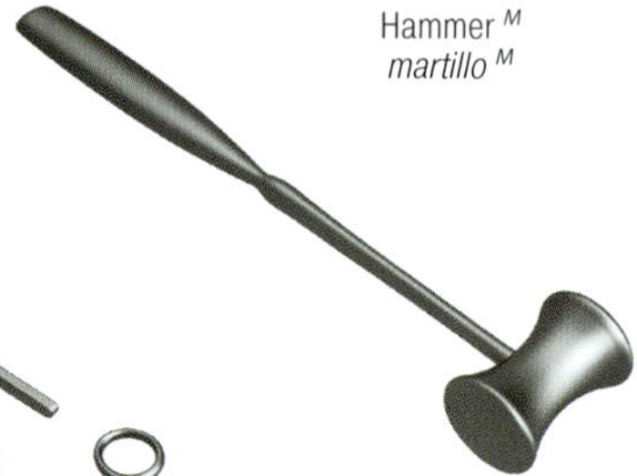

Hammer M
martillo M

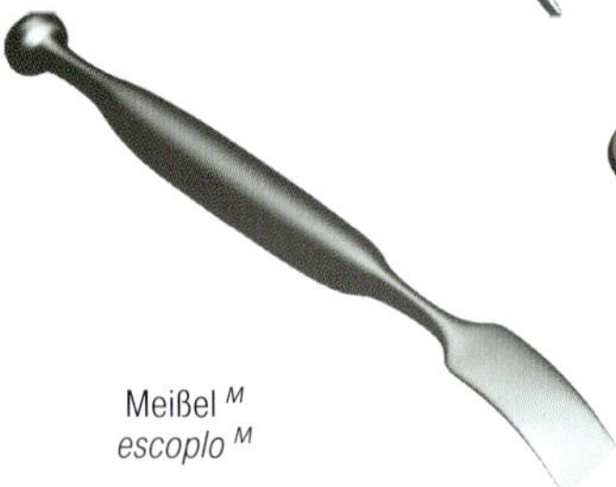

Meißel M
escoplo M

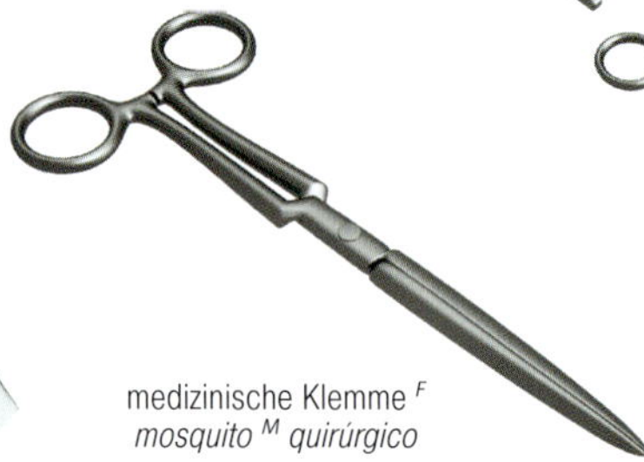

medizinische Klemme F
mosquito M quirúrgico

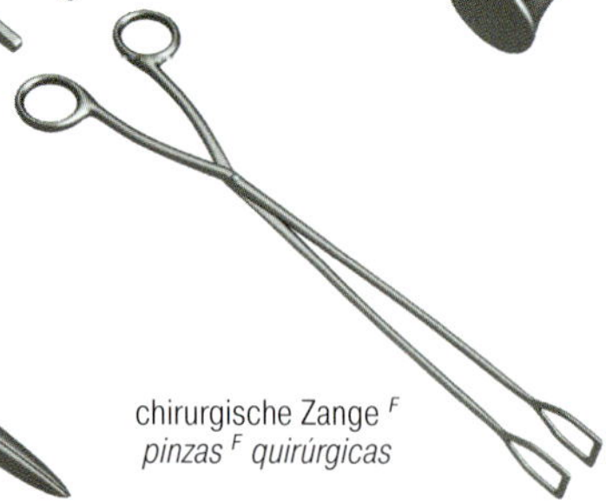

chirurgische Zange F
pinzas F quirúrgicas

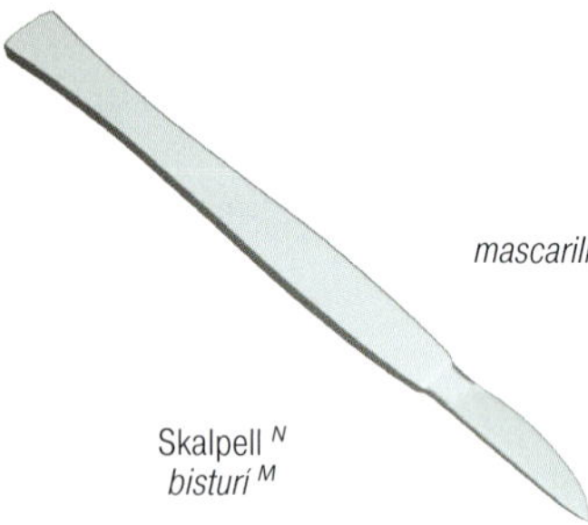

Skalpell N
bisturí M

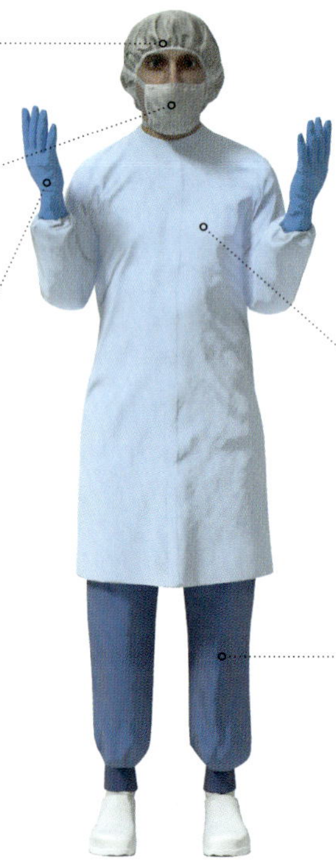

Mütze F
gorro M

Operationsmaske F
mascarilla F de operaciones F

Handschuhe M
guantes M

OP-Kittel M
bata F quirúrgica

OP-Hose F
pantalones M

Chirurg M
cirujano M

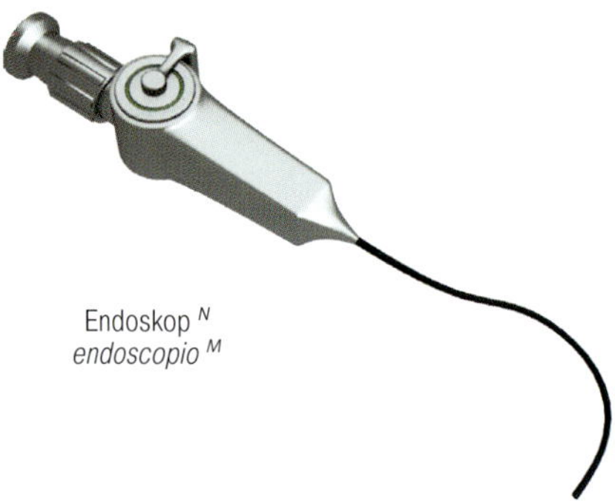

Endoskop N
endoscopio M

Unterarmgehstütze F
muleta F de antebrazo M

elektrischer Rollstuhl M
silla F de ruedas F eléctrica

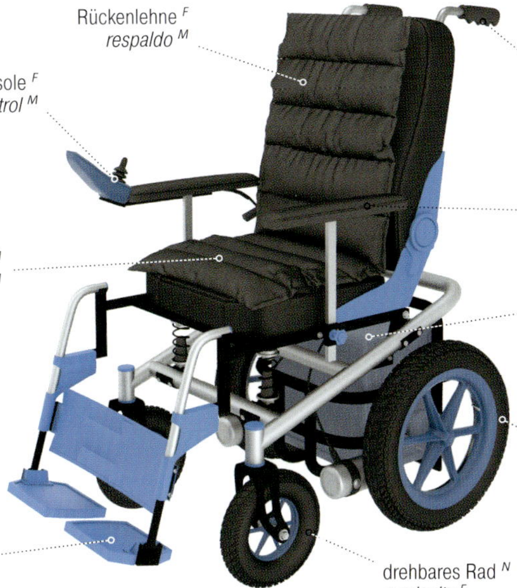

Rollstuhl M
silla F de ruedas F

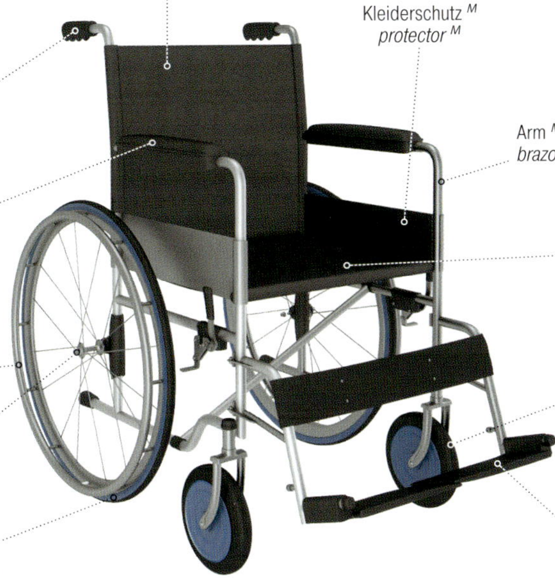

Rollator M
andadera F

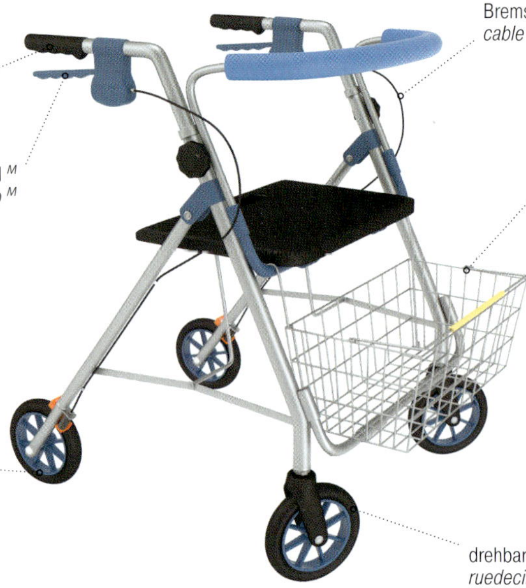

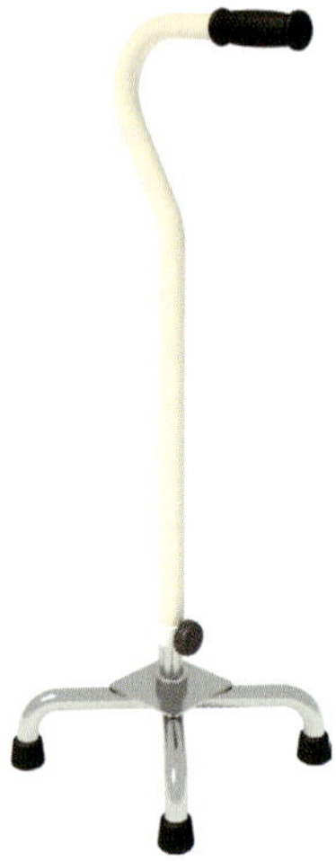

Gehhilfe F
bastón M de cuatro patas F

Vierradroller M
scooter eléctrica F de cuatro ruedas F

Gehstock M
bastón M de empuñadura F curvada

Gehstock "Alter Fritz" M
bastón M Fritz

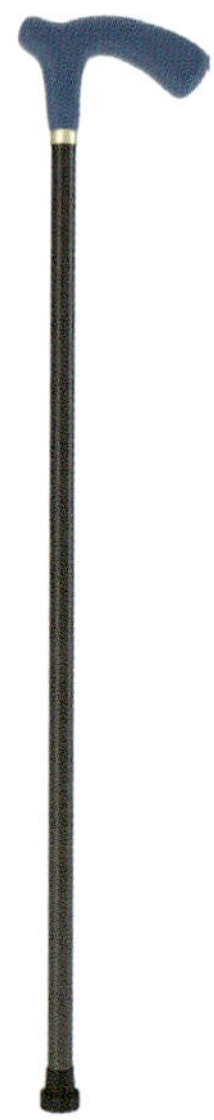

Achselkrücke F
muleta F axilar

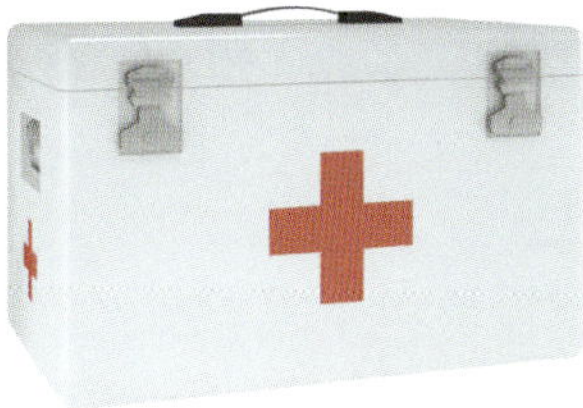

Erste-Hilfe-Kit ^{N}
kit ^{M} de primeros auxilios ^{M}

Sanitäter ^{M}
paramédico ^{M}

Ambulanz ^{F}
ambulancia ^{F}

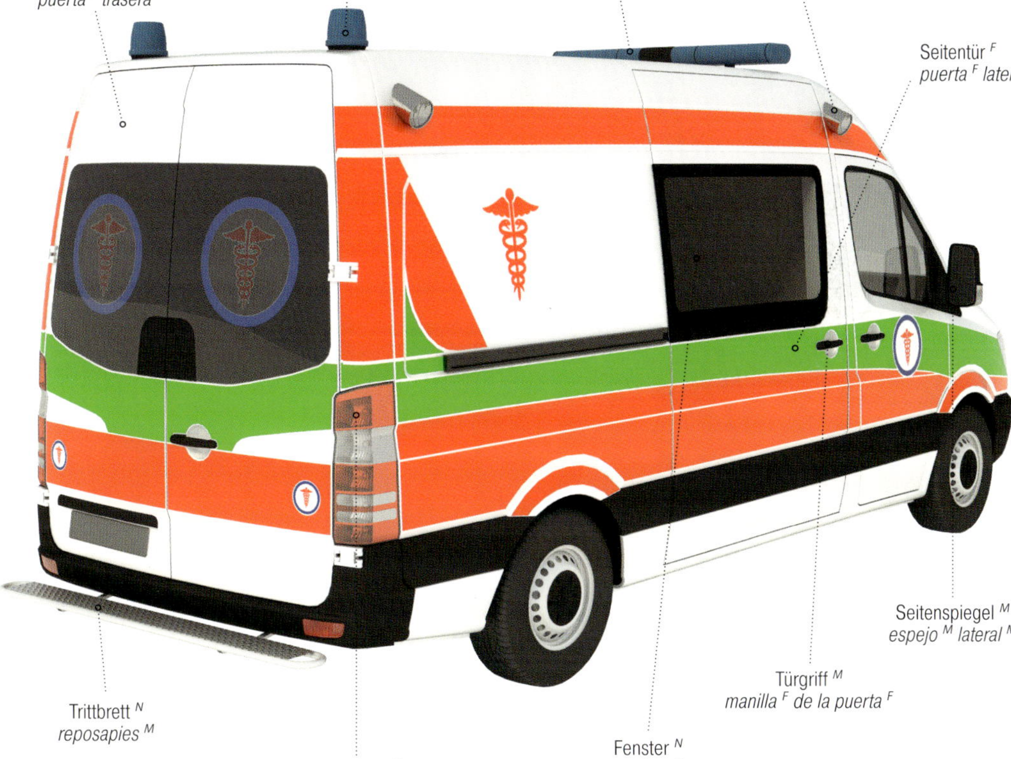

Erdgeschoss N
planta F baja

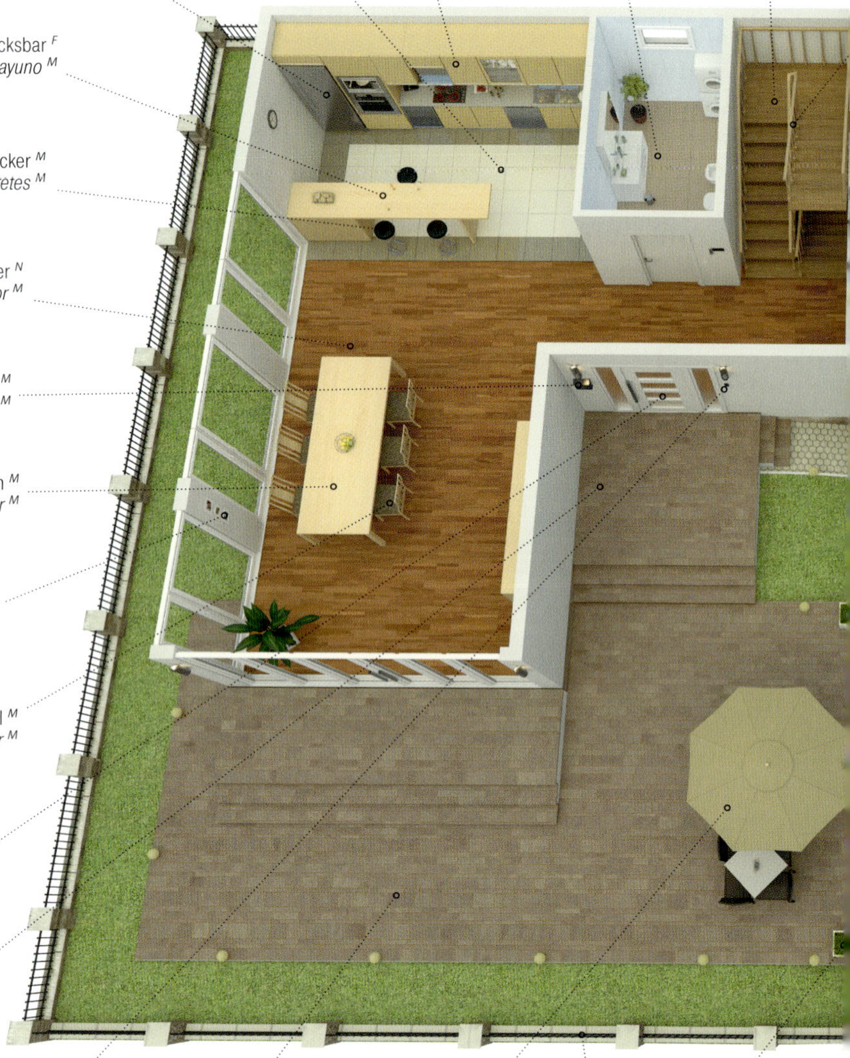

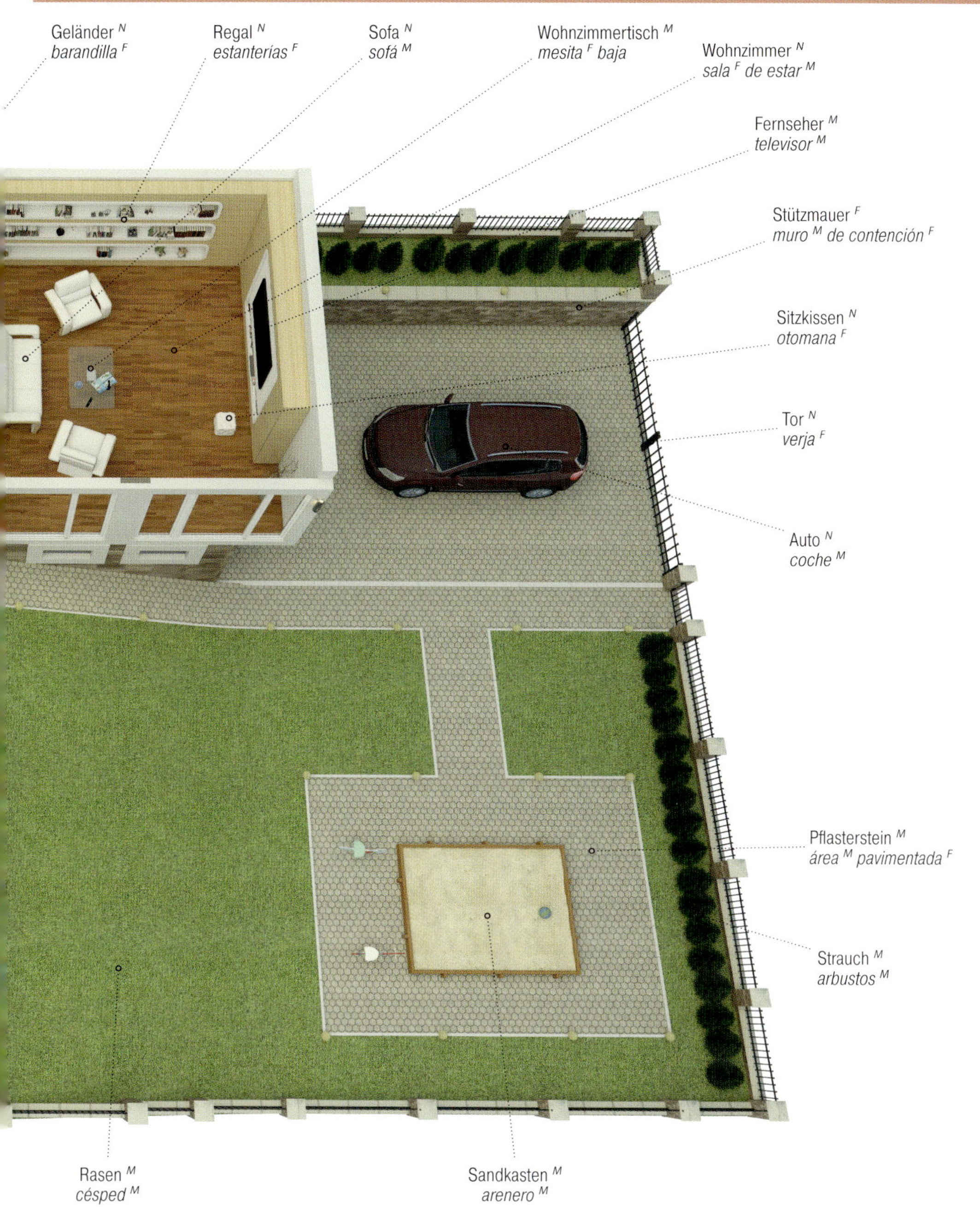
Geländer N
barandilla F
Regal N
estanterías F
Sofa N
sofá M
Wohnzimmertisch M
mesita F baja
Wohnzimmer N
sala F de estar M
Fernseher M
televisor M
Stützmauer F
muro M de contención F
Sitzkissen N
otomana F
Tor N
verja F
Auto N
coche M
Pflasterstein M
área M pavimentada F
Strauch M
arbustos M
Rasen M
césped M
Sandkasten M
arenero M

erster Stock [M]
primer piso [M]

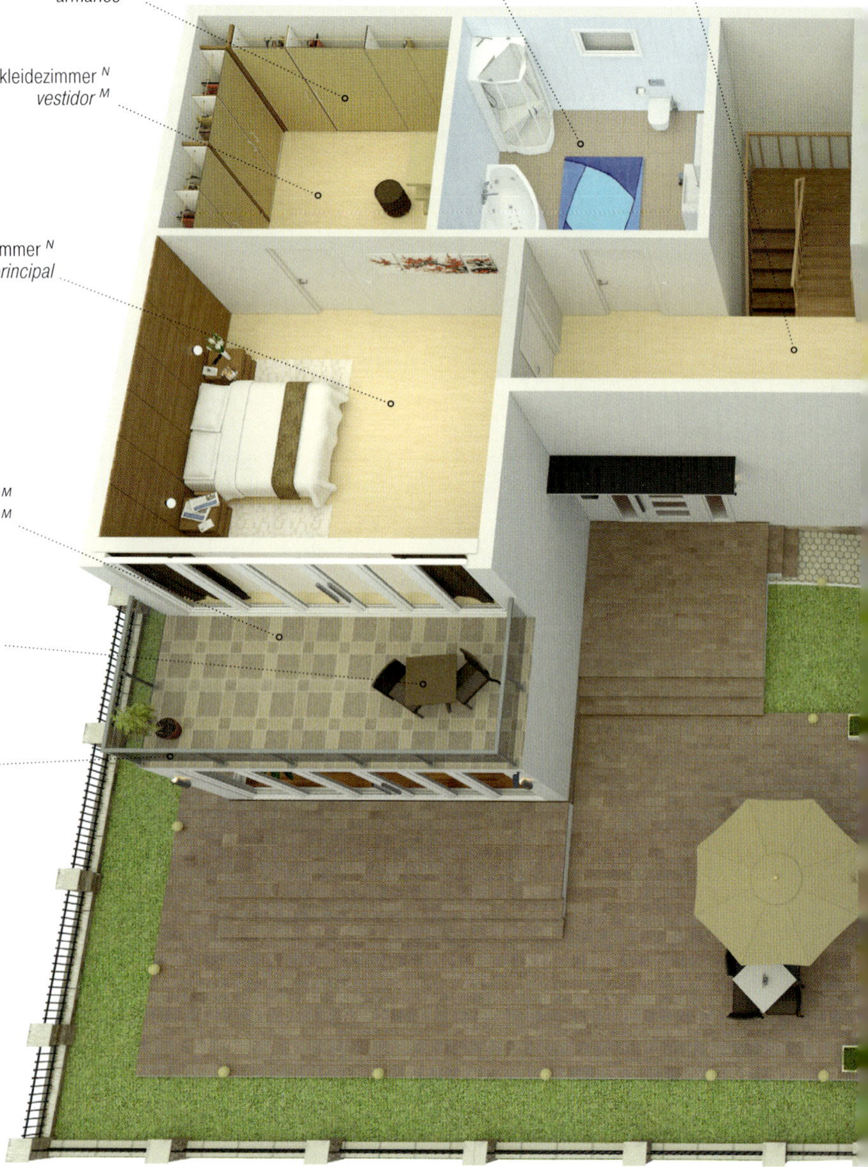

Toilette F
baño M
Kinderzimmer N
dormitorio M infantil
Babyzimmer N
dormitorio M de bebé M
Überwachungskamera F
cámara F de seguridad F

Außenansicht des Hauses N
exterior M del hogar M

Lüftungsschacht ^M
conducto ^M de ventilación ^F
Solarmodul ^N
panel ^M solar
Überwachungskamera ^F
cámara ^F de seguridad ^F
Garagentor ^N
puerta ^F de garaje ^M
Auto ^N
coche ^M
Hecke ^F
seto ^M
Stützmauer ^F
muro ^M de contención ^F
Tor ^N
verja ^F
Einfahrt ^F
entrada ^F para el coche ^M

Wohnblock ^M^
*bloque ^M^ de apartamentos ^M^*

Satellitenschüssel F
antena F parabólica
Antenne F
antena F
Terrassenschirm M
sombrilla para terraza F
Terrasse F
terraza F

Wohnzimmer N
sala F de estar

DVD F
DVD M
DVD-Player M
reproductor M de DVD M
Fernseher M
televisor M
Regal N
estante M
Kissen N
cojín M
Sessel M
sillón M
Sitzkissen N
otomana F
Topfpflanze F
planta F de maceta F

Hauptschlafzimmer [N]
dormitorio [M] principal

Kissen N
almohada F
Lichtschalter M
interruptor M de luz F
Tür F
puerta F
Telefon N
teléfono M
Steckdose F
enchufe M
Hartholzboden M
suelo M de madera F

Badezimmer [N]
sala [F] de baño [M]

Fenster N
ventana F
Toilette F
inodoro M
Spiegel M
espejo M
Dunstabzug M
extractor M
Medizinschrank M
botiquín M
Seifenschale F
jabonera F
Wasserhahn M
grifo M
Zahnbürste F
cepillo M de dientes M
Zahnbürstenhalter M
vaso M para cepillo M de dientes M
Lotion F
crema F
Waschbecken N
lavabo M
Handtuch N
toalla F de mano M
Fußboden M
suelo M
Toilettenpapier N
papel M higiénico
Toilettenbürste F
cepillo M para limpiar el inodoro M
Abfalleimer M
papelera F
Beckenunterschrank M
tocador M

Mädchenzimmer [N]
dormitorio [M] de niña [F]

Wandaufkleber [M]
vinilo [M] decorativo

Wanduhr [F]
reloj [M]

Foto [N]
fotografía [F]

Kommode [F]
cajonera [F]

Kissen [N]
almohada [F]

Bettlaken [N]
sábanas [F]

Bett [N]
cama [F]

Tapete [F]
papel [M] tapiz [M]
Bild [N]
cuadro [M]
Lampe [F]
lámpara [F]
Spielzeug [N]
juguete [M]
Nachttisch [M]
mesita [F] de noche [F]
Hartholzboden [M]
suelo [M] de madera [F]
Teppich [M]
alfombra [F]

Kinderzimmer N
cuarto M del bebé M

Babylotion F
loción M infantil

Regal N
estante M

Wickeltisch M
mesa F para cambiar al bebé M

Spielzeug N
juguete M

Vorhang M
cortinas F

Stehlampe F
lámpara F de pie M

Schaukelstuhl M
mecedora F

Kissen N
almohada F

Teppich M
alfombra F

Kinderbett N
cuna F

Kindermobiliar N
Muebles M infantiles

Wickeltisch M
cambiador M

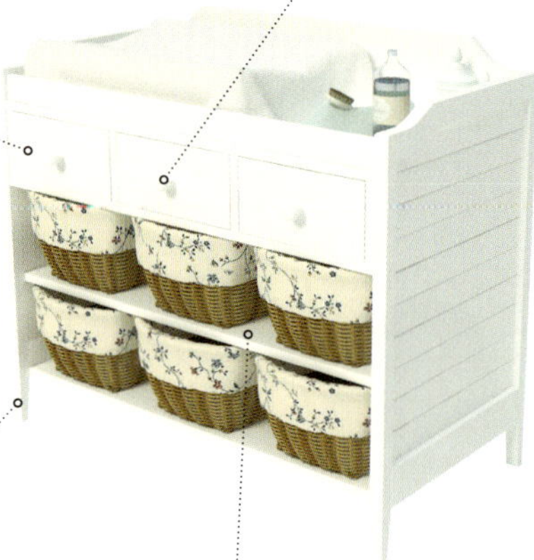

Kleiderschrank M
armario M

Hochstuhl M
sillita F alta

Schreibtisch mit Stuhl M
mesa F y silla F

Hochbetten N
literas F
Rahmen M
estructura F
Sicherheitsgeländer N
barandilla F de seguridad F
Schublade F
cajón M
Kissen N
almohada F
Matratze F
colchón M
Leiter F
escalera F de mano F

Kinderbett N
cuna F
Leiste F
listones M de seguridad F
Matratze F
colchón M
Schublade F
cajón M

Bett N
cama F

Küche F
Cocina F

Abzugshaube F
campana F
Weinglas N
copa F de vino M
Behälter M
bote M
Tasse F
taza F
Wasserhahn M
grifo M
Schrank M
alacenas F
Herdplatte F
tapa F de cocina F
Arbeitsplatte F
encimera F
Geschirrspüler M
lavavajillas M
Spülbecken N
fregadero M
Fliesenboden M
suelo M de baldosas M

Großgeräte [N]
Electrodomésticos [M] de cocina [F]

Kühlschrank [M]
nevera [F]

Doppeltürkühlschrank [M]
nevera [F] de doble puerta [F]

Mikrowelle [F]
microondas [M]

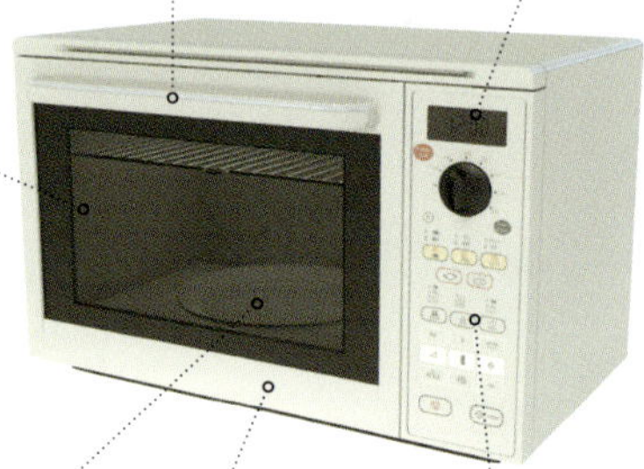

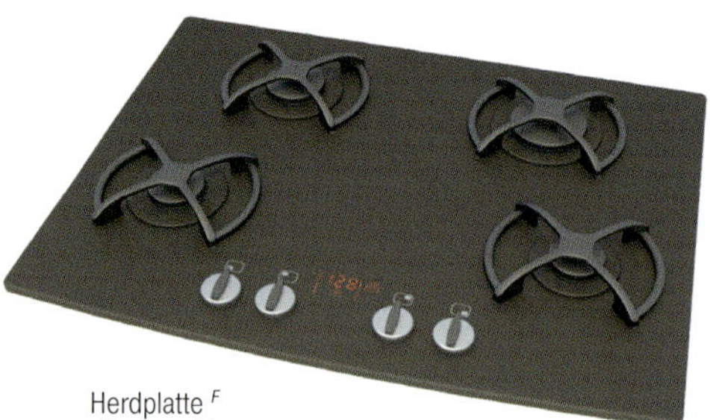

Herdplatte [F]
fogones [M]

Dunstabzugshaube F
extractor M

Geschirrspülmaschine F
lavavajillas M

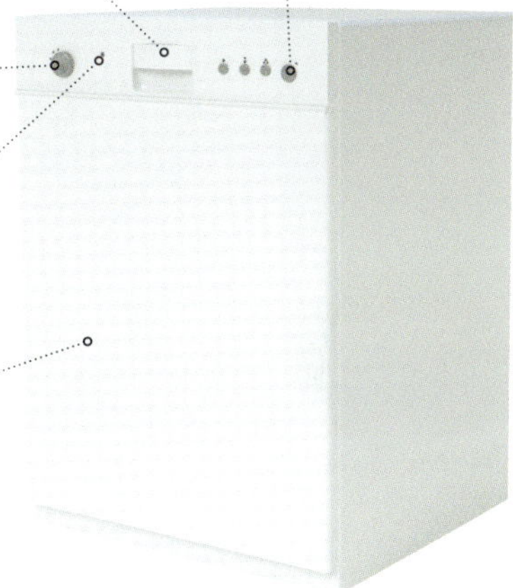

Elektroherd M
cocina F eléctrica

Gasherd M
cocina F de gas M

Haushaltsgeräte ᴺ
Electrodomésticos ᴹ pequeños

Kaffeemühle ᶠ
molinillo ᴹ de café ᴹ

Espressomaschine ᶠ
cafetera ᶠ espresso ᶠ

Filterkaffeemaschine ᶠ
cafetera ᶠ de goteo ᴹ

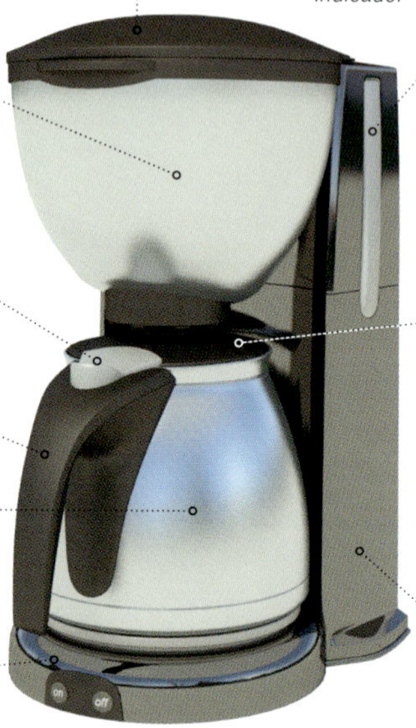

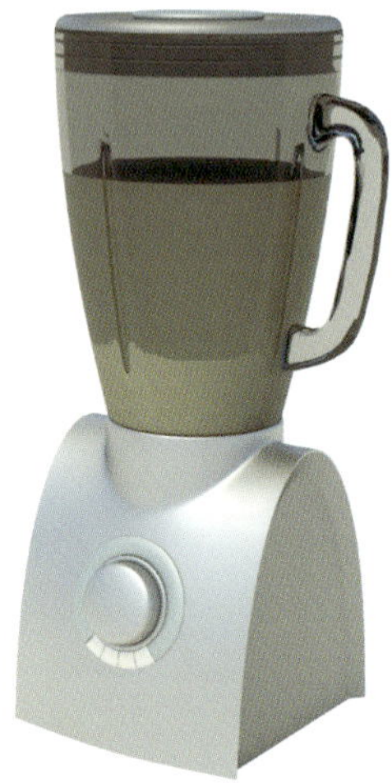

Mixer ᴹ
batidora ᶠ

Entsafter [M]
exprimidor [M]

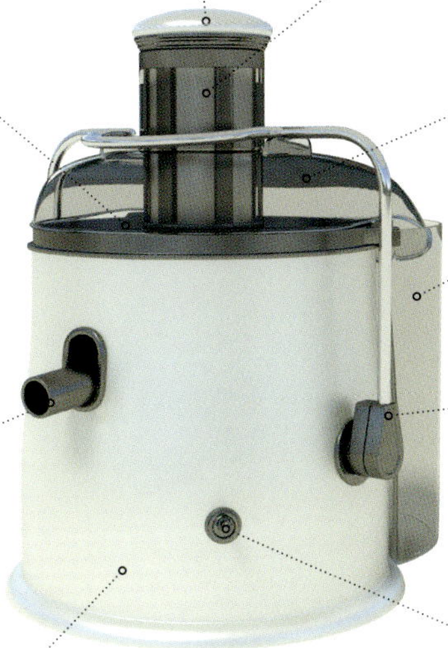

Wasserkocher [M]
tetera [F] *eléctrica*

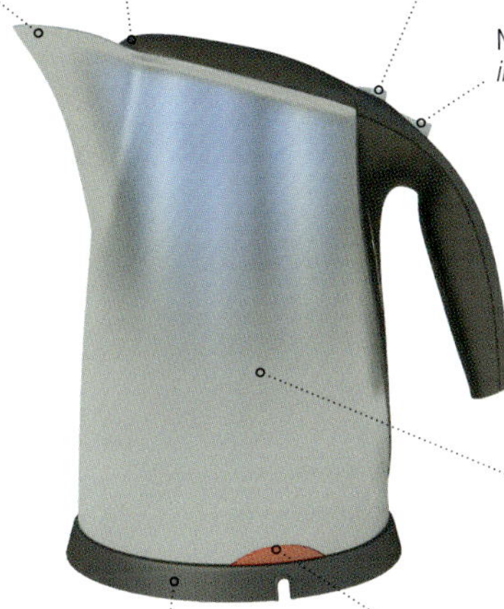

elektrische Zitruspresse [F]
exprimidor [M] *de cítricos* [M]

Toasterofen [M]
horno [M] tostador

Fritteuse [F]
freidora [F]

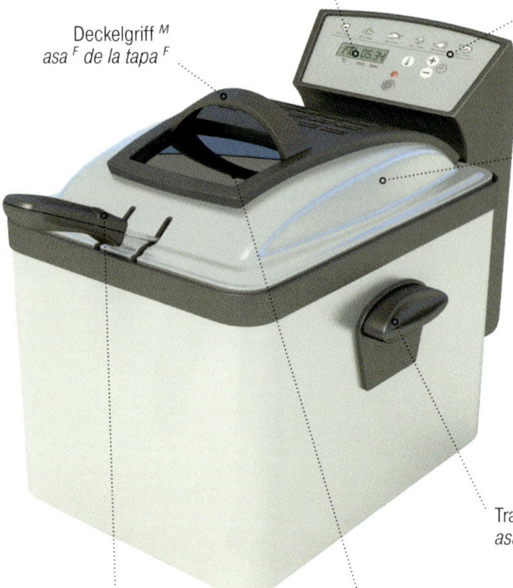

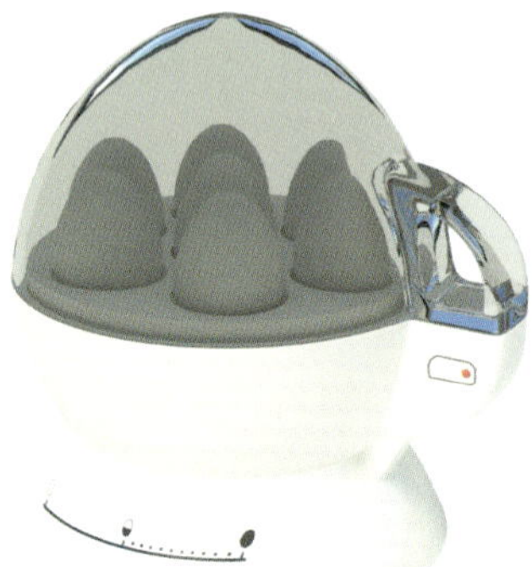

Eierkocher [M]
cuecehuevos [M]

Toaster M
tostadora F

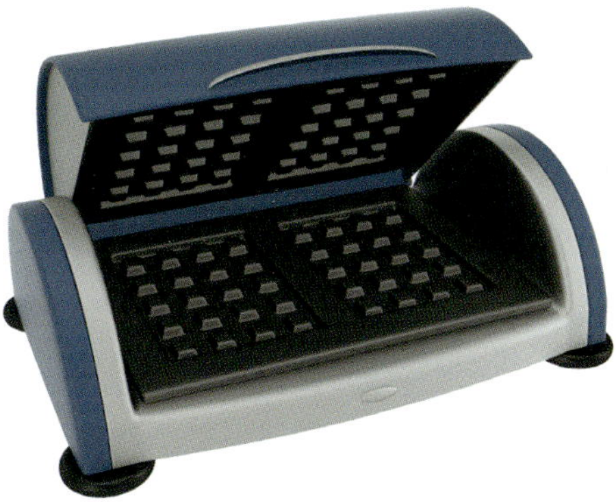

Waffeleisen N
gofrera F

Tischgrill M
parrilla F de mesa F

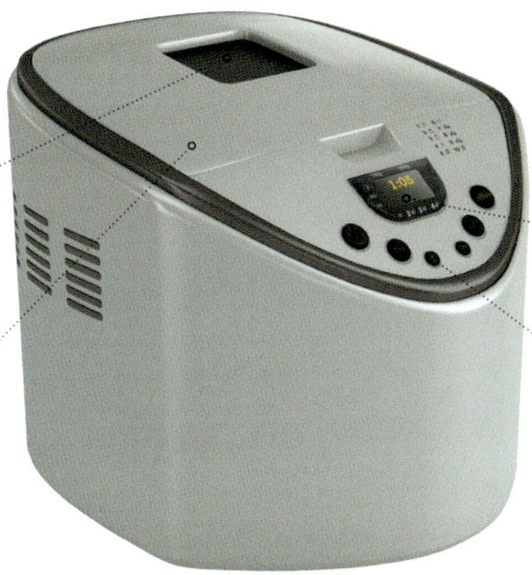

Brotbackautomat M
máquina F de pan M

Küchenmaschine F
robot M de cocina F

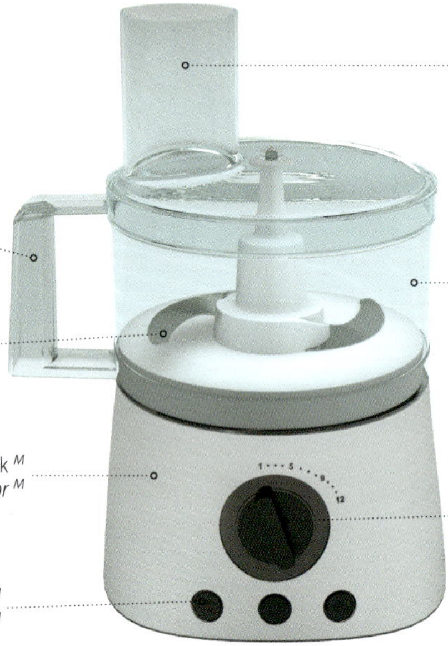

Standmixer M
batidora F de pie M

Dampfgarer M
deshidratadora F

elektrischer Fleischwolf M
triturador M de carne F eléctrico

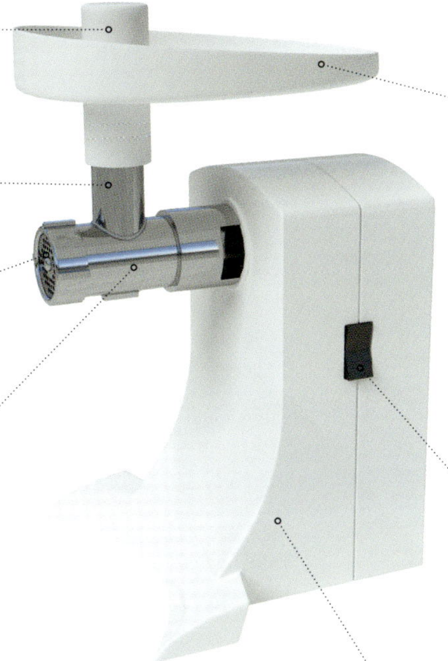

Bräter M
olla F de cocción F lenta

Sandwichtoaster M
sandwichera F

Tischgedeck ^{N}
disposición ^{F} de la mesa ^{F}

Dessertmesser ^{N}
cuchillo ^{M} de postres ^{M}

Tischdecke ^{F}
mantel ^{M}

Dessertgabel ^{F}
tenedor ^{M} de postres ^{M}

Brot und Butterteller ^{M}
plato ^{M} auxiliar

Buttermesser ^{N}
cuchillo ^{M} para untar

Essteller ^{M}
plato ^{M}

Speisegabel ^{F}
tenedor ^{M}

Salatgabel ^{F}
tenedor ^{M} de ensalada ^{F}

Rotweinglas N
copa F de vino M tinto
Kerze F
vela F
Kerzenhalter M
candelero M
Weißweinglas N
copa F de vino M blanco
Eiskübel M
cubitera F
Sektglas N
copa F alta de champán M
Serviette F
servilleta F
Teelöffel M
cucharilla F
Esslöffel M
cuchara F
Fischmesser N
cuchillo M de aperitivo M
Speisemesser N
cuchillo M

Besteck ^{N}
Cubertería ^{F}

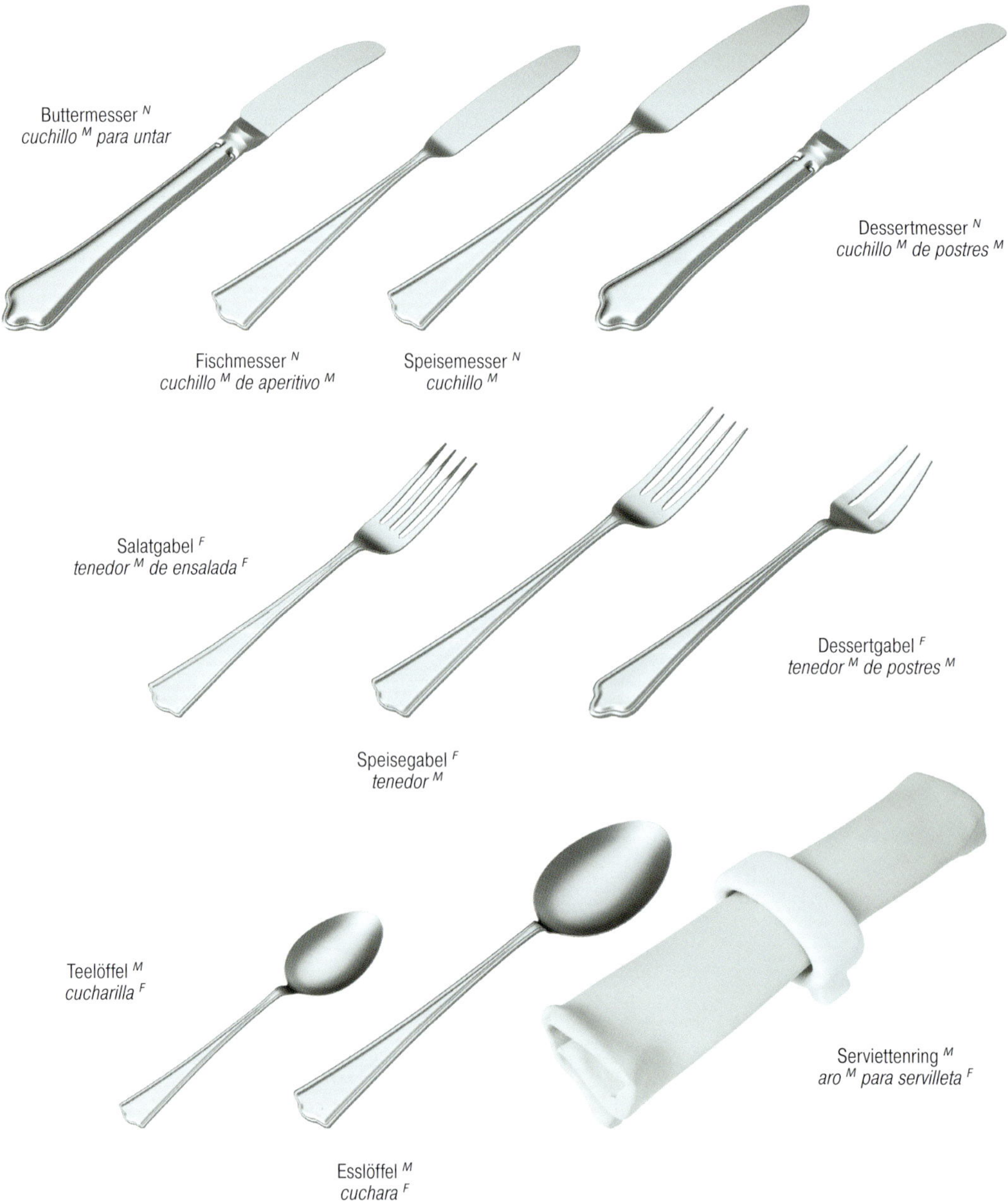

Küchenmesser ^{N}
Cuchillos ^{M} de cocina ^{F}

Wetzstein ^{M}
piedra ^{F} de afilar

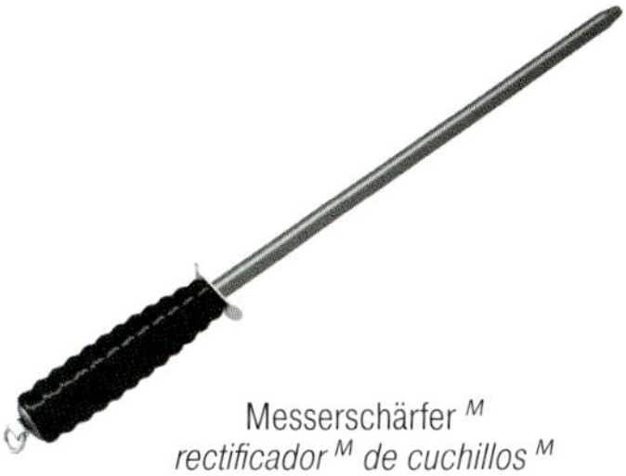

Messerschärfer ^{M}
rectificador ^{M} de cuchillos ^{M}

Messer-Set ^{N}
juego ^{M} de cuchillos ^{M} de cocina ^{F}

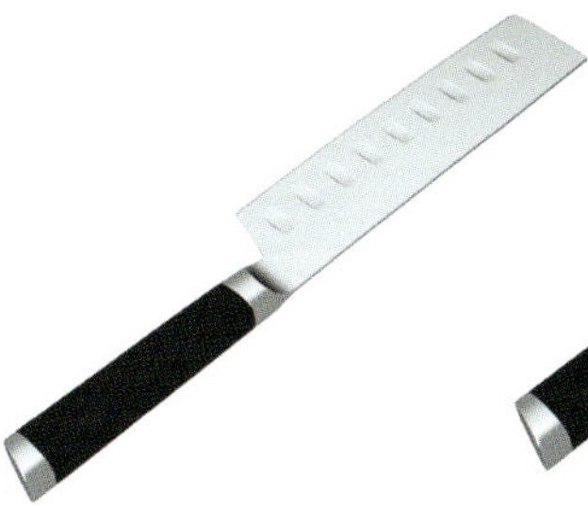

Schinkenmesser ^{N}
cuchillo ^{M} de jamón ^{M}

Schnitzmesser ^{N}
cuchillo ^{M} de trinchar

Spickmesser ^{N}
cuchillo ^{M} multiuso

Gemüsemesser ^{N}
cuchillo ^{M} para pelar

Brotmesser ^{N}
cuchillo ^{M} de pan ^{M}

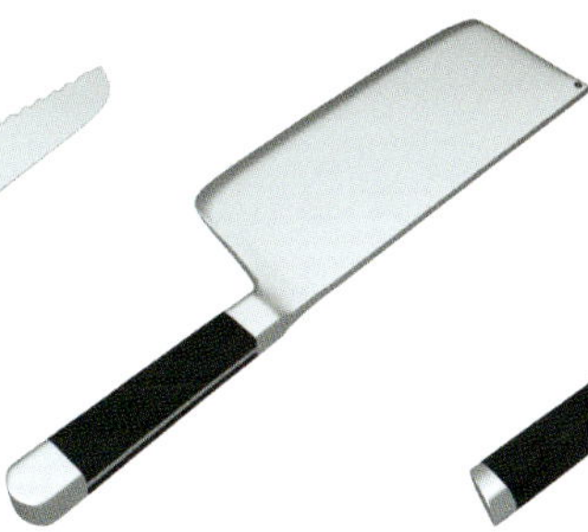

Hackmesser ^{N}
cuchillo ^{M} de carne ^{F}

Kochmesser ^{N}
cuchillo ^{M} de chef ^{M}

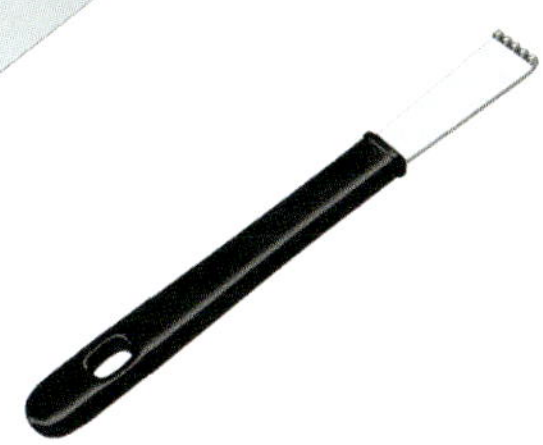

Orangenschäler ^{M}
cuchillo ^{M} para cáscaras ^{M}

Essgeschirr N
Vajilla F

Müslischale F
tazón M para cereales M

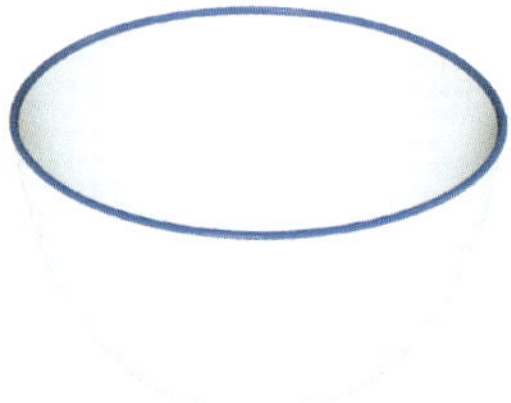

Reisschale F
tazón M de arróz M

Suppenschale F
bol M de sopa F

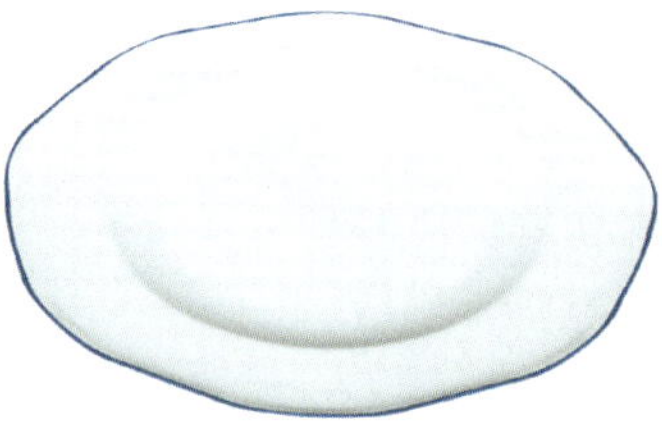

Teller mit Rand M
plato M con borde M

gewölbter Teller M
plato M con relieve M

Vase F
jarrón M

tiefer Teller M
plato M hondo

Quadratteller M
plato M cuadrado

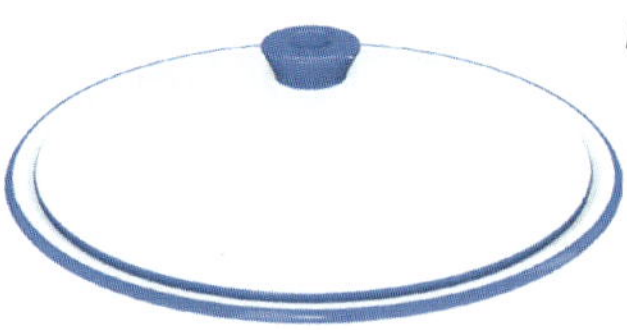

Gemüseschüssel F
bol M con tapa F

Tasse F
taza F

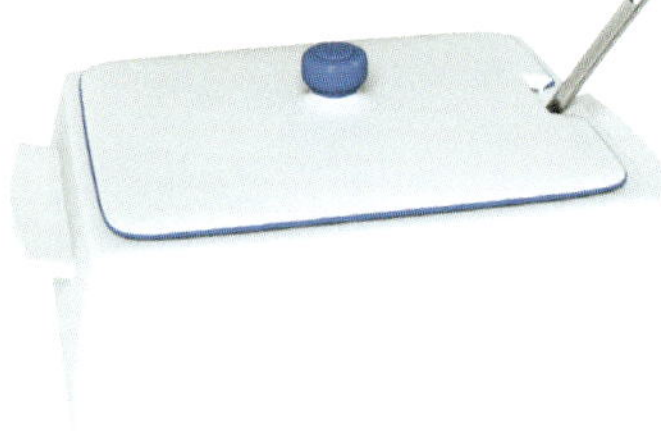

Quadratschüssel F
sopera F cuadrada

Servierplatte ^F^
plato ^M^ de servir

Speiseteller ^M^
plato ^M^ llano

Dessertteller ^M^
*plato ^M^ de postres ^M^*

Löffelablage ^F^
*portacucharas ^M^*

Dessertschale ^F^
*tazón ^M^ de postres ^M^*

Tasse ^F^ mit Untertasse ^F^
*taza ^F^ y plato ^M^*

Suppentopf ^M^
*fuente ^F^*

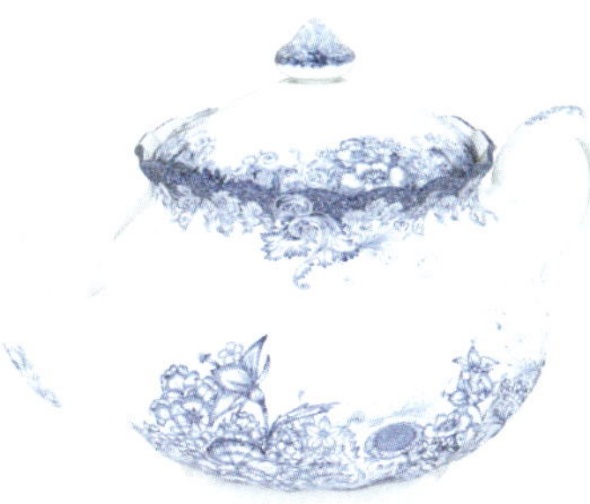

Teekessel ^M^
*tetera ^F^*

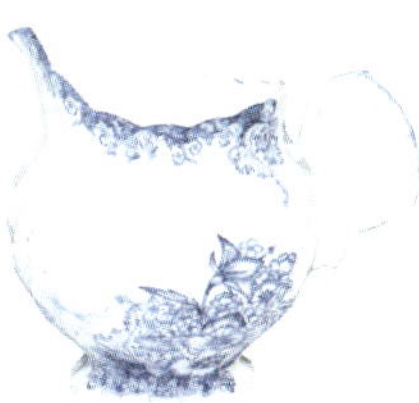

Milchkrug ^M^
*jarra ^F^ de leche ^F^*

Zuckerschale ^F^
*azucarero ^M^*

Küchenutensilien [N]
Utensilios [M] de cocina [F]

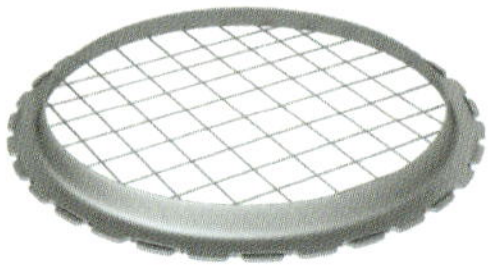

Würfelschneider [M]
cortador [M] en cubitos [M]

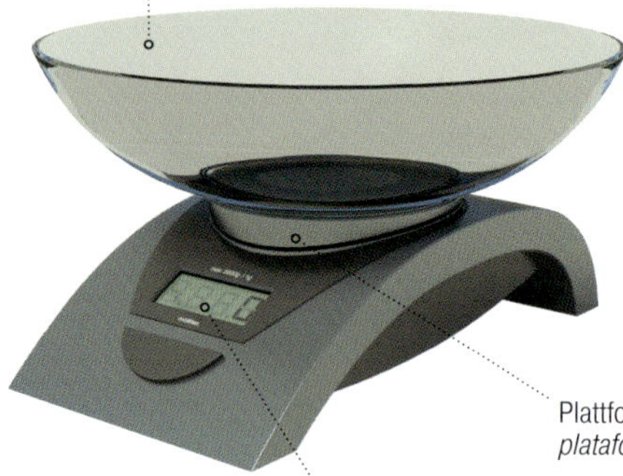

digitale Küchenwaage [F]
báscula [F] digital de cocina [F]

Fondueset [N]
fondue [F]

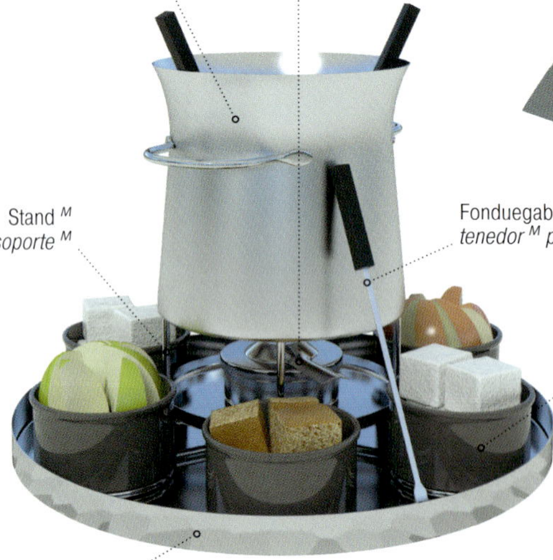

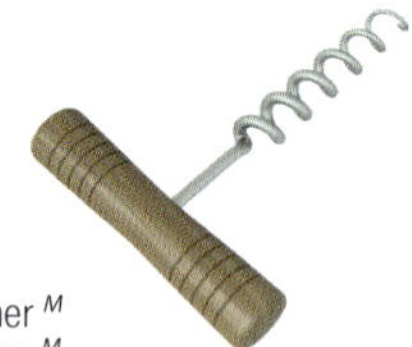

Korkenzieher [M]
sacacorchos [M]

Brotkasten [M]
panera [F]

Handkaffeemühle [F]
molinillo [M] de café [M] manual

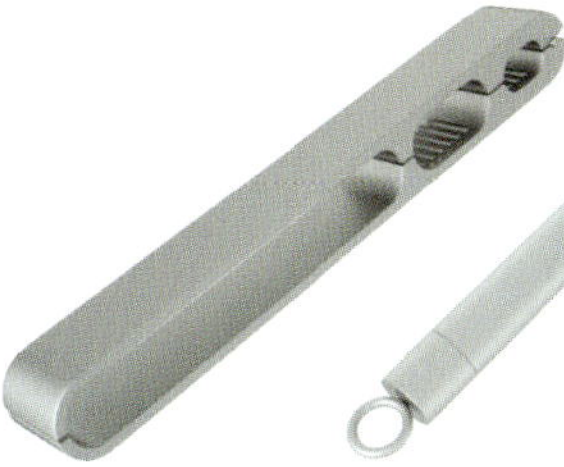

Nussknacker[M]
cascanueces[M]

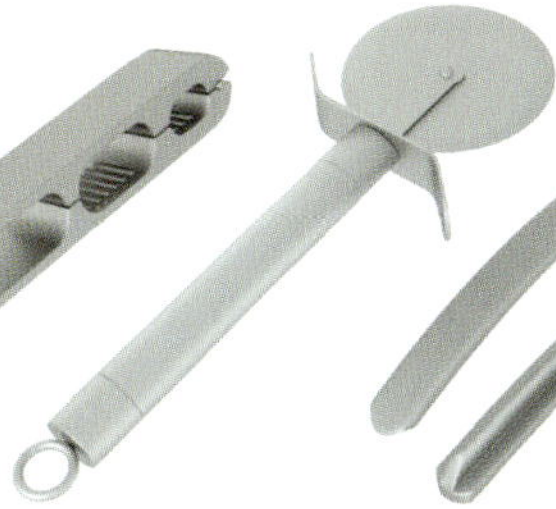

Pizzaschneider[M]
corta pizza[F]

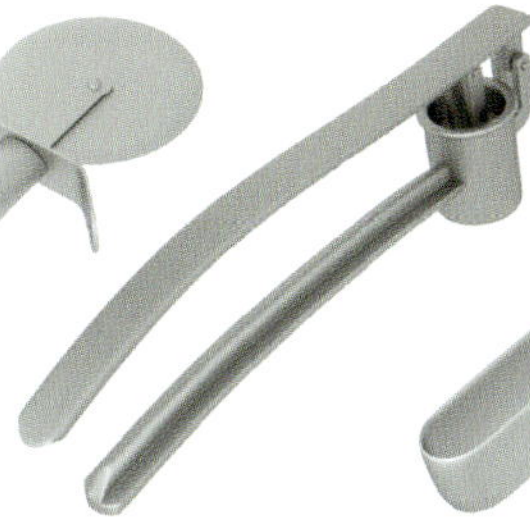

Knoblauchpresse[F]
prensador[M] de ajo[M]

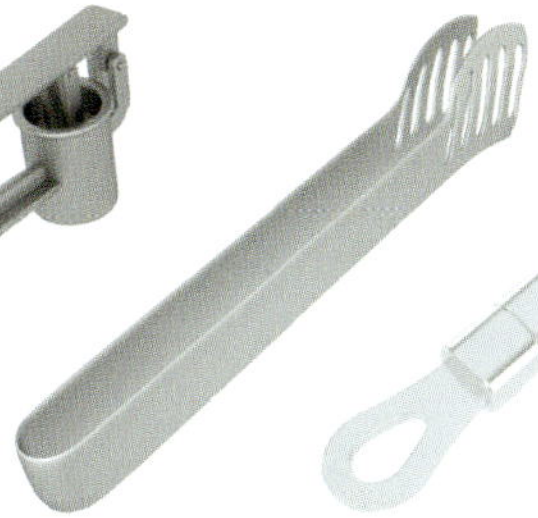

Salatzange[F]
pinzas[F] para ensalada[F]

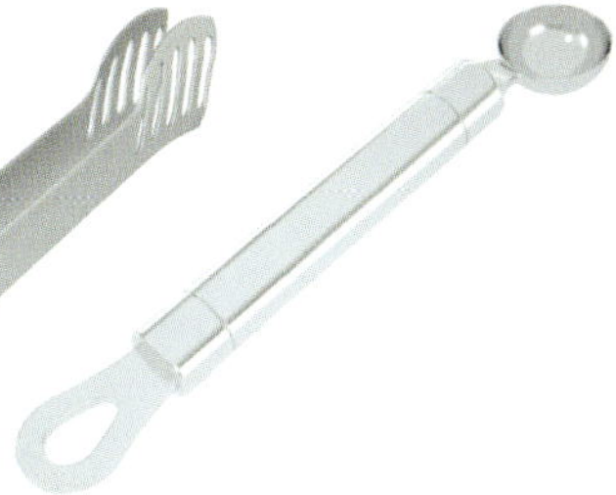

Melonenlöffel[M]
pala[F] para melón[M]

Dosenöffner[M]
abrelatas[M]

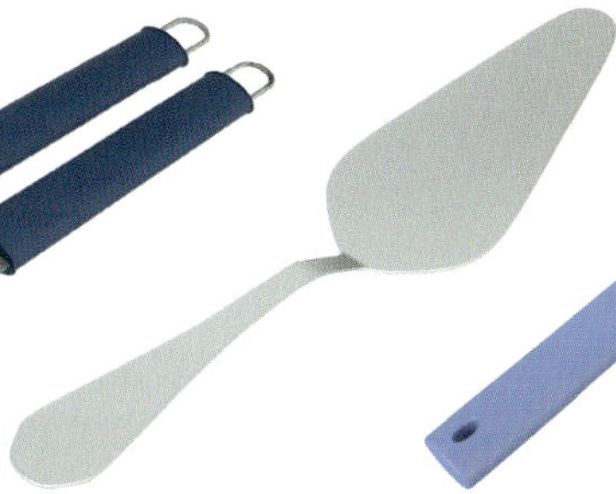

Tortenheber[M]
servidor[M] de pastel[M]

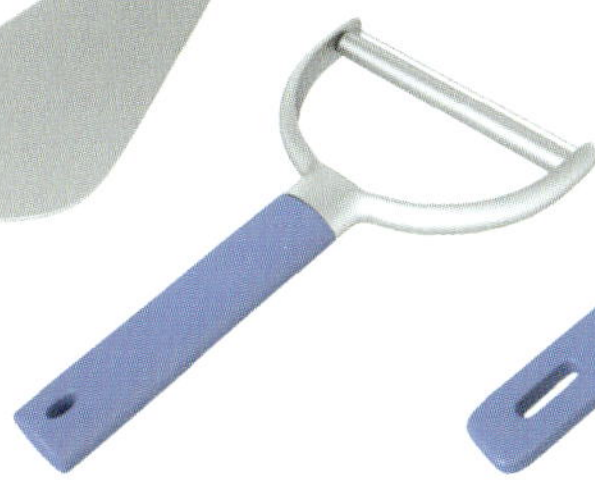

Käseschneider[M]
cortaquesos[M]

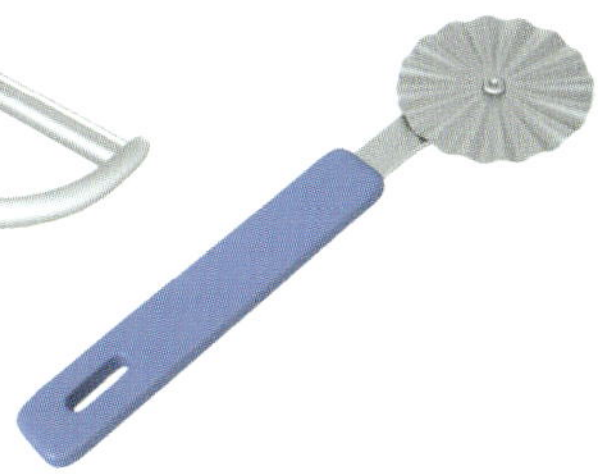

Teigrad[N]
rueda[F] de repostería[F]

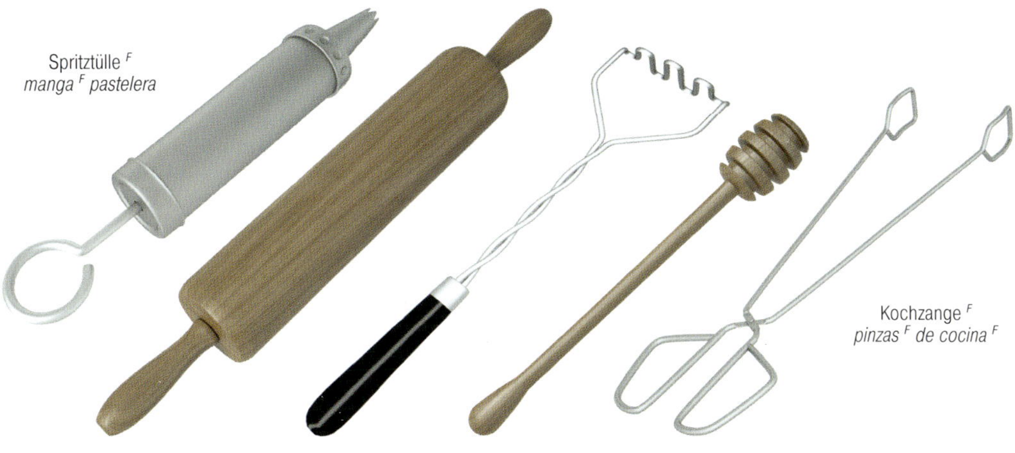

Spritztülle[F]
manga[F] pastelera

Nudelholz[N]
rodillo[M]

Kartoffelstampfer[M]
pasapurés[M]

Honiglöffel[M]
cuchara[F] de miel[F]

Kochzange[F]
pinzas[F] de cocina[F]

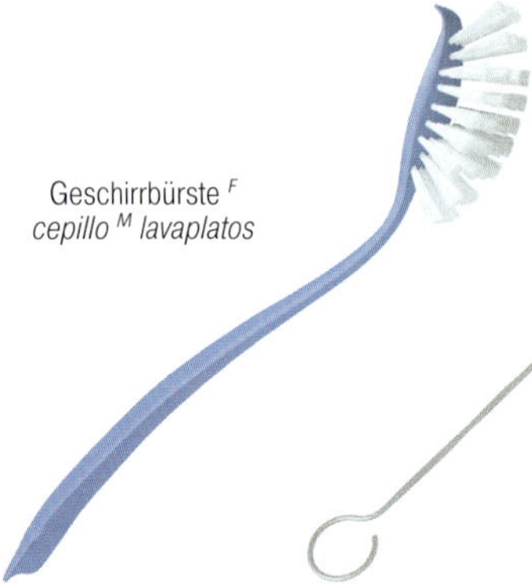

Geschirrbürste [F]
cepillo [M] lavaplatos

Spieß [N]
brocheta [F]

Fleischhauer [M]
ablandador [M] de carne [F]

Eisportionierer [M]
pala [F] de helado [M]

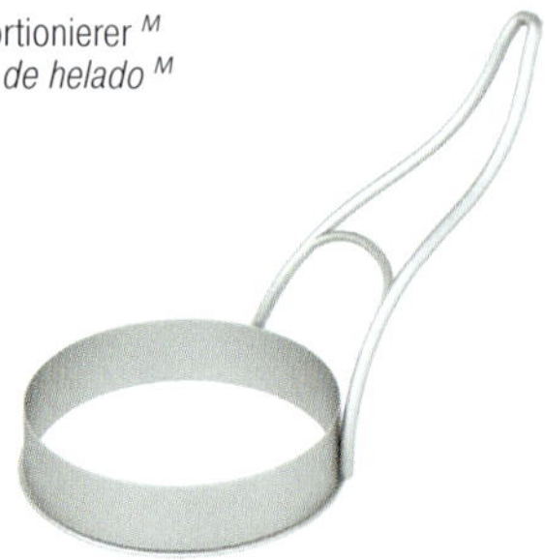

Eierring [M]
molde [M] para huevo [M]

Kochgeräte-Set [N]
juego [M] de utensilios [M] de cocina [F]

Pfannenwender [M]
espátula [F]

Spaghettiheber [M]
tenedor [M] de pasta [F]

Servierlöffel [M]
cuchara [F] de cocina [F]

Pfannenwender [M]
espátula [F] perforada

Holzlöffel [M]
cuchara [F] de madera [F]

Holzpfannenwender [M]
espátula [F] de madera [F]

Besteckhalter [M]
recipiente [M] de utensilios [M]

Pfeffermühle [F]
molinillo [M] de pimienta [F]

Spoonula ^{M}
espátula ^{F} plana

Schöpfkelle ^{F}
cucharón ^{M}

Geschlitzter Pfannenwender ^{M}
espátula ^{F} perforada

Pfannenwender ^{M}
espátula ^{F}

Sieblöffel ^{M}
cuchara ^{F} perforada

Schaumlöffel ^{M}
espumadera ^{F}

Tranchiergabel ^{F}
tenedor ^{M} de cocina ^{F}

Vorlegelöffel ^{M}
cuchara ^{F} de servir

Spaghettiheber ^{M}
servidor ^{M} de pasta ^{F}

Quirl ^{M}
batidor ^{M}

Kaffeekanne [F]
jarra [F] de café [M]

Messebecher [M]
taza [F] de medir

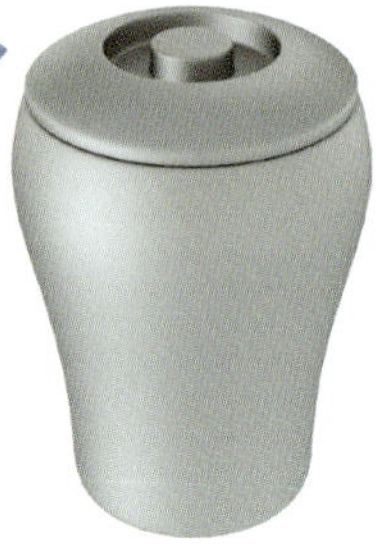

Eiskübel [M]
cubitera [F]

Backform [F]
molde [M] para pasteles [M]

Mörser und Stößel [M]
mortero [M] y pilón [M]

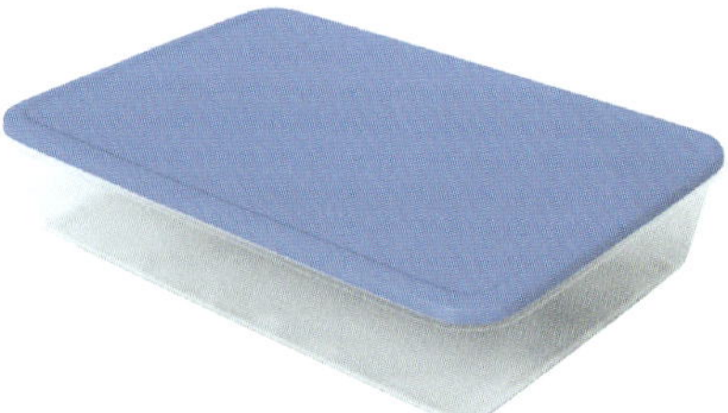

Plastikdose [F]
recipiente [M] de plástico [M]

Rührschüssel [F]
bol [M] mezclador

Stielkasserolle [F]
cacerola [F]

Teekessel [M]
pava [F]

Kuchenplatte [F]
molde [M] para tartas [F]

Wasserbadtopf [M]
cacerola [F] para baño [M] María [F]

Wok [M]
wok [M]

Bratpfanne [F]
sartén [F]

Bratpfanne [F]
sartén [F]

Auflaufform [F]
cacerola [F] *ovalada*

Suppentopf [M]
olla [F] *sopera* [F]

Sieb [N]
colador [M]

Salatschleuder [F]
centrifugador [M] *de ensalada* [F]

Backform [F]
molde [M] *de pan* [M]

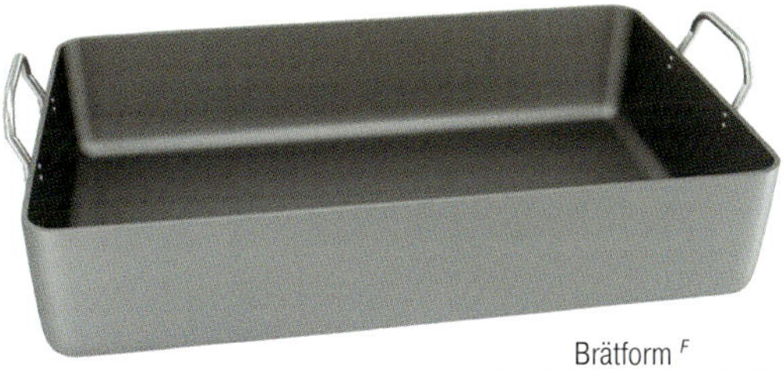

Brätform [F]
bandeja [F] *para asados* [M]

Glasware [F]

Cristalería [F]

Wasserglas [N]
vaso [M] de agua [F]

Weißweinglas [N]
copa [F] de vino [M] blanco

Sektglas [N]
copa [F] alta de champán [M]

Rheinweinglas [N]
copa [F] de vino [M] del Alsacia [F]

Karaffe [F]
decantador [M]

Cocktailglas [N]
copa [F] de cóctel [M]

Sektschale [F]
copa [F] baja de champán [M]

Sherryglas [F]
copa [F] de jerez [M]

Rotweinglas N
copa F de vino M tinto

Burgunderglas N
copa F de Borgoña F

Portglas F
copa F de oporto M

Weinbrandschwenker M
copa F de coñac M

Likörglass N
copa F de licor M

Bierkrug M
jarra F de cerveza F

Bierglas N
vaso M de cerveza F

Whiskyglas N
vaso M de whisky M

Telefontisch ^{M}
mesita ^{F} de teléfono ^{M}

Beistelltisch ^{M}
mesa ^{F} auxiliar

Schminktisch ^{M}
tocador ^{M}

Terassentisch ^{M}
mesa ^{F} de terraza ^{F}

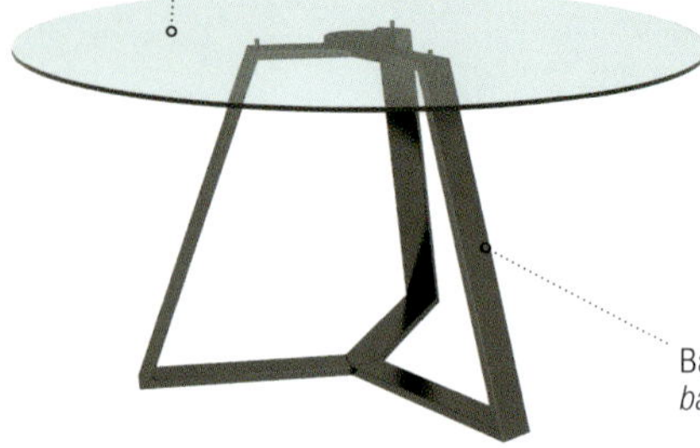

Wohnzimmertisch ^{M}
mesita ^{F} baja

Freischwinger ᴹ
silla ᶠ cantilever

Klappstuhl ᴹ
silla ᶠ plegable

Stapelstuhl ᴹ
silla ᶠ apilable

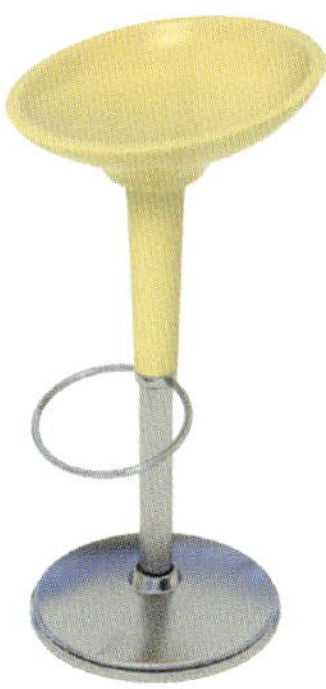

Barhocker ᴹ
taburete ᴹ de bar ᴹ

Schaukelstuhl ᴹ
mecedora ᶠ

Regiestuhl ᴹ
silla ᶠ de director ᴹ

Esszimmerstuhl ᴹ
mesa ᶠ de comedor ᴹ

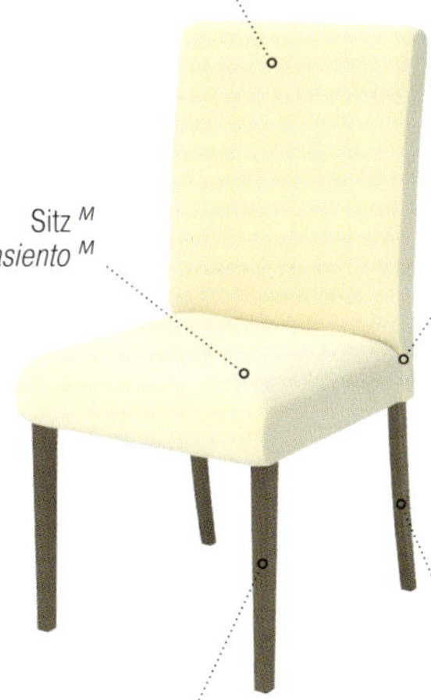

Sofas [N]
Sofás [M]

Ecksofa [N]
sofá [M] seccional

Zweisitzer [M]
sofá [M] estrecho

Ottomane [F]
otomana [F]

Banksofa [N]
banco [M] acolchado

Chaiselounge [F]
chaiselongue [F]

Eckschrank ᴹ
rinconera ᶠ

Schrankwand ᶠ
mueble ᴹ *de pared* ᶠ

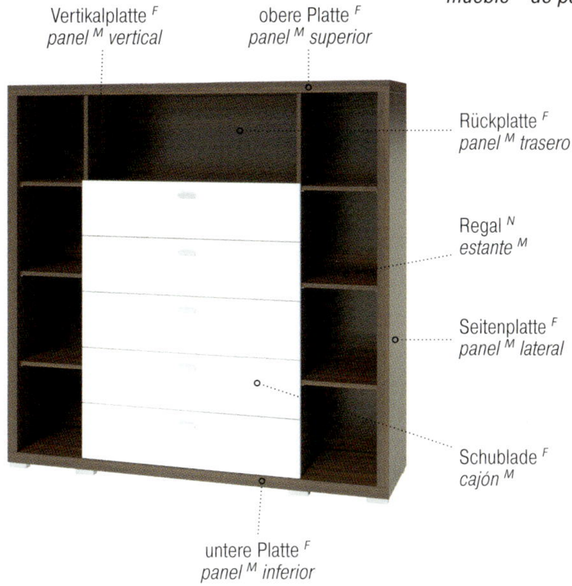

Kleiderschrank ᴹ
armario ᴹ *ropero*

Chiffonier ᴺ
chifonier ᴹ

Bücherregal ᴺ
biblioteca ᴹ

Haushaltsgeräte [N]
Electrodomésticos [M]

Trockner [M]
secadora [F]

Frontlader-Waschmaschine [F]
lavadora [F] de carga [F] delantera

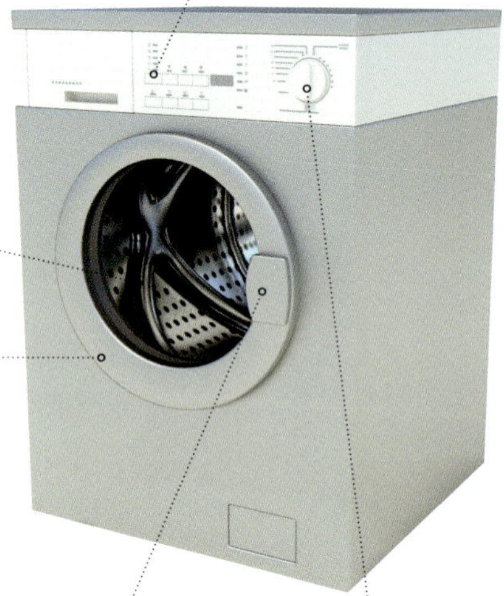

Bügeleisen [N]
plancha [F]

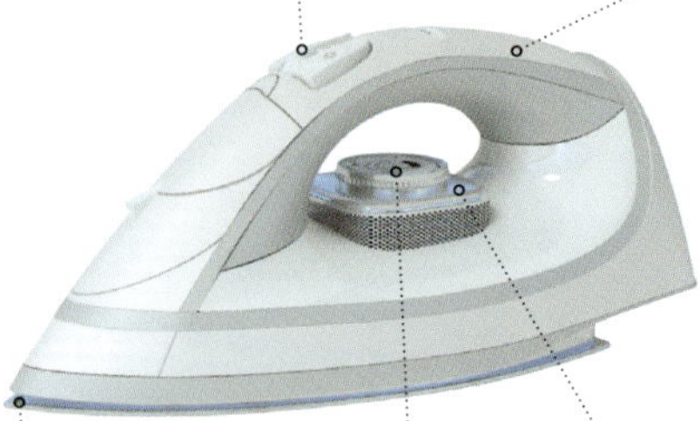

Toplader-Waschmaschine [F]
lavadora [F] de carga [F] superior

Deckenventilator [M]
ventilador [M] de techo [M]

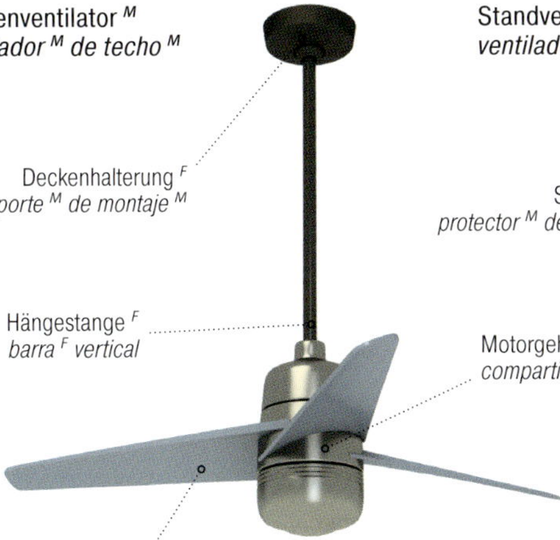

Standventilator [M]
ventilador [M] de pie [M]

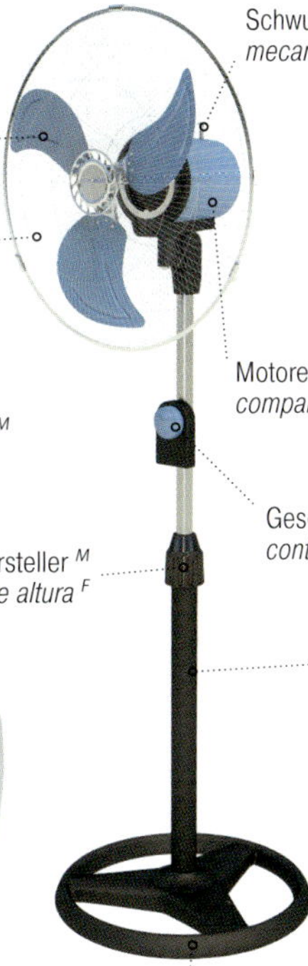

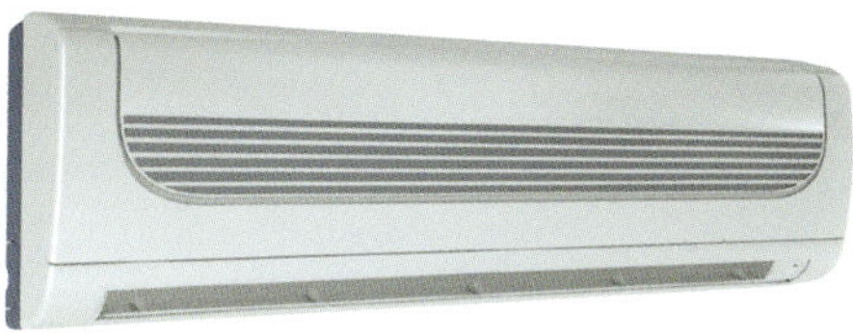

Inneneinheit [F] der Klimaanlage [F]
aparato [M] de aire [M] acondicionado interior

Kanister-Staubsauger [M]
aspiradora [F]

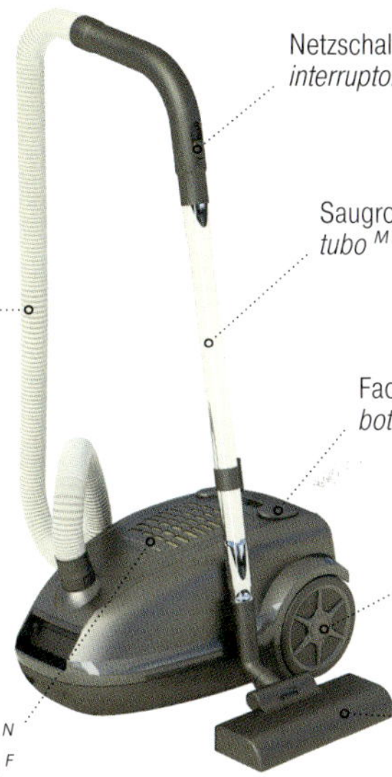

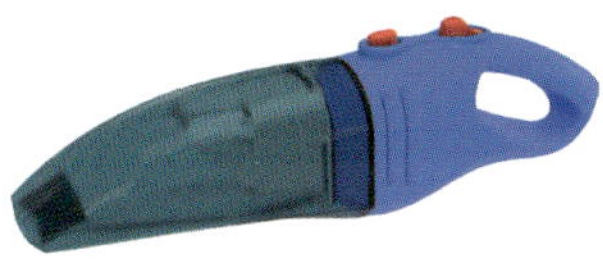

Akkusauger [M]
aspiradora [F] de mano [F]

Roboterstaubsauger [M]
aspiradora [F] automática

Handstaubsauger [M]
aspiradora [F] vertical

Audiovisuelle Geräte [N]
Equipo [M] audiovisual

Fernseher [M]
televisor [M]

Projektor [M]
proyector [M]

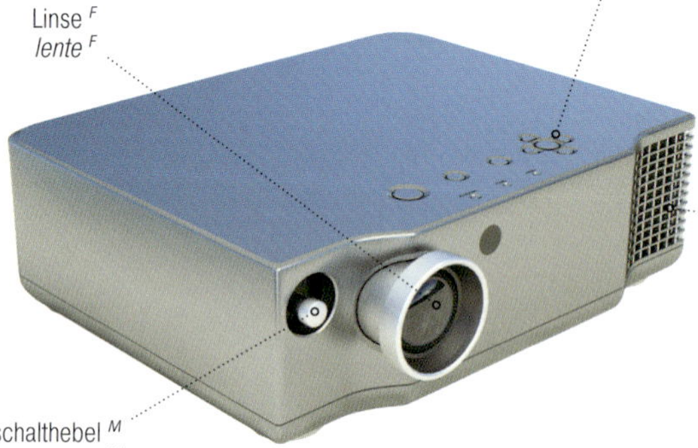

Satelliten-TV-Empfänger [M]
receptor [M] de televisión [M] por satélite [M]

Leuchtmittel N
Bombillas F

Glühlampe F
bombilla F incandescente

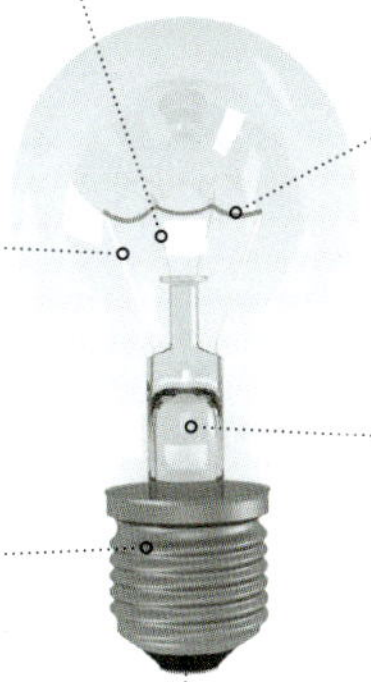

Kompaktleuchtstofflampe F
bombilla F de bajo consumo M

Neonröhre F
bombilla F fluorescente

Halogen-Glühbirne F
bombilla F halógena

Tungsten-Halogen-Glühbirne F
bombilla F halógena de tungsteno M

LED-Glühbirne F
bombilla F de luz LED F

Stromarmaturen [F]
Accesorios [M] eléctricos

Birnenfassung [F]
portalámparas [M]

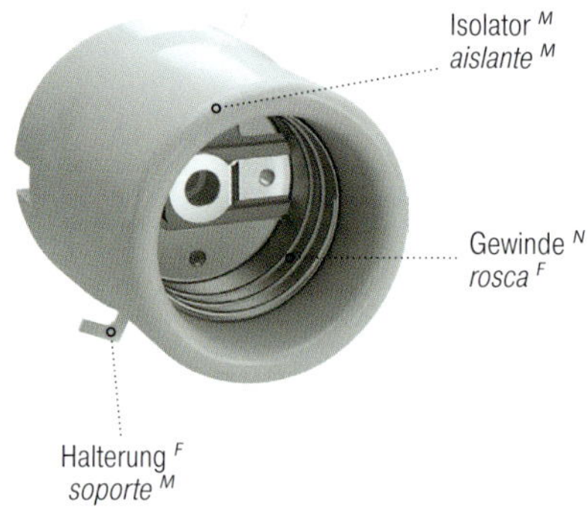

Querschnitt eines Steckers [M]
sección [F] transversal de un enchufe [M]

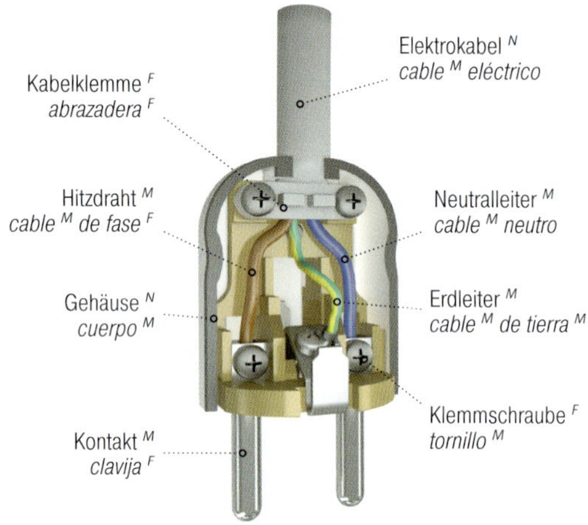

Europäische Steckdose [F]
enchufe [M] europeo

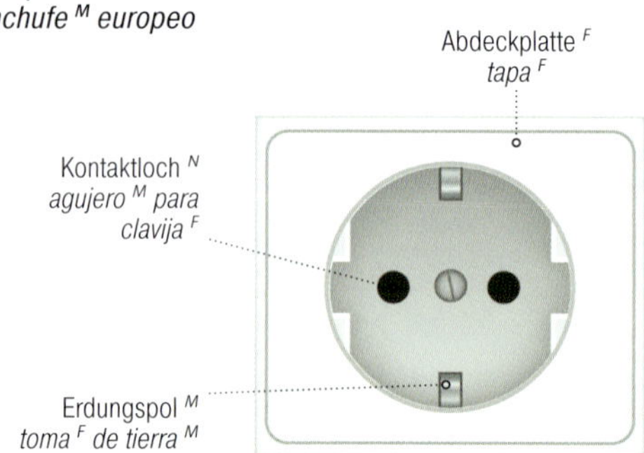

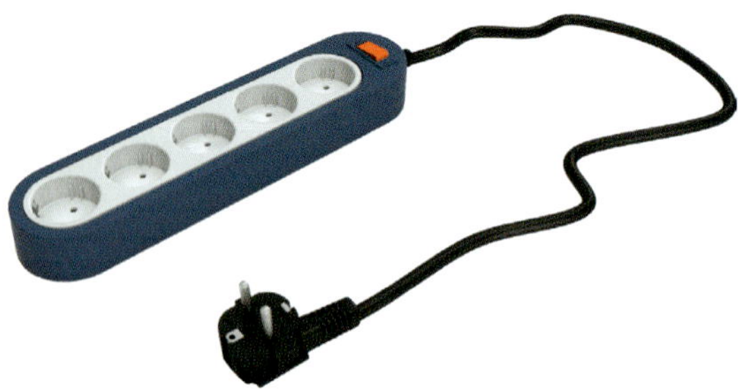

Mehrfachsteckerleiste [F]
barra [F] energética

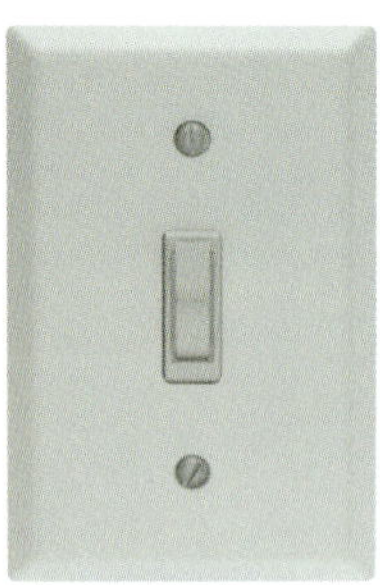

Schalter [M]
interruptor [M]

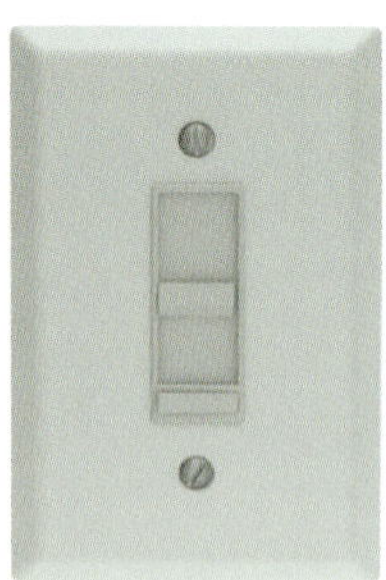

Dimmer [M]
interruptor [M] con regulador [M]

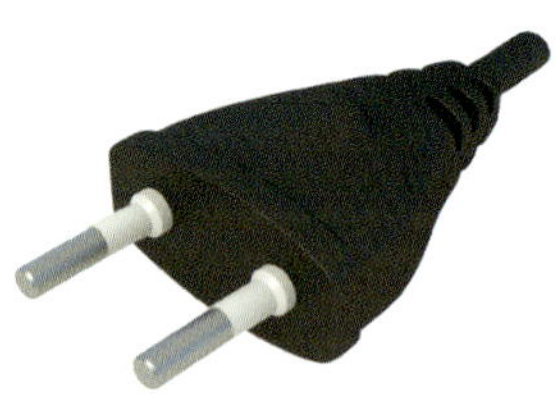

Stecker [M]
enchufe [M]

Wischmopp ^{M}
fregona ^{F}

Besen ^{M}
escoba ^{F}

Flachmopp ^{M}
mopa ^{F}

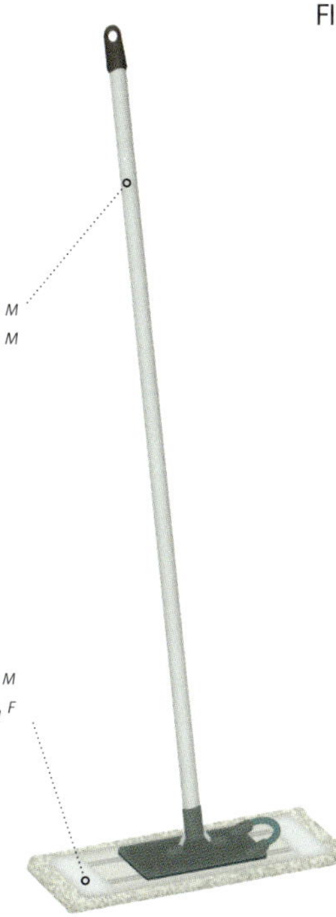

Griff ^{M}
palo ^{M}

Moppkopf ^{M}
cabeza ^{F} *de la mopa* ^{F}

Eimer ^{M}
cubo ^{M}

Scheuerbürste ^{F}
cepillo ^{M} *de cerdas* ^{F}

Kehrblech ^{N}
recogedor ^{M}

Abfalleimer ^{M}
cubo ^{M} *de basura* ^{F}

Aquarium [N]
acuario [M]

Terrarium [N]
terrario [M]

Hundeleine ^{F}
correa ^{F}

Futter- und Wassernapf ^{M}
cuencos ^{M} de agua ^{F} y comida ^{F}

Vogelkäfig ^{M}
jaula ^{F} de pájaro ^{M}

Halsband ^{N}
collar ^{M}

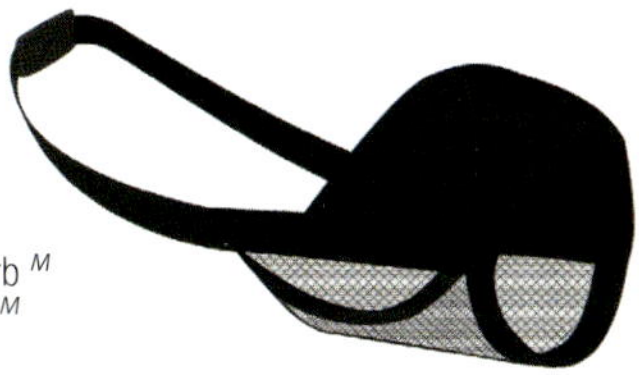

Maulkorb ^{M}
bozal ^{M}

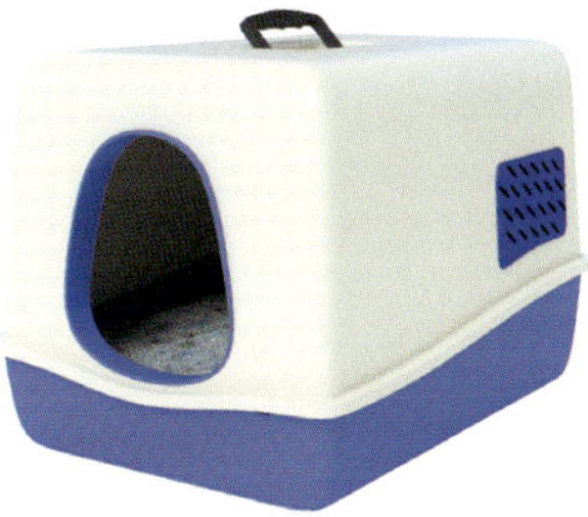

Katzentoilette ^{F}
arenero cubierto ^{M}

Transportbox ^{F}
transporte ^{M} para perros ^{M}

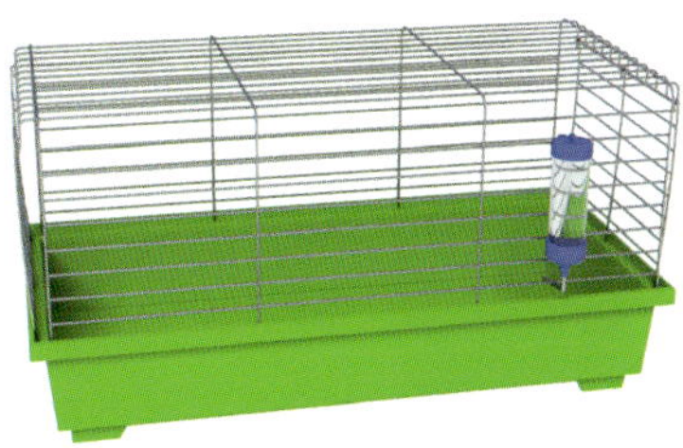

kleiner Tierkäfig ^{M}
jaula ^{F} pequeña

Vorhangstangen F
Barras F de cortina F

Holzvorhangstange F
barra F de cortina F de madera F

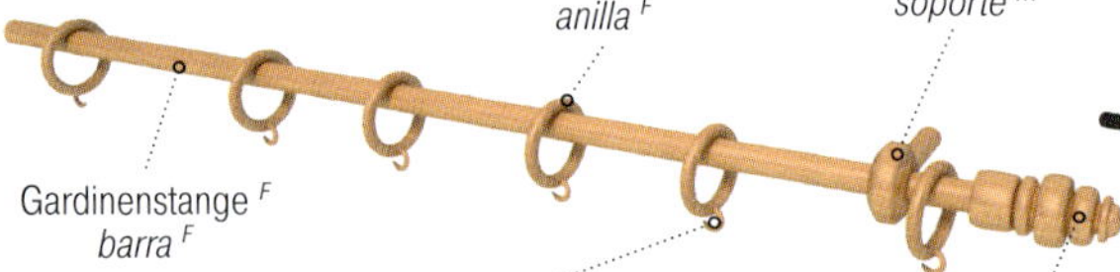

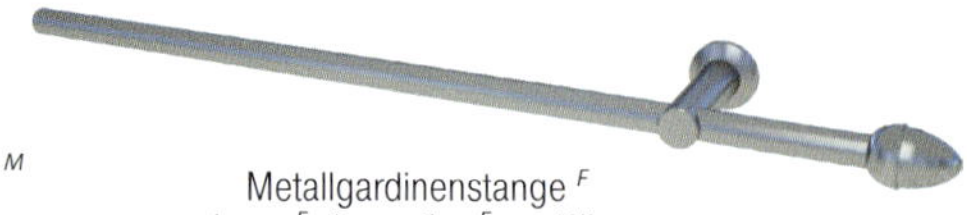

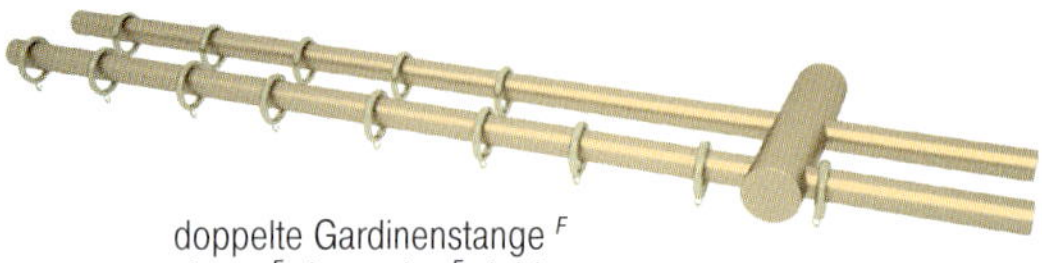

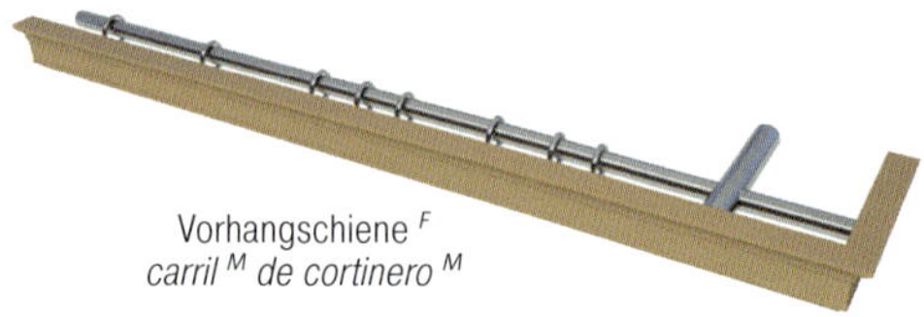

Fensterbekleidungen F
Cortinajes M

Ösenvorhänge M
cortinas F de anillas F

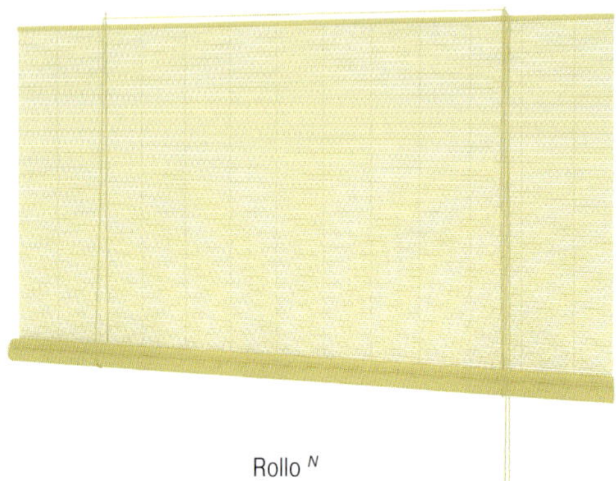

Vorhänge *M*
cortinas F

Backsteinhaus N
casa F de ladrillo M

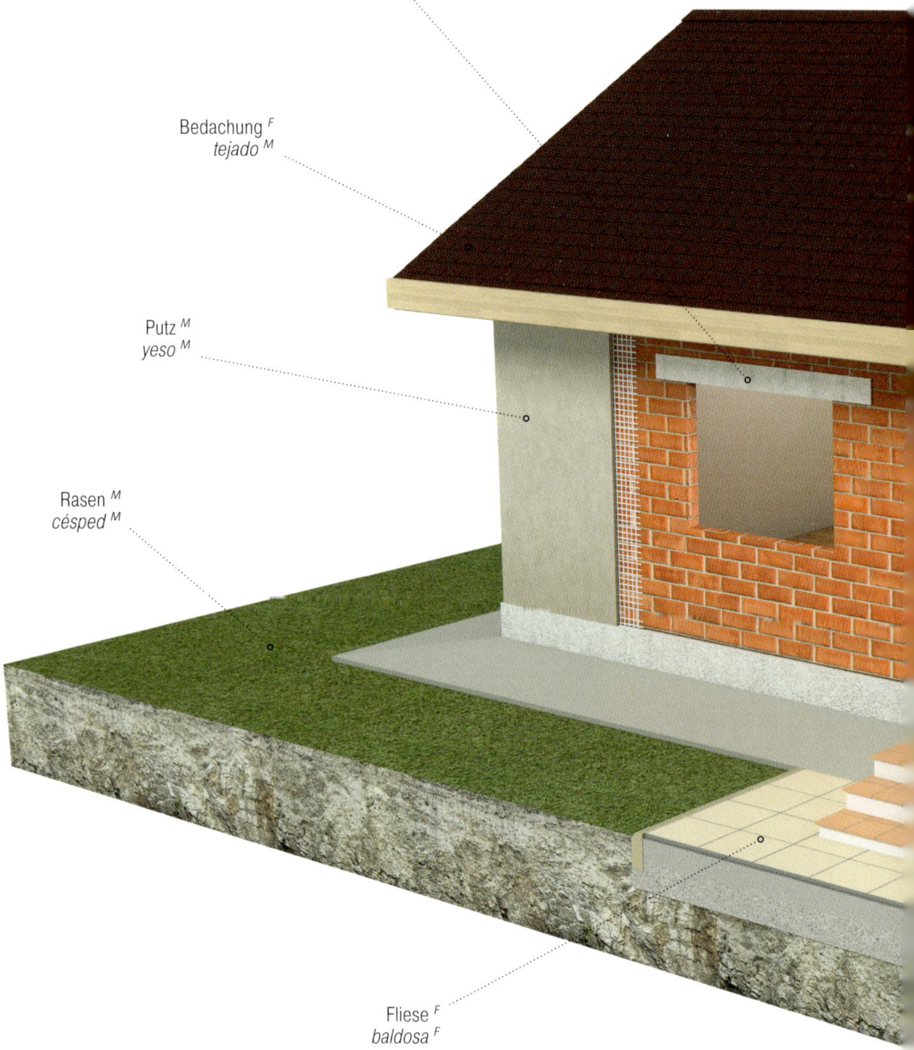

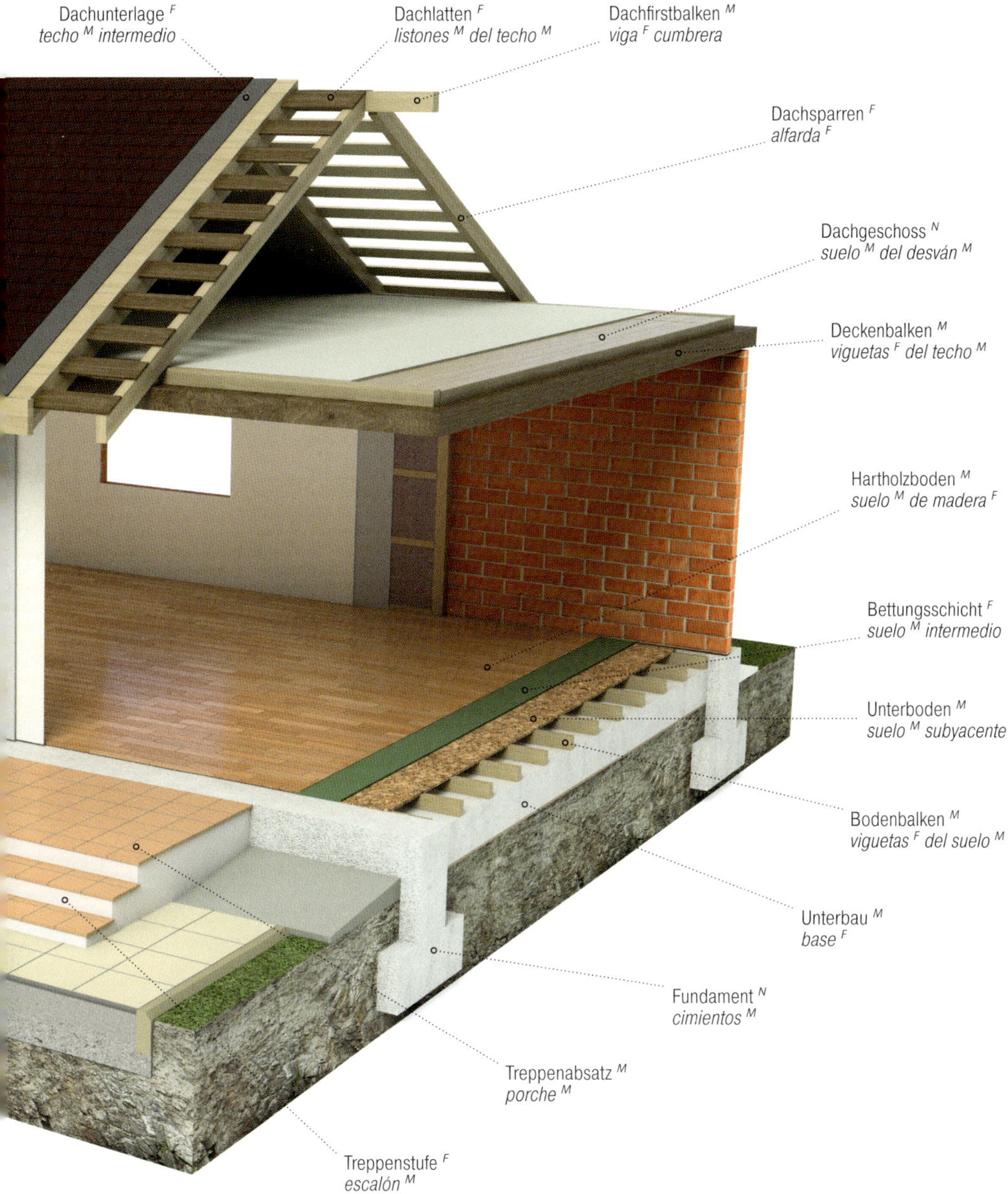

Dachunterlage F
techo M intermedio
Dachlatten F
listones M del techo M
Dachfirstbalken M
viga F cumbrera
Dachsparren F
alfarda F
Dachgeschoss N
suelo M del desván M
Deckenbalken M
viguetas F del techo M
Hartholzboden M
suelo M de madera F
Bettungsschicht F
suelo M intermedio
Unterboden M
suelo M subyacente
Bodenbalken M
viguetas F del suelo M
Unterbau M
base F
Fundament N
cimientos M
Treppenabsatz M
porche M
Treppenstufe F
escalón M

Heinzug F, Zwangsumlauf M und Klimatisierung F
sistema M forzado de calefacción F y aire M acondicionado

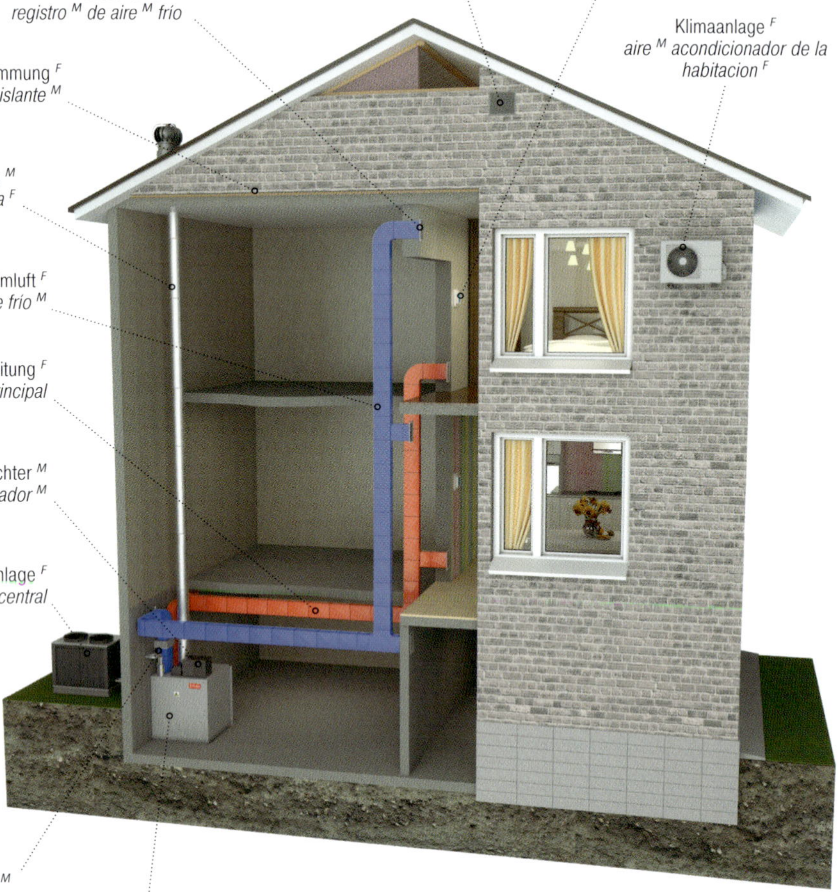

Zimmerthermostat N
termostato M de habitación F

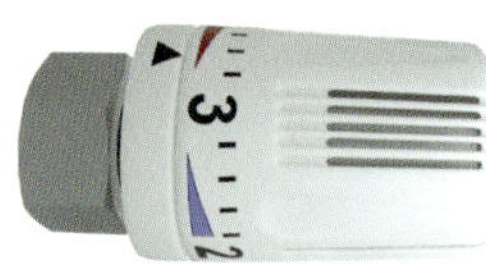

Thermostat N
termostato M de radiador M

Wasserleitungssystem ᴺ
sistema ᴹ de fontanería ᶠ

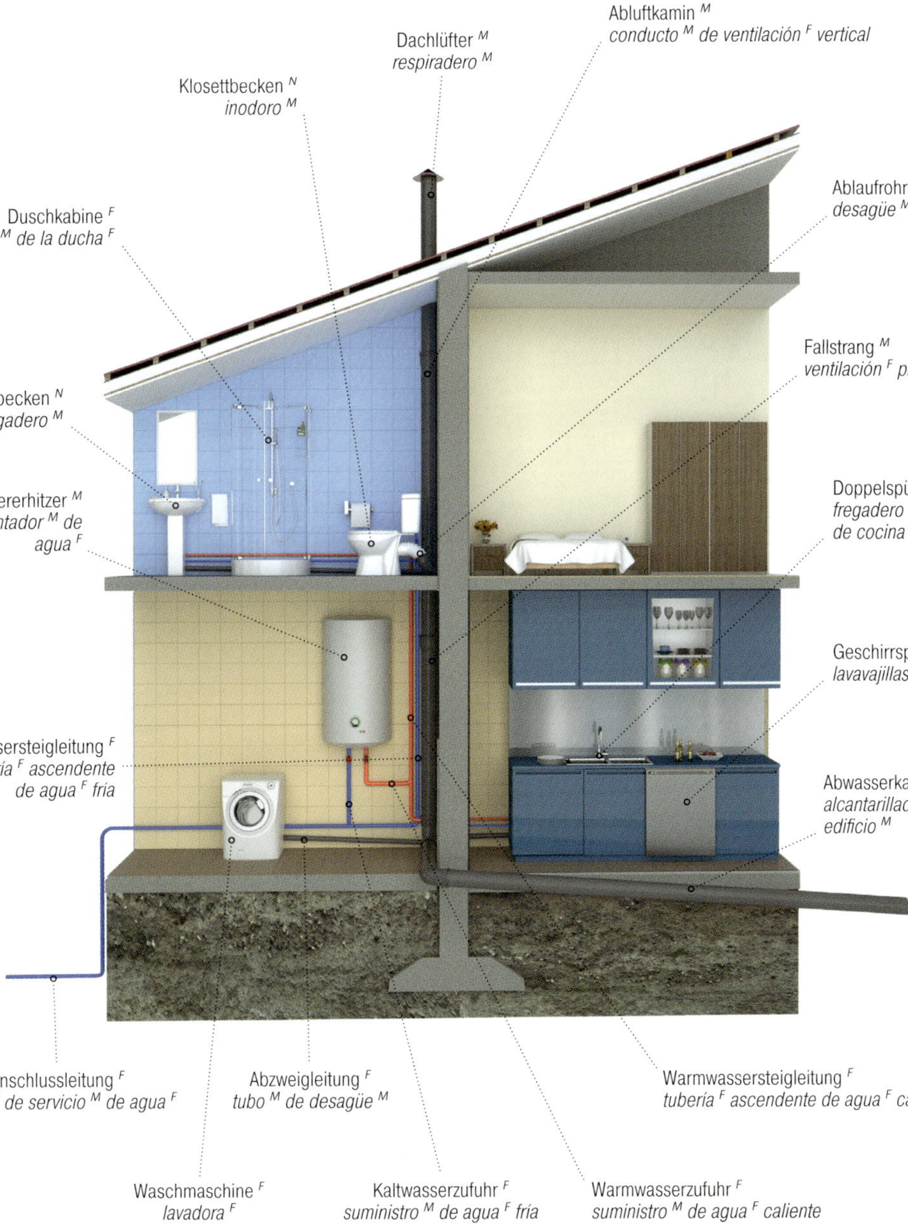

Schwimmbecken N
piscina F

aufblasbares Spielzeug N
juguete M hinchable

Schwimmreifen M
flotador M

Sauna F
sauna F

Saunaeimer M
cubo M de sauna F

Thermometer N
termómetro M

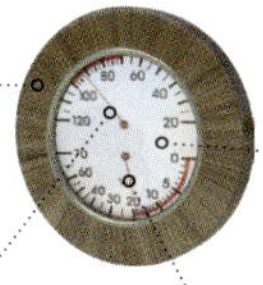

Liegestuhl ^{M}
silla ^{F} de terraza ^{F}

Pavillion ^{M}
glorieta ^{F}

Bistroset ^{N}
muebles ^{M} de exterior ^{M}

Sitzbank ^{F}
banco ^{M}

Barbecue [N]
barbacoa [F]

Außenkamin [M]
parrilla [F] para exteriores [M]

Hibachi-Grill [M]
barbacoa [F] de picnic [M]

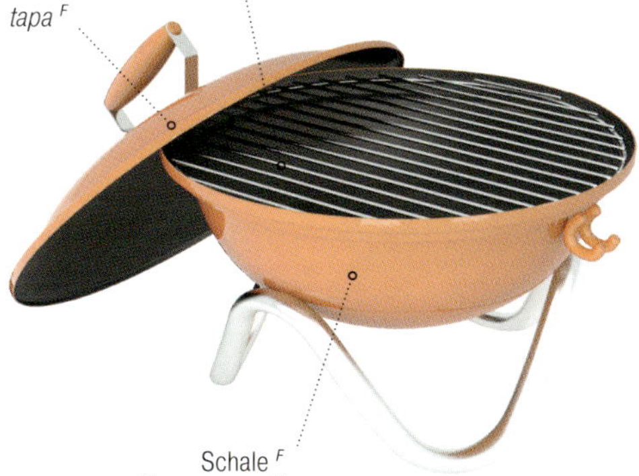

Elektrogrill [M]
parrilla [F] eléctrica

Spitzhacke [F]
pico [M]

Spaten [M]
pala [F] *cuadrada*

Schaufel [F]
pala [F] *con punta* [F]

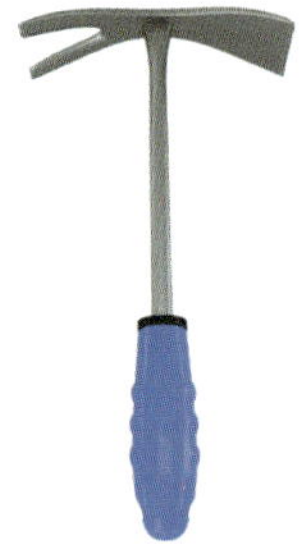

Doppelhacke [F]
azada [F] *doble*

Handforke [F]
horquilla [F] *de jardín* [M]

Gartenkelle [F]
pala [F] *de jardín* [M]

Gartenschere [F]
tijeras [F] *de jardín* [M]

Rebschere [F]
podadora [F] *de mano* [F]

Astsäge [F]
cortarramas [M]

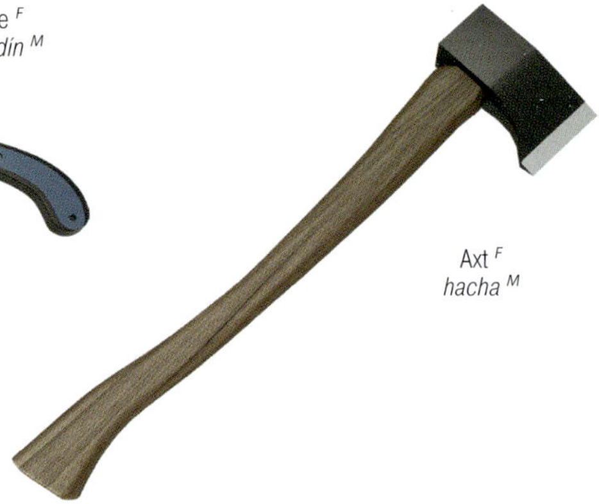

Axt [F]
hacha [M]

Rasenmäher [M]
cortacésped [M]

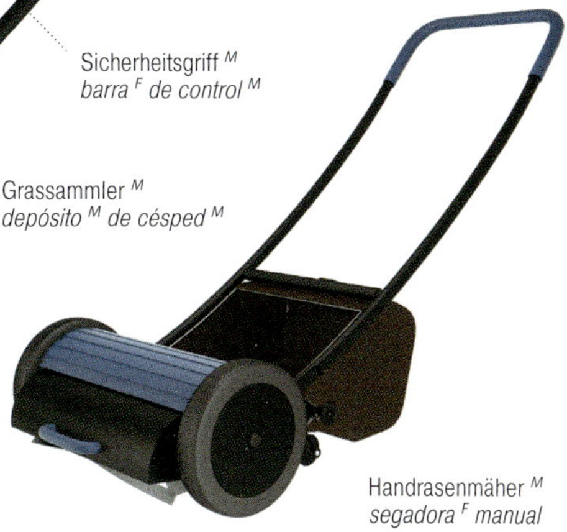
Handrasenmäher [M]
segadora [F] *manual*

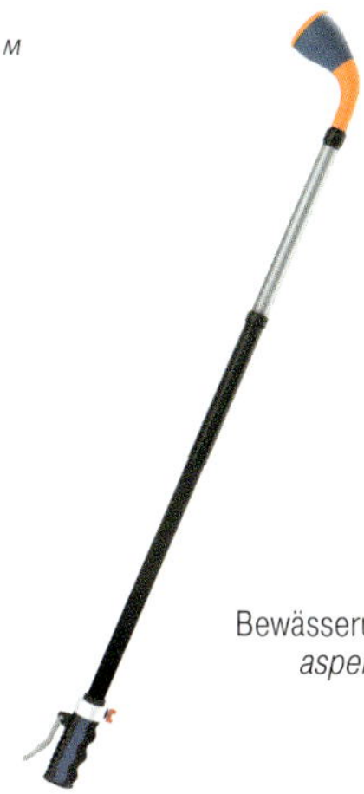
Bewässerungsstab [M]
aspersor [M]

Impuls-Sprinkler [M]
aspersor [M] *de impacto* [M]

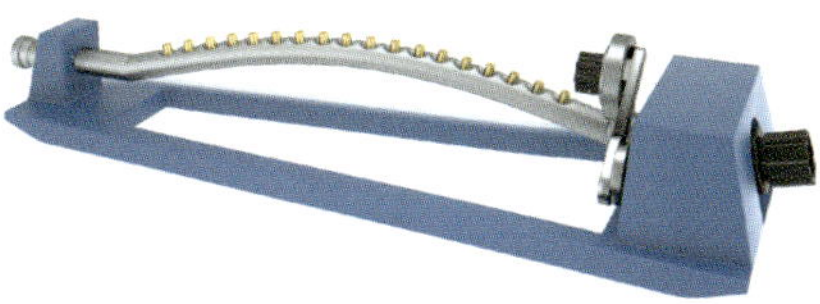
Pendelsprenkler [M]
aspersor [M] *oscilante*

Pistolendüse [F]
boquilla [F] *de pistola* [F]

Gießkanne [F]
regadera [F]

Gartenschlauch [M]
manguera [F] *de jardín* [M]

Schlauchhaspel [M]
carrete portamangueras [M]

Rohrreinigungsspirale [F]
sistema [M] de limpieza [F] de alcantarillas [F]

Bördelgerät [N]
expansor [M] de tubos [M]

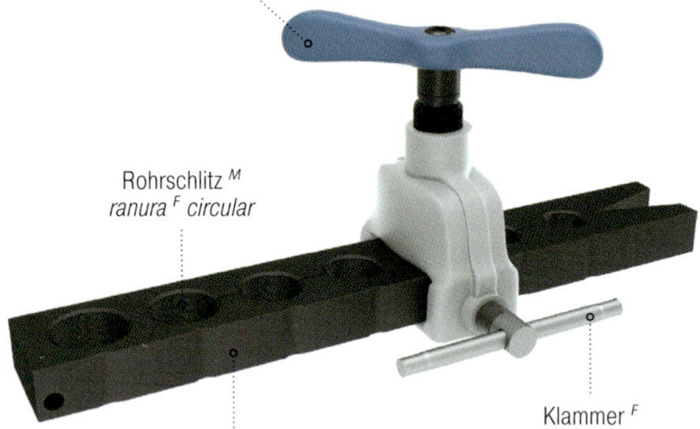

Pümpel [M]
desatascador [M]

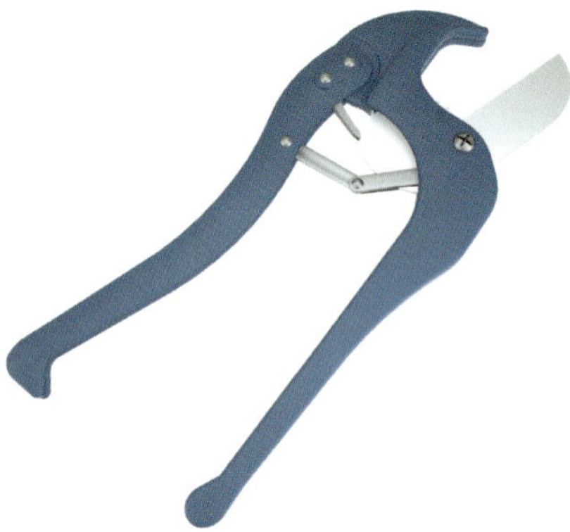

Rohrschneider [M]
tijera [F] cortatubos

Universalschraubenschlüssel [M]
llave [F] inglesa

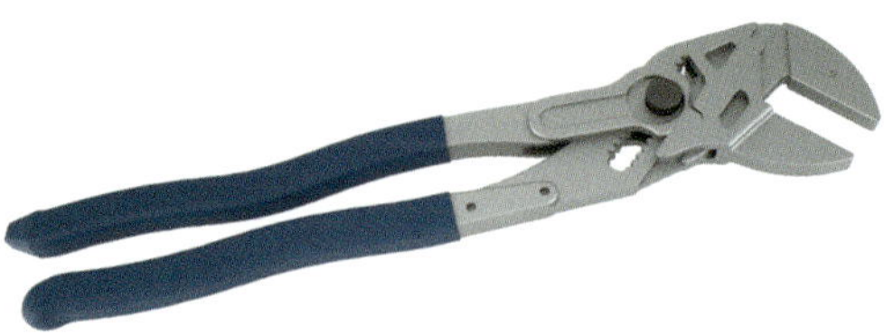

Wasserpumpenzange [F] mit Rillen-Gleitgelenk [N]
alicate [M] de unión [F] deslizante

Rohrgewindeschneider [F]
machuelo [M]

Rollgabelschlüssel M
llave F inglesa

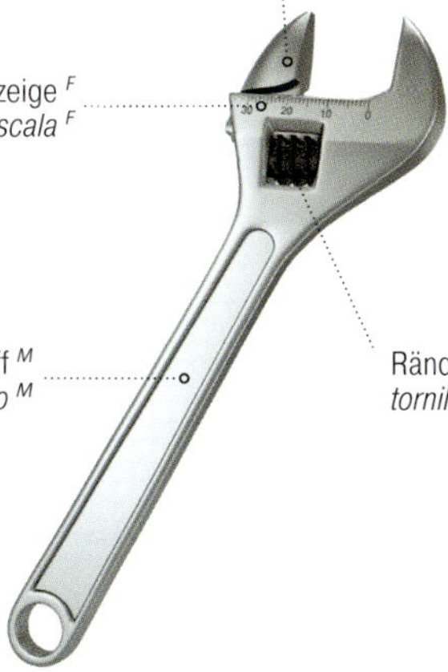

Gripzange F
alicates M ajustables

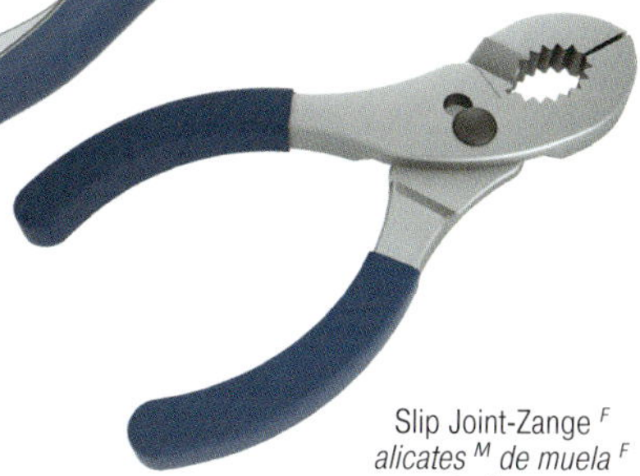

Slip Joint-Zange F
alicates M de muela F deslizante

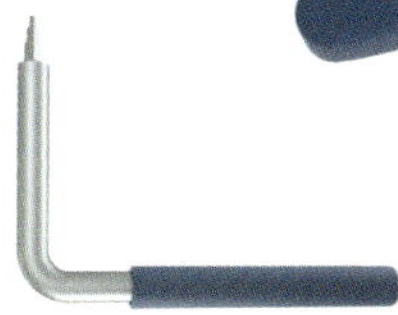

Stufenschlüssel M
llave F de ajuste M de válvula F

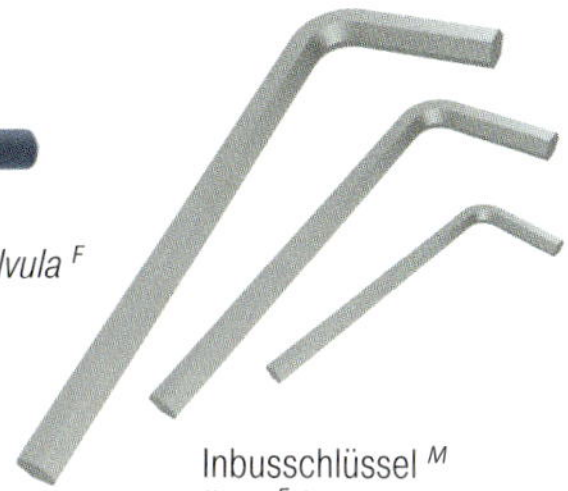

Inbusschlüssel M
llave F hexagonal

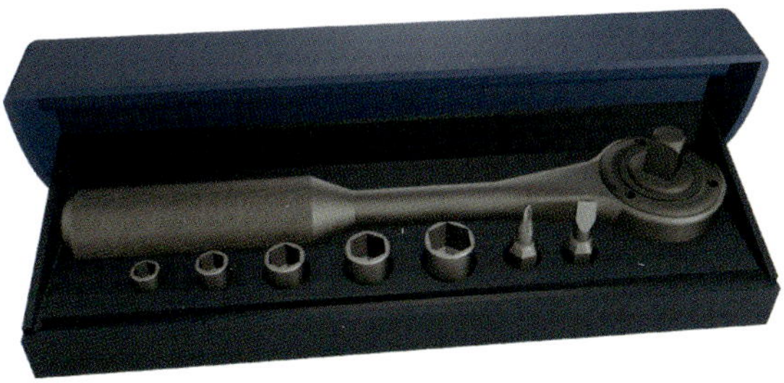

Steckschlüsselgarnitur F
juego M de llave F de cubos M

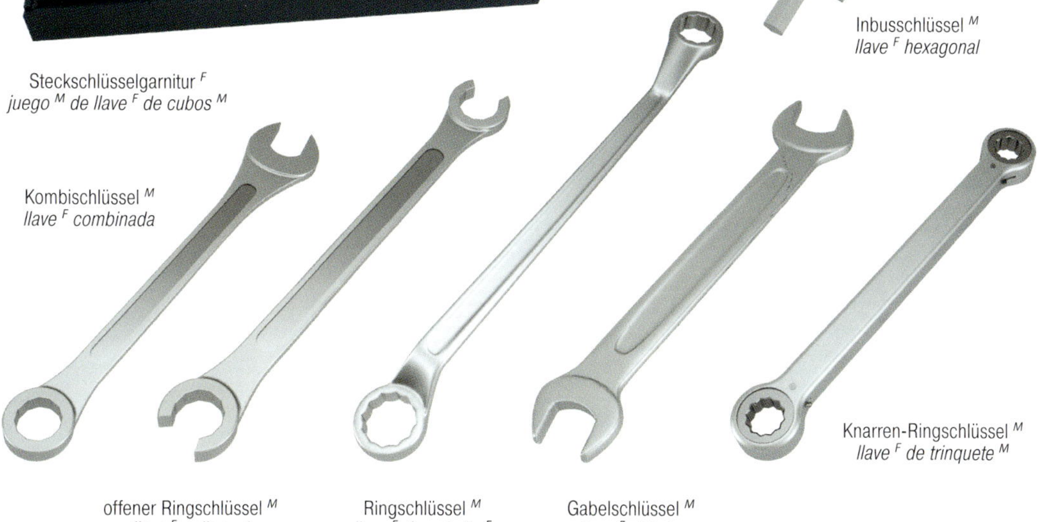

Kombischlüssel M
llave F combinada

offener Ringschlüssel M
llave F poligonal

Ringschlüssel M
llave F de estrella F

Gabelschlüssel M
llave F abierta

Knarren-Ringschlüssel M
llave F de trinquete M

Kreissäge F
sierra F radial

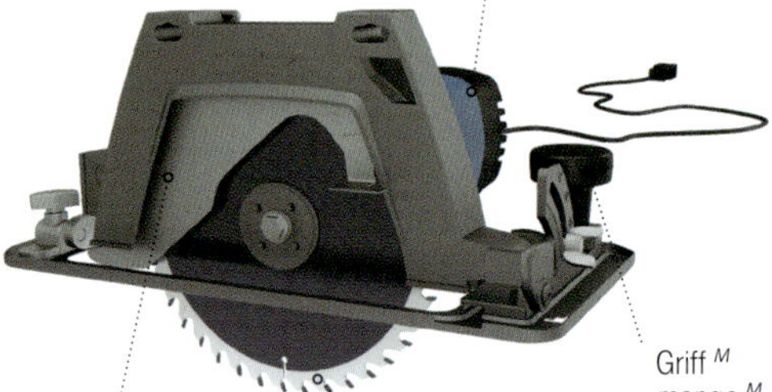

Stichsäge F
sierra F de vaivén M

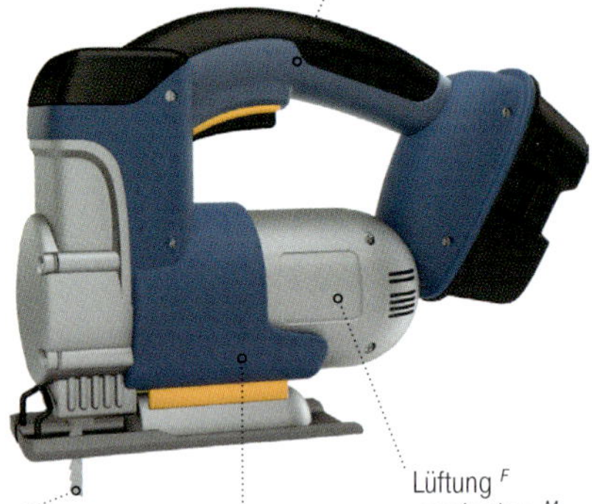

Bügelsäge F
sierra F de arco M

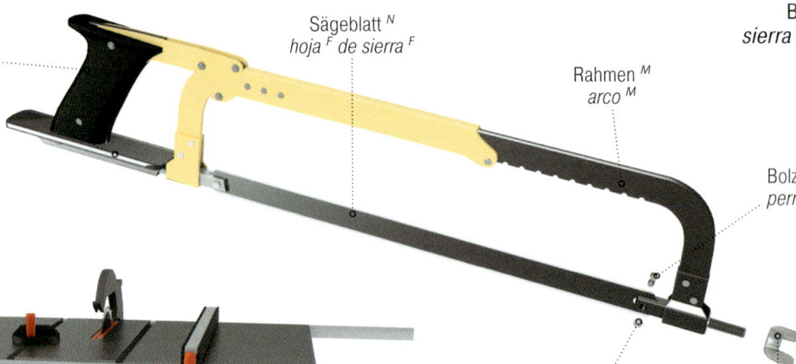

Tischsäge F
sierra F de mesa F

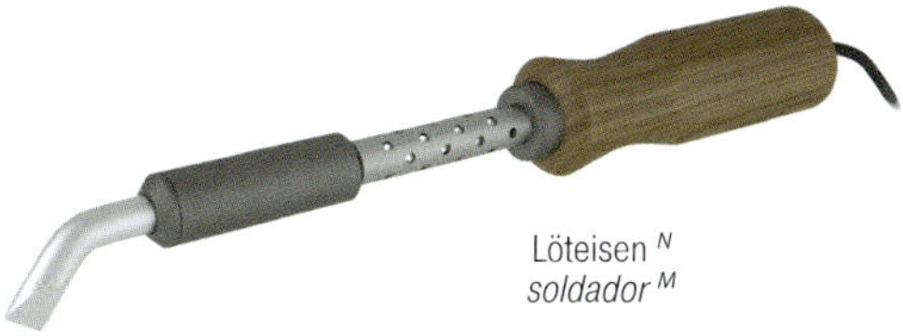

Löteisen ^N^
*soldador ^M^*

Lötzinn ^M^
*soldadura ^F^*

Lötpistole ^F^
*soldador ^M^*

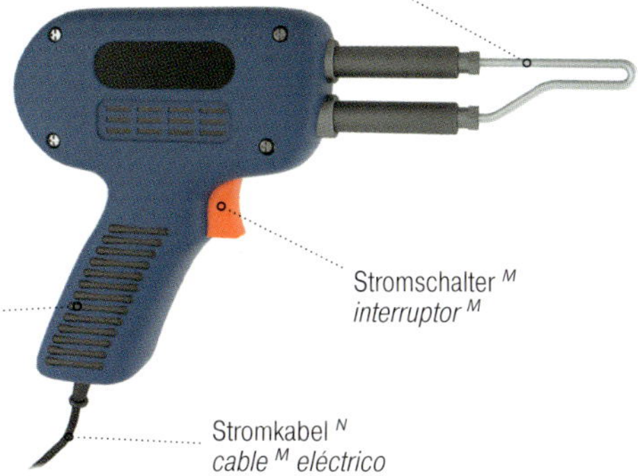

Heizelement ^N^
elemento ^M^ calefactor

Stromschalter ^M^
*interruptor ^M^*

Griff ^M^
*mango ^M^*

Stromkabel ^N^
cable ^M^ eléctrico

Stromwerkzeug

Universalmessgerät ^N^
*multímetro ^M^*

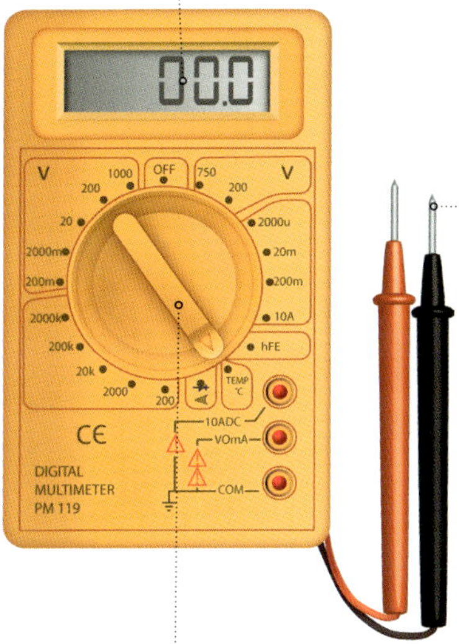

Display ^N^
*monitor ^M^*

Fühler ^M^
*sonda ^F^*

Wahlschalter ^M^
*selector ^M^ de función ^F^*

Drahtbinder ^M^
*pelacables ^M^*

Spannungsprüfer ^M^
*medidor ^M^ de voltaje ^M^*

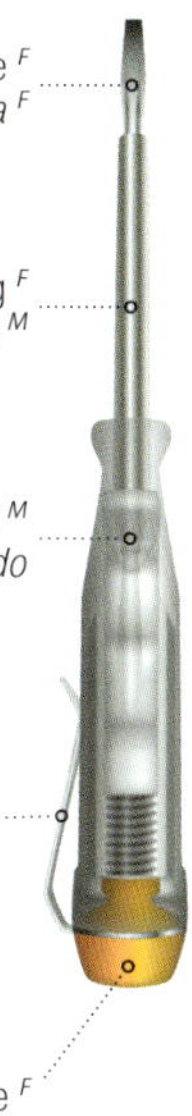

Spitze ^F^
*punta ^F^*

Dämmung ^F^
*aislante ^M^*

isolierter Griff ^M^
mango ^M^ aislado

Klammer ^F^
*presilla ^F^*

Kontrollleuchte ^F^
*indicador ^M^*

Akkuschrauber M
taladro M eléctrico

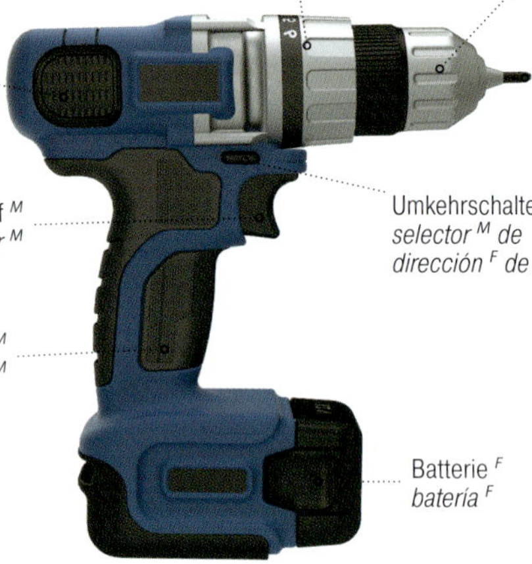

Batterie F
batería F

Flachbohrer M
broca F fresadora

Schlangenbohrer M
barrena F

Elektrobohrer M
taladro M de impacto M

Spiralbohrer M
broca F

Mauerbohrer M
broca F de mampostería F

Standbohrmaschine F
mandrinadora F

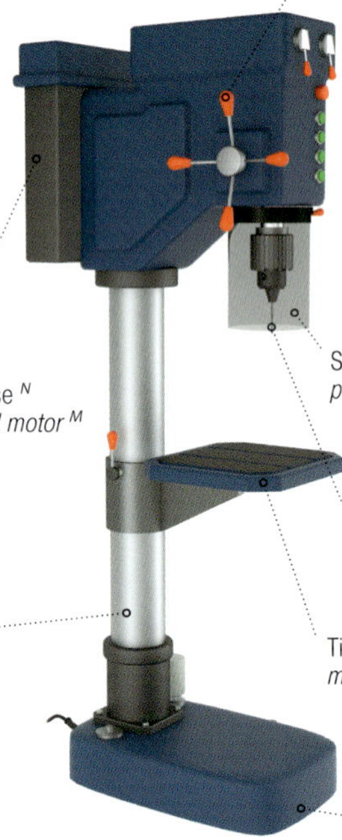

Tischlerhammer ᴹ
martillo ᴹ sacaclavos

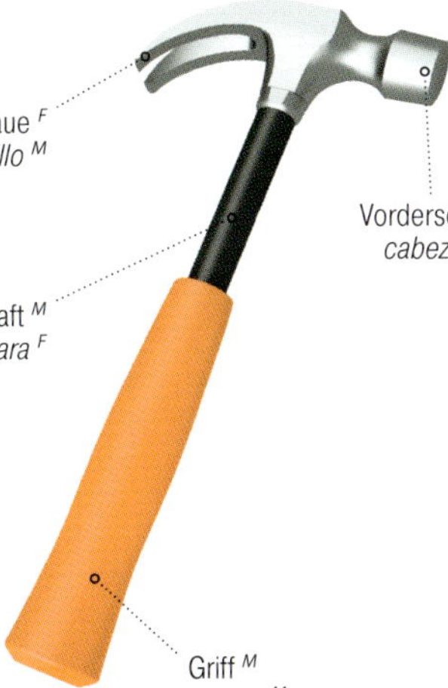

Nagelklaue ᶠ
oreja ᶠ de martillo ᴹ

Vorderseite ᶠ
cabeza ᶠ

Schaft ᴹ
vara ᶠ

Griff ᴹ
mango ᴹ

Brecheisen ᴺ
pata ᶠ de cabra ᶠ

Maurerhammer ᴹ
martillo ᴹ de albañilería ᶠ

Holzhammer ᴹ
mazo ᴹ

Nagelpistole ᶠ
pistola ᶠ de clavos ᴹ

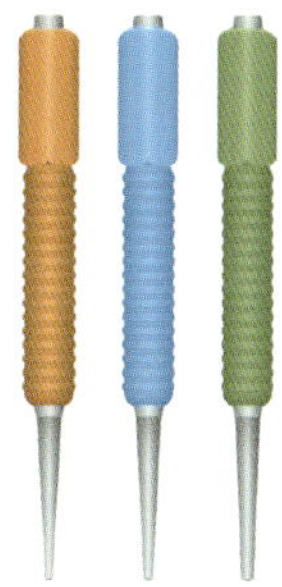

Nageltreiber ᴹ
punzón ᴹ

Elektrotacker ᴹ
grapadora ᶠ eléctrica

Maurernagel ^{M}
clavo ^{M} de mampostería ^{F}

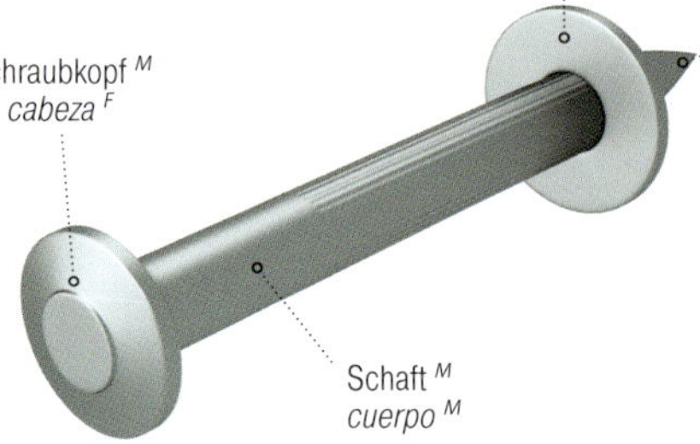

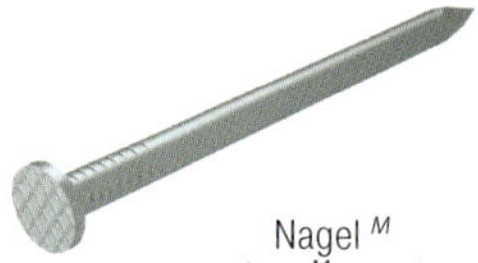

Nagel ^{M}
clavo ^{M} común

Spiralnagel ^{M}
clavo ^{M} espiralado

Schraube und Mutter ^{F}
tornillo ^{M} y tuerca ^{F}

Schraube ^{F}
tornillo ^{M}

Schraube ^{F} und Mutter ^{F}
tuerca ^{F} y perno ^{M}

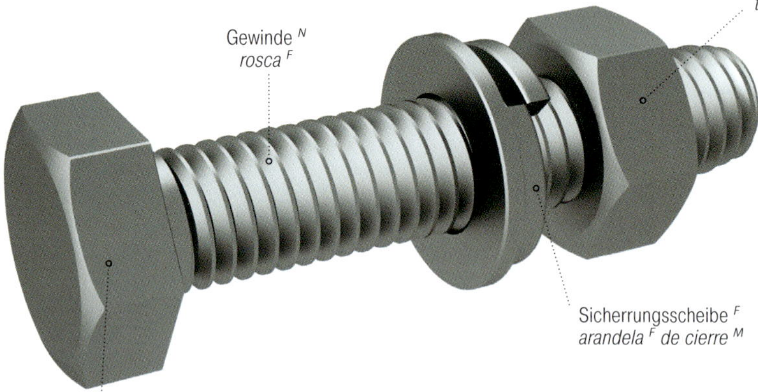

Möbelscharnier ^{N}
bisagra ^{F} de mueble ^{M}

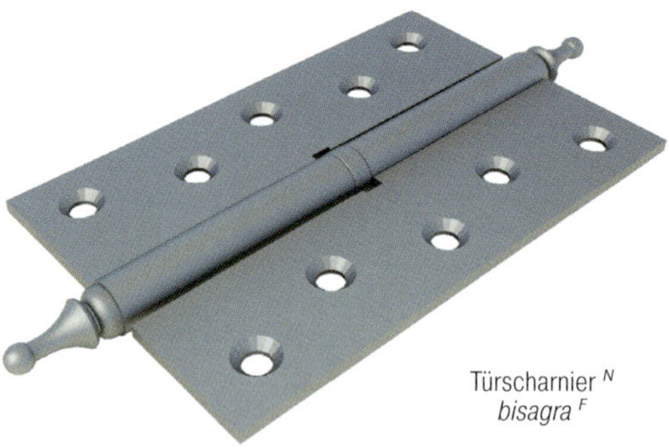

Türscharnier ^{N}
bisagra ^{F}

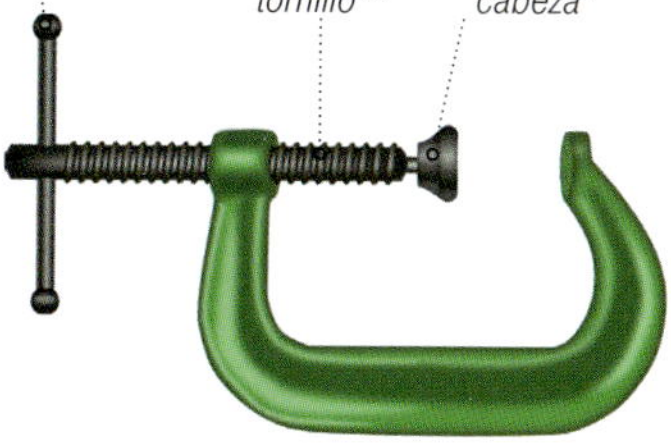
Schraubzwinge F
abrazadera F
Griff M
mango M
Schraube F
tornillo M
Schraubkopf M
cabeza F

Klemmbacken F
quijada F
Schraubstock M
tornillo M de banco M
Stange F
vara F
Griff M
mango M

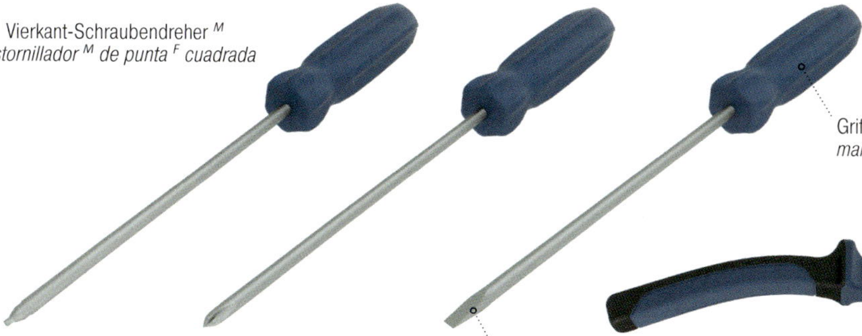
Vierkant-Schraubendreher M
destornillador M de punta F cuadrada
Flachschlitz-
schraubendreher M
destornillador M
plano
Griff M
mango M
Kreuzschlitzschraubendreher M
destornillador M phillips
Spitze F
punta F

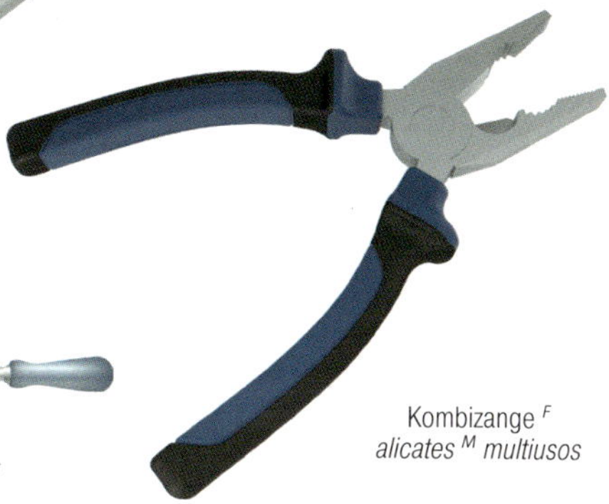
Kombizange F
alicates M multiusos

Schmiermittel-Spray N
aerosol M lubricante

Spiral-Schraubendreher M
destornillador M en espiral F

Präzisions-Schraubendreher M
destornillador M de precisión F

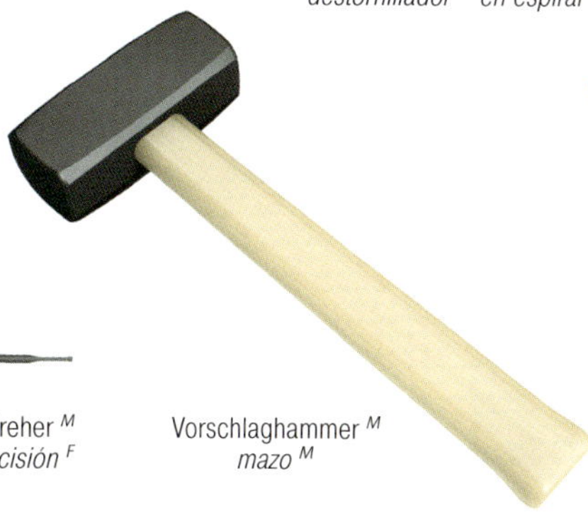
Vorschlaghammer M
mazo M

Nadelzange F
alicates M de punta F

Heißluftpistole F
pistola F de calafateo M

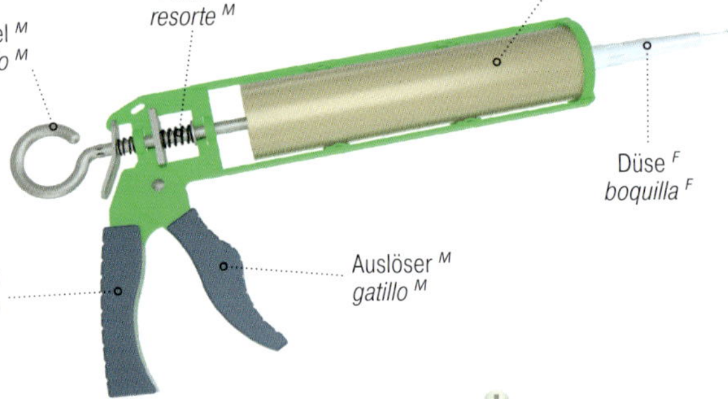

Abstreifgitter N
malla F

Dübel M
taco M

Heißluftpistole F
pistola F de aire M caliente

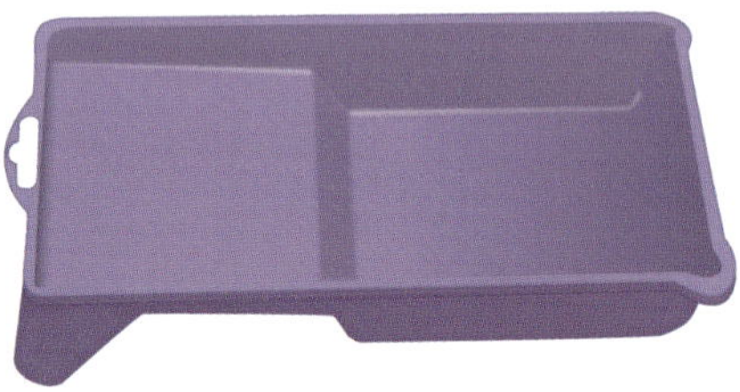

Farbtablett N
cubeta F de pintura F

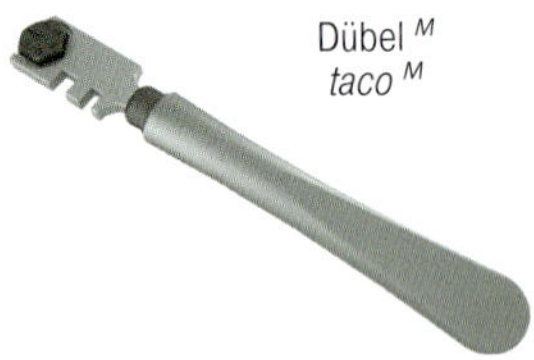

Glasschneider M
cortador M de cristal M

Kelle F
paleta F

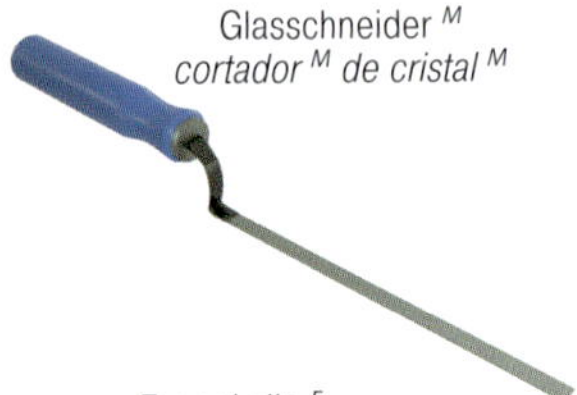

Fugenkelle F
paleta F en punta F

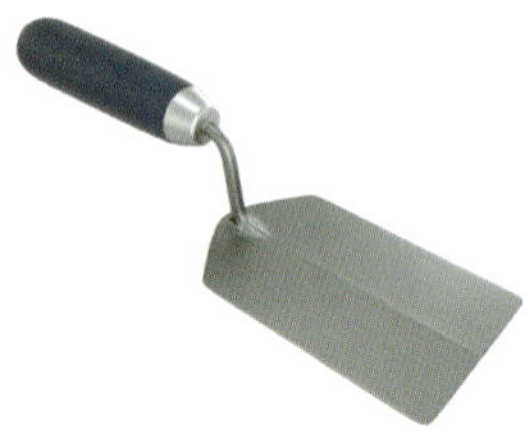

rechteckige Maurerkelle F
paleta F cuadrada

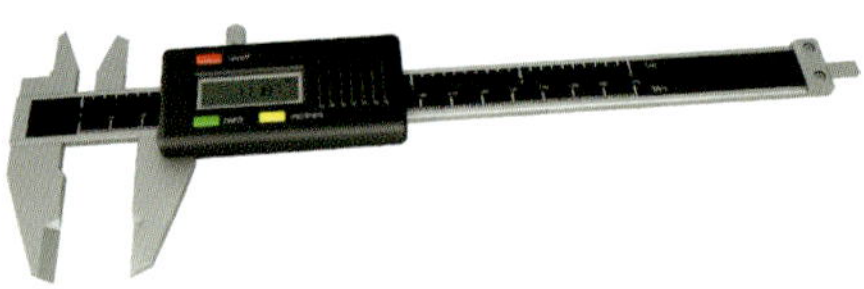

digitaler Messschieber M
calibrador M digital

Winkelmaß N
escuadra F

Spachtel M
rasqueta F

Betonmischmaschine F
hormigonera F

Verlängerungsleiter F
escalera F extensible

Trittleiter F
escalera F de plataforma F
Stütze F
soporte M
Standbein N
pata F
Leiterfuß M
almohadilla F
Stufe F
escalón M

Maurerhammer M
martillo M de mampostería F

Farbpinsel M
brocha F

Maßband N
cinta F métrica

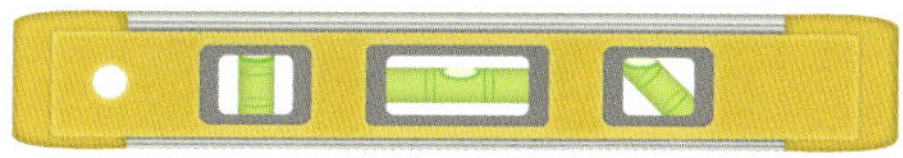
Wasserwaage F
nivel M

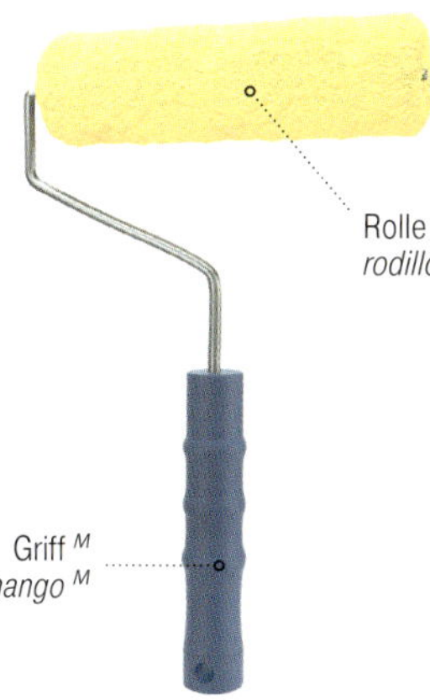
Farbrolle F
rodillo M de pintor M
Rolle F
rodillo M
Griff M
mango M

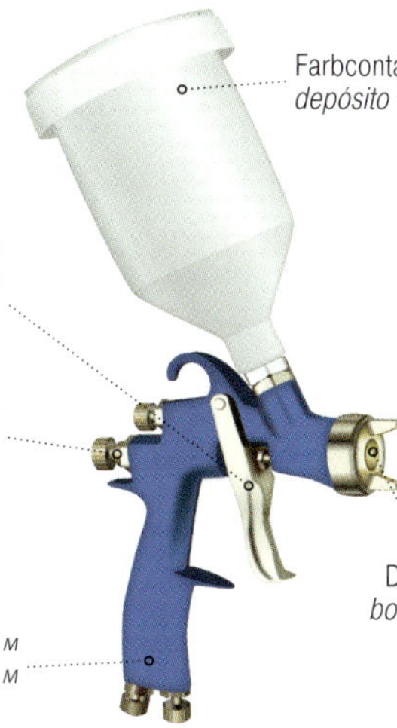
Farbsprayer M
pistola F de pintura F
Farbcontainer M
depósito M de pintura F
Auslöser M
gatillo M
Verstellschraube F
tornillo M de ajuste M
Düse F
boquilla F
Griff M
mango M

Feinkost

Speck M
tocino M

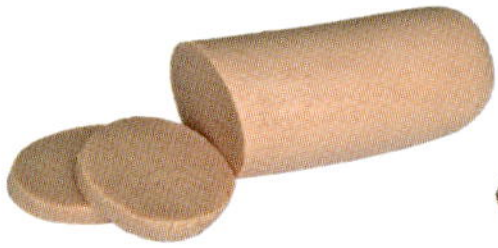
Lyoner F
salchicha F boloñesa

Kochwurst F
salchicha F ahumada cocida

Stopfleber F
foie gras M

Breakfast Sausage F
salchicha F fresca

Brät N
salchicha F ahumada fresca

Krakauer F
salchicha F polaca

Rohschinken M
jamón M prosciutto M

Bratwurst F
embutido M crudo

Salami F
embutido M seco

Pastete F
paté M

Wiener Würstchen N
salchicha F vienesa

Innereien

Rinderleber F
hígado M de ternera F

Herz N
corazón M

Zunge F
lengua F

Geflügelherz N
Corazón M aves F

Hähnchenleber F
hígado M de pollo M

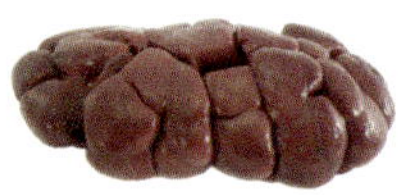
Niere F
riñón M

Hähnchen ^{N}
pollo ^{M}

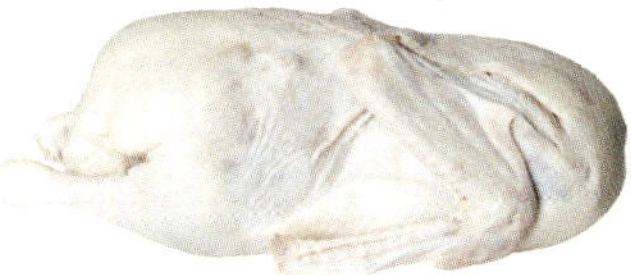

Ente ^{F}
pato ^{M}

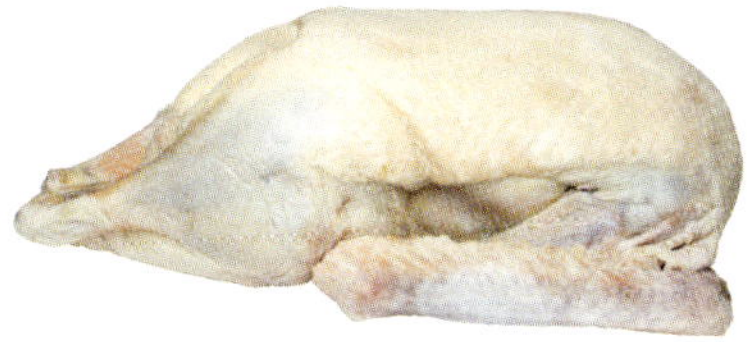

Gans ^{F}
ganso ^{M}

Taube ^{F}
paloma ^{F}

Stubenküken ^{N}
pollo ^{M} *tierno*

Hähnchenflügel ^{M}
alitas ^{F} *de pollo* ^{M}

Hühnerbrust ^{F}
pechuga ^{F} *de pollo* ^{M}

Hühnerei ^{N}
huevo ^{M} *de gallina* ^{F}

Hähnchenkeule ^{F}
muslos ^{M} *de pollo* ^{M}

Wildfleisch

Wachtel ^{F}
codorniz ^{F}

Wachtelei ^{N}
huevo ^{M} *de codorniz* ^{F}

Perlhuhn ^{N}
pintada ^{F}

Fasan ^{M}
faisán ^{M}

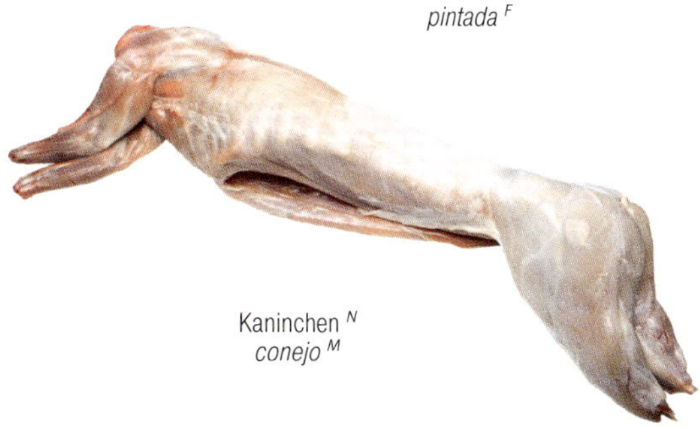

Kaninchen ^{N}
conejo ^{M}

Lamm N
Cordero M

Teilstücke vom Lamm N
cortes M de cordero M

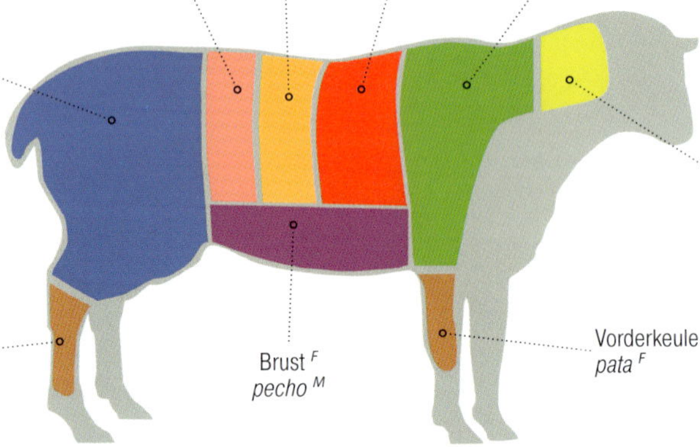

Lammrippenkotelett N
chuletas F de costilla F

Lammrücken M
lomo M de cordero asado

Lammlendenstück N
solomillo M

Lammhachse F
pata F

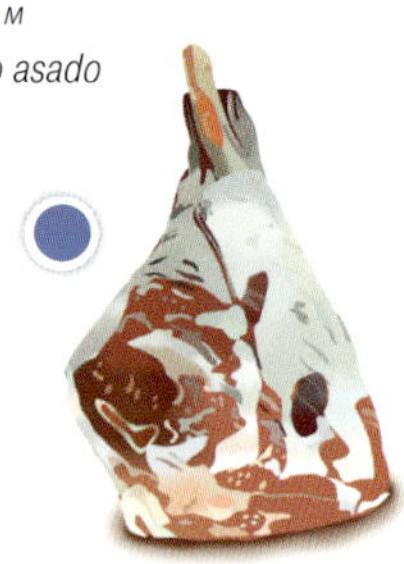

Lammkeule F
pata F de cordero

Schweinefleisch ^{N}
Cerdo ^{M}

Teilstücke vom Schwein ^{N}
cortes ^{M} *de cerdo* ^{M}

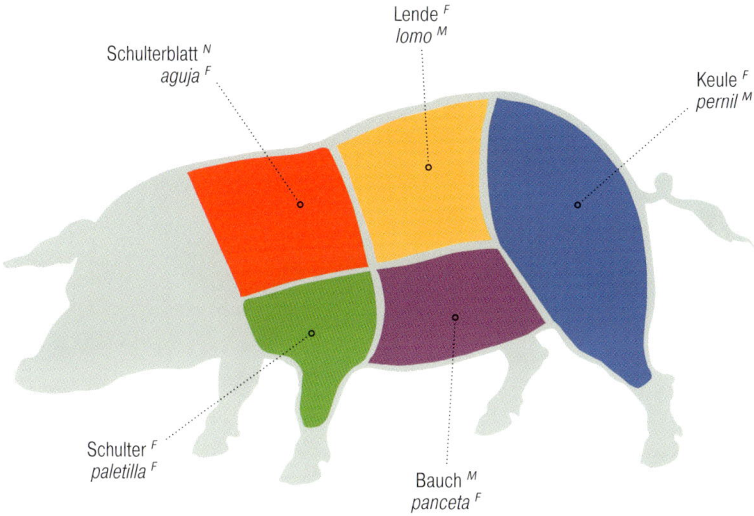

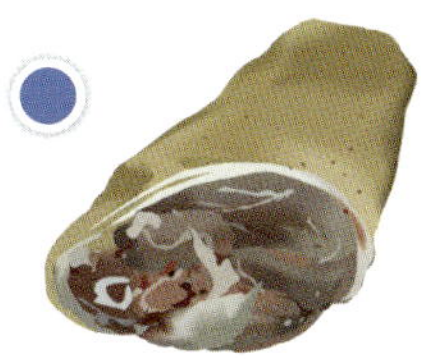

Schweinshachse ^{F}
jarrete ^{M} *de cerdo* ^{M}

Schweinekotelett ^{N}
chuleta ^{M} *de cerdo* ^{F}

Schweinerippchen ^{N}
costillas ^{F} *de cerdo* ^{M}

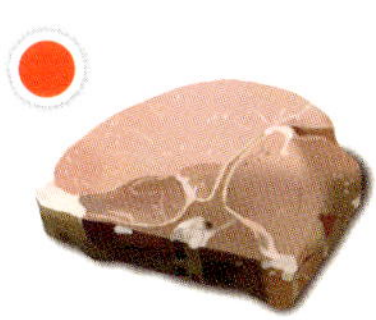

Schweinesteak ^{N}
carne ^{M} *de cerdo* ^{M}

Schweinsfilet ^{N}
lomo ^{M} *de cerdo* ^{M}

Schweinebraten ^{M}
corte ^{M} *para asado* ^{M}

Rindfleisch [M]
Ternera [F]

Teilstücke vom Rind [N]
cortes [M] *de carne* [F] *de res* [F]

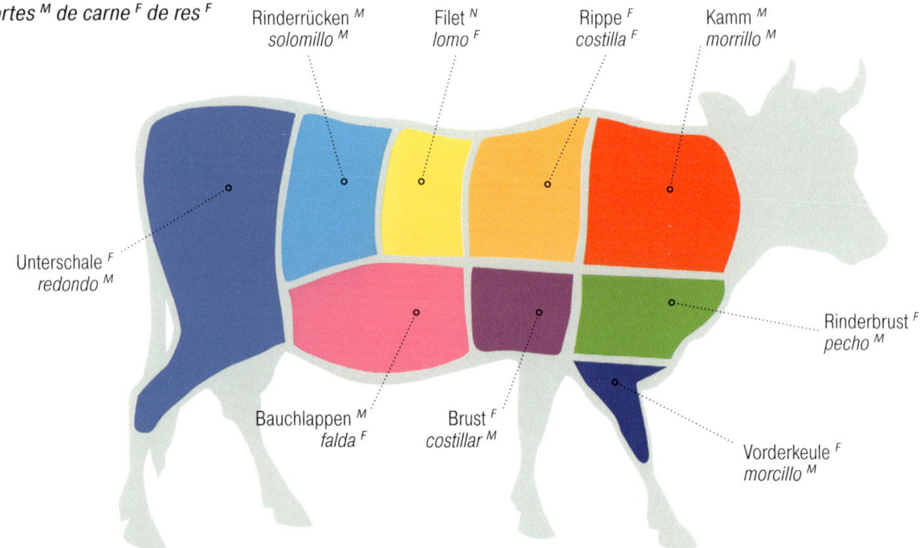

Kronfleischsteak [N]
bistec [M]

Rinderbraten [M]
carne [F] *asada*

Sirloin-Steak [N]
solomillo [M]

Round Steak [N]
filete [M]

Rinderbeinscheibe [F]
pierna [F]

Rib Eye-Steak [N]
carne [F] *para guisar*

Rinderhackfleisch [N]
carne [F] *picada*

Chateaubriand [N]
Chateaubriand [M]

Querrippe [F]
costillas [F]

Steak [N] aus der Flanke [F]
filete [M]

Rib Roast [F]
asado [M] *de costilla* [F]

T-Bone-Steak [N]
chuletón [M]

Kalbfleisch [N]
Ternera [F]

Teilstücke vom Kalb [N]
cortes [M] de ternera [F]

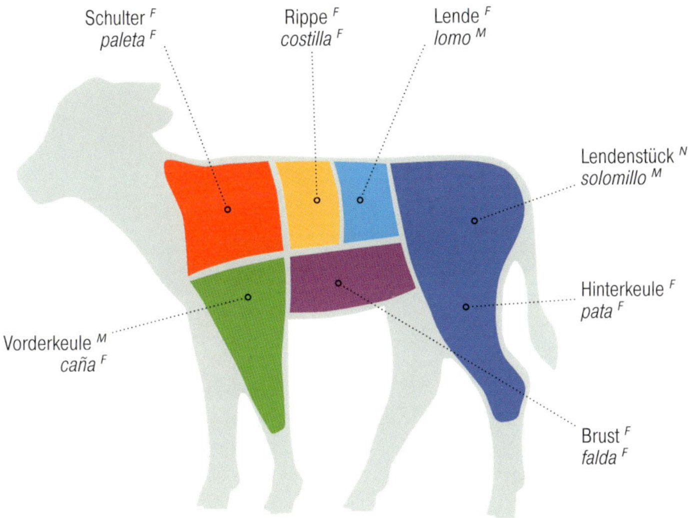

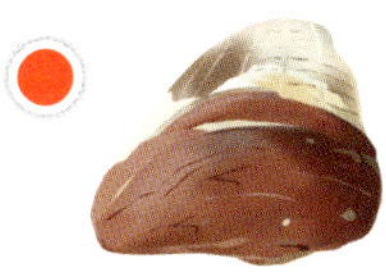

Schaufelstück [N]
asado [M] de paleta [F]

Kalbsbrust [F]
falda [F] de ternera [F]

Rippenkotelett [N]
chuleta [F] de ternera [F]

Beinscheibe [F]
jarrete [M] de ternera [F]

Kalbskotelett [N]
filete [M] de ternera [F]

Milch und Sahne F
Leche F y nata F

Kuhmilch F
leche F de vaca F

Ziegenmilch F
leche F de cabra F

laktosefreie Milch F
leche F sin lactosa F

Kefir M
kéfir M

Sauerrahm M
crema F agria

Schlagsahne F
crema F batida

Joghurt M
yogur M

Kondensmilch F
leche F evaporada

Frischkäse M
queso M crema F

Butter F
mantequilla F

Buttermilch F
suero M de leche F

Käse M
Quesos M

Mozzarella M
mozzarella F

Quark M
requesón M

Parmesan ^{M}
parmesano ^{M}

Gouda ^{M}
Gouda ^{M}

Emmentaler ^{M}
Emmental ^{M}

Cheddar ^{M}
queso ^{M} Cheddar ^{M}

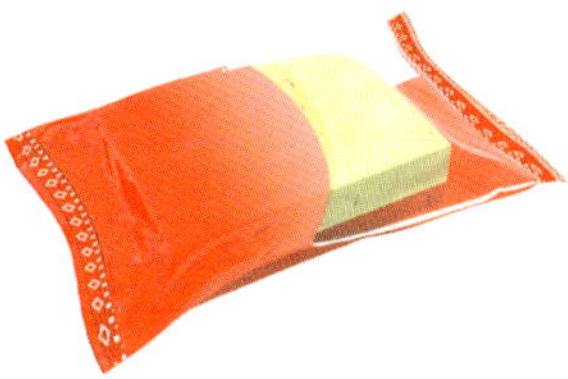

amerikanischer Käse ^{M}
queso ^{M} amarillo

Ziegenkäse ^{M}
queso ^{M} de cabra ^{F}

Gorgonzola ^{M}
Gorgonzola ^{M}

dänischer Blauschimmelkäse ^{M}
queso ^{M} danés

Brie ^{M}
Brie ^{M}

Räucherkäse ^{M}
queso ^{M} ahumado

Vegetarische Lebensmittel ^{N}
Alternativas ^{F} vegetarianas a productos ^{M} lácteos

Tofu ^{M}
tofu ^{M}

Margarine ^{F}
margarina ^{F}

Sojamilch ^{F}
leche ^{F} de soja ^{F}

Miesmuschel [F]
mejillón [M]

Lachsrogen [M]
huevas [F] *de salmón* [M]

Kaviar [M]
caviar [M]

Kammmuschel [F]
vieira [F]

Muschel [F]
almeja [F]

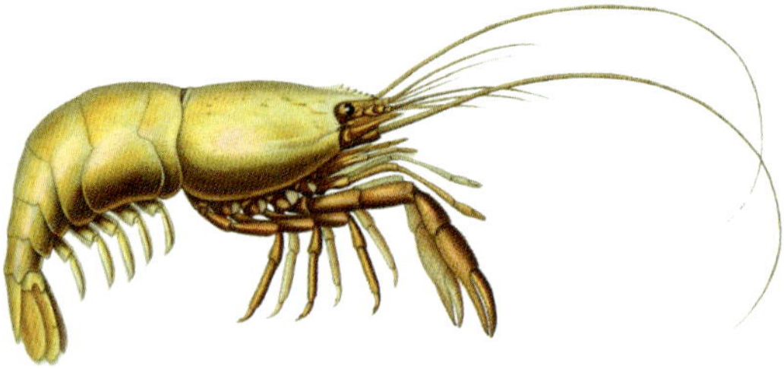

Garnele [F]
camarón [M]

Schnecke [F]
caracol [M]

Fisch [M]
pescado [M]

geräucherter Lachs [M]
salmón [M] *ahumado*

Lachssteak [N]
filete [M] *de salmón* [M]

Lachsfilet [N]
filete [M] *de salmón* [M]

Konservenfisch [M]
pescado [M] *en conserva* [F]

Ölsardine [F]
sardinas [F] *enlatadas*

Blattgemüse ^{N}
Verduras ^{F} de hoja ^{F}

Rotkohl ^{M}
col ^{F} lombarda

Rosenkohl ^{M}
coles ^{F} de Bruselas

Weißkraut ^{N}
repollo ^{M}

Chicorée ^{M}
escarola ^{F}

Feldsalat ^{M}
canónigo ^{M}

Grünkohl ^{M}
col ^{F} rizada

Sauerampfer ^{M}
acedera ^{F}

Kopfsalat ^{M}
lechuga ^{F} francesa

Eisbergsalat ^{M}
lechuga ^{F} iceberg

Chinakohl ^{M}
col ^{F} china

Radicchio ^{M}
achicoria ^{F} roja

Rauke ^{F}
rúcula ^{F}

Römersalat ^{M}
lechuga ^{F} romana

Wirsing ^{M}
col ^{F} Savoy

Spinat ^{M}
espinaca ^{F}

Mangold ^{M}
acelga ^{F}

Zwiebelgemüse [N]
Verduras [F] de bulbo [M]

Knoblauch [M]
ajo [M]

Speisezwiebel [F]
cebolla [F]

Schnittlauch [M]
cebollino [M]

rote Zwiebel [F]
cebolla [F] roja

Lauchzwiebel [F]
cebolleta [F]

Lauch [M]
puerro [M]

Blütengemüse [N]
Verduras [F] de flor [F]

Brokkoli [M]
brócoli [M]

Blumenkohl [M]
coliflor [F]

Artischocke [F]
alcachofa [F]

Stangengemüse [N]
Verduras [F] de tallo [M]

Rhabarber [M]
ruibarbo [M]

Fenchel [M]
hinojo [M]

Spargel [M]
espárrago [M]

Sellerie [M]
apio [M]

Fruchtgemüse [N]
Verduras [F] de fruto [M]

Strauchtomate [F]
tomate [M] en rama [F]

Tomate [F]
tomate [M]

Patisson [M]
calabaza [F] pattypan

Zucchini [F]
calabacín [M]

Kürbis [M]
calabacita [F]

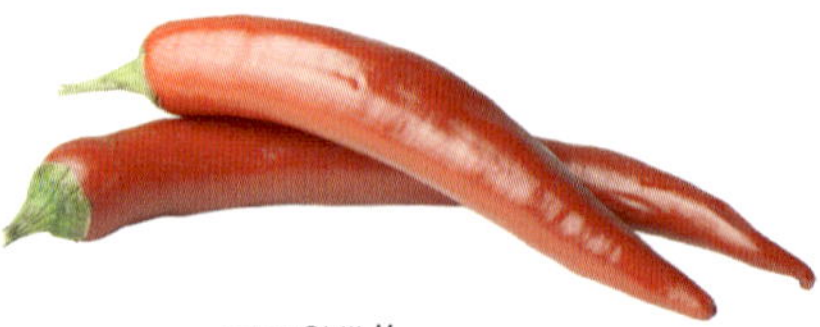

roter Chili [M]
chiles [M]

schwarze Oliven [F]
aceitunas [F] negras

grüne Oliven [F]
aceitunas [F] verdes

grüner Chili [M]
chile [M] verde largo

Avocado [F]
aguacate [M]

Okraschote [F]
quimbombó [M]

Riesen-Kürbis ^{M}
calabaza ^{F} buttercup

Kürbis ^{M}
calabaza ^{F}

Eichelkürbis ^{M}
calabacín ^{M}

Paprikaschote ^{F}
pimiento ^{M}

gelber Paprika ^{M}
pimiento ^{M} amarillo

roter Paprika ^{M}
pimiento ^{M} rojo

grüner Paprika ^{M}
pimiento ^{M} verde

Aubergine ^{F}
berenjena ^{F}

Gurke ^{F}
pepino ^{M}

Wurzelgemüse [N]
Verduras [F] de raíz [F]

Karrote [F]
zanahoria [F]

Karottengrün [N]
hojas [F] de zanahoria [F]

Radieschen [N]
rábano [M]

Meerrettich [M]
rábano [M] picante

Schwarzrettich [M]
rábano [M] negro

Daikon-Rettich [M]
rábano [M] japonés

Pastinak [M]
chirivía [F]

Rübe [F]
nabo [M]

Rote Bete [F]
remolacha [F]

weißer Rettich [M]
rábano [M] blanco

Kohlrübe [F]
colinabo [M]

Knollengemüse [N]
Tubérculos [M]

Topinambur [M/F]
alcachofa [F] de Jerusalén

Kohlrabi [M]
colirrábano [M]

Kartoffel [F]
patata [F]

Süßkartoffel [F]
boniato [M]

Hülsenfrüchte [F]
Legumbres [F]

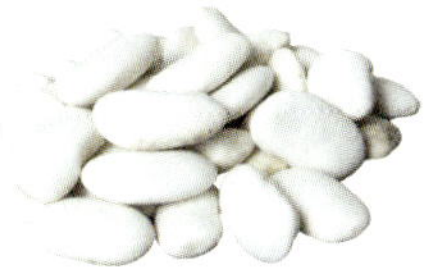

weiße Kidneybohne [F]
judía [F]

rote Kidneybohne [F]
alubias [F] *rojas*

Augenbohne [F]
frijol [M] *de ojo* [M] *negro*

Ackerbohne [F]
haba [F]

Sojabohnen [F]
soja [F]

Flageolet Bohnen [F]
alubia [F] *flageolet*

Wachtelbohne [F]
frijol [M] *pintado*

Adzukibohne [F]
frijol [M] *rojo*

Schwarze Bohnen [F]
alubias [F] *negras*

Mungbohne [F]
frijol [M] *chino*

Kichererbse [F]
garbanzos [M]

Grüne Schälerbsen [F]
guisante [M] *verde pelado*

Linse [F]
lentejas [F]

Grüne Linsen [F]
lentejas [F] *verdes*

Belugalinsen [F]
lentejas [F] *beluga*

Erdnuss [F]
cacahuete [M]

Erbse [F]
guisantes [M]

Brechbohne [F]
judías [F] *verdes*

Bohnensprossen [F]
brotes [M]

Anis [M]
anís [M]

Basilikum [M]
albahaca [F]

Lorbeerblatt [N]
hojas [F] *de laurel* [M]

Kaper [F]
alcaparra [F]

Koriander [M]
cilantro [M]

Dill [M]
eneldo [M]

Rosmarin [M]
romero [M]

Fenchel [M]
hinojo [M]

Gartenkresse [F]
mastuerzo [M]

Petersilie [F]
perejil [M]

Zitronengras [N]
citronela [F]

Minze [F]
menta [F]

Beifuß [M]
artemisa [F]

Salbei [M]
salvia [F]

Thymian [M]
tomillo [M]

Estragon [M]
estragón [M]

Oregano [M]
orégano [M]

Roter Basilikum [M]
albahaca [F] morada

Melisse [F]
melisa [F]

Nüsse

Walnuss [F]
nuez [F]

Kokosnuss [F]
coco [M]

Mandel [F]
almendra [F]

Haselnuss [F]
avellana [F]

Pinienkern [M]
piñón [M]

Paranuss [F]
nuez [F] de Brasil

Cashewnuss [F]
merey [M] / nuez [F] de cajú

Macadamia [F]
nuez [F] de macadamia

Esskastanie [F]
castaña [F]

Pistazie [F]
pistacho [M]

Pekannuss [F]
nuez [F] pacana

Kolanuss [F]
Nuez [F] de kola

Reis ^{M}
arroz ^{M}

Naturreis ^{N}
arroz ^{M} *integral*

Basmati-Reis ^{N}
arroz ^{M} *basmati*

Wildreis ^{M}
arroz ^{M} *salvaje*

Risotto-Reis ^{N}
arroz ^{M} *para el risotto*

Weizen ^{M}
trigo ^{M}

Dinkelweizen ^{M}
escanda ^{F}

Buchweizen ^{M}
alforfón ^{M}

Roggen ^{M}
centeno ^{M}

Gerste ^{F}
cebada ^{F}

Perlgraupen ^{F}
cebada ^{F} *perlada*

Hirse ^{F}
mijo ^{M}

Quinoa ^{F}
quinua ^{F}

Leinsaat ^{F}
lino ^{M}

Hafer ^{M}
avena ^{F}

Grünkern ^{M}
harina ^{F} *de escanda*

Amaranth ^{M}
amaranto ^{M}

Mais ^{M}
maíz ^{M}

Maisgrieß ^{M}
polenta ^{F}

Mehl ^{N}
Harina ^{F}

Bulgur ^{M}
bulgur ^{M}

Couscous ^{M}
cuscús ^{M}

Mehl ^{N}
harina ^{F} común

Grieß ^{M}
sémola ^{F}

Tee und Kaffee

schwarzer Tee ^{M}
té ^{M} negro

Früchtetee ^{M}
té ^{M} de frutas

grüne Kaffeebohne ^{F}
granos ^{M} de café ^{M} verde

grüner Tee ^{M}
té ^{M} verde

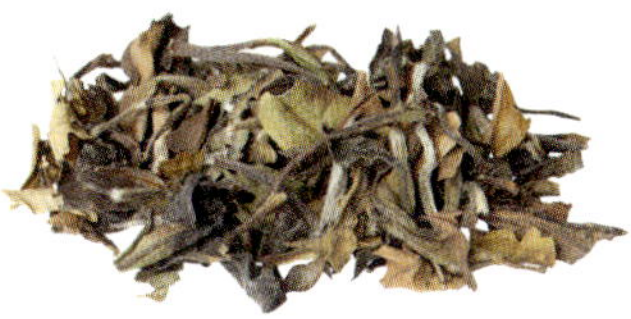

weißer Tee ^{M}
té ^{M} blanco

Oolong-Tee ^{M}
té ^{M} oolong

gemahlener Kaffee ^{M}
café ^{M} molido

Pulverkaffee ^{M}
café ^{M} instantáneo

geröstete Kaffeebohne ^{F}
granos ^{M} de café ^{M} tostado

Tropenfrüchte ^{F}
Frutas ^{F} tropicales

Banane ^{F}
plátano ^{F}

Fruchtfleisch ^{N}
pulpa ^{F}

Bananenschale ^{F}
piel ^{F}

Papaya ^{F}
papaya ^{F}

Fruchtfleisch ^{N}
pulpa ^{F}

Samen ^{M}
semillas ^{F}

Litschi ^{F}
lichi ^{M}

Sternfrucht ^{F}
fruta ^{F} de estrella

Cherimoya ^{F}
chirimoya ^{F}

Durianfrucht ^{F}
durián ^{M}

Feige ^{F}
higo ^{M}

Guave ^{F}
guayaba ^{F}

Nashi-Birne ^{F}
pera ^{F} oriental

Horngurke ^{F}
melón ^{M} africano

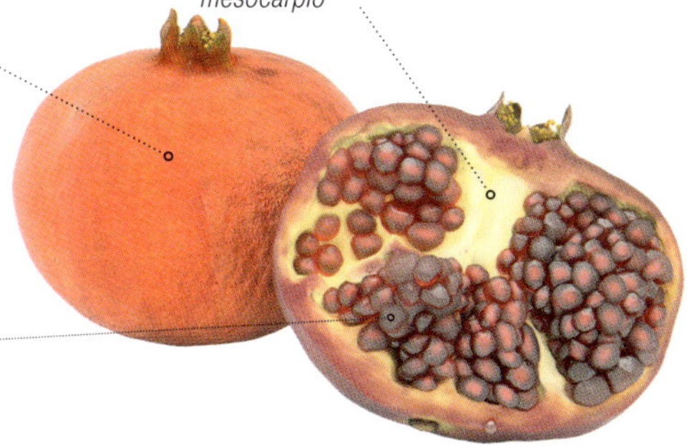

Granatapfel [M]
granada [F]

Ananas [F]
piña [F]

brasiliansiche Guave [F]
feijoa [F]

Kiwi [F]
kiwi [M]

Mango [F]
mango [M]

Mangostane [F]
mangostán [M]

Drachenfrucht [F]
fruta [F] *del dragón* [M]

Grenadilla [F]
granadilla [F]

Kaki [F]
caqui [M]

Maracuja [F]
maracuyá [M]

Rambutan [M]
rambután [M]

Baumtomate [F]
tamarillo [M]

Zitrusfrüchte [F]
Cítricos [M]

Clementine [F]
clementina [F]

Apfelsine [F]
naranja [F]

Limette [F]
lima [F]

Grapefruit [F]
pomelo [M]

Zitrone [F]
limón [M]

Blutorange [F]
naranja [F] *sanguina*

Zitronatzitrone [F]
pomelo [M]

Mandarine [F]
mandarina [F]

Kumquat [F]
naranja [F] *china*

Pomelo [F]
pomelo [M]

Beeren [F]
Frutas del bosque [F]

rote Weintraube [F]
uva [F] negra

weiße Weintraube [F]
uva [F] blanca

Moltebeere [F]
mora [F] de los pantanos [M]

Moosbeere [F]
arándano [M] agrio

Stachelbeere [F]
grosella [F]

rote Johannisbeere [F]
grosella [F] roja

Himbeere [F]
frambuesa [F]

Brombeere [F]
mora [F]

Erdbeere [F]
fresa [F]

Wald-Erdbeere [F]
fresa [F] silvestre

schwarze Johannisbeere [F]
grosella [F] negra

Physalis [F]
uchuva [F]

Heidelbeere [F]
arándano [M] azul

Preiselbeere [F]
arándano [M] rojo

Holunderbeere [F]
saúco [M]

Melonen[F]
Melones[M]

Wassermelone[F]
sandía[F]

gelbe Wassermelone[F]
sandía[F] amarilla

Cantaloupe-Melone[F]
melón[M]

Pepino[F]
Solanum muricatum

Futuro-Melone[F]
Piel de Sapo

Bittermelone[F]
melón[M] amargo[M]

Zuckermelone[F]
melón[M] de piel lisa[F]

Honigmelone[F]
melón[M] dulce

Kernobst [N]
Frutas [F] de pepita [F]

Birne [F]
pera [F]

roter Apfel [M]
manzana [F] roja

japanische Wollmispel [F]
níspero [M]

grüner Apfel [M]
manzana [F] verde

Steinfrüchte [F]
Frutas [F] de hueso [M]

Pfirsich [M]
melocotón [M]

Nektarine [F]
nectarina [F]

späte Traubenkirsche [F]
cereza [F] negra

Pflaume [F]
ciruela [F]

Plattpfirsich [M]
paraguayo [M]

Aprikose [F]
albaricoque [M]

Sauerkirsche [F]
cereza [F] ácida

Acerolakirsche [F]
acerola [F]

Kirsche [F]
cereza [F]

Reneklode [F]
ciruela [F] claudia

Dattel [F]
dátil [M]

Steinpilz M
hongo M porcini

Austernpilz M
champiñón M ostra

Enoki M
Flammulina velutipes

Brauner Champignon M
champiñón M marrón

Champignon M
champiñón M común

Pfifferling M
rebozuelo M

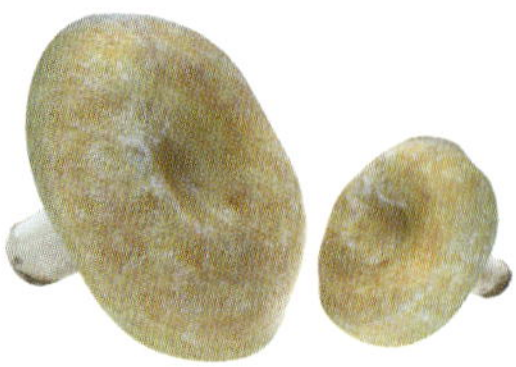

Wimpern-Milchling M
Lactarius resimus

Edel-Reizker M
níscalo M

Mu-Err M
oreja F de Judas

Trüffel M
trufa F

Birken-Röhrling M
boleto M birch

Kräuterseitling M
seta F de cardo

Shiitake M
shiitake M

Täubling M
rúsula F

schwarzer Senf[M]
grano[M] de mostaza[F] negra

weißer Senf[M]
grano[M] de mostaza[F] blanca

schwarzer Pfeffer[M]
pimienta[F] negra

weißer Pfeffer[M]
pimienta[F] blanca

gemahlener Pfeffer[M]
pimienta[F] molida

Jalapeño-Chilischote[F]
jalapeño[M]

Bird's Eye Chili[M]
pimiento[M] rojo

getrocknete Chilischote[F]
pimiento[M] seco

Ingwer[M]
jengibre[M]

Zimt[M]
canela[F]

Kardamom[M/N]
cardamomo[M]

Wacholderbeere[F]
bayas[F] de enebro[M]

Muskat[M]
nuez[F] moscada

Piment[M]
pimienta[F] de Jamaica

Rosenpfeffer[M]
pimienta[F] rosa

Mohn[M]
semillas[F] de amapola[F]

Nelke[F]
clavo[M]

Safran[M]
azafrán[M]

Kümmel[M]
comino[M]

Cayennepfeffer[M]
pimienta[F] de Cayena

Paprikapulver[N]
pimentón[M]

Currypulver[N]
polvo[M] de curry

Speisesalz[N]
sal[F] de mesa[F]

Meersalz[N]
sal[F] de mar

Knoblauchmayonnaise ^{F}
alioli ^{M}

Barbecuesoße ^{F}
salsa ^{F} *barbacoa*

Salsa ^{F}
salsa ^{F}

French Dressing ^{N}
mostaza ^{F}

Italienisches Dressing ^{N}
aderezo ^{M} *italiano*

Ketchup $^{N/M}$
ketchup ^{M}

Mayonnaise ^{F}
mayonesa ^{F}

Senf ^{M}
aderezo ^{M} *francés*

Harissa $^{F/N}$
harissa ^{F}

Pesto ^{N}
pesto ^{M}

Remoulade ^{F}
remoulade ^{F}

Sambal Oelek ^{N}
sambal ^{M}

Tomatenmark ^{N}
concentrado ^{M} *de tomate* ^{M}

Tamarinde-Paste ^{F}
pasta ^{F} *de tamarindo* ^{M}

Wasabi ^{N}
wasabi ^{M}

passierte Tomaten ^{F}
puré ^{M} *de tomate* ^{M}

Balsamicoessig [M]
vinagre [M] balsámico

Apfelessig [M]
vinagre [M] de manzana [F]

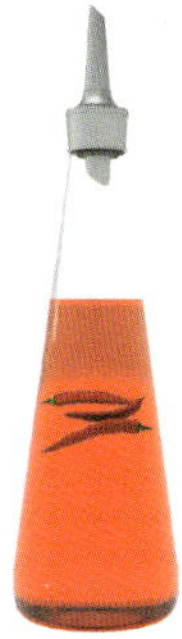

scharfe Soße [F]
salsa [F] picante

Austernsauce [F]
vinagre [M] de vino blanco [M]

Sojasoße [F]
salsa [F] de soja [F]

Weißweinessig [M]
vinagre [M] destilado

Öle

Sonnenblumenöl [N]
aceite [M] de girasol [M]

Walnussöl [N]
aceite [M] de nuez [F]

Sojaöl [N]
aceite [M] de soja [F]

Sesamöl [N]
aceite [M] de ajonjolí [M]

Maiskeimöl [N]
aceite [M] de maíz [M]

Olivenöl [N]
aceite [M] de oliva [F]

Erdnussöl [N]
aceite [M] de cacahuete [M]

Kürbiskernöl [N]
aceite [M] de semillas [F] de calabaza [F]

Spaghetti [F]
espaguetis [M]

Lasagne [F]
lasaña [F]

Bandnudel [F]
udon [M]

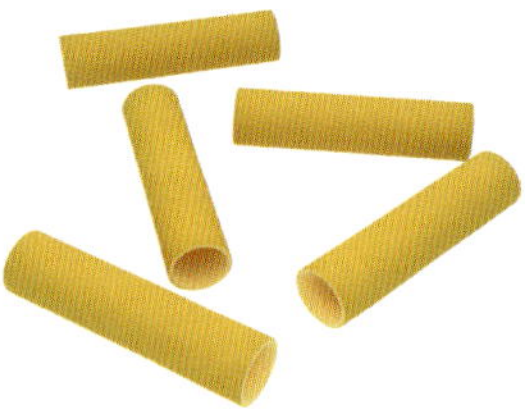

Cannelloni [F]
canelones [M]

Ramen [F]
fideos [M] *de huevo* [M]

Tagliatelle [F]
tagliatelle [F]

Reisnudeln [F]
fideos [M] *de arroz* [M]

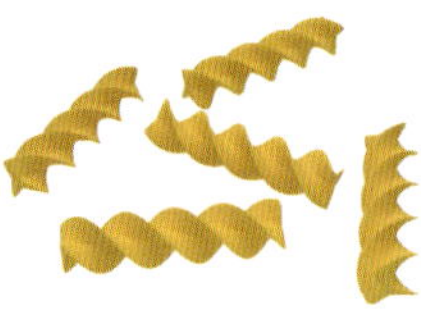

Fusilli [M]
tornillos [M]

Penne [F]
plumitas [F]

Conchiglie [F]
conchas [F]

Rigatoni [M]
rigatoni [M]

Gnocchi [M]
ñoquis [M]

Ravioli [M]
ravioles [M]

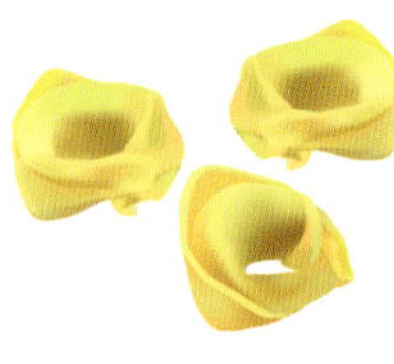

Tortellini [F]
tortellini [M]

Farfalle [F]
mariposas [M]

Baguette [N]
baguette [F]

Mehrkornbrot [N]
pan [M] *de multicereales* [M]

Weißbrot [N]
pan [M] *blanco*

Toastbrot [N]
tostada [F]

Hefezopf [M]
jalá [M]

Bagel [M]
bagel [M]

Brezel [F]
pretzel [M]

Teigtasche [F]
pastelito [M] *relleno*

Vollkornbrötchen [N]
panecillo [M] *integral*

Roggenbrot [N]
pan [M] *de centeno* [M]

Sauerteigbrot [N]
pan [M] *de centeno* [M] *grueso*

Napfkuchen M
bizcocho M bundt

Käsekuchen M
tarta F de queso M

Fruchtsauce F
cobertura F de mermelada F

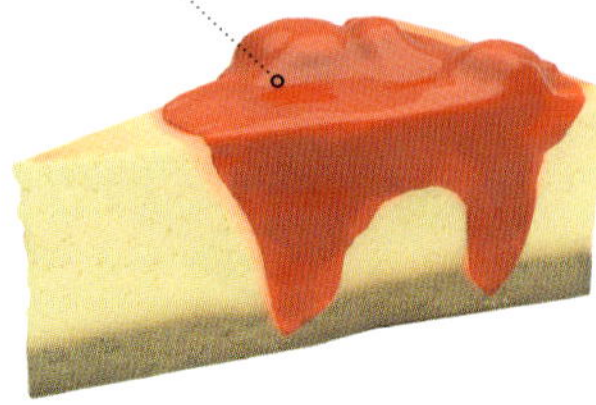

Cupcake N
cupcake M

Fruchttörtchen N
tartaleta F de frutas F

Heidelbeerkuchen M
tarta F de arándanos M

Kirschkuchen M
tartaleta F de cerezas F

Bananenbrot N
pan M de plátano M

Torte F
pastel M

Schokoladentorte F
pastel M de chocolate M

Eiswaffel [F]
barquillo [M] de helado [M]

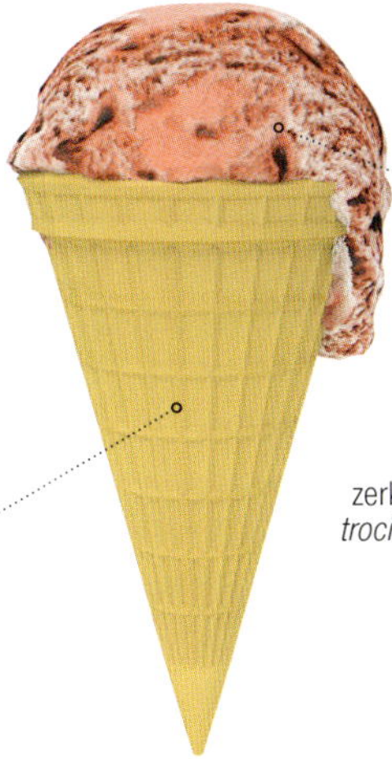

Eisbecher [M]
copa [M] de helado [M]

Dessertteller [M]
postre [M]

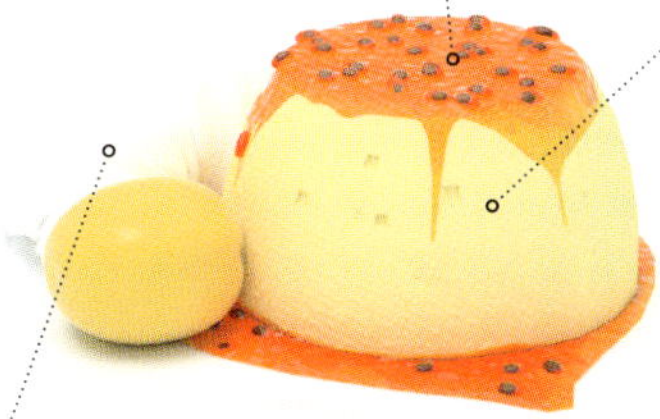

Marmelade [F]
mermelada [F]

Hotdog [M]
perrito [M] caliente

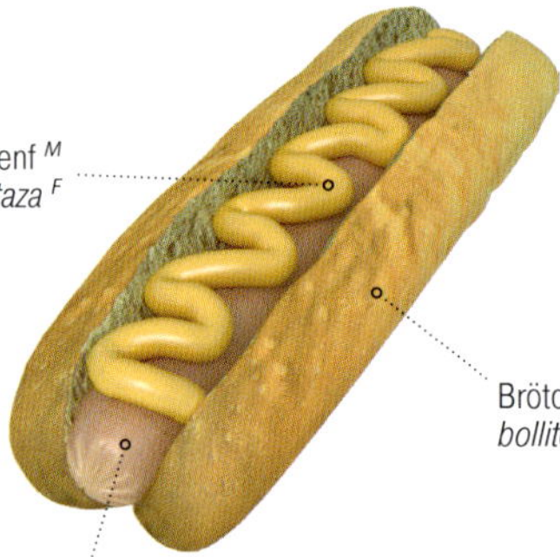

Senf [M]
mostaza [F]

Brötchen [N]
bollito [M]

Wiener Würstchen [N]
salchicha [F] vienesa

Salat [M]
ensalada [F] griega

Chips [M]
patatas [F] chips

Pommes frites [F]
papatas [F] fritas

Pizza [F]
pizza [F]

Belag [M]
condimentos [M]

Kruste [F]
borde [M]

Pizzastück [N]
porción [M] de pizza [M]

Pizzabrett [N]
paleta [F] para pizza [F]

Cola [F]
refresco [M] de cola [F]

Chips [M] und Dip [M]
nachos [M]

Salsa [F]
salsa [F]

Sandwich [N]
bocadillo [M] / sándwich [M]

Wrap [M]
burrito [M]

Kaffee [M]
café [M]

Hamburger [M]
hamburguesa [F]

Popcorn [N]
palomitas [F] de maíz [M]

Döner Kebab [M] / Schawarma [N] / Gyros [N]
shawarma [M]

Zitronenlimonade F
limonada F

Ananassaft M
zumo M de piña F

Orangensaft M
zumo M de naranja F

Pfirsichsaft M
zumo M de melocotón M

Granatapfelsaft M
zumo M de granada F

Apfelsaft M
zumo M de manzana F

Traubensaft M
zumo M de uva F

Tomatensaft M
zumo M de tomate M

Tafelwasser N
agua embotellada F

Flaschenverschluss M
tapón M

Etikett N
etiquetа F

Strichcode M
código M de barras F

Mineralwasser N mit Kohlensäure F
agua F mineral con gas M

stilles Mineralwasser N
agua F mineral

Getränkedose F
refresco M en lata F

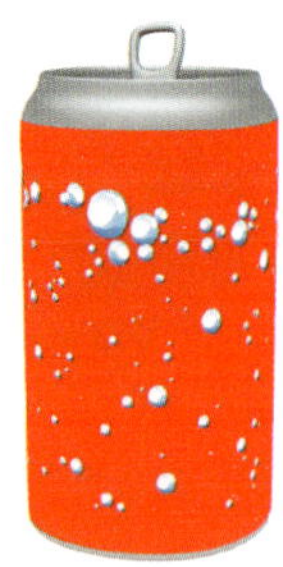

Weinflaschenverschluss M
tapón M para vino M

Rotwein M
vino M tinto

Weißwein M
vino M blanco

Champagner M
champán M

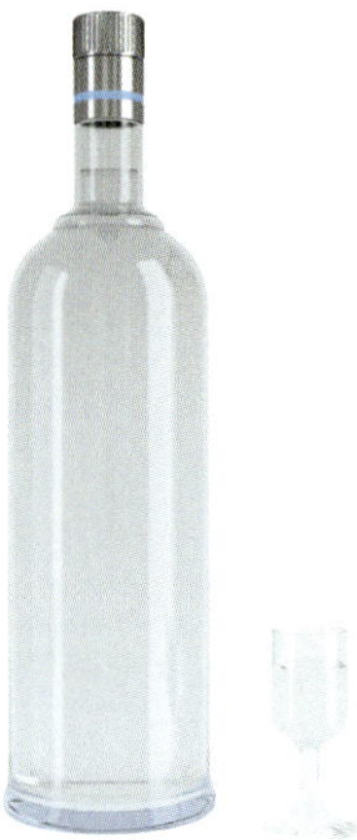

Cognac M
coñac M

Wodka M
vodka M

Whisky M
whisky M

Garnierung F
guarnición F

Cocktail M
cóctel F

Cocktailglas N
copa F de cóctel M

Bier N
cerveza F

Modenschau F
desfile M de moda F

Gerüst N
andamiaje M

Scheinwerfer M
reflector M

Modedesigner M
diseñador M de moda F

Kameramann M
cámara M

Kamera F
cámara F de vídeo M

Zuschauer M
público M

Werbetafel F
panel M publicitario

Modell N
modelo M

Fotograf M
fotógrafo M

Bodenleuchte F
luces F de suelo M

Laufsteg M
pasarela F

Kleiderschrank [M]
armario [M]

Ankleidezimmer [N]
armario [M] empotrado

Mantel [M]
abrigo [M]

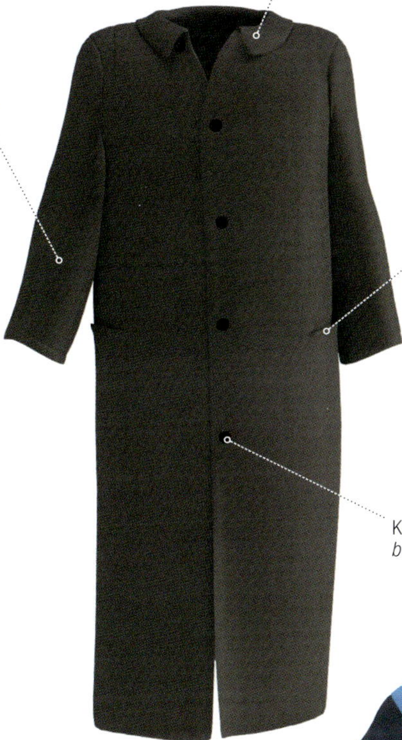

Jacke [F]
chaqueta [F]

Trenchcoat [M]
impermeable [M]

Fleecejacke [F]
chaqueta [F] *acolchada*

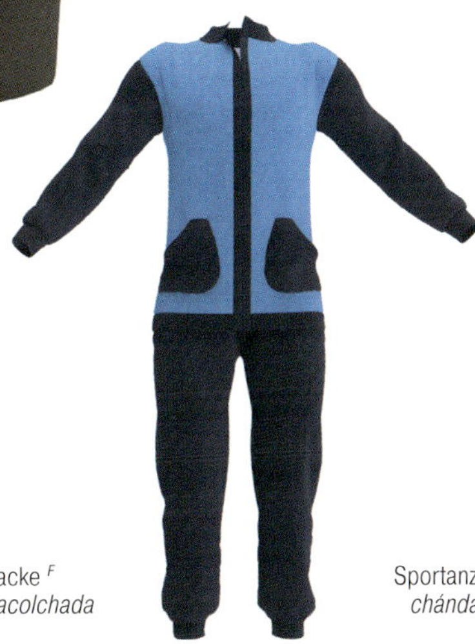

Sportanzug [M]
chándal [M]

Anzug und Accessoires

Anzug M
traje M

Weste F
chaleco M

doppelreihiger Mantel M
abrigo M de doble botonadura F

Fliege F
pajarita F

Krawatte F
corbata F

Hosen und Gürtel

Jeans F
vaqueros M

Gürtel M
cinturón M

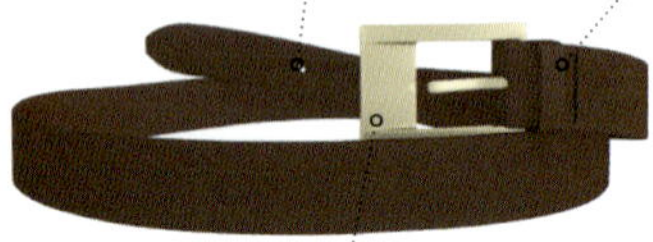

Bermudashorts F
bermudas F

Hosenträger M
tirantes M

Kapuzenpullover [M]
sudadera [F]

Sweatshirt [N]
jersey [M] *de punto*

Pullover [M] mit drei Knöpfen [M]
jersey [M]

Jacke [F] mit Reißverschluss [M]
chaqueta [F]

Pullover [M]
suéter [M]

Kapuzenjacke [F]
sudadera [F] *con capucha* [F]

Herrenstrickjacke [F]
cárdigan [M] *de caballero* [M]

Oberhemd N
camisa F con puños M

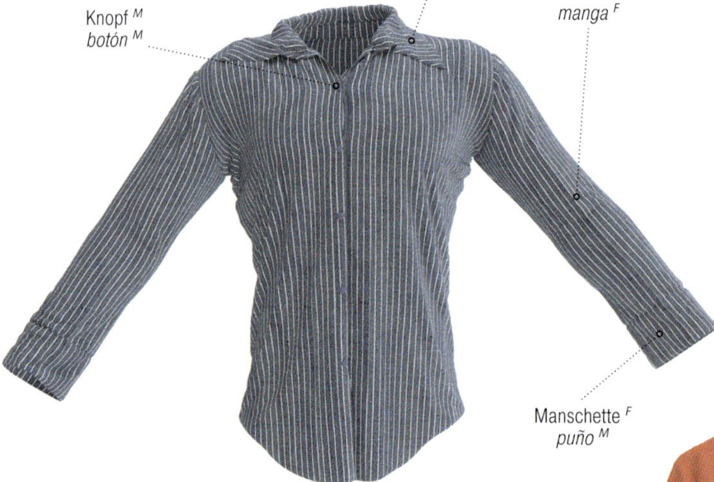

Holzfällerhemd N
camisa F de cuadros M

T-Shirt N
camiseta F

Polohemd N
polo M

Hemd N mit Brusttaschen F
camisa F con bolsillos M

kurzärmliges Hemd N
camisa F de manga F corta

Badehose F
bañador M de slip

Sportshorts F
short de baño M

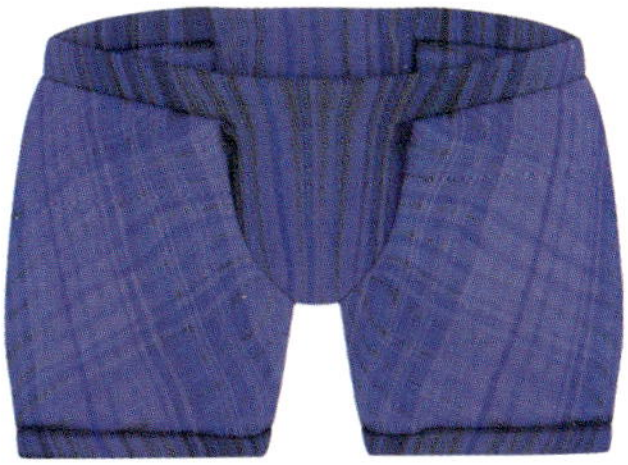

Badeshorts F
bañador M largo

Boxershorts F
calzoncillos M bóxer

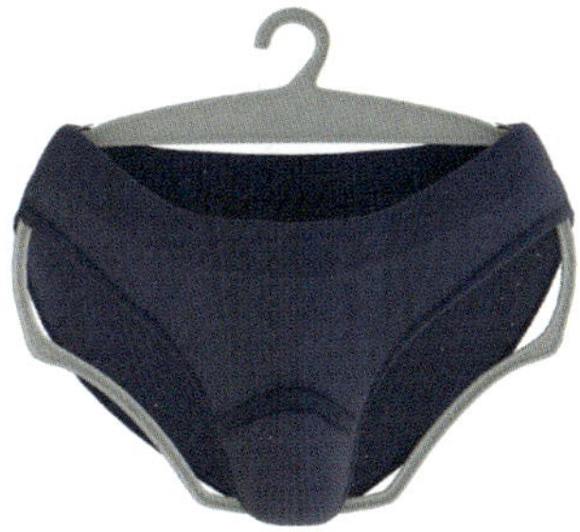

Unterhose F
calzoncillos M de slip

Socken F
calcetines M

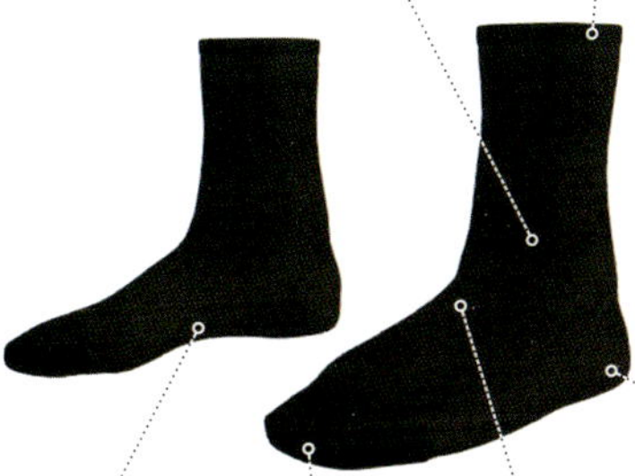

lange Unterhose F
calzoncillos M largos

Unterhemd N
camiseta F interior

Wollmantel [M]
abrigo [M] de lana [F]

Jeansjacke [F]
chaqueta [F] vaquera

zweireihiger Mantel [M]
abrigo [M] de doble botonadura

Lammfelljacke [F]
chaqueta [F] de piel [F] de borrego [M]

Mantel [M]
trenca [F]

Daunenmantel [M]
abrigo [M] de plumón [M]

schmal geschnittene Hose F
pantalones M ajustados

Jeggings F
jeggings M

Hose F mit weitem Bein N
pantalones M de pierna F ancha

Umstandshose F
pantalones M de maternidad F

Jeans F mit Schlag M
vaqueros M de campana F

klassische gerade Jeans F
vaqueros M rectos

Röhrenjeans F
vaqueros M ajustados

klassische Shorts
pantalones M cortos

A-Linien-Kleid [N]
vestido suelto [M]

Overall [M]
mono [M]

trägerloses Kleid [N]
vestido [M] *sin tirantes*

langer Rock [M]
falda [F] *larga*

leichtes Sommerkleid [N]
vestido [M] *veraniego*

Cocktailkleid [N]
vestido [M] *de tela* [F] *de jersey*

Kleid [N] mit Flügelärmel [M]
vestido [M] de mangas [F] cortas

Hochzeitskleid [N]
vestido [M] de novia [F]

Bleistiftrock [M]
falda [F] de tubo [M]

Maxikleid [N]
vestido [M] largo

Minikleid [N]
minivestido [M]

kurzärmlige Bluse [F]
blusa [F] de manga [F] corta

Bolero [M]
bolero [M]

Pullover [M]
suéter [M]

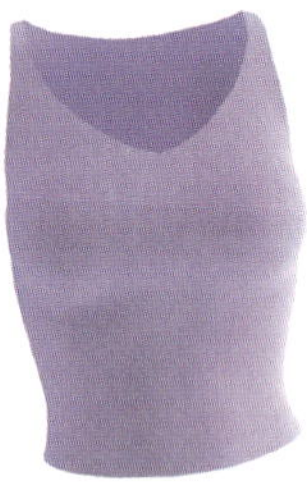

Oberteil [N]
top [M]

Rüschenbluse [F]
blusa [F] drapeada

Spenzer [M]
blazer [M] corto

Tunika [F]
blusa [F] campesina

lange Bluse [F]
blusa [F]

Pullover ^{M} mit Fledermausärmeln ^{M}
jersey ^{M} de mangas ^{F} de murciélago ^{M}

Blazer ^{M}
blazer ^{M} clásico

lange Strickjacke ^{F}
cárdigan ^{M} largo

T-Shirt ^{N}
camiseta ^{F}

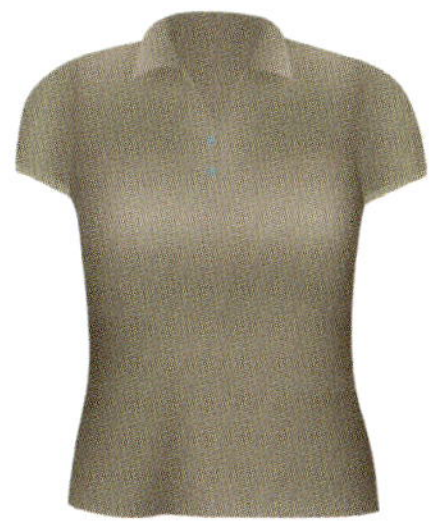

Polohemd ^{N}
camisa ^{F} polo ^{M} de señora ^{F}

Oberteil ^{N} mit Dreiviertelarm ^{M}
top ^{M} de manga ^{F} larga

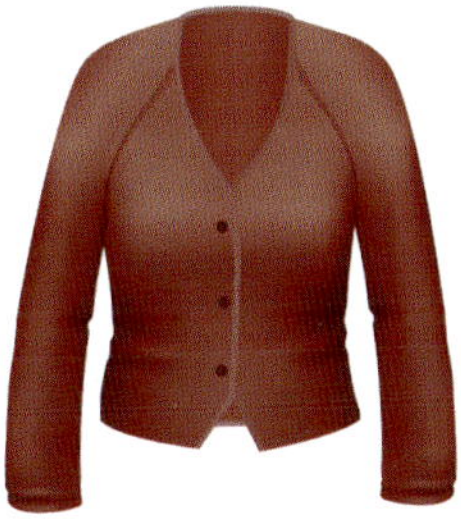

kurze Strickjacke ^{F}
cárdigan ^{M} corto

Pullunder ^{M}
chaleco ^{M} tejido ^{M}

Top ^{N} mit Gummizug ^{M} im Taillenbereich ^{M}
top ^{M} con cintura ^{F} elástica

Tunika ^{F}
túnica ^{F} de playa ^{F}

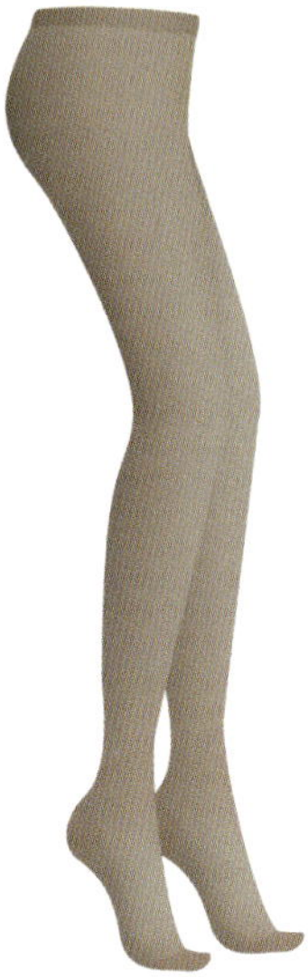

Strumpfhose ^{F}
mallas ^{F}

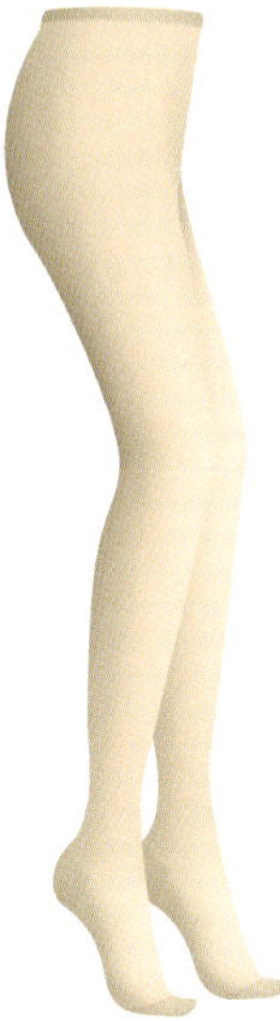

Strumpfhose ^{F}
medias ^{F} panty

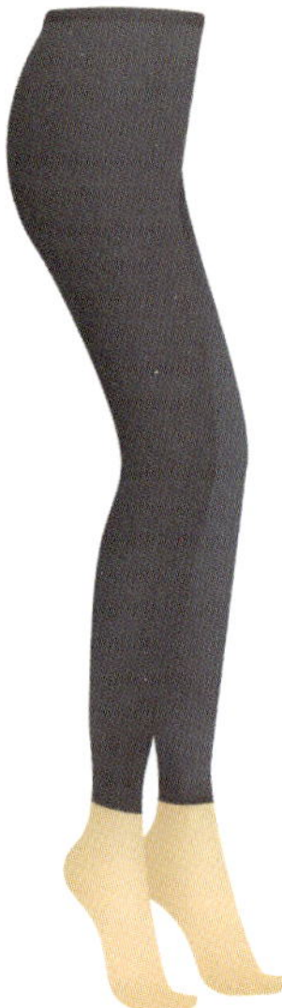

Leggins ^{M}
leggings ^{M}

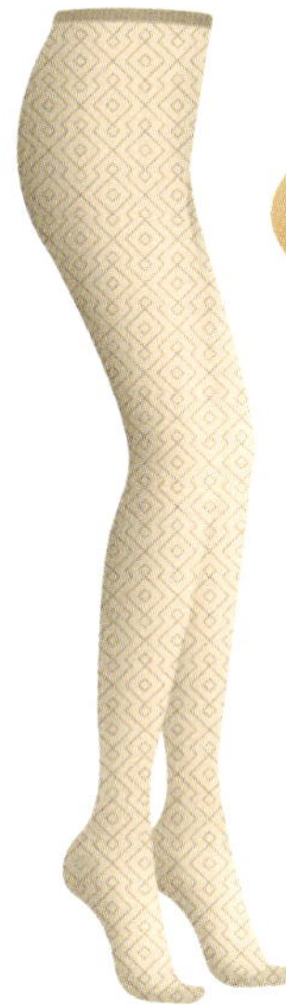

Netzstrumpfhose ^{F}
medias ^{F} de redecilla ^{F}

Strumpf ^{M}
medias ^{F}

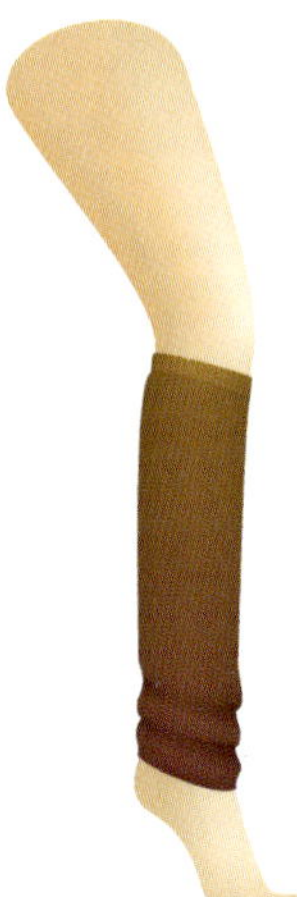

Stulpe ^{F}
calentador ^{M}

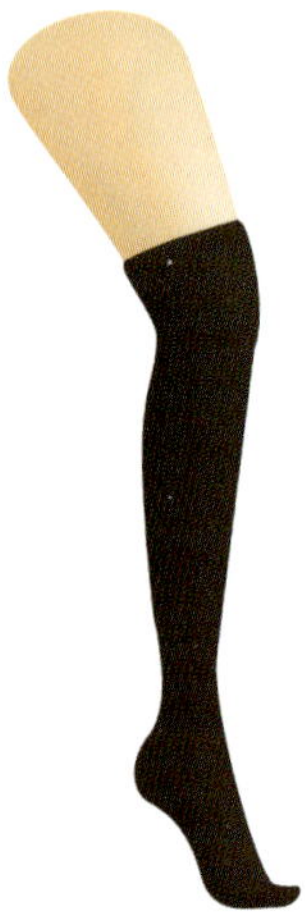

Überkniestrumpf ^{M}
calcetines ^{M} por encima de la rodilla ^{F}

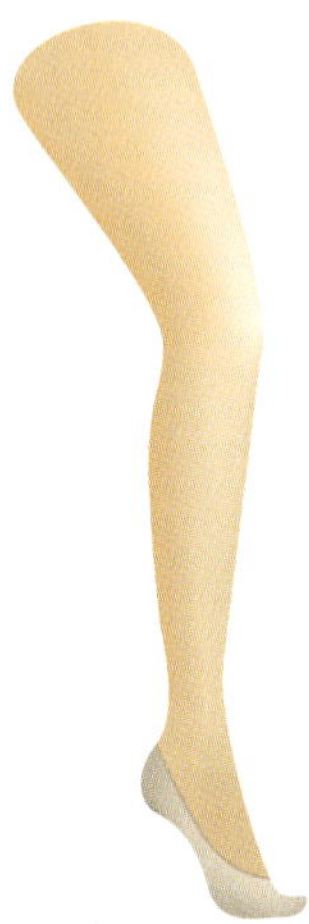

Füßling ^{M}
medias ^{F} sin puño ^{M}

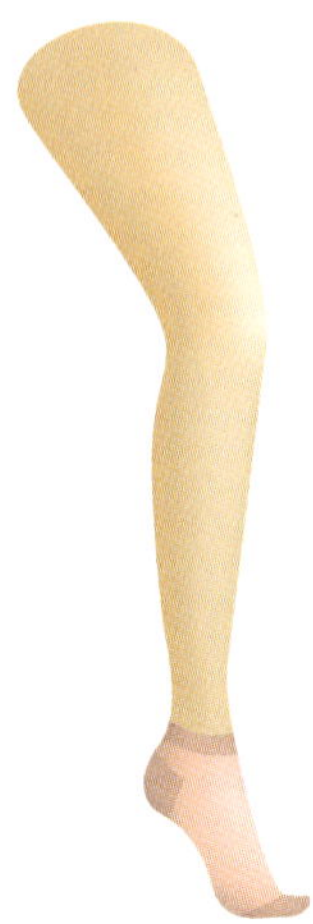

Sneaker Socke ^{F}
calcetines ^{M} tobilleros

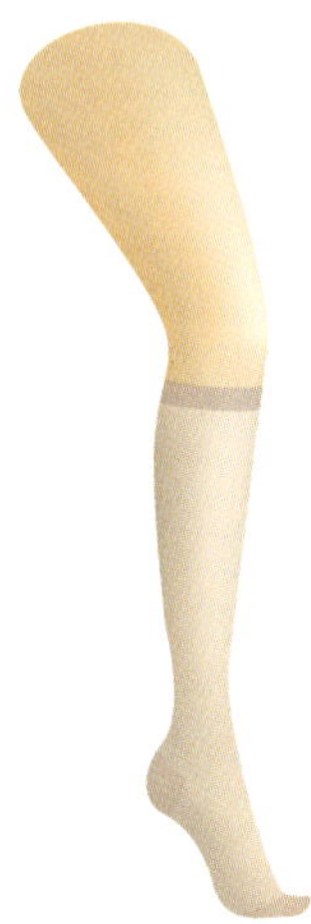

Kniestrumpf ^{M}
calcetines ^{M} hasta la rodilla ^{F}

Push-Up-BH ᴹ und Höschen ᴺ
sujetador ᴹ y bragas ᴹ push-up

Schulterträger ᴹ
tira ᶠ para el hombro ᴹ

BH ᴹ
sujetador ᴹ

Körbchen ᴺ
copa ᶠ

Höschenbund ᴹ
cintura ᶠ

Höschen ᴺ
bragas ᶠ

Trainingsanzug ᴹ
chándal ᴹ

Sport-BH ᴹ
sujetador ᴹ deportivo

Nachthemd ᴺ
camisón ᴹ

Body ᴹ
body ᴹ

Pyjama ᴹ
pijama ᴹ

Travelsystem ᴺ
sistema ᴹ de transporte ᴹ

Babywippe ᶠ
mecedora ᶠ para bebé ᴹ

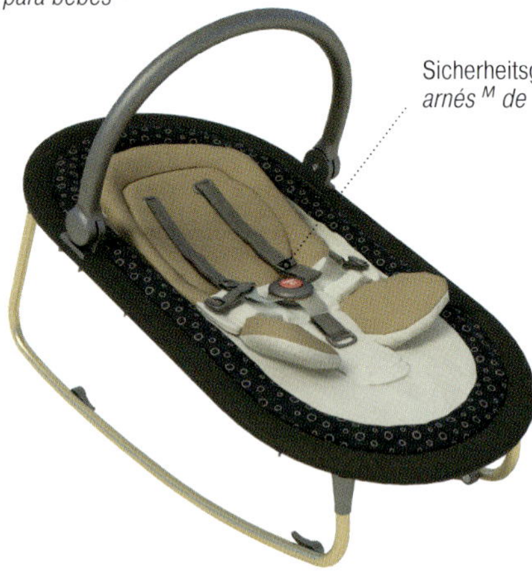

Kinderwagen ᴹ
cochecito ᴹ de paseo ᴹ

Buggy ᴹ
cochecito ᴹ de paseo ᴹ

Spielteppich M
manta F de actividades F

Babybadewanne F
bañera F para bebé M

Babybody M
body M

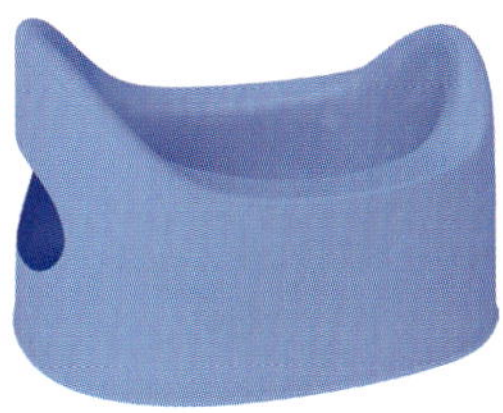

Töpfchen N
orinal M

Kleinkinder-Toilettensitz M
asiento M adaptador M para inodoro M

Windel F
pañal M desechable

Anzugschuh [M]
zapato [M] de vestir

Turnschuh [M]
zapatilla [F] deportiva

Turnschuh [M]
zapatillas [F] de deporte [M]

Basketballschuh [M]
zapatos [M] de baloncesto [M]

High Top Sneaker [M]
zapatillas [F] deportivas altas

Schnürschuh [M]
Oxfords [M]

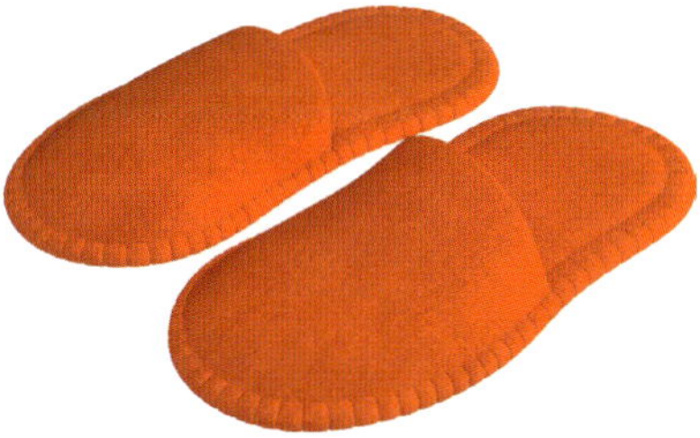

Hausschuh ^{M}
sandalia ^{F} con tacón ^{M}

Peeptoe Stiefelette ^{F}
botas ^{F} de tacón ^{M} alto con punta ^{F} abierta

Peeptoe Ballerinas ^{F}
zapato plano ^{M} con punta ^{F} abierta

Biker-Stiefel ^{M}
bota ^{F} de motorista ^{M}

Stiefelette ^{F}
botín ^{M}

Stiefel ^{M} mit Keilabsatz ^{M}
bota ^{F} con suela ^{F} de cuña ^{F}

Peep-Toe-Schuh ^{M}
zapato ^{M} con punta abierta ^{F}

Pumps ^{M}
zapato ^{M} de salón ^{M}

Sandale ^{F} mit Keilabsatz ^{M}
sandalia ^{F} de cuña

Mütze [F]
***gorro** [M] **con pompón** [M]*

Pompon [M]
pompón [M]

Sonnenhut [M]
pamela [F]

Hutband [N]
banda [F] *del sombrero* [M]

Krone [F]
corona [F]

Krempe [F]
ala [F]

Strohhut [M]
sombrero [M] *de paja* [F]

Filzhut [M]
sombrero tirolés [M]

Damenhut [M]
sombrero [M] *de señora* [F]

Kappe [F]
gorra [F]

Schiebermütze [F]
gorra [F] *irlandesa*

Mütze [F] mit Ohrenklappen [F]
gorro orejero [M]

Baseballkappe [F]
gorra [F] *de béisbol* [M]

Damenschal [M]
pañuelo [M] *de señora* [F]

Handschuhe [M]
guantes [M]

Halbfinger-Handschuhe [F]
guantes [M] *sin dedos*

Regenschirm ^{M}
paraguas ^{M}

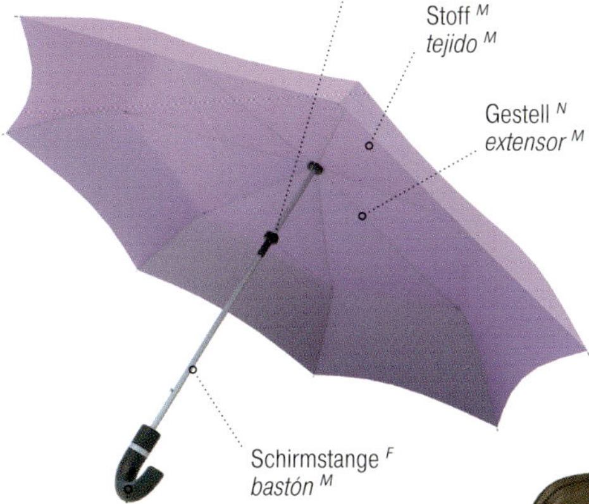

Reisetasche ^{F}
bolsa ^{F} *de viaje* ^{M}

Aktentasche ^{F}
portafolio ^{M}

Taschenschirm ^{M}
paraguas ^{M} *plegable*

Pilotenkoffer ^{M}
equipaje ^{M} *de mano* ^{F}

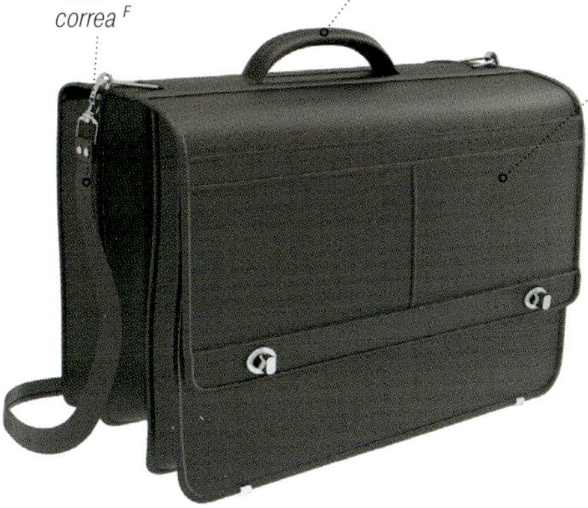

Koffer ^{M}
maleta ^{F}

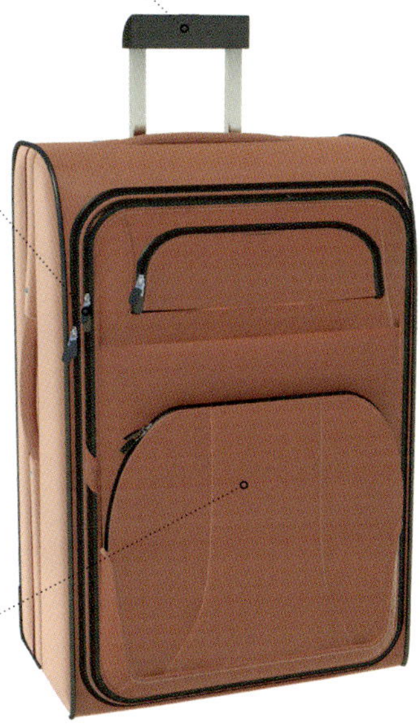

Taschenuhr F
reloj M de bolsillo

Analoguhr F
reloj M analógico

Damenuhr F
reloj M para mujer F

Digitaluhr F
reloj M digital

Sonnenbrille F
gafas F de sol M

Brille F
gafas F

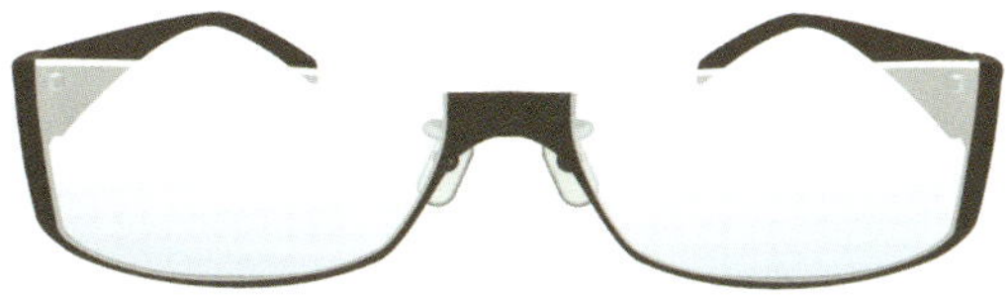

Halbrandbrille F
gafas F de media montura F

Sonnenbrillen-Clip N
lentes F de sol M enganchables

Monokel N
monóculo M

3D-Brille F
gafas F 3D

Mehrstärkenglas N
lentes F bifocales

weiche Kontaktlinse ^{F}
lentes ^{F} de contacto blandas ^{F}

harte Kontaktlinse ^{F}
lentes ^{F} de contacto duras

Einweg-Kontaktlinse ^{F}
lentes ^{F} de contacto desechables

Kontaktlinsenbehälter ^{M}
estuche ^{M} para lentes ^{M} de contacto

Rasterbrille ^{F}
gafas ^{F} reticulares

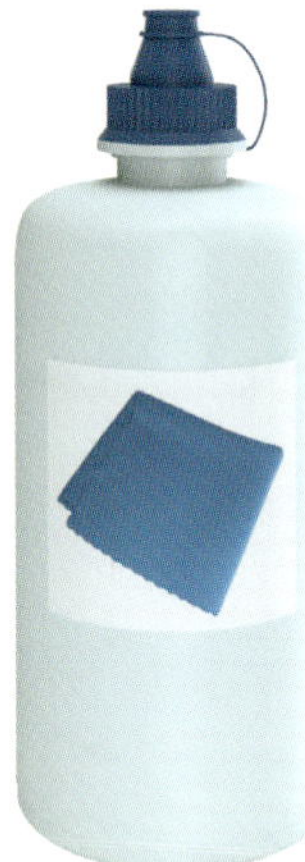

Mehrzwecklösung ^{F}
solución ^{F} multiusos

Augentropfen ^{M}
gotas ^{F} oculares lubricantes

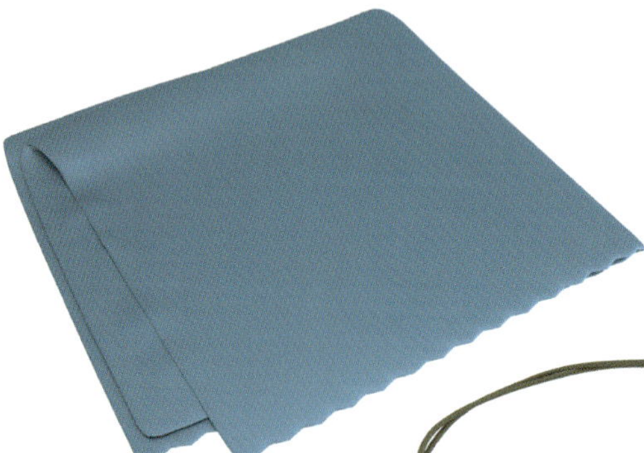

Brillenputztuch ^{N}
paño ^{M} para limpiar las gafas ^{F}

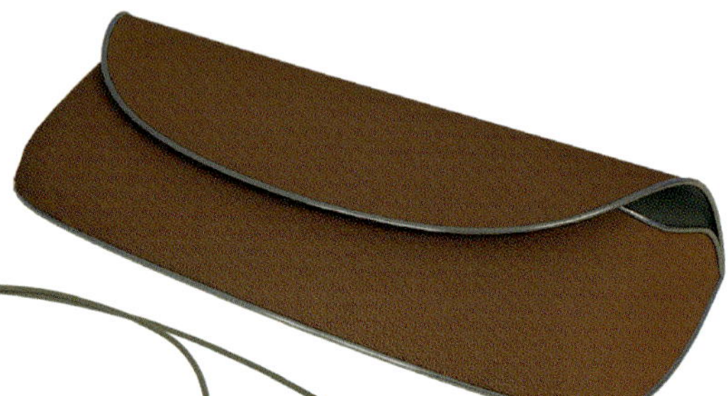

Brillenetui ^{N}
estuche ^{M} para gafas ^{F}

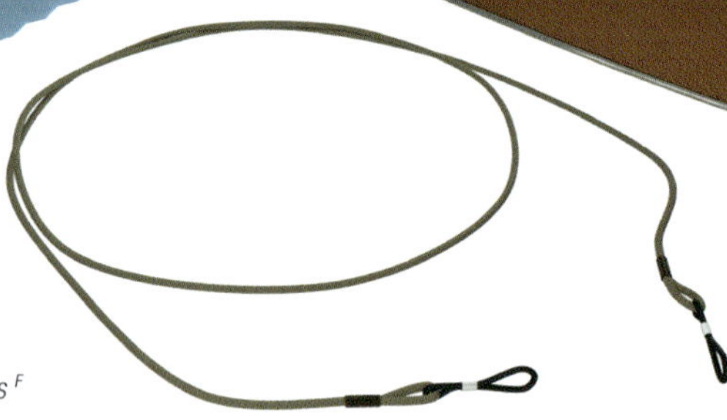

Brillenband ^{N}
tira ^{F} para las gafas ^{F}

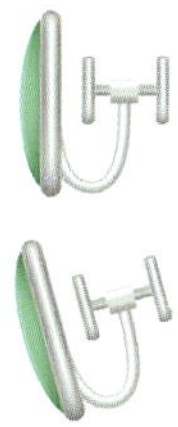

Ohrring mit Schraubverschluss [M]
pendientes [M] de tornillo [M]

Ohrgehänge [N]
pendientes [M] colgantes

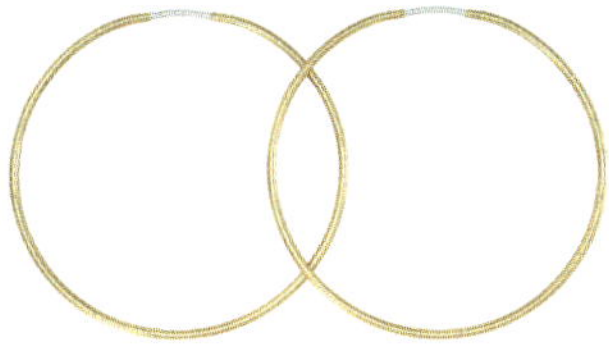

Creole [F]
aros [M]

Ohrstecker [M]
pendientes [M] con cierre [M] a presión [F]

Herren-Accessoires

Krawattenhalter [M]
pinza [F] para corbata [F]

Manschettenknöpfe [M]
gemelos [M]

Krawattennadel [F]
pisacorbatas [M]

Ringe

Ring [M]
anillo [M] tipo banda [F]

Absolventenring [M]
anillo [M] de graduación [F]

Verlobungsring [M]
anillo [M] de compromiso [M]

Platinring [M]
anillo [M] de platino [M]

Solitär-Ring [M]
anillo [M] solitario

Ehering [M]
alianza [F] de boda [F]

Siegelring [M]
anillo [M] de sello [M]

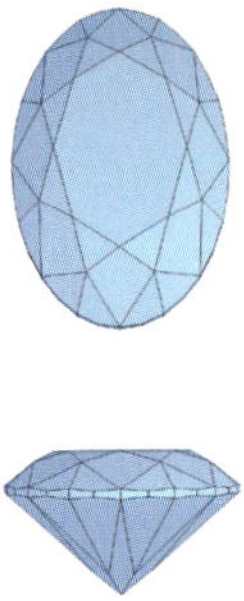

Ovalschliff M
talla F oval

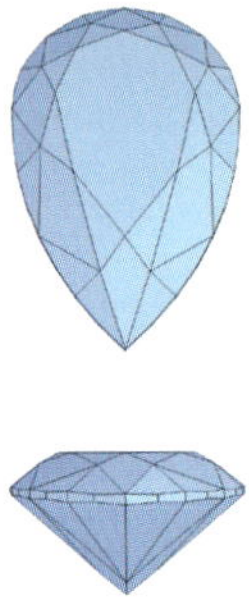

Tropfenschliff M
talla F pera

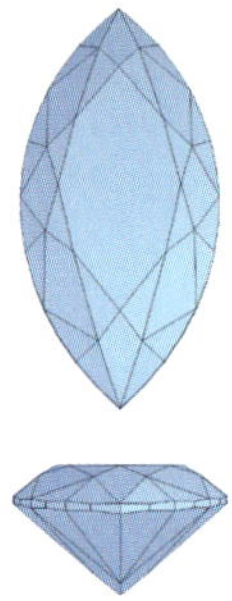

Marquiseschliff M
talla F marquesa

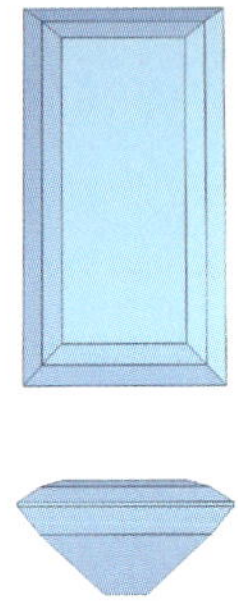

Baguetteschliff M
talla F baguete

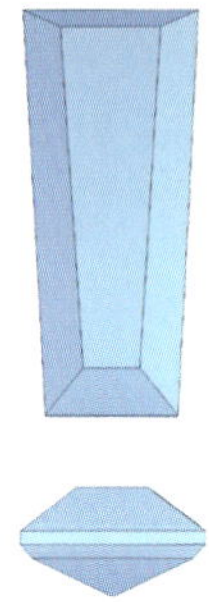

Trapez-Baguetteschliff M
talla F baguette F trapezoidal

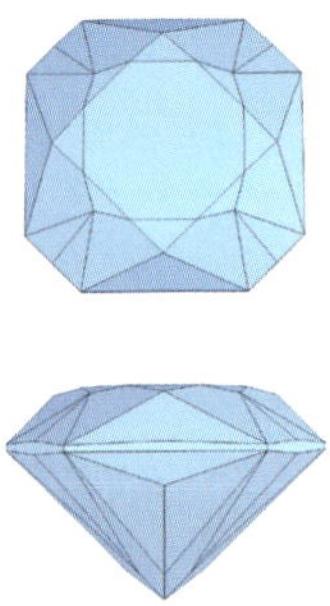

Facettenschliff M
talla F Flandes

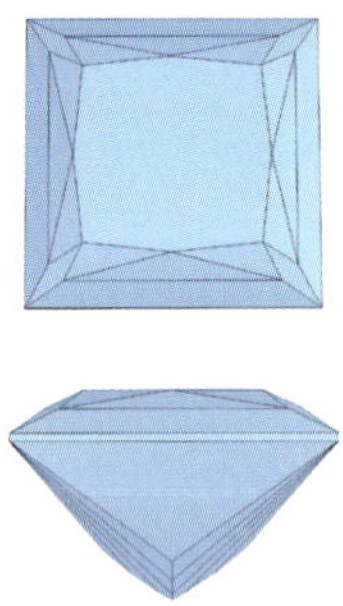

Prinzessschliff M
talla F princesa F

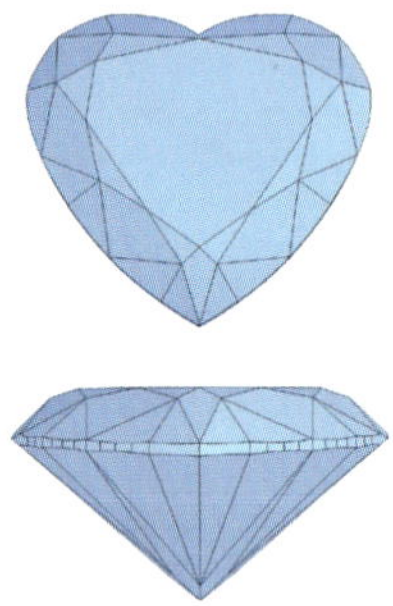

Herzschliff M
talla F corazón M

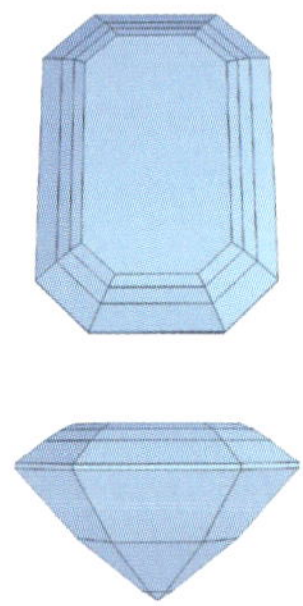

Smaragdschliff M
talla F esmeralda

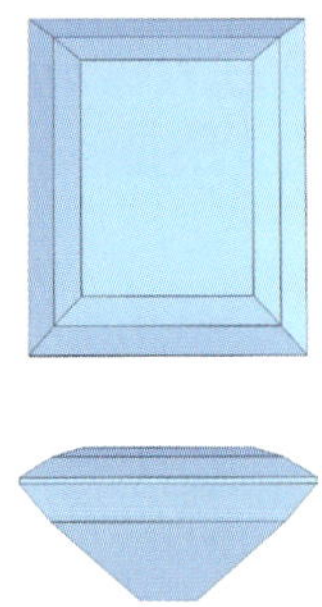

Treppenschliff M
talla F en tijera

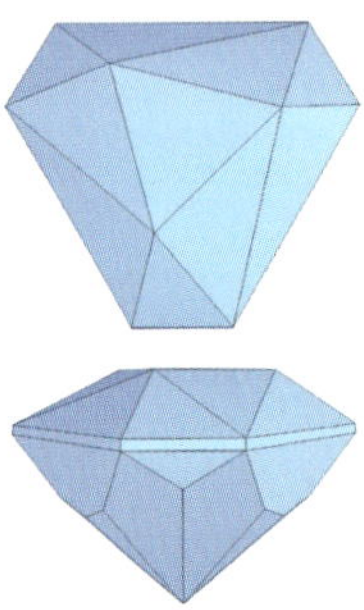

Dreiecksschliff M
talla F triángulo M

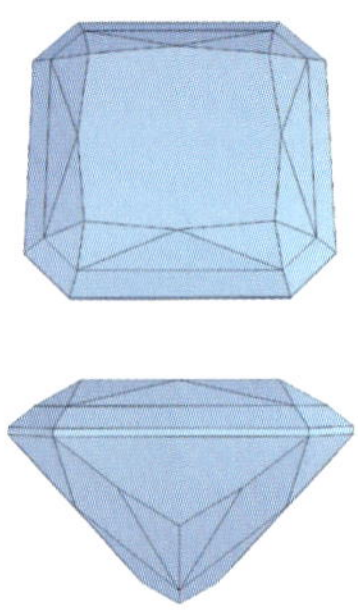

Radiantschliff M
talla F radiante

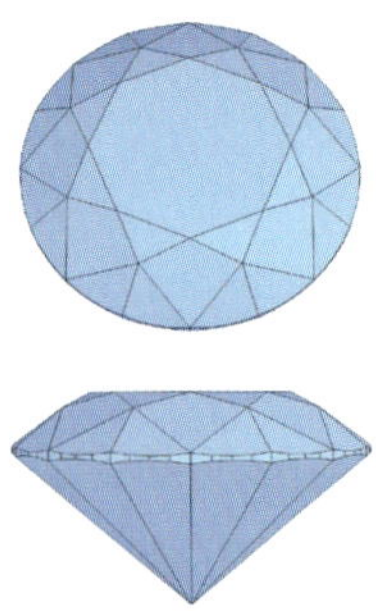

Vollschliff-Brillant M
talla F brillante

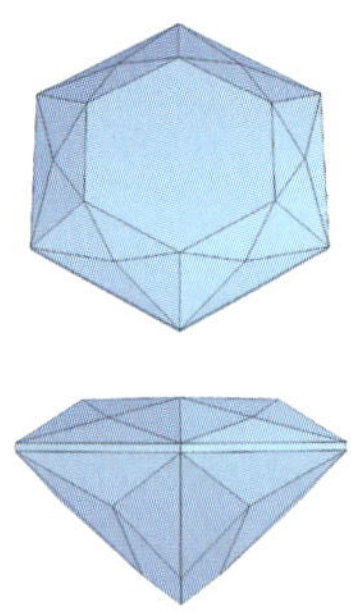

Hexagonschliff M
talla F hexagonal

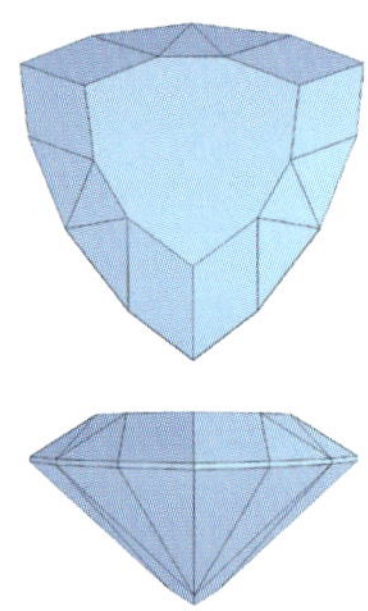

Trillionschliff M
talla F trillón M

Diamant [M]
diamante [M]

Amethyst [M]
amatista [F]

Aquamarin [M]
aguamarina [F]

Turmalin [M]
turmalina [F]

Topas [M]
topacio [M] *azul*

Rubin [M]
rubí [M]

Smaragd [M]
esmeralda [F]

Granat [M]
granate [M]

Saphir [M]
zafiro [M]

Quarzkristall [M]
cristal [M] *de cuarzo* [M]

Malachit [M]
malaquita [F]

Mondstein [M]
piedra [F] *de luna* [F]

Jade [M]
jade [M]

Onyx [M]
ónix [M]

Opal [M]
ópalo [M]

Elfenbein [N]
marfil [M]

Lapislazuli [M]
lapislázuli [M]

Türkis [M]
turquesa [F]

Tigerauge [N]
ojo [M] *de tigre* [M]

Achat [M]
ágata [F]

Rouge-Puder N
colorete M en polvo M

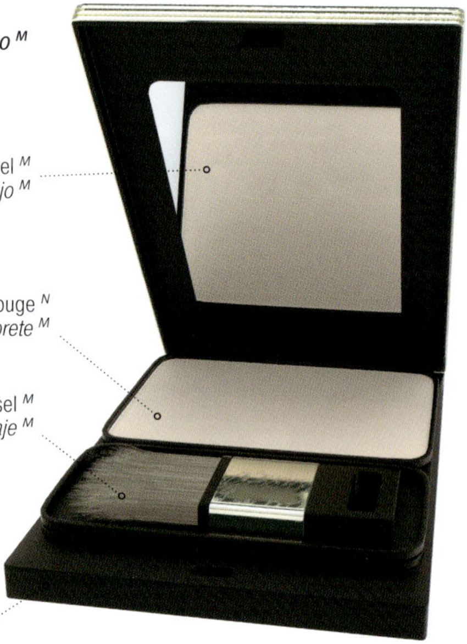

Spiegel M
espejo M

Rouge N
colorete M

Pinsel M
brocha F de maquillaje M

Puderdose F
compacto M

Lidschatten M
sombra F de ojos M

Puderquaste F
almohadilla F para aplicar maquillaje M

Waschlappen M
toallita F facial

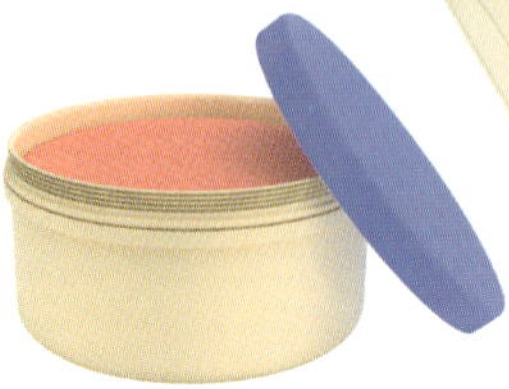

loser Lidschatten M
sombra F de ojos M suelta

Abschminkwatte F
discos M de algodón M

Kompaktpuder N
polvo M compacto

Gesichtscreme F
crema F facial

loses Puder N
polvo M suelto

Make-up-Entferner M
desmaquillante M

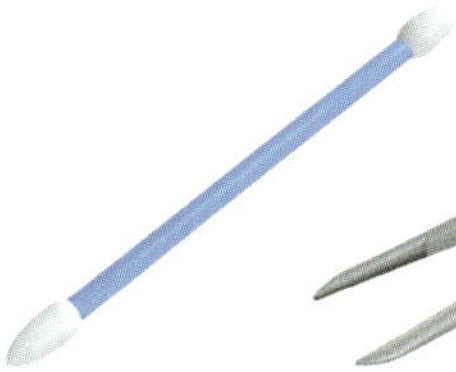

Wattestäbchen ^{N}
hisopo ^{M} de algodón ^{M}

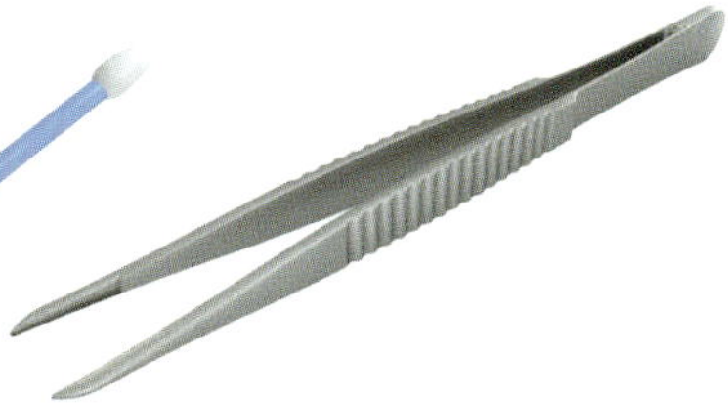

Pinzette ^{F}
pinzas ^{F} de depilar

Augenbrauen- und Wimpernbürstchen ^{N}
cepillo ^{M} para cejas ^{F} y peine ^{M} para pestañas ^{F}

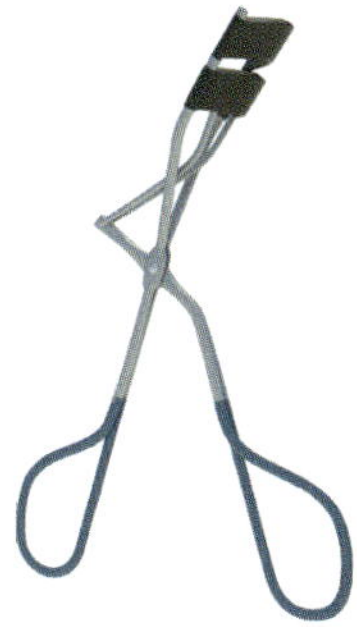

Wimpernzange ^{F}
rizador ^{M} de pestañas ^{F}

Lipgloss ^{N}
brillo ^{M} de labios ^{M}

Augencreme ^{F}
crema ^{F} para los ojos ^{M}

Abdeckstift ^{M}
corrector ^{M}

Lippenstift ^{M}
barra ^{F} de labios ^{M}

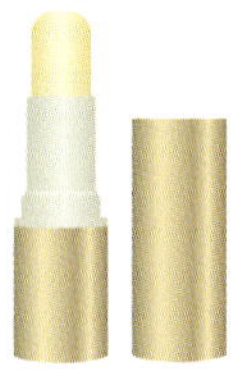

Lippenbalsam ^{M}
bálsamo ^{M} de labios ^{M}

Pinsel ^{M} für loses Puder ^{N}
brocha ^{F} para polvo ^{M} suelto

flüssiger Lidschatten ^{M}
sombra ^{F} de ojos ^{M} líquida

flüssiger Eyeliner ^{M}
delineador ^{M} de ojos ^{M} líquido

Wimperntusche ^{F}
rímel ^{M}

Lippenpinsel ^{M}
pincel ^{M} para labios ^{M}

Augenbrauenstift ^{M}
lápiz ^{M} de cejas ^{M}

Fächerpinsel ^{M}
pincel ^{M} facial

Lippenkonturenstift ^{M}
perfilador ^{M} de labios ^{M}

flüssiges Make-up ^{N}
base ^{F} líquida

Hand- und Nagelpflege

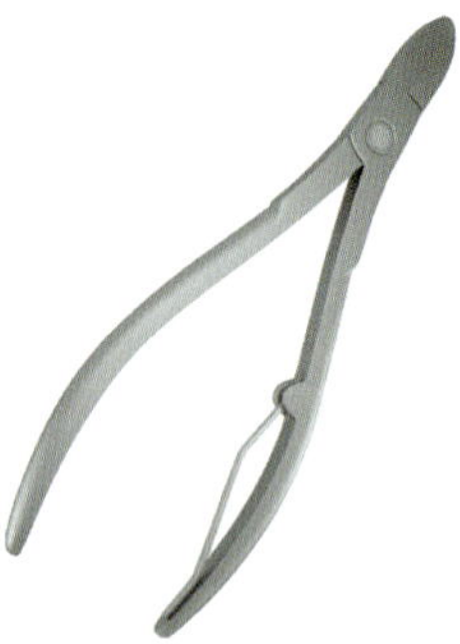

Nagelhautzange ^{F}
cortacutículas ^{F}

Nagellackentferner ^{M}
quitaesmalte ^{M}

Nagellack ^{M}
esmalte ^{M} de uñas ^{F}

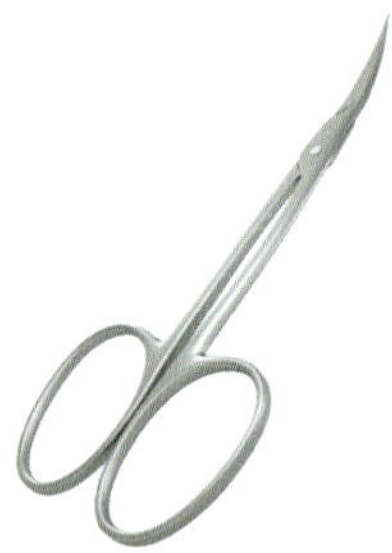

Zehennagelschere ^{F}
tijeras ^{F} para pedicura ^{F}

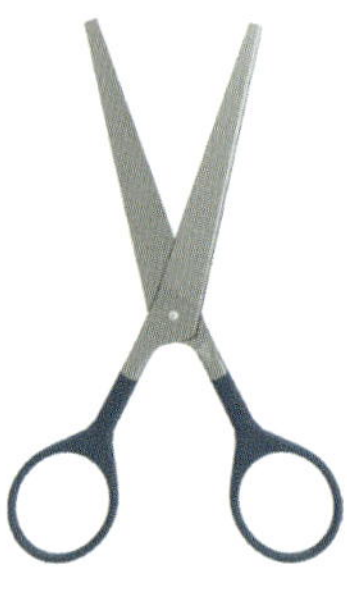

Sicherheitsschere ^{F}
tijeras ^{F} de seguridad ^{F}

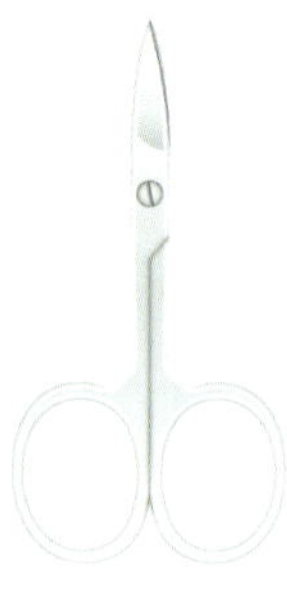

Nagelschere ^{F}
tijeras ^{F} para uñas ^{F}

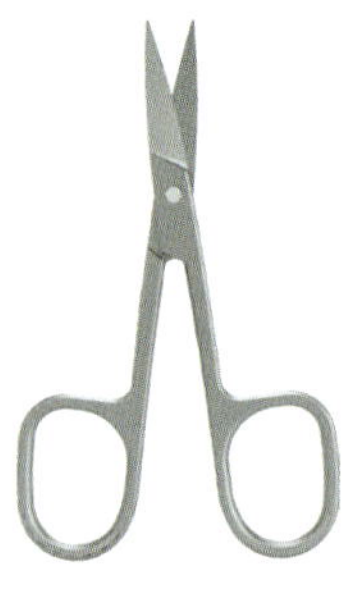

Nagelhautschere ^{F}
tijeras ^{F} para cutículas ^{F}

Nagelzange ^{F}
cortaúñas ^{M}

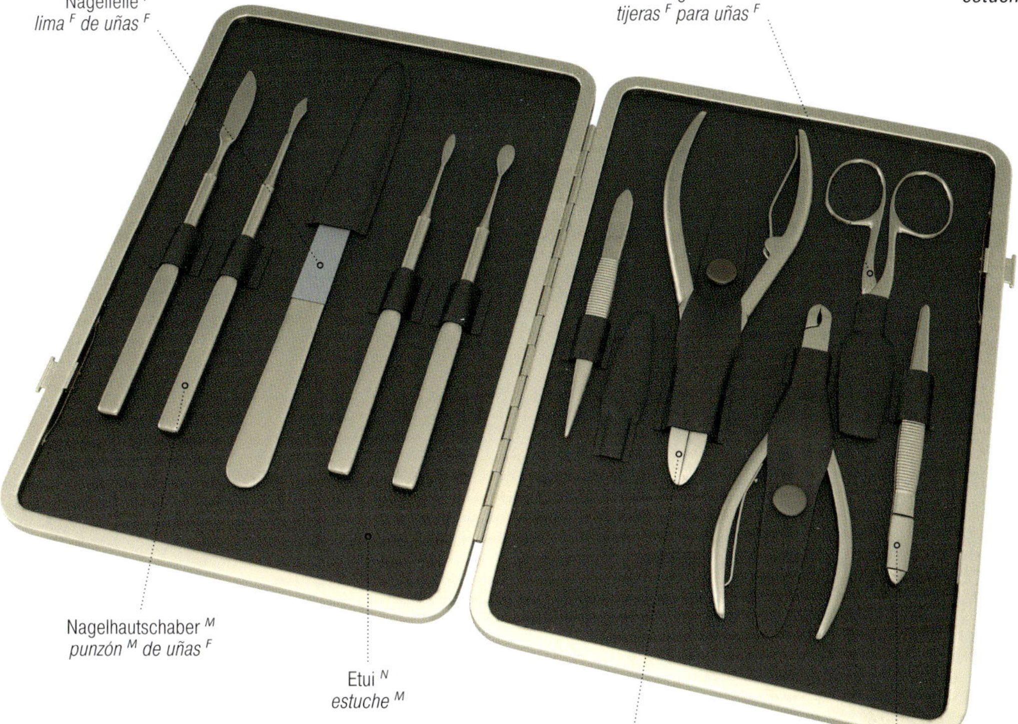
Etui N
estuche M
Nagelfeile F
lima F de uñas F
Nagelschere F
tijeras F para uñas F
Nagelhautschaber M
punzón M de uñas F
Etui N
estuche M
Nagelhautzange F
cortacutículas M
Augenbraunenpinzette F
pinzas F para depilar

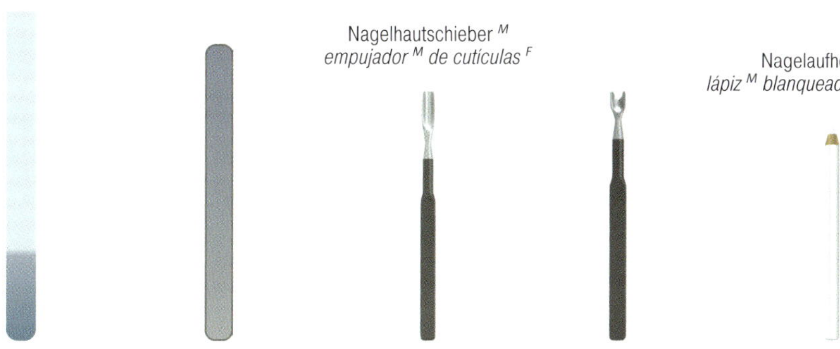
Nagelfeile F
lima F de uñas F
Nagelhautschieber M
empujador M de cutículas F
Nagelaufhellstift M
lápiz M blanqueador M de uñas F
Sandblattfeile F
lima F de cartón M
Nagelhauttrimmer M
cortacutículas M

elektrischer Rasierapparat ^{M}
maquinilla ^{F} de afeitar eléctrica

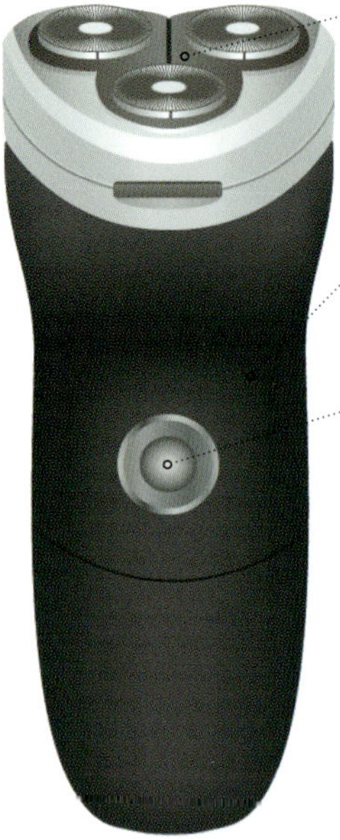

Rasierer ^{M}
cabezal ^{M}

Gehäuse ^{N}
cuerpo ^{M}

An-/Ausschalter ^{M}
botón ^{M} de encendido ^{M}

flexibles Netzkabel ^{N}
cable ^{M} flexible

Rasierschaum ^{M}
espuma ^{F} de afeitar

Einwegrasierklinge ^{F}
hoja ^{F} de afeitar desechable

Rasierwasser ^{N}
loción ^{M} para después del afeitado

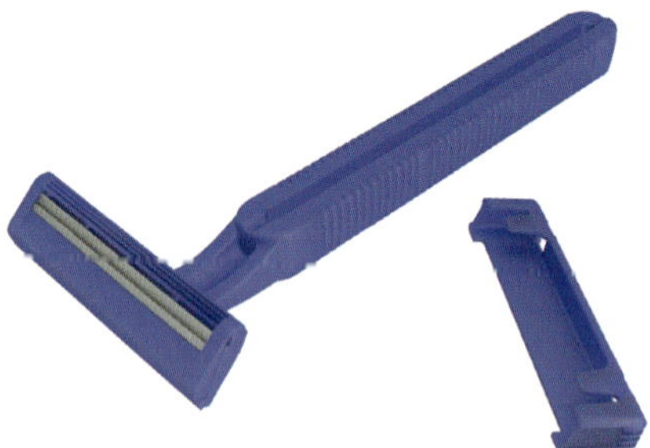

Einwegrasierer ^{M}
maquinilla ^{F} de afeitar desechable

Reinigungspinsel ^{M}
cepillo ^{M} de limpieza ^{F}

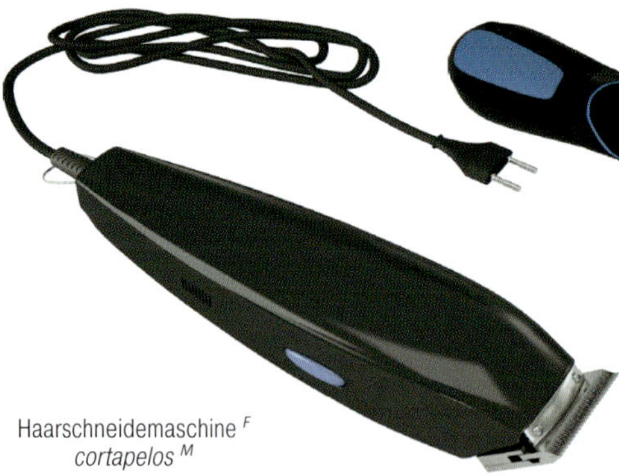

Haarschneidemaschine ^{F}
cortapelos ^{M}

Mehrfachklingenrasierer ^{M}
afeitadora ^{M} para hombre ^{M}

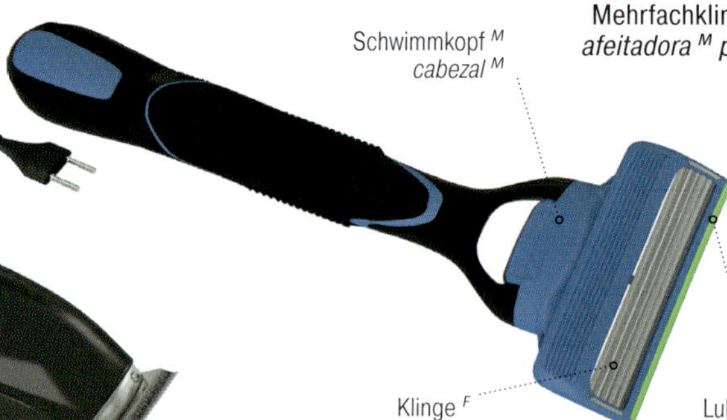

Schwimmkopf ^{M}
cabezal ^{M}

Klinge ^{F}
cuchilla ^{F}

Lubra-Strip ^{F}
banda ^{F} lubricante

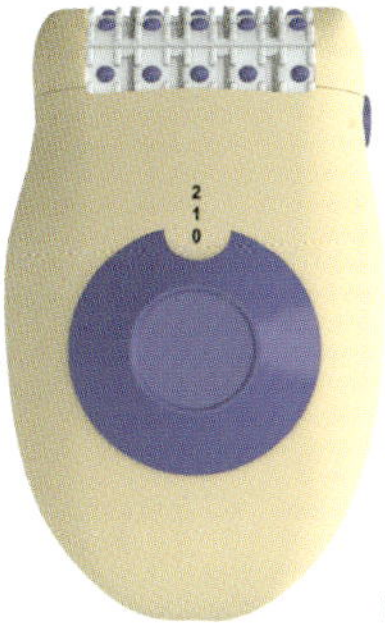

Epilierer [M]
depiladora [F]

Rasierpinsel [M]
brocha [F] de afeitar

offenes Rasiermesser [N]
navaja [F] de afeitar de barbero [M]

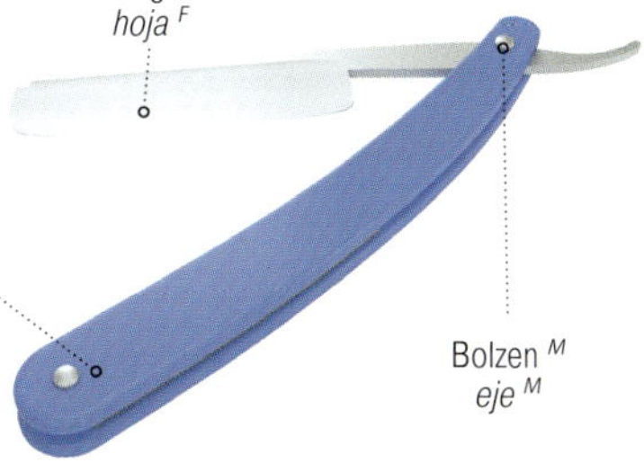

Klinge [F]
hoja [F]

Griff [M]
mango [M]

Bolzen [M]
eje [M]

Haarpflege

Lockenstab [M]
tenacillas [F]

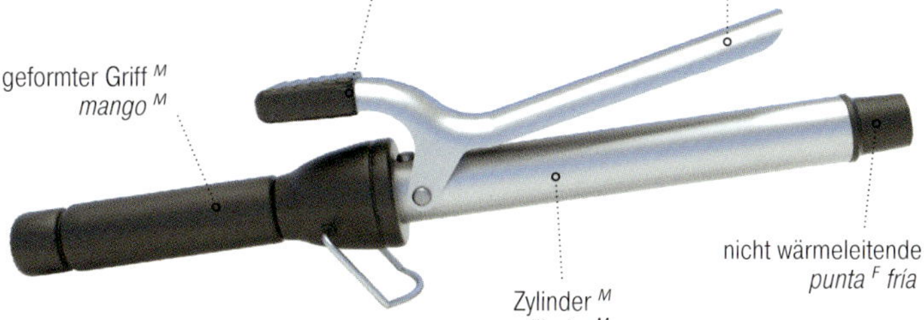

Hebel [M] für den Klemmbügel [M]
palanca [F]

Klemmbügel [M]
pinza [F]

geformter Griff [M]
mango [M]

nicht wärmeleitende Spitze [F]
punta [F] fría

Zylinder [M]
cilindro [M]

Haarreif [M]
diadema [F]

Haartrockner [M]
secador [M] de pelo [M]

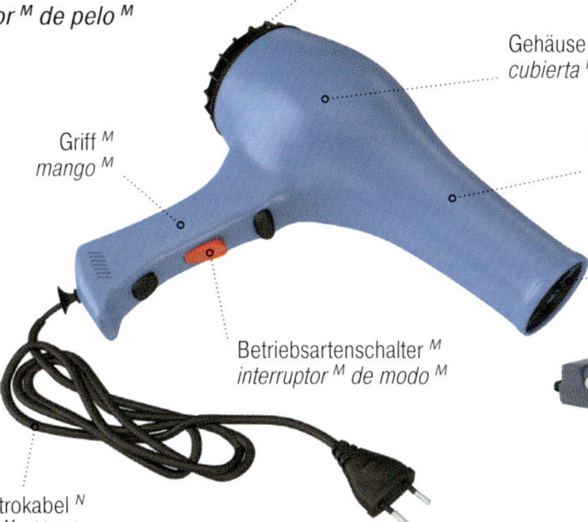

Lufteinlass [M]
rejilla [F] de entrada [F] de aire [M]

Gehäuse [N]
cubierta [F] del ventilador [M]

Griff [M]
mango [M]

Zylinder [M]
barril [M]

Düse [F]
rejilla [F] de salida [F] de aire

Betriebsartenschalter [M]
interruptor [M] de modo [M]

Elektrokabel [N]
cable [M] eléctrico

Haarspange [F]
pasador [M] para el pelo [M]

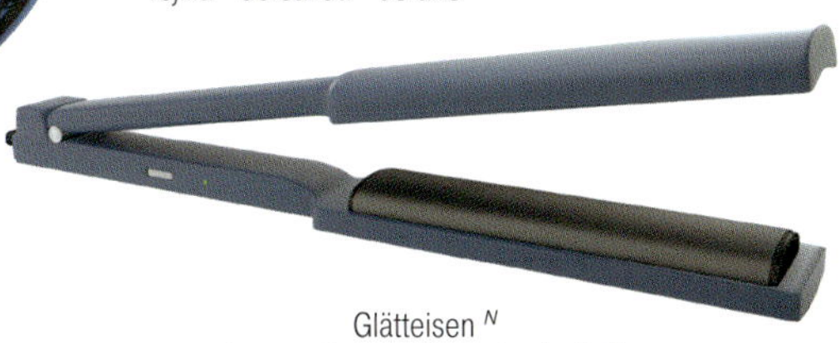

Glätteisen [N]
tenazas [F] para alisar el cabello [M]

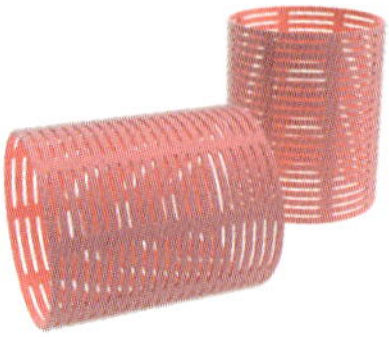

Klettlockenwickler M
rulo M regulable

Lockenwickler M
rulo M

Haargummi M/N
goma F para el pelo M

Haargel N
gel M para el pelo M

Haarspray N
laca F

Haarspülung F
acondicionador M

Haarfarbe F
tinte M para el pelo M

Shampoo N
champú M

Schaumfestiger M
espuma F

einseitig gezahnte Effilierschere F
tijeras F de entresacar dentadas con hoja F única

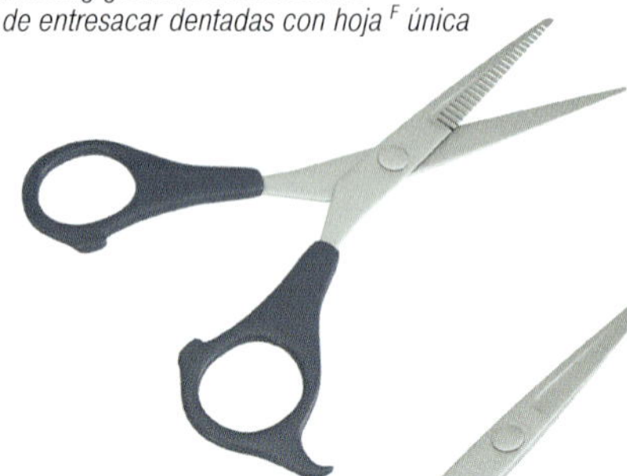

zweiseitig gezahnte Effilierschere F
tijeras F de entresacar de doble hoja F

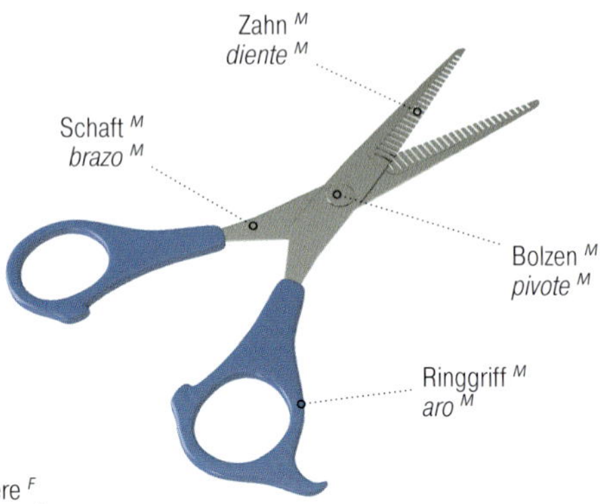

Haarschneideschere F
tijeras F de peluquería F

Haarklemme F
horquilla F

Haarnadel F
horquilla F de moño M

Haarklemme F
pinza F para el pelo M

Rechenkamm ^{M}
peine ^{M} rastrillo

Massage-Haarbürste ^{F}
cepillo ^{M} redondo

Skelettbürste ^{F}
cepillo ^{M} esqueleto ^{M}

Rundbürste ^{F}
cepillo ^{M} redondo

Färbepinsel ^{M}
brocha ^{F} para teñir

Haarklammer ^{F}
pinza ^{F} para el pelo ^{M}

Afro-Kamm ^{M}
peine ^{M} Afro

Flachbürste ^{F}
cepillo ^{M} plano

Stielkamm ^{M}
peine ^{M} púa ^{F}

Gabelkamm ^{M}
peine ^{M} ahuecador

Barbierkamm ^{M}
peine ^{M} de peluquero ^{M}

Toupierkamm ^{M}
peine ^{M} para cardado ^{M}

elektrische Zahnbürste F
cepillo M de dientes M eléctrico

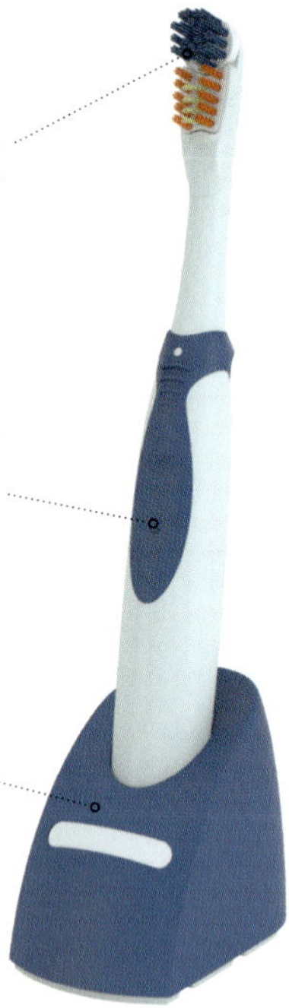

Zahnbürste F
cepillo M de dientes M

Zahnfleischstimulator M
estimulador M de encías F

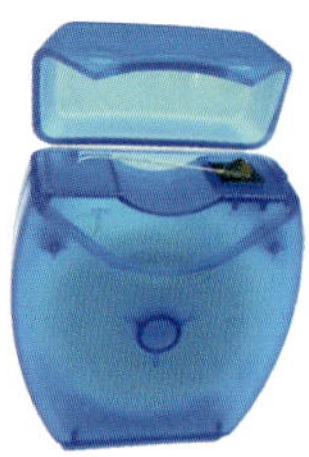

Zahnseide F
hilo M dental

Zahnpasta F
pasta F dentífrica

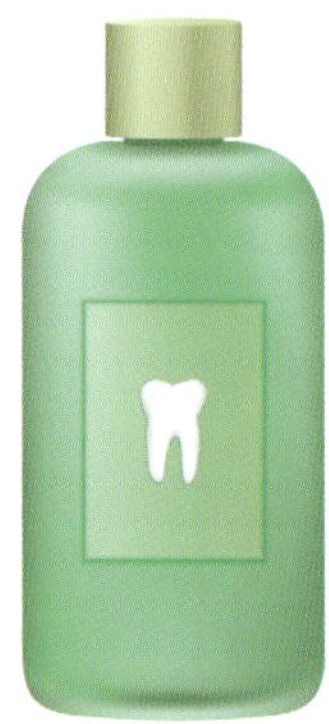

Mundwasser N
enjuague M bucal

Eau de Parfum [N]
eau de parfum [F]

Badeschaum [M]
baño [M] de espuma [F]

Duschgel [N]
gel [M] de ducha [F]

Deospray [N]
desodorante [M] en espray [M]

Eau de Toilette [N]
eau de toilette [F]

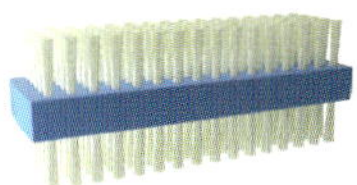

Nagelbürste [F]
cepillo [M] de baño [M]

Feuchtigkeitscreme [F]
loción hidratante [M]

Deodorant [N]
desodorante [M] sólido

Badebombe [F]
bomba [F] de baño [M]

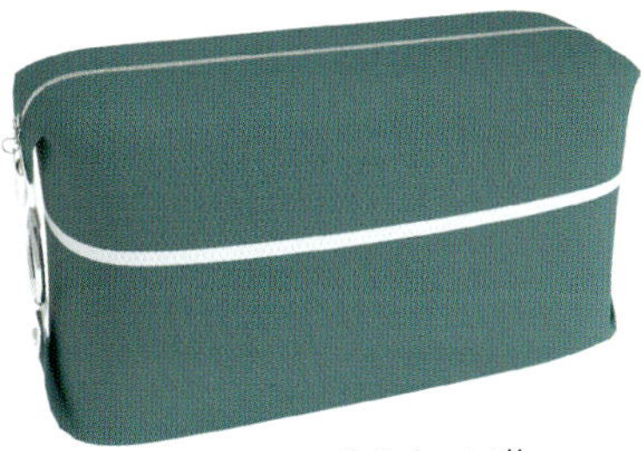

Kulturbeutel [M]
bolsa [F] de aseo [M]

Badelaken [N]
toalla [F] de baño [M] grande

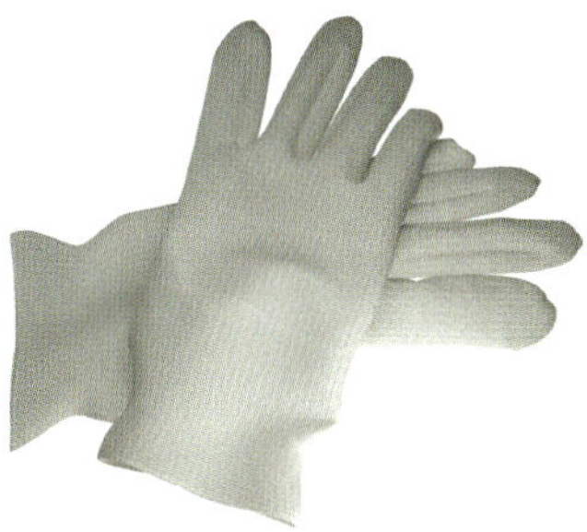

Peelinghandschuh [M]
guante [M] de masaje [M]

Badetuch [N]
toalla [F] de baño [M]

Eltern [N] und Kinder [N]
padres [M] e hijos [M]

Großeltern [N] und Enkelkinder [N]
abuelos [M] y nietos [M]

Brüder [M] und Schwestern [F]
hermanos [M] y hermanas [F]

Lebensabschnitte ^{M} : Frau ^{F}
etapas ^{F} de la vida ^{F} : mujeres ^{F}

Frau ^{F}
mujer ^{F}

Mädchen ^{N}
chica ^{F}

kleines Mädchen ^{N}
niña ^{F} pequeña

Lebensabschnitte ^{M} : Mann ^{M}
etapas ^{F} de la vida ^{F} : hombres ^{M}

kleiner Junge ^{M}
niño ^{M} pequeño

Junge ^{M}
chico ^{M}

Mann ^{M}
hombre ^{M}

Verschiedene Körpertypen ^{M}
Tipos ^{M} de cuerpos ^{M}

übergewichtig
corpulento

durchschnittlich
normal

mager
delgado ^{M}

sportlich
atlético

Schulklassenzimmer [N]
salón [M] de clase [F]

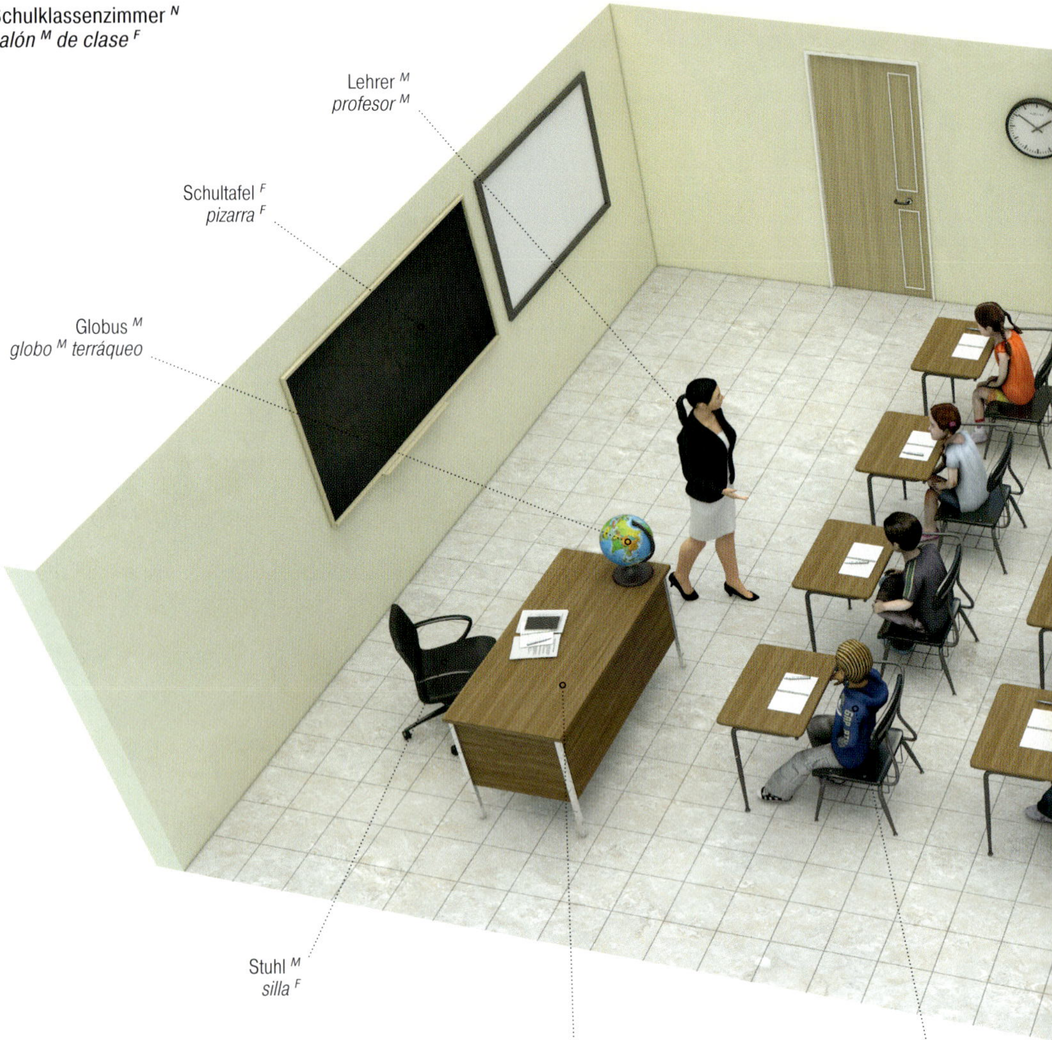

Kreide [F]
tiza [F]

Schwarzes Brett N
tablón M de anuncios M
Bücherregal N
librero M
Schulbank F
escritorio M

Hörsaal ^{M}
salón ^{M} de conferencias ^{F}

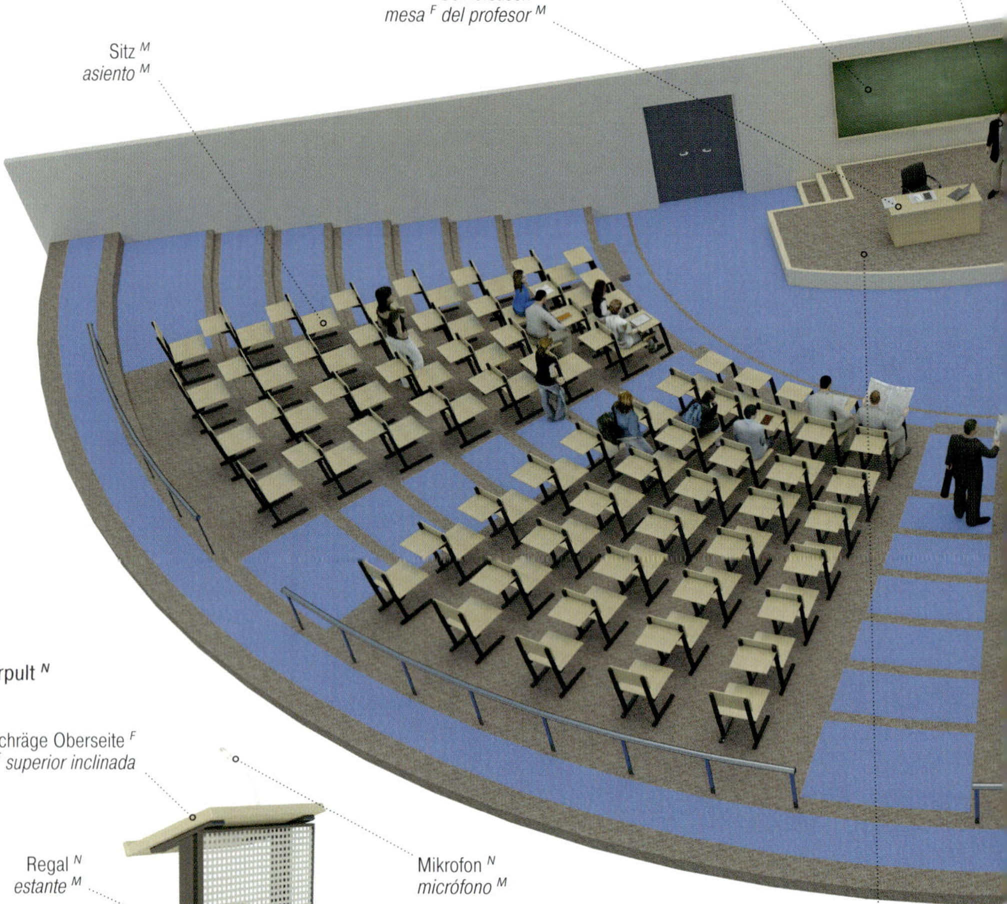

Rednerpult ^{N}
atril ^{F}

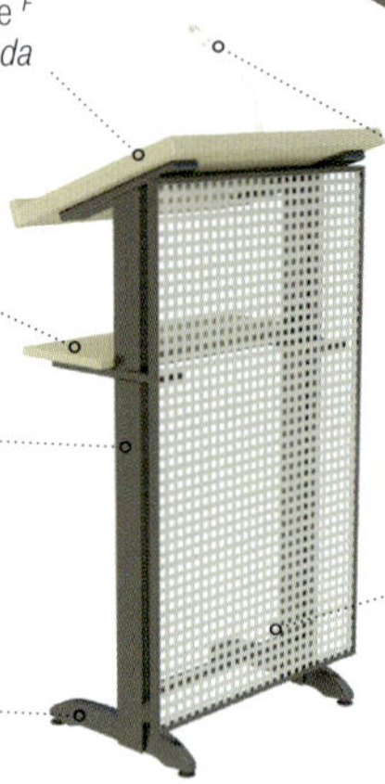

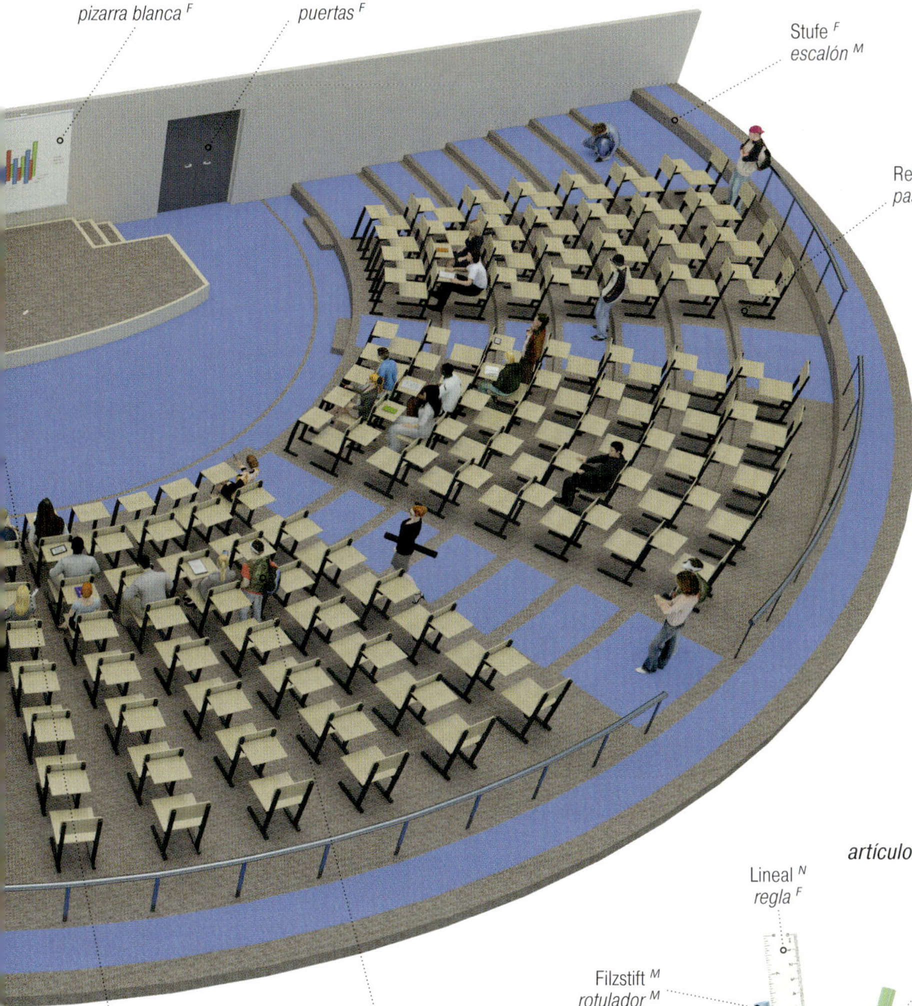

Schreibwaren F
artículos M de escritorio M

Wohngebiet [N]
área [F] residencial

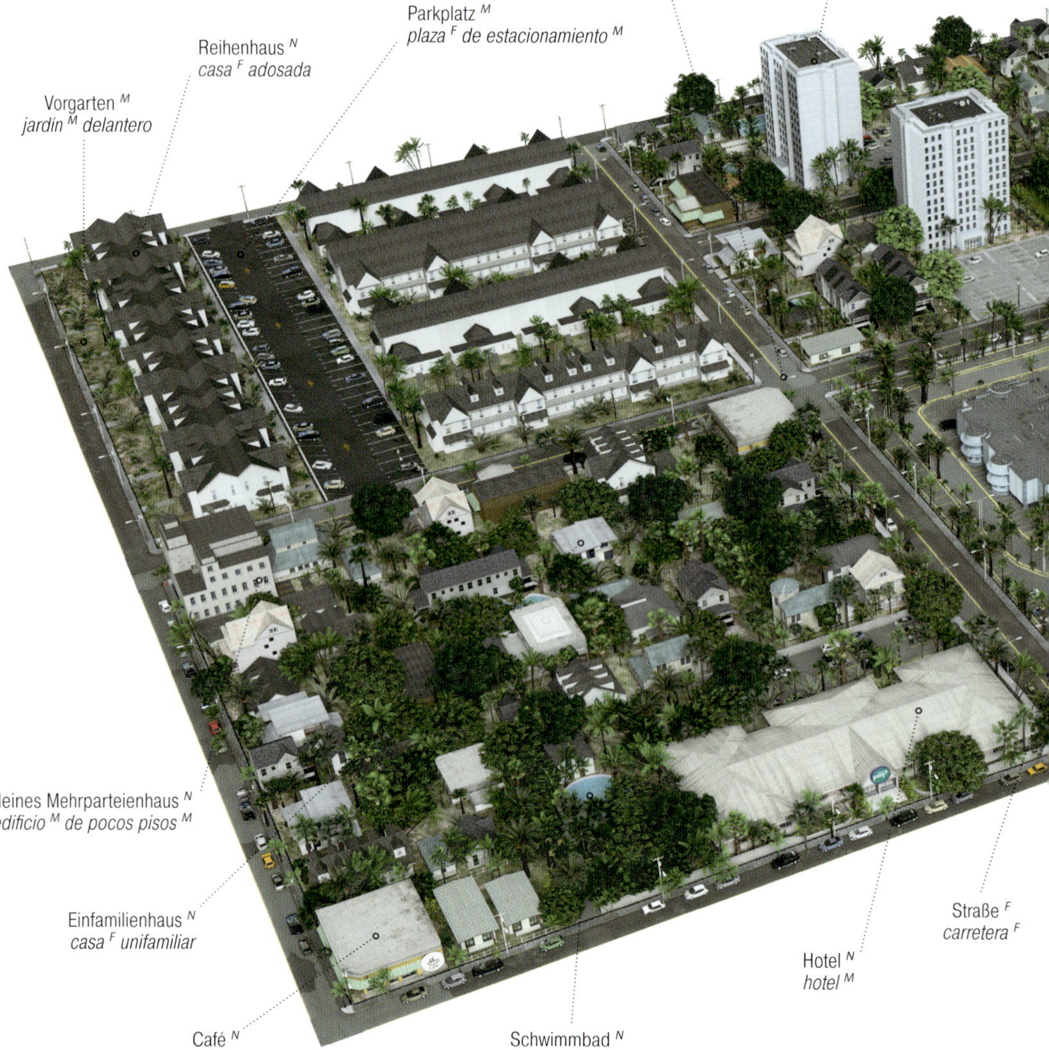

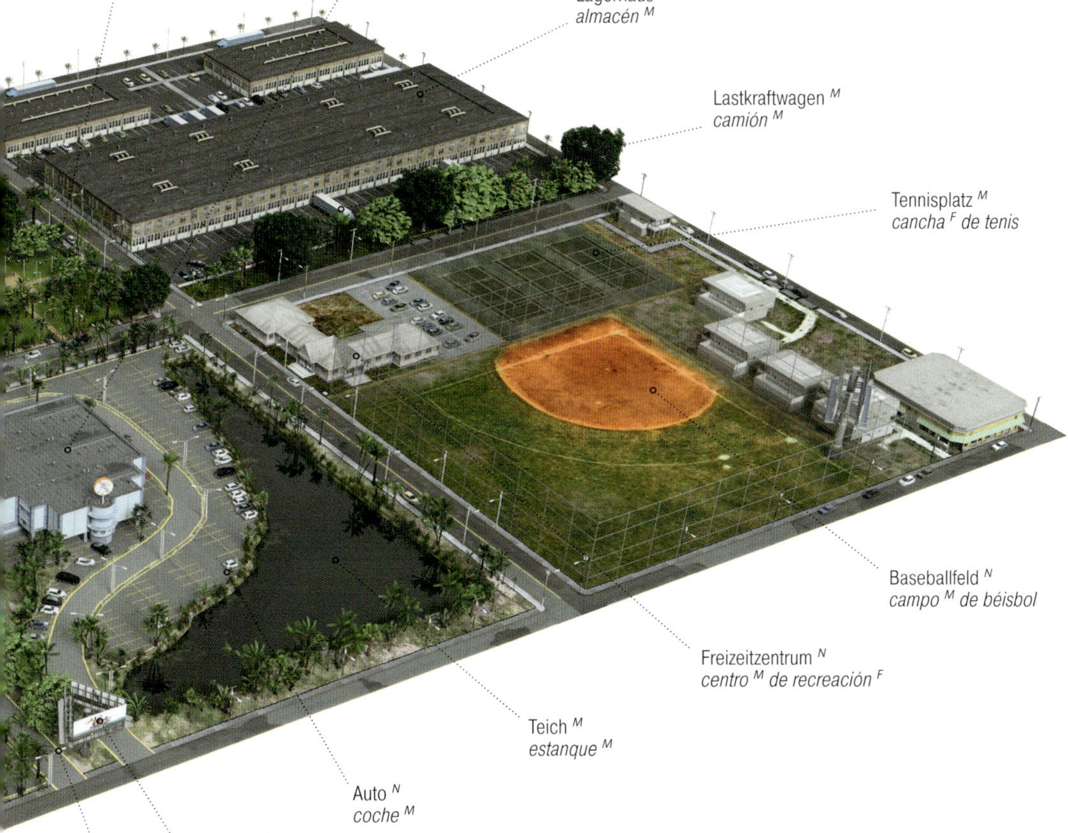
Springbrunnen M
fuente F
Einkaufszentrum N
centro M comercial
Lagerhaus N
almacén M
Lastkraftwagen M
camión M
Tennisplatz M
cancha F de tenis
Baseballfeld N
campo M de béisbol
Freizeitzentrum N
centro M de recreación F
Teich M
estanque M
Auto N
coche M
Werbetafel F
valla F publicitaria
Straßenbeleuchtung F
farola F

Mülleimer M
papelera F

Sitzbank F
banco M

Innenstadt F
centro M urbano

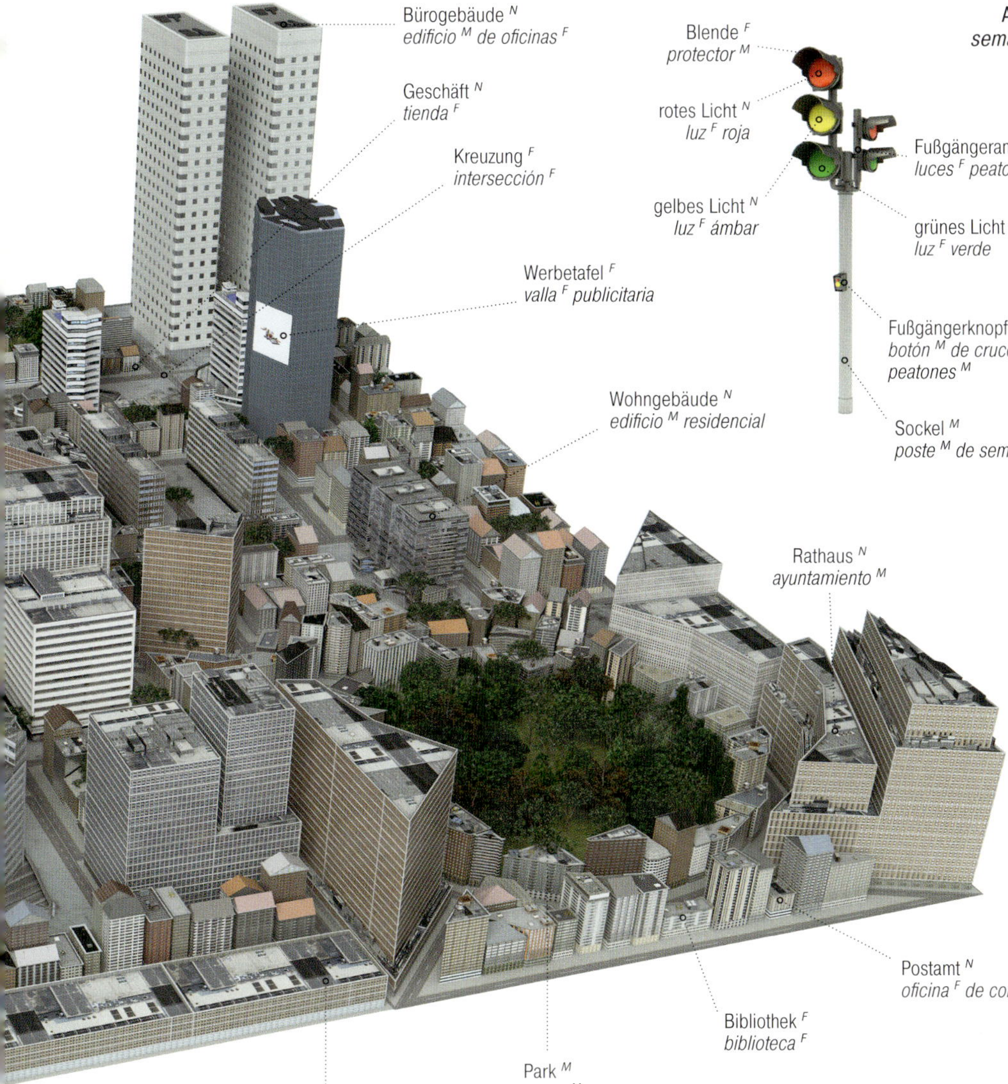

Ampel [F]
semáforo [M]

Einkaufszentrum N
centro M comercial

Elektronikgeschäft [N]
tienda [F] de electrónica [F]

Spielzeuggeschäft [N]
juguetería [F]

Beleuchtungsgeschäft [N]
tienda [F] de lámparas [F]

Informationsanzeige [F]
panel [M] de información [F]

Café [N]
cafetería [F]

Zeitungskiosk [M]
puesto [M] de venta [F] de periódicos [M]

Geldautomat [M]
cajero [M] automático

Bäckerei [F]
panadería [F]

Tisch [M] und Stühle [M]
mesa [F] y sillas [F]

Wickelraum [M]
cuarto [M] para cambiar al bebé [M]

Toilette [F]
baño [M]

Hausmeisterin [F]
conserje [M]

Supermarkt M
supermercado M

Plastiktüte F
bolsa F de plástico

Papier-Einkaufstüte F
bolsa F de papel M para víveres M

wiederverwendbare Einkaufstüte F
bolsa F de compras F reusable

Café [N]
cafetería [F]

Bäckerei [F]
panadería [F]

COFFEE
Fassadenschild ^N^ *letrero ^M^*
Abluftventilator ^M^ *extractor ^M^*
Hängeleuchte ^F^ *lámpara ^F^ colgante*
Barista ^M^ *encargado ^M^ de la cafetería ^F^*
Kellnerin ^F^ *camarera ^F^*
Tisch ^M^ *mesa ^F^*

Lampe ^F^ *luz ^F^*
Fliesen ^F^ *azulejos ^M^*
Menüanzeige ^F^ *expositor ^M^*
Brot ^N^ *pan ^M^*
Brötchen ^N^ *panecillo ^M^*
Kunde ^M^ *cliente ^M^*

Kosmetikgeschäft [N]
tienda [F] de cosméticos [M]

Spiegel [M]
espejo [M]

Auslage [F]
expositor [M]

Geschäftleiter [M]
gerente [M] de la tienda [F]

Computer [M]
computadora [F] portátil

Tresen [M]
mostrador [M]

Elektronikgeschäft [N]
tienda [F] de electrónica [F]

Tablet [N]
tableta [F]

Monitor [M]
monitor [M]

Handy [N]
teléfono [M] móvil

Beratungstheke [F]
mostrador [M]

Deckenleuchte [F]
luz [F] de techo [M]

Verkäufer [M]
vendedor [M]

Kunde [M]
cliente [M]

Shampoo [N]
champú [M]

Parfüm [N]
perfume [M]

Lippenstift [M]
lápiz [M] labial

Deckenleuchte [F]
luz [F] del techo [M]

Display [N]
puesto [M]

Verkäufer [M]
asistente [M] de ventas [F]

Kunde [M]
cliente [M]

Laptop [M]
ordenador [M] portátil

Bekleidungsgeschäft N
tienda F de ropa F

Kleiderstange [F]
barra [F] para colgar ropa [F]
Mannequin [N]
maniquí [M]
Regale [N]
estantería [F]
Kassencomputer [M]
terminal [M] de caja [F]
Verkaufs- und Warenbereich [M]
área [F] de ventas [F] y mercancías [F]
Kasse [F]
caja [F]

Bar [F]
bar [M]

Bierzapfanlage F
tiradores M de cerveza F
Gast M
cliente M habitual
Kellnerin F
camarera F
Bartresen M
barra F
Barhocker M
taburete M

Spirituosenflasche [F]
botella [F] de licor [M]
Kaffeemaschine [F]
máquina [f] de café [M]
Kassen-Computer [M]
computadora [F] de punto [M] de venta [F]
Weinregal [N]
botellero [M]
Barkeeper [M]
barman [M]
Ablage [F] für Gläser [N]
estante [M] de copas [F] de cristal [M]
Serviettenhalter [M]
servilletero [M]
Kühlschrank [M]
nevera [F]

Restaurant [N]
restaurante [M]

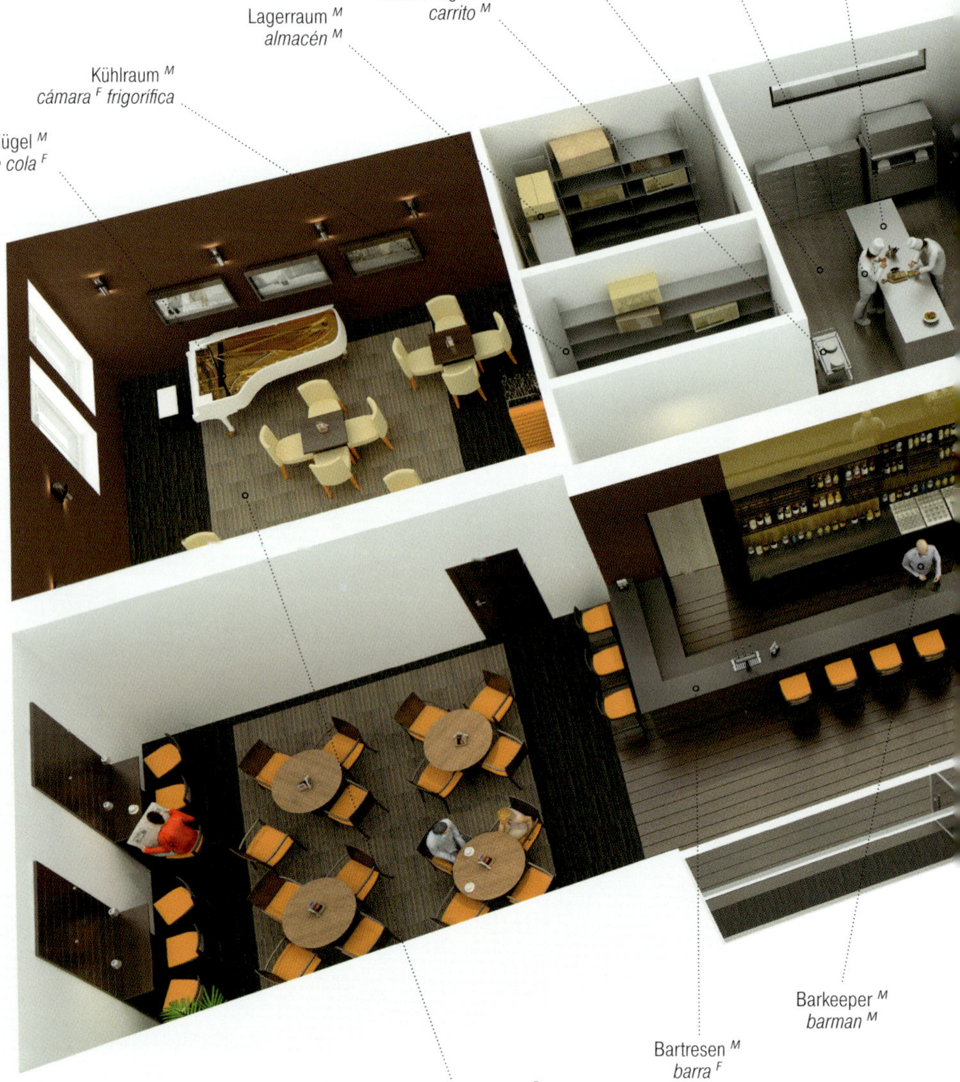

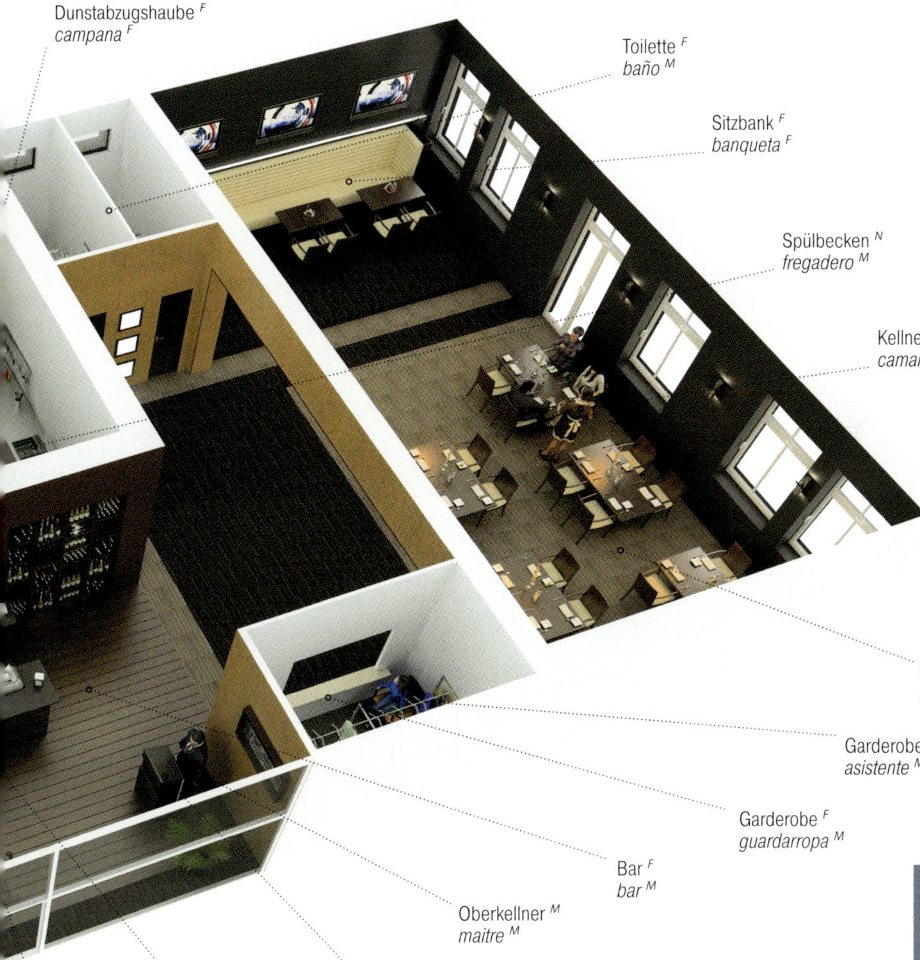
Dunstabzugshaube F
campana F
Toilette F
baño M
Sitzbank F
banqueta F
Spülbecken N
fregadero M
Kellnerin F
camarera F
Speisesaal M
comedor M
Garderobenaufseher M
asistente M del guardarropa M
Garderobe F
guardarropa M
Bar F
bar M
Oberkellner M
maitre M
Oberkellner-Theke F
puesto M del maitre M
Barhocker M
taburete M
Gast M
cliente M habitual

Menüständer M
expositor M del menú

Fastfood-Restaurant ᴺ
restaurante ᴹ de comida ᶠ rápida

Lampe F
lámpara F
Tisch M
mesa F
Gast M
cliente M habitual
Fenster N
ventana F
Stuhl M
silla F
Dosierflasche F
bote M de salsa F
Serviettenhalter M
servilletero M
Sitzbank F
banqueta F

Rezeption F
recepción M

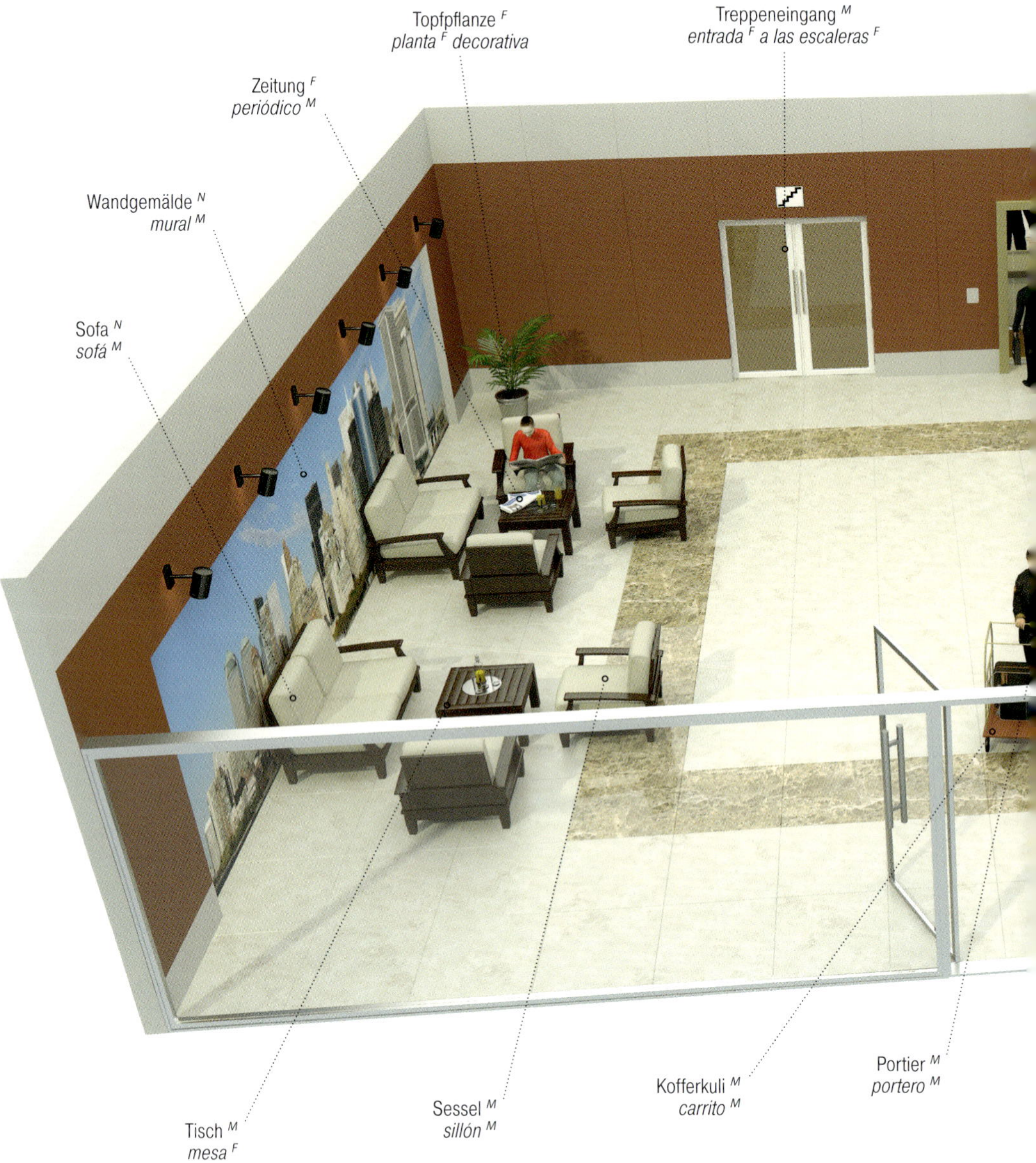

Fahrstuhl [M]
ascensor [M]
Fahrstuhlknopf [M]
botón [M] del ascensor [M]
Gast [M]
huésped [M]
Schlüsselkasten [M]
casilleros [M] de llaves [F]
Rezeptionist [M]
encargado [M] de recepción [F]
RECEPTION
Stuhl [M]
silla [F]
Zeitschriftenständer [M]
revistero [M]
Mülleimer [M]
papelera [F]
Koffer [M]
maleta [F]
Vordereingang [M]
entrada [F] de delante

Hotelzimmer ᴺ
habitación ᶠ de hotel ᴹ

Nachttisch M
mesita F de noche F
Buch N
libro M
Zeitung F
periódico M
Bett N
cama F
Telefon N
teléfono M
Wandleuchte F
luz F de pared F
Fernbedienung F
mando M a distancia F
Vase F mit Blumen F
jarrón M con flores F
Vorhang M
cortina F
Teppich M
alfombra F
Bettdecke F
manta F
Schreibtisch M
escritorio M
Fernseher M
televisor M
Schreibtischsessel M
silla F de escritorio M
Laptop M
computadora F portátil
Schreibtischlampe F
lámpara de escritorio M

Konferenzsaal M
sala F de conferencias F
Projektionswand F
pantalla F del proyector M
Podiumstisch M
mesa F principal
Rednerpult N
atril F
Podium N
podio M

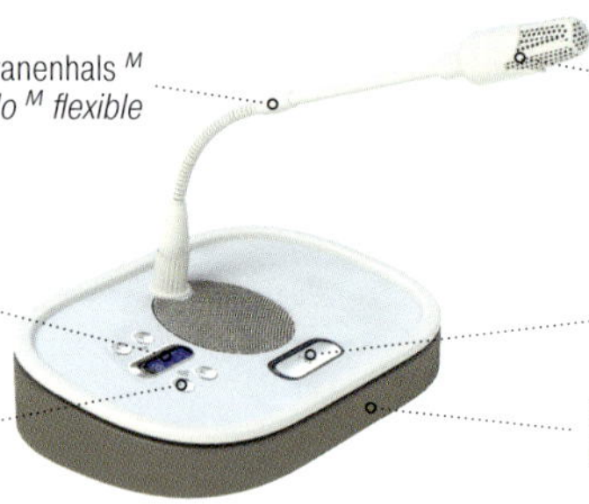
Mikrofon N
micrófono M
Schwanenhals M
cuello M flexible
Gitter N
rejilla F
Kontrollleuchte F
luz F indicadora
An-/Ausschalter M
interruptor M de encendido M /apagado M
Bedientaste F
botón M de control M
Basis F
base F

Mikrofon ^{N}
micrófono ^{M}
Videokamera ^{F}
video cámara ^{F}
Simultandolmetscherkabine ^{F}
cabina ^{F} de interpretación ^{F} simultánea
schalldichtes Fenster ^{F}
ventana ^{F} a prueba de sonidos ^{M}
Konferenztisch ^{M}
mesa ^{F} de conferencia ^{F}
Schreibtischsessel ^{M}
silla ^{F} de escritorio ^{M}
Tür ^{F}
puerta ^{F}
Boden ^{M}
suelo ^{M}

Polizei [F]
Policía [F]

Polizeibeamter [M]
oficial [M] de policía [F]

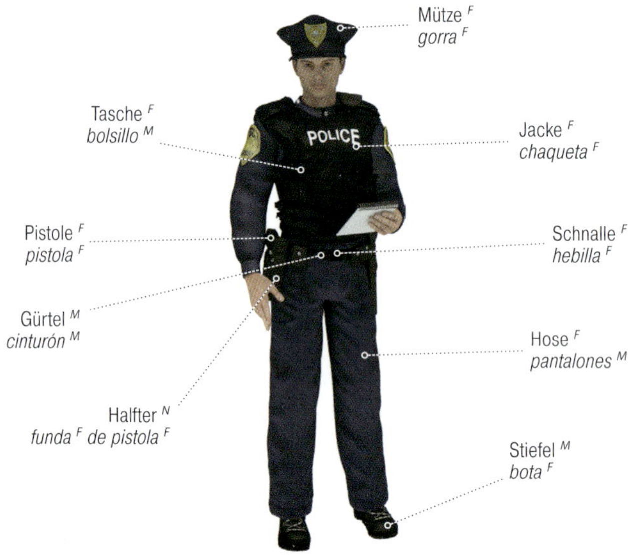

Polizeiauto [N]
coche [M] de policía [F]

Polizeihubschrauber [M]
helicóptero [M] de policía [F]

Polizeimotorrad [N]
motocicleta [F] de policía [F]

Feuerwehr [F]
Bomberos [M]

Feuerwehrmann [M]
bombero [M]

Feuerwehrfahrzeug [N] : von vorne betrachtet
camión [M] de bomberos [M] : vista delantera

Feuerwehrfahrzeug N : von hinten betrachtet
camión M de bomberos M : vista trasera

Leitsystem ^{N}
Señales ^{F} informativas

Telefon ^{N}
teléfono ^{M}

Post ^{F}
oficina ^{F} de correos ^{M}

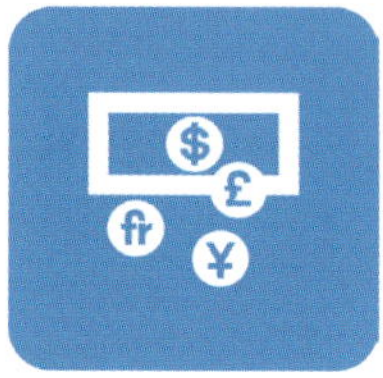

Wechselstube ^{F}
cambio de divisas ^{F}

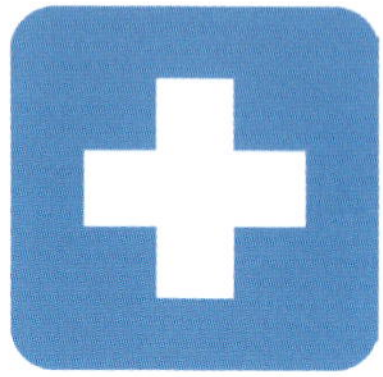

Erste Hilfe ^{F}
primeros auxilios ^{M}

Fundbüro ^{N}
objetos ^{M} perdidos

Garderobe ^{F}
guardarropa ^{M}

Gepäckschließfächer ^{N}
guarda equipajes ^{M}

Rolltreppe ^{F} nach unten
escalera ^{F} mecánica, hacia abajo

Rolltreppe ^{F} nach oben
escalera ^{F} mecánica, hacia arriba

Treppe ^{F}
escaleras ^{F}

Fahrstuhl ^{M}
ascensor ^{M}

Herrentoilette ^{F}
baño ^{M} de caballeros ^{M}

Damentoilette ^{F}
baño ^{M} de señoras ^{F}

Toiletten ^{F}
baño ^{M}

Babywickelraum ^{M}
área ^{F} para cambiar pañales ^{M}

Wartezimmer ^{N}
sala ^{F} de espera ^{F}

Information [F]
información [F]

Unterkunft [F]
hotel [M]

Flughafen [M]
aeropuerto [M]

Mülleimer [M]
cubo [M] de basura [F]

Taxistand [M]
parada [F] de taxi [M]

Bus [M]
parada [F] de autobús [M]

Bodentransport [M]
transporte [M] terrestre

Bahnhof [M]
estación [F] de trenes [M]

Fährterminal [M]
terminal [F] de ferry [M]

Autoverleih [M]
alquiler de coches [M]

Restaurant [N]
restaurante [M]

Café [N]
cafetería [F]

Bar [F]
bar [M]

Gepäckausgabe [F]
patio [M] de equipaje [M]

Parkplatz [M]
estacionamiento [M]

Raucherzone [F]
área [M] de fumadores [M]

Behindertengerechter Eingang [M]
acceso [M] para personas [F] en sillas [F] de ruedas [F]

Camping [N] (Zelt [N])
área [F] de campamento [M]

Camping [N] (Wohnwagen [M])
campamento [M] en caravana [F]

Krankenhaus [N]
hospital [M]

Picknickplatz [M]
área [F] de picnic [M]

Feuerlöscher [M]
extintor [M]

Tankstelle [F]
estación [F] de servicios [M]

WiFi-Zone [F]
zona [F] Wi-Fi

Feuerstelle [N]
área [F] para fogatas [F]

Geldautomat [M]
cajero [M] automático

Hundeauslaufzone [F]
área [F] para perros [M]

Schwimmbereich [M]
área [F] de natación [F]

Trinkwasser [N]
agua [F] potable

Videoüberwachung [F]
vídeo [M] de vigilancia

Wanderweg [M]
sendero [M]

Autoschlosserei [F]
taller [M] de reparación [F]

Gefahrensymbole [N]
Símbolos [M] de peligro [M]

korrosive Substanz [F]
corrosivo [M] para la piel [F] y los metales [M]

komprimiertes Gas [N]
gases [M] comprimidos

entflammbare Materialien [N]
materiales inflamables [M]

Sprengstoffe [M]
explosivos [M]

aquatische Toxizität [F]
tóxico [M] para el medio acuático [M]

Oxidationsmittel [N]
agentes [M] oxidantes

Gesundheitsrisiko [N]
peligro [M] para la salud [F]

hochgiftig
altamente tóxico

Warnpiktogramme [N]
Señales [F] de precaución [F]

Augenschutz [M] benutzen
obligatorio el uso de gafas [F] protectoras

Atemschutz [M] benutzen
obligatorio el uso de protección [F] respiratoria

Schutzschuhe [M] benutzen
obligatorio el uso de calzado [M] protector

Handschutz [M] benutzen
obligatorio el uso de guantes [M] protectores

Kopfschutz [M] benutzen
obligatorio el uso de casco [M]

Schutzkleidung [F] benutzen
obligatorio el uso de ropa [F] de seguridad [F]

Gesichtsschutz [M] benutzen
obligatorio el uso de pantalla [F] facial

Gehörschutz [M] benutzen
obligatorio el uso de protectores [M] auditivos

Warnschilder [N]
Señales [F] de advertencia [F]

Warnung [F] vor giftigen Stoffen [M]
veneno [M]

Warnung [F] vor radioaktiven Stoffen [M]
sustancia [F] radioactiva

Gesundheitsschädliche oder reizende Stoffe [M]
irritante [M]

Warnung [F] vor feuergefährlichen Stoffen [M]
inflamable [M]

Warnung [F] vor magnetischem Feld [N]
campo [M] magnético

Warnung [F] vor gefährlicher elektrischer Spannung [F]
alto voltaje [M]

Warnung [F] vor Rutschgefahr [F]
superficie [F] resbaladiza

Warnung [F] vor ätzenden und korrosiven Stoffen [M]
corrosivo [M] para la piel [F] y los metales [M]

Hinweisschilder [N]
Símbolos [M] de prohibición

Kein Trinkwasser [N]
no es agua [F] potable

Mobilfunk [M] verboten
prohibido usar teléfonos [M] móviles

offenes Feuer [N] untersagt
prohibido fumar y encender fuego [M]

Fotografieren [N] verboten
prohibido tomar fotos [F]

Rauchen [N] verboten
prohibido fumar

Keine Haustiere [N] erlaubt
no se permiten las mascotas [F]

Betreten [N] verboten
acceso [M] cerrado

Zutritt [M] für Unbefugte [F] verboten
no pasar

Rettungszeichen [N]
Señales [F] de emergencia [F]

Erste Hilfe [F]
primeros auxilios [M]

Notruftelefon [N]
teléfono [M] de emergencias [F]

Sammelstelle [F]
punto [M] de encuentro [M]

Automatisierter externer Defibrillator (AED) [M]
desfibrilador [M] externo automático (DEA)

Augenspüleinrichtung [F]
estación [F] para lavar los ojos [M]

Arzt [M]
médico [M]

Im Notfall [M] Scheibe [F] einschlagen
en caso [M] de emergencia [F] rompa el cristal [M]

Notausgang [M]
salida [F] de emergencia [F]

Brandschutzschilder [N]
Señales [F] de prevención [F] de incendios [M]

Hydrant [M]
manguera [F] de incendios [M]

Leiter [F]
escalera [F]

Feuerlöscher [M]
extintor [M]

Brandmelder [M]
alarma [F] contra incendio [M]

Brandbekämpfungsgerät [N]
equipo [M] contra incendio [M]

Notruftelefon [N]
teléfono [M] de emergencia [F]

Richtungsangabe [F]
indicador [M] de dirección [F]

Asien [N]
Asia [F]

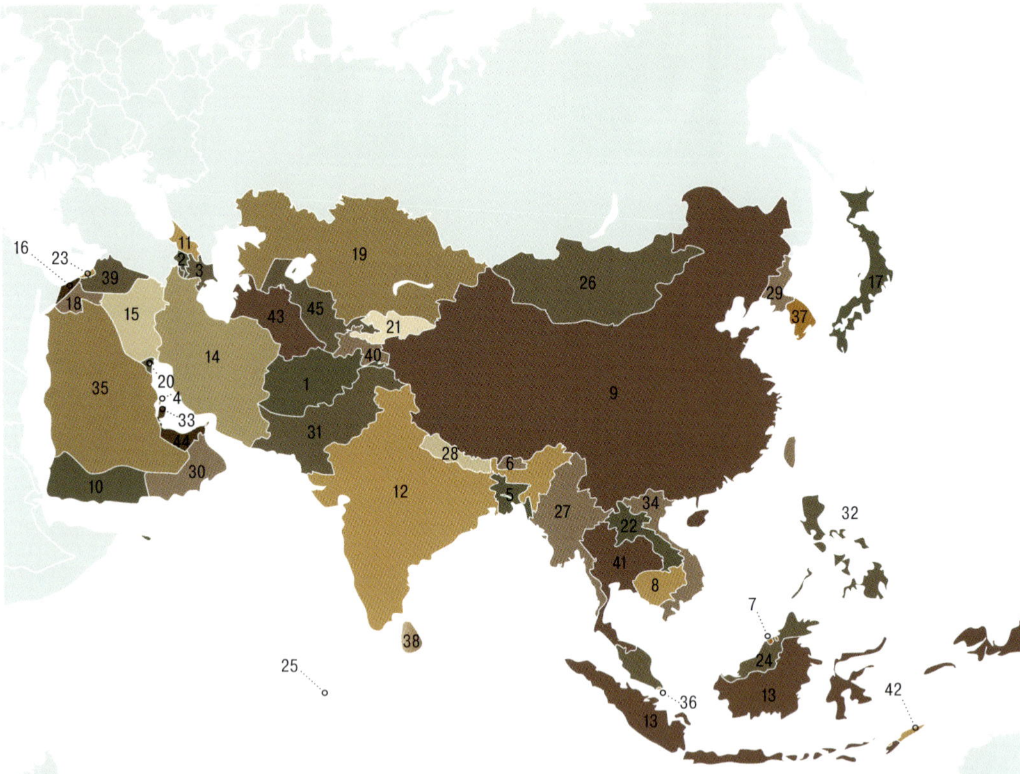

1 

Afghanistan [N]
Afganistán [M]

2 

Armenien [N]
Armenia [F]

3 

Aserbaidschan [N]
Azerbaiyán [M]

4 

Bahrain [N]
Reino de Bahréin [M]

5 

Bangladesch [N]
Bangladesh [M]

6 

Bhutan [N]
Bután [M]

7 

Brunei [N]
Brunei [M]

8 

Kambodscha [N]
Camboya [F]

9 

China [N]
China [F]

10 

Jemen [M]
Yemen [M]

11

Georgien [N]
Georgia [F]

12

Indien [N]
India [F]

13
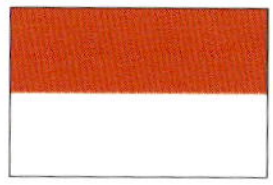
Indonesien [N]
Indonesia [F]

14

Iran [M]
Irán [M]

15

Irak [M]
Iraq [M]

16

Israel [N]
Israel [M]

17
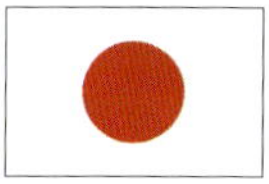
Japan [N]
Japón [M]

18

Jordanien [N]
Jordania [M]

19

Kasachstan [N]
Kazajstán [M]

20

Kuwait [N]
Kuwait [M]

21

Kirgisistan [N]
Kirguistán [M]

22

Laos [N]
Laos [M]

23

Libanon [M]
Líbano [M]

24

Malaysia [N]
Malasia [F]

25

Malediven [F]
Maldivas [F]

26

Mongolei [F]
Mongolia [F]

27

Myanmar [N]
Myanmar [M]

28

Nepal [N]
Nepal [M]

29

Nordkorea [N]
Corea del Norte [F]

30
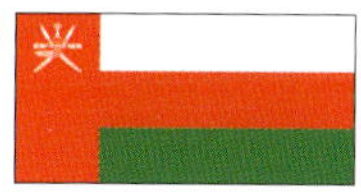
Oman [N]
Omán [M]

31

Pakistan [N]
Pakistán [M]

32

Philippinen
Filipinas [F]

33
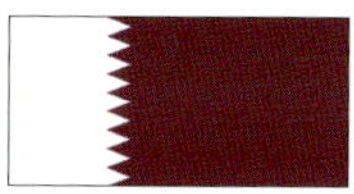
Katar [N]
Qatar [M]

34

Vietnam [N]
Vietnam [M]

35

Saudi Arabien [N]
Arabia Saudí [M]

36

Singapur [N]
Singapur [M]

37

Südkorea [N]
Corea del Sur [F]

38

Sri Lanka [N]
Sri Lanka [F]

39

Syrien [N]
Siria [F]

40

Tadschikistan [N]
Tayikistán [M]

41

Thailand [N]
Tailandia [F]

42

Osttimor [N]
Timor Oriental [M]

43

Turkmenistan [N]
Turkmenistán [M]

44

Vereinigte Arabische Emirate [N]
Emiratos Árabes Unidos [M]

45

Usbekistan [N]
Uzbekistán [M]

Europa [N]
Europa [F]

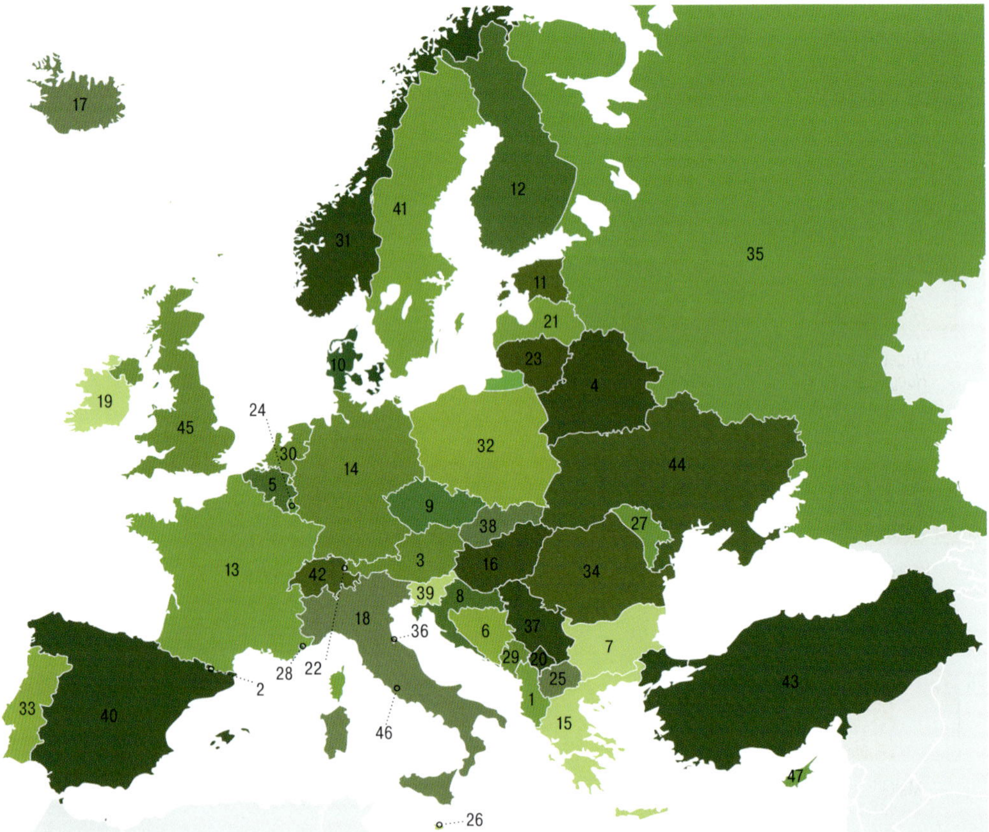

1

Albanien[N]
Albania[F]

2

Andorra[N]
Andorra[F]

3

Österreich[N]
Austria[F]

4

Weißrussland[N]
Bielorrusia[F]

5

Belgien[N]
Bélgica[F]

6

Bosnien[N] und Herzegowina[N]
Bosnia y Herzegovina[F]

7

Bulgarien[N]
Bulgaria[F]

8

Kroatien[N]
Croacia[F]

9

Tschechische Republik[F]
Republica Checa[F]

10
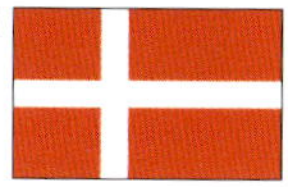
Dänemark[N]
Dinamarca[F]

11

Estland[N]
Estonia[F]

12

Finnland[N]
Finlandia[F]

13

Frankreich[N]
Francia[F]

14

Deutschland[N]
Alemania[F]

15

Griechenland[N]
Grecia[F]

16

Ungarn[N]
Hungría[F]

17

Island[N]
Islandia[F]

18

Italien[N]
Italia[F]

19

Irland[N]
Irlanda[F]

20

Kosovo[M]
Kosovo[M]

21
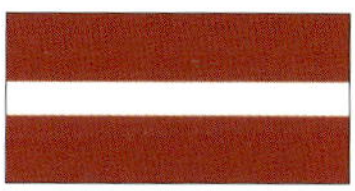
Lettland[N]
Letonia[F]

22

Liechtenstein[N]
Liechtenstein[M]

23

Litauen[N]
Lituania[F]

24

Luxemburg[N]
Luxemburgo[M]

25

Mazedonien[N]
Macedonia[F]

26

Malta[N]
Malta[F]

27

Moldawien[N]
Moldavia[F]

28
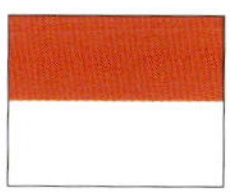
Monaco[N]
Mónaco[M]

29

Montenegro[N]
Montenegro[M]

30

Niederlande
Países Bajos[M]

31

Norwegen ^{N}
Noruega ^{F}

32
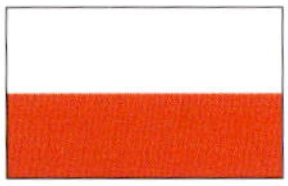

Polen ^{N}
Polonia ^{F}

33

Portugal ^{N}
Portugal ^{M}

34

Rumänien ^{N}
Rumanía ^{F}

35

Russland ^{N}
Rusia ^{F}

36

San Marino ^{N}
San Marino ^{M}

37

Serbien ^{N}
Serbia ^{F}

38

Slowakei ^{F}
Eslovaquia ^{F}

39

Slowenien ^{N}
Eslovenia ^{F}

40

Spanien ^{N}
España ^{F}

41

Schweden ^{N}
Suecia ^{F}

42

Schweiz ^{F}
Suiza ^{F}

43

Türkei ^{F}
Turquía ^{F}

44

Ukraine ^{F}
Ucrania ^{F}

45

Vereinigtes Königreich ^{N}
Reino Unido ^{M}

46

Vatikanstadt ^{F}
Ciudad del Vaticano ^{F}

47

Zypern ^{N}
Chipre ^{M}

Afrika ^{N}
África ^{F}

1

Algerien ^{N}
Argelia ^{F}

2

Angola ^{N}
Angola ^{F}

3

Benin ^{N}
Benín ^{M}

4
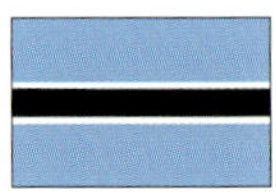

Botswana ^{N}
Botsuana ^{F}

5

Burkina Faso ^{N}
Burkina Faso ^{F}

6

Burundi ^{N}
Burundi ^{M}

7

Kamerun ^{N}
Camerún ^{M}

8

Kap Verde ^{N}
Cabo Verde ^{M}

9

Zentralafrikanische Republik ^{F}
República de África Central ^{F}

10

Tschad ^{M}
Chad ^{M}

11

Komoren
Comoras F

12

Demokratische Republik F Kongo M
República Democrática del Congo F

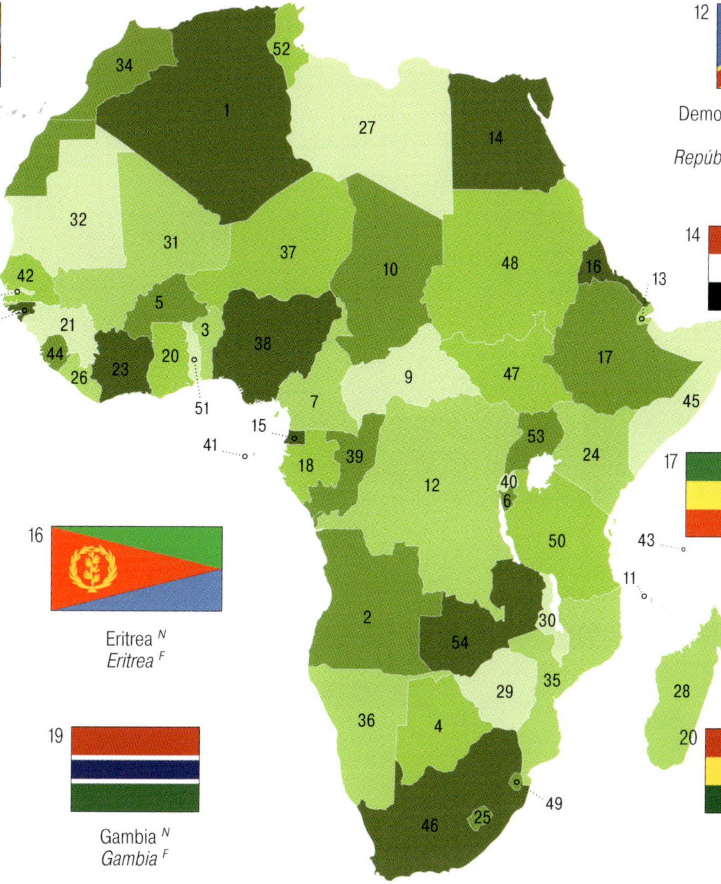

14

Ägypten N
Egipto M

13

Dschibuti N
Yibuti M

17

Äthiopien N
Etiopia F

15

Äquatorialguinea N
Guinea Ecuatorial F

16
Eritrea N
Eritrea F

18

Gabun N
Gabón M

19
Gambia N
Gambia F

20

Ghana N
Ghana F

21

Guinea N
Guinea F

22

Guinea-Bissau N
Guinea-Bissau F

23

Elfenbeinküste F
Costa de Marfil F

24
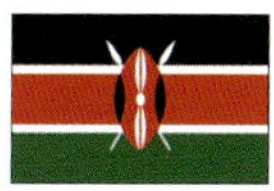
Kenia N
Kenia F

25

Lesotho N
Lesoto M

26

Liberia N
Liberia F

27

Libyen N
Libia F

28
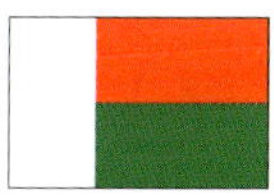
Madagaskar N
Madagascar M

29

Simbabwe N
Zimbabue M

30

Malawi N
Malawi M

31

Mali [N]
Mali [M]

32

Mauretanien [N]
Mauritania [F]

33

Mauritius [N]
Islas Mauricios [F]

34

Marokko [N]
Marruecos [M]

35

Mosambik [N]
Mozambique [M]

36

Namibia [N]
Namibia [F]

37

Niger [M]
Níger [M]

38

Nigeria [N]
Nigeria [F]

39

Republik [F] Kongo [M]
República del Congo [F]

40

Ruanda [N]
Ruanda [F]

41

São Tomé [N] und Príncipe [N]
Santo Tomé y Príncipe [M]

42

Senegal [M]
Senegal [M]

43

Seychellen
Seychelles [F]

44

Sierra Leone [N]
Sierra Leona [F]

45

Somalia [N]
Somalia [F]

46

Südafrika [N]
Sudáfrica [F]

47
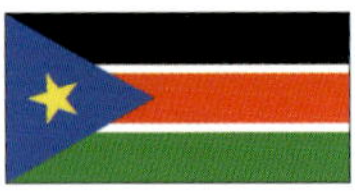
Südsudan [M]
Sudán del Sur [M]

48

Sudan [M]
Sudán [M]

49

Swasiland [N]
Suazilandia [F]

50

Tansania [N]
Tanzania [F]

51

Togo [N]
Togo [M]

52

Tunesien [N]
Túnez [M]

53

Uganda [N]
Uganda [F]

54

Sambia [N]
Zambia [F]

Nordamerika [N]
Norteamérica [F]

1

Antigua [N] und Barbuda [N]
Antigua y Barbuda [F]

2

Bahamas [F]
Bahamas [M]

3

Barbados [N]
Barbados [F]

4

Belize [N]
Belice [M]

5

Kanada [N]
Canadá [M]

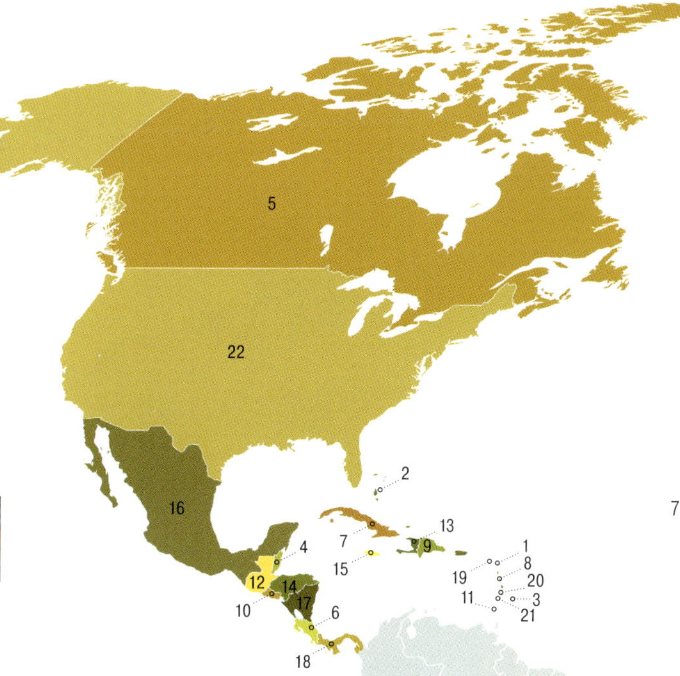

6

Costa Rica [N]
Costa Rica [F]

7

Kuba [N]
Cuba [F]

8

Dominica [N]
Dominica [F]

9

Dominikanische Republik [F]
República Dominicana [F]

10

El Salvador [N]
El Salvador [M]

11

Grenada [N]
Granada [F]

12

Guatemala [N]
Guatemala [F]

13

Haiti [N]
Haití [M]

14

Honduras [N]
Honduras [F]

15

Jamaika [N]
Jamaica [F]

16

Mexiko [N]
México [M]

17

Nicaragua [N]
Nicaragua [F]

18

Panama [N]
Panamá [F]

19

St. Kitts [N] und Nevis [N]
San Cristóbal [M] *y Nieves* [F]

20

St. Lucia [N]
Santa Lucía [F]

21

St. Vincent [N] und die Grenadinen
San Vicente y las Granadinas [M]

22
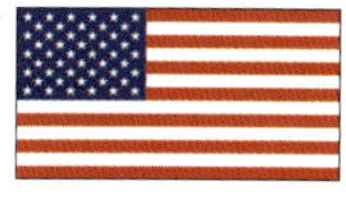

Vereinigte Staaten [F] von Amerika [N]
Estados Unidos de América [M]

Südamerika [N]
Sudamérica [F]

1

Argentinien [N]
Argentina [F]

2

Bolivien [N]
Bolivia [F]

3

Brasilien [N]
Brasil [M]

4

Chile [N]
Chile [M]

5

Kolumbien [N]
Colombia [F]

6

Ecuador [N]
Ecuador [M]

7

Guyana [N]
Guyana [F]

8

Paraguay [N]
Paraguay [M]

9

Peru [N]
Perú [M]

10

Suriname [N]
Surinam [M]

11

Trinidad [N] und Tobago [N]
Trinidad y Tobago [F]

12

Uruguay [N]
Uruguay [M]

13

Venezuela [N]
Venezuela [F]

Australien N und Ozeanien N
Australia y Oceanía F

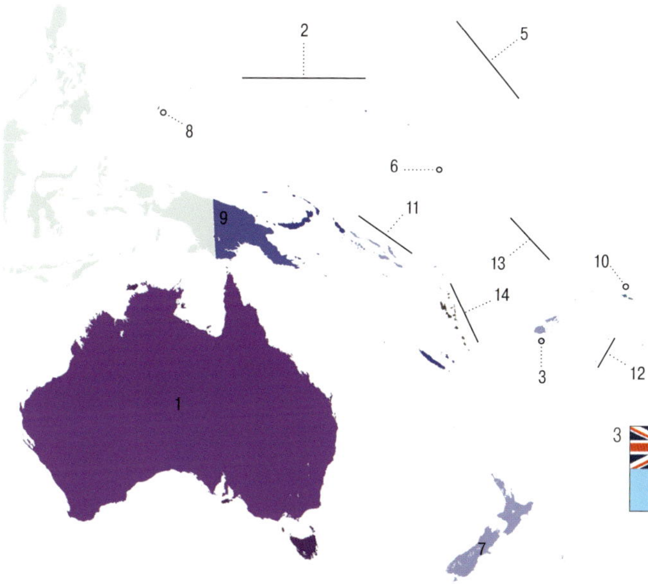

1

Australien N
Australia F

2

Föderierte Staaten M von Mikronesien N
Estados Federales de Micronesia M

3
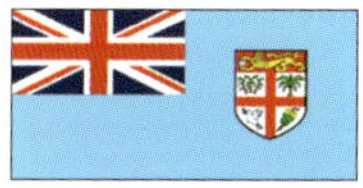
Fidschi N
Fiji M

4

Kiribati N
Kiribati M

5

Marshallinseln F
Islas Marshall F

6

Nauru N
Nauru M

7

Neuseeland N
Nueva Zelanda F

8

Palau N
Palau M

9

Papua-Neuguinea N
Papua Nueva Guinea F

10

Samoa N
Samoa F

11

Salomon-Inseln F
Islas Salomón F

12

Tonga N
Tonga F

13

Tuvalu N
Tuvalu M

14

Vanuatu N
Vanuatu M

Internationale Organisationen F
Organizaciones M internacionales

Vereinte Nationen F
Naciones Unidas M

Europäische Union F
Unión Europea F

Internationales Olympisches Komitee N
Comité Olímpico Internacional M

Geldzählmaschine [F]
contador de dinero [M]

Bankautomat [M]
cajero [M] automático

Funktionstasten [F]
teclas [F] de operación [F]

Einzahlungsschlitz [M]
ranura [F] de depósito [M]

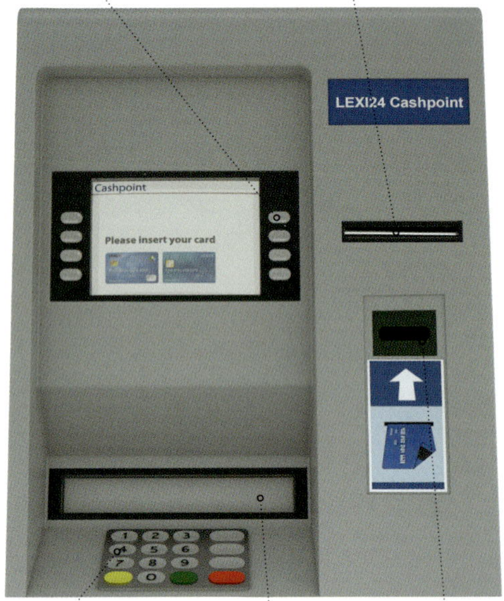

alphanumerische Tastatur [F]
teclado [M] alfanumérico

Geldscheinausgabe [F]
emisión [F] de billetes [M]

Kartenlese-Slot [M]
ranura [F] lector de tarjeta [M]

$
Dollar [M]
dólar [M]

€
Euro [M]
euro [M]

£
Pfund [N]
libra [F]

Scheck [M]
cheque [M]

Bezogener [M]
institución [F] financiera

Ausgabedatum [N]
fecha [F] de emisión [F]

Zahlungsempfänger [M]
beneficiario [M]

Unterschrift [F] des Ausstellers [M]
firma [F] del librador

Währungsbetrag [M]
cantidad [F] de dinero [M]

Geldscheinstapel [M]
fajo [M] de billetes [M]

Banknote [F]
billete [M]

Münzrolle [F]
rollo [M] de peniques [M]

Kreditkate ^{F} : hinten
tarjeta ^{F} de crédito ^{M} : parte ^{M} delantera

Chip ^{M}
chip ^{M}

Kartennummer ^{F}
número ^{M} de la tarjeta ^{F}

Name ^{M} des Inhabers ^{M}
nombre ^{M} del titular ^{M}

Verfallsdatum ^{N}
fecha ^{F} de vencimiento ^{M}

Kreditkate ^{F} : vorne
tarjeta ^{F} de crédito ^{M} : parte ^{M} trasera

Megnetstreifen ^{M}
banda ^{F} magnética

Unterschrift ^{F} des Inhabers ^{M}
firma ^{F} del titular ^{M}

Sicherheitscode ^{M}
código ^{M} de seguridad ^{F}

elektronisches Zahlungsterminal ^{N}
terminal ^{M} de pago ^{M} electrónico

Zahlungsbeleg ^{M}
recibo ^{M} de transacción ^{F}

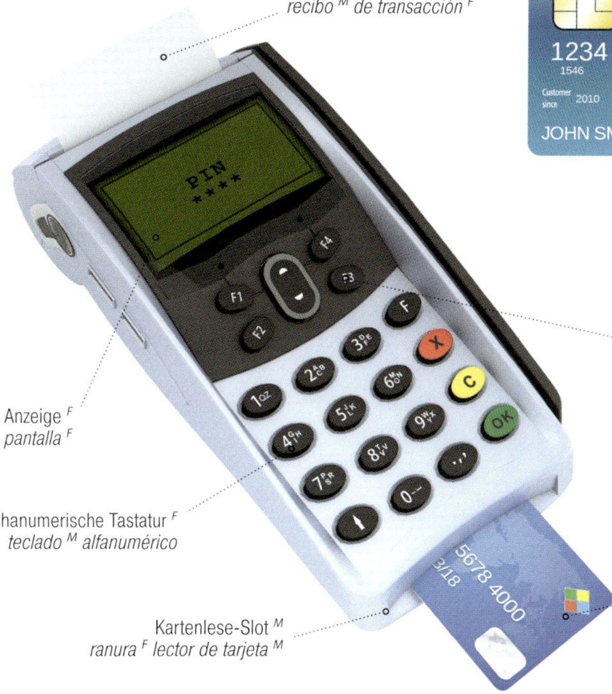

Funktionstaste ^{F}
tecla ^{F} de operaciones ^{F}

Anzeige ^{F}
pantalla ^{F}

alphanumerische Tastatur ^{F}
teclado ^{M} alfanumérico

Kreditkarte ^{F}
tarjeta ^{F} de crédito ^{M}

Kartenlese-Slot ^{M}
ranura ^{F} lector de tarjeta ^{M}

Scheckkarte ^{F}
tarjeta ^{F} de débito ^{M}

Pistole F
pistola F

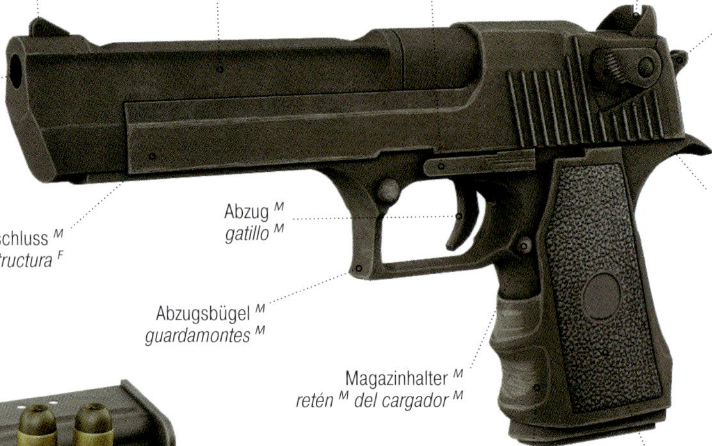

Ladestreifen M
cargador M

Revolver M
revólver M

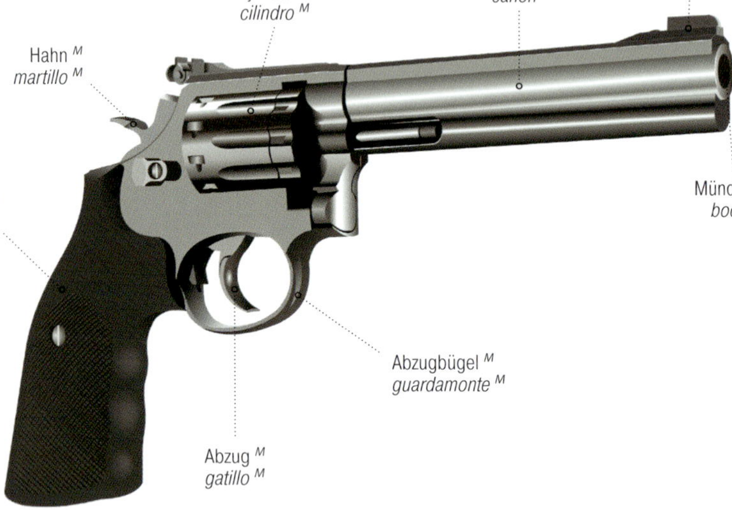

automatisches Gewehr [N]
fusil [M] automático de asalto [M]

Patrone [F]
cartucho [M]

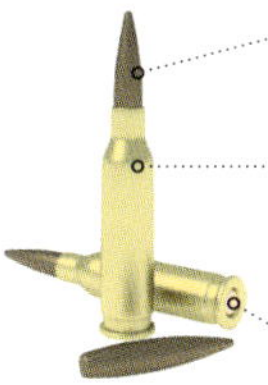

Sturmgewehr [N] mit Klappschaft [M]
rifle [M] de asalto [M] con culata [F] plegable

leichtes Maschinengewehr [N]
ametralladora [F] ligera

Panzerfaust [F]
granada [F] propulsada por cohete [M] y lanzacohetes [M]

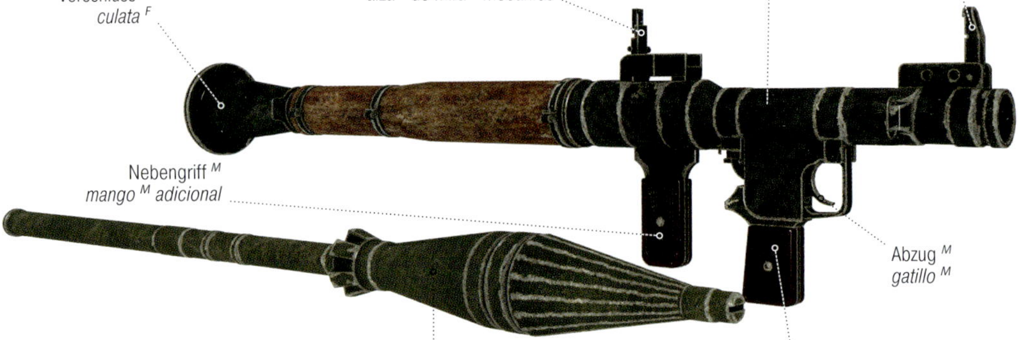

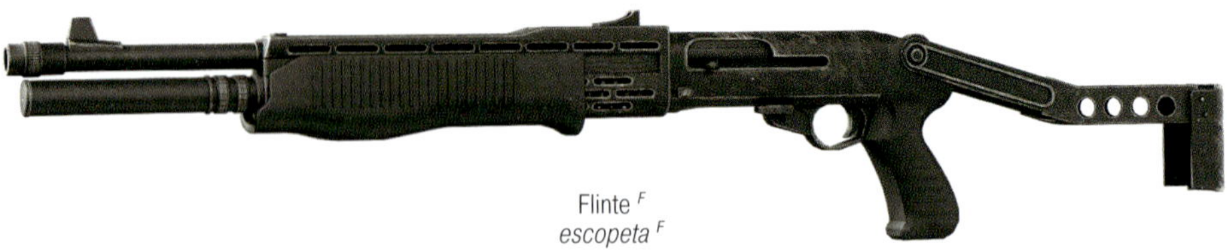

Flinte [F]
escopeta [F]

Scharfschützengewehr [N]
rifle [M] de francotirador [M]

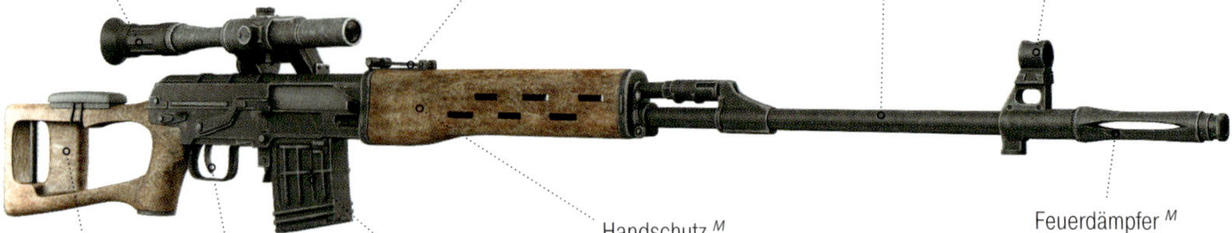

Kampfmaschinenpistole ^{F}
subfusil ^{M} de combate ^{M}

Maschinenpistole ^{F}
subfusil ^{M}

Fliegerbombe ^{F}
bomba ^{F} aérea

Mine ^{F}
mina ^{F}

Blendgranate ^{F}
granada ^{F} de aturdimiento ^{M}

Rakete ^{F}
misil ^{M}

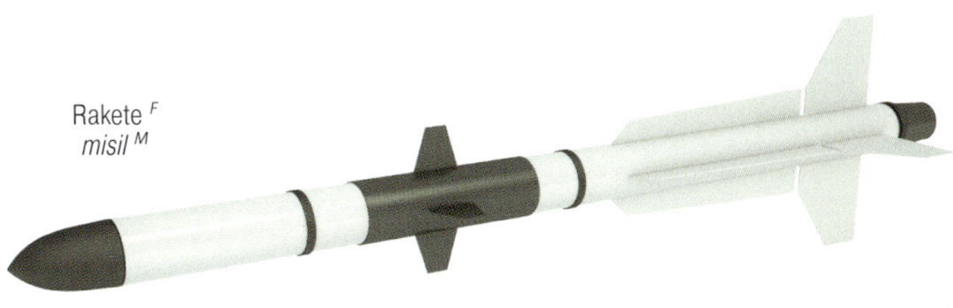

Soldat M
soldado M

Soldat M der Spezialeinsatzkräfte F
soldado M de las fuerzas F especiales

Zelt N
tienda F

Kampfpanzer ^M^
*tanque ^M^ de batalla ^F^*

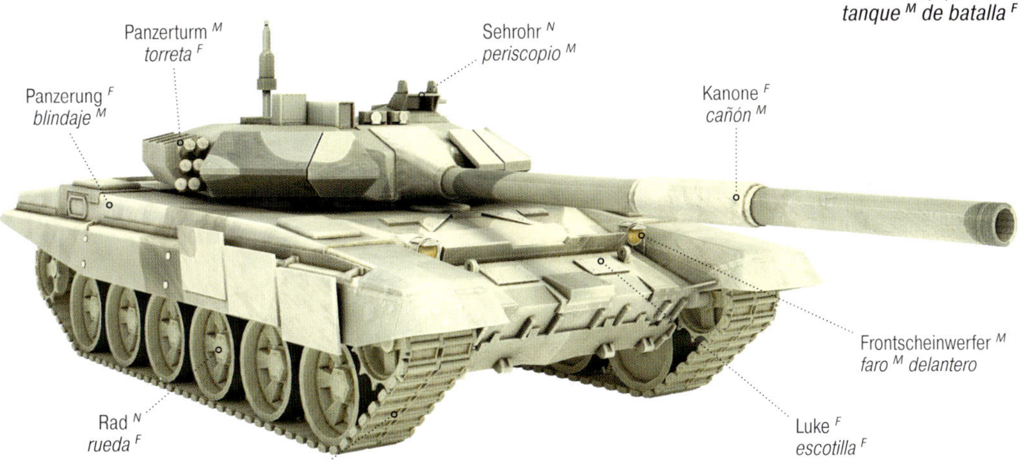

Schützenpanzer ^M^
*vehículo ^M^ de combate ^M^ de infantería ^F^*

schwerer Panzer ^M^
tanque ^M^ pesado

Mehrzweckgeländewagen ^{M}
vehículo ^{M} todoterreno multiuso

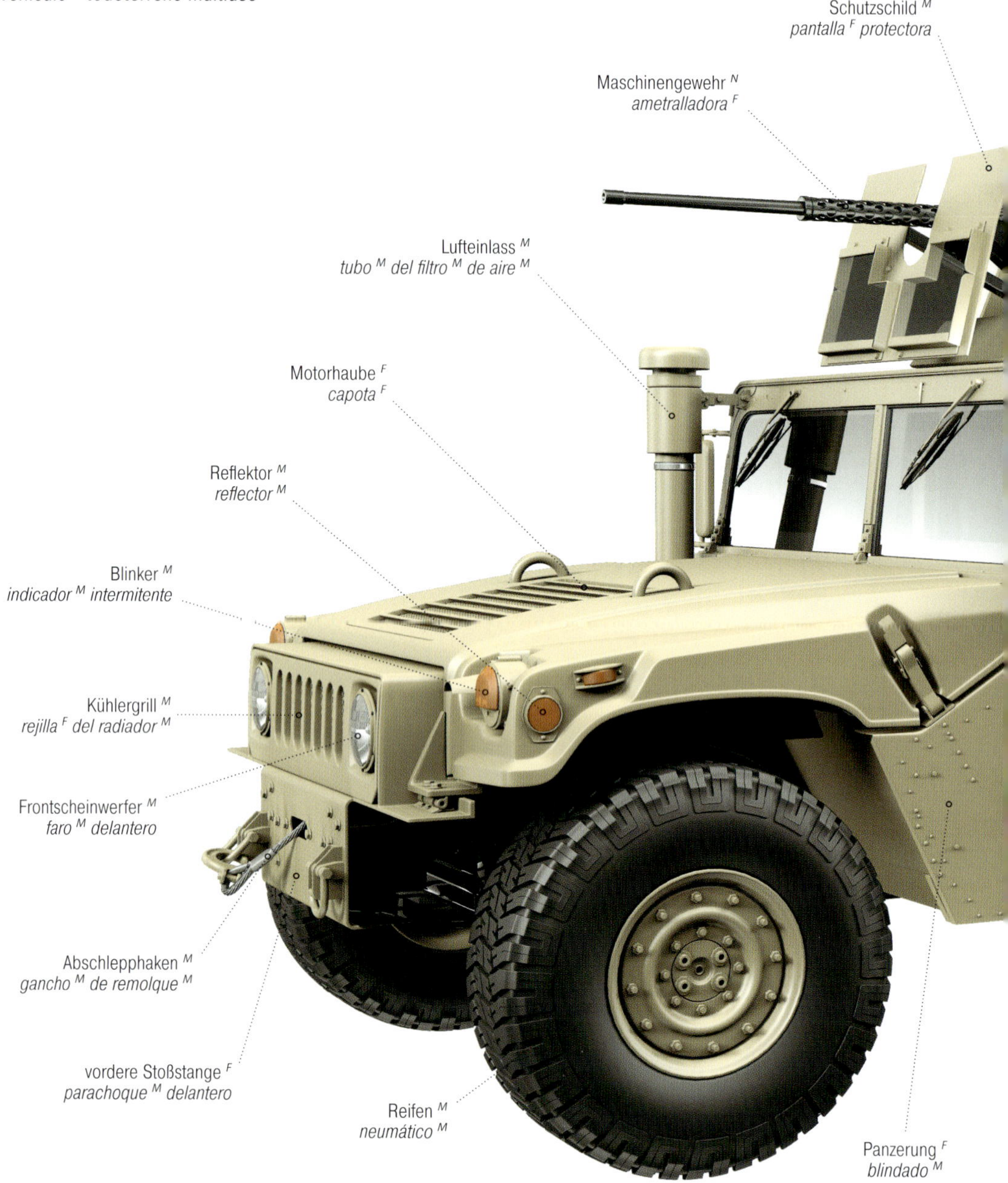

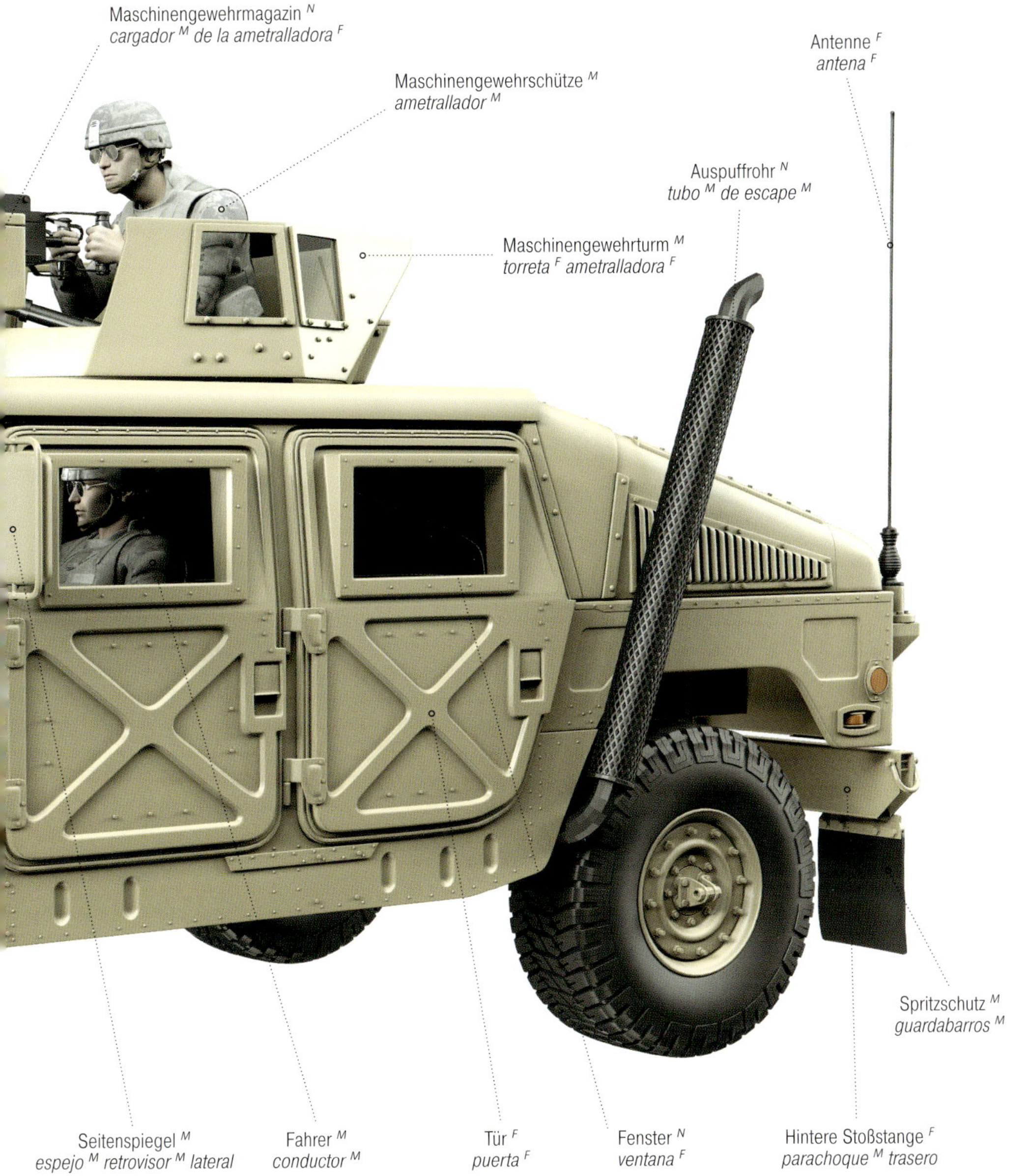
Maschinengewehrmagazin N
cargador M de la ametralladora F
Maschinengewehrschütze M
ametrallador M
Antenne F
antena F
Auspuffrohr N
tubo M de escape M
Maschinengewehrturm M
torreta F ametralladora F
Spritzschutz M
guardabarros M
Seitenspiegel M
espejo M retrovisor M lateral
Fahrer M
conductor M
Tür F
puerta F
Fenster N
ventana F
Hintere Stoßstange F
parachoque M trasero

Flugzeuge ᴺ
Aviones ᴹ

Abfangjäger ᴹ
interceptor ᴹ

Düsenjäger ᴹ
avión ᴹ de ataque ᴹ

Bombenflugzeug ᴺ
bombardero ᴹ

Unbemanntes Kampfflugzeug [N]
aviones [M] de combate [M] no tripulados

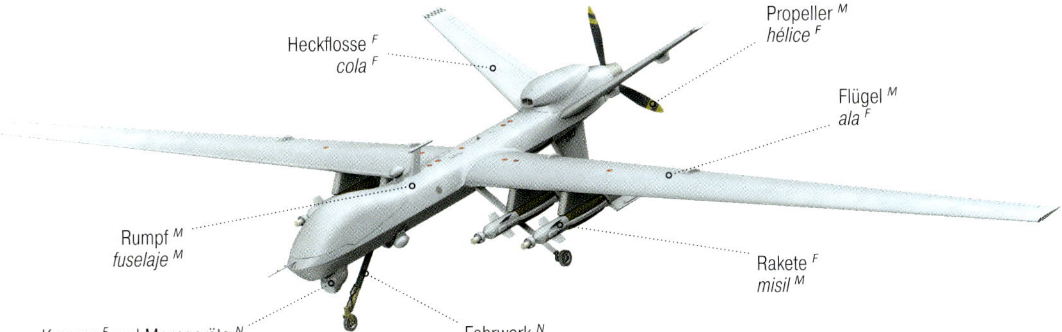

Transportflugzeug [N]
avión [M] de transporte [M]

Mehrzweckkampfjäger [N]
avión [M] de combate [M]

Hubschrauber ᴹ
Helicóptero ᴹ

Seitenansicht ᶠ eines Mehrzweckhubschraubers ᴹ
helicóptero ᴹ multi función ᶠ : vista ᶠ lateral

Vorderansicht [F] des Hubschraubers [M]
helicóptero [M] : vista [F] delantera

Cockpit ^{N}
cabina ^{F} de vuelo

Fahrgastraum ^{M} des Hubschraubers ^{M}
compartimento ^{M} de pasajeros

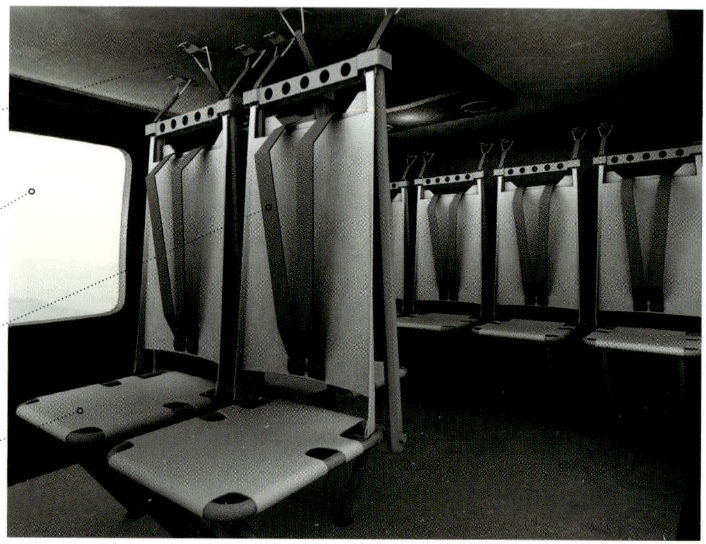

Rettungshubschrauber ᴹ
helicóptero ᴹ de búsqueda ᶠ y rescate ᴹ

Transporthubschrauber ᴹ
helicóptero ᴹ de pasajeros ᴹ

Kampfhubschrauber ᴹ
helicóptero ᴹ de combate ᴹ

Küstenwachschiff N
buque M de patrulla F costera

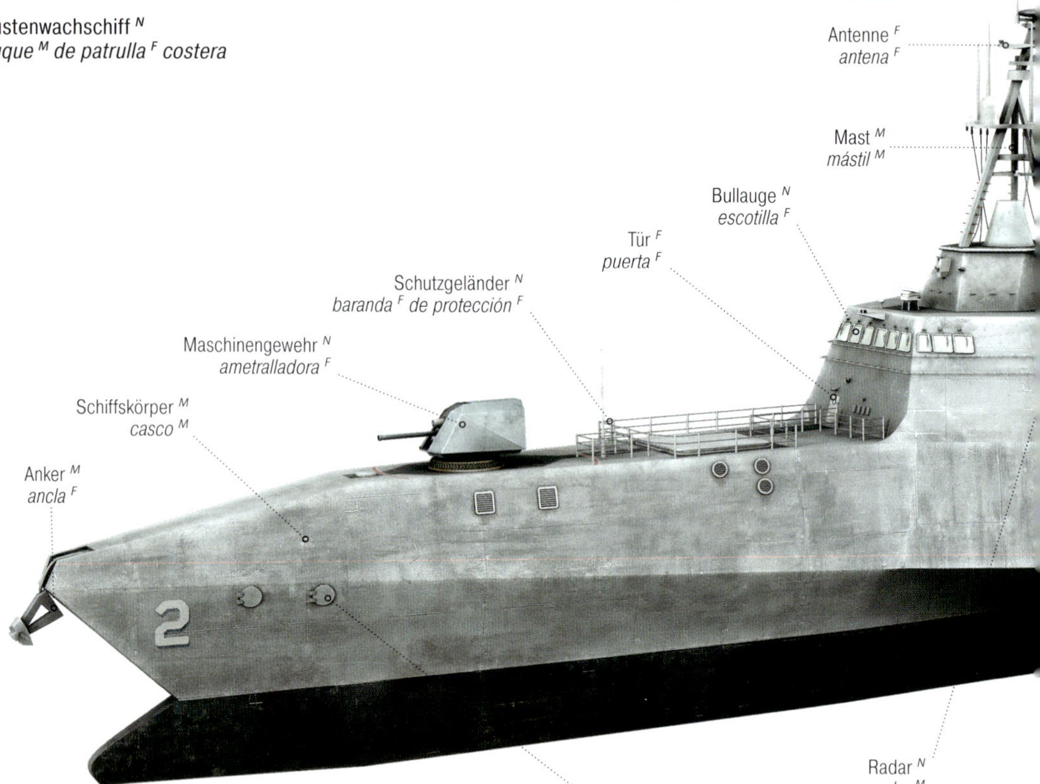

U-Boot N
submarino M

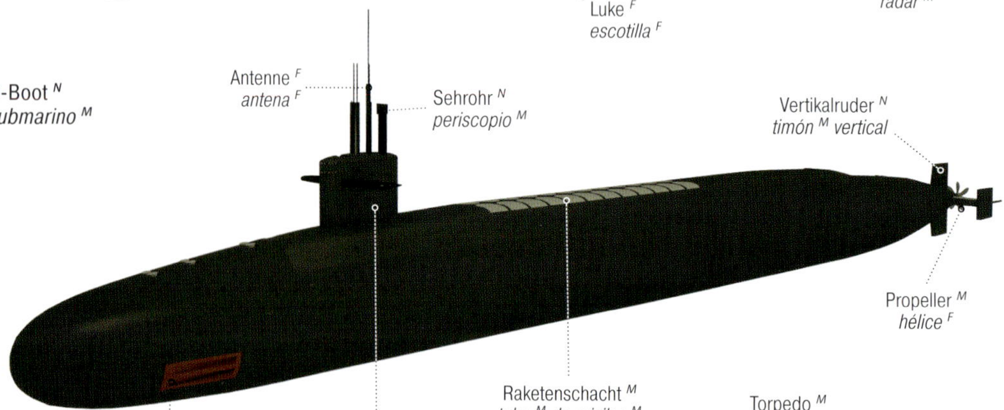

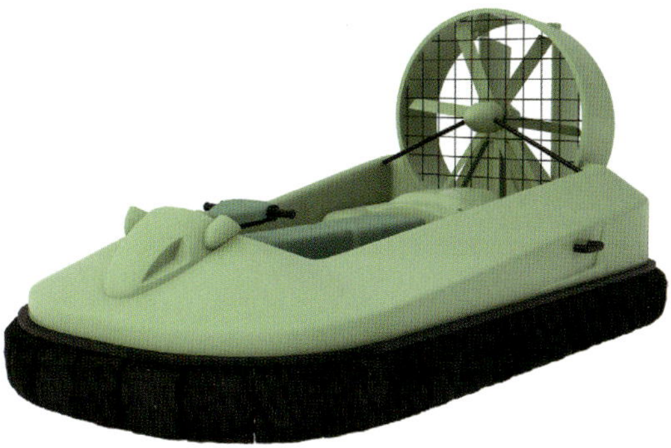

Luftkissenboot ^{N}
aerodeslizador ^{M}

Patrouillenboot ^{N}
embarcación ^{F} de ataque rápido ^{M}

Schiffspropeller [M]
hélice [M] del barco [M]

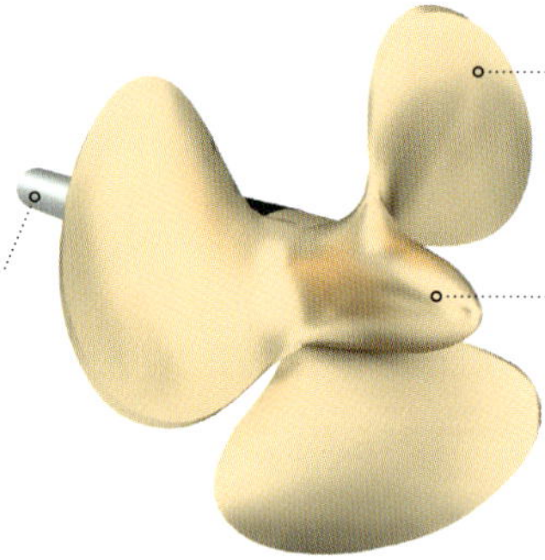

Flugzeugträger [M]
portaviones [M]

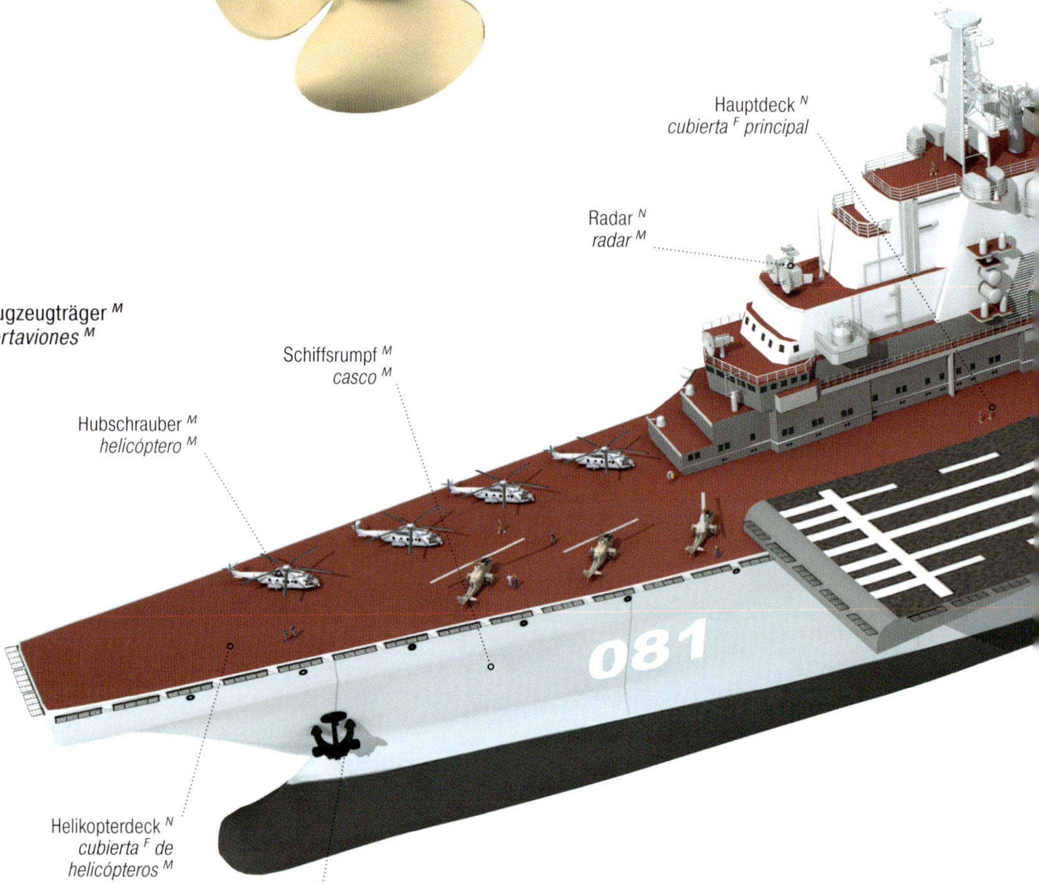

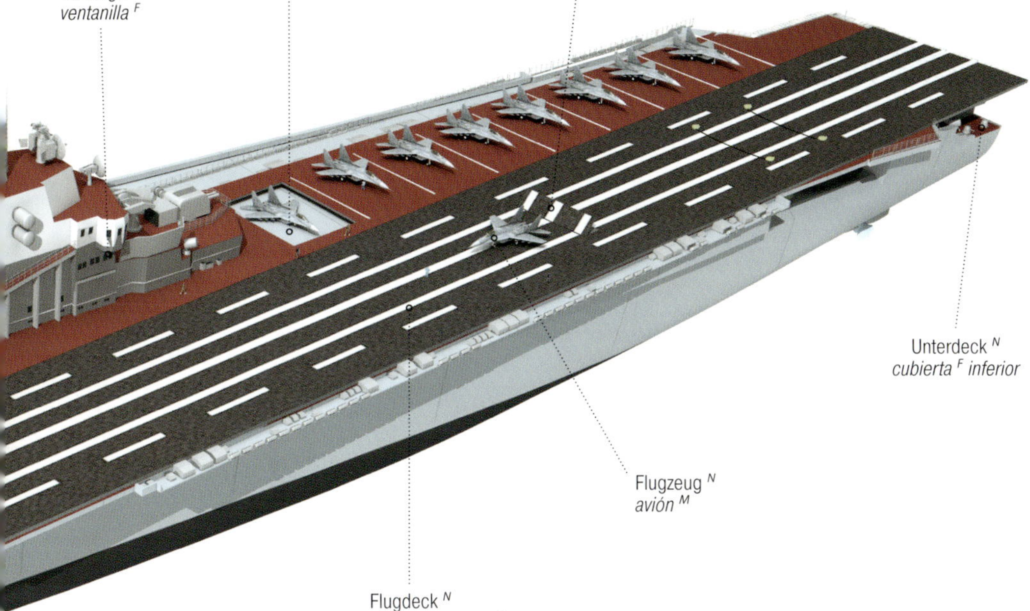

Anker M
ancla F

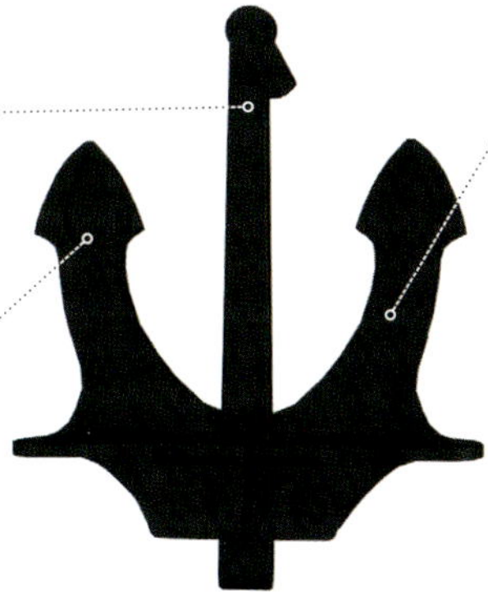

Musikband ^{F}
grupo ^{M} musical

Sänger ᴹ
cantante ᴹ
Schlagzeuger ᴹ
baterista ᴹ
Schlagzeug ᴺ
batería ᶠ
Bassgitarrist ᴹ
bajista ᴹ
Traverse ᶠ
andamiaje ᴹ
Mischpult ᴹ
consola ᶠ
Stuhl ᴹ
silla ᶠ
Laptop ᴹ
computadora ᶠ portátil
Tisch ᴹ
mesa ᶠ
Bassgitarre ᶠ
bajo ᴹ
Bühne ᶠ
escenario ᴹ

Kino [N]
cine [M]

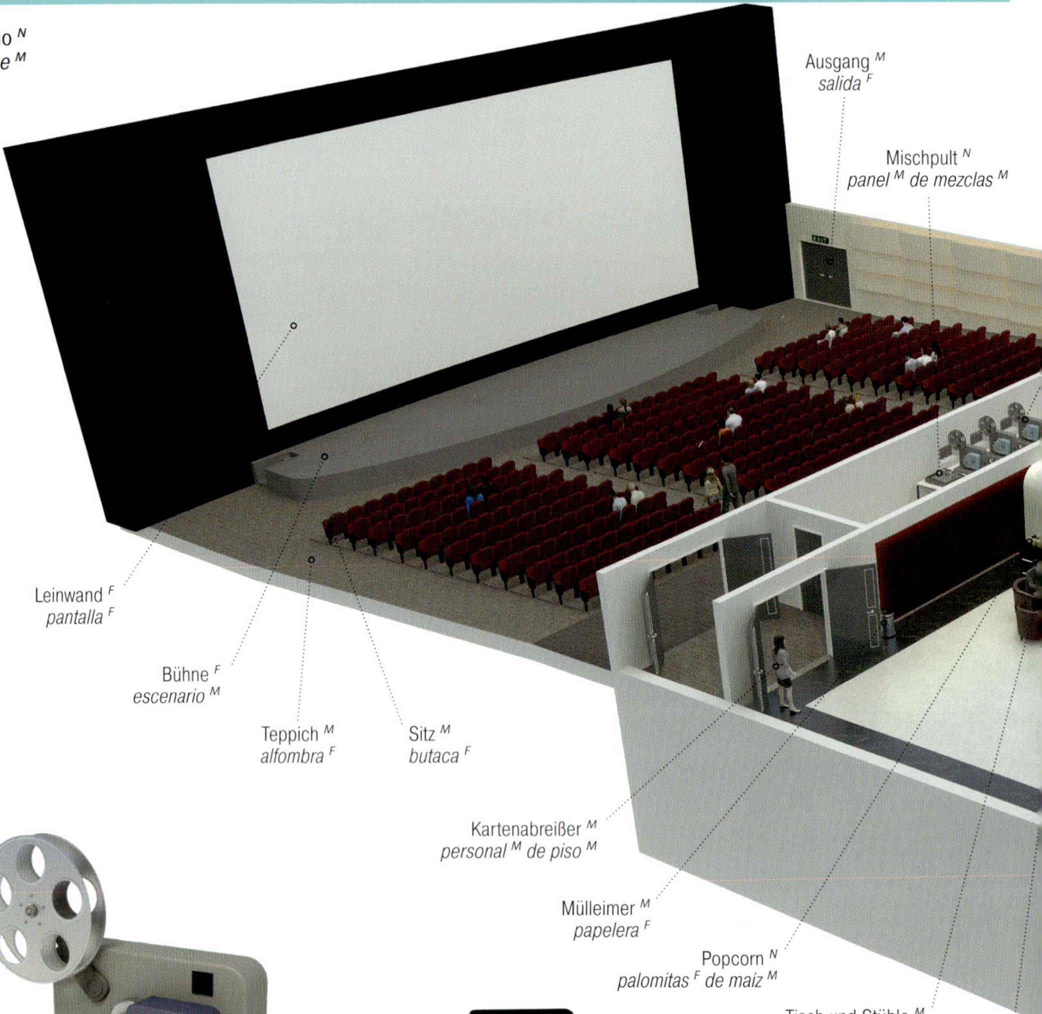

Filmprojektor [M]
proyector [M] *de cine* [M]

Digitalprojektor [M]
proyector [M] *digital*

Mischpult [N]
tablero [M] de mezcla [F]
Lautstärkeregler [M]
medidor [M] de volumen [M]
Schieberegler [M]
atenuador [M]
Potentiometer [N]
divisor [M] de tensión [F]
(potenciómetro [M])
Power-LED [F]
luz LED [f] de encendido [M]

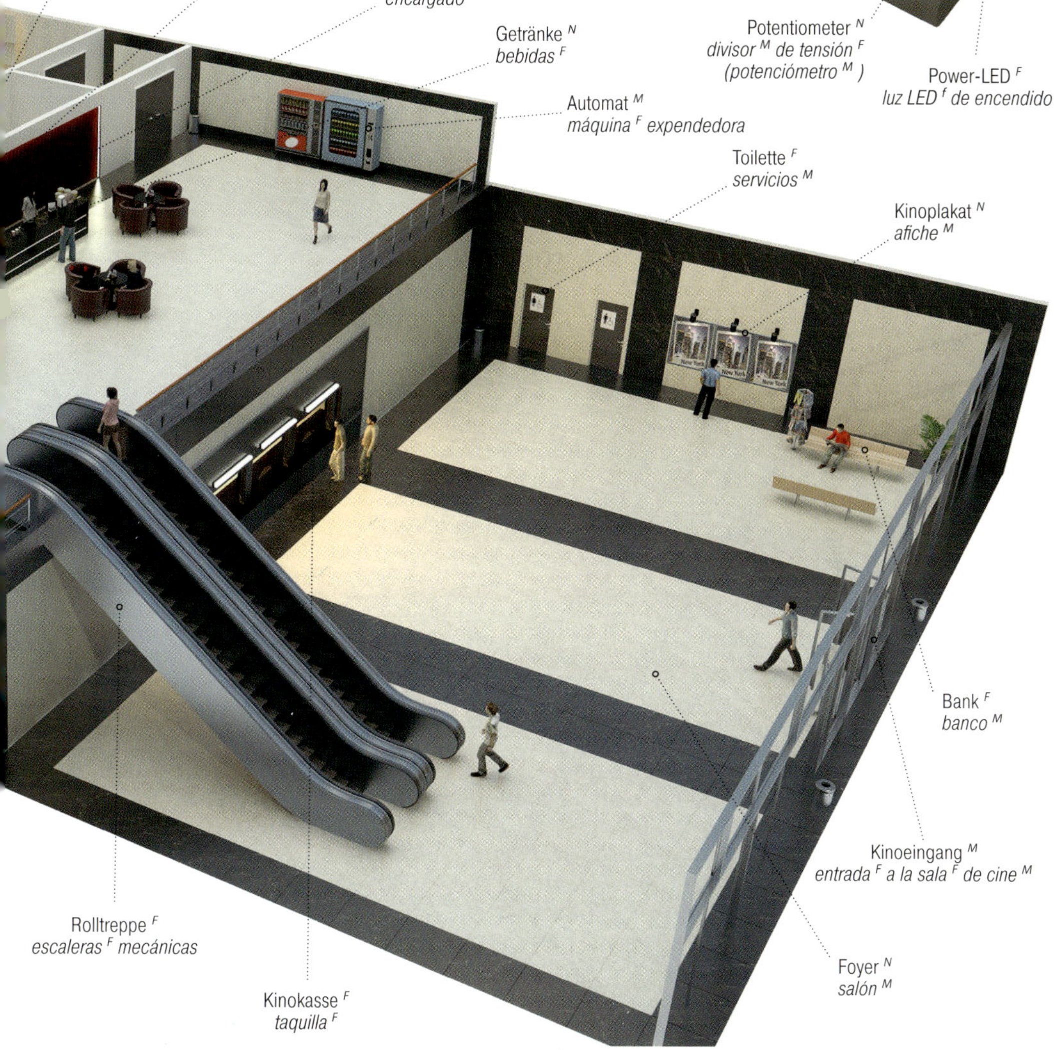
Filmprojektor [M]
proyector [M]
Projektionsraum [M]
sala [F] de proyección [F]
Getränkestand [M]
puesto [M] de venta de golosinas [F]
Verkäufer [M]
encargado [M]
Getränke [N]
bebidas [F]
Automat [M]
máquina [F] expendedora
Toilette [F]
servicios [M]
Kinoplakat [N]
afiche [M]
Bank [F]
banco [M]
Kinoeingang [M]
entrada [F] a la sala [F] de cine [M]
Foyer [N]
salón [M]
Kinokasse [F]
taquilla [F]
Rolltreppe [F]
escaleras [F] mecánicas

Fernsehshow ^{F}
programa ^{M} de televisión ^{F}

Studiogast M
invitado M
Stuhl M
silla F
E-Gitarre F
guitarra F eléctrica
Schlagzeug N
batería F
Mikrofon N
micrófono M

Fernsehstudio N
estudio M de televisión F

Studiogast M
invitado M
Sänger M
cantante M
Musikant M
músico M
Regisseur M
director M
Fernsehkamera F
cámara F *de televisión* F
Zuschauer M
espectador M

Bühne [F]
escenario [M]

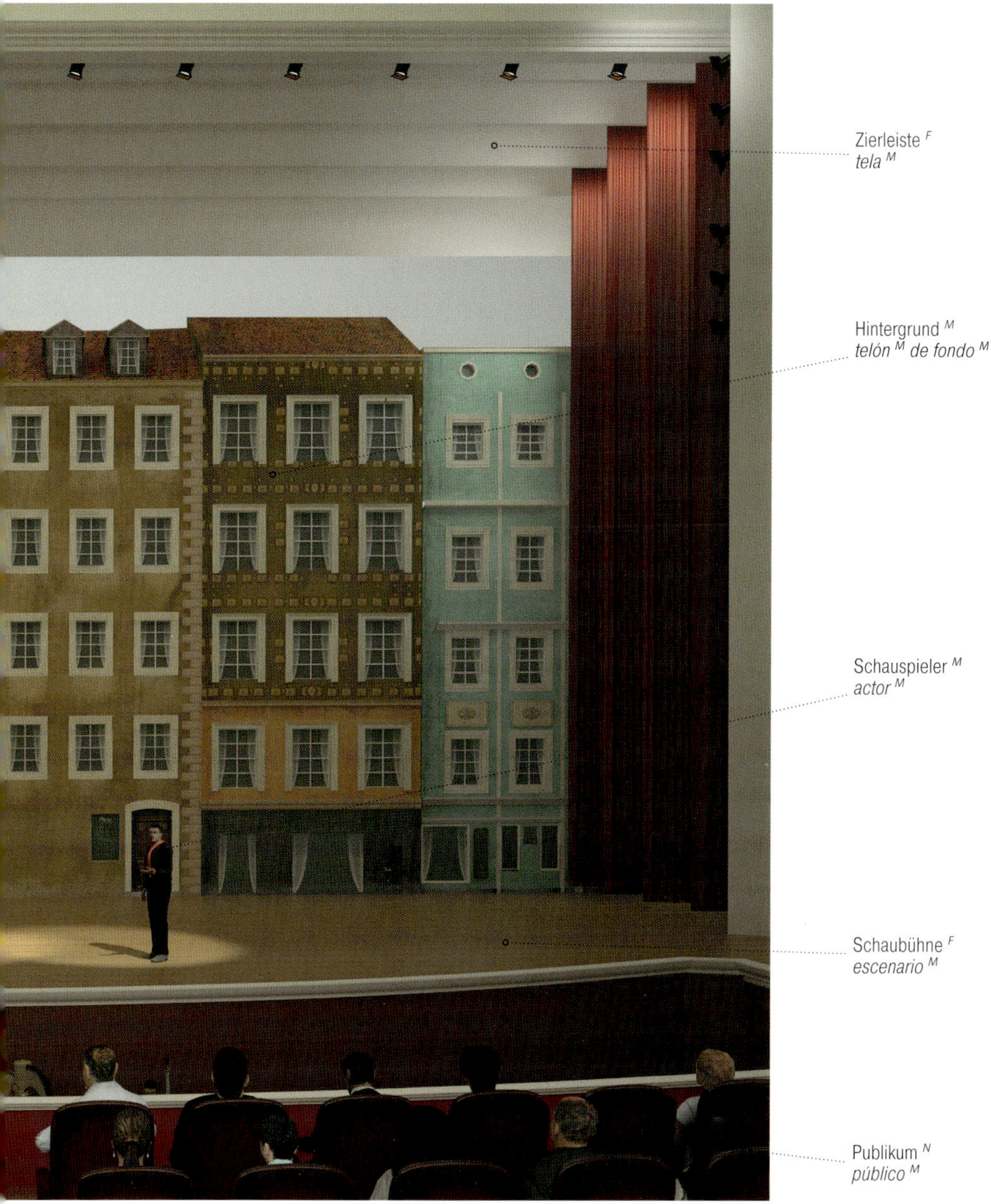
Zierleiste F
tela M
Hintergrund M
telón M de fondo M
Schauspieler M
actor M
Schaubühne F
escenario M
Publikum N
público M

Theater N
teatro M

Ausgangsposition ^F^
*primera posición ^F^ de brazos ^M^*

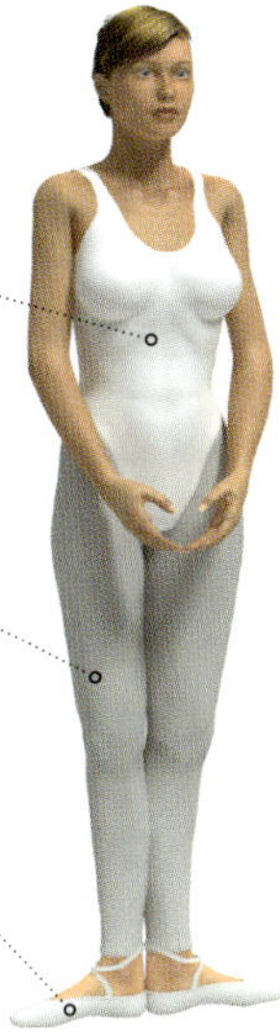

Turnanzug ^M^
*maillot ^M^*

Strumpfhose ^F^
*mallas ^F^*

Ballettschuhe ^M^
*zapatillas ^F^ de ballet ^M^*

Arabesque ^F^ auf Spitze ^F^
*arabesco ^M^ en punta ^F^*

Jeté ^N^
*jeté ^F^*

Attitude-nach vorne-Spitze ^F^
*attitude ^F^ hacia adelante en punta ^F^*

Grand Jeté ^N^
*grand jeté ^F^*

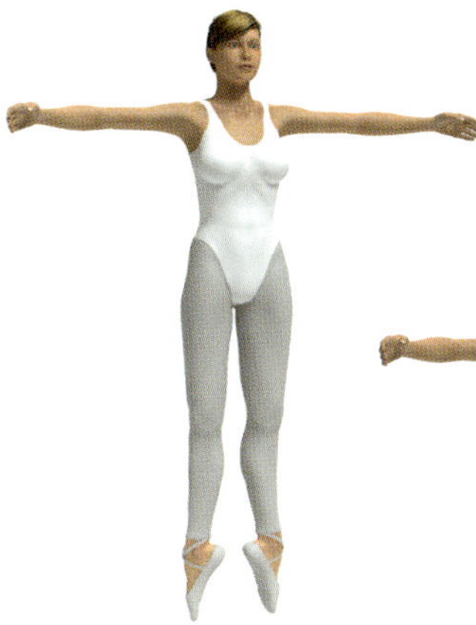

zweite Position ^F^
*segunda posición ^F^ de los brazos ^M^*

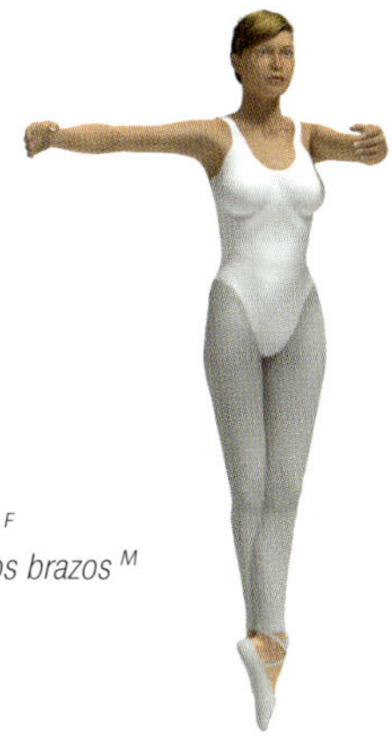

dritte Position ^F^
*tercera posición ^F^ de los brazos ^M^*

Liniensystem [N]
Líneas [F]

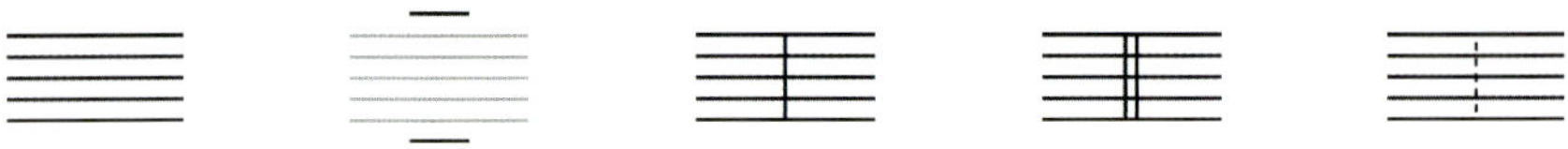

Notenlinien [F] — *pentagrama [M]*
Fixpunkt [M] — *líneas [F] adicionales*
Taktstrich [M] — *barra [F] divisoria*
Doppelstrich [M] — *doble barra [F] divisoria*
gepunkteter Taktstrich [M] — *barra [F] divisoria punteada*

Notenschlüssel [M]
claves [F]

Violinschlüssel [M] — *clave [F] de sol [M]*
Bratschenschlüssel [M] — *clave [F] de do [M]*
Bassschlüssel [M] — *clave [F] de fa [M]*

Notenzeichen [N]
notas [F] musicales

ganze Note [F] — *redonda [F]*
halbe Note [F] — *blanca [F]*
Viertelnote [F] — *negra [F]*
Achtelnote [F] — *corchea [F]*
Sechzehntelnote [F] — *semicorchea [F]*
Zweiunddreißigstelnote [N] — *fusa [F]*

Pausenzeichen [N]
símbolos [M] de pausa [F]

ganze Pause [F] — *silencio [M] de redonda [F]*
halbe Pause [F] — *silencio [M] de blanca [F]*
Viertelpause [F] — *silencio [M] de negra [F]*
Achtelpause [F] — *silencio [M] de corchea [F]*
Sechzehntelpause [F] — *silencio [M] de semicorchea [F]*
Zweiunddreißigstelpause [N] — *silencio [M] de fusa [F]*

Taktart [F]
compás [M]

Viervierteltakt [M] — *cuatro [M] por cuatro [M]*
Zweihalbetakt [M] — *dos [M] por dos [M]*
Dreivierteltakt [M] — *tres [M] por cuatro [M]*

Ornamente [N]
ornamentos [M]

Triller [M] — *trino [M]*
Mordent [M] — *mordente [M]*
Gruppetto [N] — *grupeto [M]*
langer Vorschlag [M] — *apoyatura [F] larga*
kurzer Vorschlaf [M] — *apoyatura [F] breve*

Vorzeichen N
alteraciones F

Kreuz N
sostenido M

Be N
bemol M

Auflösung F
becuadro M

Halbkreuz N
doble sostenido M

Doppelerniedrigung F
doble bemol M

Dynamik F
Dinámica F

p
Piano N
piano

pp
Pianississimo N
pianissimo

mp
Mezzo piano N
mezzopiano

f
Forte F
forte

ff
Fortissimo N
fortissimo

mf
Mezzo forte F
mezzoforte

sfz
Sforzando N
sforzando

<
Crescendo N
crescendo

>
Decrescendo N
diminuendo

Artikulation F
articulaciones F

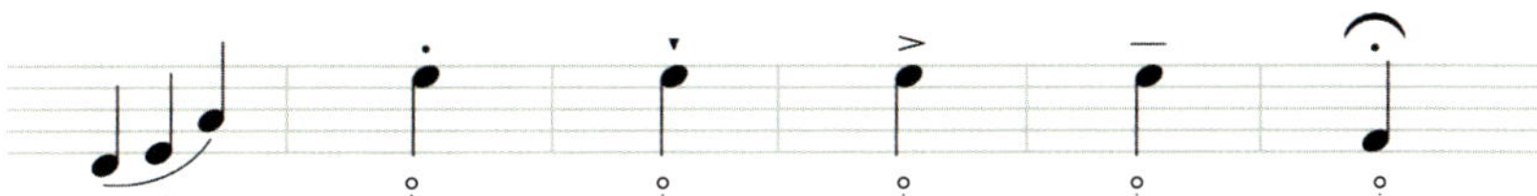

Legato N
legato M

Stakkato N
staccato M

Spiccato N
staccatissimo M

Akzent M
acento M

Tenuto N
tenuto M

Fermate F
calderón M

Tonart F
armadura F de clave M

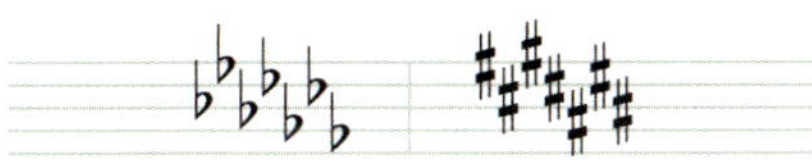

Be-Vorzeichen N
armadura F con bemoles M

Kreuz-Vorzeichen N
armadura F con sostenidos M

andere Zeichen N
Otros signos M

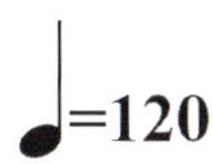

Metronomzeichen N
marca F del metrónomo M

Reprise F
repeticiones F

Wiederholungen F
ritornelo M

Gleichniszeichen N
repetición M de compás M

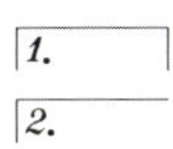

Volta F
volta F

D.C.
vom Beginn M
da capo M

D.S.
vom Zeichen N
dal segno M

Klavier [N]
piano [M] vertical

Synthesizer [M]
sintetizador [M]

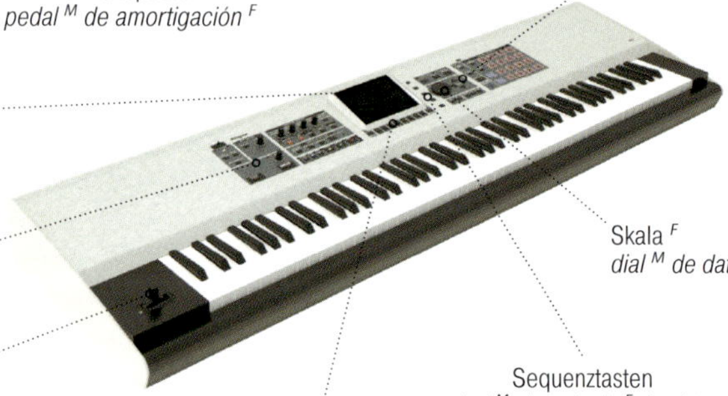

Flügel M
piano M de cola F

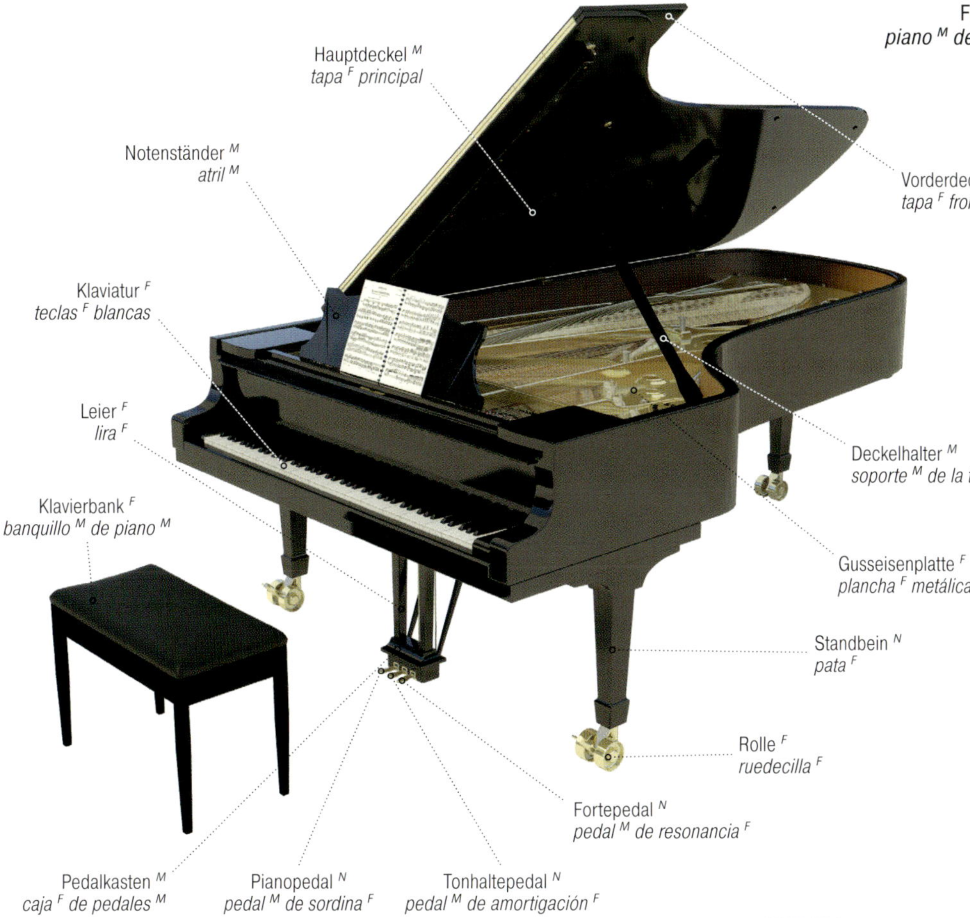

Hammondorgel F
órgano M eléctrico

E-Piano N
piano eléctrico M

Schlagzeug N
batería F

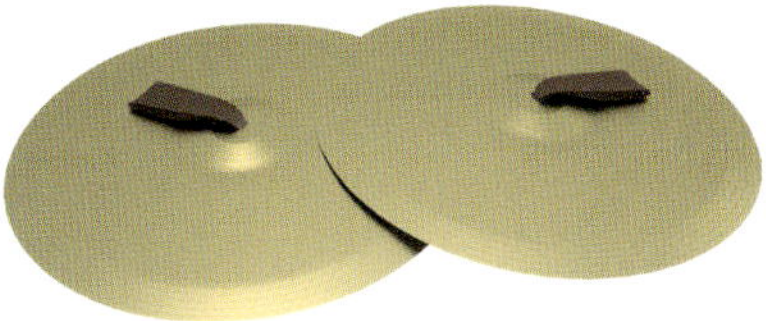

Becken ^{M}
platillos ^{M}

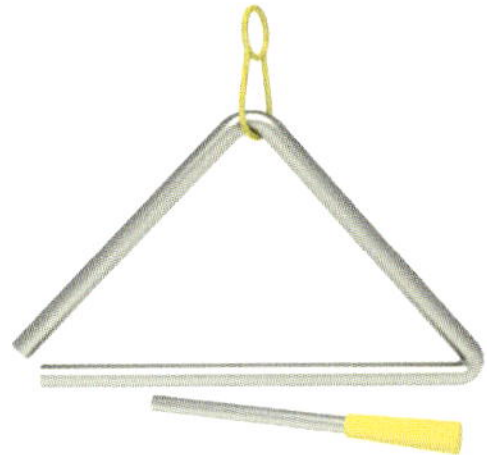

Triangel ^{F}
triángulo ^{M}

Tamburine ^{F}
pandereta ^{F}

Gong ^{M}
gong ^{M}

Trommelstöcke ^{M}
baquetas ^{F}

Schlittenglocke ^{F}
cascabeles ^{M}

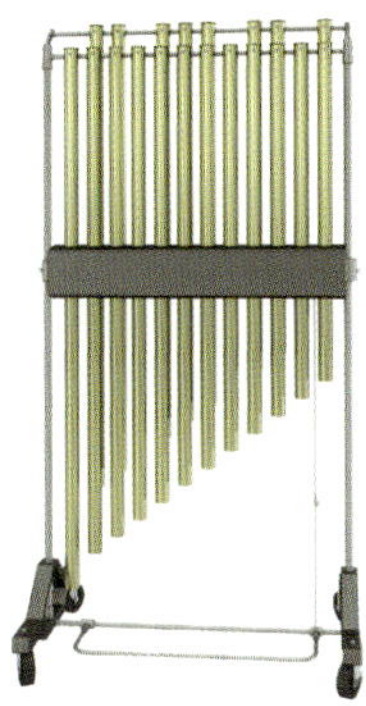

Röhrenglocken ^{F}
campanas ^{F} *tubulares*

Stahlbesen ^{M}
cepillos ^{M} *de batería* ^{F}

Kastagnetten ^{F}
castañuelas ^{F}

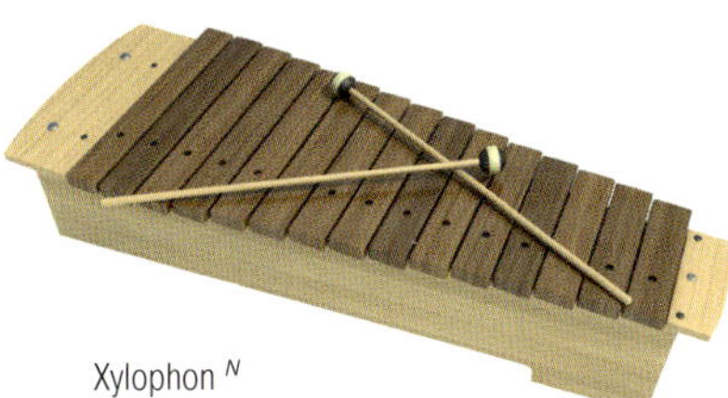

Xylophon ^{N}
xilófono ^{M}

Vibrafon ^{N}
vibráfono ^{M}

Bongos ^{F}
bongos ^{M}

Djembe ^{F}
djembe ^{M}

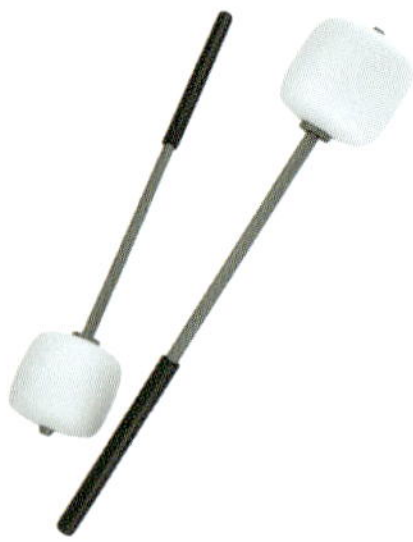

Basstrommelschlägel ^{M}
mazo ^{M} *de bombo* ^{M}

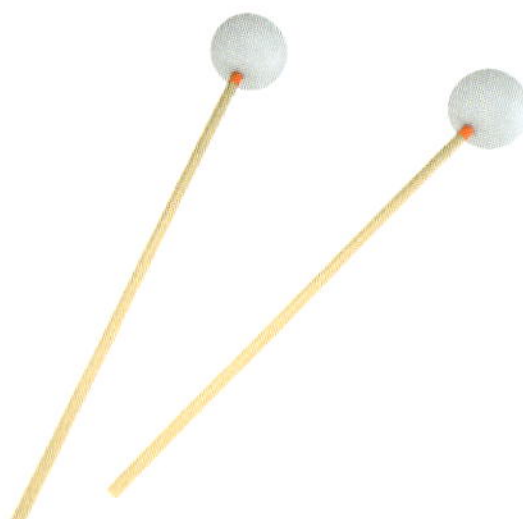

Schlägel ^{M}
mazo ^{M}

Kesseltrommel ^{F}
timbal ^{M}

Trommelfell ^{N}
parche ^{M} *de tambor* ^{M}

Spannschraube ^{F}
tornillo ^{M} *de tensión* ^{F}

Metalldruckreifen ^{M}
aro ^{M}

Rolle ^{F}
ruedecita ^{F}

Basstrommel ^{F}
bombo ^{M}

Blechblasinstrumente [N]
Instrumentos [M] de metal [M]

Posaune [F]
trombón [M]

Schallbechersteg [M]
puente [M] de la campana [F]

Überwurfmutter [F]
aro [M] de unión [F]

Gegengewicht [N]
contrapeso [M]

Glocke [F]
campana [F]

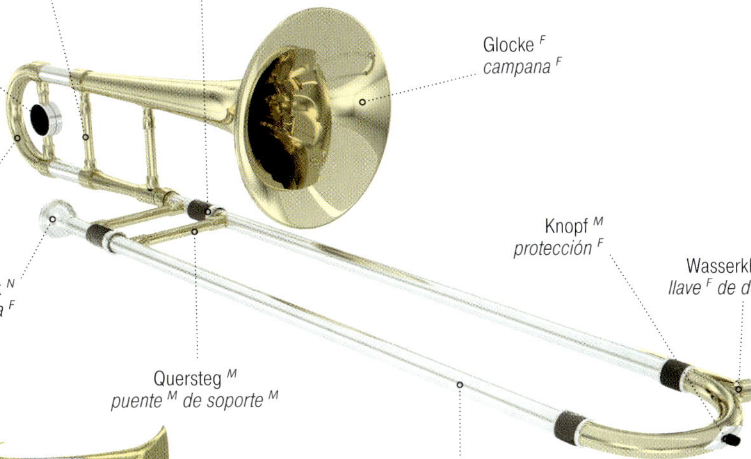

Stimmzug [M]
bomba [F] de afinación [F]

Knopf [M]
protección [F]

Wasserklappe [F]
llave [F] de desagüe [M]

Mundstück [N]
boquilla [F]

Quersteg [M]
puente [M] de soporte [M]

Zug [M]
vara [F]

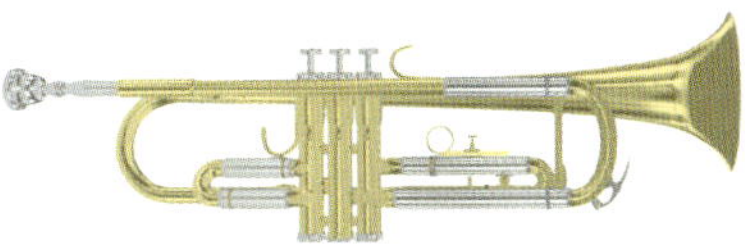

Trompete [N]
trompeta [F]

Waldhorn [N]
corno [M] francés

Stimmzug [M]
bomba [F] de afinación [F]

Mundstück [N]
boquilla [F]

Ventilbogen [M]
vuelta [F]

Mundstückaufnahme [F]
tudel [M]

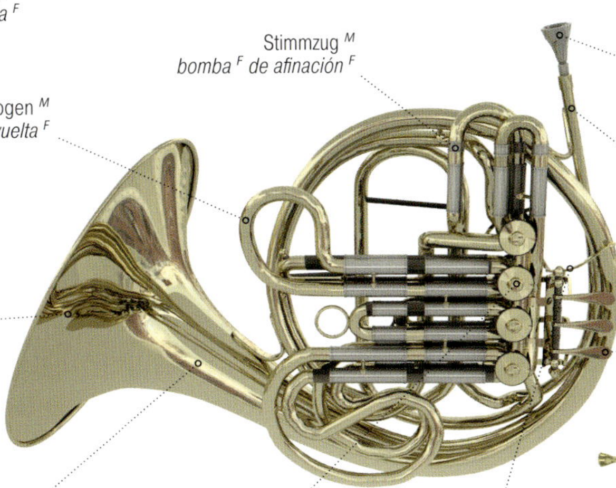

Schallbecher [M]
pabellón [M]

Ventiltaste [F]
biela [F] de empuje [M]

Schallbecher [M]
trompa [F]

Drehventil [N]
cilindro [M]

Fingerhaken [M] (vierter Hebel [M])
botón [M] de pulsación [F] (cuarto botón [M])

Signalhorn [N]
clarín [M]

Tuba F
tuba F

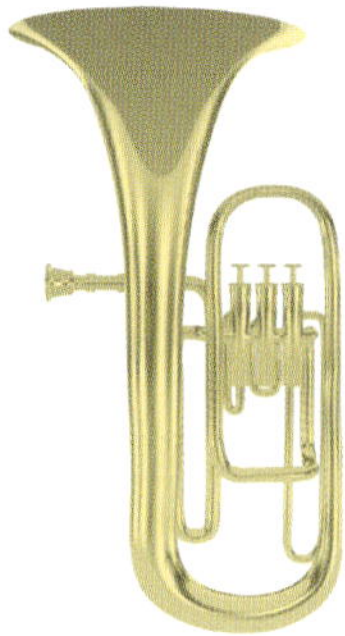

Saxhorn N
saxhorno M

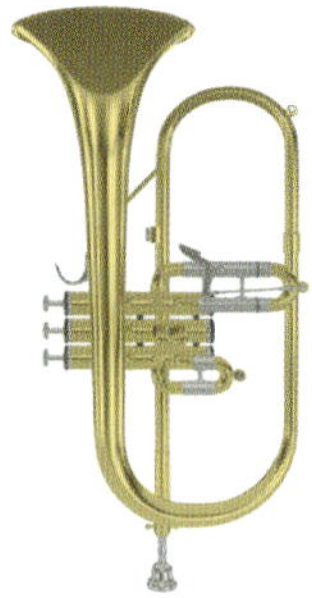

Flügelhorn N
fiscorno M

Kornett N
corneta F

Holzblasinstrumente N
Instrumentos M de viento M de madera F

Saxophon N
saxofón M

Blockflöte F
flauta F dulce

Panflöte F
zampoña F

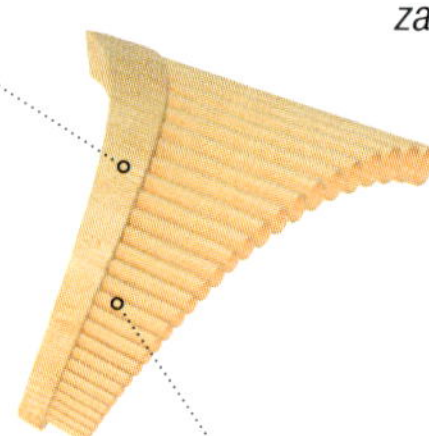

Englischhorn [N]
corno [M] inglés

Fagott [N]
fagot [M]

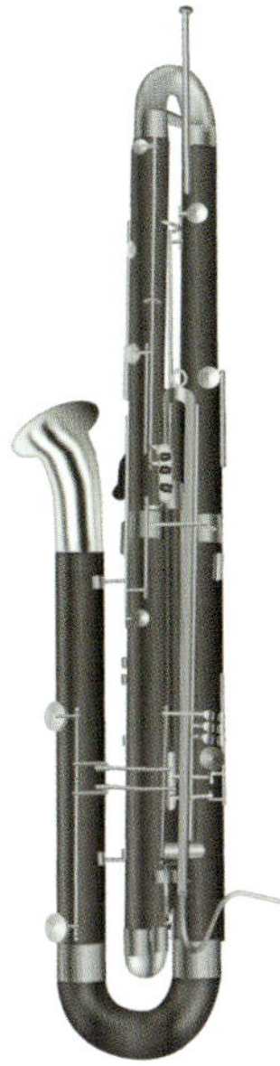

Kontrafagott [N]
contrafagot [M]

Konzertflöte [F]
flauta [F] travesera

Klarinette [F]
clarinete [M]

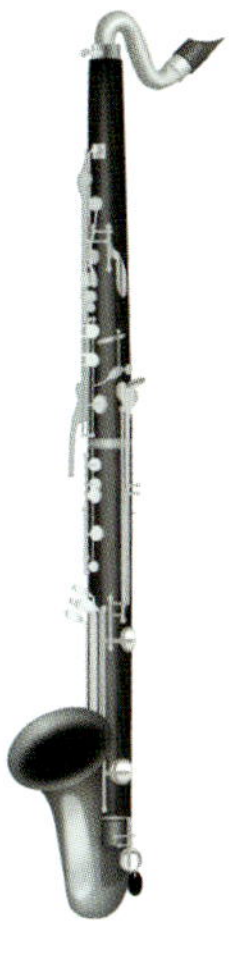

Bassklarinette [F]
clarinete [M] bajo

Querflöte [F]
flauta [F]

Oboe [F]
oboe [M]

Piccolo [N]
flautín [M]

Cello [N]
violoncello [M]

Geige [F] und Geigenbogen [M]
violín [M] *y arco* [M]

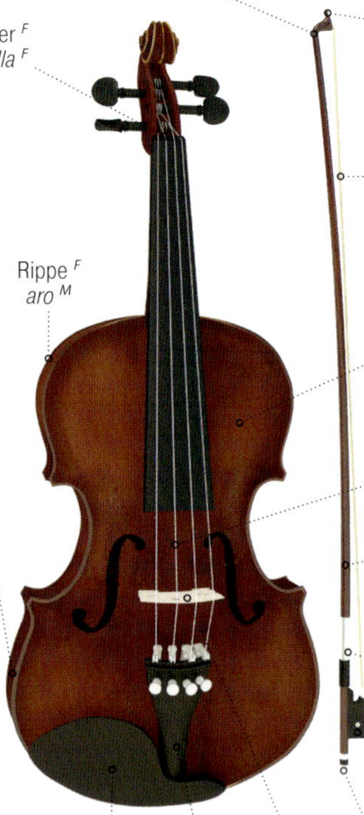

Bassgitarre F
bajo M eléctrico

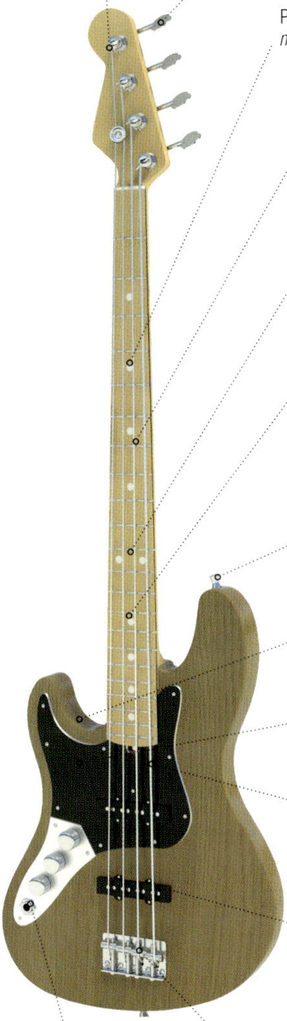

E-Gitarre F
guitarra F eléctrica

Akustikgitarre [F]
guitarra [F] acústica

Verstimmungspedal [N]
pedal [M] de distorsión [F]

Halbresonanzgitarre [F]
guitarra [F] semi-acústica

Gitarrenverstärker [M]
amplificador [M] de guitarra [F]

Gitarrenkoffer [M]
estuche [M] de guitarra [F]

Konzertina F
concertina F

Harmonium N
armonio M

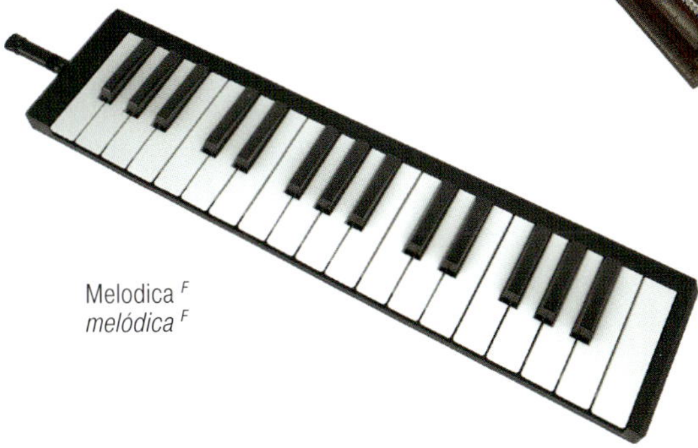

Melodica F
melódica F

Harmonika F
armónica F

Akkordeon N
acordeón M

Bajan N
bayán M

Staffelei [F]
caballete [M]

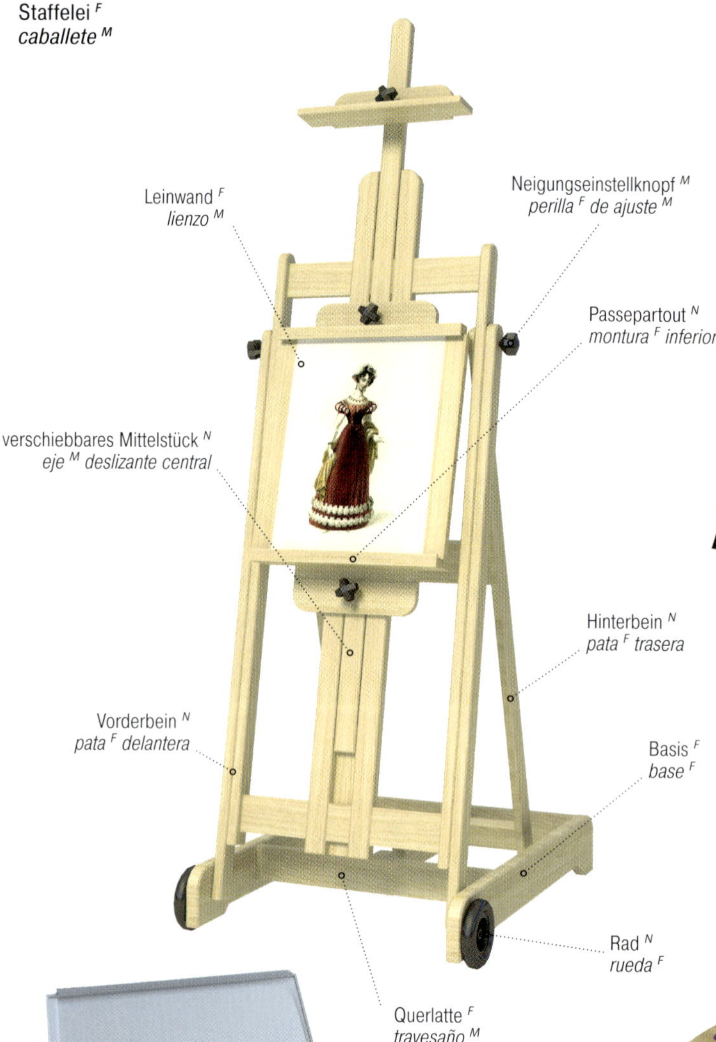

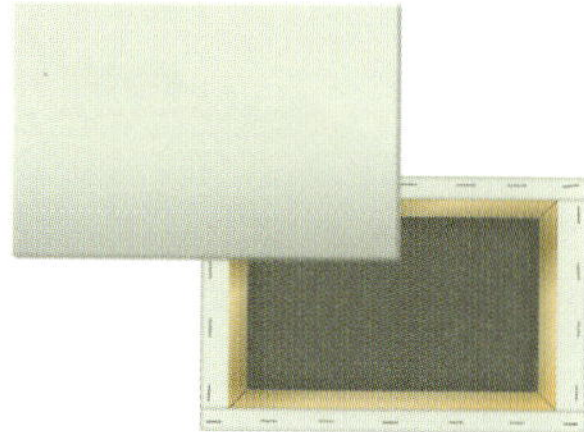

Leinwand [F]
lienzo [M]

Öl- oder Acrylfarbe [F]
pinturas [F] *al óleo* [M] *o acrílicas* [F]

Pastellkreiden [F]
pastel [M] *seco*

Wasserfarbe [F]
acuarela [F]

Palette [F]
paleta [F]

Pinsel ^{M}
pincel ^{M}

Flachpinsel ^{M}
pincel ^{M} plano

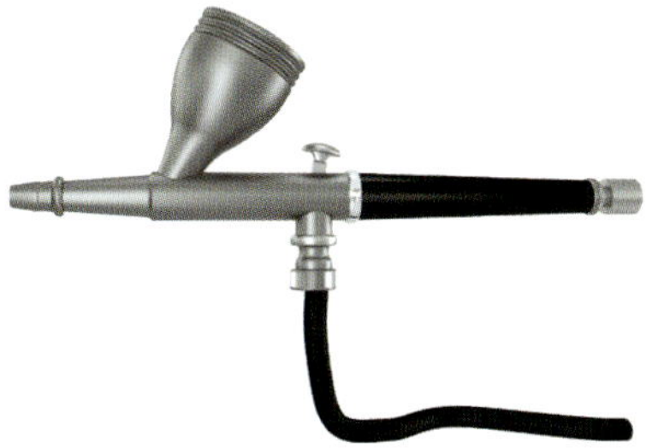

Airbrush ^{F}
aerógrafo ^{M}

Wachsmalstift ^{M}
lápiz ^{M} de cera ^{F}

Farbstift ^{M}
lápices ^{M} de colorear

Gouache ^{F}
gouache ^{M}

Terpentin ^{N}
trementina ^{F}

Ölpastell ^{N}
pastel ^{M} al aceite ^{M}

Mosaik ^{N}
Trabajo ^{M} de mosaico ^{M}

Mosaikkleber ^{M}
cola ^{F}

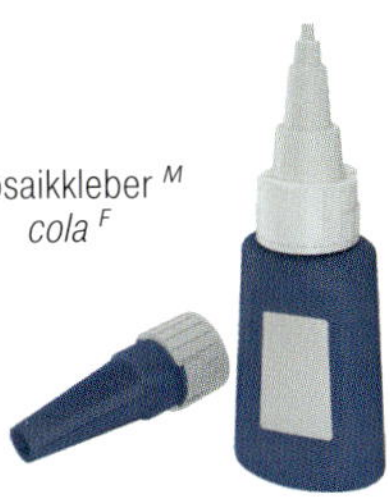

Mosaikstein ^{M}
piedra ^{F} de mosaico ^{M}

Mosaik ^{N}
mosaico ^{M}

Stickerei ^F^
*Bordado ^M^*

Plattstich ^M^
*punto ^M^ de satén ^M^*

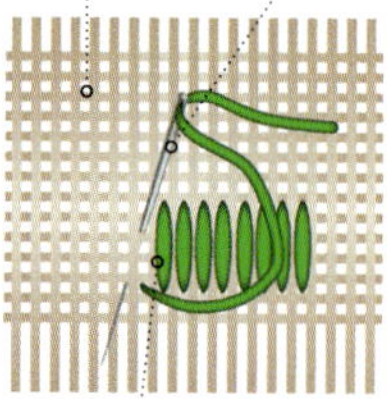

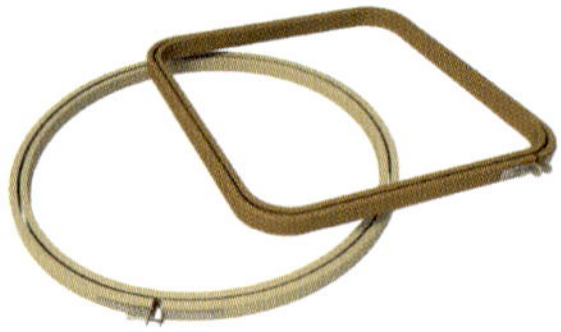
Reifen ^M^
*aro ^M^*

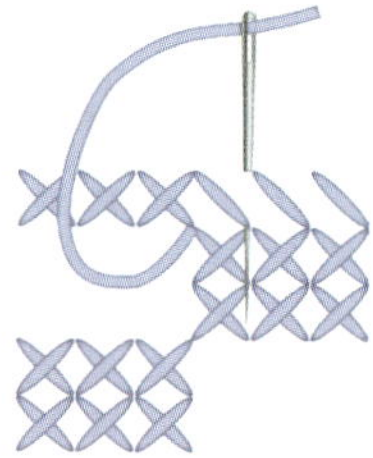
Kreuzstich ^M^
*punto ^M^ de cruz ^F^*

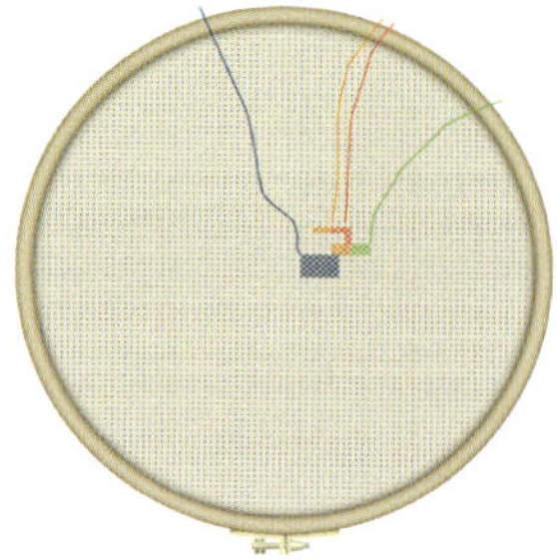
Stickerei ^F^
*bordado ^M^*

Stricken ^N^
*Tejido ^M^ de punto ^M^*

Häkeln ^N^
*ganchillo ^M^*

Häkelnadel ^F^
*aguja ^F^ de ganchillo ^M^*

Stricknadel ^F^
*aguja ^F^ de tejer punto ^M^*

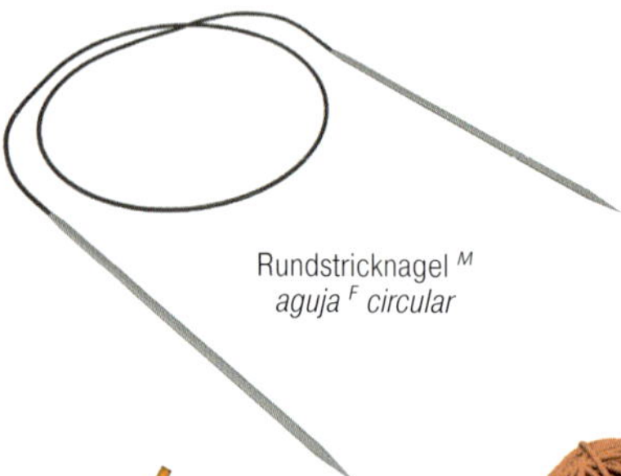
Rundstricknagel ^M^
aguja ^F^ circular

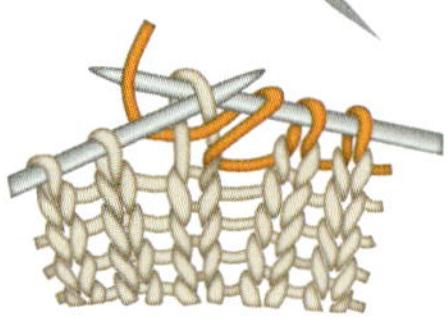
Stich ^M^
*punto ^M^*

Garn ^N^
*lana ^F^*

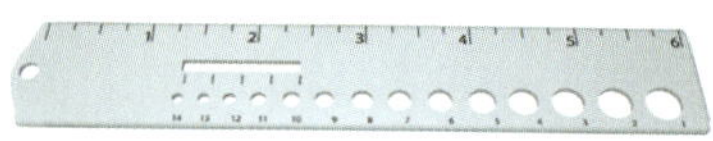
Strickmaß ^N^
*medidor ^M^ de aguja ^F^ de tejer punto ^M^*

Nähen ^{N}
Costura ^{F}

Nähmaschine ^{F}
máquina ^{F} de coser

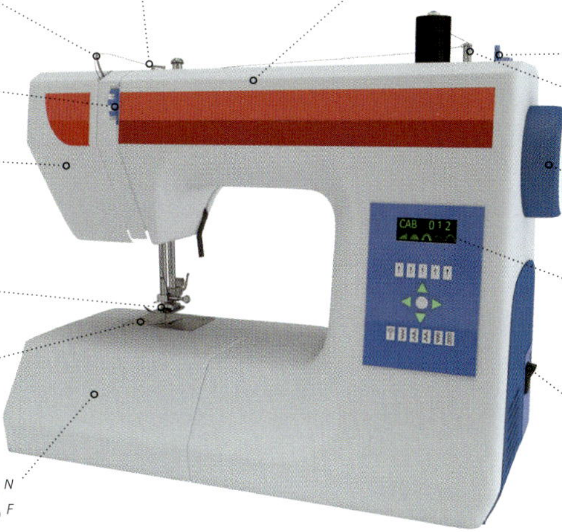

Fadenaufwickelhebel ^{M}
palanca ^{F} tira-hilo ^{M}

Fadenführung ^{F}
guía-hilo ^{M}

Arm ^{M}
brazo ^{M}

Druckscheibe ^{F}
regulador ^{M} de presión ^{F}

Kopf ^{M}
cabezal ^{M}

Nadel ^{F}
aguja ^{F}

Nadelplatte ^{F}
placa ^{F} de la aguja ^{F}

Maschinenbett ^{N}
base ^{F}

Spulrad ^{N}
embobinador ^{M}

Spulnadel ^{F}
palanca ^{F} para soltar la bobina ^{F}

Handrad ^{N}
rueda ^{F} volante

Anzeige ^{F}
monitor ^{M}

Schalter ^{M}
interruptor ^{M} de la luz ^{F}

Maßband ^{N}
cinta ^{F} métrica

Fingerhut ^{M}
dedal ^{M}

Druckknopf ^{M}
broche ^{M} a presión ^{M}

Nadeleinfädler ^{M}
enhebrador ^{M}

Durchnähknöpfe ^{M}
botón ^{M} con agujeros ^{M}

Heftel ^{N}
gancho ^{M} y bucle ^{M}

Sicherheitsnadel ^{F}
imperdible ^{M}

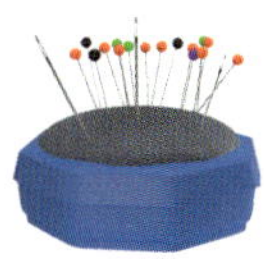

Nadelkissen ^{N}
alfiletero ^{M}

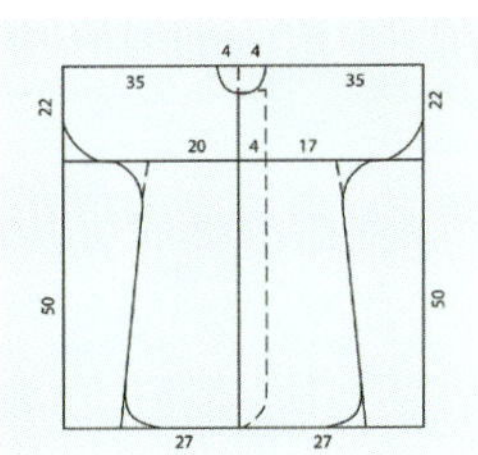

Muster ^{N}
patrón ^{M}

Stoff ^{M}
tela ^{F}

Reißverschluss ^{M}
cremallera ^{F}

Kathedrale F
catedral F

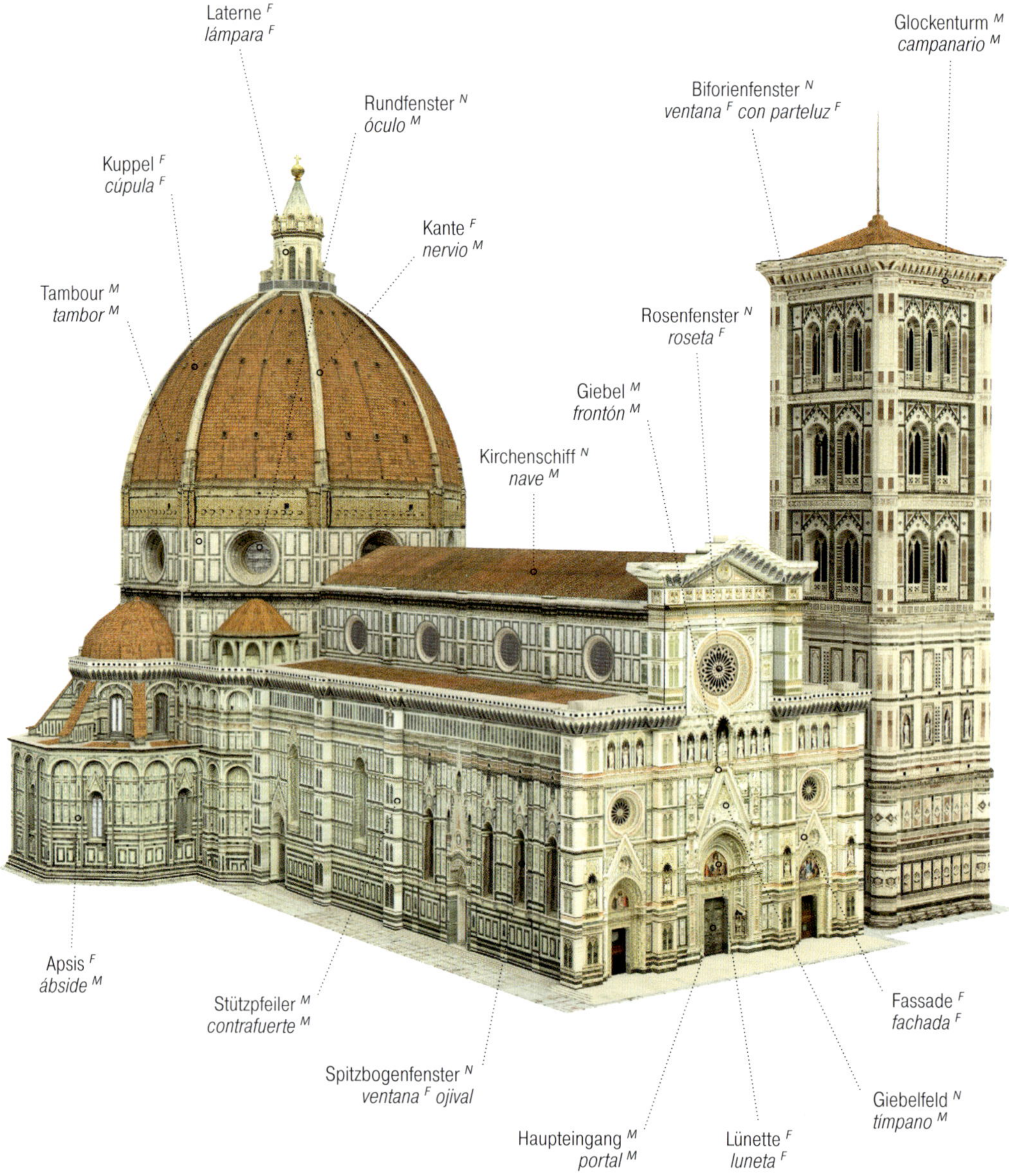

Moschee F
mezquita F

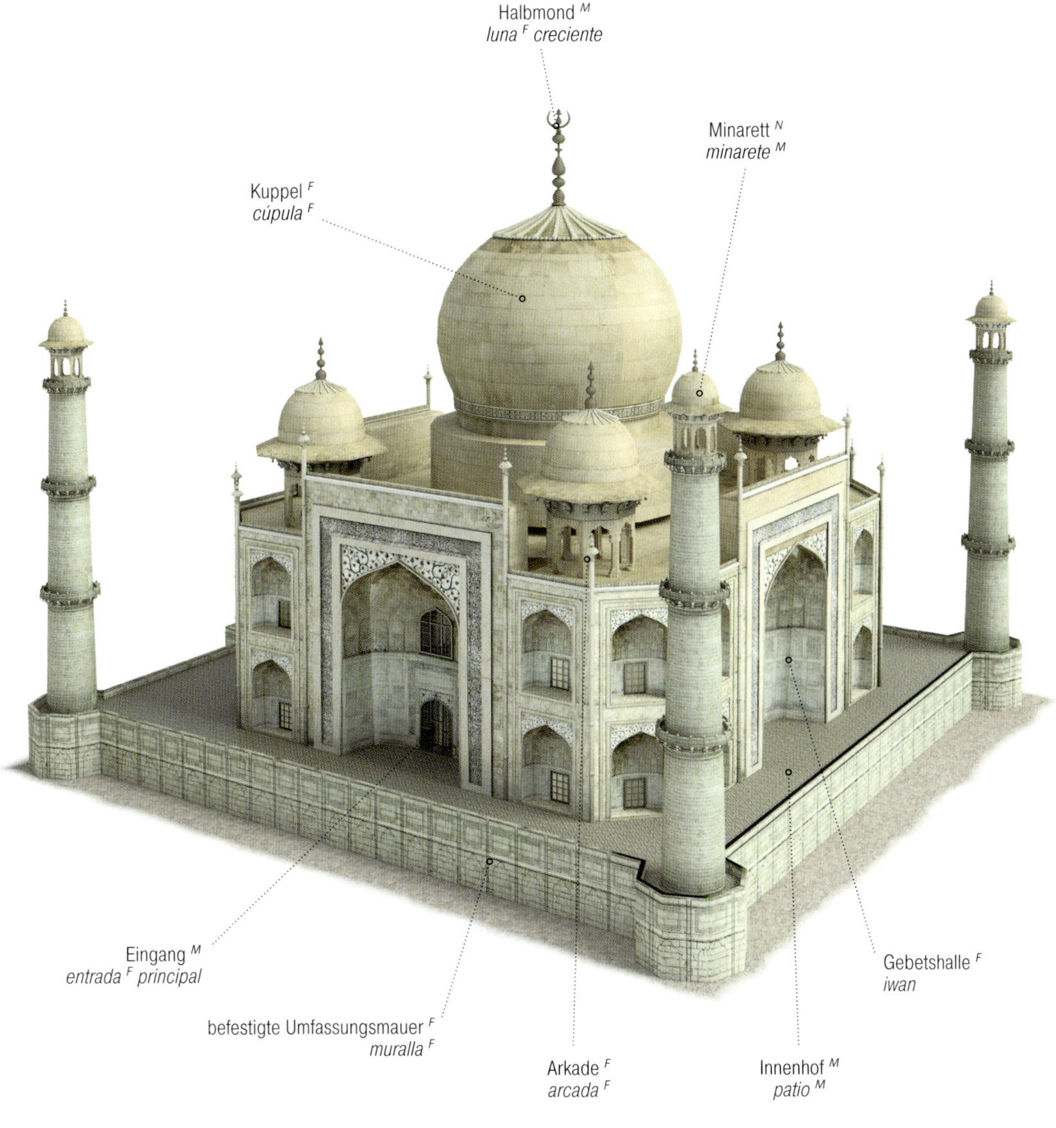

Synagoge F
sinagoga F

griechischer Tempel M
templo M griego

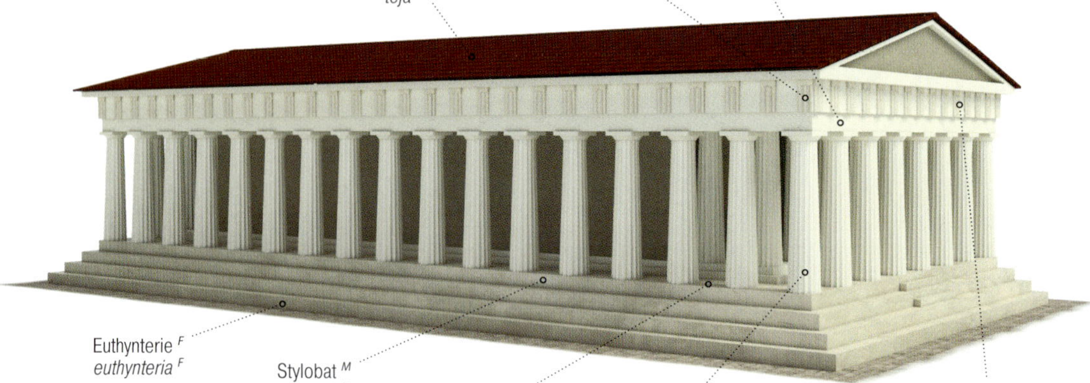

Burg ^{F}
castillo ^{M}

römisches Amphitheater ^{N}
anfiteatro ^{M} *romano*

Fußballfeld [N]
Campo [M] de fútbol [M]

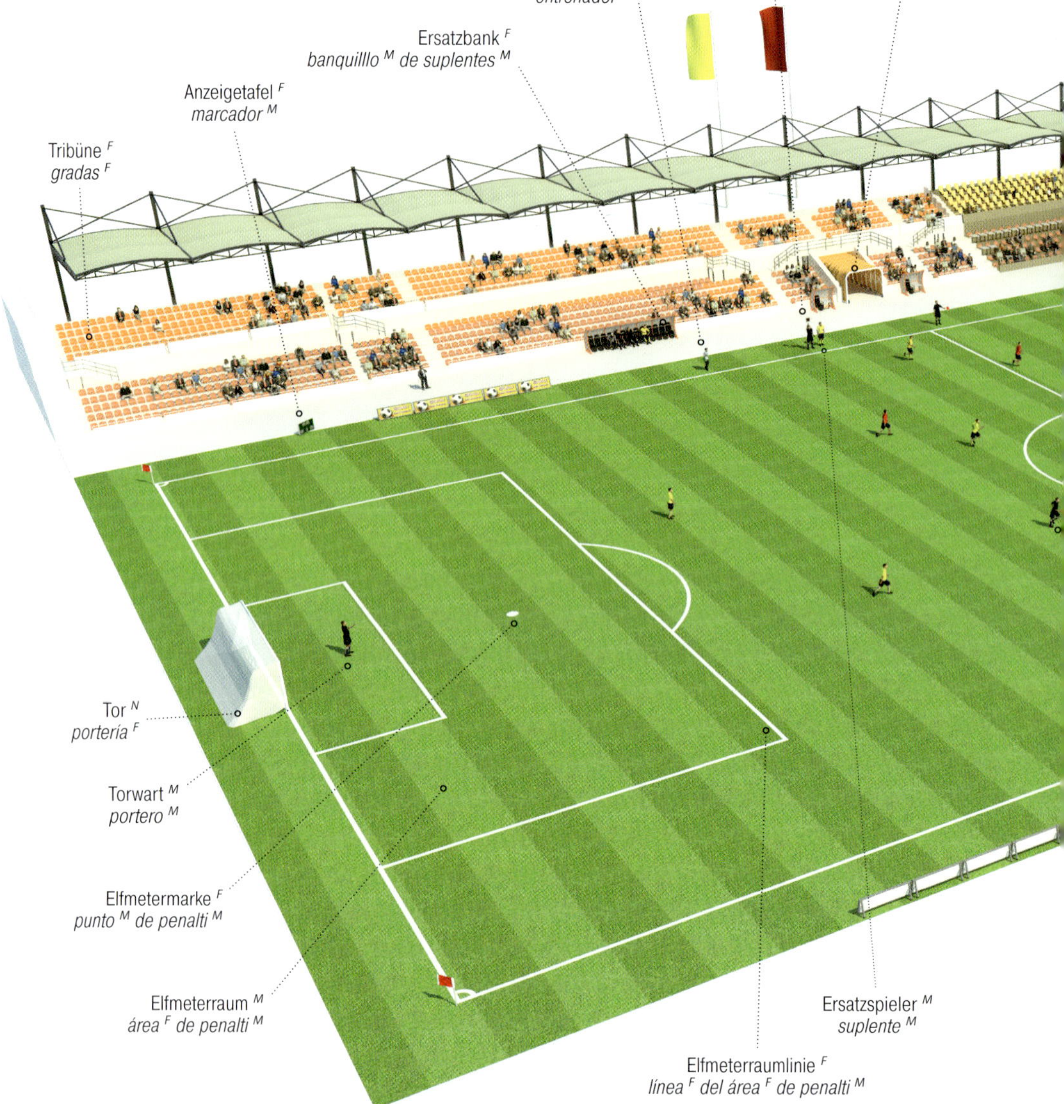

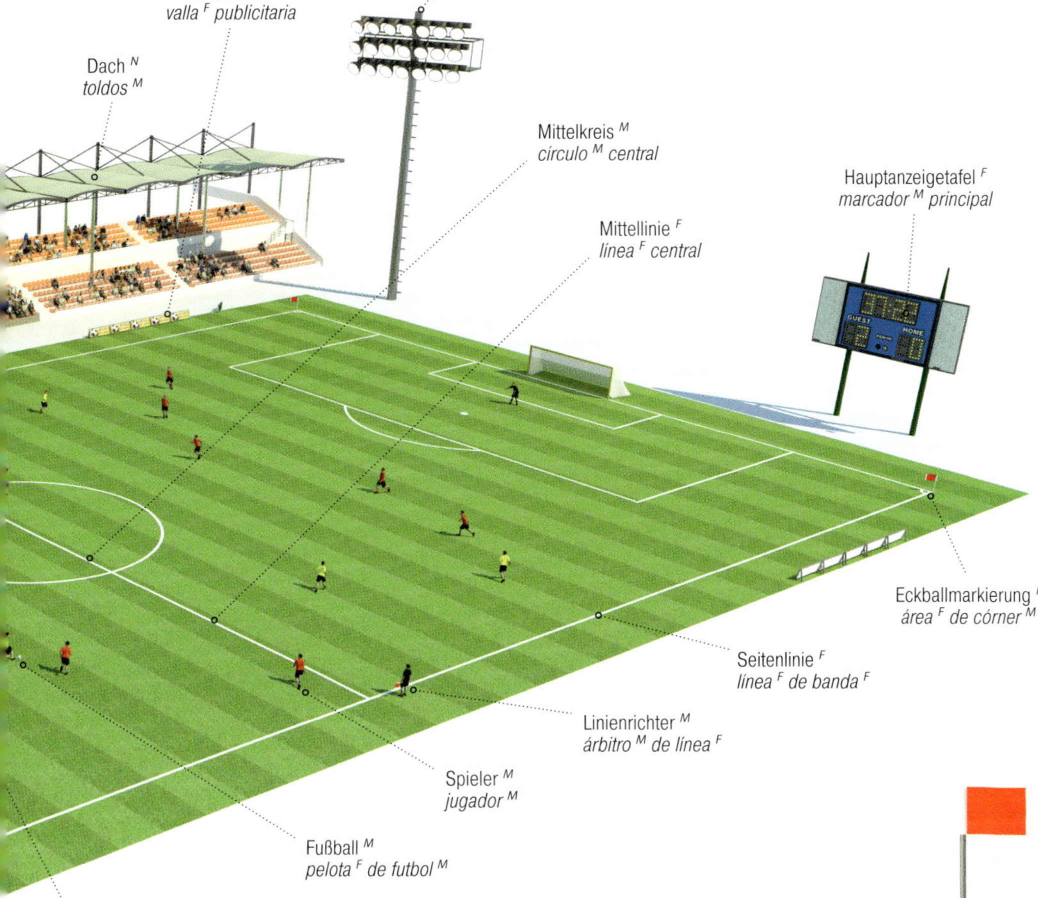

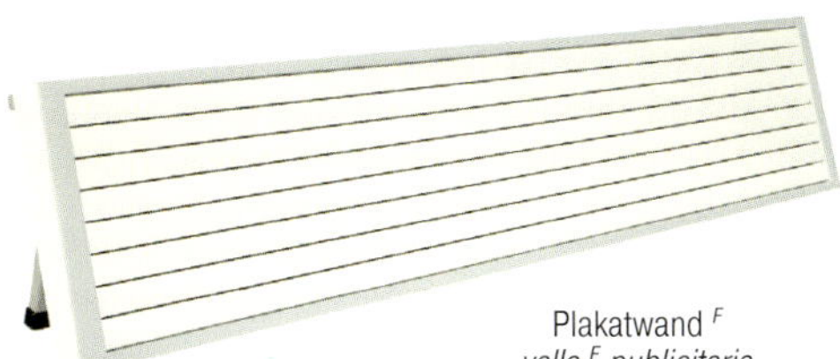

Plakatwand ᶠ
valla ᶠ publicitaria

Eckfahne ᶠ
banderín ᴹ de córner ᴹ

Footballfeld ^N^
campo ^M^ de futbol ^M^ americano

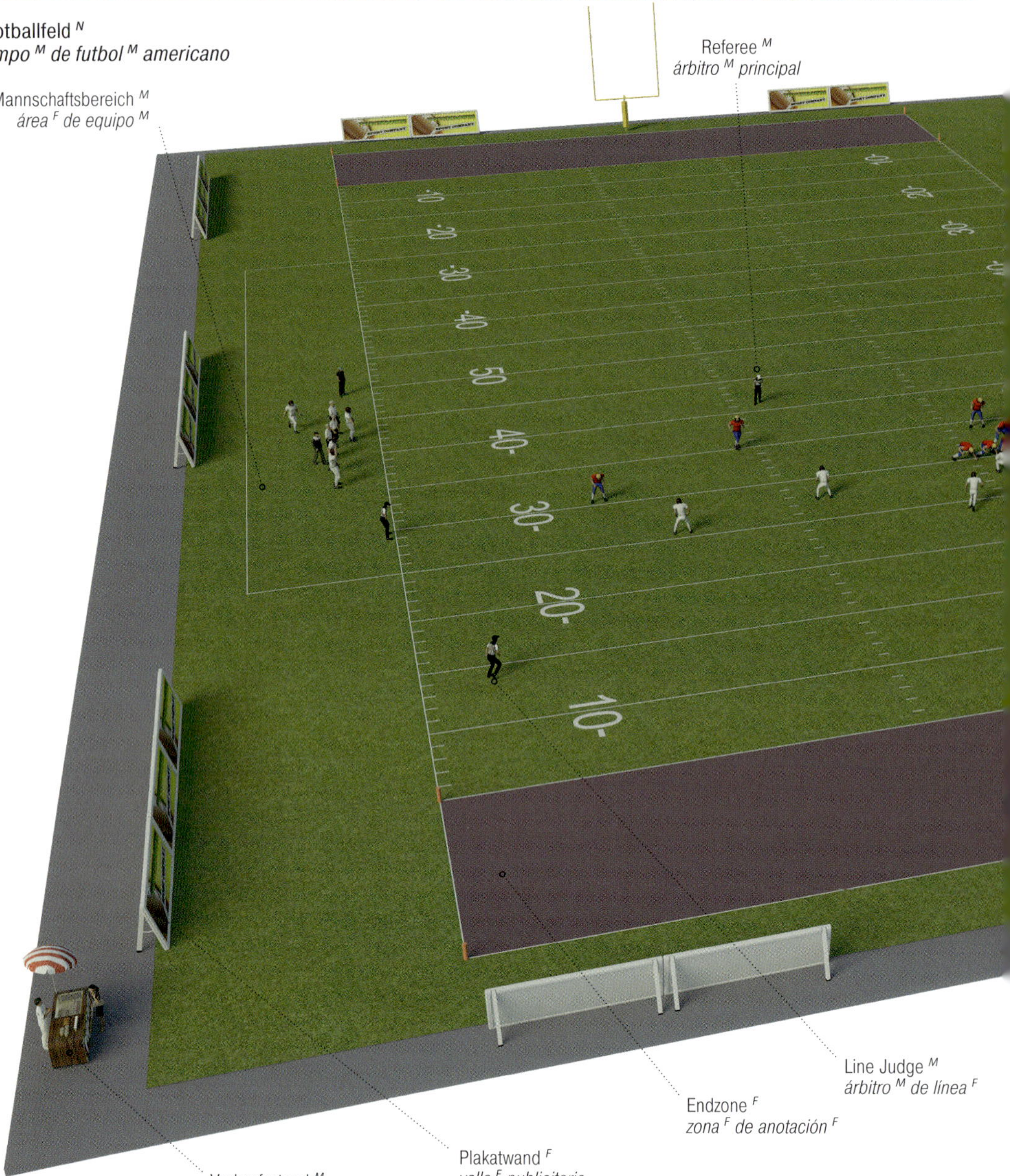

Football [M]
pelota [F] de futbol [M] americano

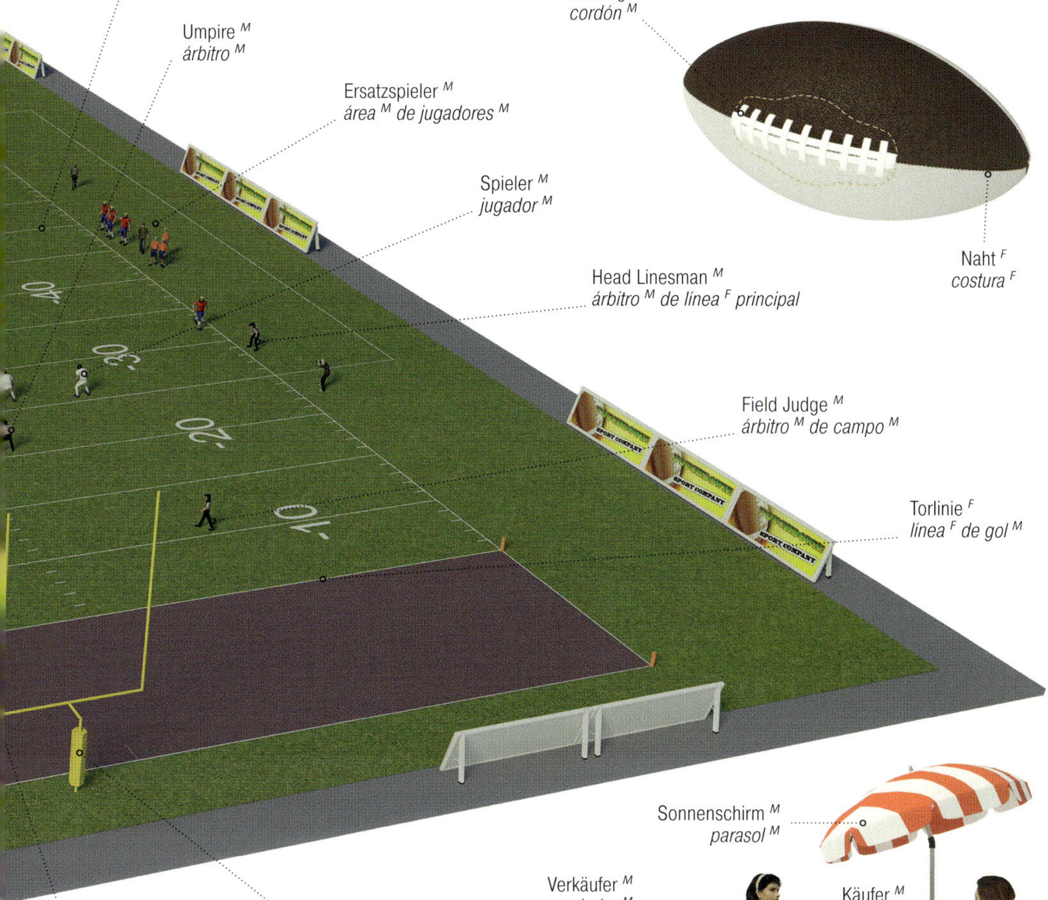

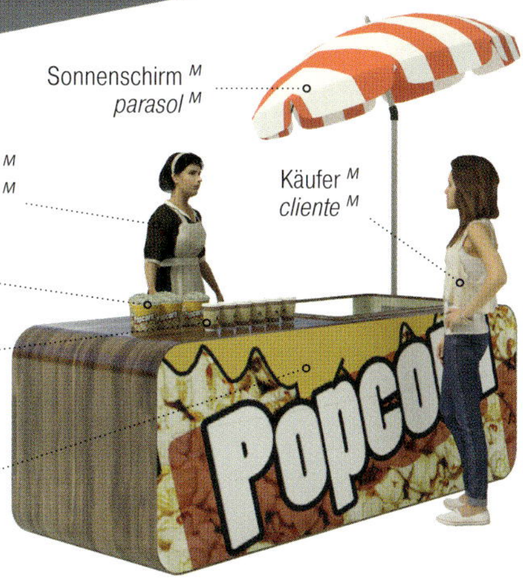

Popcornstand [M]
puesto [M] de palomitas [F]

Basketballspiel N
cancha F de baloncesto M

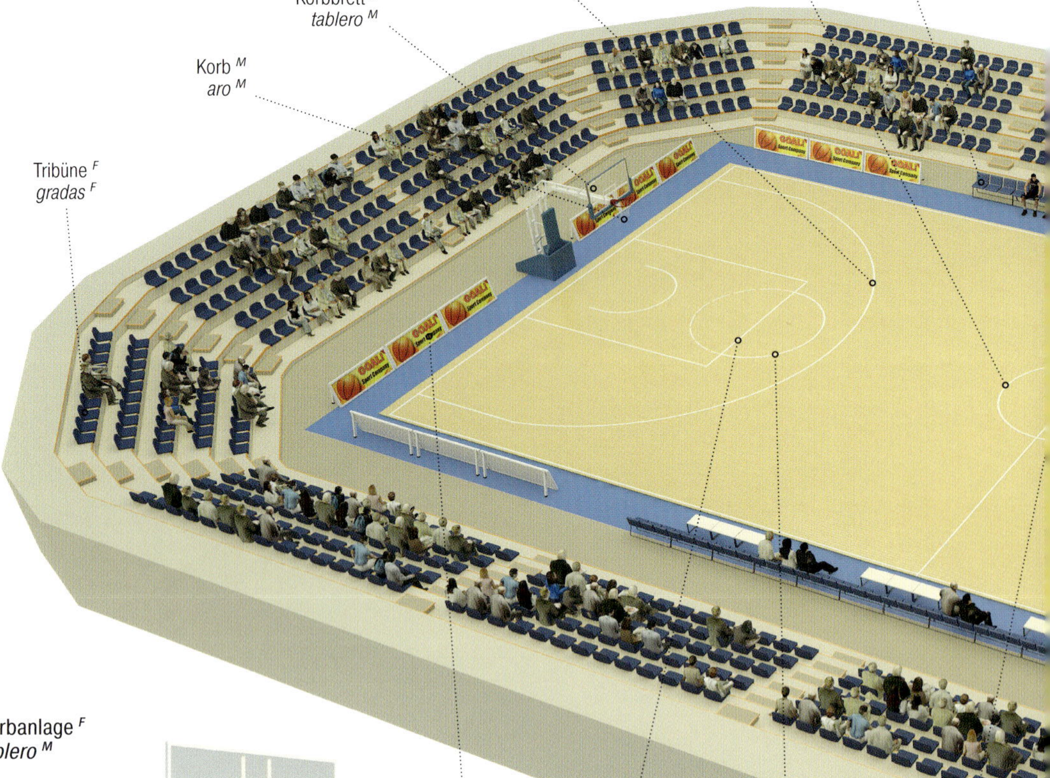

Korbanlage F
tablero M

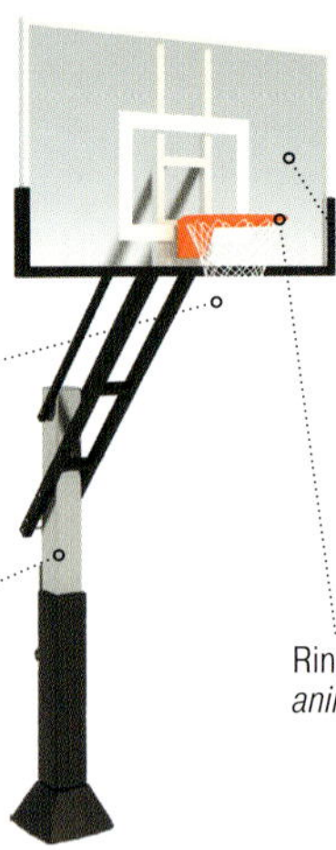

Basketball [M]
pelota [F] de baloncesto [M]
Rippung [F]
banda [F]

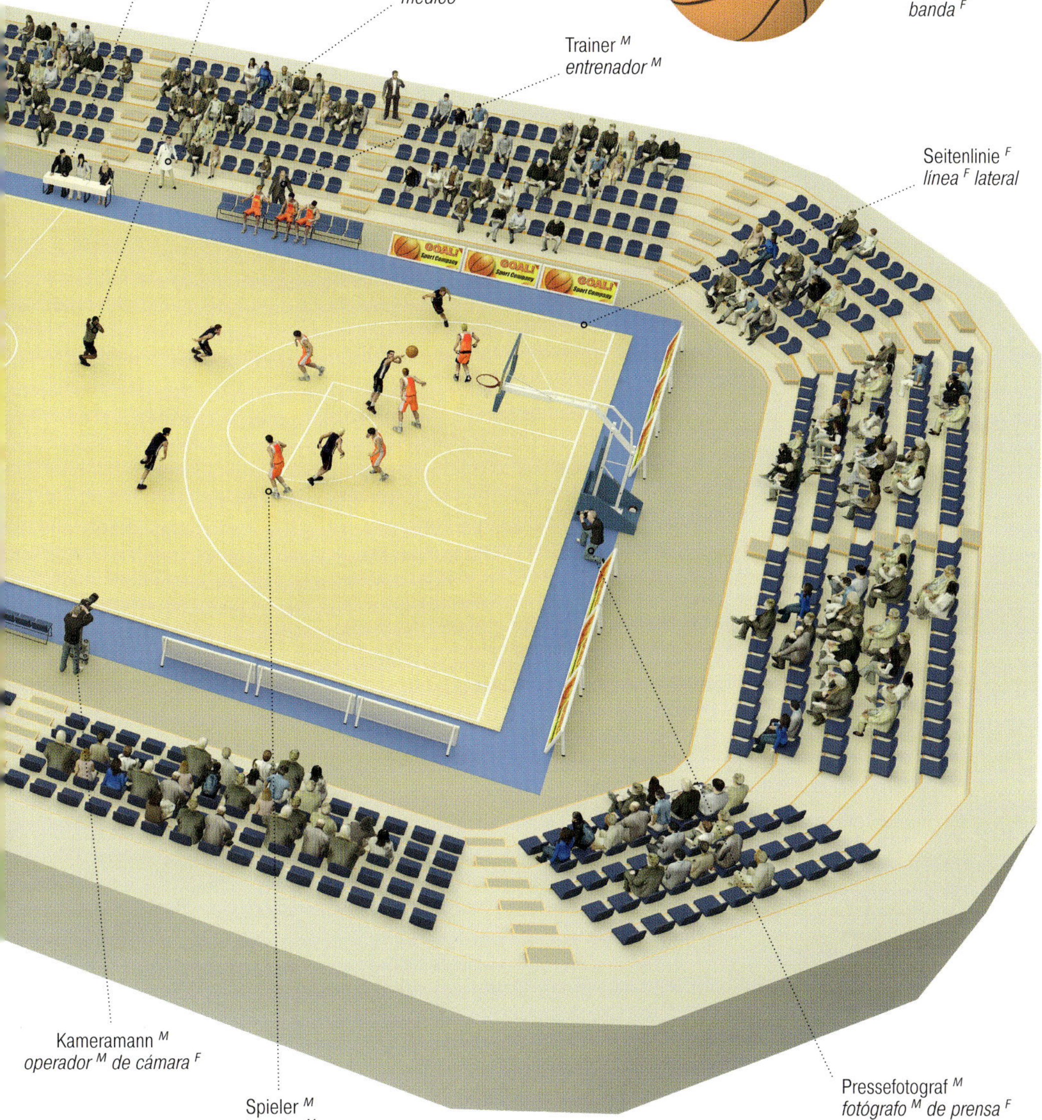
Schiedsrichter [M]
mesa [F] arbitral
Schiedsrichter [M]
árbitro [M]
Arzt [M]
médico [M]
Trainer [M]
entrenador [M]
Seitenlinie [F]
línea [F] lateral
GOAL! Sport Company
Kameramann [M]
operador [M] de cámara [F]
Spieler [M]
jugador [M]
Pressefotograf [M]
fotógrafo [M] de prensa [F]

Baseballfeld N
campo M de béisbol M

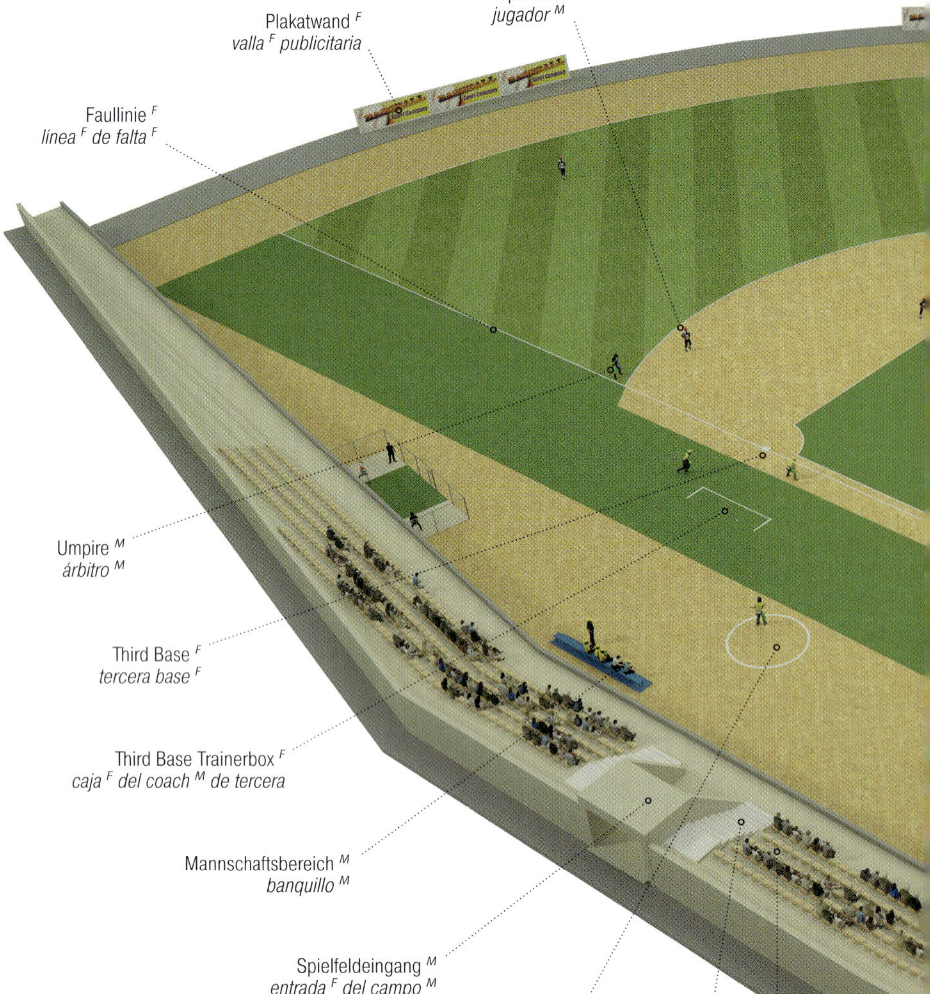

Baseball M
pelota F de béisbol M

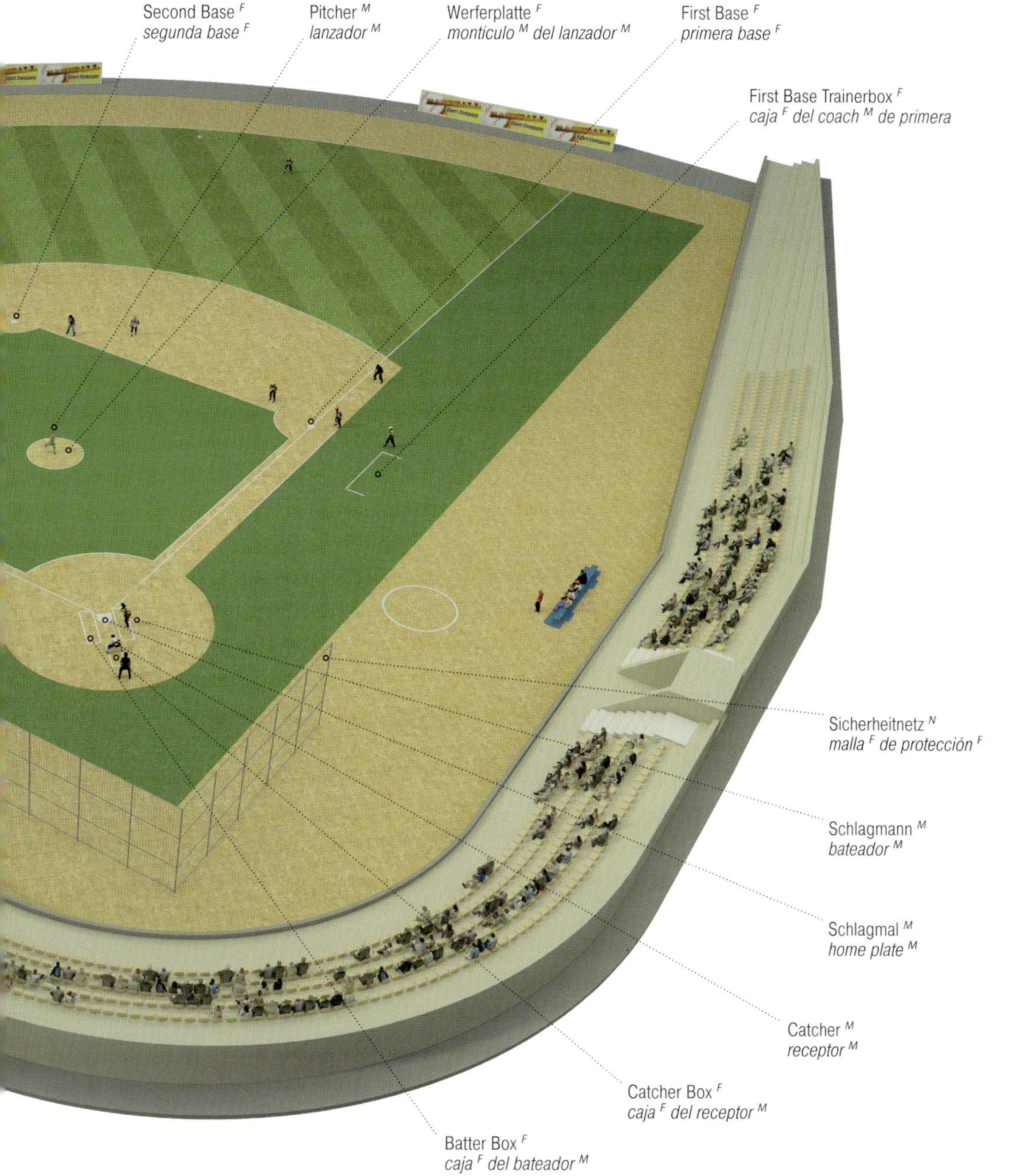
Second Base F
segunda base F
Pitcher M
lanzador M
Werferplatte F
montículo M del lanzador M
First Base F
primera base F
First Base Trainerbox F
caja F del coach M de primera
Sicherheitnetz N
malla F de protección F
Schlagmann M
bateador M
Schlagmal M
home plate M
Catcher M
receptor M
Catcher Box F
caja F del receptor M
Batter Box F
caja F del bateador M

Volleyballspielfeld N
campo M de vóleibol M

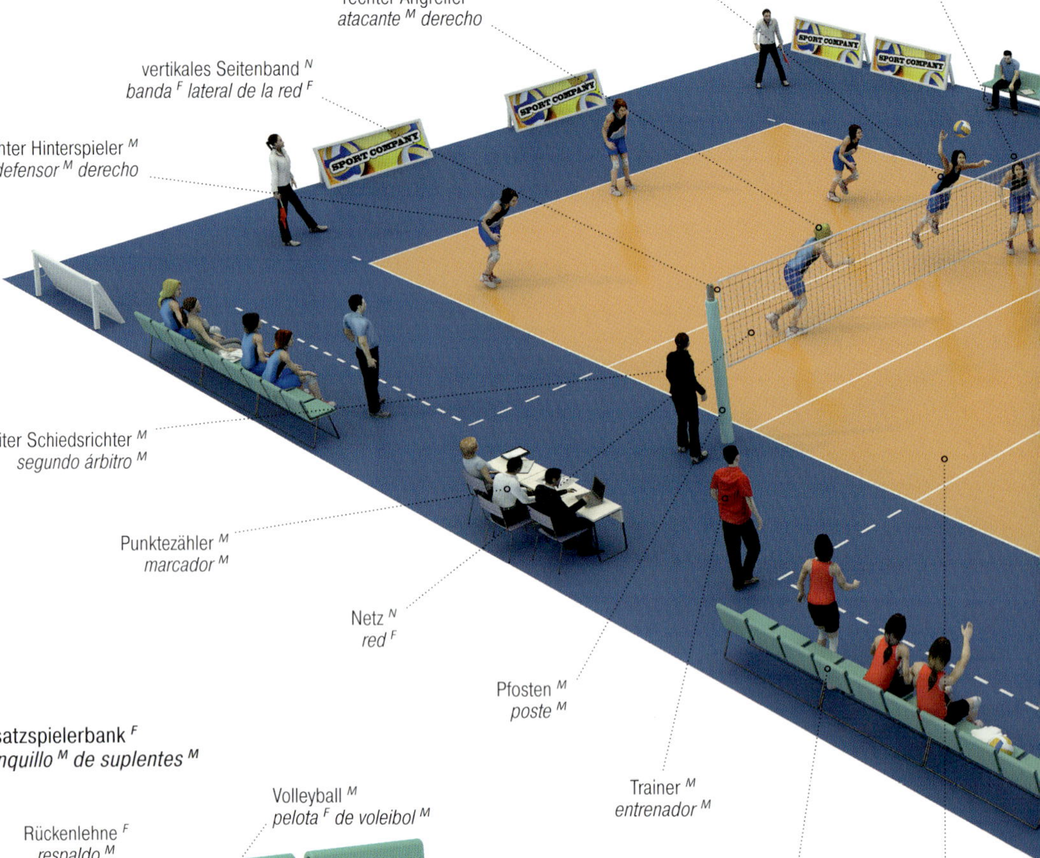

Ersatzspielerbank F
banquillo M de suplentes M

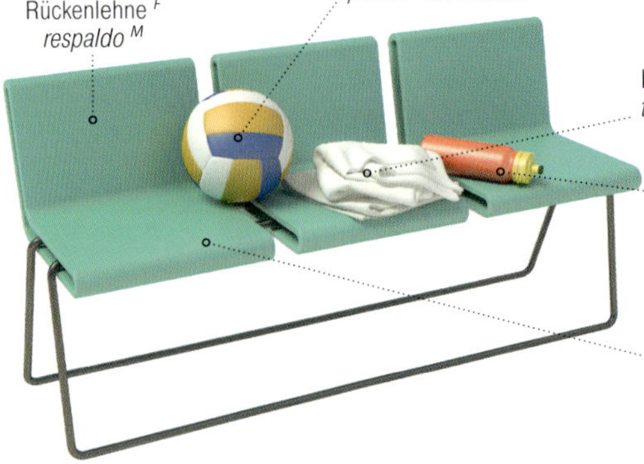

Beachvolleyball [M]
balón [M] de voleibol [M] playero [M]

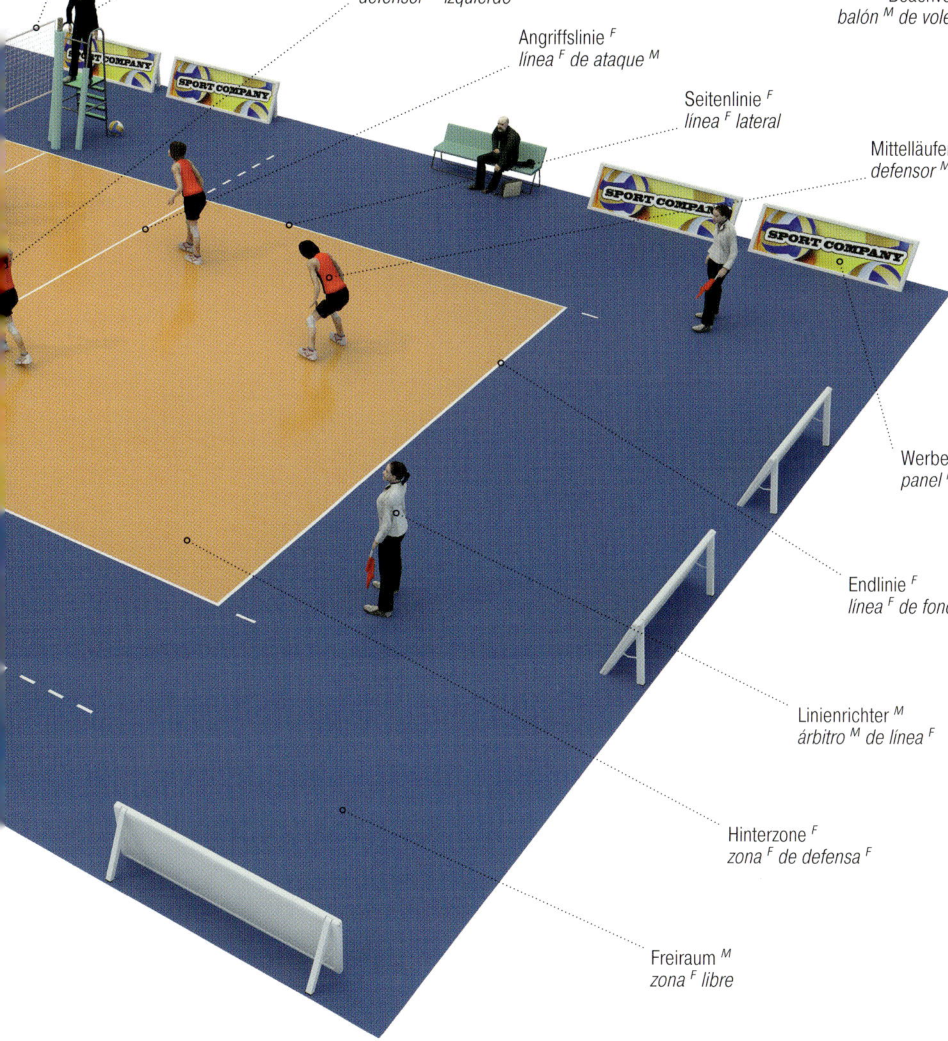

Handballspiel N
partido M de balonmano M

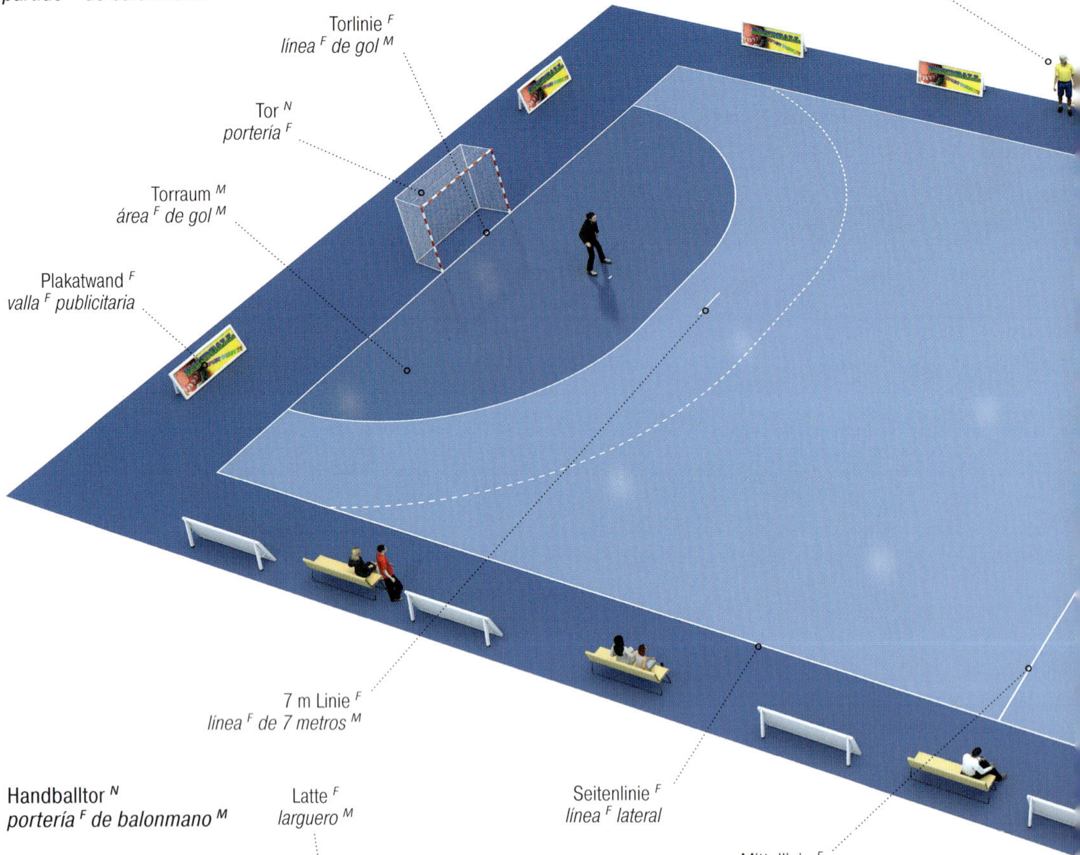

Handballtor N
portería F de balonmano M

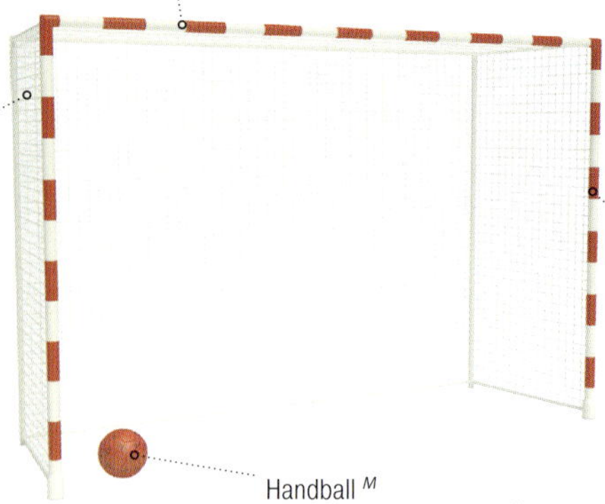

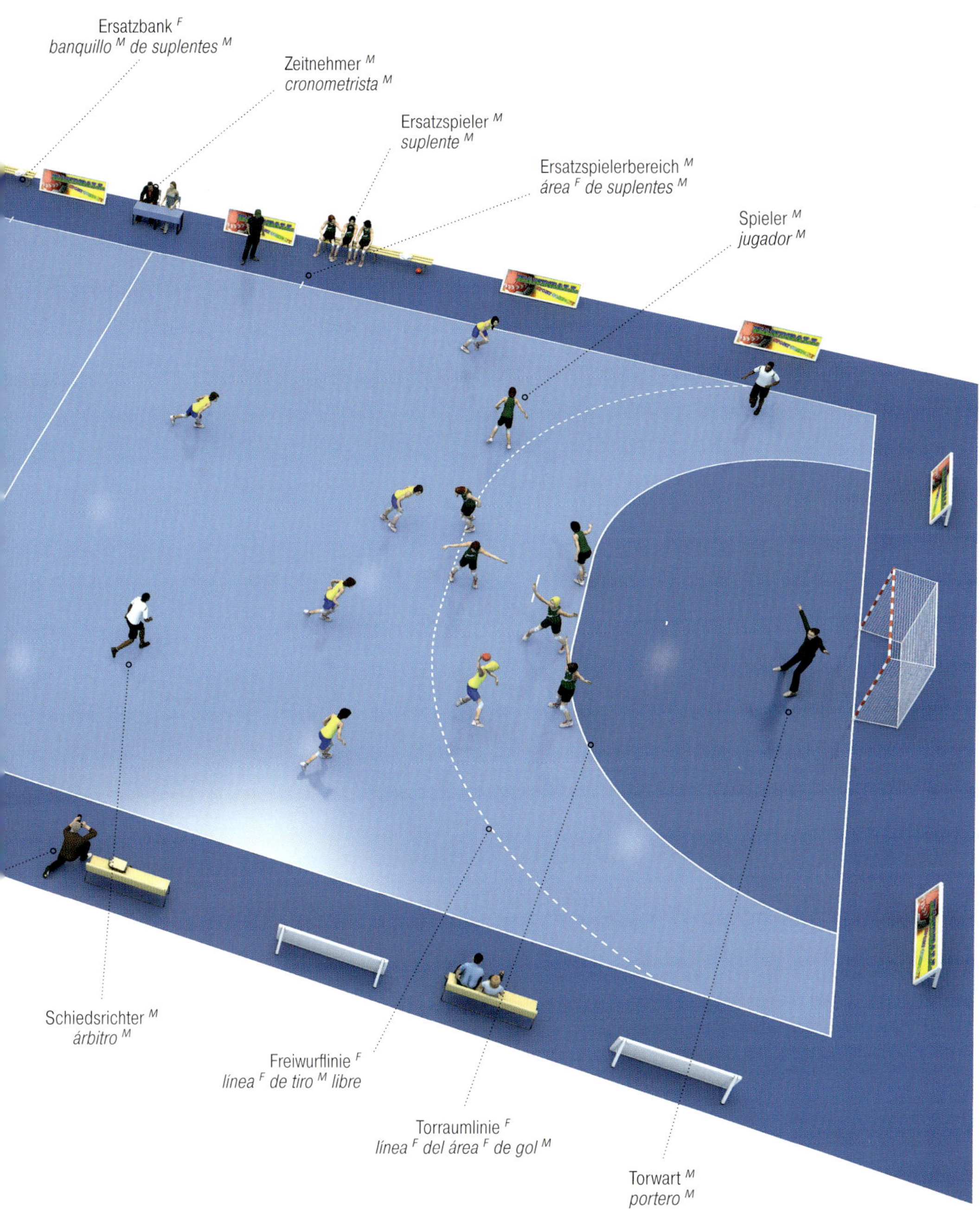
Ersatzbank F
banquillo M de suplentes M
Zeitnehmer M
cronometrista M
Ersatzspieler M
suplente M
Ersatzspielerbereich M
área F de suplentes M
Spieler M
jugador M
Schiedsrichter M
árbitro M
Freiwurflinie F
línea F de tiro M libre
Torraumlinie F
línea F del área F de gol M
Torwart M
portero M

Badmintonplatz M
cancha F de bádminton M

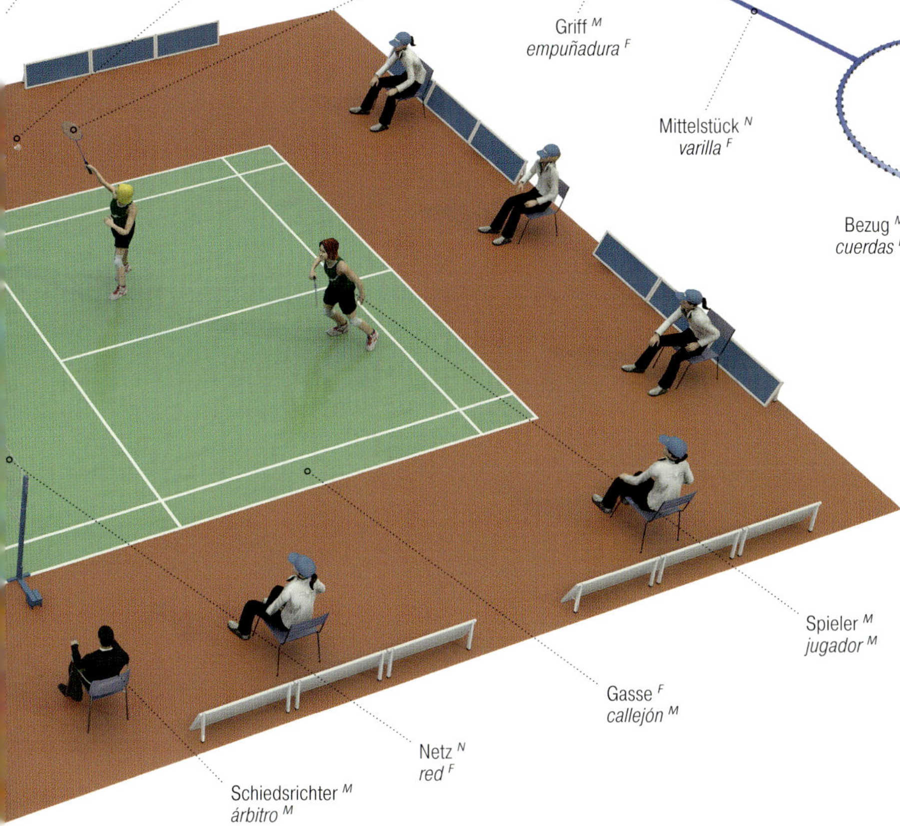

Badmintonschläger M
raqueta F de bádminton M

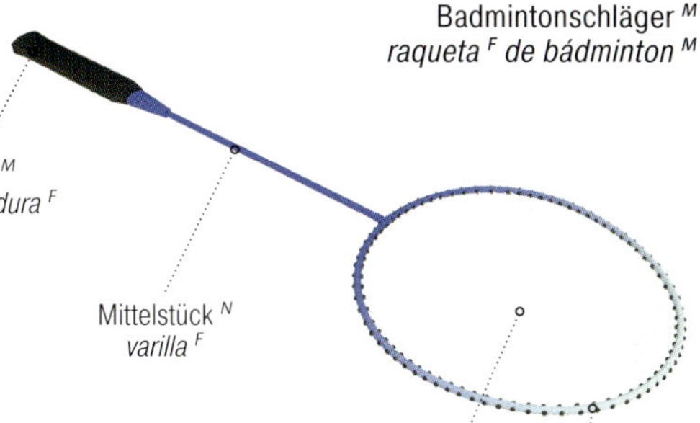

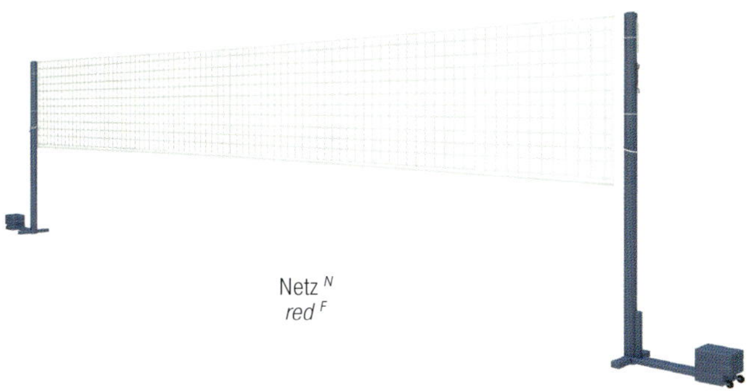

Federball M
pluma F

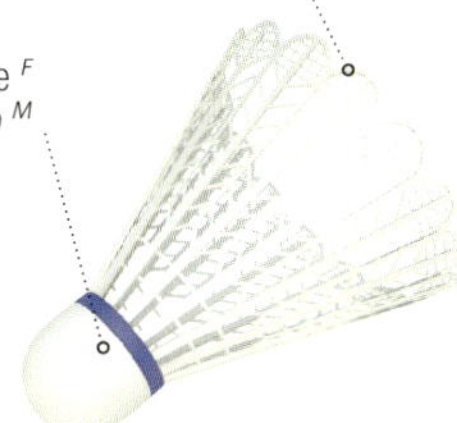

Tennisplatz M
cancha F de tenis M

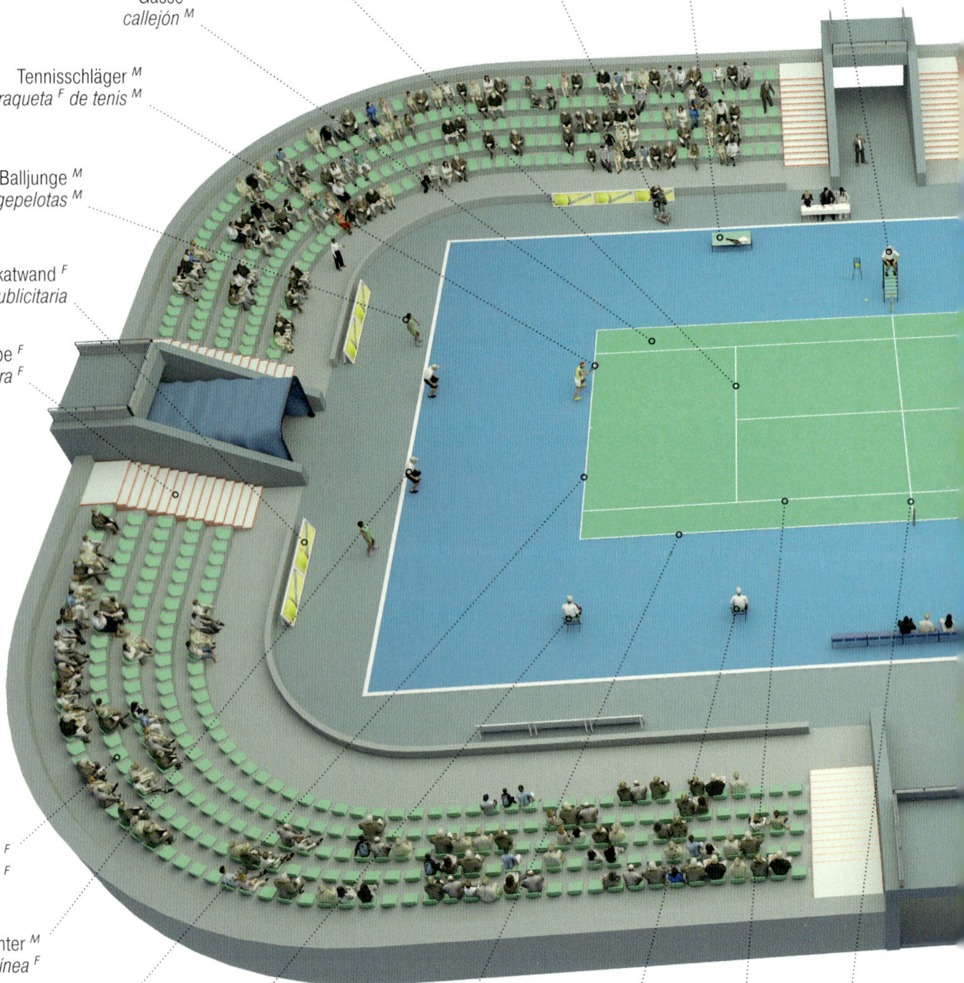

rechtes Aufschlagfeld N
zona F de saque M derecha
Aufschlagmittellinie F
línea F central
Backcourt N
cuadrado M de saque M
Tennisball M
pelota F de tenis M
linkes Aufschlagfeld N
zona F de saque M izquierda
Journalist M
periodista M

Tennisspieler M
jugador M de tenis M

Tennisball M
pelota F de tenis M

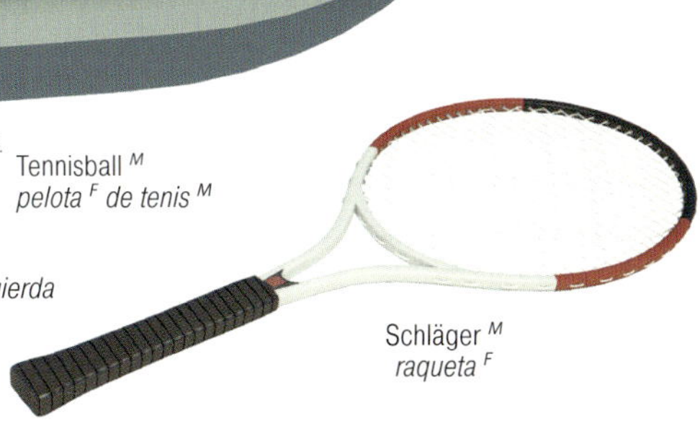
Schläger M
raqueta F

Ballkorb M
cesta F de pelotas F

Tischtennisturnier [N]
sala [F] de tenis [M] de mesa [F]

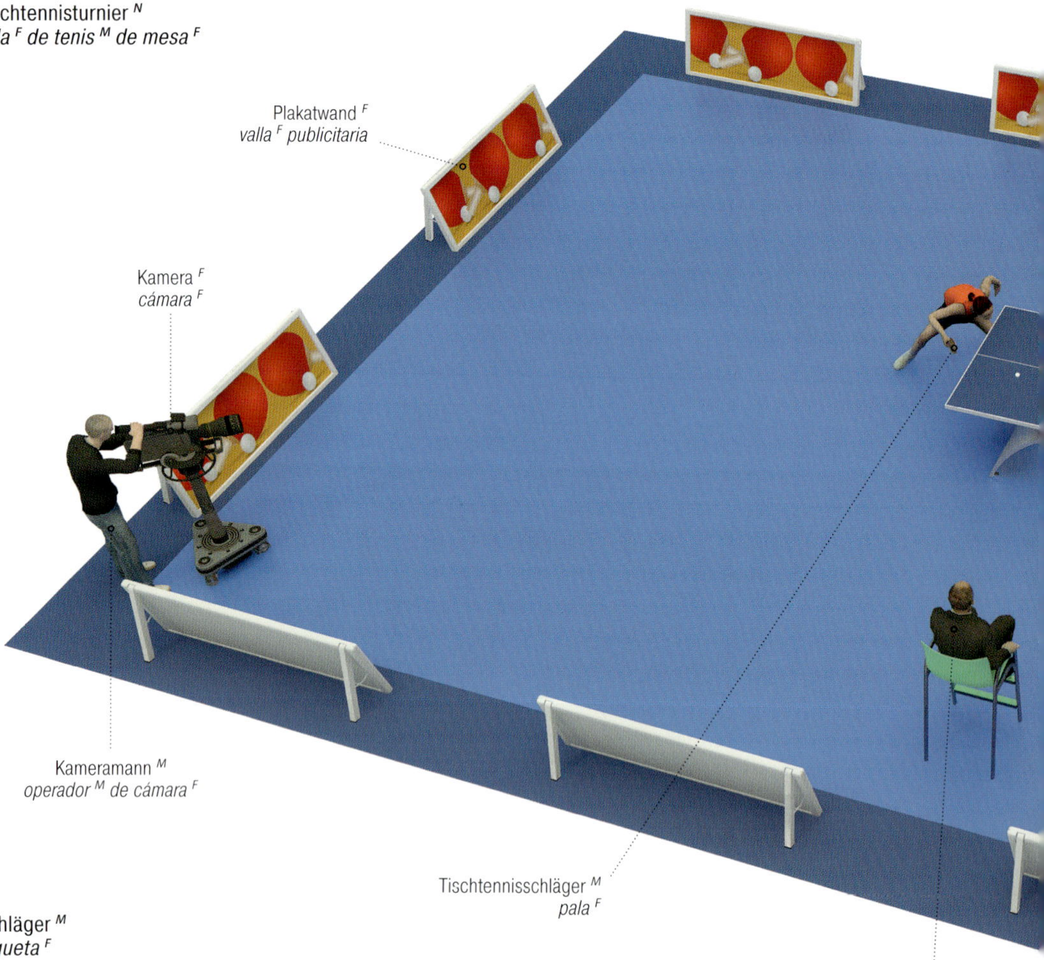

Schläger [M]
raqueta [F]

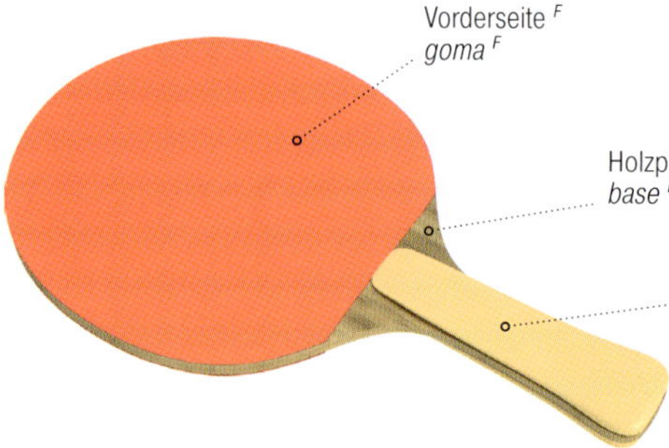

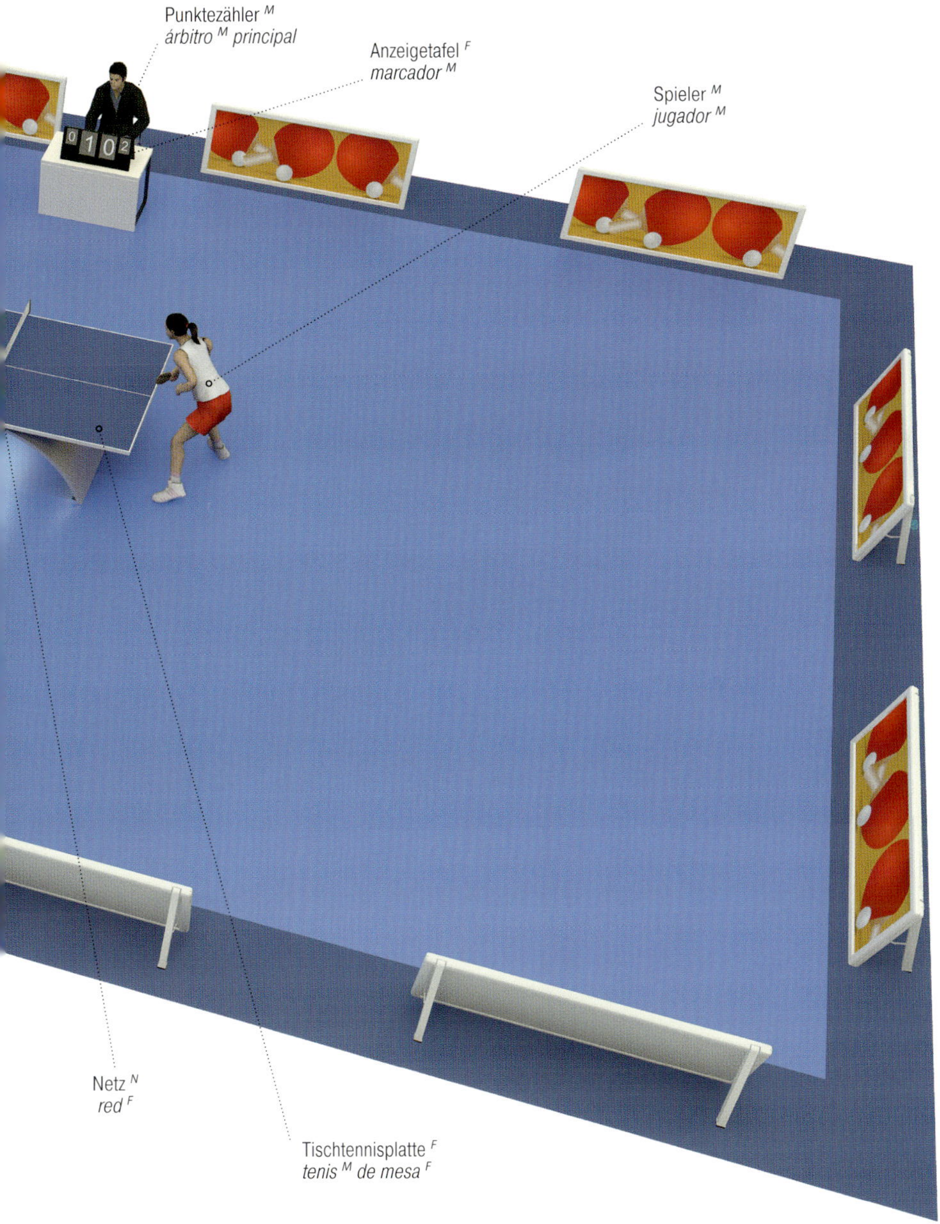
Punktezähler M
árbitro M principal
Anzeigetafel F
marcador M
Spieler M
jugador M
0 1 0 2
Netz N
red F
Tischtennisplatte F
tenis M de mesa F

Stadion N
estadio M

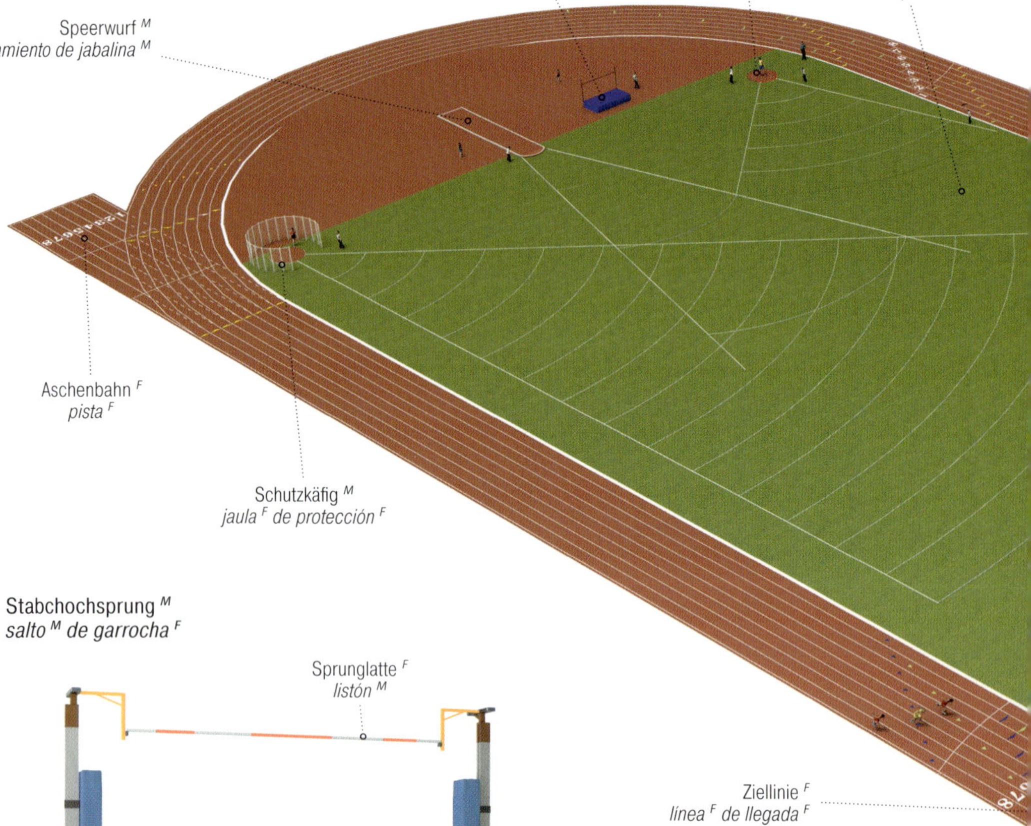

Stabchochsprung M
salto M de garrocha F

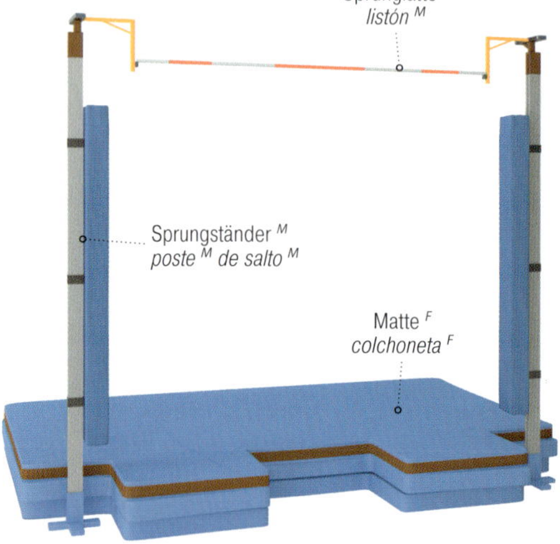

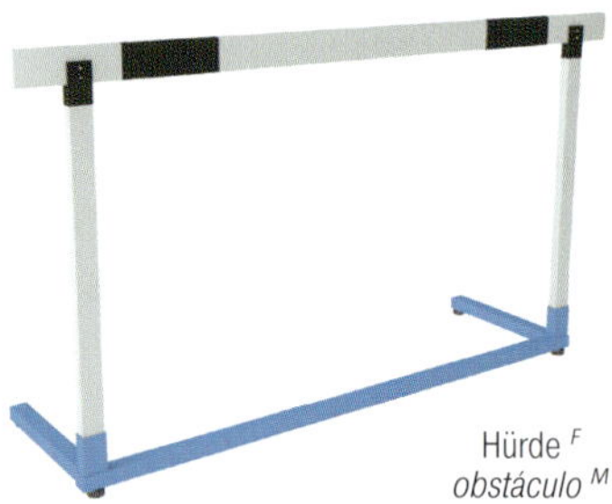

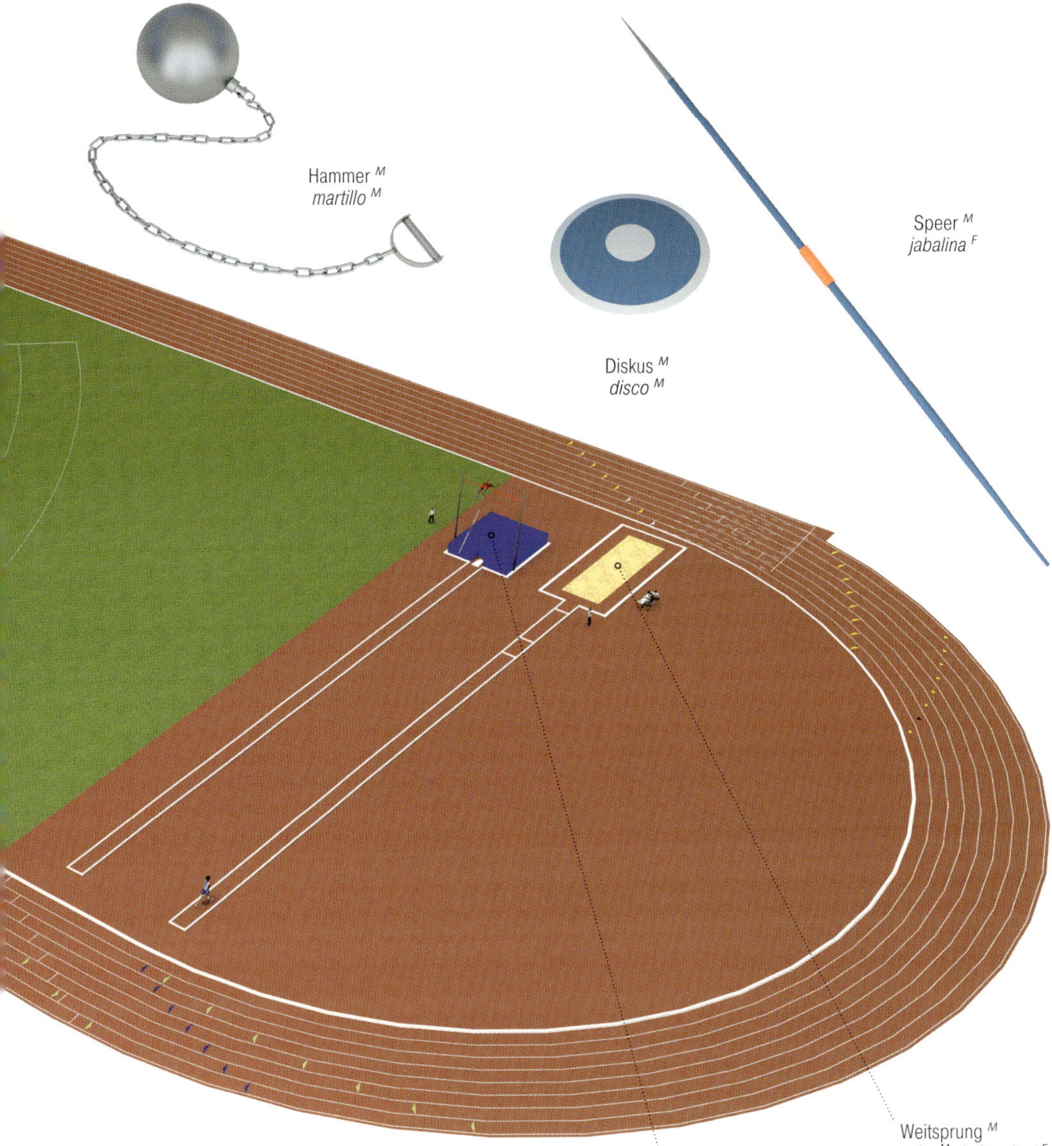
Hammer ^{M}
martillo ^{M}
Diskus ^{M}
disco ^{M}
Speer ^{M}
jabalina ^{F}
Weitsprung ^{M}
salto ^{M} *de longitud* ^{F}
Stabhochsprung ^{M}
salto ^{M} *de garrocha* ^{F}

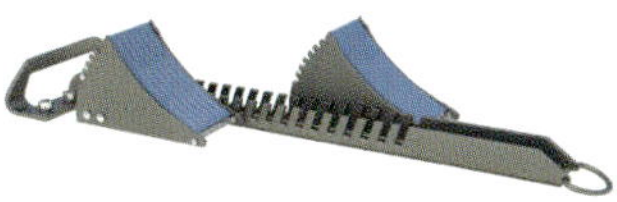
Startblock ^{M}
punto ^{M} *de partida* ^{F}

Geräteturnanlage [F]
gimnasia [F] artística

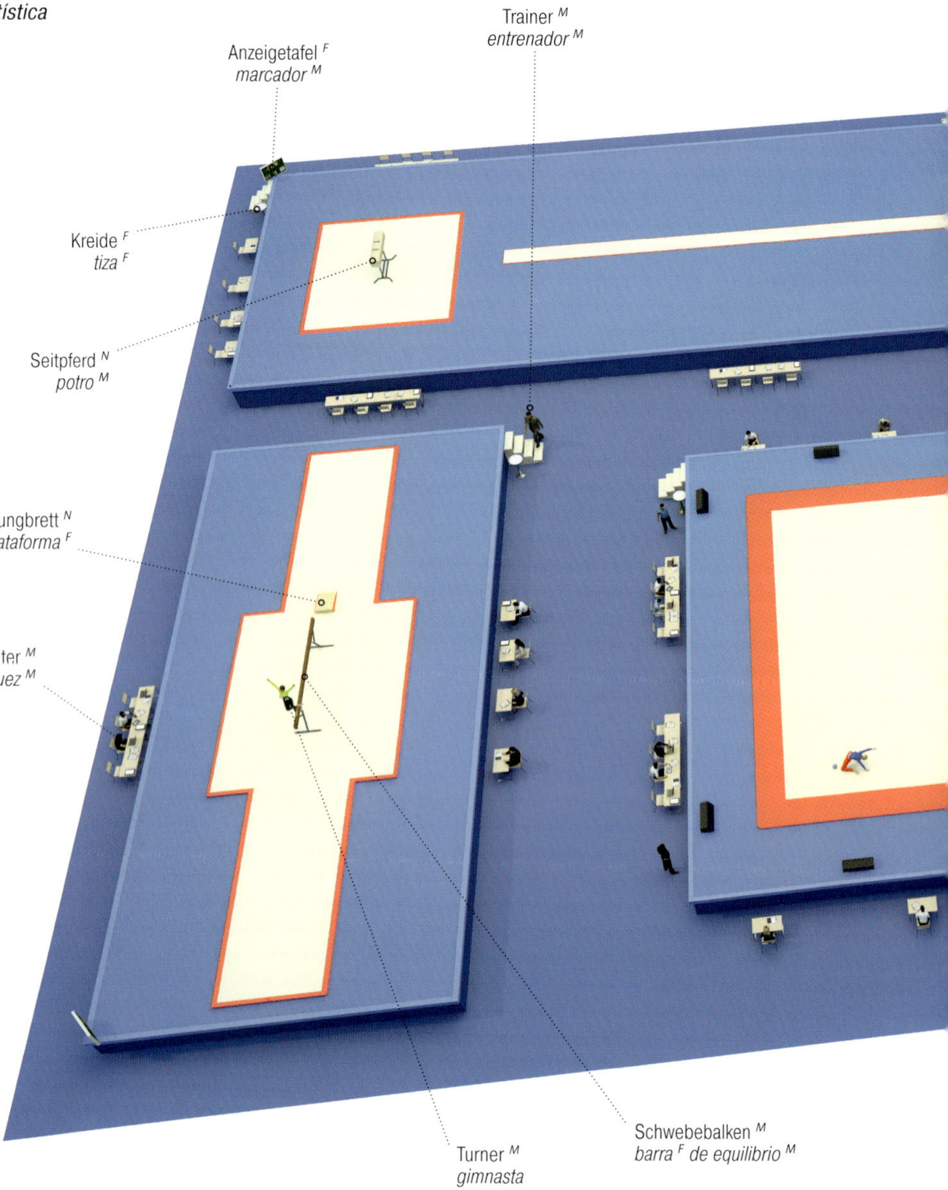

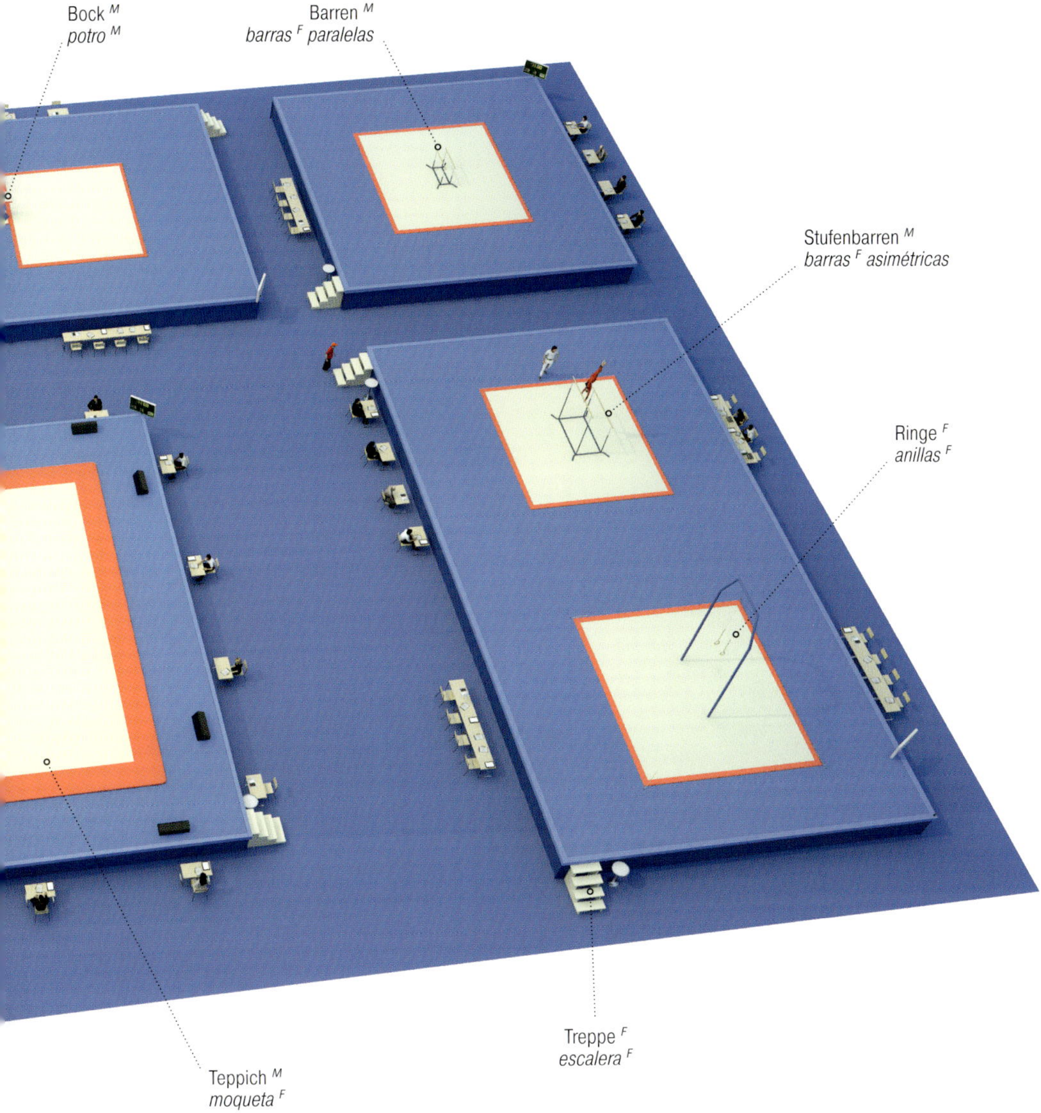
Bock M
potro M
Barren M
barras F paralelas
Stufenbarren M
barras F asimétricas
Ringe F
anillas F
Treppe F
escalera F
Teppich M
moqueta F

Turngeräte N
Aparatos M de gimnasia F artística

Stufenbarren M
barras F paralelas asimétricas

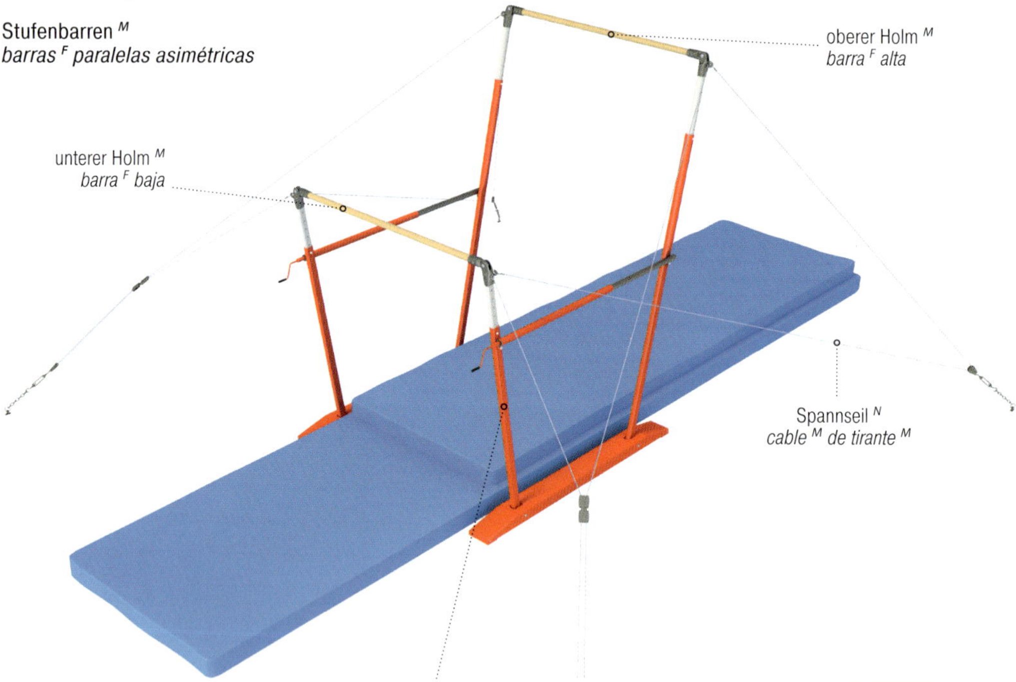

Barren M
barras F paralelas

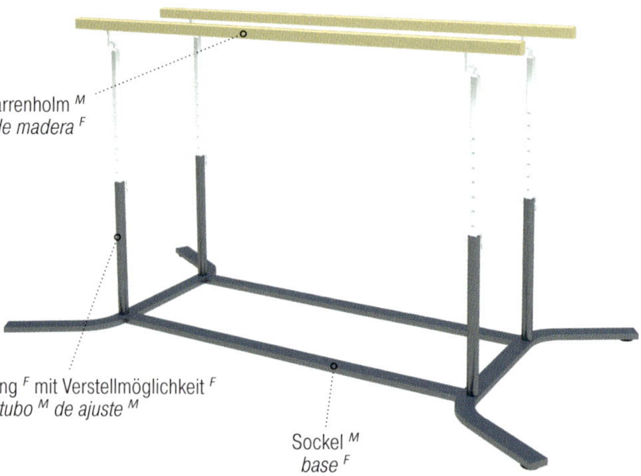

Sprungtisch M
potro M

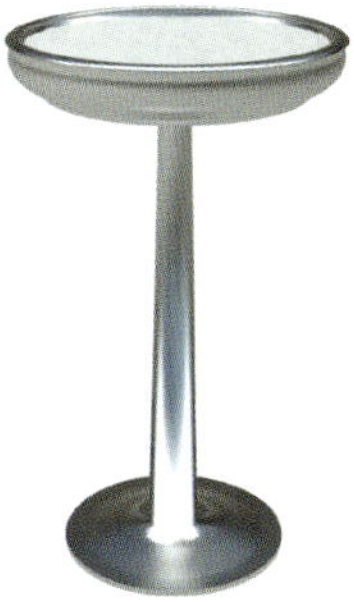

Kreideschüssel F
bol M para talco M

Seitpferd N
caballo M con arcos M

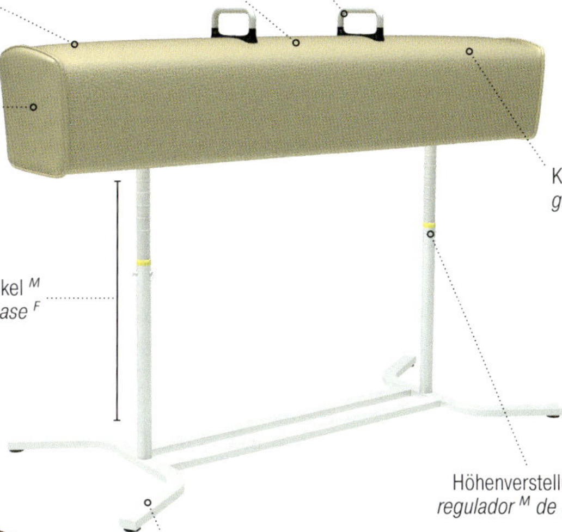

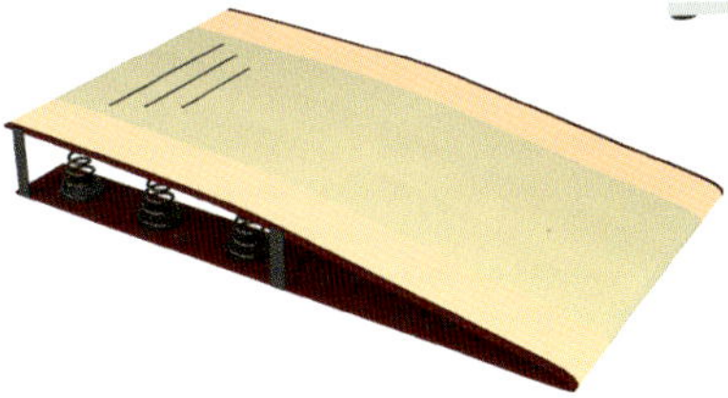

Sprungbrett N
tabla F de balanceo M

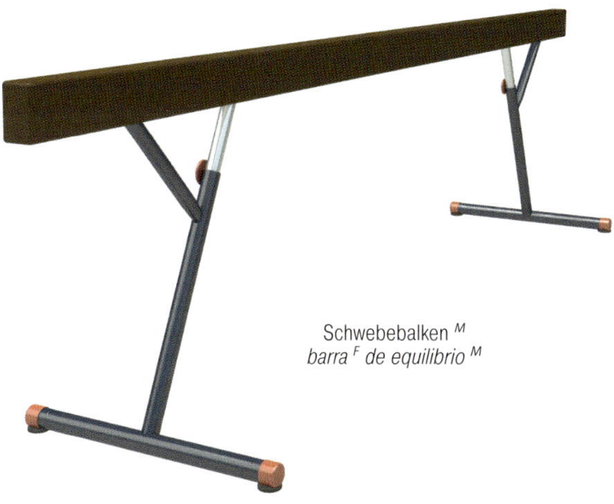

Schwebebalken M
barra F de equilibrio M

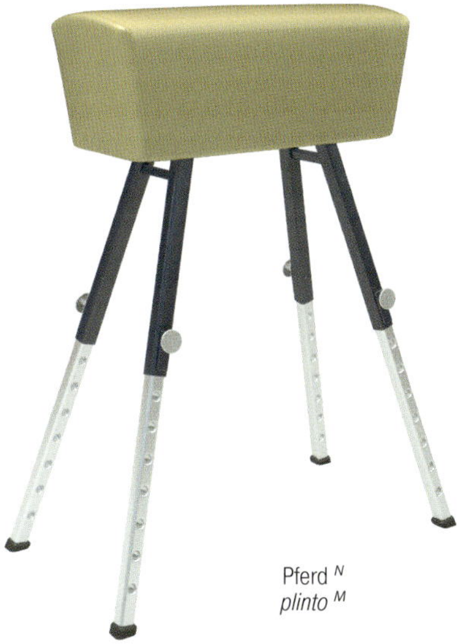

Pferd N
plinto M

Rhythmische Sportgymnastik F
gimnasia F rítmica

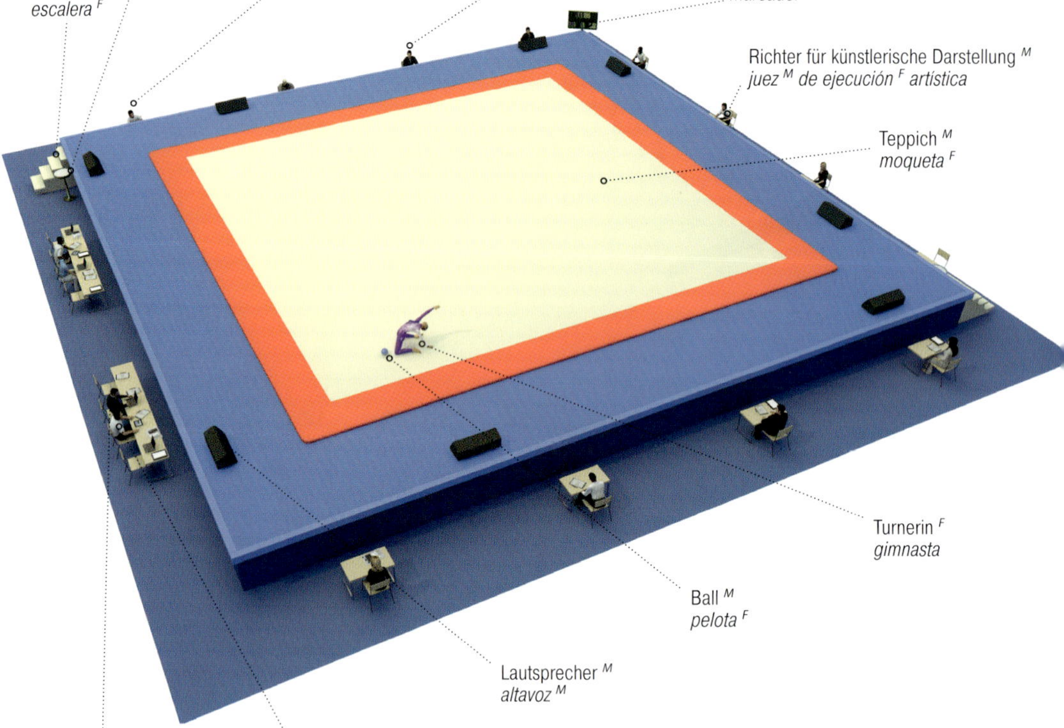

Golfwagen: Vorderansicht ^{M}
carrito ^{M} de golf ^{M} : vista delantera ^{F}

Golfwagen: Rückansicht ^{M}
carrito ^{M} de golf ^{M} : vista trasera ^{F}

Golfspieler [M]
golfista [M/F]

Golftasche [F]
bolsa [F] de palos [M]

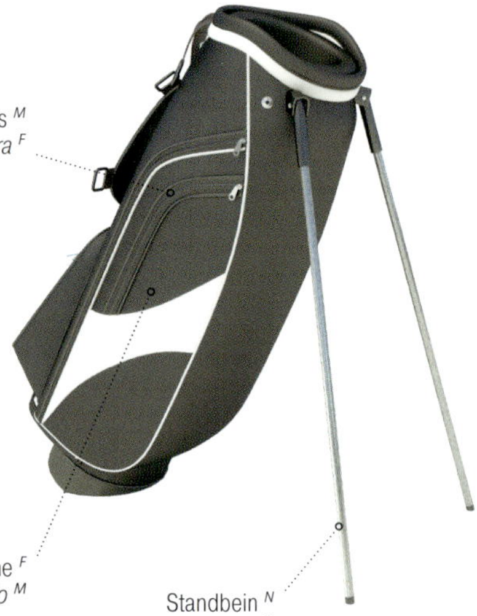

Golfspiel [N]
campo [M]

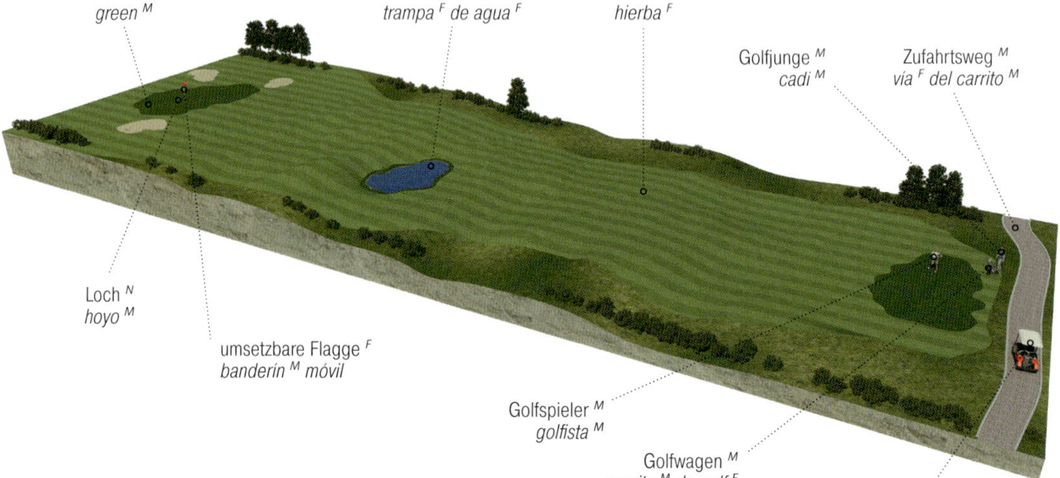

Holzschlägerkopf M
cabeza F de palo M de golf M

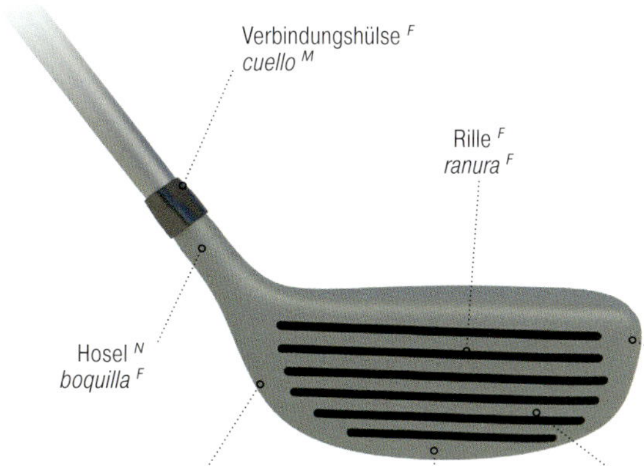

Golfball M
pelota F de golf M

Holz N
madera F

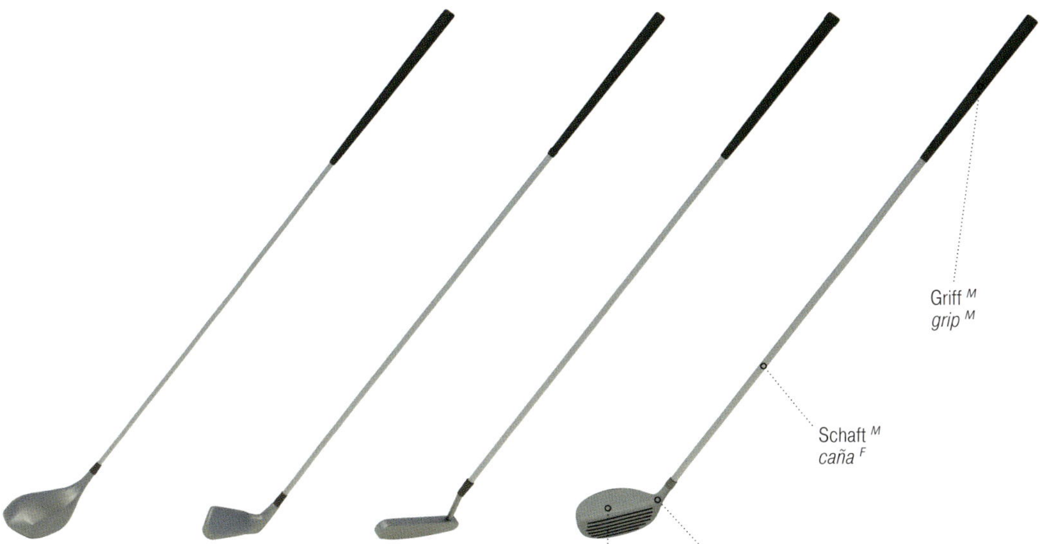

Boxring M
ring M de boxeo M

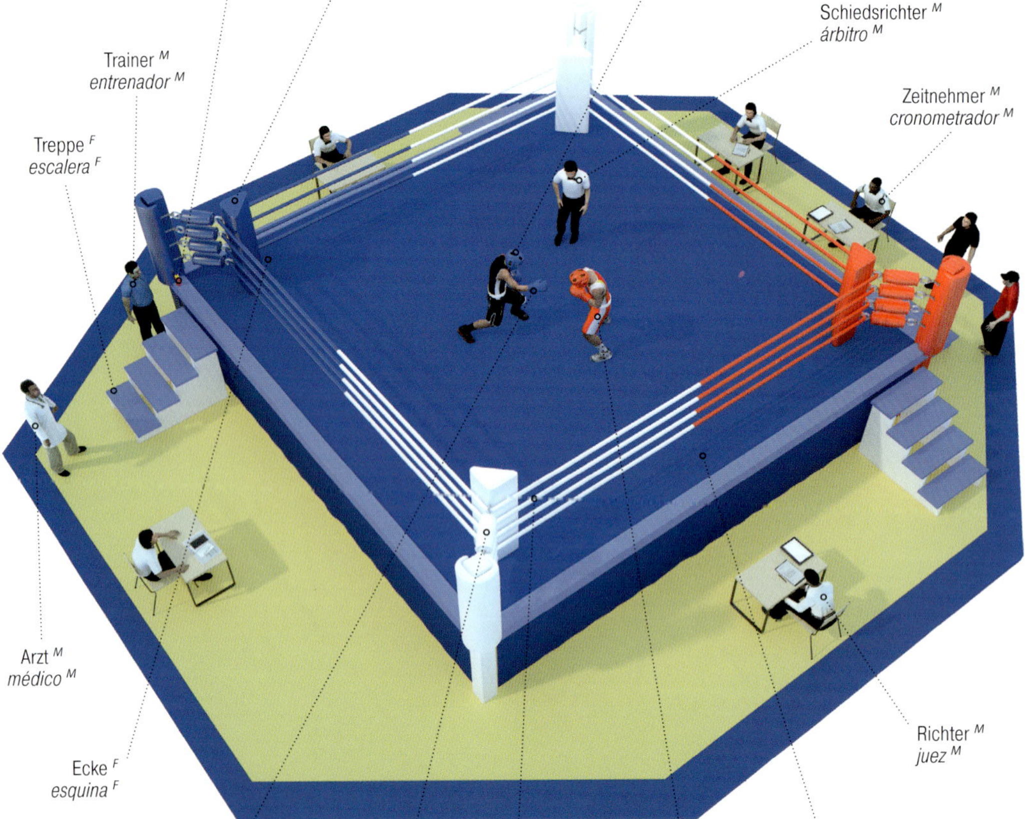

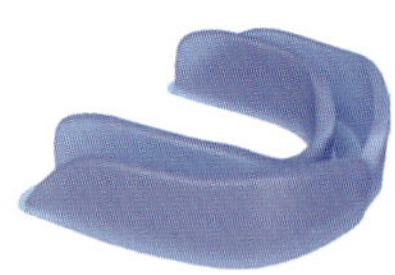

Mehrzweck-Sandsack M
saco M de boxeo M colgante

Fußboden-Sandsack M
saco M de boxeo M con base F

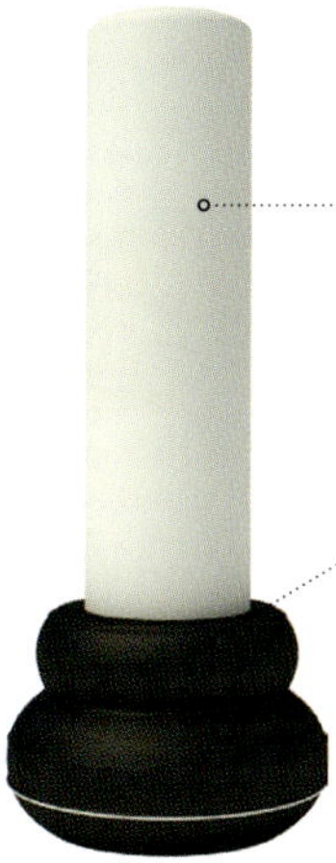

Punchingball M
pera F de boxeo M

Boxhandschuhe M
guantes M de boxeo M

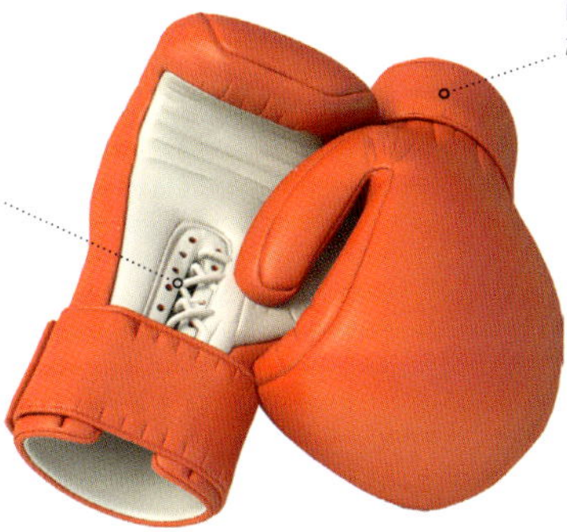

Kraftraum M
sala F de pesas F

Langhantel F
barra F

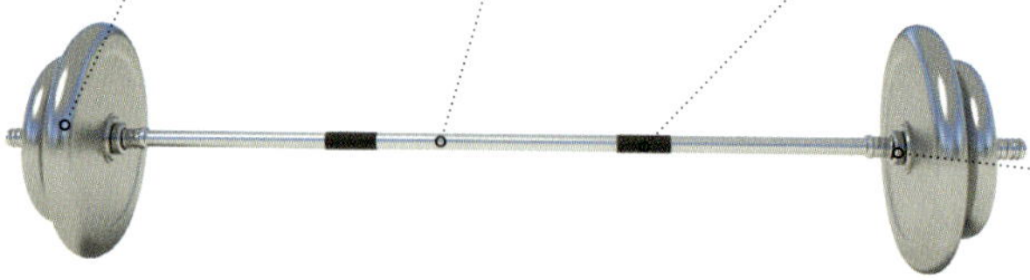

Fitnessstation F
máqina F de pesas F
Spind M
taquilla F
Uhr F
reloj M
2 Block-Multistation F
máquina F para brazos M
Eingangstür F
puerta F de entrada F
Getränkeautomat M
máquina F expendedora
Rezeption F
recepción F
Tisch mit Stühlen M
mesa F con sillas F
Oberschenkelmuskulaturtrainer M
máquina F de cintura F
Kabelzugstation F
máquina F cruzada
Desinfektionsmittel N
desinfectantes M
Regal N
estante M
Papiertuch N
rollo M de papel M
Papierkorb M
papelera F
Beinbeugermaschine F
máquina F de piernas F
Brustmuskeltrainer M
máquina F de pecho M
Hantelscheiben F
discos M de pesas F

Rezeption [F]
área [F] de recepción [F]

Schließfach [N]
taquilla [F]

Papierkorb [M]
papelera [F]

Reinigungsbereich [M]
área [F] de limpieza [F]

Bank [F]
banco [M]

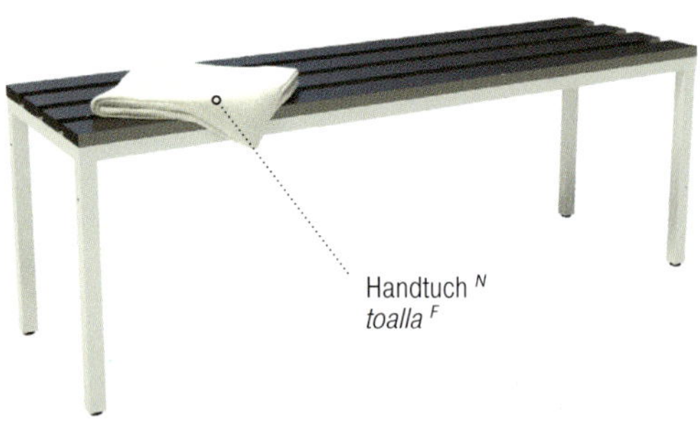

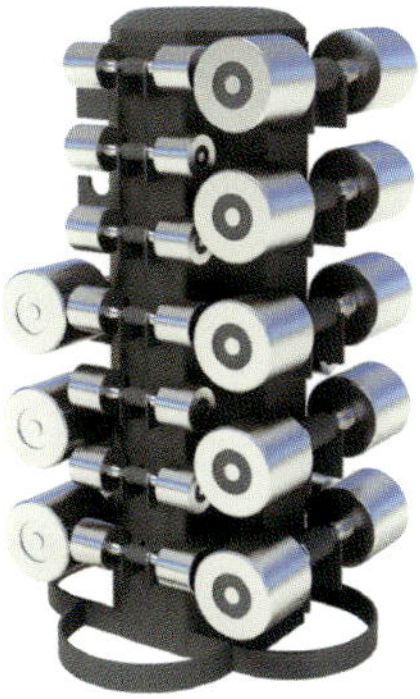

Hantelgewichte N
mancuernas F fijas

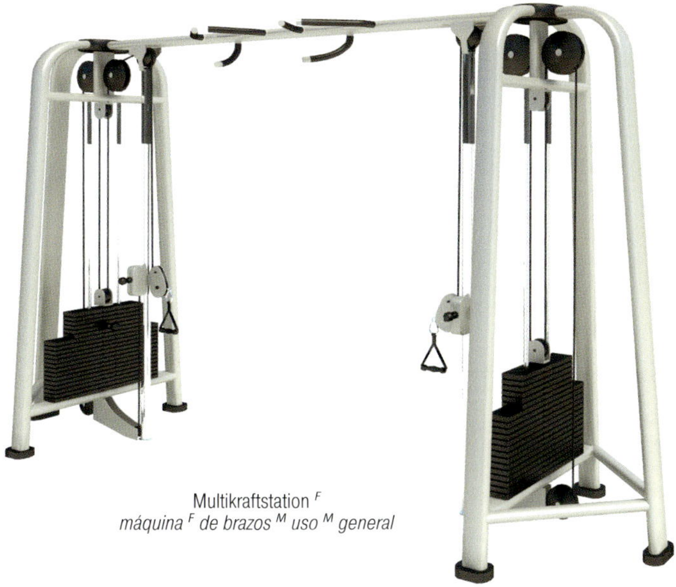

Multikraftstation F
máquina F de brazos M uso M general

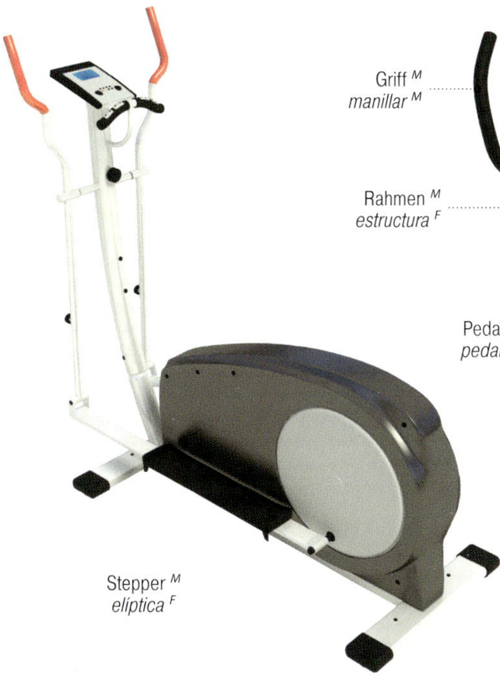

Stepper M
elíptica F

Fahrradergometer N
bicicleta F estática

Laufband [N]
cinta [F] de correr

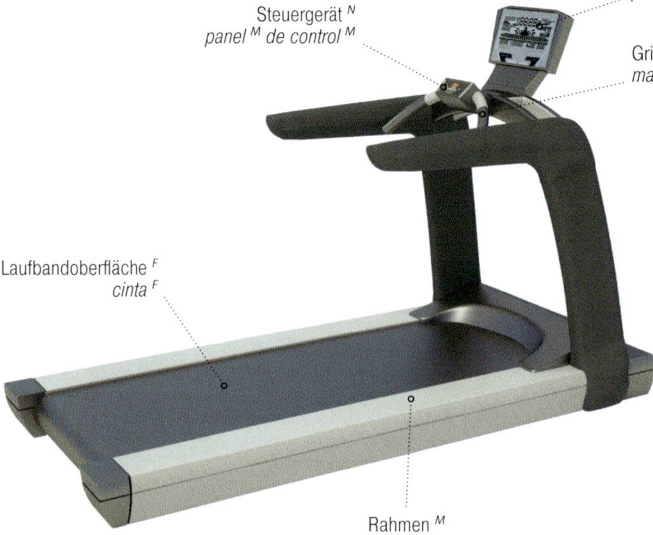

Hantelscheiben [F] und Ständer [M]
discos [M] y árbol [M] de pesas [F]

Rudergerät [N]
máquina [F] de remo [M]

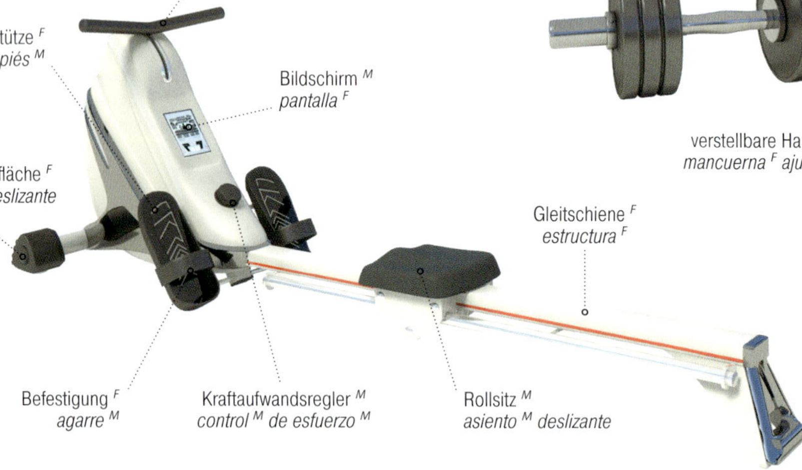

verstellbare Hantel [F]
mancuerna [F] ajustable

Krafttrainingsgerät N
máquina F de pesas F

Schrägbank F
banco M para abdominales M

Hantelbank F
banco M de ejercicios M

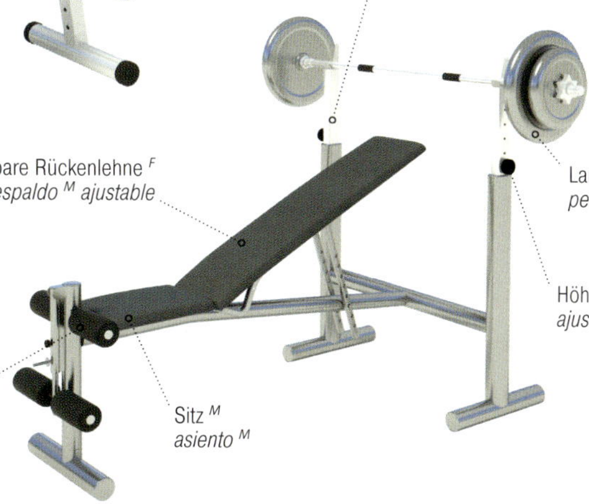

Kabelzugbaum [M]
máquina [F] de brazos [M]

Brustmuskeltrainer [M]
máquina [F] de pecho [M]

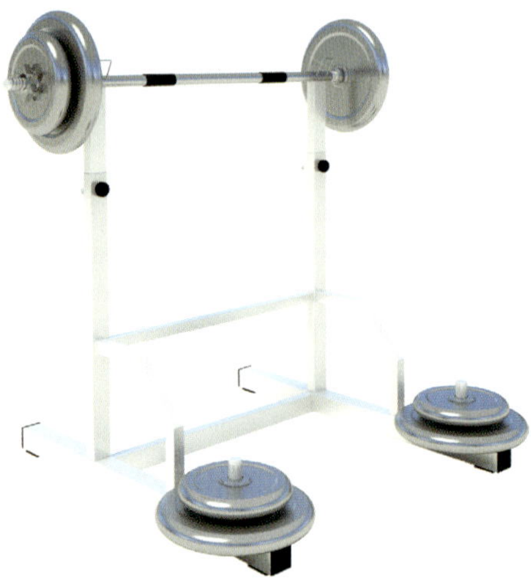

Langhantelablage [F]
barra [F] de soporte [M]

Beinbeugermaschine [F]
máquina [F] de piernas [F]

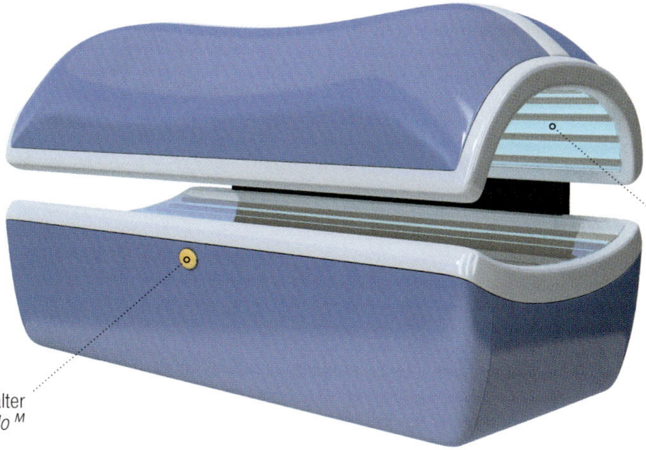

Sonnenbank [F]
cama [F] solar

Gymnastikball [M]
pelota [F] de gimnasia [F]

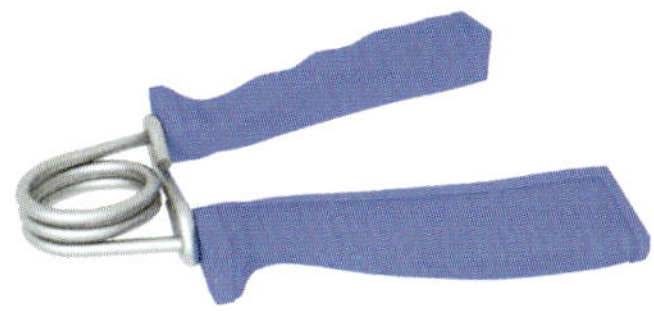

Fingerhantel [F]
pinzas [F] de mano [F]

Handgelenkexpander [M]
mango [M] de goma [F]

Yogamatte [F]
colchoneta [F] de yoga [M]

Steppbrett [N]
escalón [M] para ejercicio [M] aeróbico

Mountainboard [N]
patineta [F] todo terreno [M]

Skateboard [N]
patineta [F]

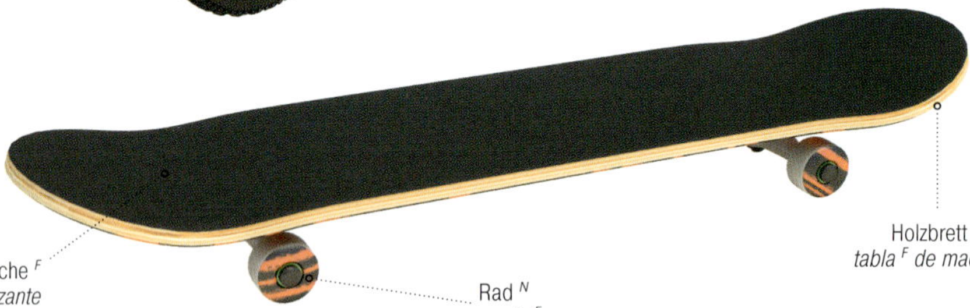

Halfpipe [F]
medio-tubo [M]

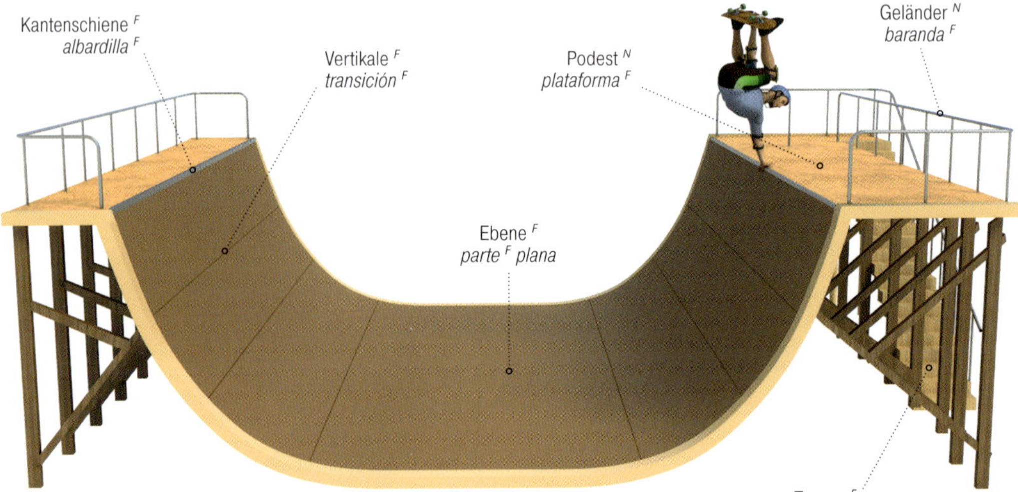

Protektoren [M]
protectores [M]

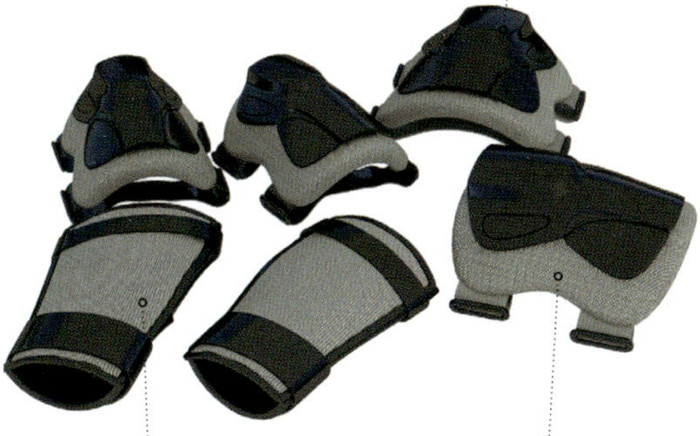

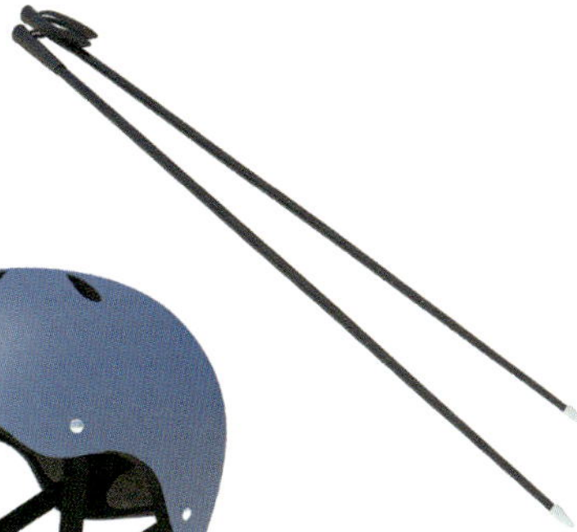

Inline-Skates [F]
patines [M] en línea [F]

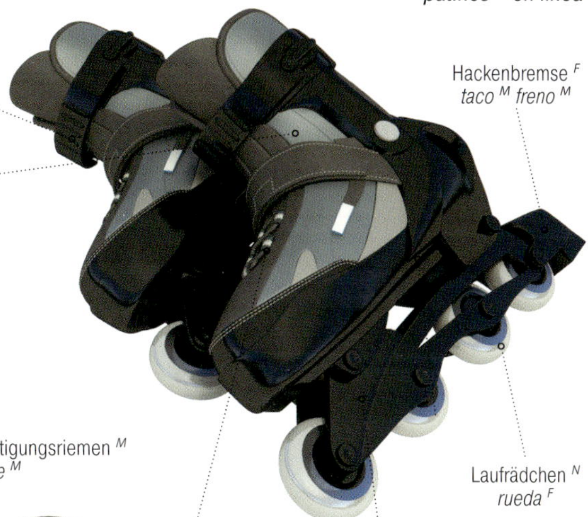

Offroad Inline-Skates [F]
patines [M] en línea [F] todo terreno [M]

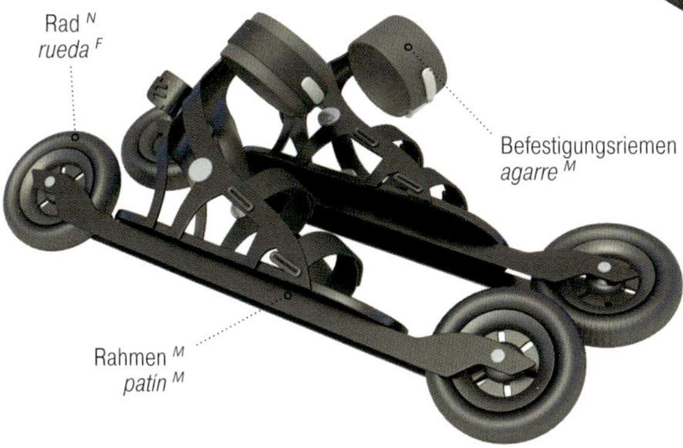

Mountainbike ^{N}
bicicleta ^{F} de montaña ^{F}

Rennrad N
bicicleta F de carreras F

Wassergraben [M]
salto [M] de agua [F]

Sanitäter [M]
equipo [M] de primeros auxilios [M]

Mauer [F]
muro [M]

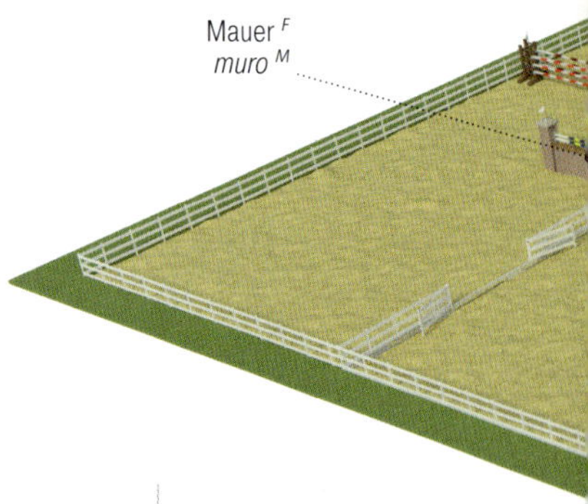

Doppeloxer [M]
óxer [M] de barras [F]

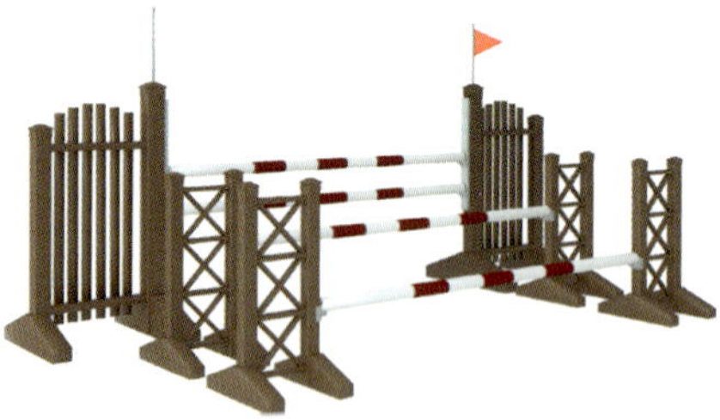

Dreifachbalken [M]
triple barra [F]

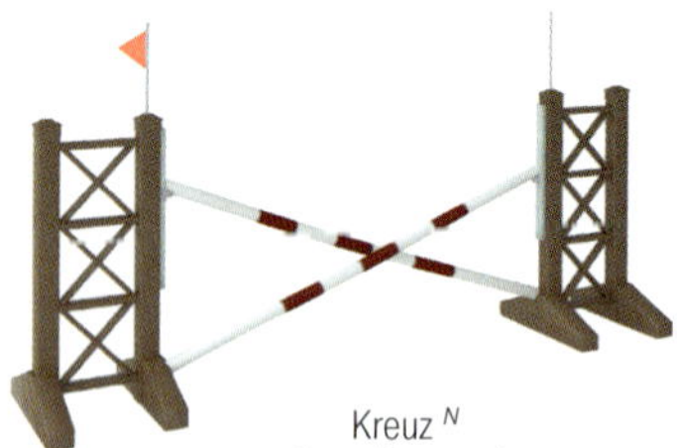

Kreuz [N]
barra [F] cruzada

Pfosten [M] mit Latte [F]
listones [M]

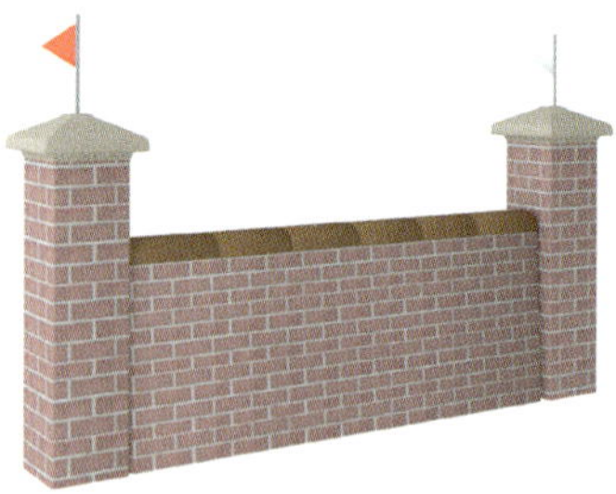

Mauer [F]
muro [M]

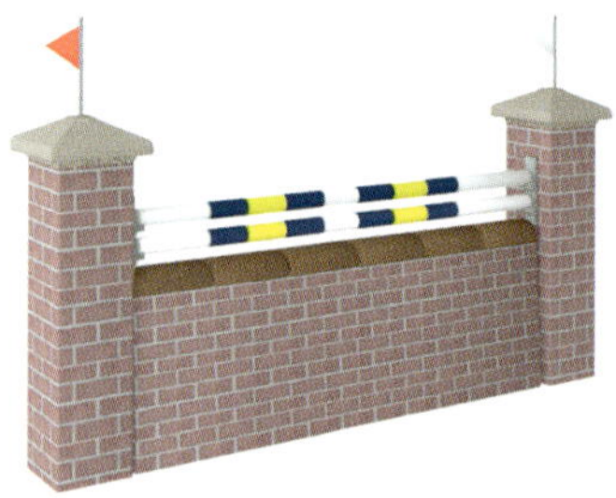

Mauer [F] mit Stangen [F]
muro [M] y barras [F]

Springreiten ᴺ Parcours ᴹ
pista ᶠ para salto ᴹ de obstáculos ᴹ

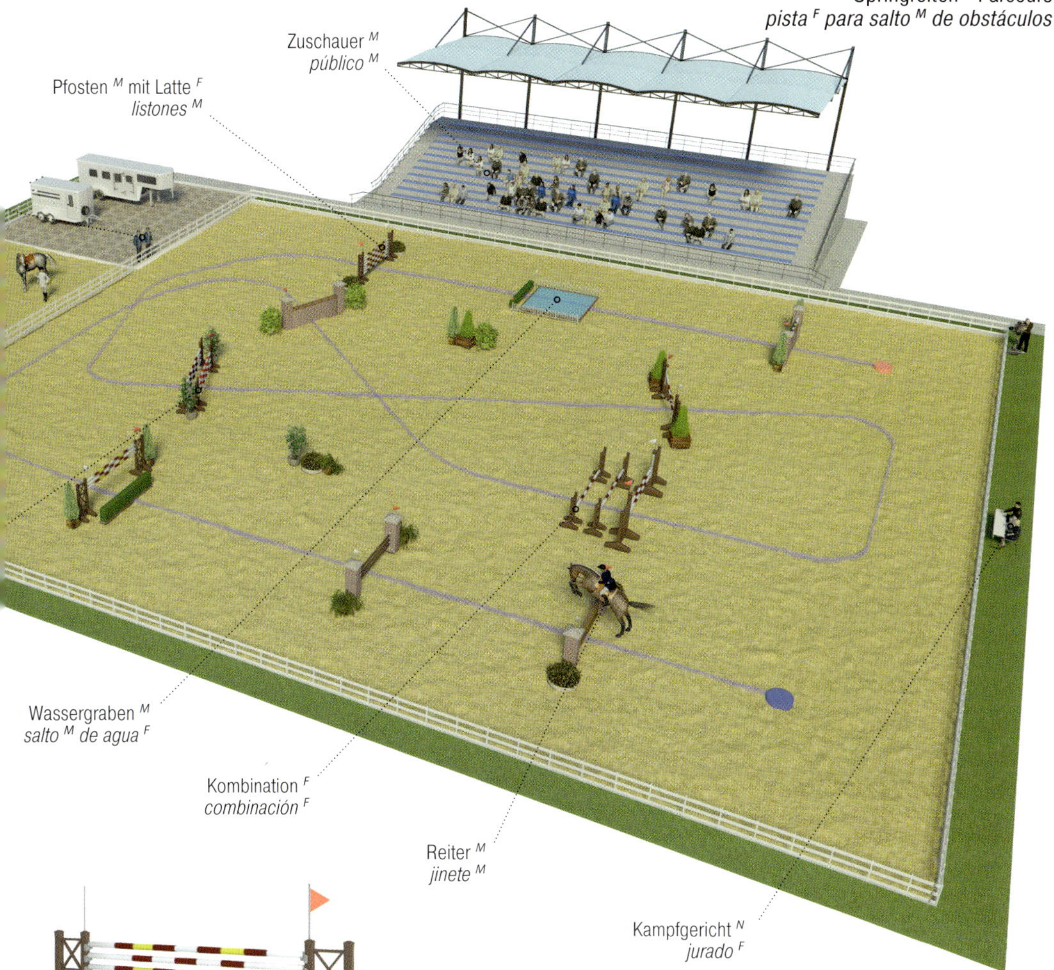

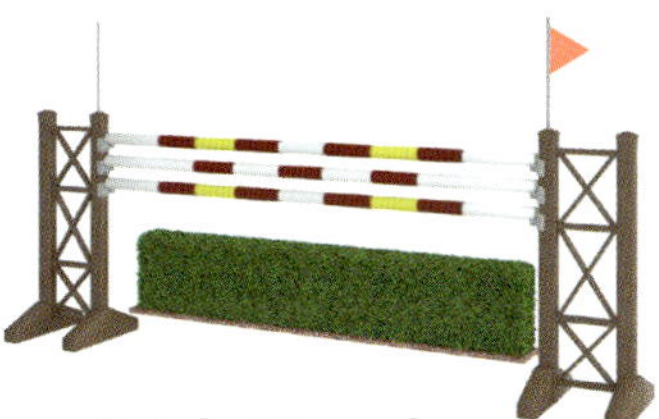

Bürste ᶠ mit Stangen ᶠ
matorral ᴹ y barras ᶠ

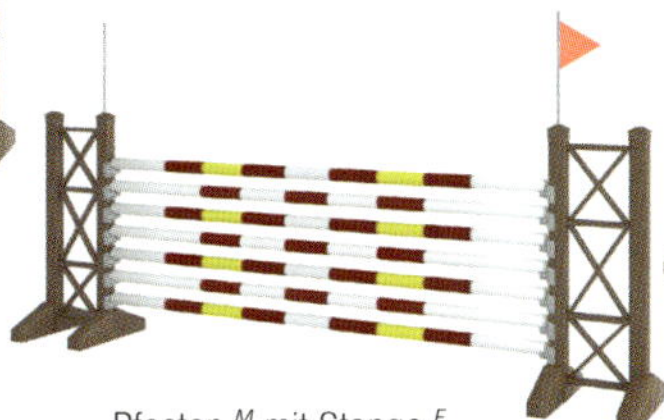

Pfosten ᴹ mit Stange ᶠ
barras ᶠ

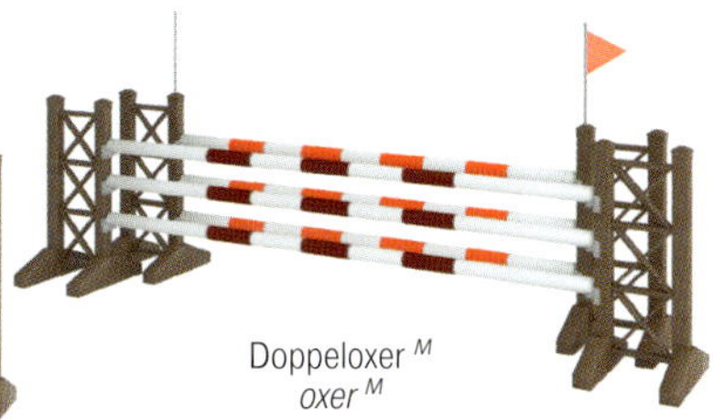

Doppeloxer ᴹ
oxer ᴹ

Englischer Sattel M
silla F de montar inglesa

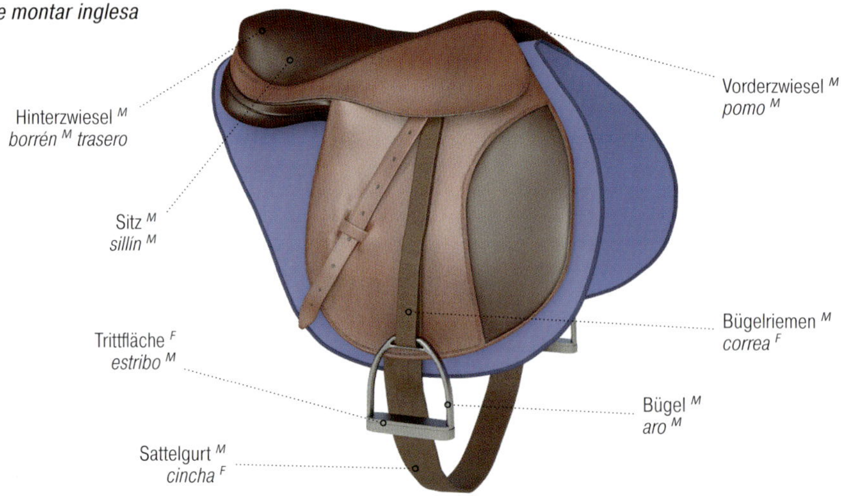

Reiter M
jinete M

Pferderennen [N]
carreras [F] de caballos [M]

Westernsattel [M]
silla [F] de montar western

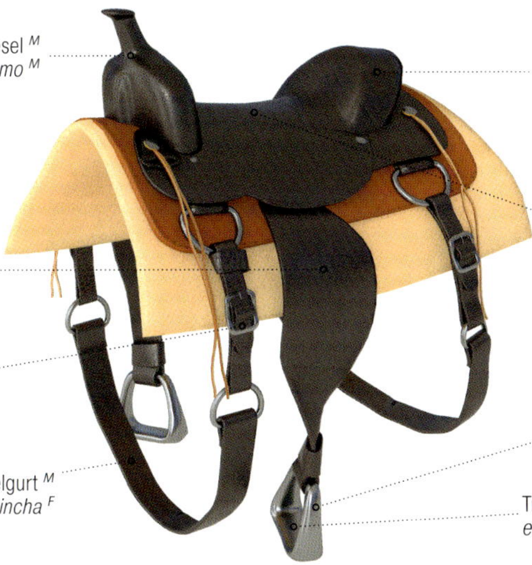

Hängegleiter M
parapente M

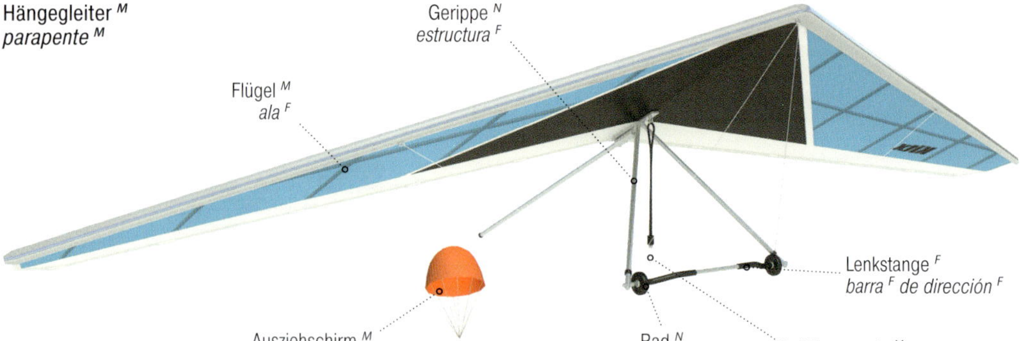

Fallschirm M
paracaídas M

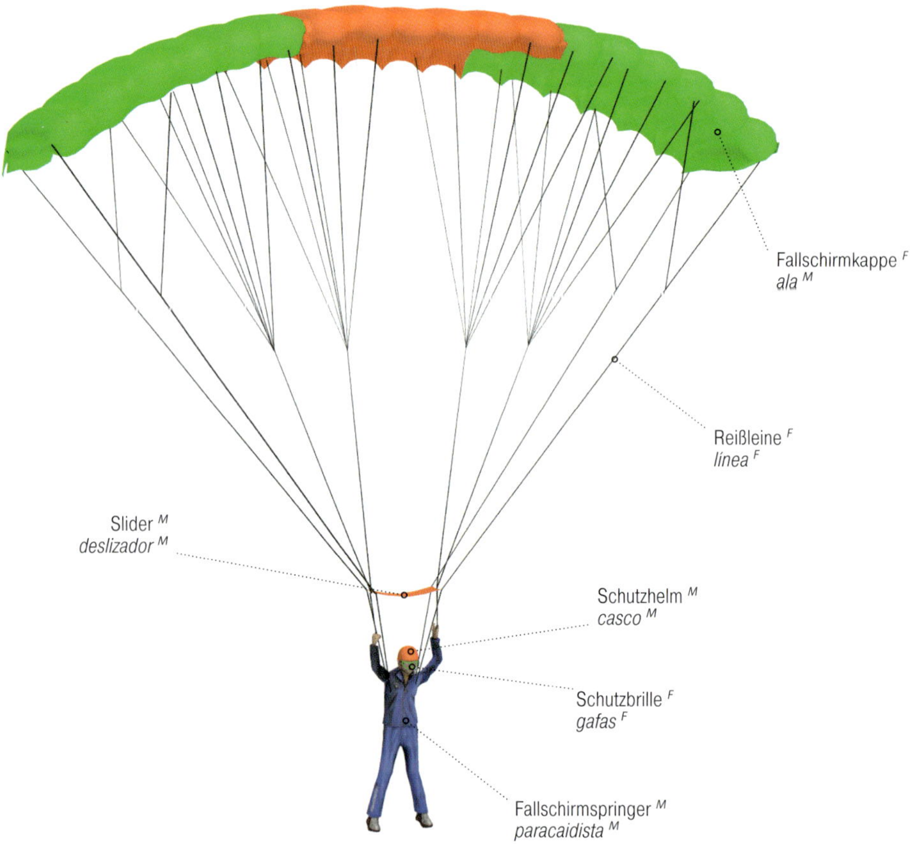

Powerboot N
lancha F
Motorraum M
compartimiento M del motor M
Sitz M
asiento M
Windschutzscheibe F
parabrisas M
Rumpf M
casco M
71
Rennkatamaran M
catamarán M motorizado de carreras F

Rudern

Wildwasserkajak N
kayak M de río M
Rückenlehne M
respaldo M
Ring M
anilla F
Sitz M
silla F
Griff M
asa F
Paddel N
remo M

Doppelblattpaddel [N]
remo [M] de dos palas [F]

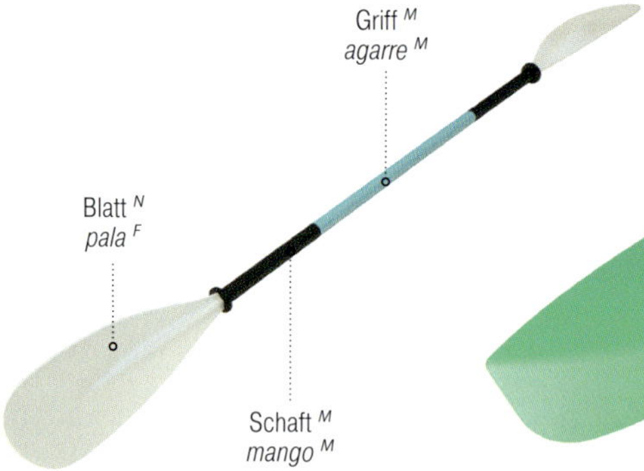

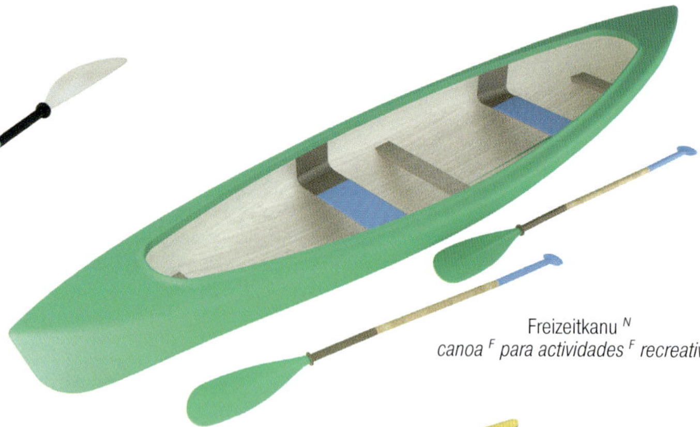

Kajak [N]
kayak [M]

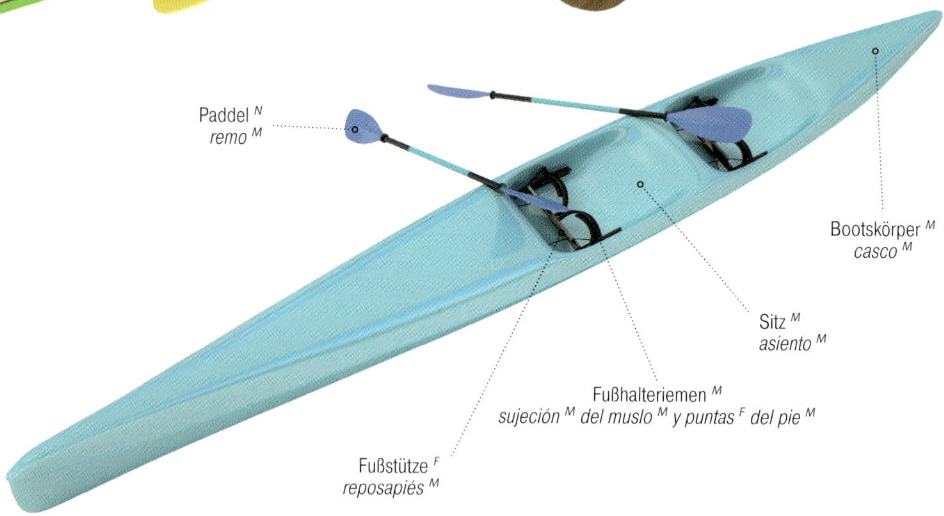

Windsurfbrett und Segel [N]
plancha [F] de windsurf

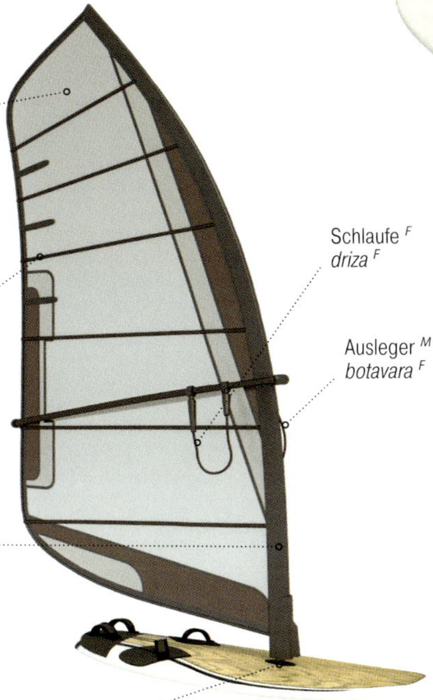

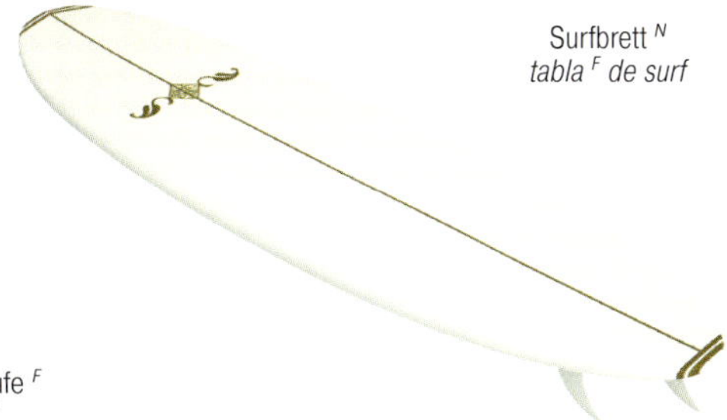

Segelboot [N]
velero [M]

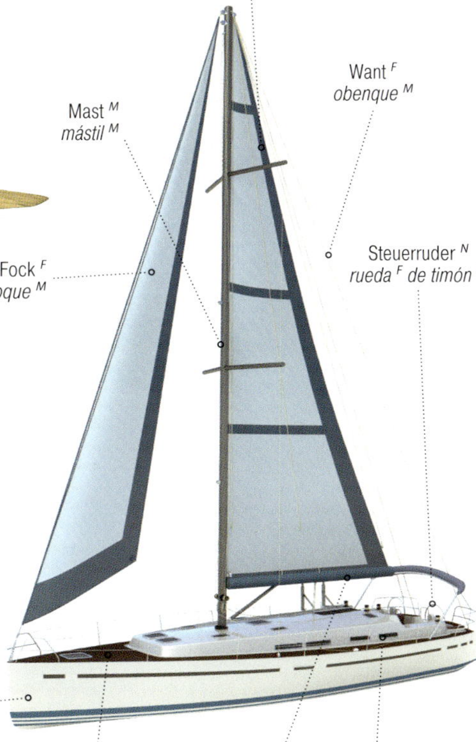

Tow-in Surfboard [N]
esquí [M] sobre tabla [F]

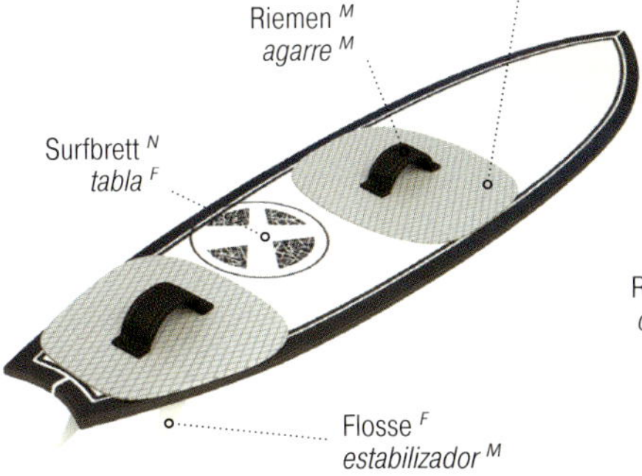

Wasserball M
piscina F de waterpolo M

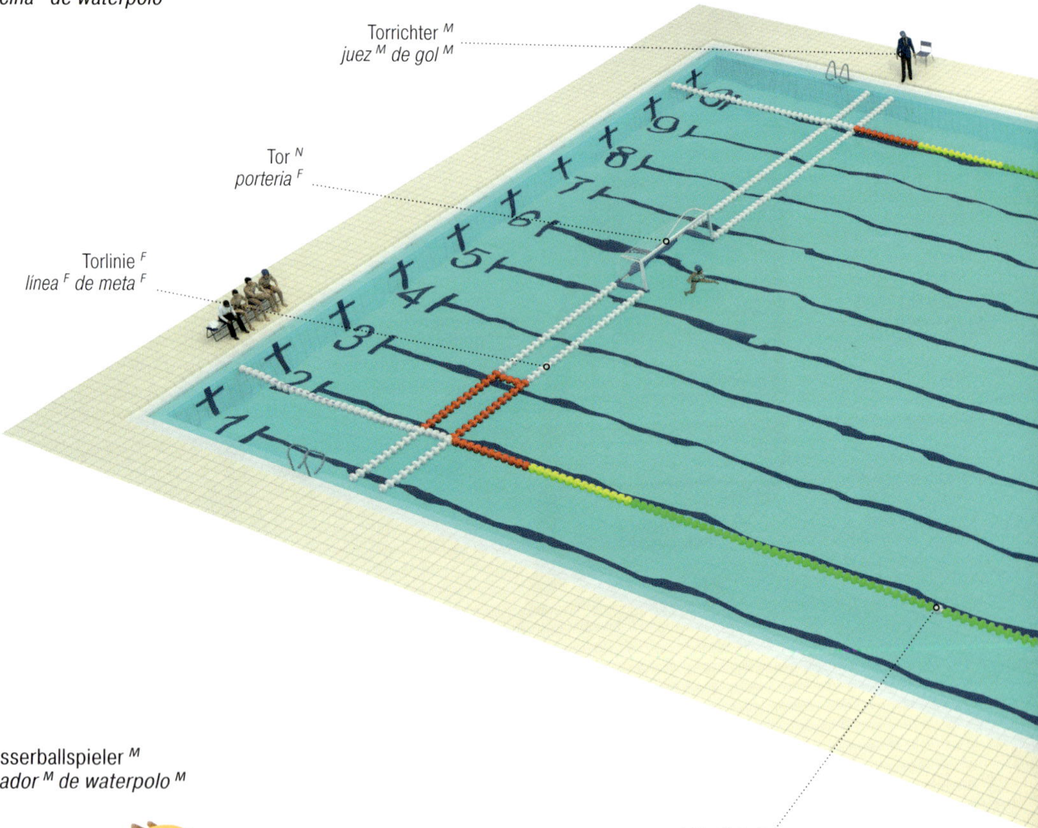

Wasserballspieler M
jugador M de waterpolo M

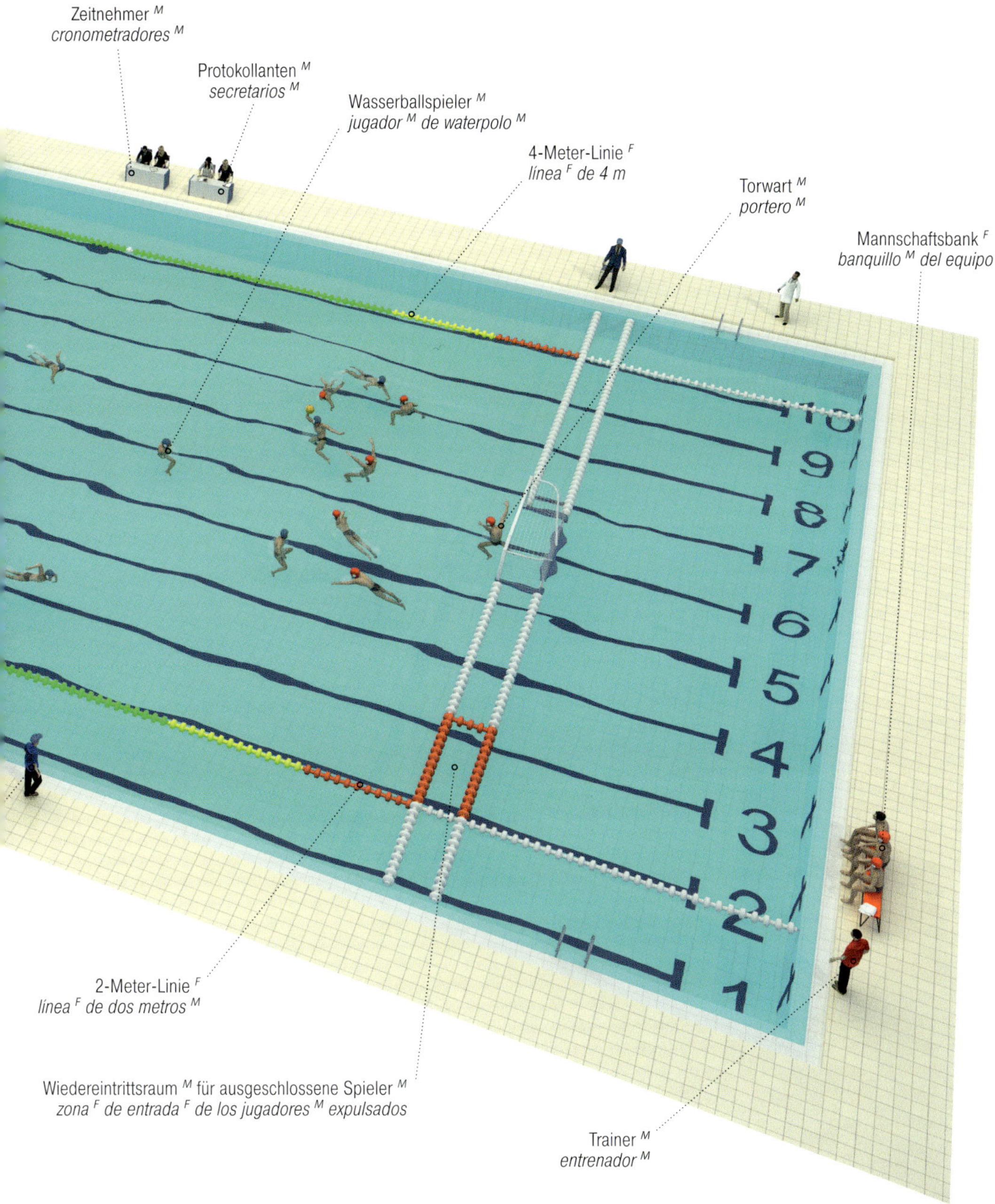
Zeitnehmer M
cronometradores M
Protokollanten M
secretarios M
Wasserballspieler M
jugador M de waterpolo M
4-Meter-Linie F
línea F de 4 m
Torwart M
portero M
Mannschaftsbank F
banquillo M del equipo M
1
2
3
4
5
6
7
8
9
10
2-Meter-Linie F
línea F de dos metros M
Wiedereintrittsraum M für ausgeschlossene Spieler M
zona F de entrada F de los jugadores M expulsados
Trainer M
entrenador M

Wettkampfbecken N
piscina F olímpica F

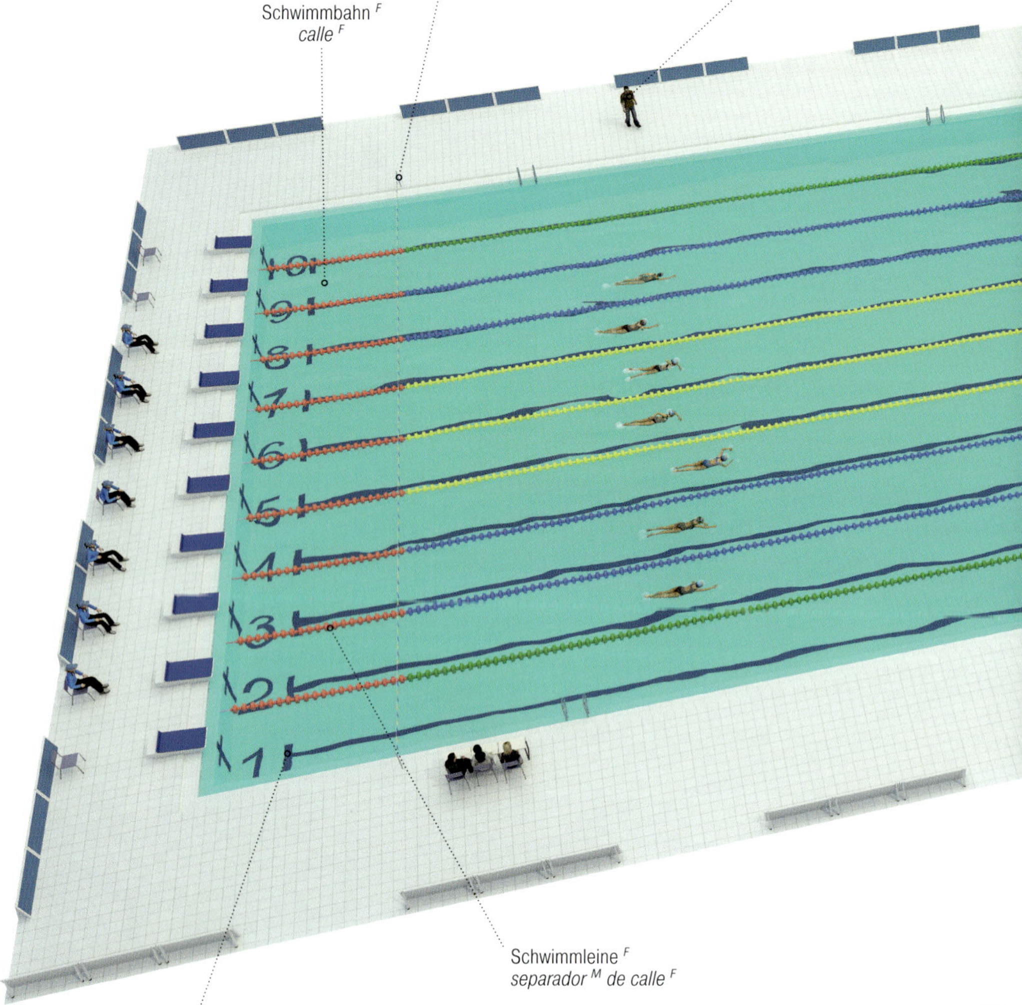

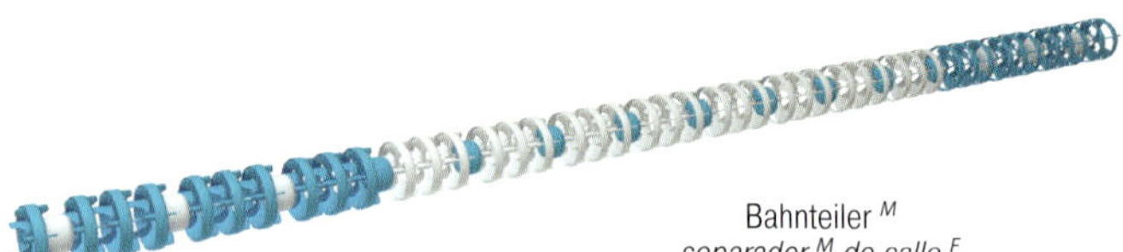

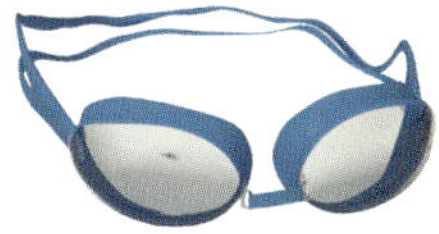

Schwimmbrille *F*
gafas F de natación F

Badekappe *F*
gorro M de natación F

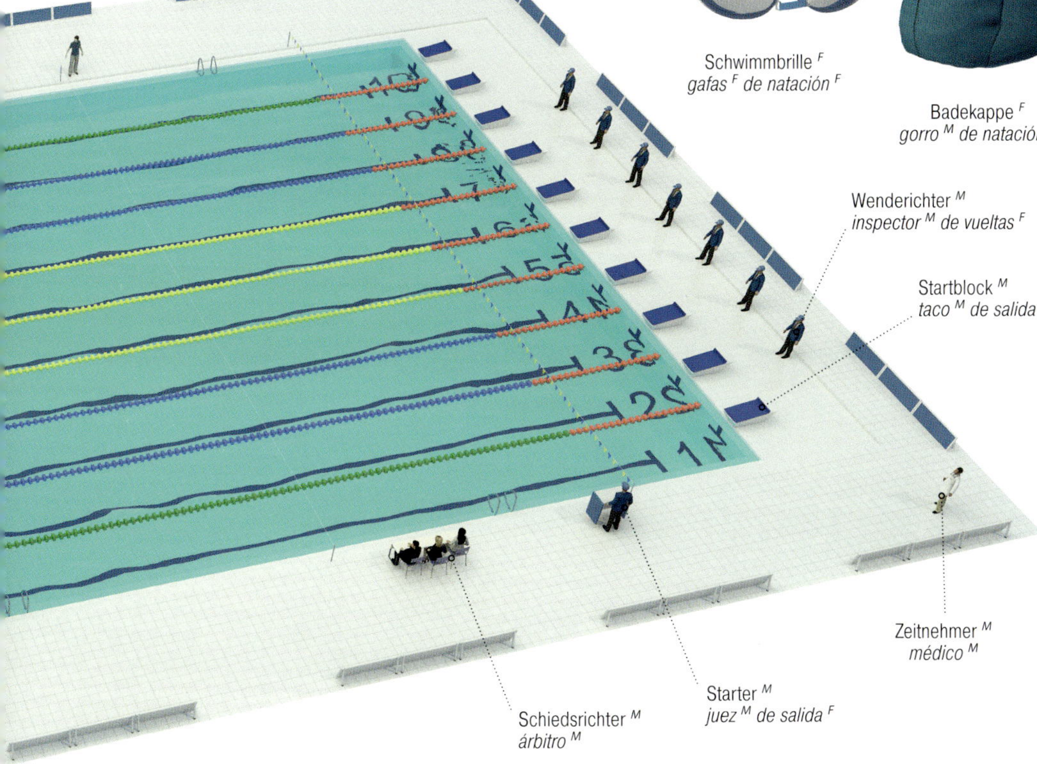

Startblock *M*
taco M de salida F

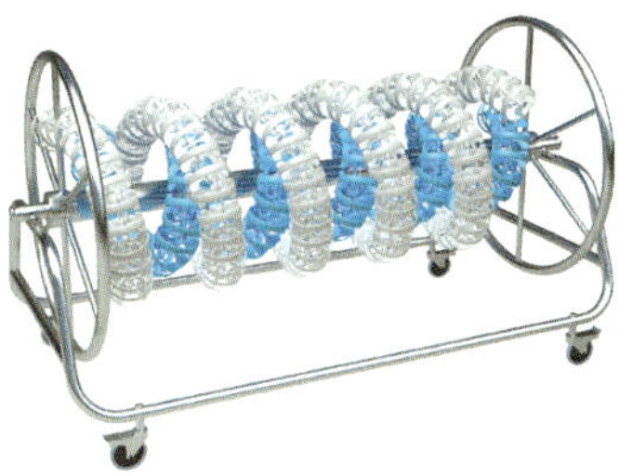

Seilspule *F*
bobina F de cuerda F

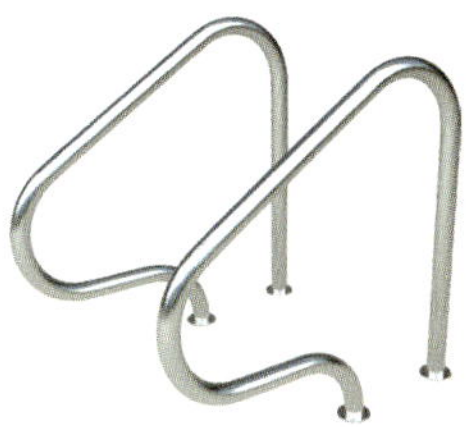

Ausstiegsgeländer *N*
barandillas F

Sprungphasen [F]
fases [F] del salto [M]

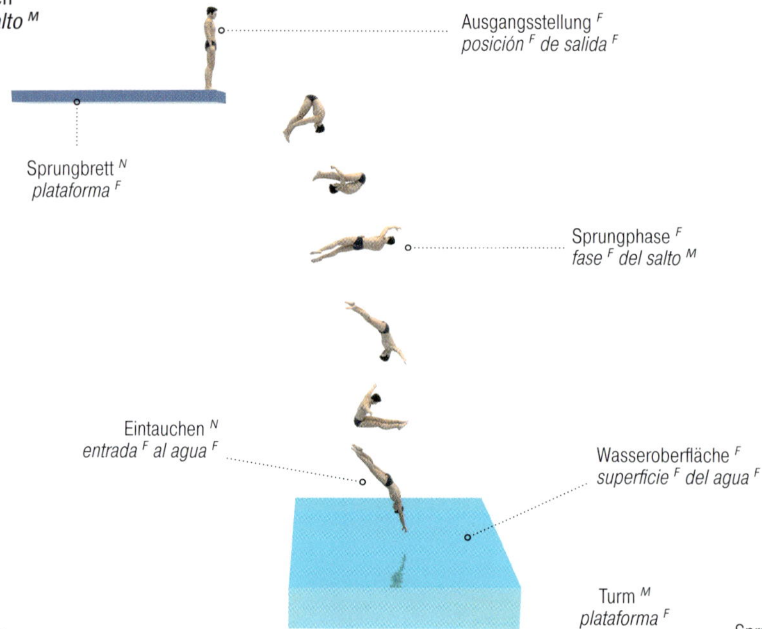

Sprungturm [M]
torre [F] de trampolín [M]

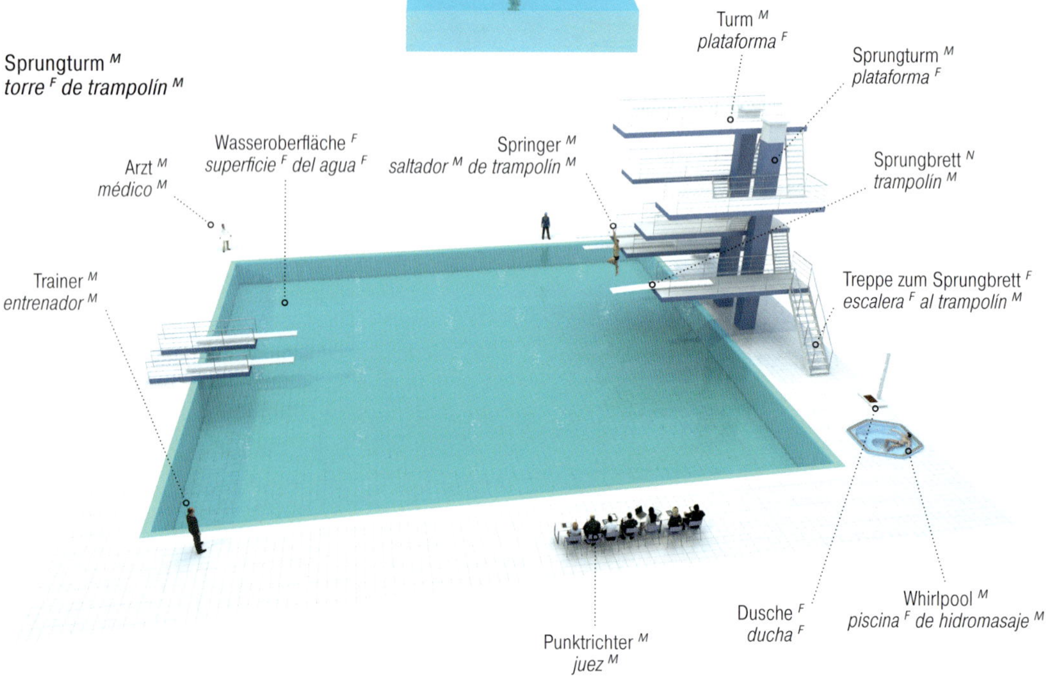

Taucher M
buceador

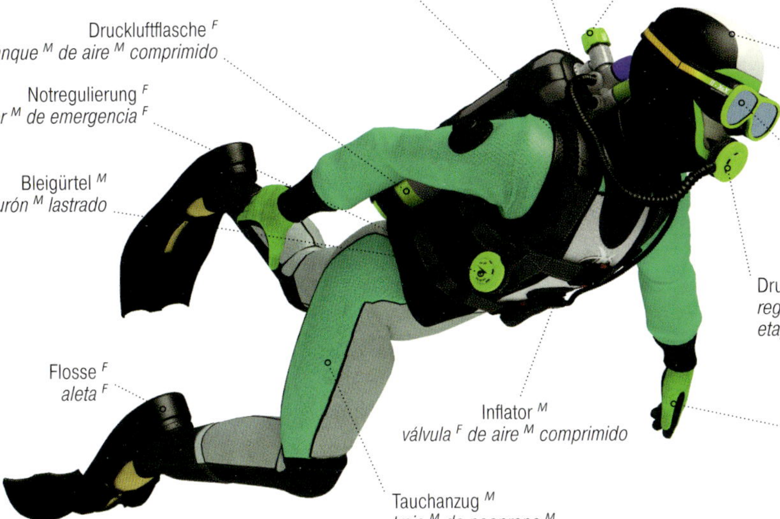

Flossen F
aletas F

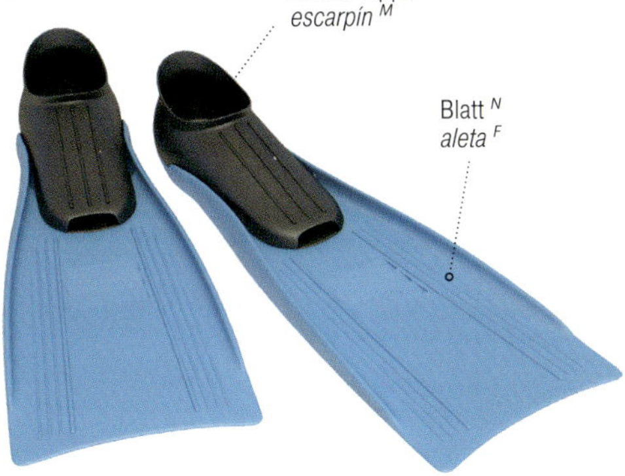

Taucherbrille F
máscara F

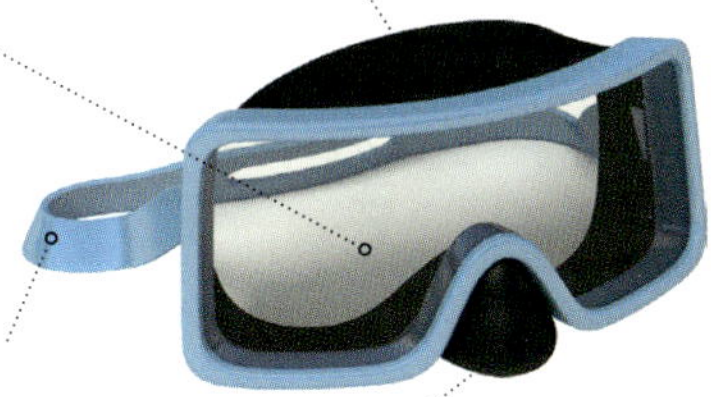

Schnorchel M
esnórkel M

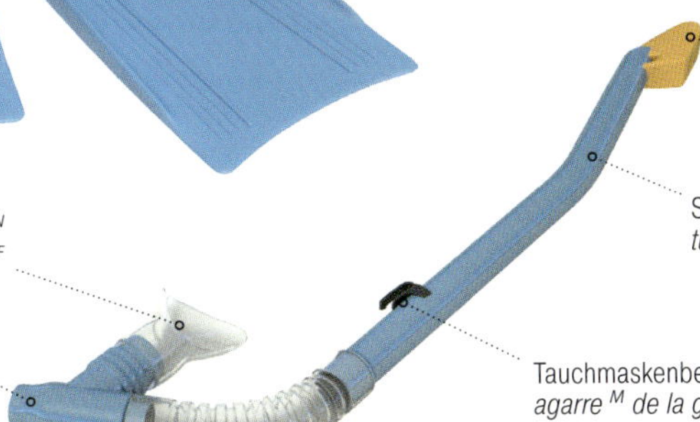

Eisfläche [F]
pista [F] de hielo [M]

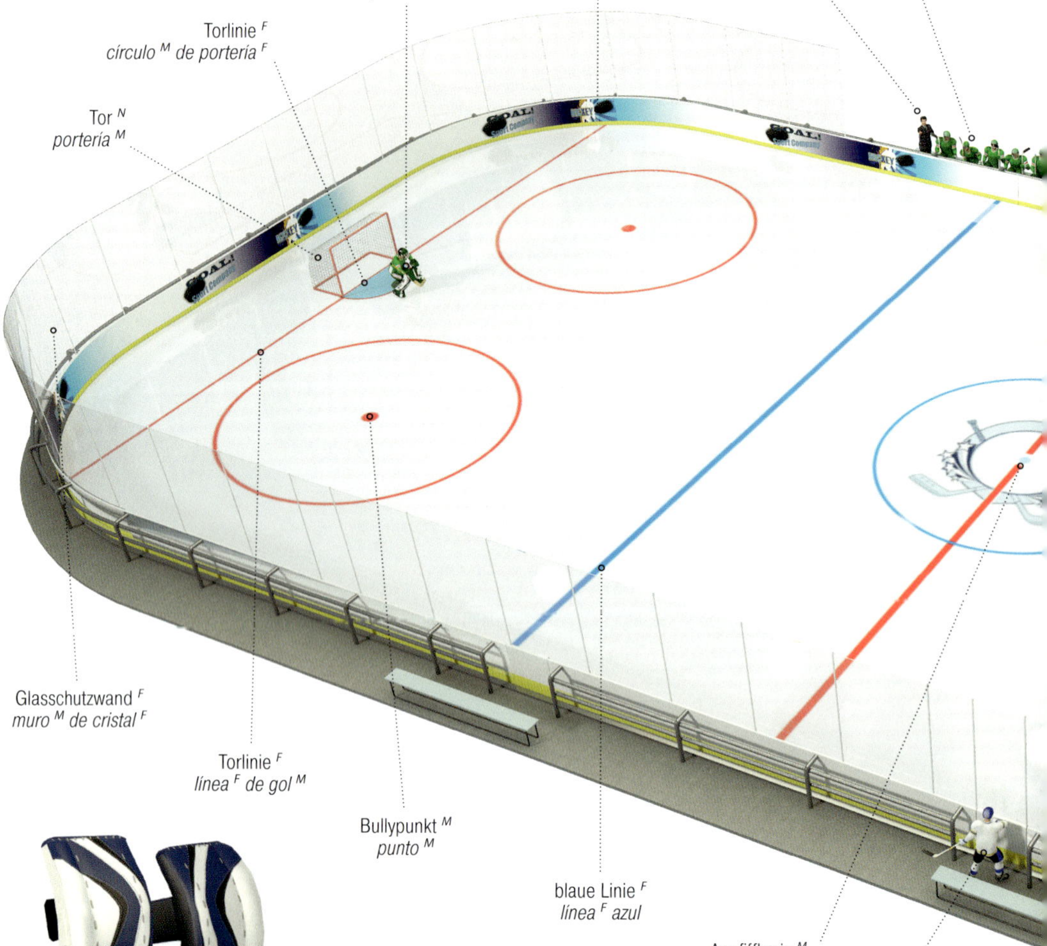

Torhüter-Schutzpolster [N]
protecciones [F] de portero [M]

Puck [M]
disco [M]

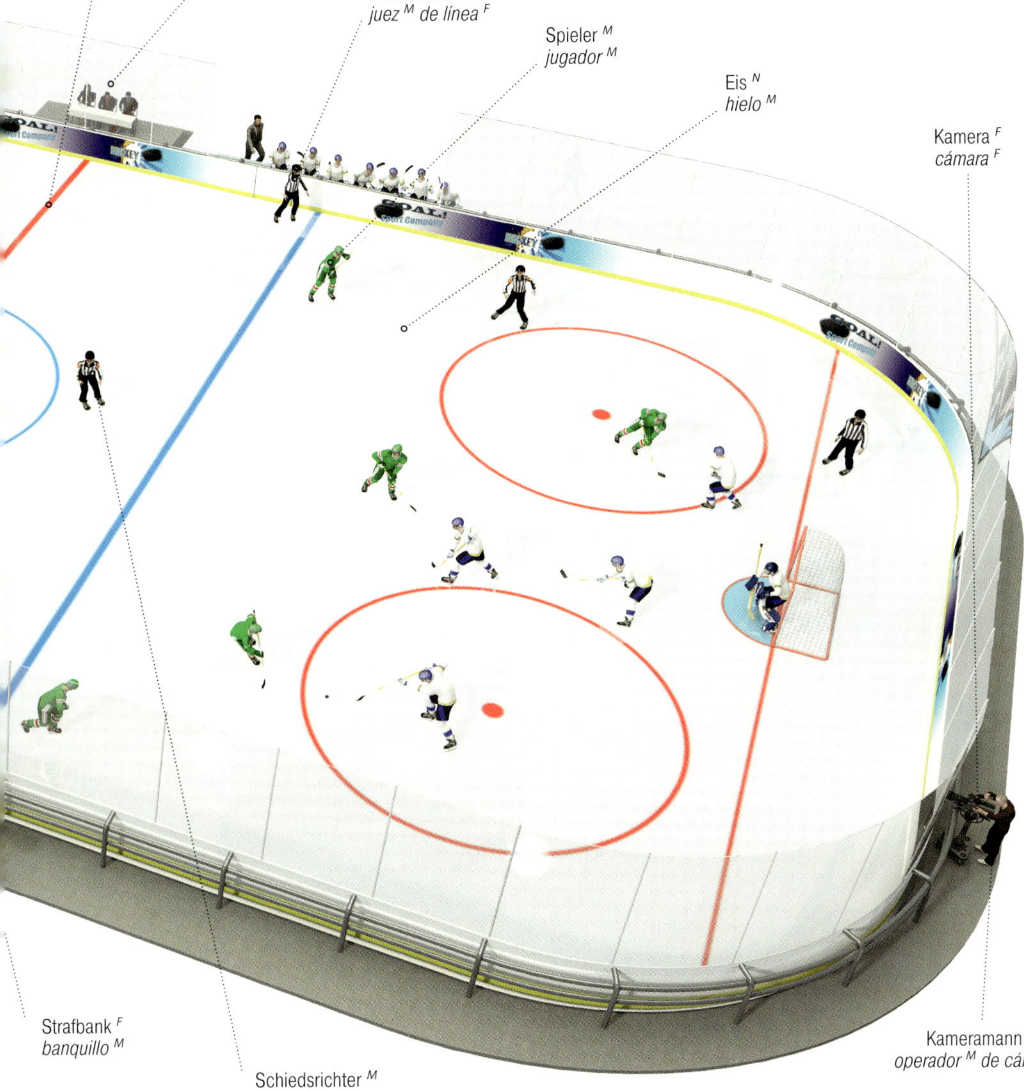
Mittellinie [F]
línea [F] roja
Schiedsrichterbank [F]
banco [M] de árbitros [M]
Linienrichter [M]
juez [M] de línea [F]
Spieler [M]
jugador [M]
Eis [N]
hielo [M]
Kamera [F]
cámara [F]
Strafbank [F]
banquillo [M]
Schiedsrichter [M]
árbitro [M] principal
Kameramann [M]
operador [M] de cámara [F]

Hockeyspieler [M]
jugador [M] de hockey [M]

Schutzhelm [M]
casco [M]

Handschuh [M]
guante [M]

Hockeyschläger [M]
palo [M] de hockey [M]

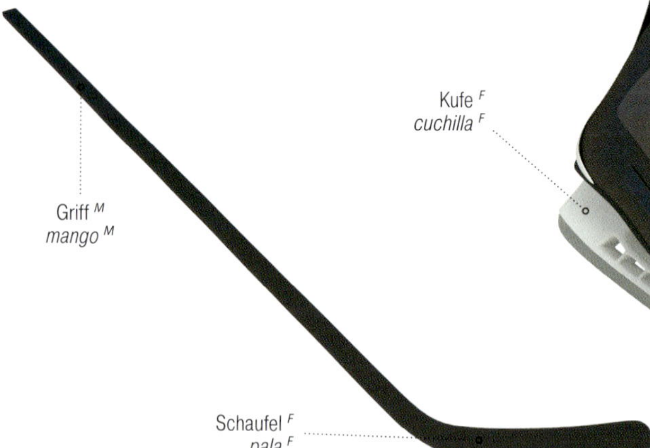

Schlittschuhe [M]
patines [M] de hockey [M]

Eiskunstlaufschuhe ^{M}
patines ^{M} de patinaje ^{M} artístico

Eiskunstläuferin ^{F}
patinador ^{M} artístico

Schlitten ^{M}
trineo ^{M} de bobsleigh ^{M}

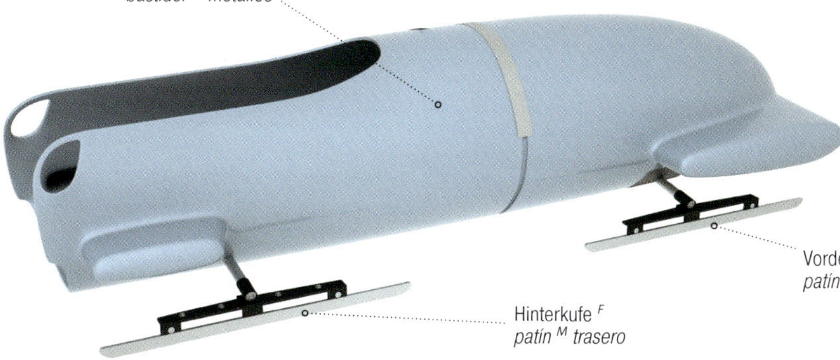

Curlingstein M
piedra F de curling M

Curling N
corredor M de hielo M para curling M

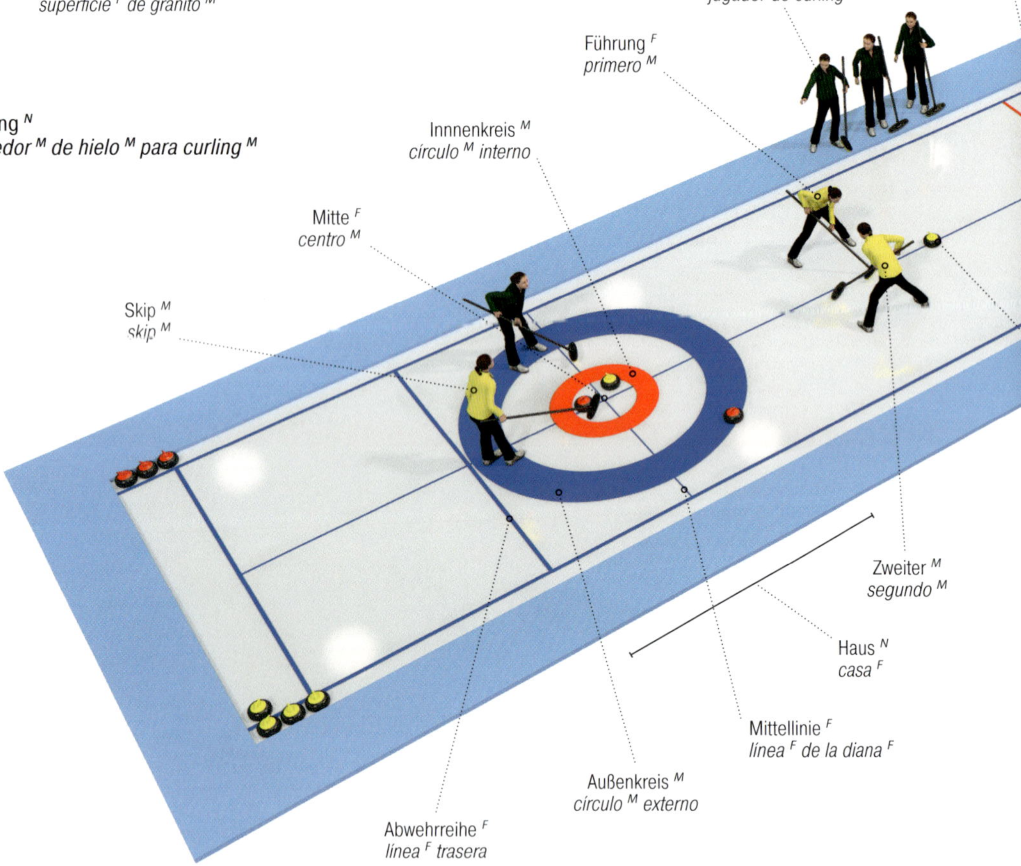

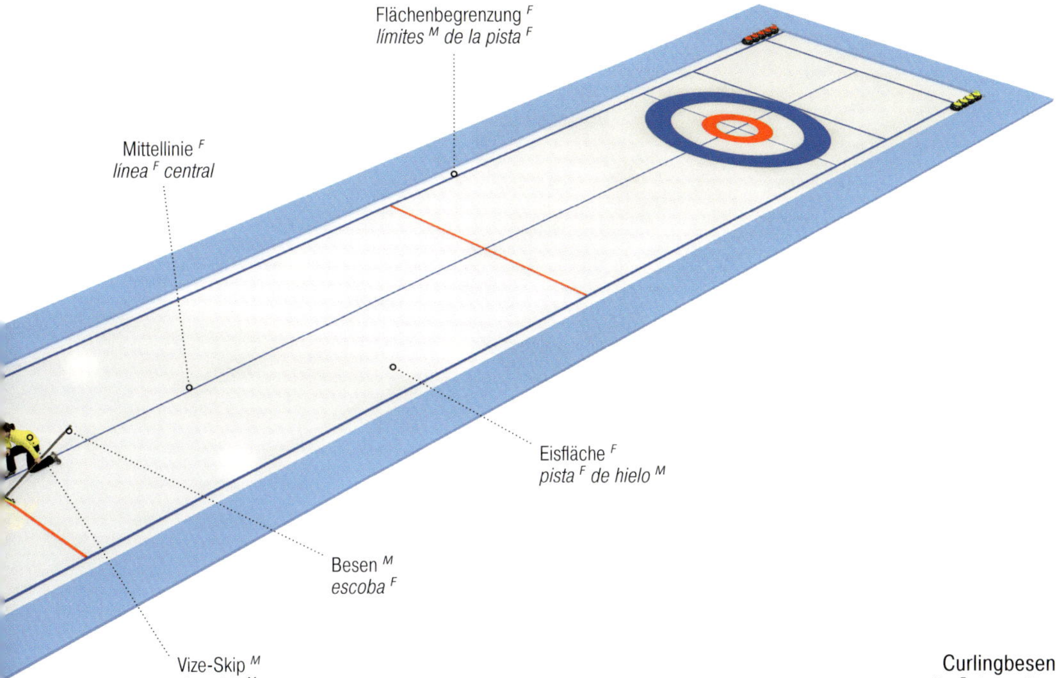

Curlingstein M
piedra F

Curlingbesen M
escoba F de curling M

Skischuhe M
botas F de esquí M

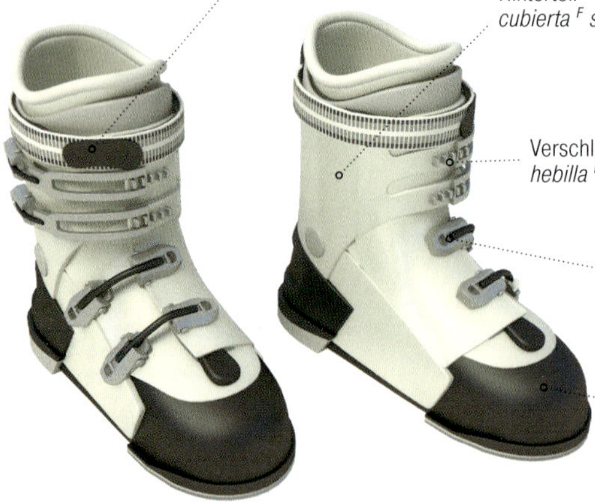

Skibrille F
gafas F de esquí M

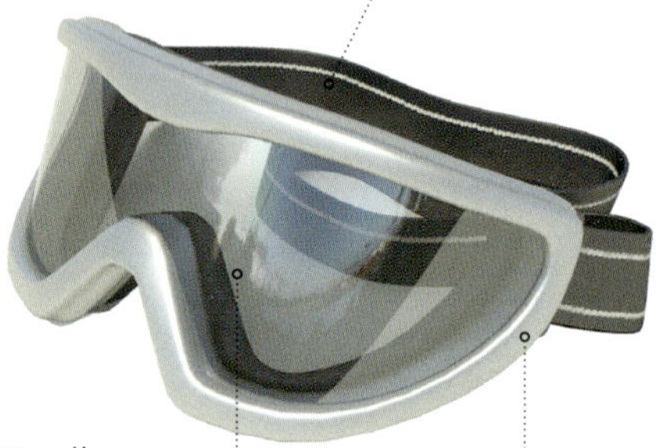

Skistöcke M
palos M de esquí M

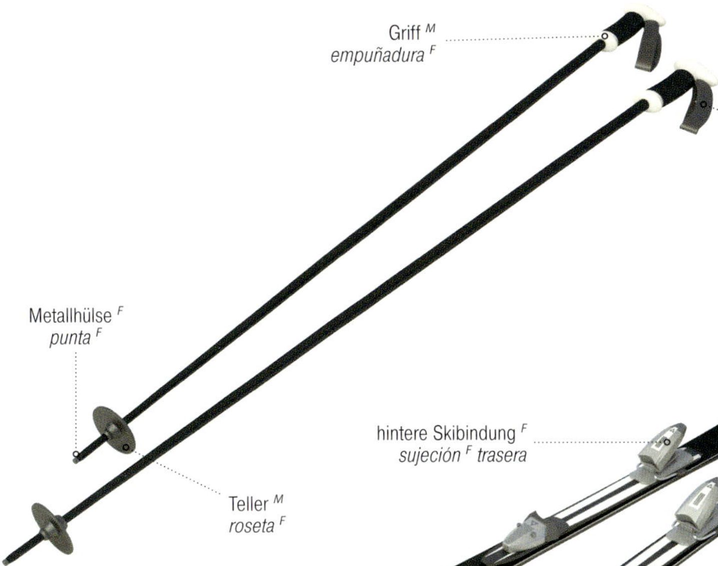

Ski M
esquís M para campo a través M

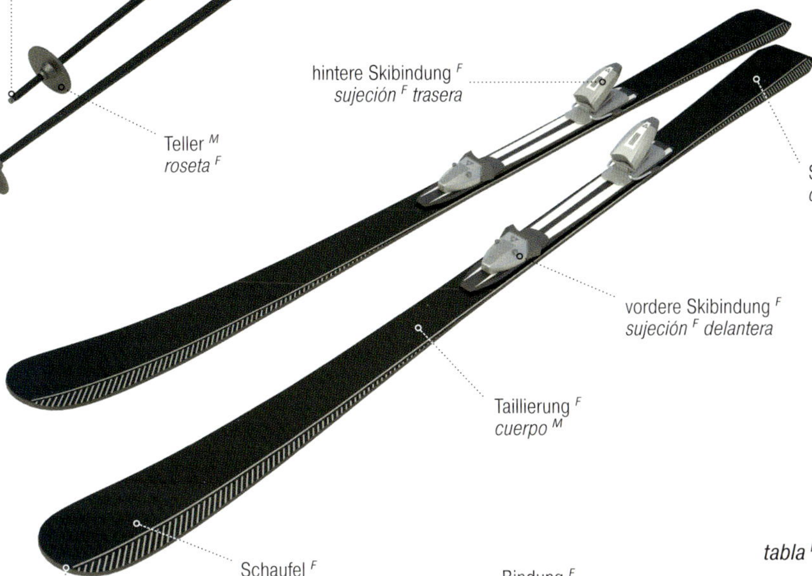

Snowboard N
tabla F de snowboard M

Plüschwürfel ^{M}
dado ^{M} de peluche ^{M}

interaktives Spielzeug ^{N}
juguete ^{M} interactivo

Würfel ^{M}
bloques ^{M}

Babyspielbogen ^{M}
gimnasio ^{M} para bebé ^{M}

Mobile ^{N}
móvil ^{M}

Plüschtier ^{N}
animal ^{M} de peluche ^{M}

Spielzeugfeuerwehrauto [N]
camión [M] de bomberos [M] de juguete [M]

Spielzeugzug [M]
tren [M] de juguete [M]

Zugset [N]
trenecillo [M] de madera [F]

Bauklötze [M]
bloques [M] de construcción [F]

Dreirad N
triciclo M

Schaukelspielzeug N
balancín M

Hüpfball M
pelota F canguro M

Kinderfahrrad N
bicicleta F sin pedales M

Kletterturmgerüst [N] mit Rutschen [F]
zona [F] de juego [M] con toboganes [M]

Sandkasten [M]
arenero [M]

Planschbecken [N]
piscina [F] inflable

Federwippe [F]
columpio [M] de muelle [M]

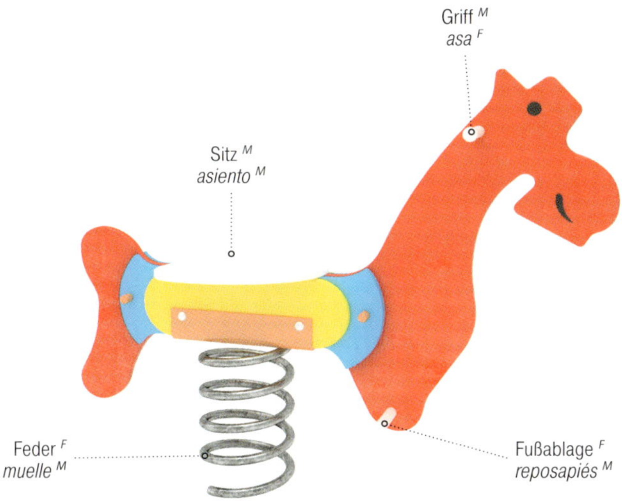

Schaukelset ᴺ
columpios ᴹ

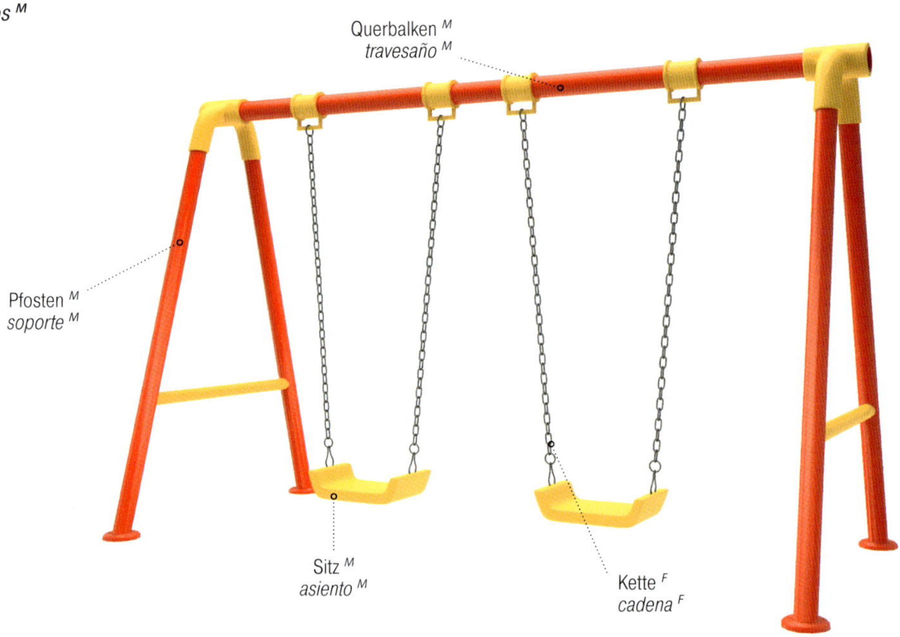

Klettergerüst ᴺ
parque infantil ᴹ

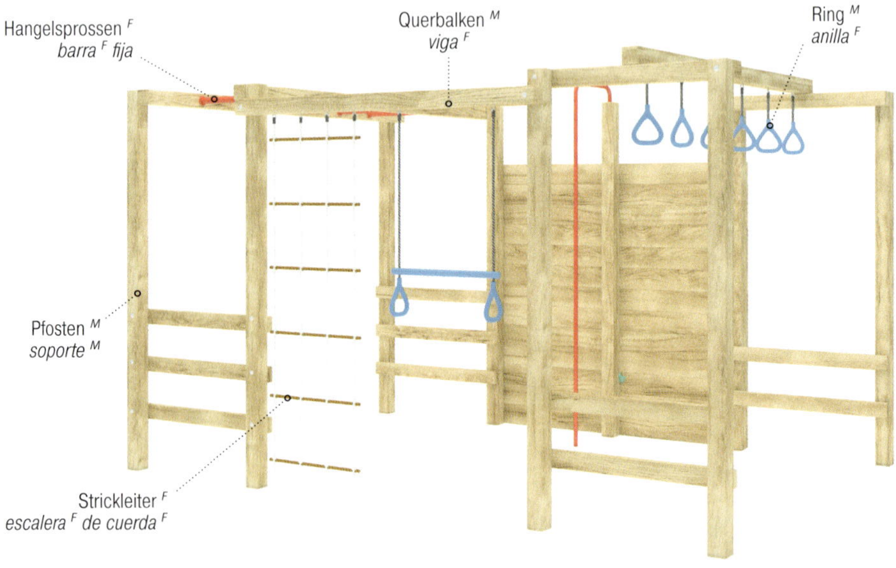

Reifenschaukel ^{F}
columpio ^{M} de neumático ^{M}

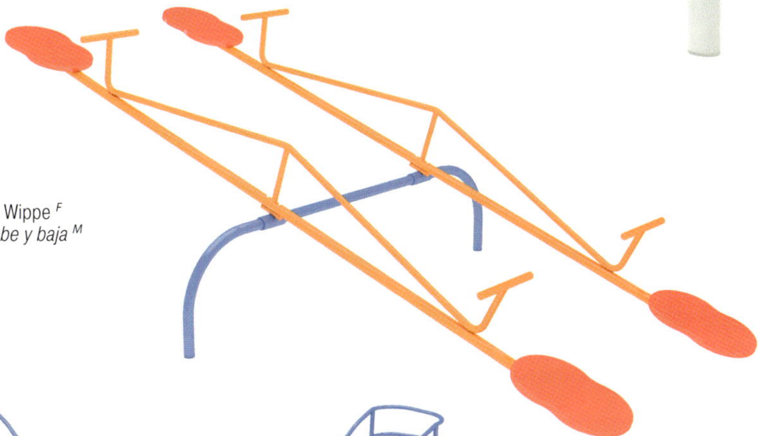

Wippe ^{F}
sube y baja ^{M}

Karussell ^{N}
carrusel ^{M}

Vergnügungsparkbauten [M]
atracciones [F]

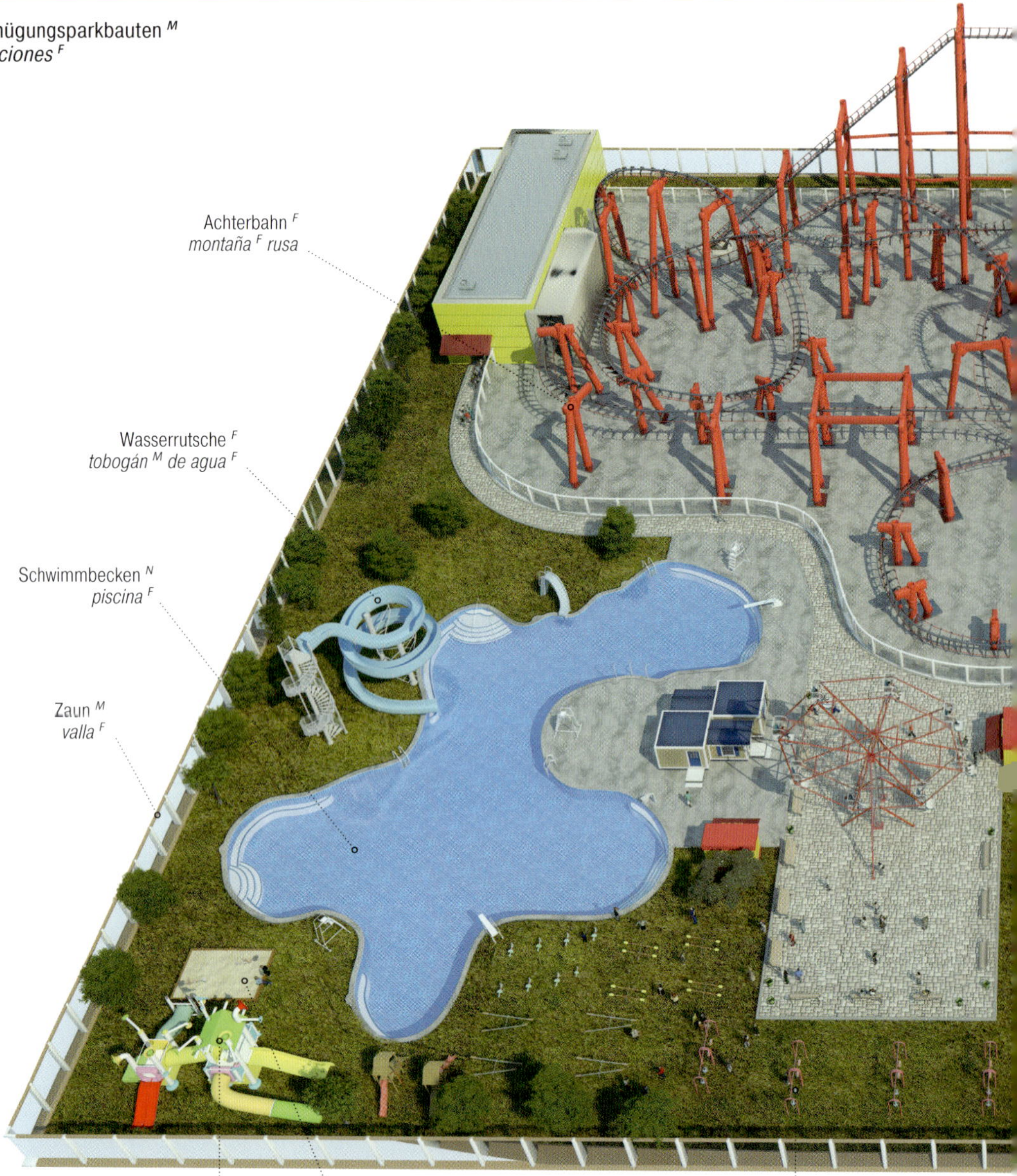

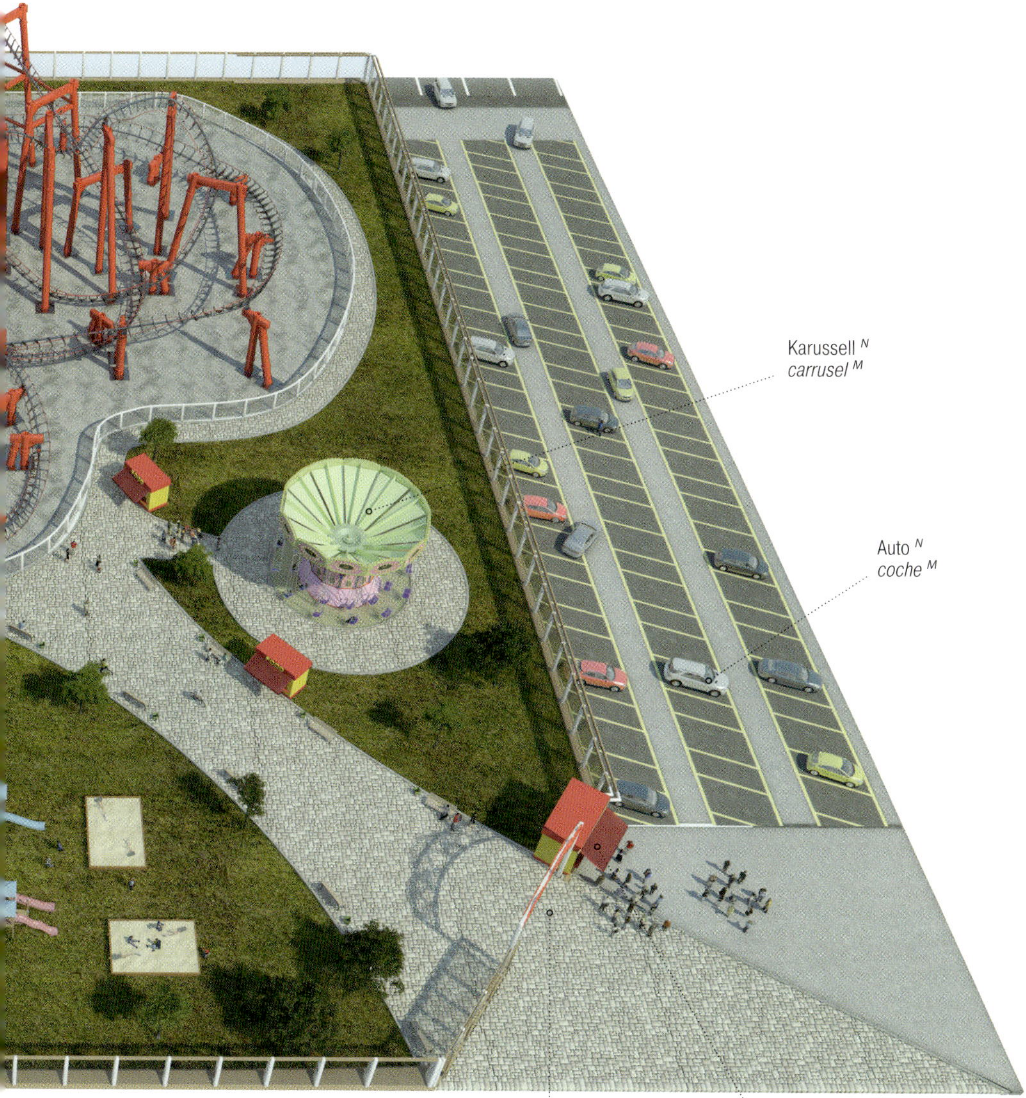
Karussell N
carrusel M
Auto N
coche M
Eingang M
entrada F
Ticketschalter M
taquilla F

Schach [N]
Ajedrez [M]

Bauer [M]
peón [M]

Springer [M]
caballo [M]

Turm [M]
torre [F]

Läufer [M]
alfil [M]

König [M]
rey [M]

Dame [F]
reina [F]

Damespiel N
Damas F

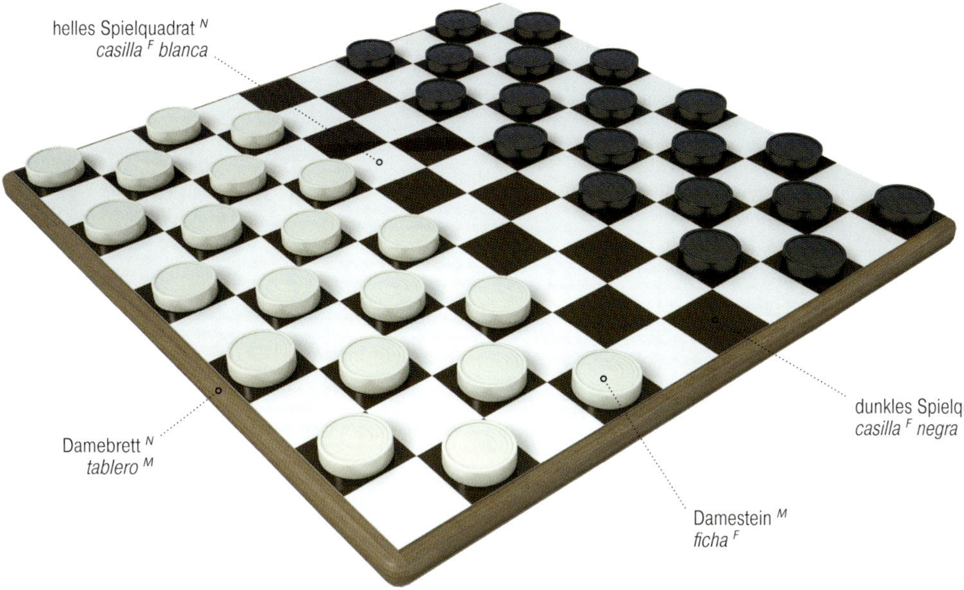

Backgammon N
Backgammon M

Bowling [N]
boliche [M]

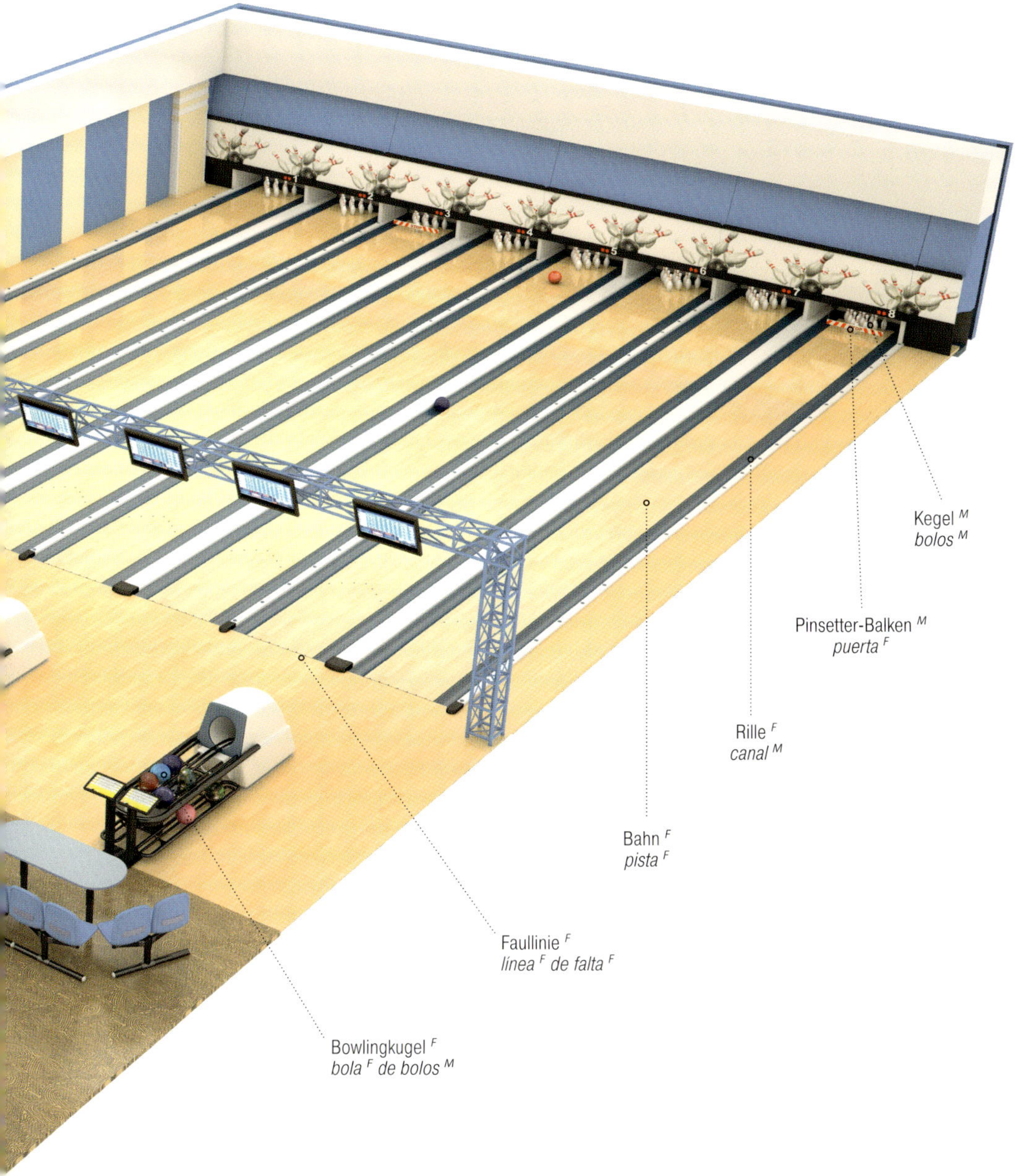
Kegel M
bolos M
Pinsetter-Balken M
puerta F
Rille F
canal M
Bahn F
pista F
Faullinie F
línea F de falta F
Bowlingkugel F
bola F de bolos M

Kugelrückgabe F
retorno M de bolas F
Rückgabefenster N
ventana F de retorno M de bolas F
Bahn F
guía F
Bowlingkugel F
bola F de bolos M
Ballablage F
repisa F

Bowlingbahn F
pista F de bolos M

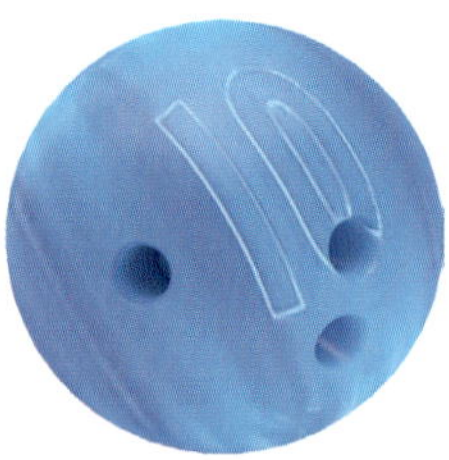
Bowlingkugel F
bola F de bolos M

Kegel M
bolo M

Billiardtisch [M]
mesa [F] de billar [M]

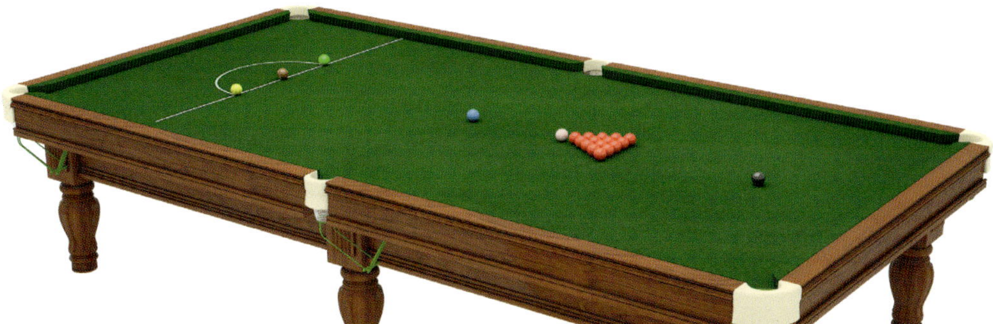

Dreieck [N]
soporte [M] de billar

Kreide [F]
tiza [F] de billar

Snookertisch [M]
mesa [F] de snooker [M]

elektronisches Dartbrett [N]
tablero [M] de dardos [M] electrónico

Dart [M]
dardo [M]

Arcade-Spiele

Bowlingsimulator [M]
simulador [M] de bolos [M]

Greiferspielautomat [M]
máquina [F] atrapa peluches [M]

Labyrinthspiel [N]
videojuego [M]

Airhockeytisch M
mesa F de hockey M de aire M

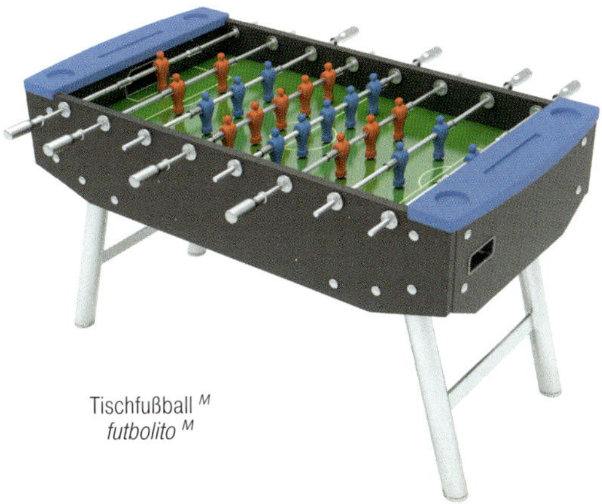

Tischfußball M
futbolito M

Kampfsimulator M
simulador M de combate M

Tischhockey ^{N}
hockey ^{M} de mesa ^{F}

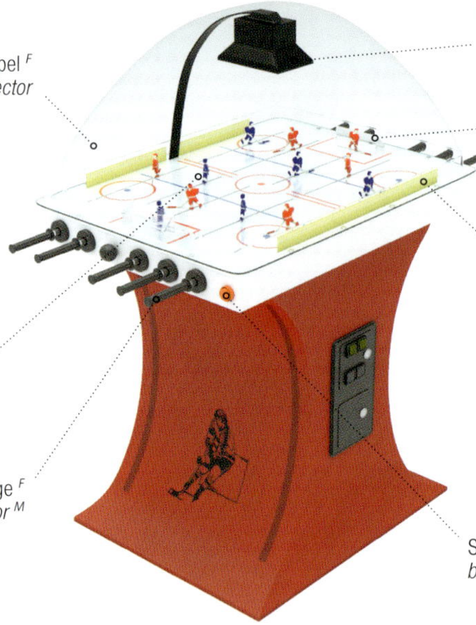

Lampe ^{F}
luz ^{F}

Schutzkuppel ^{F}
cristal ^{M} protector

Tor ^{N}
portería ^{F}

Bande ^{F}
banda ^{F}

Spieler ^{M}
jugador ^{M}

Stange ^{F}
control ^{M} del jugador ^{M}

Startknopf ^{M}
botón ^{M} de inicio ^{M}

elektronisches Dartbrett ^{N}
tablero ^{M} de dardos ^{M} electrónico

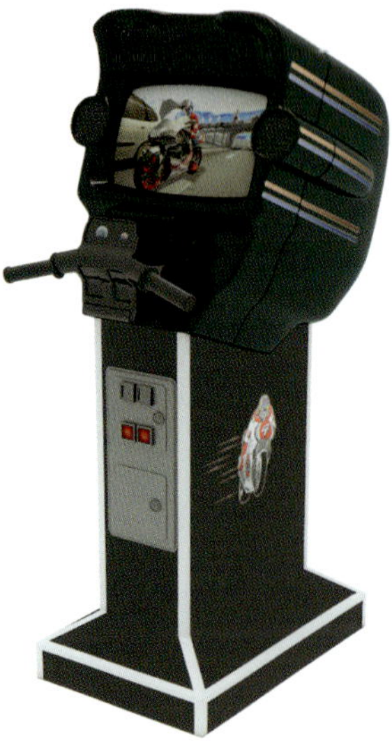

Motorradrennensimulator ^{M}
simulador ^{M} de motos ^{F}

Zweipersonen-Schießsimulator ^{M}
simulador ^{M} de tiro ^{M} en paralelo

Boxsimulator ^{M}
simulador ^{M} de boxeo ^{M}

Zweipersonen-Rallyesimulator ^{M}
simulador ^{M} de carreras ^{F} doble

Punktestandanzeige ^{F}
marcador ^{M}

Bildschirm ^{M}
pantalla ^{F}

Bedienfeld ^{N}
tablero ^{M} de control ^{M}

Schaltknüppel ^{M}
palanca ^{F} de cambios ^{M}

Bremspedal ^{N}
pedal ^{M} de freno ^{M}

Gaspedal ^{N}
pedal ^{M} del acelerador ^{M}

Sitz ^{M}
asiento ^{M}

Lenkrad ^{N}
volante ^{M}

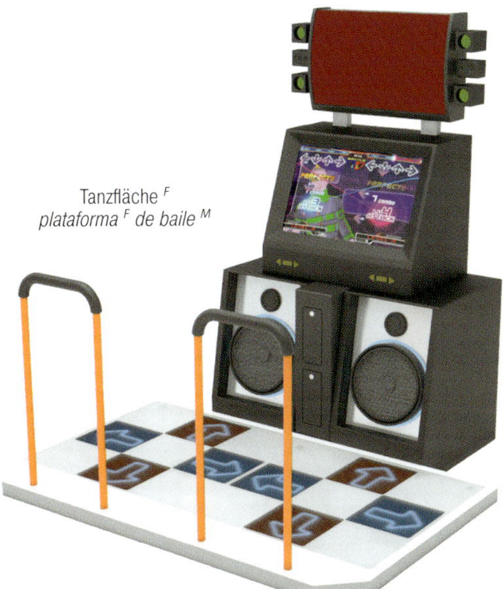

Tanzfläche ^{F}
plataforma ^{F} de baile ^{M}

elektronisches Basketballspiel ^{N}
juego ^{M} de baloncesto ^{M} electrónico

Roulettetisch M
ruleta F

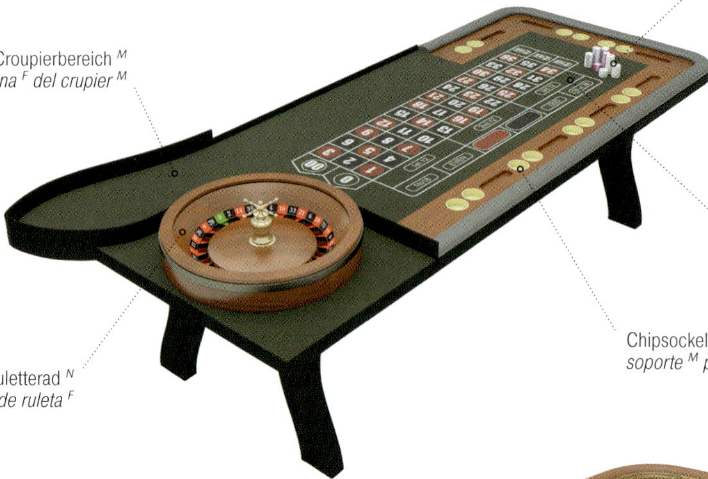

Crapstisch M
mesa F de dados M

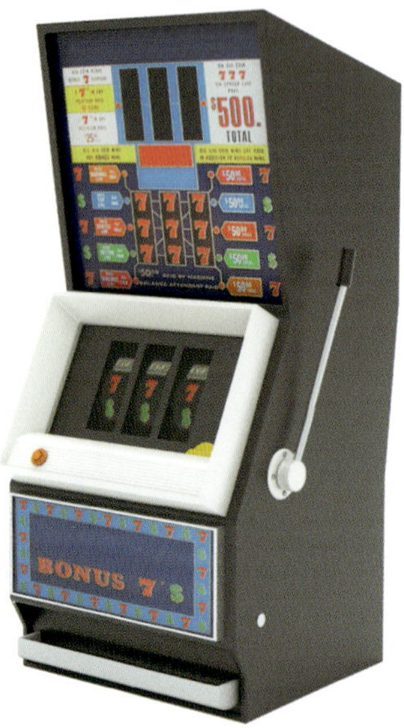

Glücksspielautomat M
máquina F tragamonedas F

Casino-Pokertisch [M]
mesa [F] de blackjack [M]

Pokertisch [M]
mesa [F] de póquer [M]

Kartentisch [M]
mesa [F] de cartas [F]

Spielkartenfarben [F]
Palos [M]

Herz [N]
corazones [M]

Karo [N]
diamantes [M]

Kreuz [N]
tréboles [M]

Pik [N]
picas [F]

Bildkarten [F] und spezielle Karten [F]
Cartas [F] de números [M] y cartas [F] de figuras [F]

Bube [M]
sota [F]

Dame [F]
reina [F]

König [M]
rey [M]

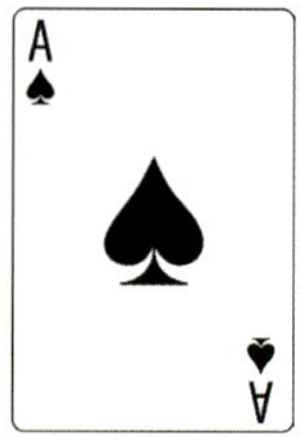

Ass [N]
as [M]

Joker [M]
joker [M]

Pokerkombinationen [F]
Manos [M] de póquer [M] estándar

Paar [N]
un par [M]

Zwei Paare [F]
dos pares [M]

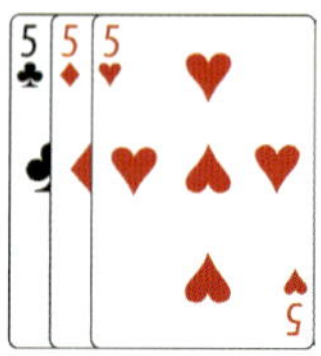

Drilling [M]
trío [M]

Straße [F]
escalera [F]

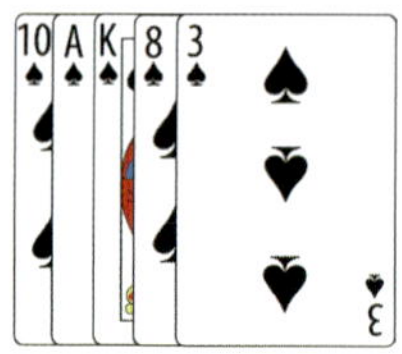

Flush [M]
color [M]

Full House [N]
full [M]

Vierling [M]
póquer [M]

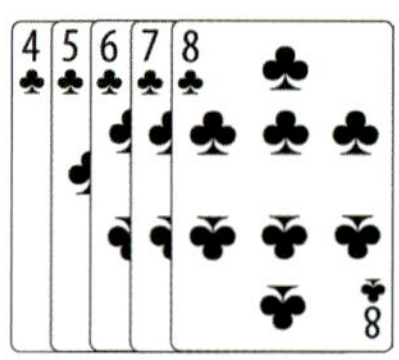

Straße in einer Farbe [F]
escalera [F] de color [M]

Royal Flush [M]
escalera [F] real

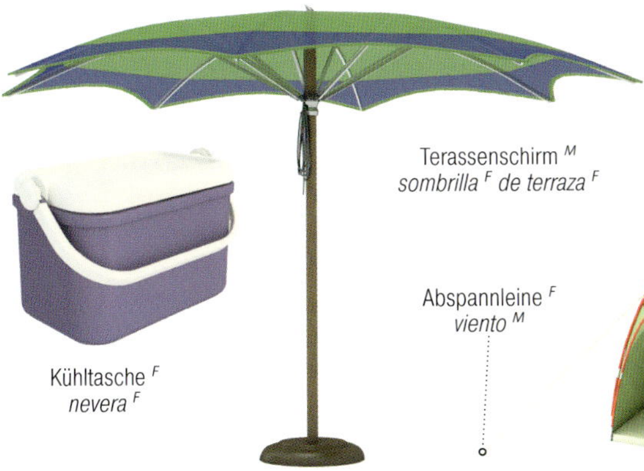

Terassenschirm ^M^
*sombrilla ^F^ de terraza ^F^*

Kühltasche ^F^
*nevera ^F^*

Zelt ^N^
tienda ^F^ de campaña ^F^

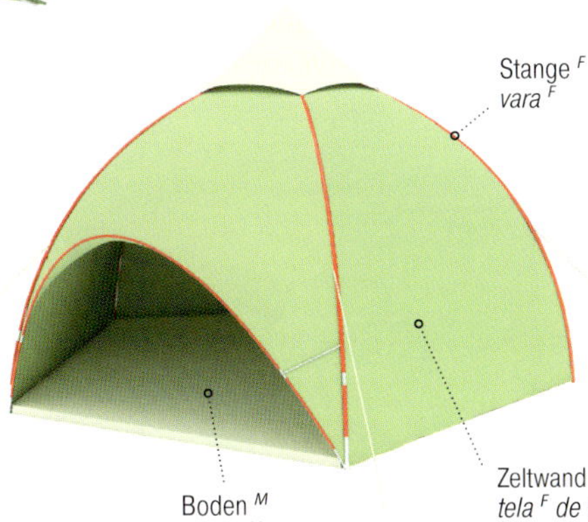

Laterne ^F^
lámpara ^F^

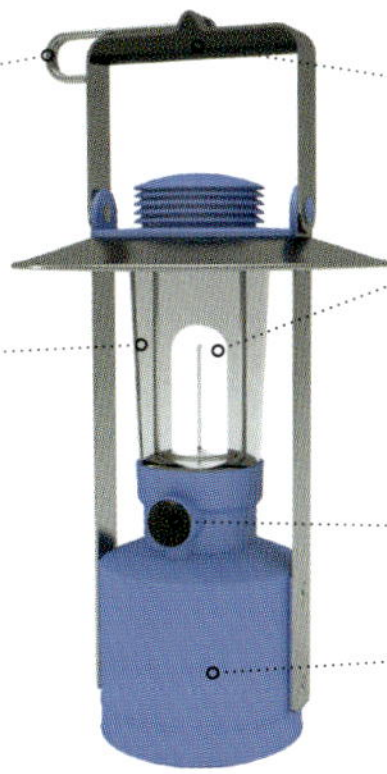

Klappstuhl ^M^
silla ^F^ plegable

Rucksack ^M^
*mochila ^F^*

Taschenmesser ^N^
*navaja ^F^*

Taschenlampe ^F^
*linterna ^F^*

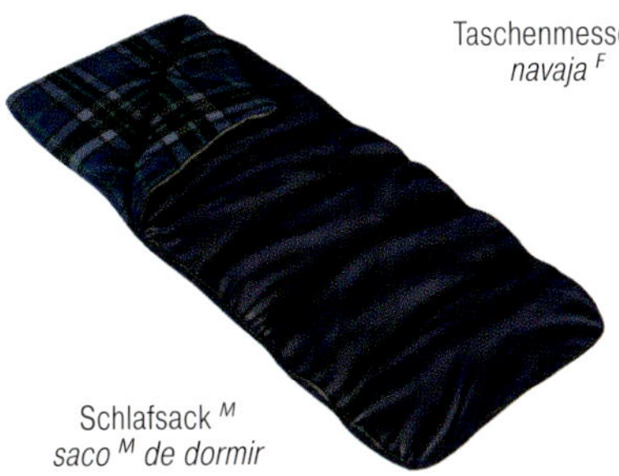

Schlafsack ^M^
saco ^M^ de dormir

Thermoskanne ^F^
*termo ^M^*

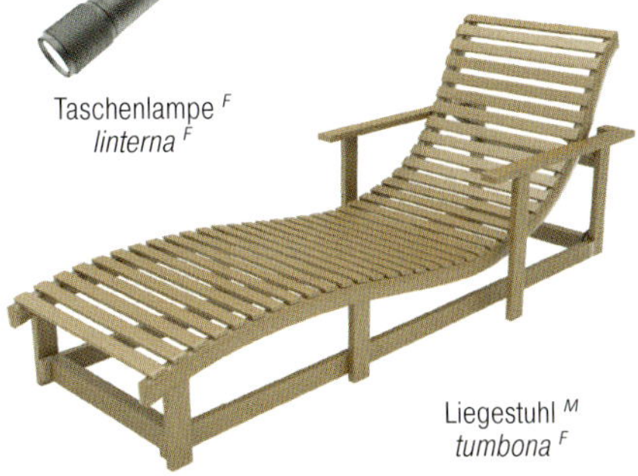

Liegestuhl ^M^
*tumbona ^F^*

Gewehrpatrone F
cartucho M para rifle M

Jagdgewehr N
rifle M

Jagdschrotflinte F
escopeta F

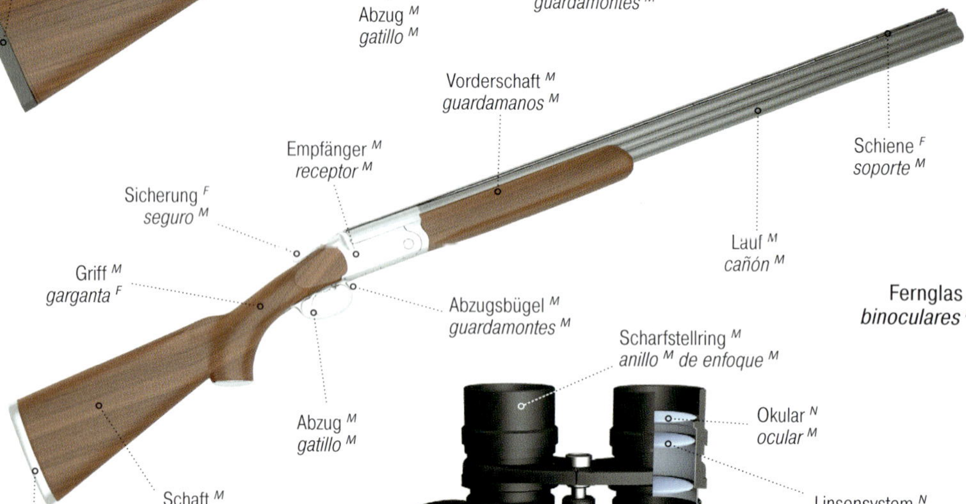

Fernglas N
binoculares M

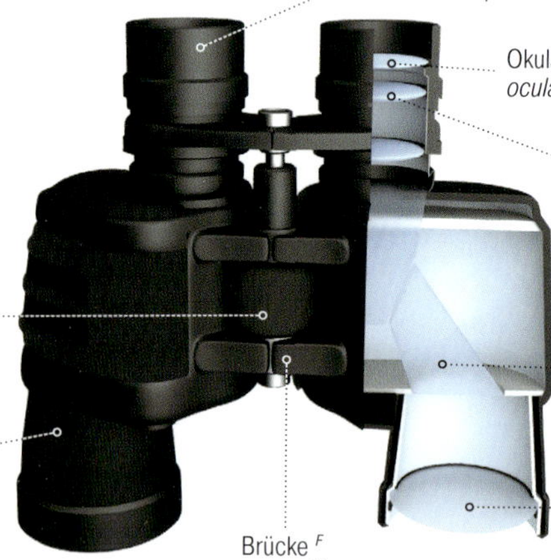

Schrotflintenpatrone F
cartucho M para escopeta F

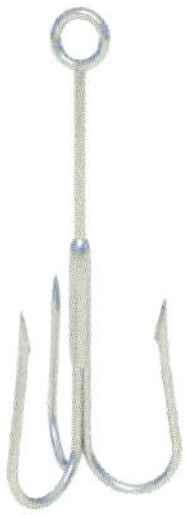

Angelrolle F
carrete M de pesca F

Schwimmer M
flotador M

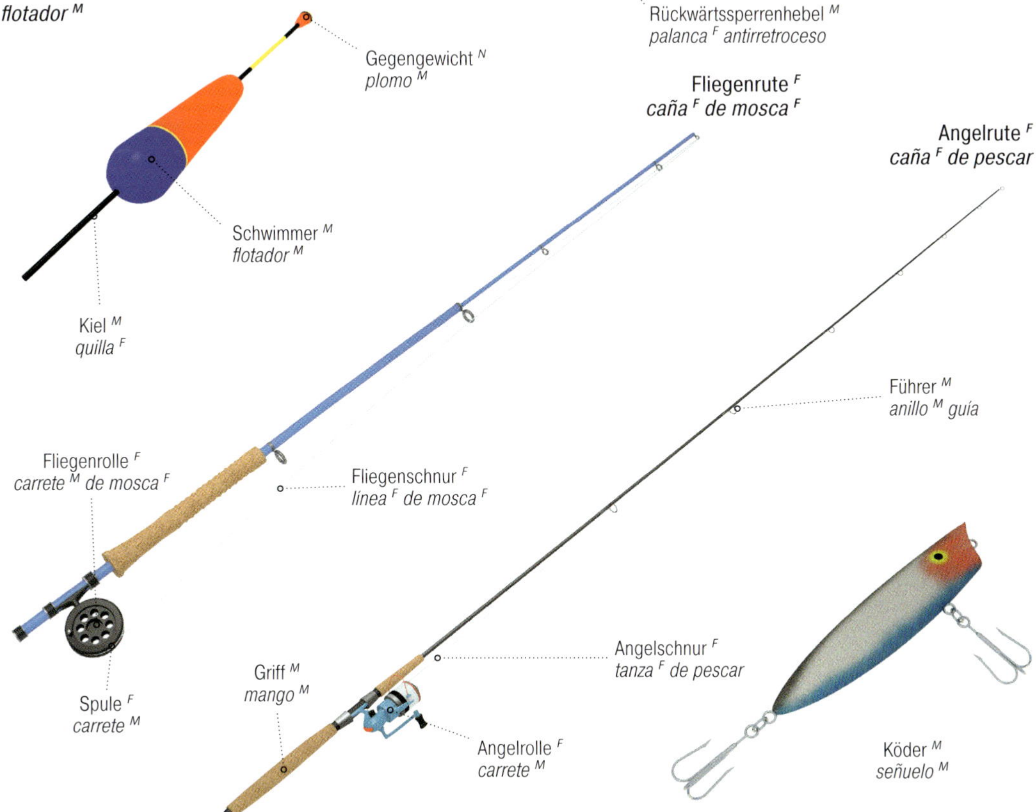

Großraumbüro N
cubículos M

Uhr F
reloj M

fahrbarer Aktenschrank M
módulo M móvil con cajones M

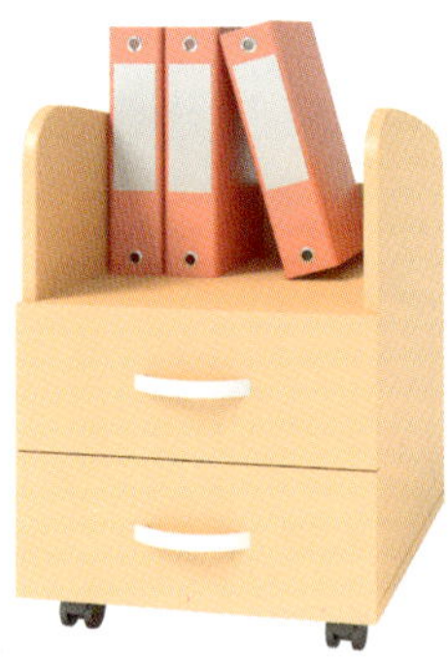

Callcenter N
centro M de atención telefónica F

Registratur F
archivador M / fichero M

Rezeption F
recepción F

Chefsessel M
silla F ejecutiva

Bücherregal N
librero M

Konferenzsaal ^{M}
salón ^{M} de conferencias

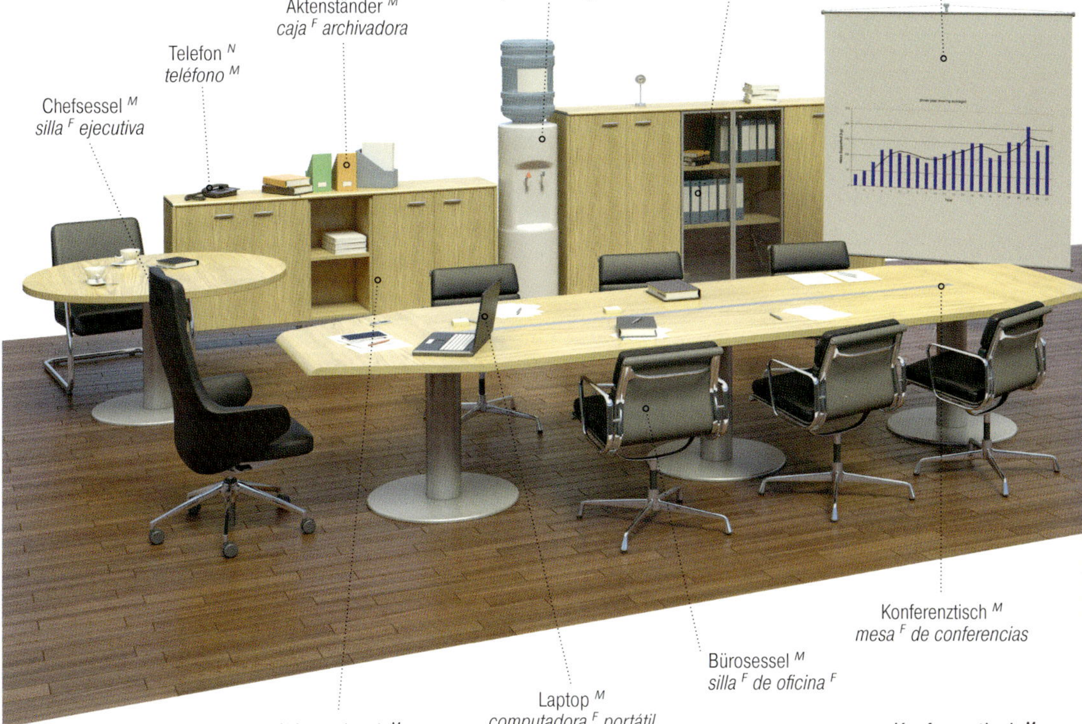

Konferenztisch ^{M}
mesa ^{F} de conferencias ^{F}

Laptop [M]
computadora [F] portátil

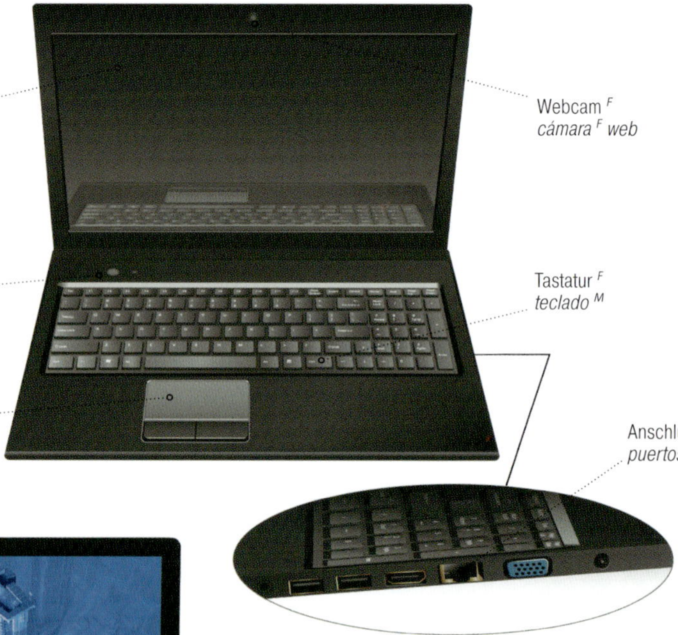

All-In-One Computer [M]
ordenador [M] todo en uno [M]

Tablet [N]
tableta [F]

Desktop-Computer M
computadora F de escritorio M

Netzteilkühler M
ventilador M de fuente F de poder M

Netzteilschalter M
selector M de suministro M eléctrico

Stromanschluss M
puerto M de alimentación F

Anschluss M für Maus F und Tastatur F
puertos M del ratón M y del teclado M

An-/Ausschalter M
botón M de encendido M

Lüftungsschlitz M
ventilador M del recinto M

Netzwerkadapteranschluss M
puerto M adaptador de red F

USB-Anschluss M
puerto M USB M

Audio-Anschluss M
puerto M de audio M

Monitoranschluss M
puerto M de vídeo M

Erweiterungssteckplatz M
ranura F de expansión F

Tastatur F
teclado M

kabellose Maus F
ratón M inalámbrico

Maus F
ratón M

Grafiktablett N
tableta F gráfica

Spielecontroller M
mando M de videojuegos M

Drucker M, Kopierer M und Scanner M
Impresoras, F fotocopiadoras F y escáneres M

Plotter M
trazador M de gráficos

Laserdrucker M
impresora F láser

Druckerpatrone F
cartucho M de tinta F de impresora F

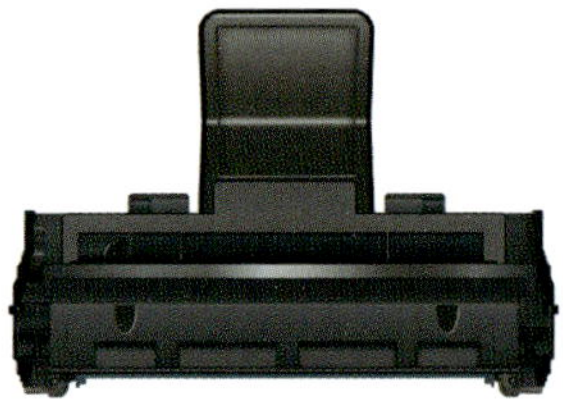

Tonerkartusche F
cartucho M de impresora F láser

Flachbettscanner M
escáner M plano M

Einzelblatt-Scanner M
escáner M de alimentación F vertical

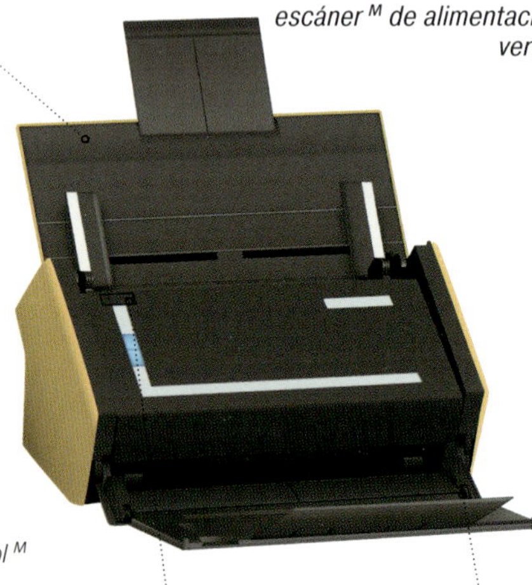

Tintenstrahldrucker M
impresora F de chorro M de tinta F

Bedienfeld N
panel M de control M

Anzeige F
pantalla F

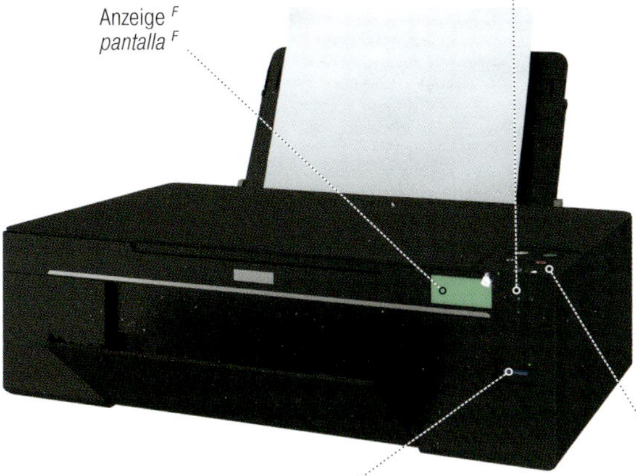

Speicherkarte F
tarjeta F de memoria F

An-/Ausschalter M
botón M de encendido M

Kopierer M
fotocopiadora F

Kommunikationsgeräte

Headset N
auriculares M

Kopfbügel M
banda F de la cabeza F

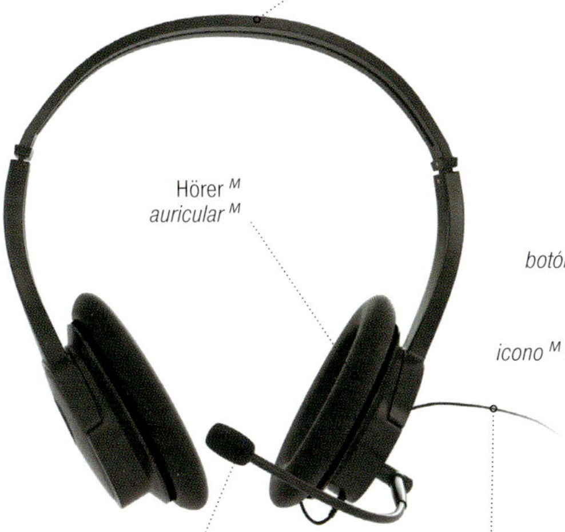

Hörer M
auricular M

Mikrofon N
micrófono M

Kabel N
cable M

Smartphone N
teléfono M inteligente

An-/Ausschalter M
botón M de encendido M

Lautsprecher M
receptor M

Kameralinse F
lente F de la cámara F

Lautstärketaste F
botón M de volumen M

Touchscreen M
pantalla F táctil

App-Symbol N
icono M de la aplicación F

Zurück-Taste F
botón M atrás

Home-Taste F
botón M de inicio M

Menütaste F
botón M del menú M

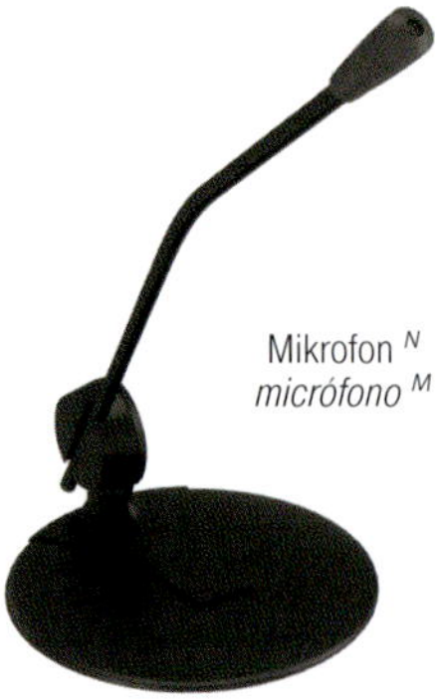

Telefon [N]
teléfono [M]

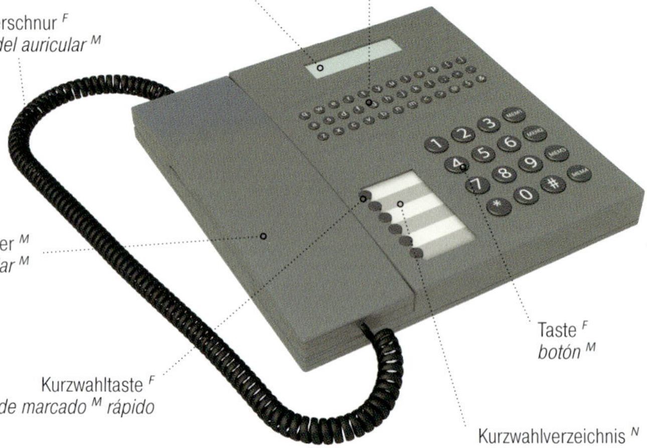

Fax [N]
fax [M]

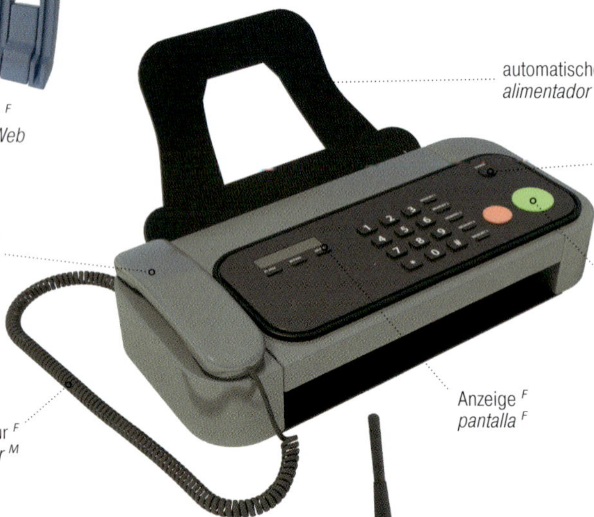

WLAN-Router [M]
router [M] *inalámbrico*

Rechner M mit Druckfunktion F
calculadora F con función F de impresión M

Papierrolle F
rollo M de papel M

Taste F
tecla F

Bildschirm M
pantalla F

Rechner M
calculadora F

Taschenrechner M
calculadora F de bolsillo M

Aktenvernichter M
trituradora F

Bedientaste F
botón M de control M

Schneidekopf M
cabezal M de corte M

Deckel M
tapa F

Abfallkorb M
cesto M de basura F

Monitor M
monitor M

Externe Festplatte ^{F}
disco ^{M} duro externo

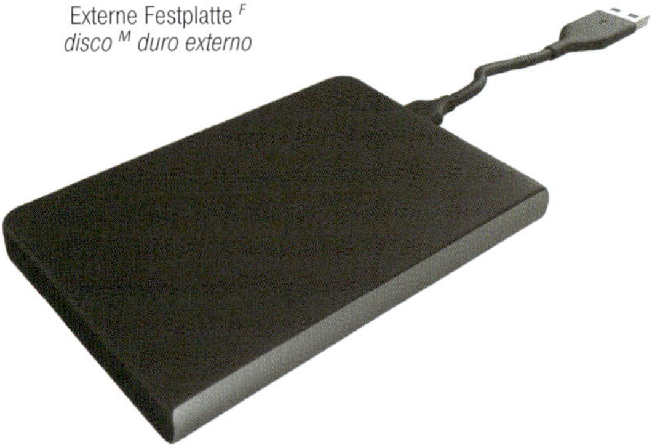

Etikettiergerät ^{N}
etiquetadora ^{F}

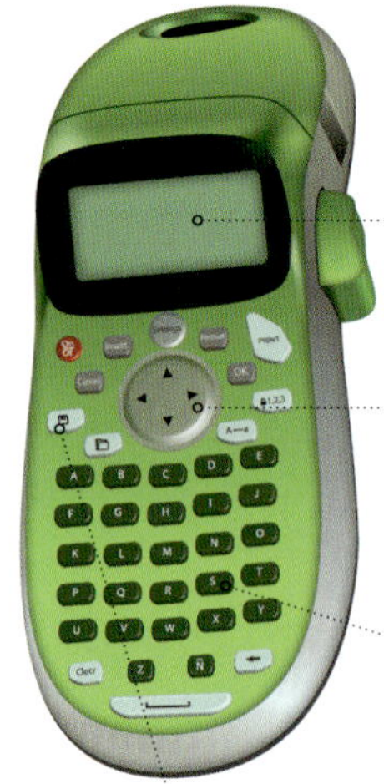

Anzeige ^{F}
pantalla ^{F}

Navigationstasten ^{F}
botones ^{M} de navegación ^{F}

Tastatur ^{F}
teclado ^{M}

Bedientaste ^{F}
botón ^{M} de control ^{M}

USB-Stick ^{M}
memoria ^{F} USB ^{M}

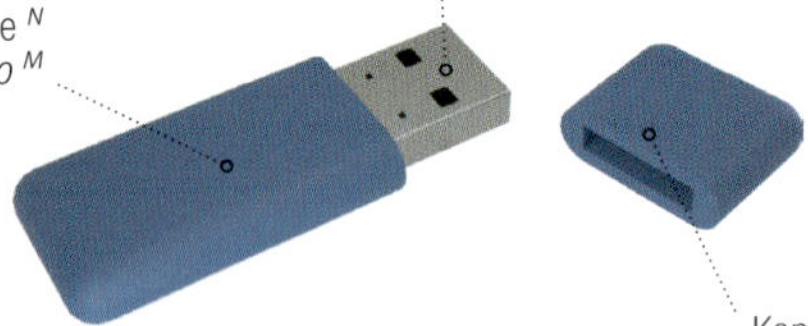

Stecker ^{M}
enchufe ^{M}

Gehäuse ^{N}
cuerpo ^{M}

Kappe ^{F}
tapón ^{M}

E-Book-Reader ^{M}
lector ^{M} de libros ^{M} electrónicos

digitales Diktiergerät ^{N}
grabadora ^{F} digital

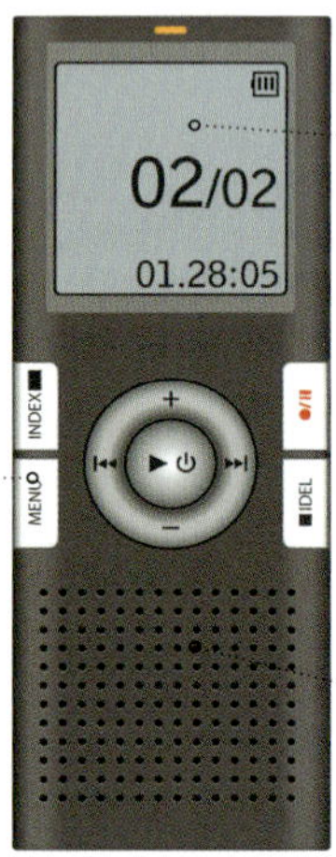

Anzeige ^{F}
pantalla ^{F}

Bedientaste ^{F}
botón ^{M} de control ^{M}

Lautsprecher ^{M}
altavoz ^{M}

Digitaluhr [F]
reloj [M] digital

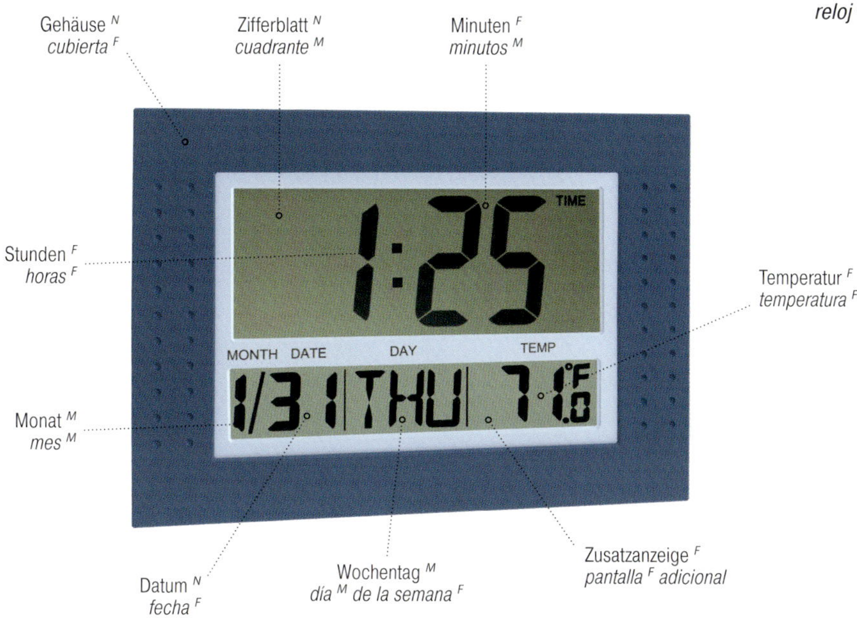

MP3-Spieler [M]
reproductor [M] de sonido [M] digital portátil

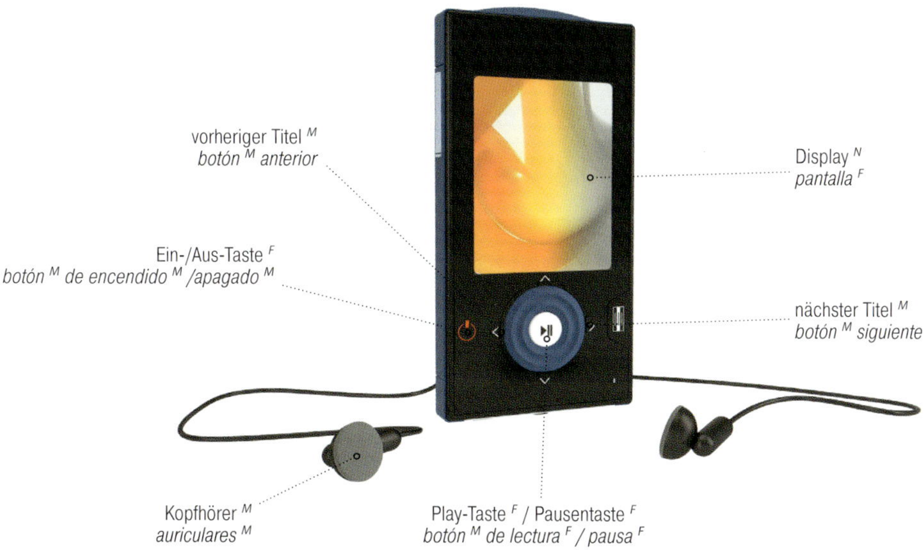

digitale Spiegelreflexkamera [F] - Vorderseite
cámara [F] digital reflex de lente [F] única: vista [F] frontal

digitale Spiegelreflexkamera [F] - Rückseite
cámara [F] digital reflex de lente [F] única: vista trasera

Laptop-Netzteil [N]
cordones [M] eléctricos de computadora [F] portátil

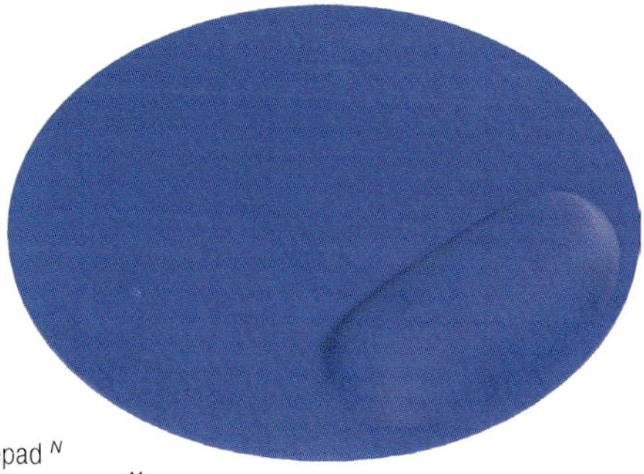

Überspannungsschutz [M]
protector [M] contra sobretensión [F]

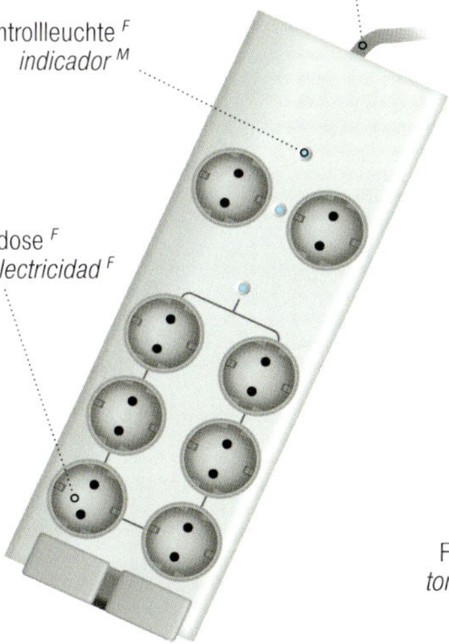

Monitorkabel [N]
cable [M] de señal [F] del monitor [M]

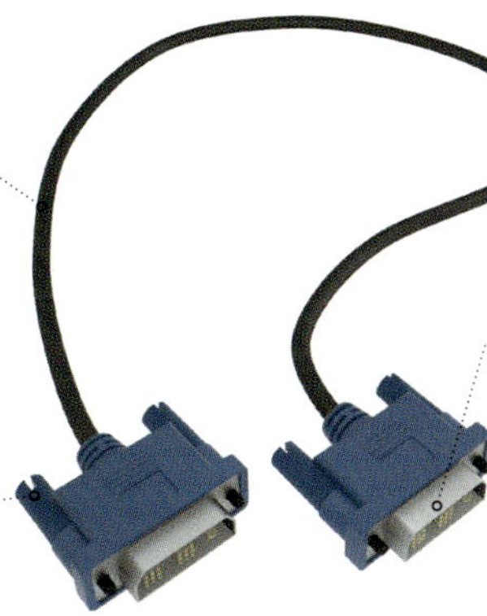

Karteikarten [F]
tarjeta [F] índice [M]

Klebezettel [M]
notas [F] adhesivas

Briefumschlag [M] mit Fenster [N]
sobre [M] con ventana [F] transparente

Umschlag [M]
sobre [M]

Kalender [M]
calendario [M]

Klappseite [F]
rotafolios [M]

Spiralheftung [F]
espiral [F]

Monat [M]
mes [M]

Wochentag [M]
día [M]

Datum [N]
fecha [F]

Kartonunterlage [F]
base [F] de cartón [M]

Seitentrenner [M]
separador [M] de hojas [F]

Terminplaner [M]
agenda [F]

Blatt [N] Papier [N]
hoja [F] de papel [M]

Einband [M]
cubierta [F]

Unterteiler [M]
divisor [M]

Klebeetiketten [N]
etiqueta [F]

Magnettafel [F]
tablón [M] magnético

Whiteboard [N]
pizarra [F] blanca

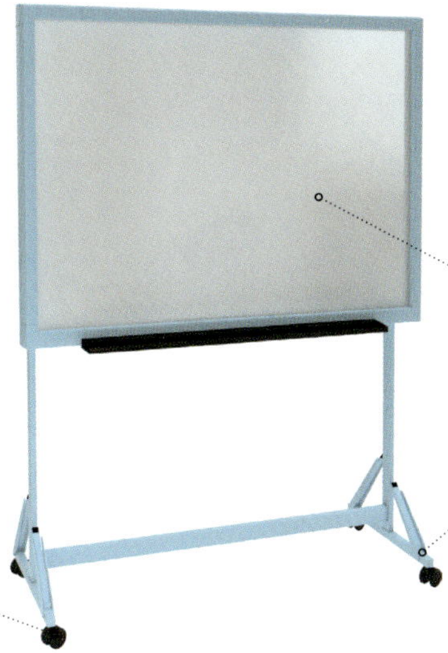

Bürozubehör

Klebebandhalter [M]
soporte [M] para cinta [F] adhesiva

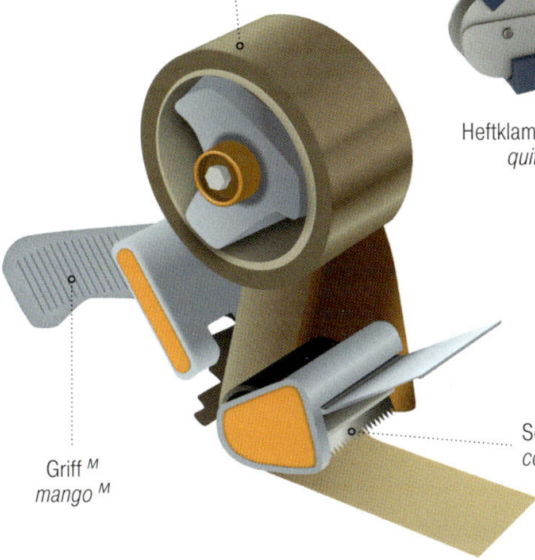

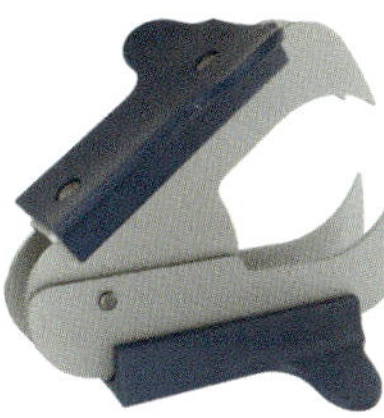

Heftklammerentferner [M]
quitagrapas [F]

Klebebandabroller [M]
surtidor [M] de cinta [F] adhesiva

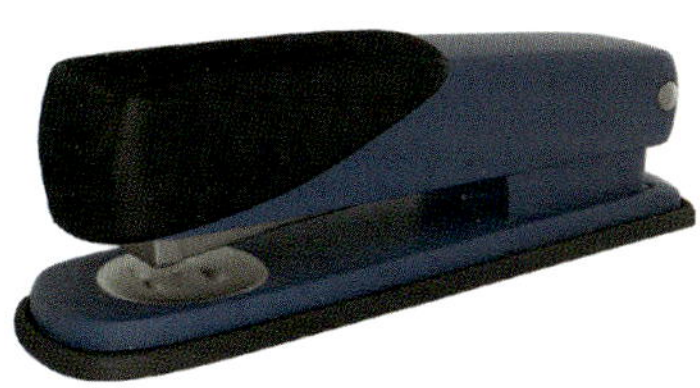

Hefter [M]
grapadora [F]

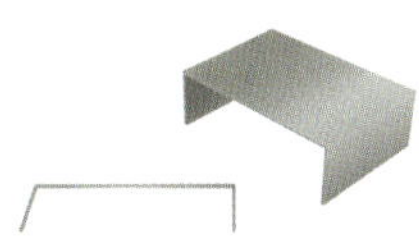

Heftklammern [F]
grapas [F]

Zeichenwinkel ^{M}
transportador ^{M}

Handlocher ^{M}
perforadora ^{F} *de papel* ^{M}

Bleistiftanspitzer ^{M}
sacapuntas ^{M}

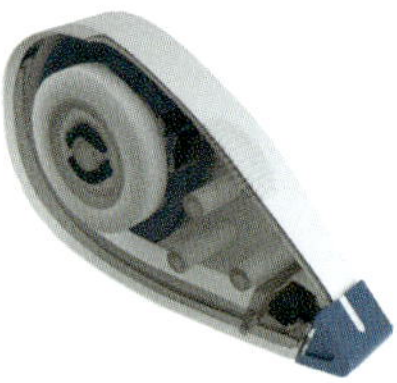

Korrekturband ^{N}
cinta ^{F} *correctora*

Klebstift ^{M}
pegamento ^{M} *en barra* ^{F}

Teppichmesser ^{N}
cúter ^{M} */ cuchillo* ^{M} *de trabajo* ^{M}

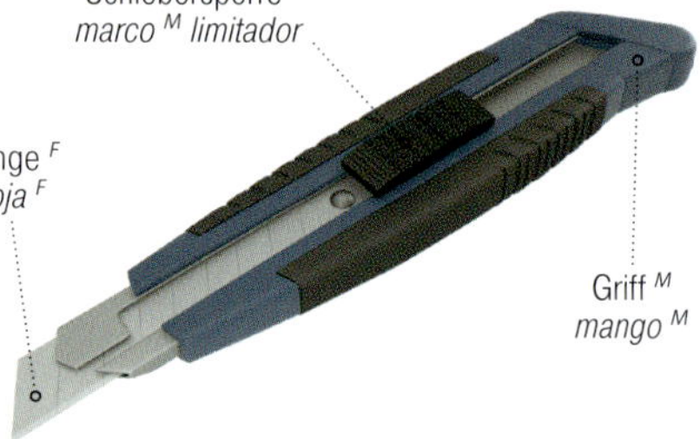

Büroklammer ^{F}
clip ^{M}

Radierer ^{M}
goma ^{F} *de borrar*

Reißzwecke ^{F}
chincheta ^{F}

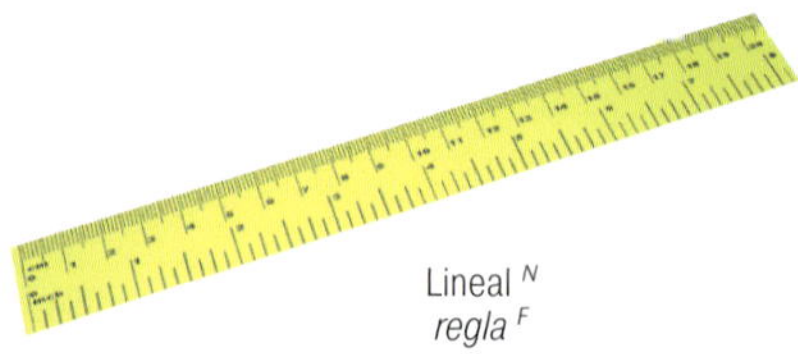

Lineal ^{N}
regla ^{F}

Papierkorb ^{M}
papelera ^{F}

Papierschneidemaschine ^{F}
guillotina ^{F}

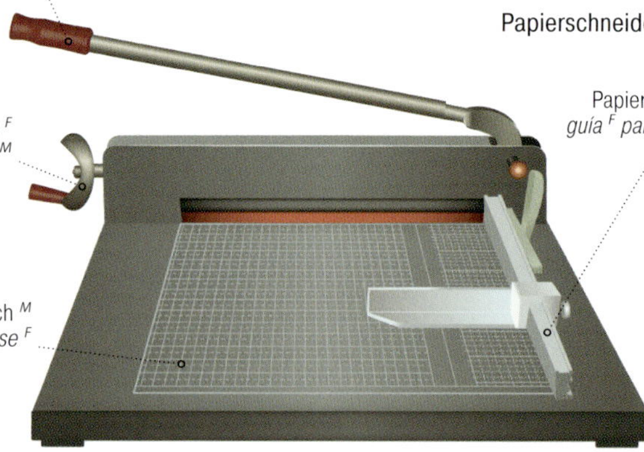

Binderückengerät N
encuadernadora F

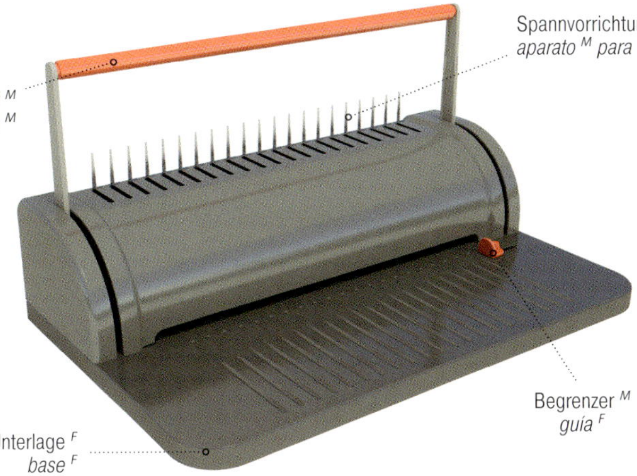

Griff M
mango M

Spannvorrichtung F
aparato M para apretar el espiral F

Begrenzer M
guía F

Unterlage F
base F

Schere F
tijeras F

Datumsstempel M
sello M fechador M

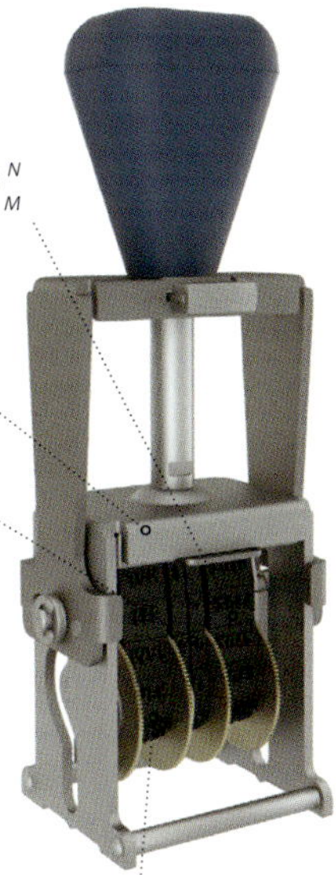

Scheibe F zur Einstellung F des Jahres N
disco M de año M

Stempelkissen N
almohadilla F de tinta F

Scheibe F zur Einstellung F des Tags M
disco M de día M

Scheibe F zur Einstellung F des Monats M
disco M de mes M

Stempelkissen N
tampón M

Deckel M
tapa F

Stempelkissen N
almohadilla F de tinta F

Gummistempel M
sello M de goma F

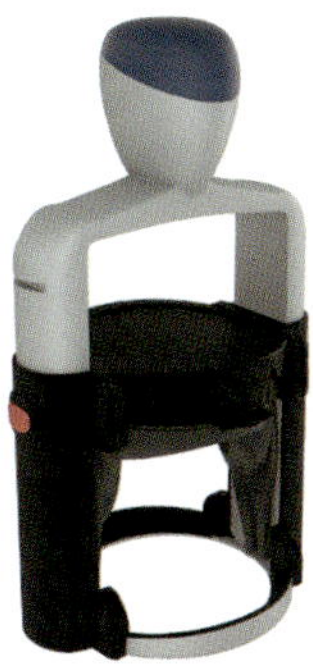

Stempel M
sello M preentintado

Korrekturstift [M]
lápiz [M] corrector

Kugelschreiber [M]
bolígrafo [M]

Spitze [F]
punta [F]

Schaft [M]
cuerpo [M]

Clip [M]
gancho [M] para el bolsillo [M]

Drücker [M]
botón [M]

Bleistift [M]
lápiz [M]

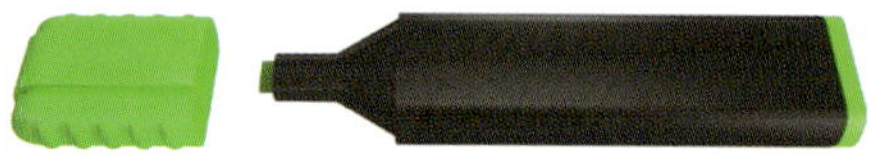

Textmarker [M]
resaltador [M]

Marker [M]
rotulador [M] / marcador [M]

Dokumentenaufbewahrung

Heftmappe [F]
carpeta [F] de anillas [F]

Ablagekasten [M]
bandeja [F]

Ablage [F]
bandeja [F] para papeles [M]

Papier [N]
papel [M]

Ordner [M]
carpeta [F] de gancho [M]

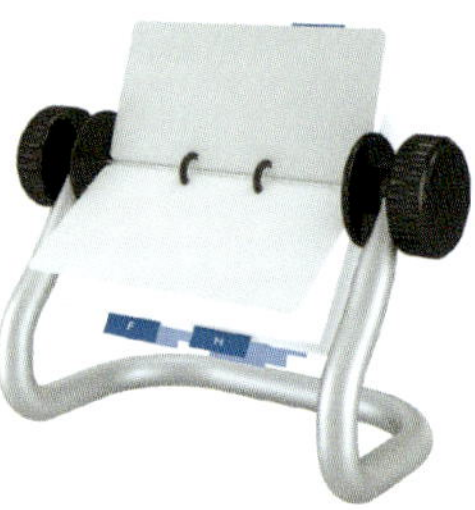

Karteilift [M]
tarjetero [M] giratorio

Dokumententasche [F]
portadocumentos [M]

Griff [M]
asa [F]

Verschluss [M]
cierre [M]

Heftmappe [F]
carpeta [F] *archivadora*

Aufkleber [M]
etiqueta [F]

Ordnerdeckel [M]
cubierta [F]

Ordner [M]
carpeta [F]

Ringmappe [F]
carpeta [F] *de espiral* [F]

Hülle [F]
funda [F] *de plástico* [M]

Hängemappe [F]
carpeta [F] *colgante*

Aktenständer [M]
revistero [M]

Straßenkreuzung ^F
intercambio ^M vial

Auto ^N
coche ^M

Bogenbrücke ^F
puente ^M de arco ^M

Straßenmarkierung ^F
líneas ^F de carretera ^F

Verkehrszeichen ^N
señal ^F de tráfico ^M

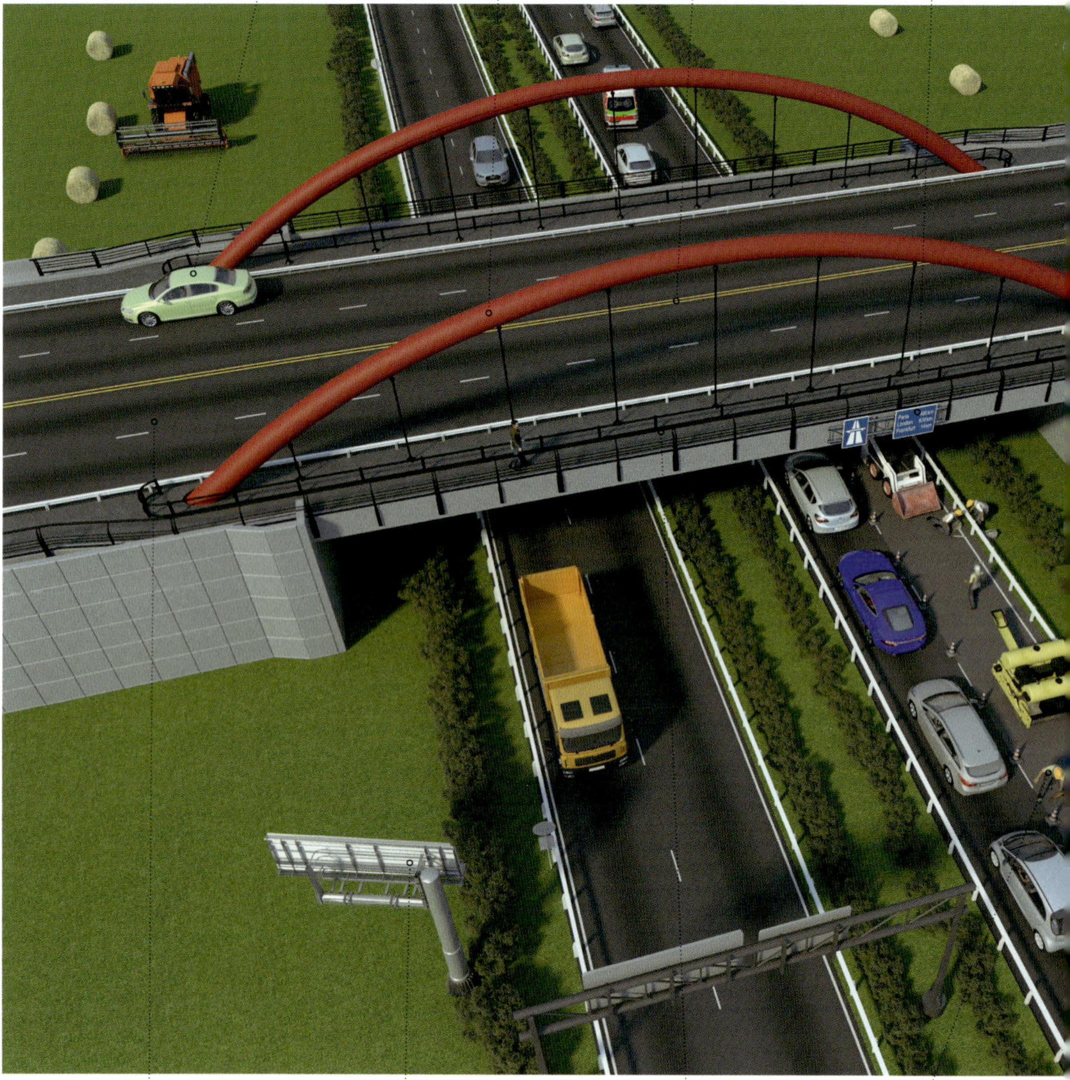

Straße ^F
carretera ^F

Plakatwand ^F
valla ^F publicitaria ^F

Schutzgeländer ^N
barandilla ^F

Straßenbauarbeiter ^M
trabajador ^M de carreteras ^F

Straßenbauarbeiter M
trabajador F de carreteras F

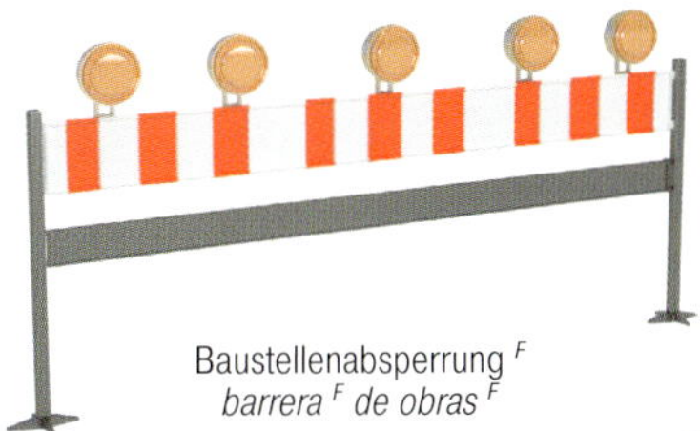

Baustellenabsperrung F
barrera F de obras F

Querschnitt M einer Straße
vista F transversal de carretera F

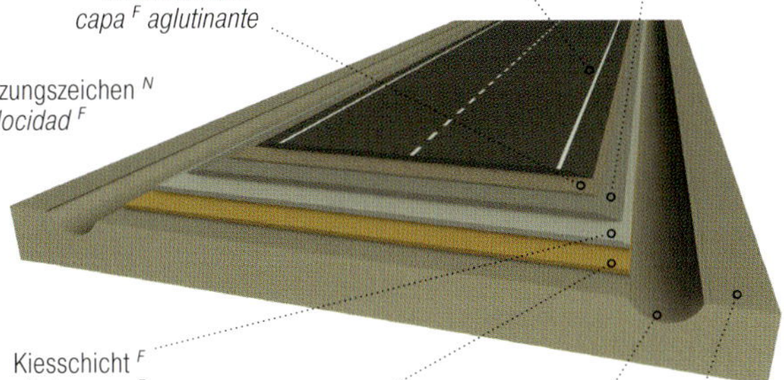

Bogenbrücke F
puente M en arco M

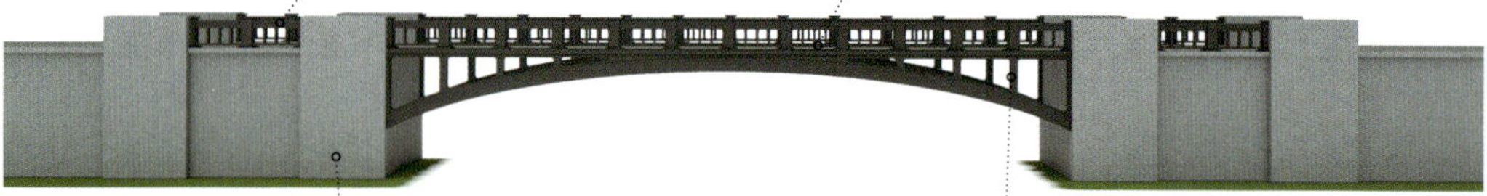

Hängebrücke F
puente colgante M

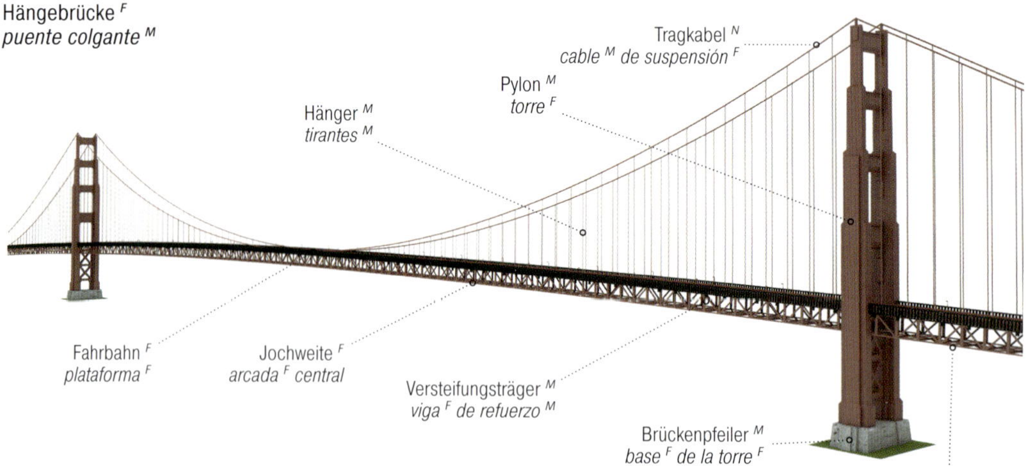

Viadukt M
viaducto M

Tankstelle [F] Übersicht [F]
vista [F] de una estación [F] de servicio [M]

Zapfsäule [F]
bomba [F] de gasolina [F]

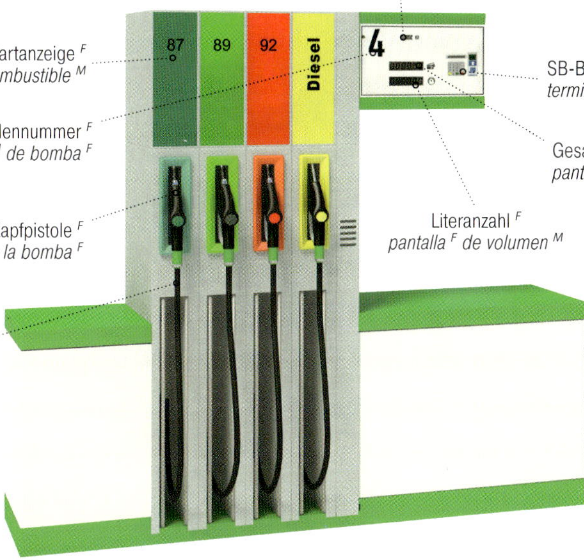

Autozubehör ^{N}
Accesorios ^{M} de automóvil ^{M}

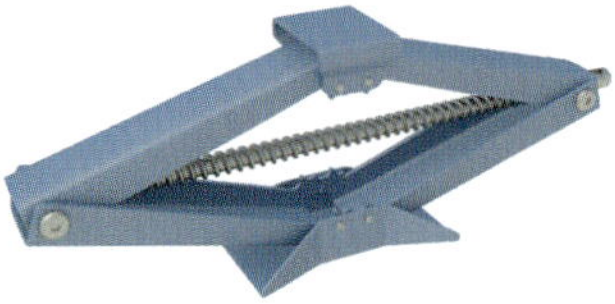

Wagenheber ^{M}
gato ^{M}

Eiskratzer ^{M}
rasqueta ^{F}

Feuerlöscher ^{M}
extintor ^{M}

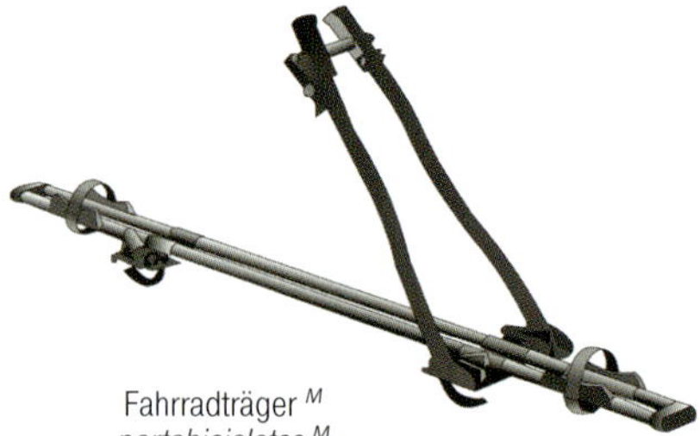

Fahrradträger ^{M}
portabicicletas ^{M}

Eiskratzer mit Schneefeger ^{M}
cepillo ^{M} para nieve ^{F} con raspador ^{M}

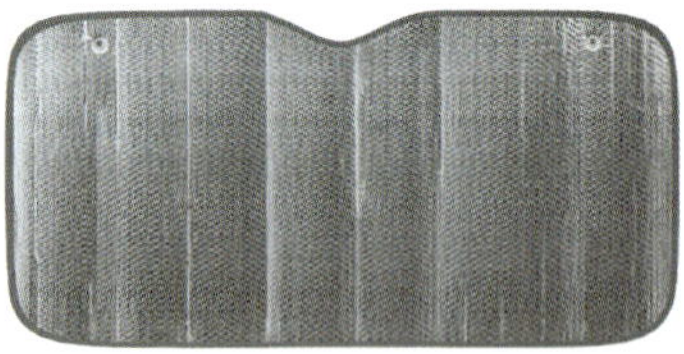

Sonnenblendschutz ^{M}
parasol ^{M}

Gummimatte ^{F}
alfombrilla ^{F}

Starthilfekabel ^{N}
cables ^{M} puente

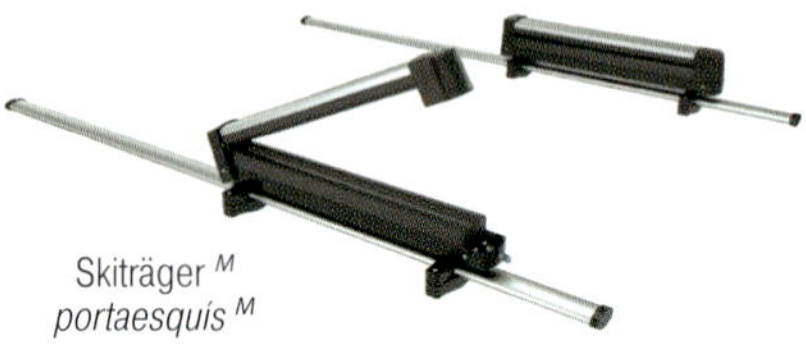

Skiträger ^{M}
portaesquís ^{M}

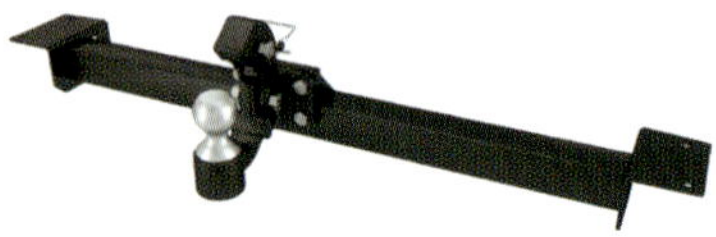

Anhängerkupplung ^{F}
gancho ^{M} de remolque ^{M}

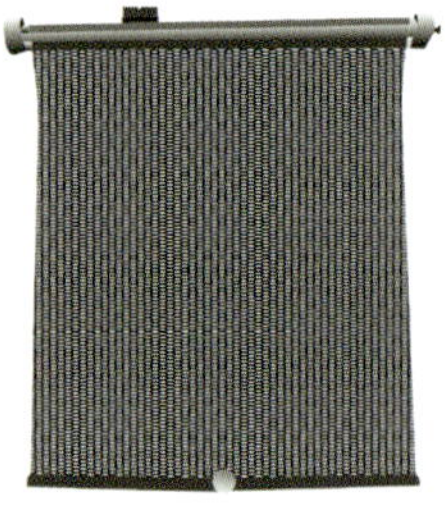

Sonnenrollos ^{N}
cortinillas ^{F}

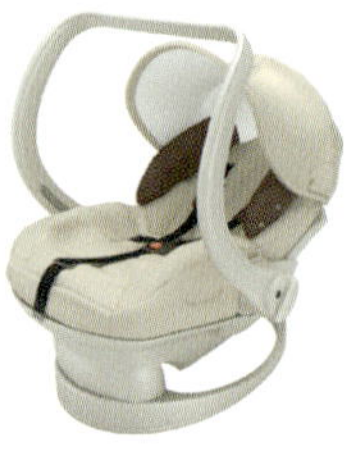

Babyschale ^{F}
silla ^{F} de seguridad ^{F} para bebés ^{M}

Sitzerhöhung ^{F}
asiento ^{M} elevador ^{M}

Kindersicherheitssitz ^{M}
silla ^{F} de seguridad ^{F} para niños ^{M}

Warndreieck [N]
triángulo [M] de seguridad [F]

Erste-Hilfe -Kasten [M]
botiquín [M] de primeros auxilios [M]

reflektierende Sicherheitsweste [F]
chaleco [M] reflector

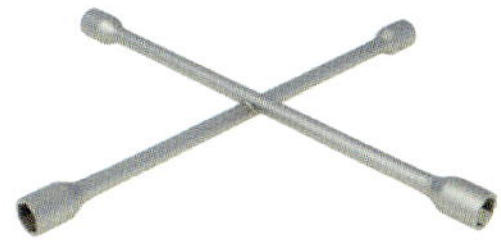

Radmutternschlüssel [M]
llave [F] de cruz [F]

Farhzeugsysteme [N]
Sistemas [M] del coche [M]

Kühlungssystem [N]
sistema [M] de refrigeración [F]

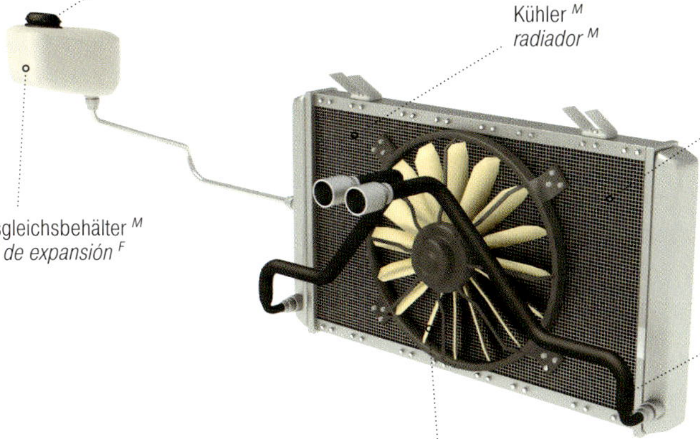

Getriebesystem [N]
sistema [M] de transmisión [F]

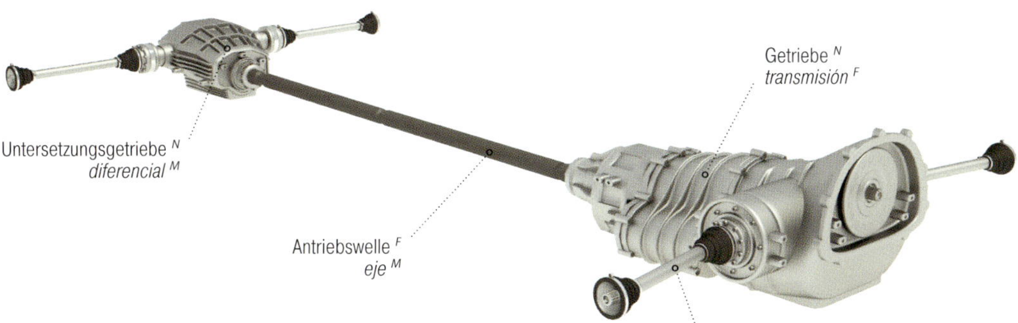

Bremsanlage [F]
sistema [M] de frenado [M]

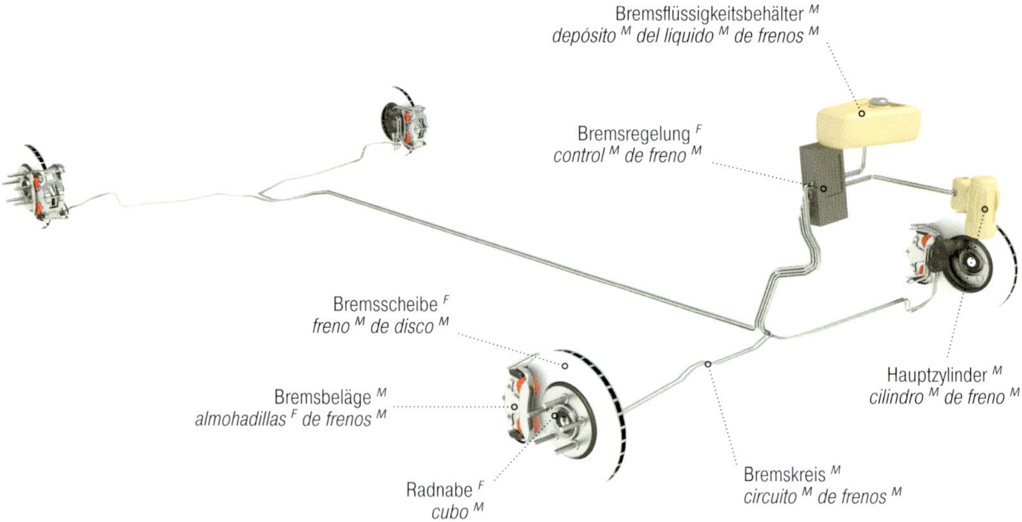

Auspuffanlage [F]
sistema [M] de escape [M]

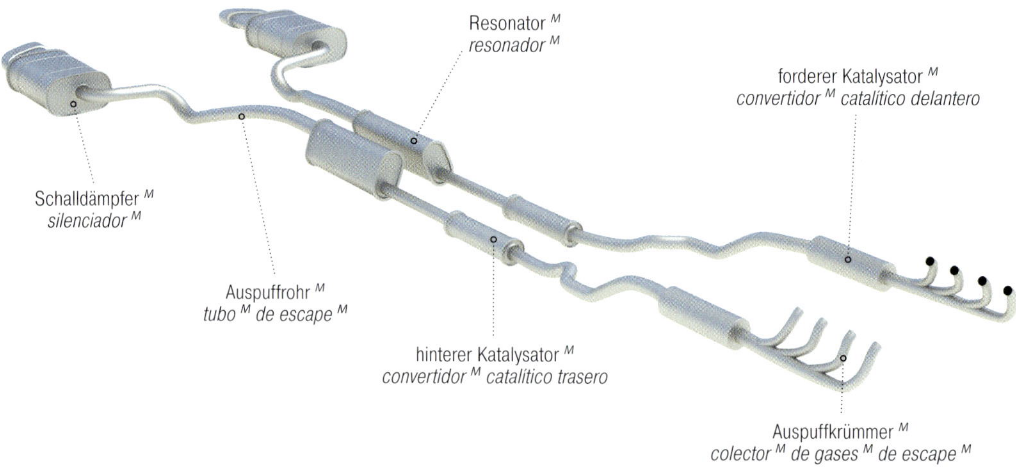

Heckfederung F
suspensión F trasera

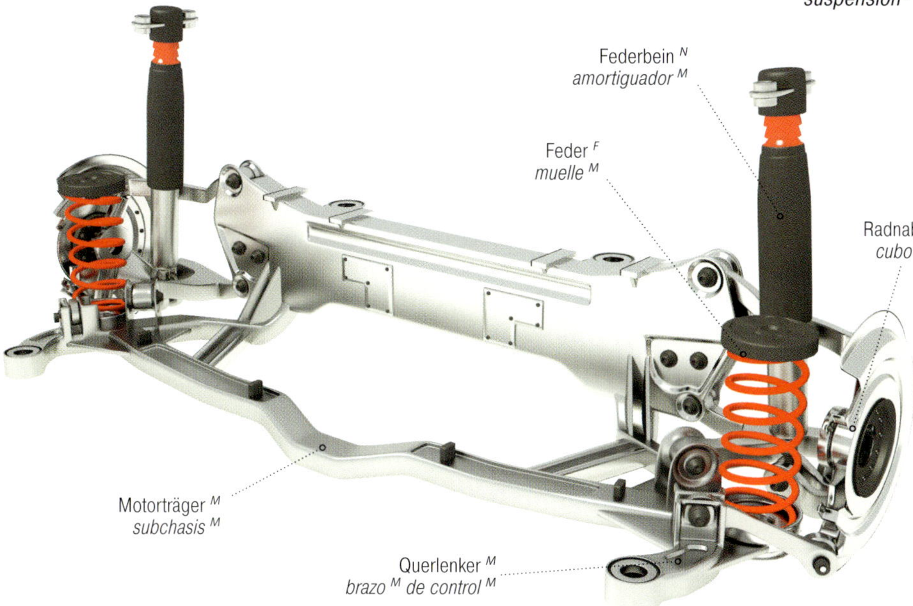

Gabelfederung F
suspensión F delantera

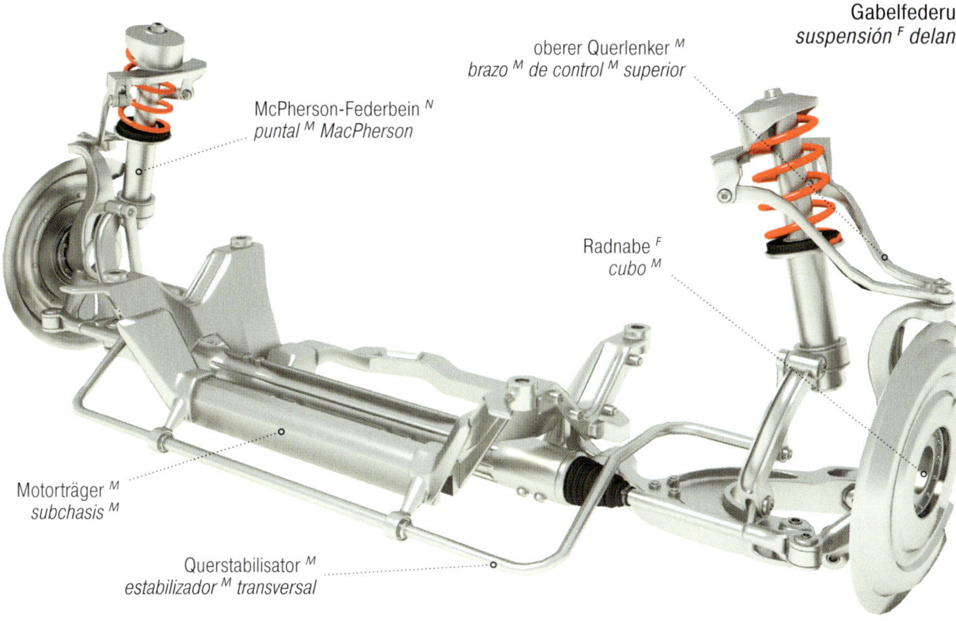

Motor ^{M}
motor ^{M}

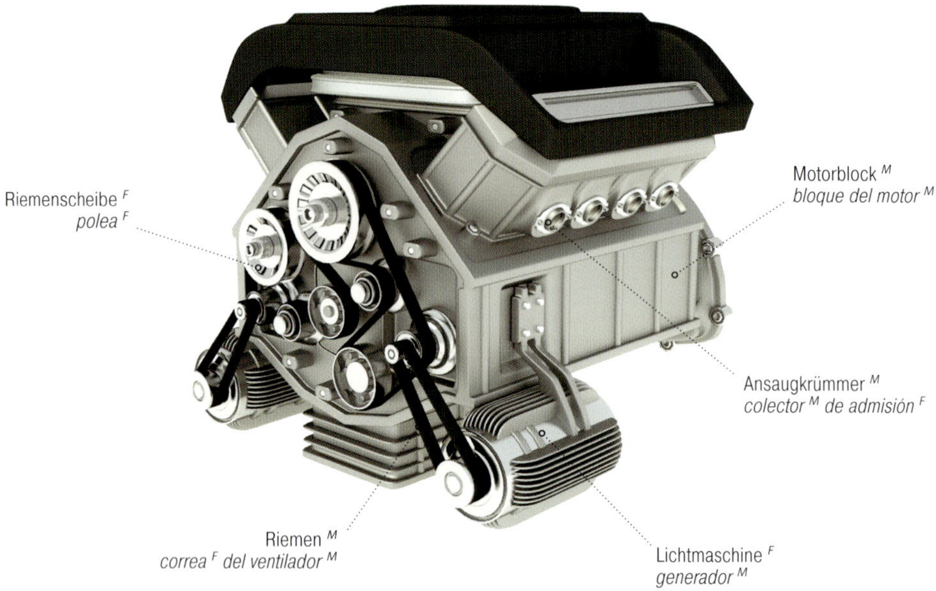

Arbeitsprozess ^{M} des Viertaktmotors ^{M}
ciclo ^{M} *de un motor* ^{M} *de cuatro tiempos* ^{M}

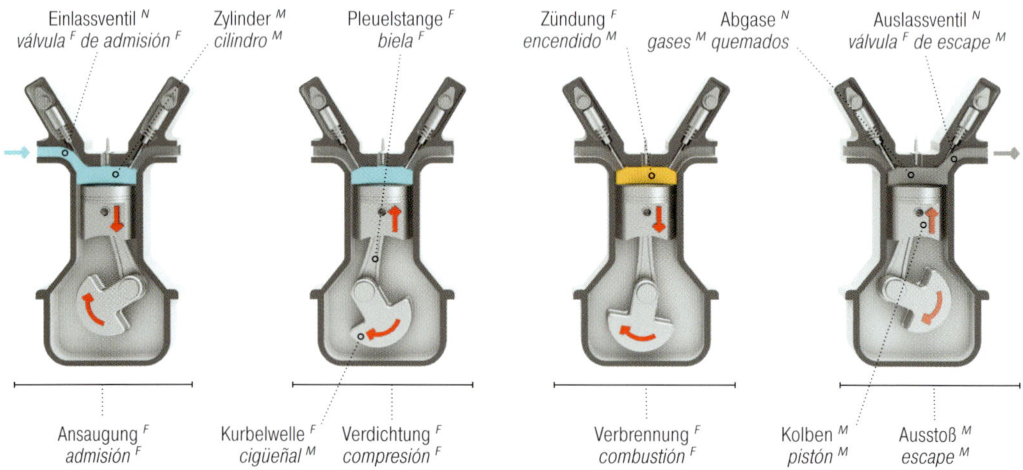

Autoteile [N]
Partes [F] de automóvil [M]

Heckschürze [F]
parte [F] trasera

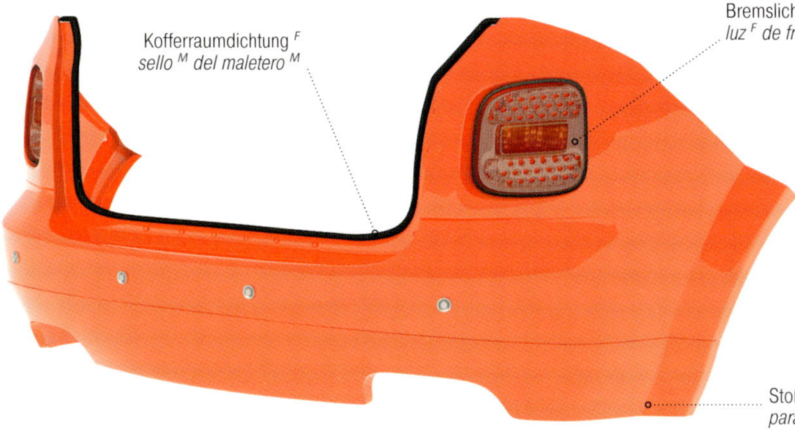

Frontschürze [F]
parte [F] delantera

Vordersitze [M]
asientos [M] anatómicos

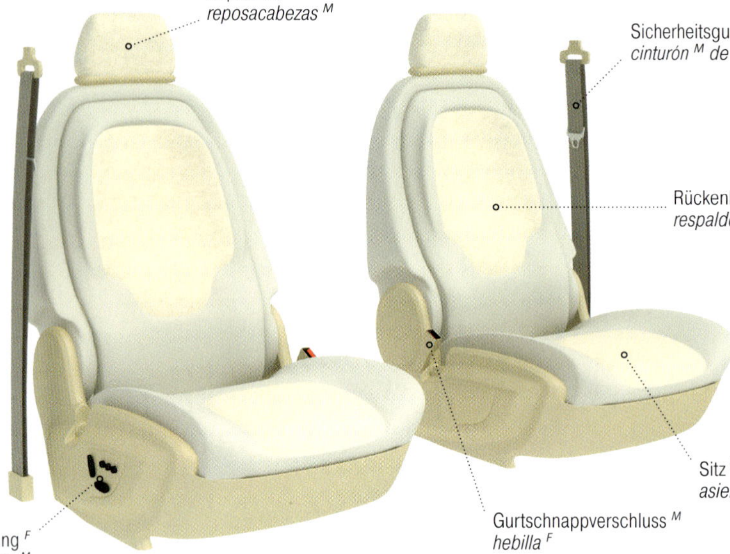

Rücksitze [M]
asientos [M] traseros

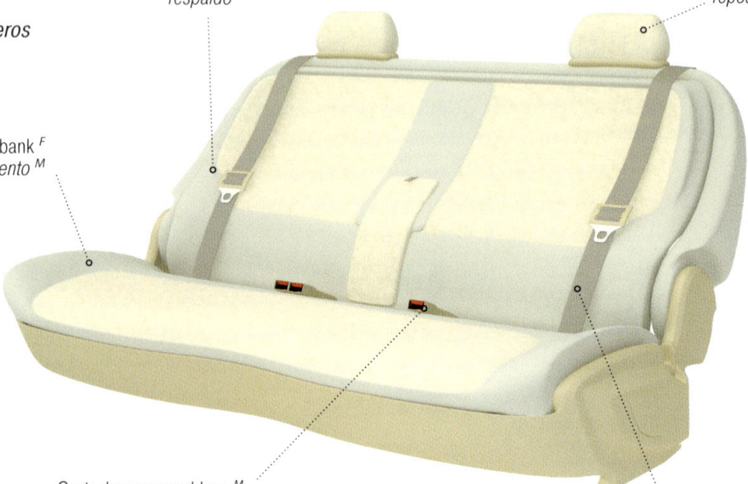

Tür F
puerta F

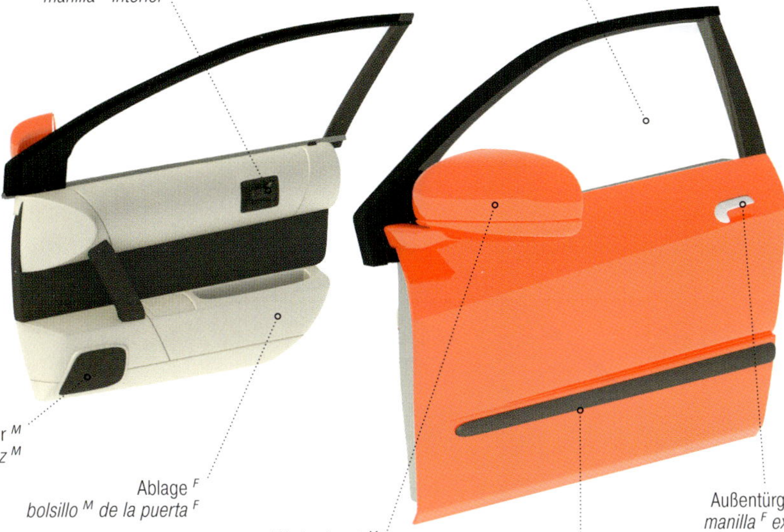

Scheibenwischer M
limpiaparabrisas M

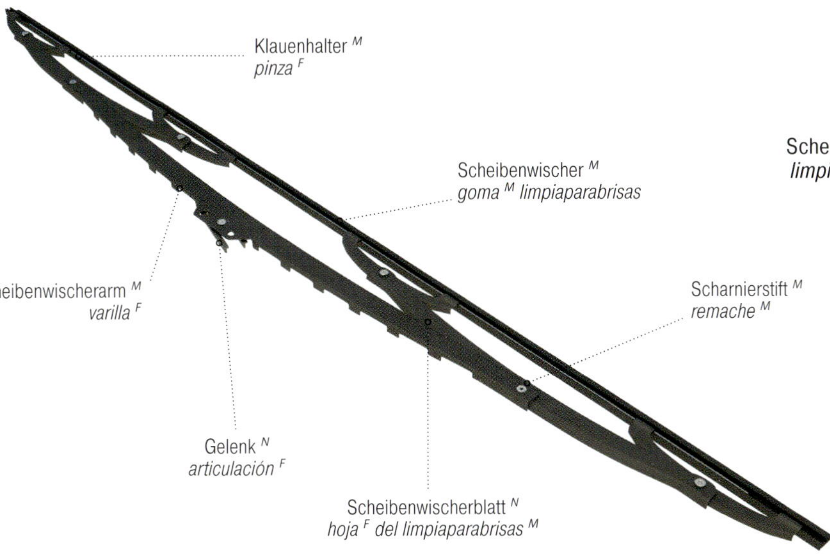

Instrumententafel F
tablero M de control M

linkes Blinklicht N
señal F de cruce M a la izquierda F

Lichtmaschinenwarnanzeige F
alerta F de carga F del alternador M

Warnanzeige F
indicador M de alerta F

Drehzahlmesser M
tacómetro M

Skala F
escala F

Tachonadel F
aguja F

Motorkontrollleuchte F
indicador M de falla F

ABS-Warnleuchte F
indicador M de alerta F de ABS M

Kindersitzwarnleuchte F
indicador M de alerta F de la silla F para niños M

Sicherheitsgurtanzeiger M
indicador M del cinturón M de seguridad M

Bremsanlagenwarnlicht N
indicador M de alerta F de los frenos M

Tages- und Gesamtkilometerzähler M
cuentakilómetros M

Tachometer ^{N}
velocímetro ^{M}
Motortemperaturanzeige ^{F}
indicador ^{M} *de temperatura* ^{F}
rechtes Blinklicht ^{N}
señal ^{F} *de cruce* ^{M} *a la derecha* ^{F}
Feststellbremsenleuchte ^{F}
indicador ^{M} *de freno* ^{M} *de mano* ^{M}
Kraftstoffanzeige ^{F}
indicador ^{M} *de combustible* ^{M}
Kraftstoffreserveanzeige ^{F}
indicador ^{M} *de alerta* ^{F} *de combustible* ^{M} *bajo*
100
120
140
160
180
200
220
130
90
50
1
0.5
0
84
63
Tageskilometerzähler ^{M}
cuentakilómetros del viaje ^{M}
Rückstelltaste ^{F} Tageskilometerzähler ^{M}
botón ^{M} *para resetear el cuentakilómetros* ^{M} *diario*
Notlichtanzeige ^{F}
indicador ^{M} *de luces* ^{F} *de emergencia* ^{F}
Fernscheinwerferanzeige ^{F}
indicador ^{M} *de luces* ^{F} *altas*
Ölwarnleuchte ^{M}
indicador ^{M} *de baja presión* ^{F} *de aceite* ^{M}
Scheinwerferanzeige ^{F}
indicador ^{M} *de luces* ^{F} *delanteras*
Airbagwarnleuchte ^{F}
indicador ^{M} *de alerta* ^{F} *de las bolsas* ^{F} *de aire* ^{M}

Räder [N]
ruedas [F]

Federaufhängung [F]
muelle [M] *de suspensión* [F]

Stoßdämpfer [M]
amortiguador [M]

Bremsbeläge [M]
pastillas [F] *de freno* [M]

Bremsscheibe [F]
freno [M] *de disco* [M]

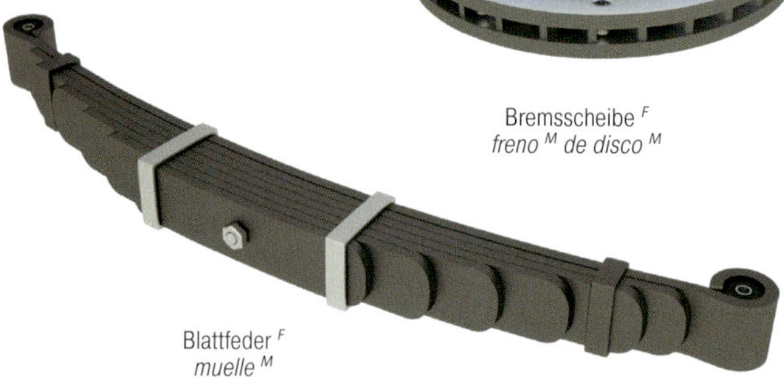

Blattfeder [F]
muelle [M]

Reifen [M]
neumático [M]

Karosserie F
mono-chasis M

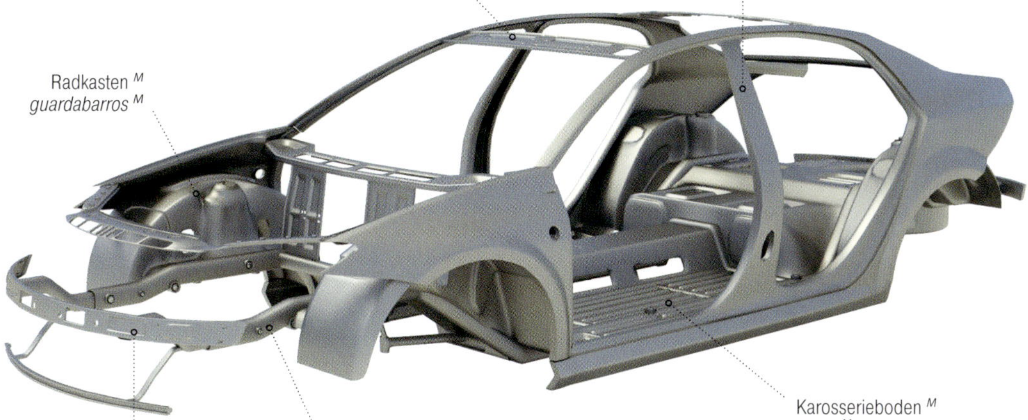

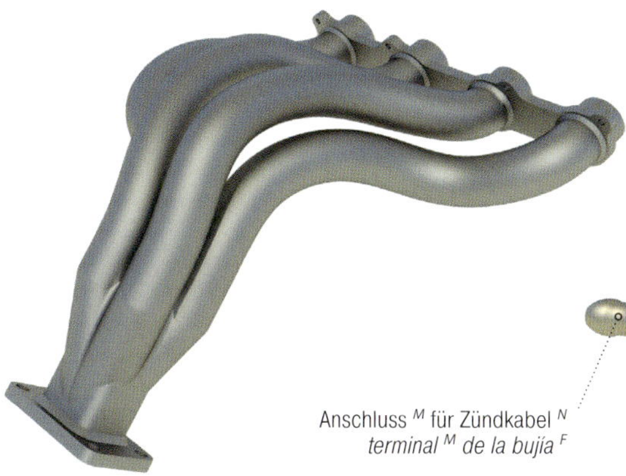

Abgaskrümmer M
colector M de gases M de escape M

Zündkerze F
bujía F

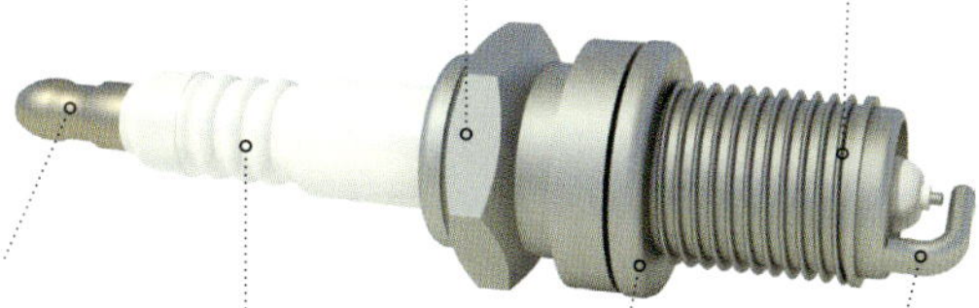

Kühler [M]
radiador [M]

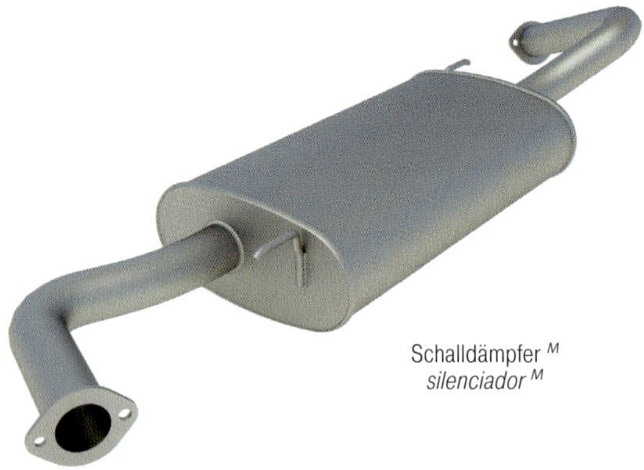

Schalldämpfer [M]
silenciador [M]

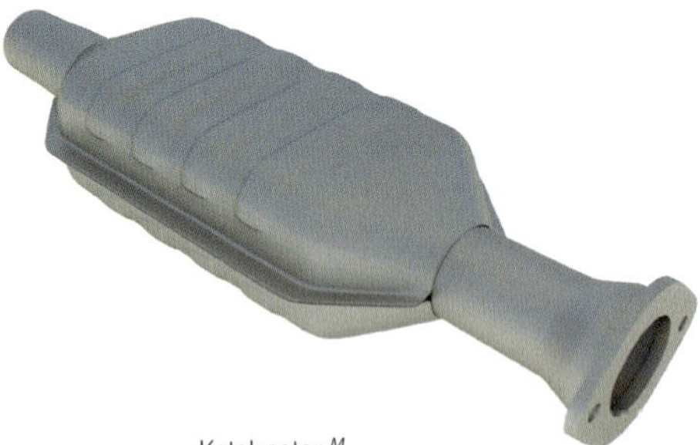

Katalysator [M]
convertidor [M] *catalítico*

Luftfilter [M]
filtro [M] *de aire* [M]

Kraftstofffilter [M]
filtro [M] *de combustible* [M]

Innenraumfilter [M]
filtro [M] *de cabina* [F]

Ölfilter [M]
filtro [M] *de aceite* [M]

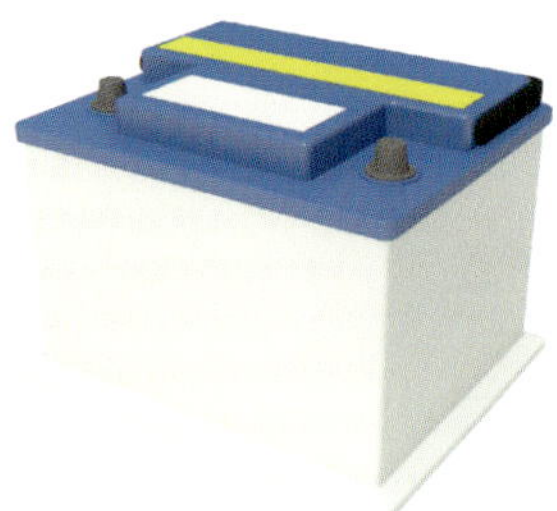

Batterie [F]
batería [F]

Armaturenbrett N
tablero M de instrumentos M

Autoaußenansicht ^F^
*vista ^F^ exterior de un coche ^M^*

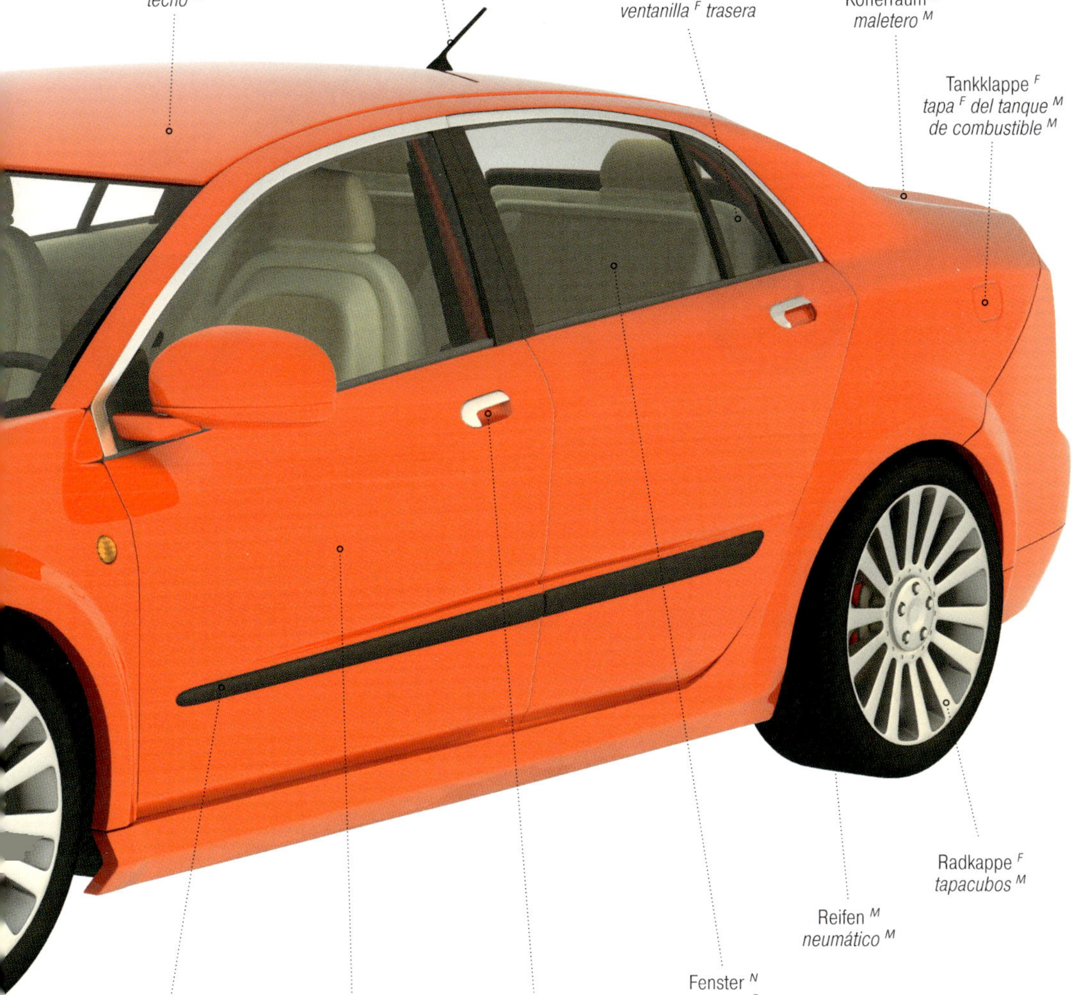
Antenne F
antena F
Dach N
techo M
Ausstellfenster N
ventanilla F trasera
Kofferraum M
maletero M
Tankklappe F
tapa F del tanque M
de combustible M
Radkappe F
tapacubos M
Reifen M
neumático M
Fenster N
ventana F
Karosserieseitenleiste F
moldura F chasis lateral
Tür F
puerta F
Türgriff M
manilla F de la puerta F

Fahrzeugarten F
Tipos M de coche M

Elektroauto N
coche M eléctrico

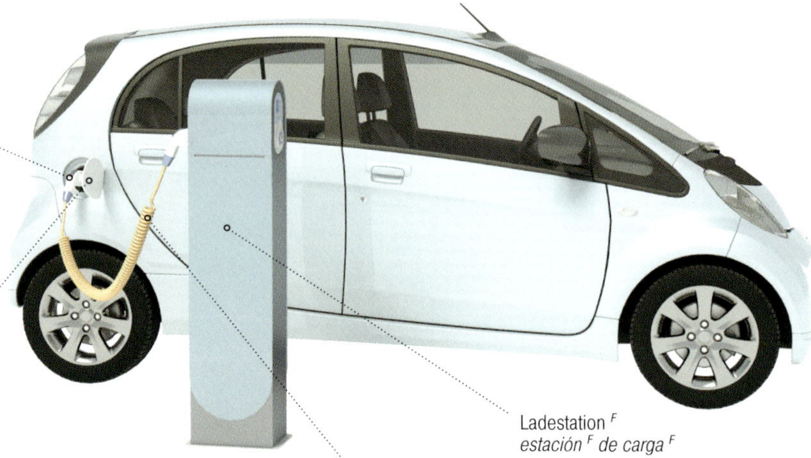

Kompaktwagen M
compacto M

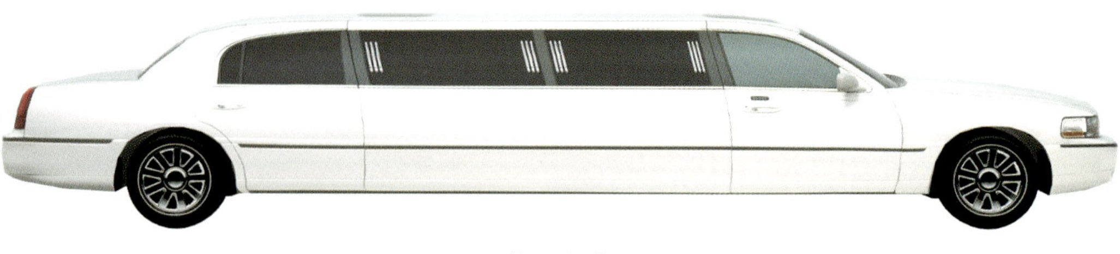

Limousine F
limusina F

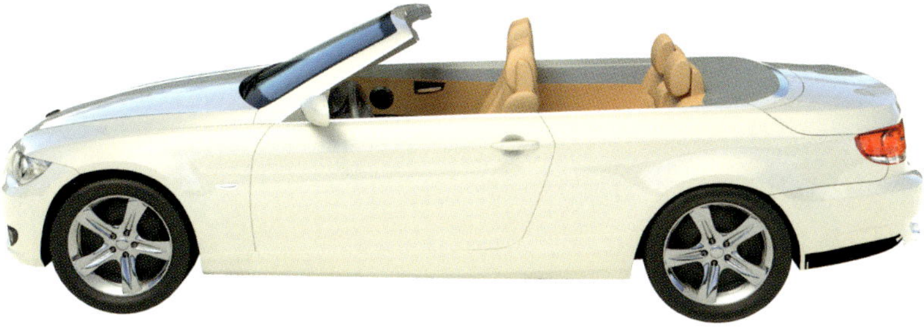

Cabrio [N]
descapotable [M]

Kombilimousine [F]
tres puertas [F]

Querstange [F]
travesaño [M]

Dachgepäckträger [M]
maletero [M] *de techo* [M]

Befestigung [F]
agarre [M]

Dachboxdeckel [M]
baca [F]

Minivan [M]
minivan [F]

Crossover-Fahrzeug N
vehículo M mixto

Kombi M
ranchera F

Sportwagen M
deportivo M

Coupé N
cupé M

Limousine F
sedán M

Geländelimousine F
todoterreno M

Pickup M
camioneta F

Wohnmobile ᴺ und Anhänger ᴺ
Vehículos ᴹ recreativos

Wohnmobil ᶠ
casa ᶠ rodante

Teardrop-Anhänger M
remolque M tipo lágrima F

Sportmotorrad [N]
motocicleta [F] deportiva

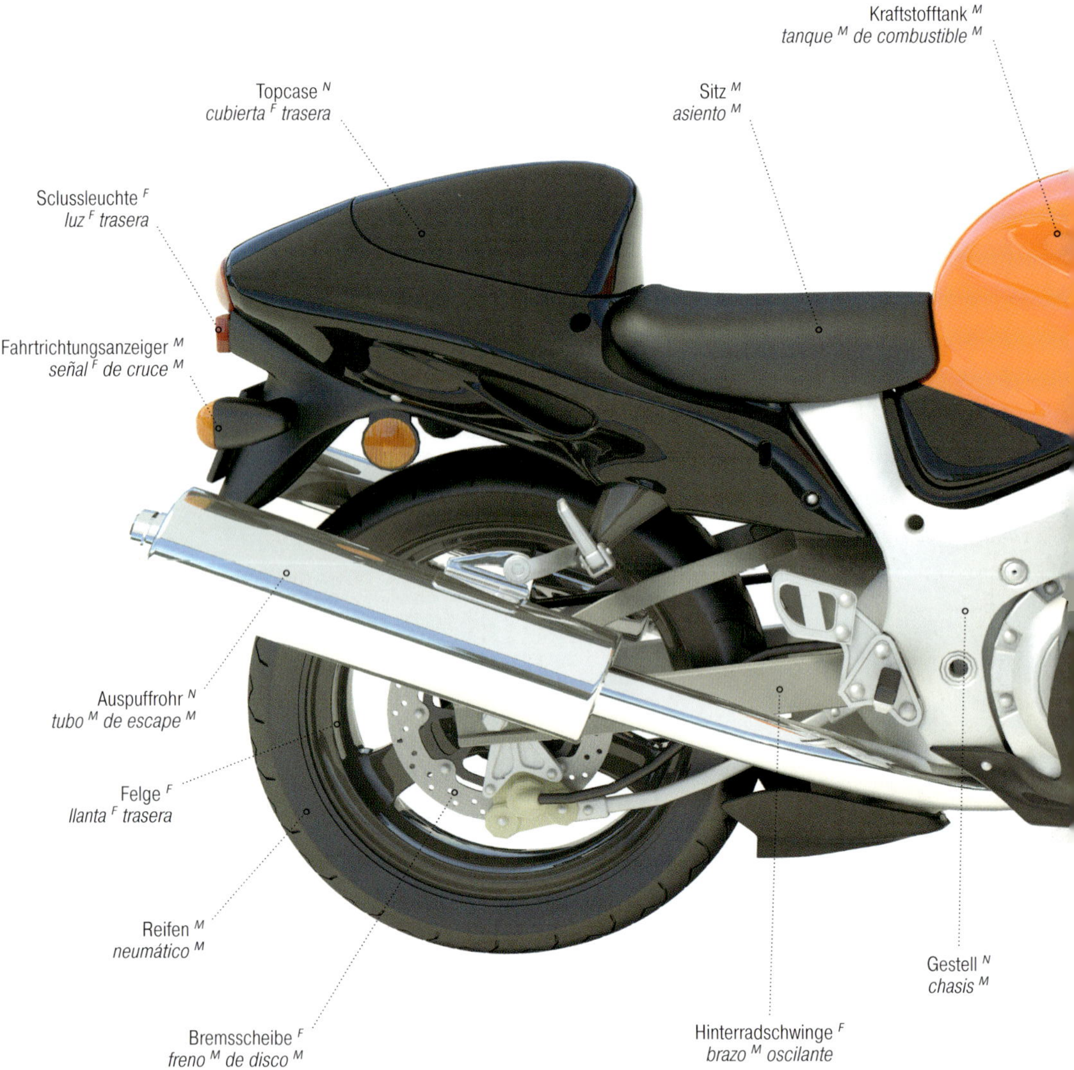

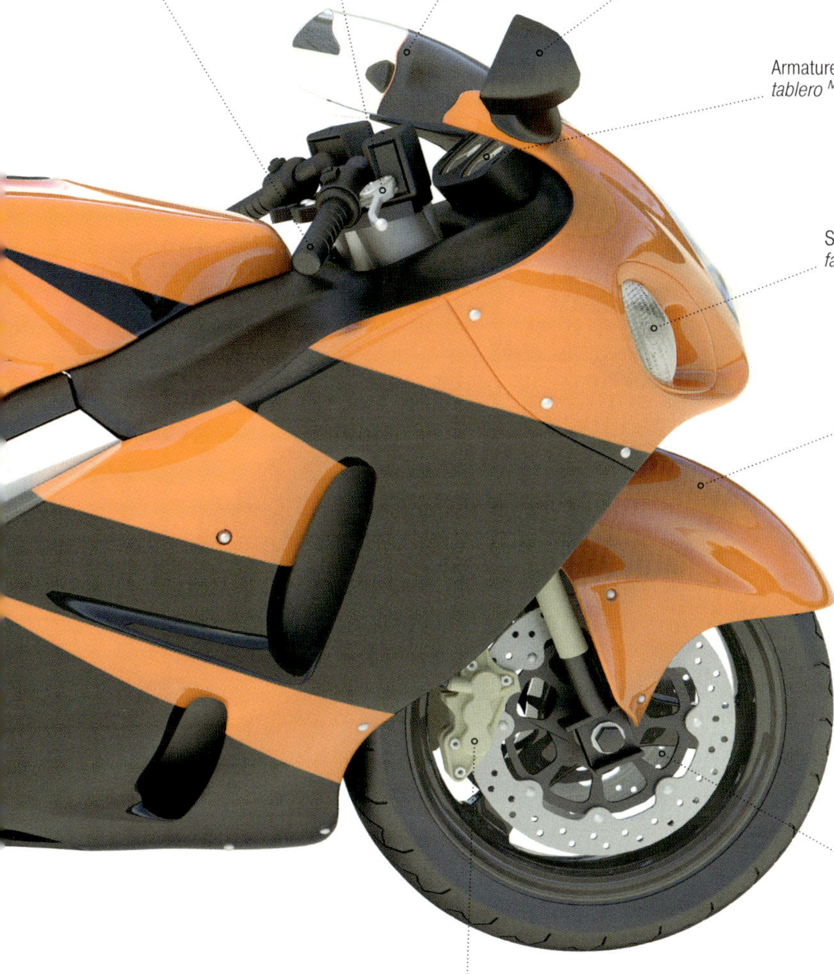
Bremshebel M
palanca F de freno M
Windschutzscheibe F
carenado M
Rückspiegel M
espejo M retrovisor
Gasdrehgriff M
acelerador M
Armaturenbrett N
tablero M de mandos M
Scheinwerfer M
faro M delantero
Vorderkotflügel M
guardabarros M delantero
Radnabe F
cubo M
Bremssattel M
calibrador M del freno M

Reisemotorrad ᴺ
motocicleta ᶠ de turismo ᴹ

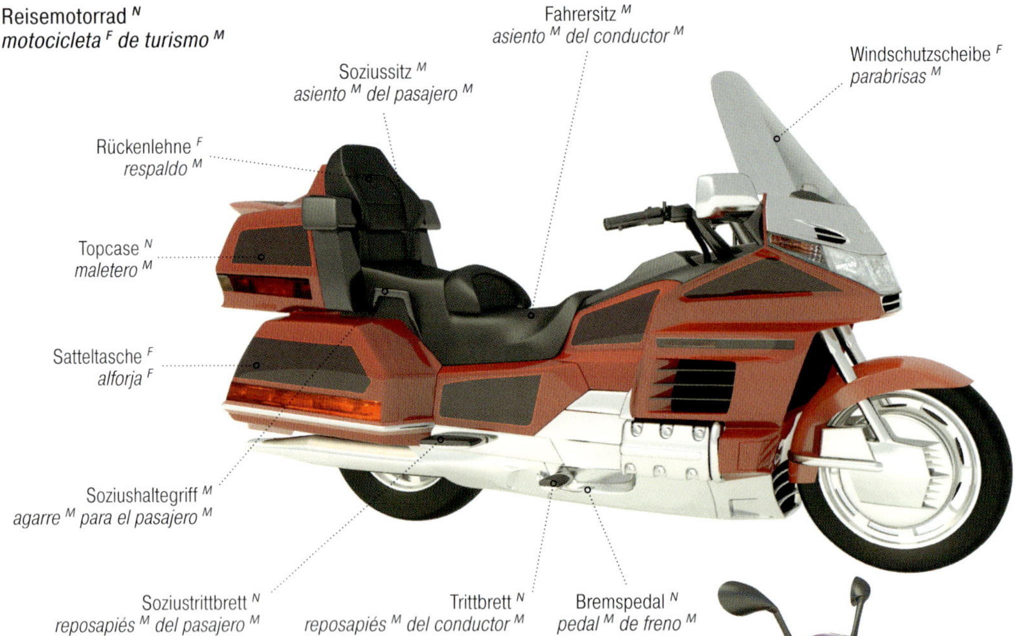

Motorroller ᴹ
motocicleta ᶠ

Enduro-Motorrad ᴺ
moto ᶠ de enduro ᴹ

Quad (Geländefahrzeug) N
vehículo M todoterreno M

Motocross-Motorrad N
moto F de motocross

Naked Bike
motocicleta F naked

Cruiser M
motocicleta F de crucero

Chopper M
chopper F

Kinderlaufrad [N]
bicicleta [F] de equilibrio [M]

Dreirad [N]
triciclo [M]

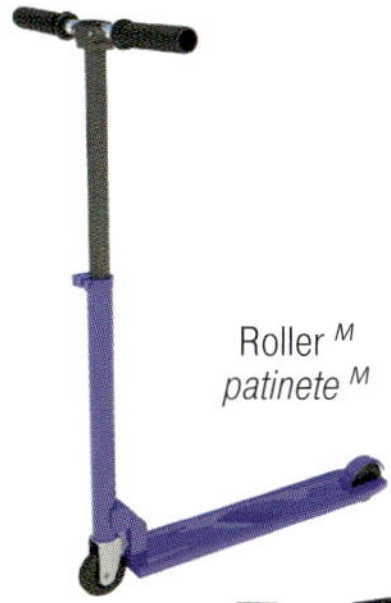

Roller [M]
patinete [M]

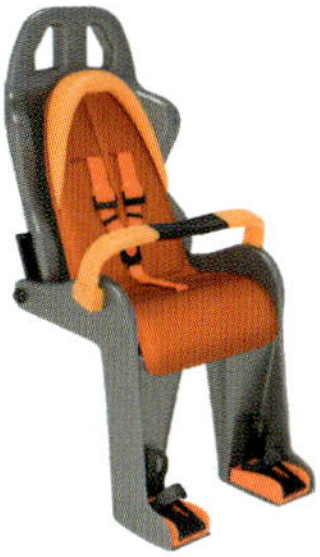

Kinderfahrradsitz [M]
sillita [F] de niños [M] para bicis [F]

Rucksack [M]
mochilla [F]

BMX-Rad [N]
bicicleta [F] BMX

Mountainbike [N]
bicicleta [F] de montaña [F]

Tourenfahrrad [N]
bicicleta [F] de paseo [M]

Tandemfahrrad [N]
tándem [M]

Kinderfahrradanhänger [M]
remolque [M] de bicicleta [F] para niños [M]

Doppeldeckerbus M
autobús M londinense

Reisebus M
autocar M

Stadtbus ^{M}
autobús ^{M} urbano

Kleinbus ^{M}
minibús ^{M}

Doppeldecker-Reisebus ^{M}
autobús ^{M} de viaje ^{M} de dos pisos ^{M}

Sattelschlepper-Fahrerkabine F
cabina F de semirremolque M

Betonmischer [M]
hormigonera [F]

Muldenkipper [M]
camión [M] volteo

LKW [M] und Tandemtrailer [M]
camión [M] y remolque [M] tándem

Sattelschlepper [M] mit Schlafkabine [F]
semirremolque [M] con camarín [M]

Mannschaftswagen [M]
furgoneta [F] de policía [F]

Polizistin [F]
mujer [F] policía

Feuerwehrfahrzeug [F]
camión [M] de bomberos [M]

Tür [F]
puerta [F]

Rückspiegel [M]
espejo [M] retrovisor

Rundumleuchte [F]
luz [F] intermitente

Aufbewahrungsbereich [M]
cisterna [F]

Trittbrett [N]
escalón [M]

Blinker [M]
señal [F] de cruce [M]

Scheinwerfer [M]
luz [F] delantera

Windschutzscheibe [F]
parabrisas [M]

Müllauto [N]
camión [M] de basura [M]

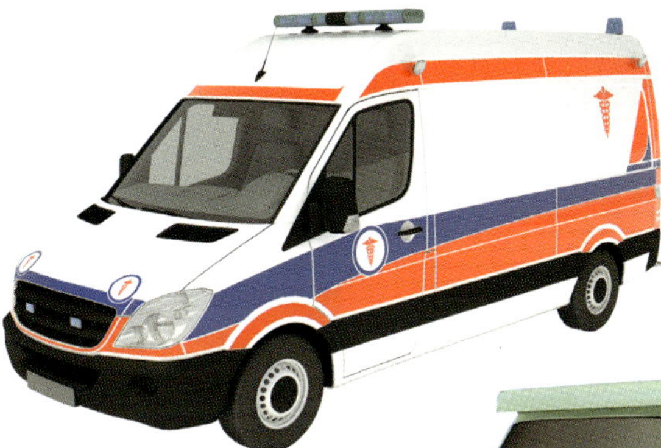

gepanzertes Fahrzeug [N]
camión [M] blindado

Kompakte Doppelwalze ^{F}
apisonadora ^{F} compacta

Planierraupe ^{F}
excavadora ^{F}

Kompaktraupenbagger ^{M}
excavadora ^{F} compacta

Kompaktlader ^{M}
minicargadora ^{F}

Betonmischer M
hormigonera F

fahrbare Planierraupe F
excavadora F rodada

Straßenwalze F
apisonadora F

Baggerlader M
retroexcavadora F

Bodenhobelmaschine [F]
niveladora [F]

Raupenkipper [M]
volquete [M] *sobre orugas* [F]

fahrbarer Betonmischer [M]
hormigonera [F] *móvil*

Bagger [M]
excavadora [F]

Muldenkipper ᴹ
camión ᴹ de volteo ᴹ

Muldenkipperunteransicht F
camión M de volteo M : vista inferior

Rundballenpresse [F]
empacadora [F] redonda

Rechteckballenpresse [F]
empacadora [F] cuadrada

Getreideanhänger [M]
remolque [M] para granos [M]

Teleskoplader [M]
montacargas [M] telescópico

Rundumleuchte [F]
luz [F] intermitente

Schutzvorrichtung [F]
protección [F]

Rückspiegel [M]
espejo [M] retrovisor

Fahrerkabine [F]
cabina [F]

Arm [M]
brazo [M]

Gabel [F]
horquillas [F]

Trittbrett [N]
escalón [M]

Scheinwerfer [M]
luz [F] delantera

Mähdrescher [M]
cosechadora [F] combinada

Erntemaschine [F]
agavilladora [F]

Traktor [M]
tractor [M]

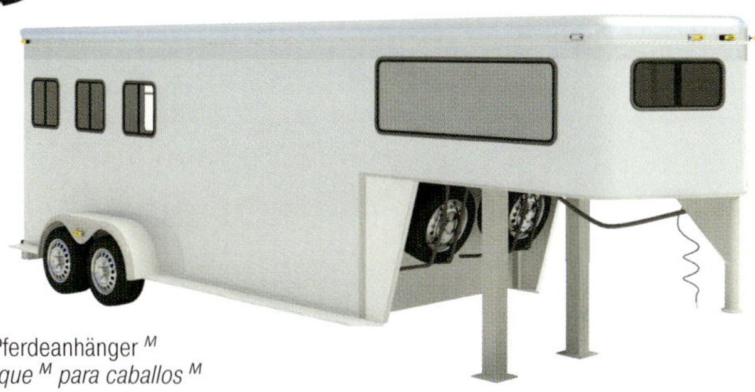

Pferdeanhänger [M]
remolque [M] para caballos [M]

Flughafenaußenansicht F
Exterior M del aeropuerto M

Rollbahn F
pista F de rodaje M
Kontrollturm M
torre F de control M
Kontrollraum M
sala F de control M
Rollfeld N
área M de maniobras F
Versorgungsstraße F
vía F de servicio M
Rollbahnmarkierung F
líneas F de pista F

Boardingbereich M
terminal M de abordaje M

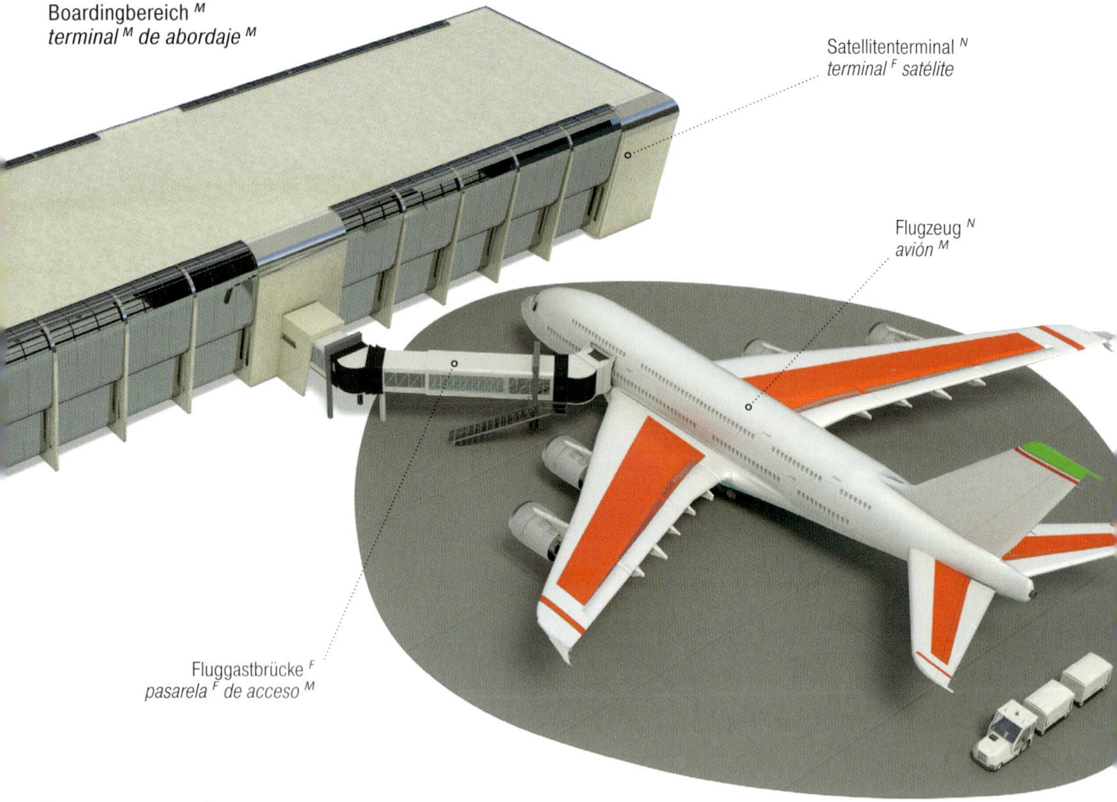

Innenausstattung F
Interior M del aeropuerto M

Gepäckkarussell N
cinta M transportadora del equipaje M

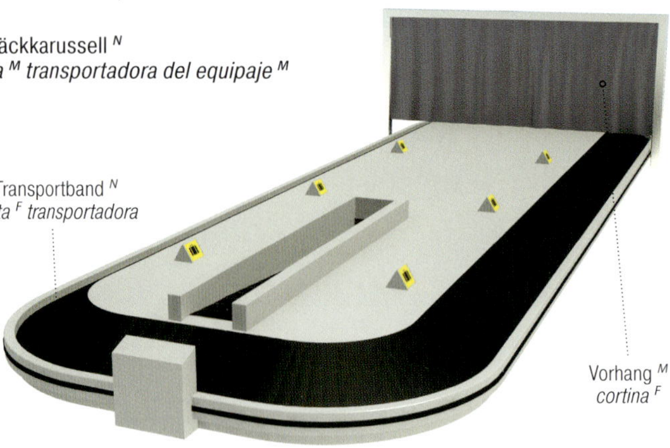

Gepäckwagen M
carrito M para equipaje M

Sicherheitsschleuse [F]
punto [M] de control [M] de seguridad [F]

Metalldetektor [M]
detector [M] de metales [M]

Passagier [M]
pasajero [M]

Sicherheitsdienstmitarbeiter [M]
oficial [M] de seguridad [F]

Scannertechniker [M]
encargado [M] de rayos [M] X

Scanner [M]
máquina [F] de rayos [M] X

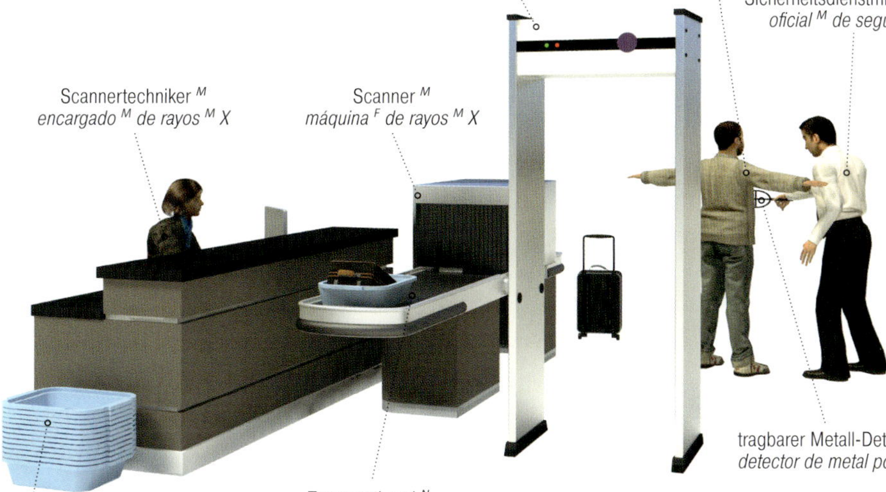

tragbarer Metall-Detektor [M]
detector de metal portátil [M]

Transportband [N]
cinta [F] transportadora

Ablegeschale [F]
recipiente [M]

Check-In Schalter [M]
mostrador [M] de facturación [F]

Flughafenmitarbeiter [M]
agente [M] de facturación [F]

Kofferkuli [M]
carrito [M] para equipaje [M]

Koffer [M]
maleta [F]

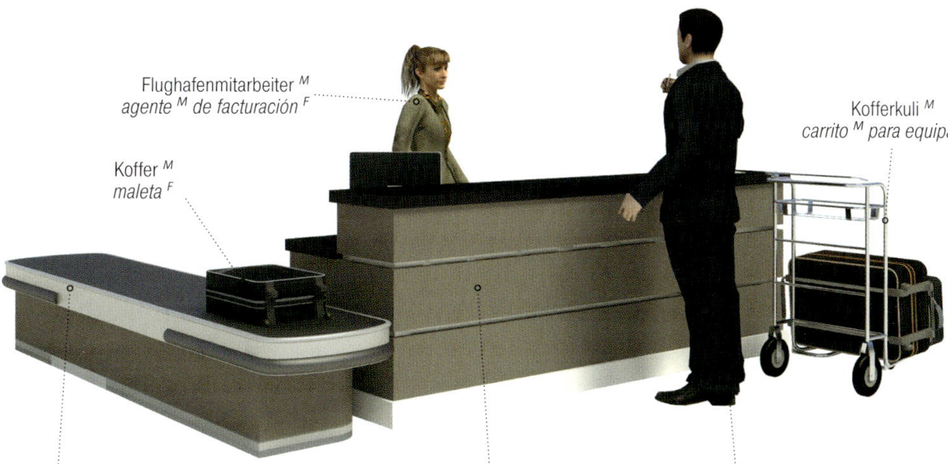

Transportband [N]
cinta [F] transportadora

Abfertigungsschalter [M]
mostrador [M]

Passagier [M]
pasajero [M]

Abflugbereich ^M^
*área ^M^ de salida ^F^*

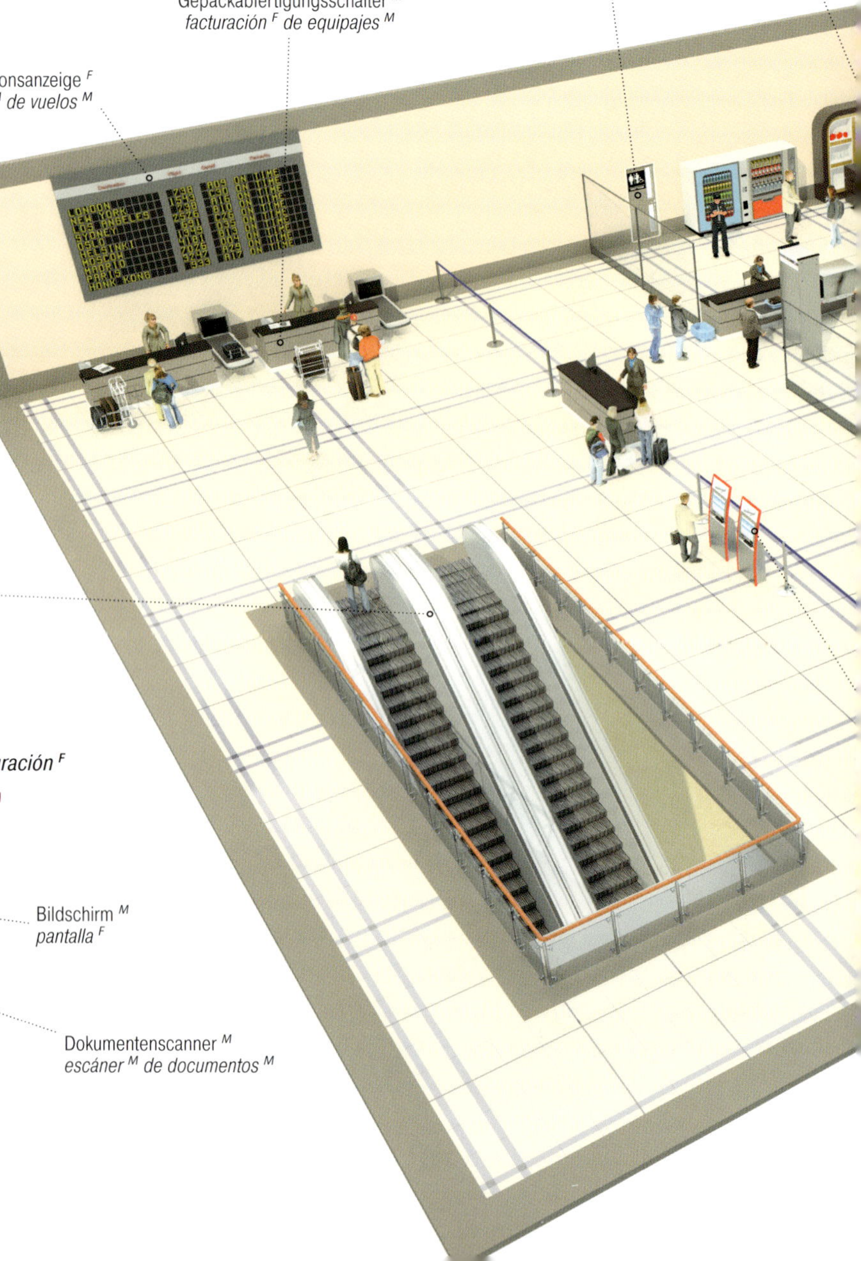

Check-In Automat ^M^
*quiosco ^M^ de auto-facturación ^F^*

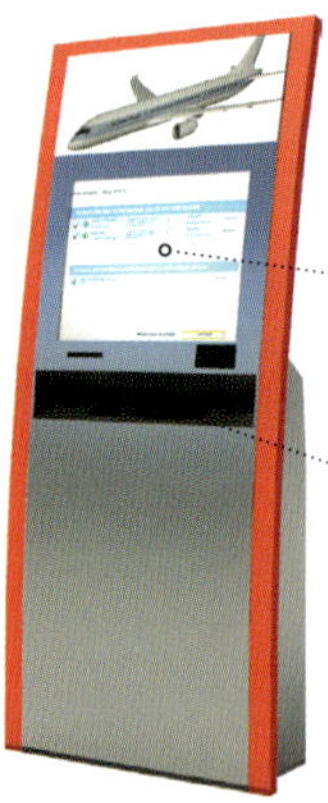

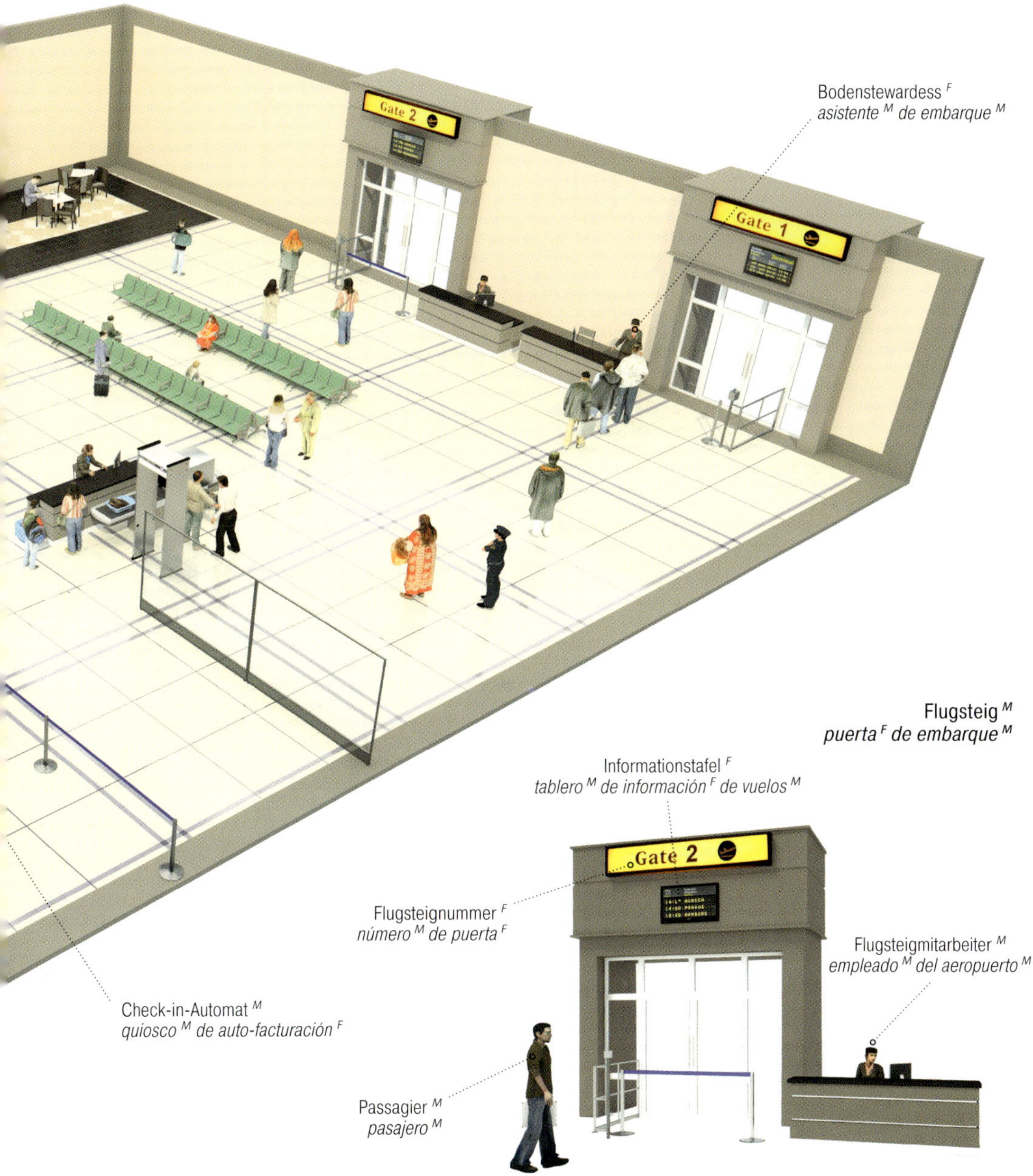
Gate 2
Gate 1
Bodenstewardess F
asistente M de embarque M
Flugsteig M
puerta F de embarque M
Informationstafel F
tablero M de información F de vuelos M
Flugsteignummer F
número M de puerta F
Flugsteigmitarbeiter M
empleado M del aeropuerto M
Check-in-Automat M
quiosco M de auto-facturación F
Passagier M
pasajero M

Ankunftsbereich F
área M de llegada F

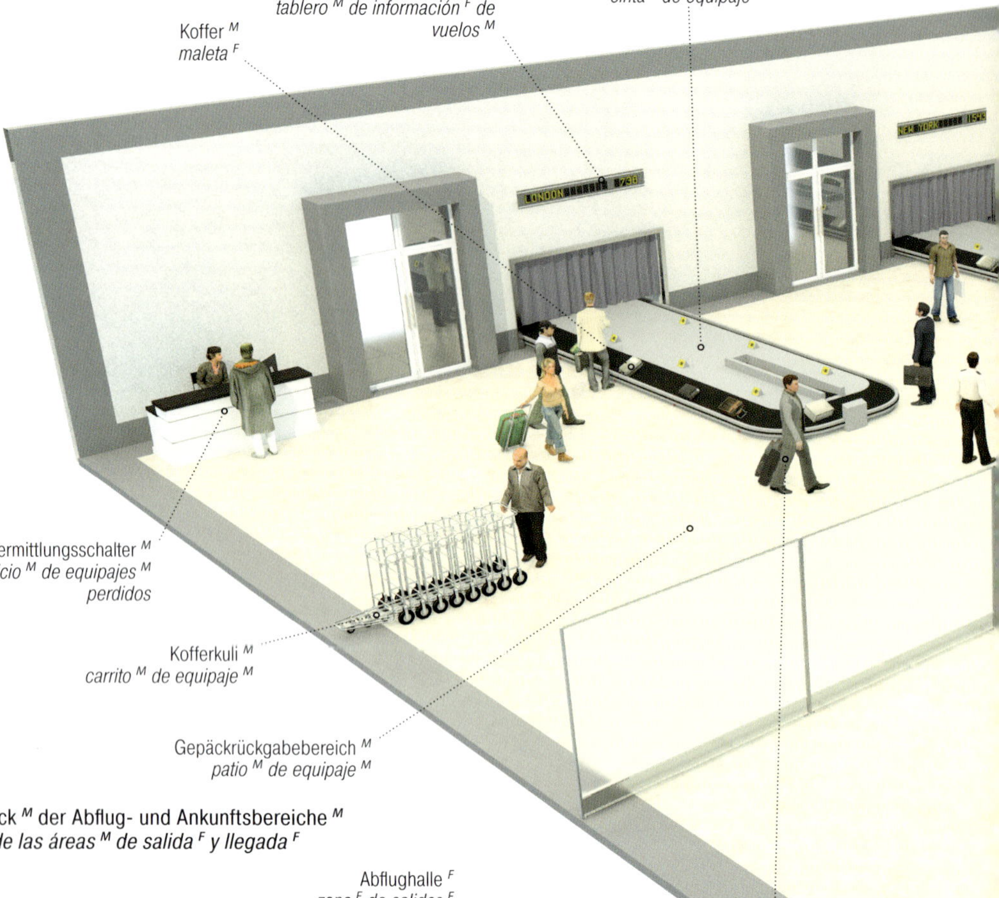

Überblick M der Abflug- und Ankunftsbereiche M
vista F de las áreas M de salida F y llegada F

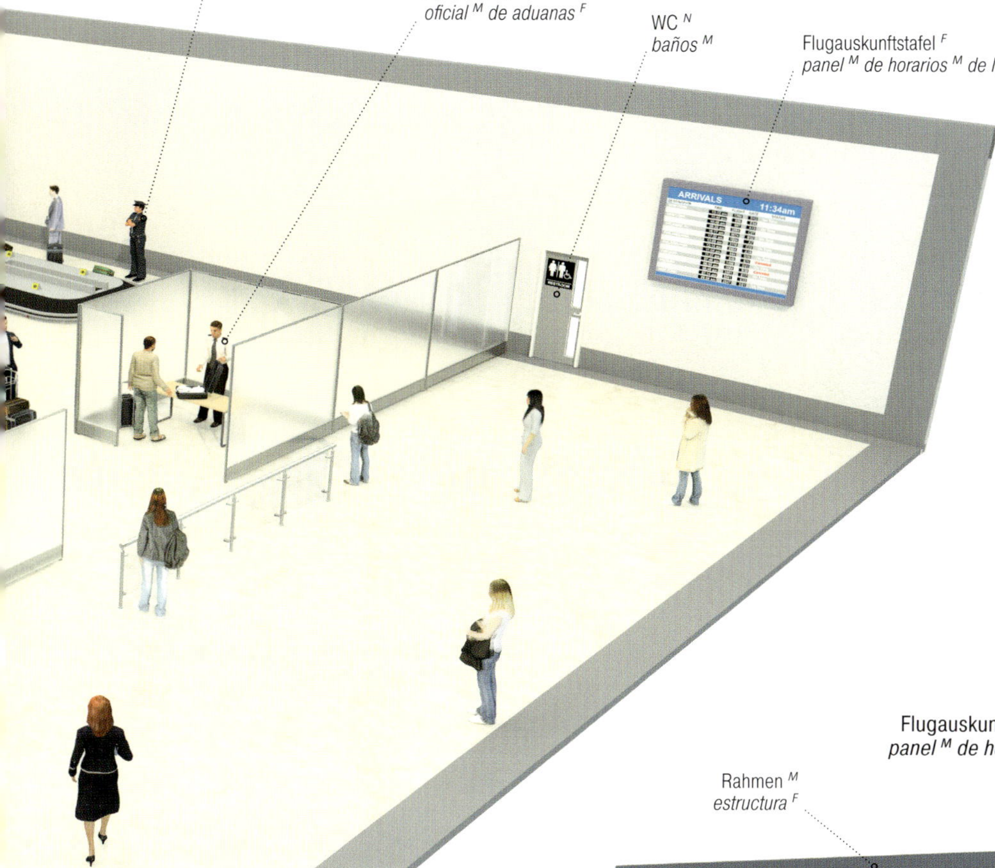

Flugauskunftstafel [F]
panel [M] de horarios [M]

Geschäftsjet ᴹ
jet ᴹ de negocios ᴹ

Flugbegleiterin ᶠ
azafata ᶠ

Leichtfluzeug ᴺ
avioneta ᶠ

Großraumflugzeug ᴺ
avión ᴹ de fuselaje ᴹ ancho

Hubschrauber M
helicóptero M

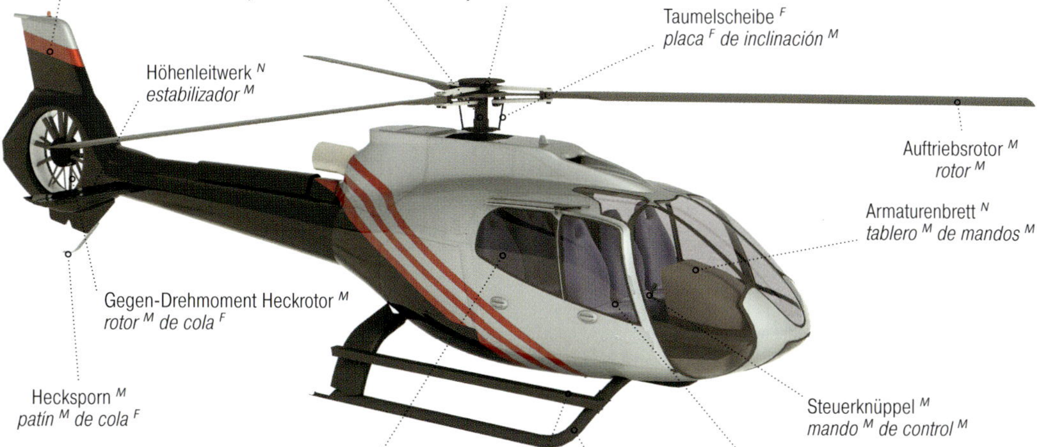

Standardrumpfflugzeug N
avión M de pasillo M único

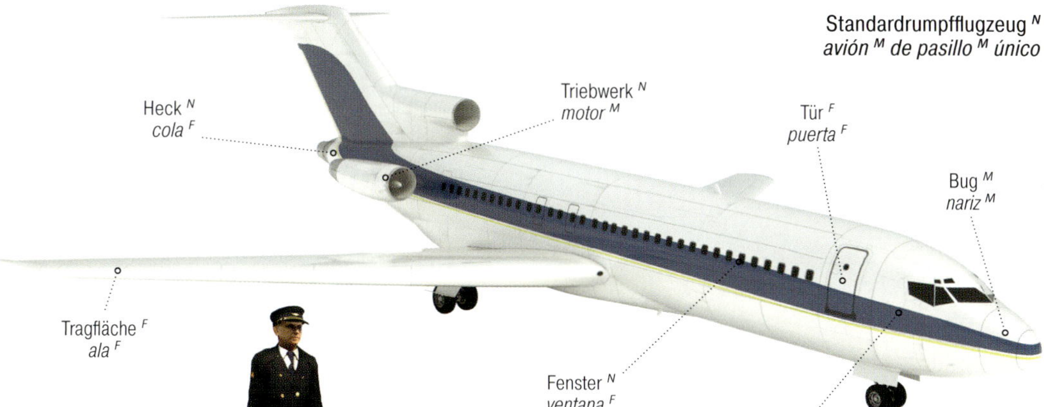

Pilot M
piloto M

Bahnhof ^{M}
estación ^{F} de tren ^{M}

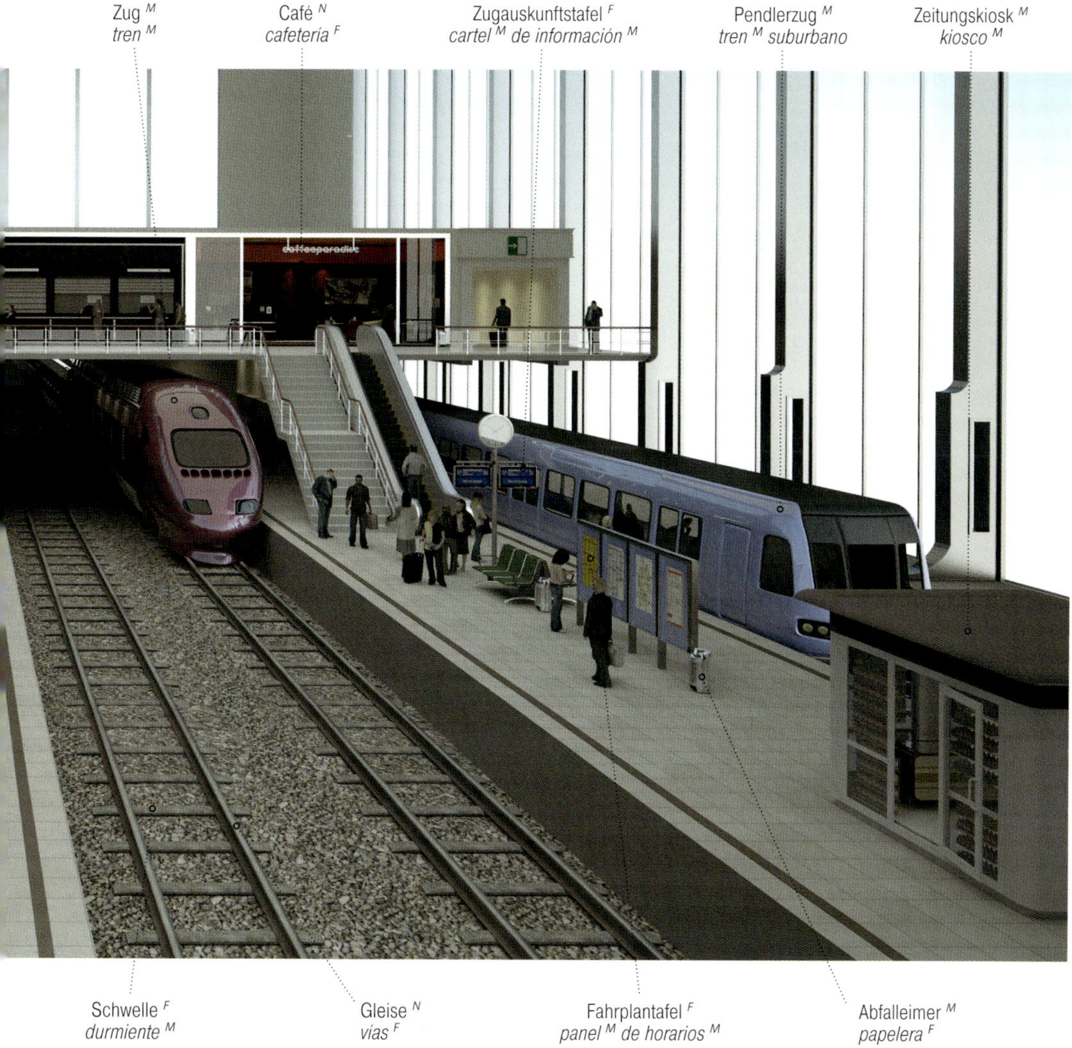
Zug M
tren M
Café N
cafetería F
Zugauskunftstafel F
cartel M de información M
Pendlerzug M
tren M suburbano
Zeitungskiosk M
kiosco M
Schwelle F
durmiente M
Gleise N
vías F
Fahrplantafel F
panel M de horarios M
Abfalleimer M
papelera F

Bahnknotenpunkt ^M^
*empalme ^M^*

schienengleicher, gesicherter Bahnübergang M
paso a nivel M

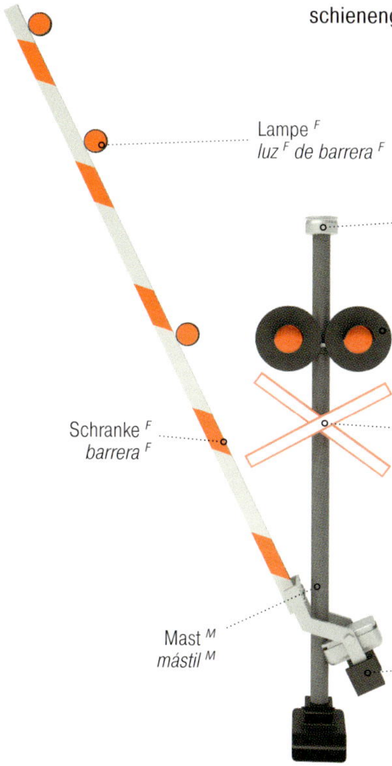

Weiche F
aguja F de ferrocarril M

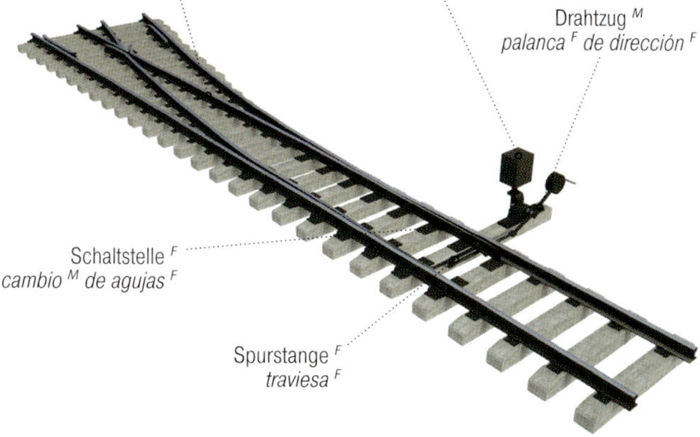

Stadtbahn F
Transporte M ferroviario urbano

Gelenkwagen M
tranvía M articulado

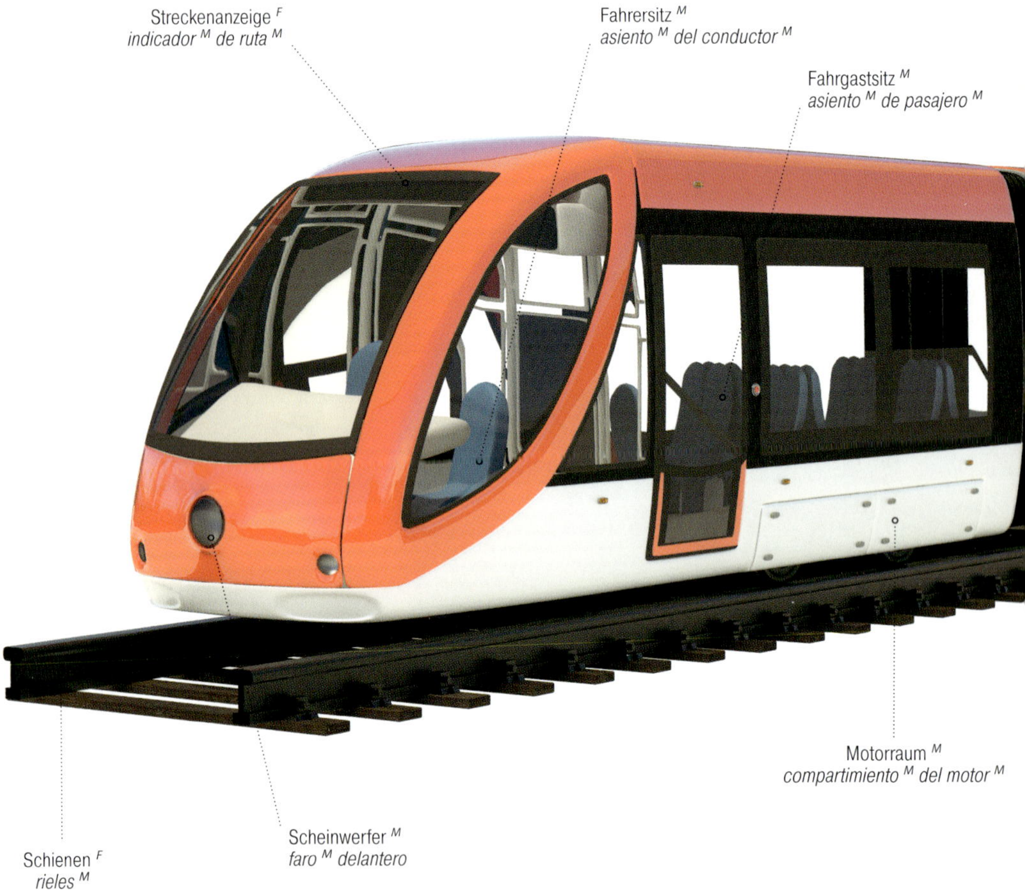

Untergrundbahn F
metro M

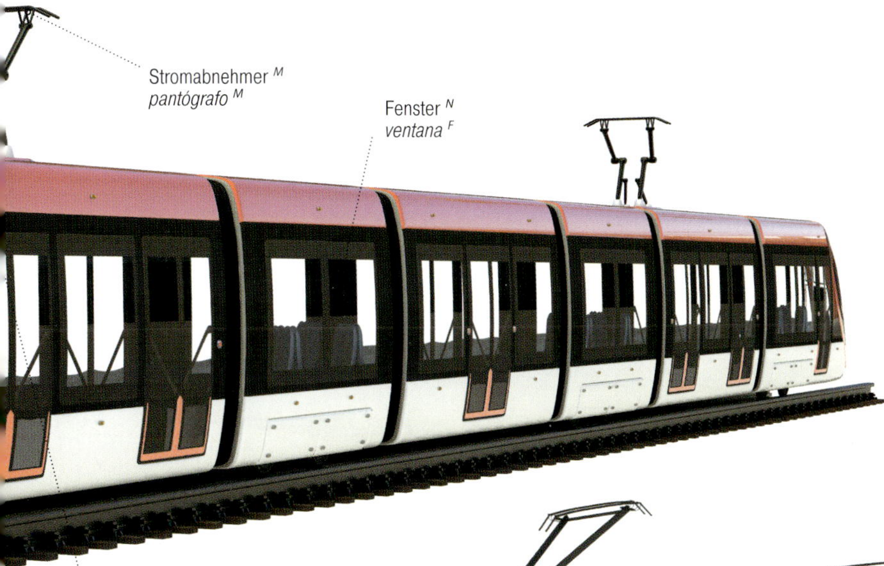
Stromabnehmer M
pantógrafo M
Fenster N
ventana F
Tür F
puerta F

Straßenbahn F
tranvía M

Fernverkehr M
Transporte M interurbano

Dampflokomotive F
locomotora F de vapor M

Elektrotriebzug M
tren M de unidades eléctricas múltiples

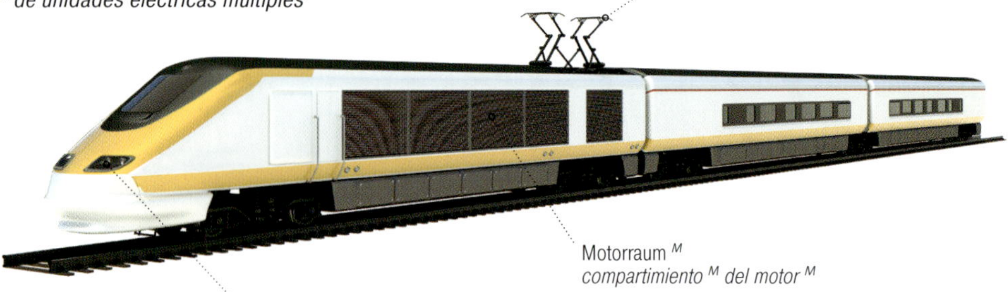

Diesellokomotive F
locomotora F diesel
Lüftungsschlitz M
rejilla F de ventilación M
Scheinwerfer M
luz F delantera
Lokscheinwerfer M
luz F de posición F
Fahrerkabine F
cabina F del conductor M
Motorraum M
compartimiento M del motor M
Puffer M
tope M
Handlauf M
barandilla F
automatische Kupplung F
enganche M automático
Kraftstofftank M
depósito M de combustible M
Batteriefach N
compartimiento M de la batería F
Zugantriebsrad N
rueda F
Fußstütze F
escalón M
Bremsgestänge F
freno M
Gestell N
chasis M

Elektrolokomotive F
locomotora F eléctrica

Doppellokomotive F
locomotora F bidireccional

Frachtwagen

Geschlossener Doppeltür-Güterwaggon M
vagón M cubierto de doble puerta F

Güterwagen M
vagón M cubierto

Holztransportwagen M
vagón M de troncos M

Autotransportwaggon M
vagón M para vehículos M

U-Bahnstation F
estación F de metro F

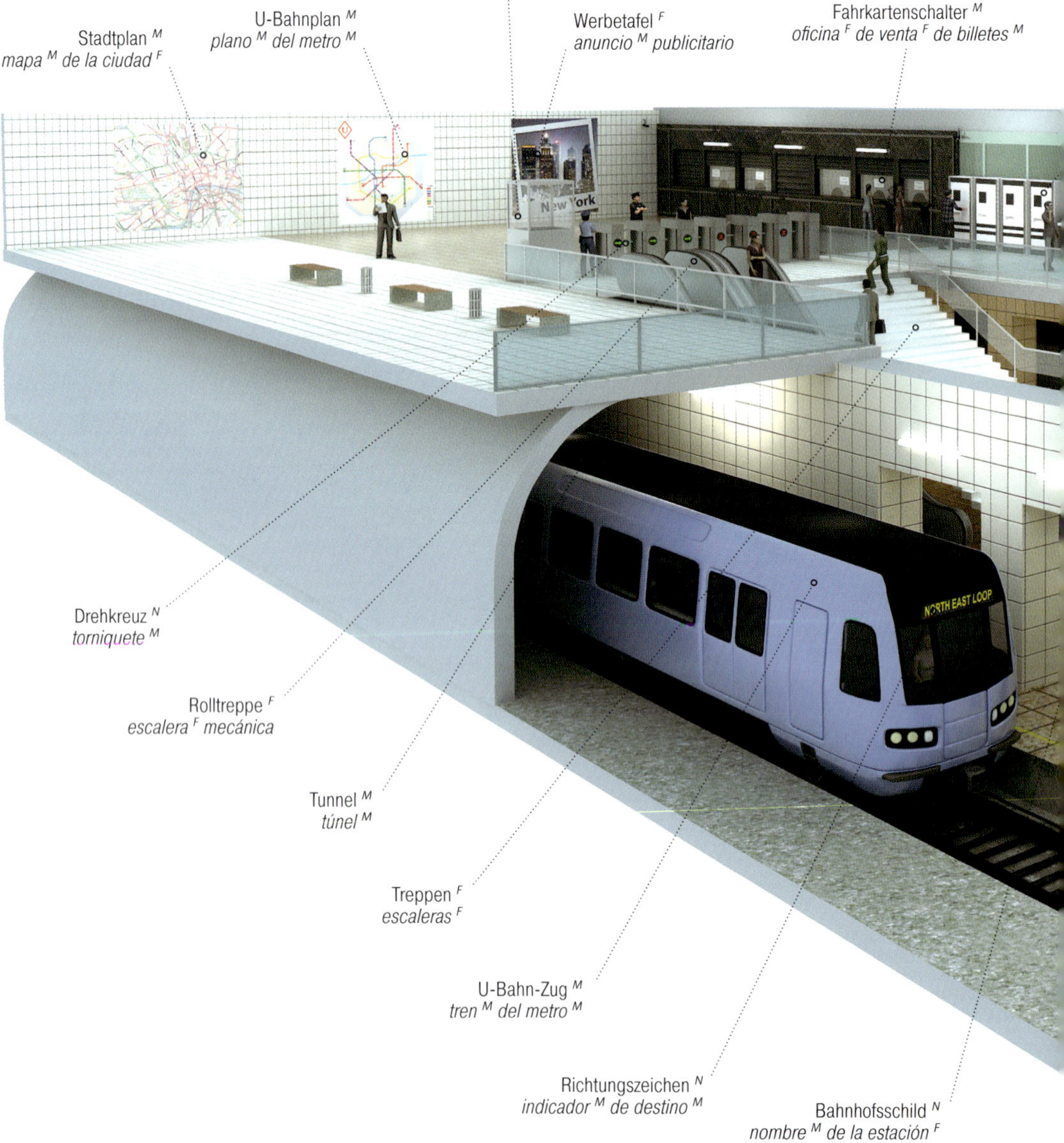

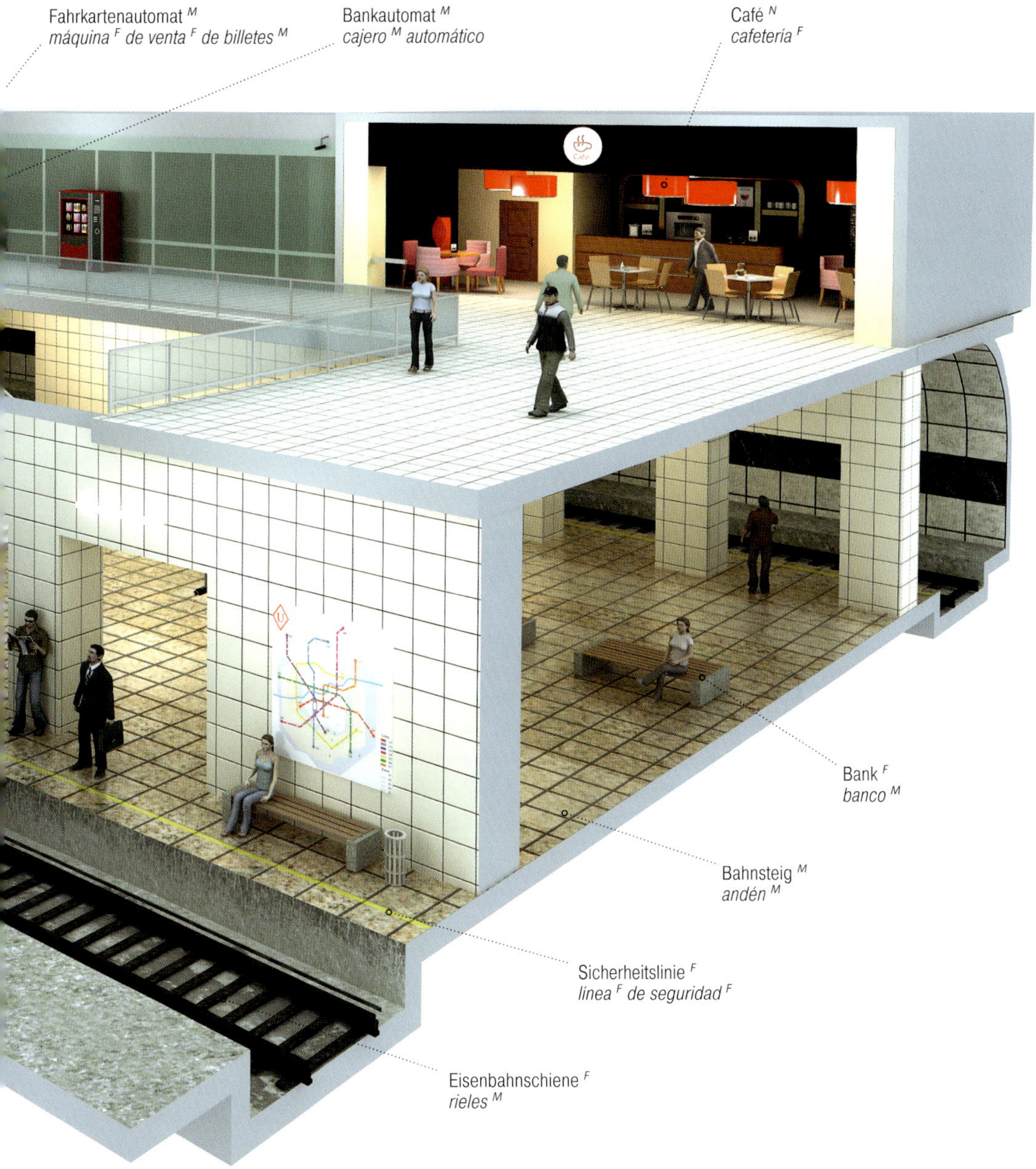
Fahrkartenautomat M
máquina F de venta F de billetes M
Bankautomat M
cajero M automático
Café N
cafetería F
Bank F
banco M
Bahnsteig M
andén M
Sicherheitslinie F
línea F de seguridad F
Eisenbahnschiene F
rieles M

Hafen M
puerto M

Transitlager N
almacén M *de productos* M *en tránsito* M

Tanker M
buque M *petrolero*

Kraftstofftank M
depósito M *de combustible* M

Zug M
locomotora F

Helling F
gradas F

Eisenbahnschienen F
vías F *del ferrocarril* M

Schlepper M
remolcador M

Leuchtturm [M]
faro [M]

Passagierschiffe ᴺ
Barcos ᴹ de pasajeros ᴹ

Kreuzfahrtschiff ᴺ
crucero ᴹ

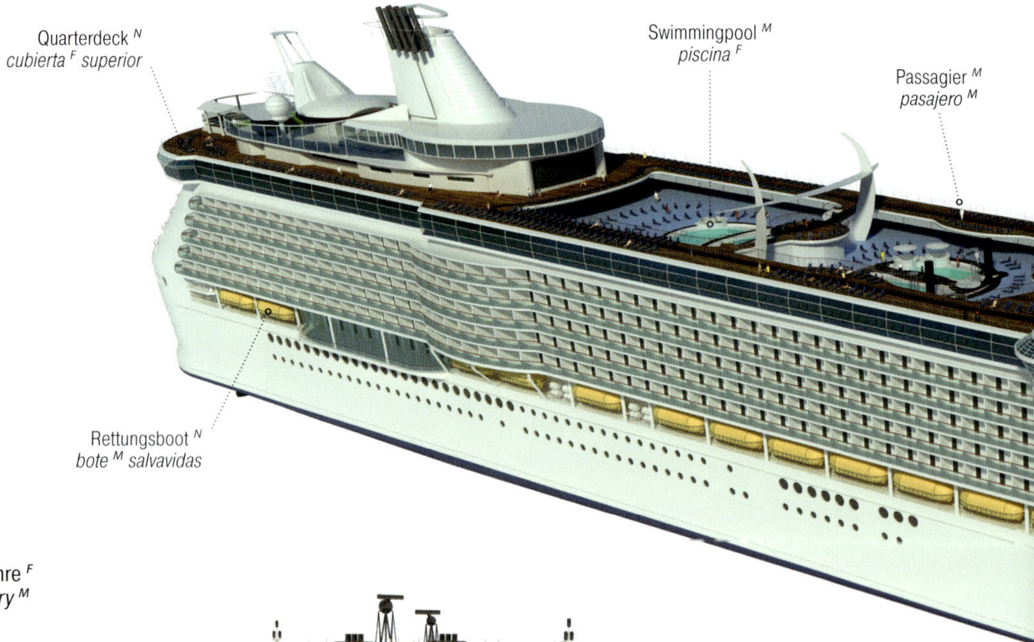

Fähre ᶠ
ferry ᴹ

Tragflächenboot N
hidrodeslizador M

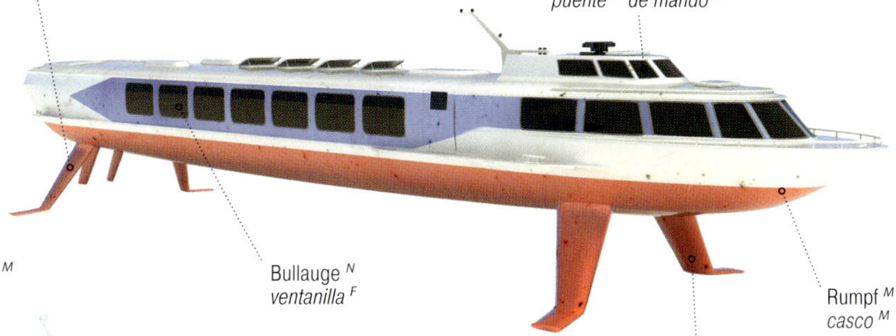

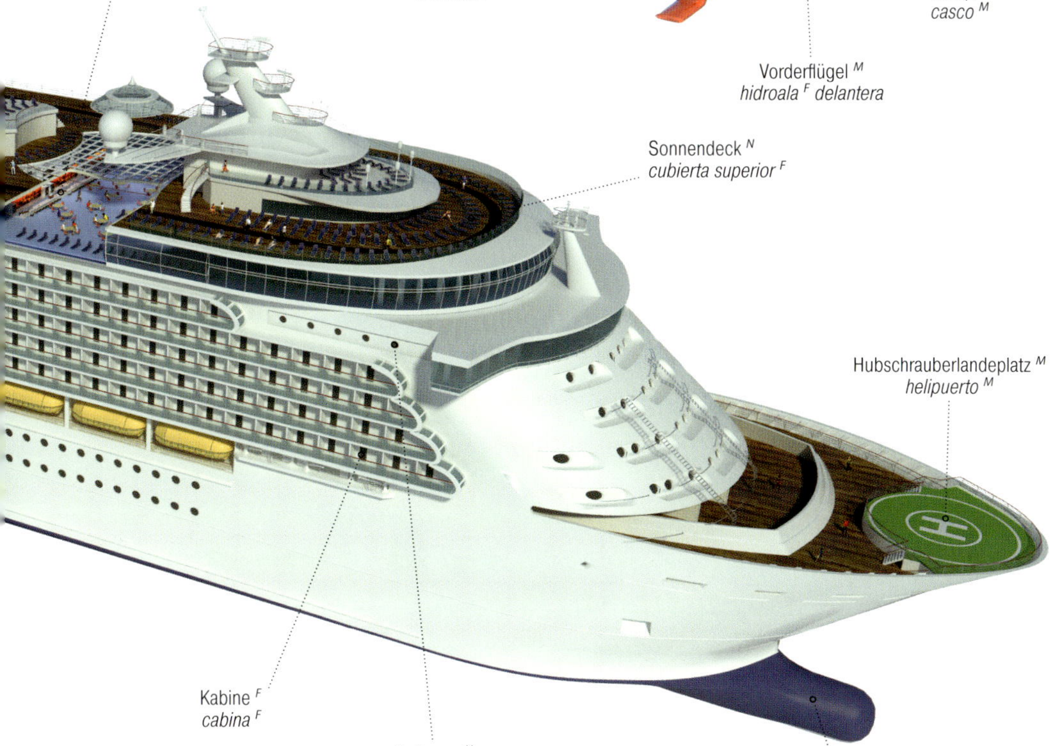

Hilfs-, Service- und Arbeitsschiffe ᴺ
Barcos ᴹ auxiliares

Schlepper ᴹ
remolcador ᴹ

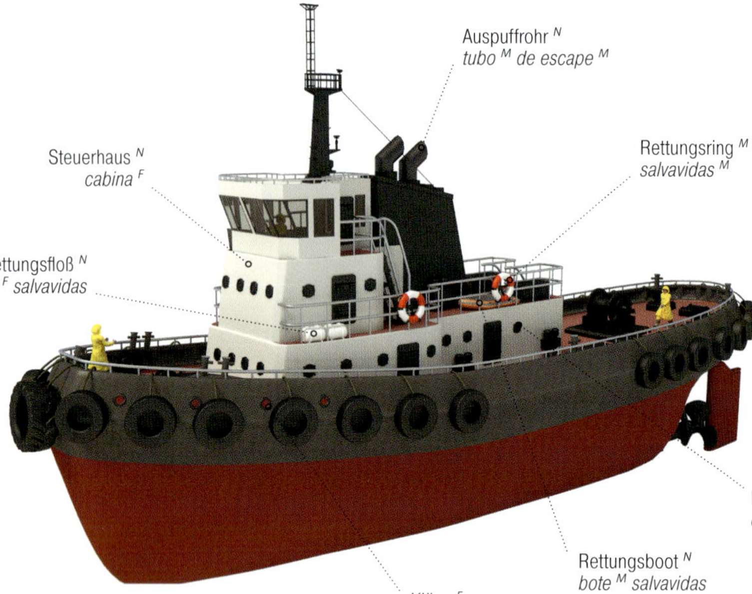

Eisbrecher ᴹ
rompehielos ᴹ

Begleitschiff ᴺ
barco ᴹ de servicio ᴹ

Schwimmkran ᴹ
grúa ᶠ flotante

Fracht- und Fischereischiffe [N]
Barcos [M] cargueros [M] y de pesca [F]

Containerschiff [N]
buque [M] de carga [F]

Trockenfrachtschiff [N]
buque [M] de carga [F] seca

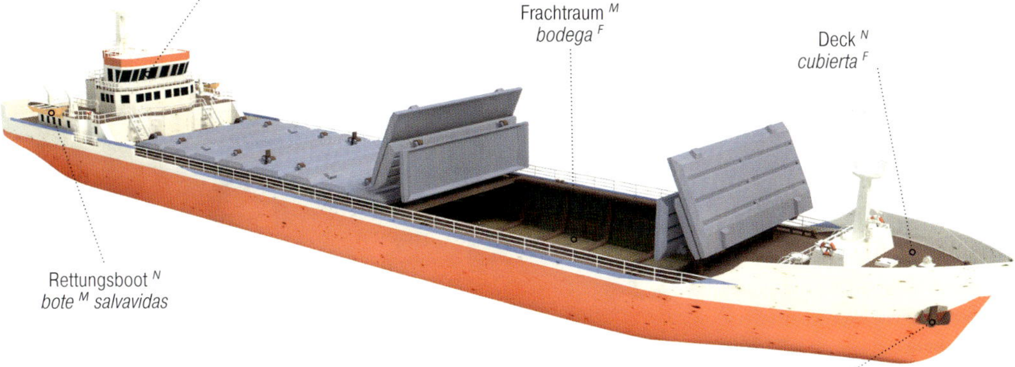

Seilbahn F
teleférico M

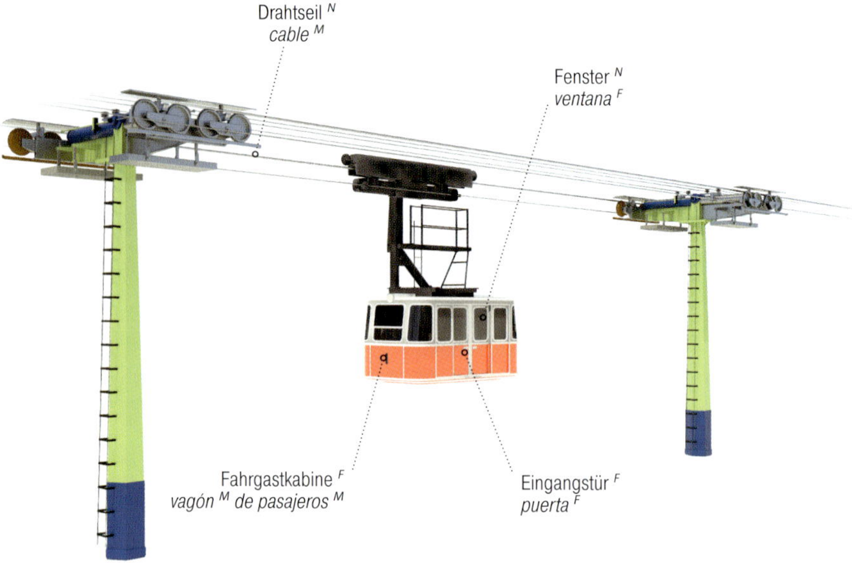

Magnetschwebebahn F
tren M de levitación F magnética

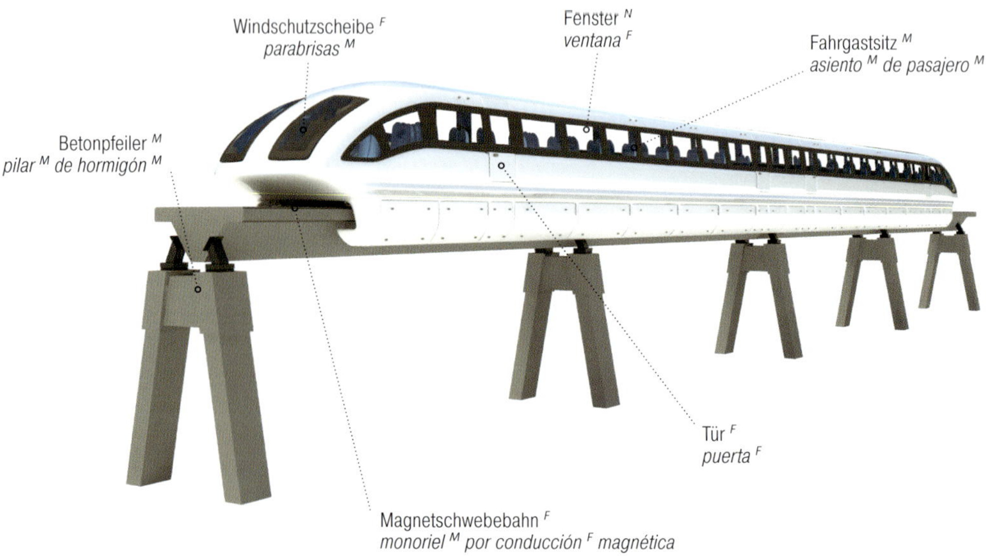

Kranfahrzeug [N]
camión [M] grúa [F]

Zweiträgerlaufkran [M]
grúa [F] suspendida

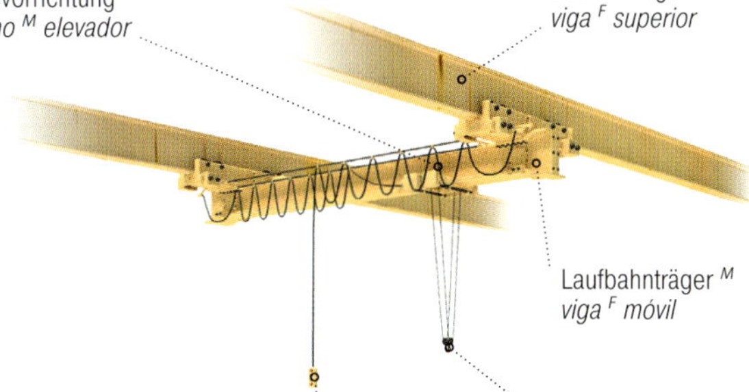

Fahrkran [M]
camión [M] grúa [F]

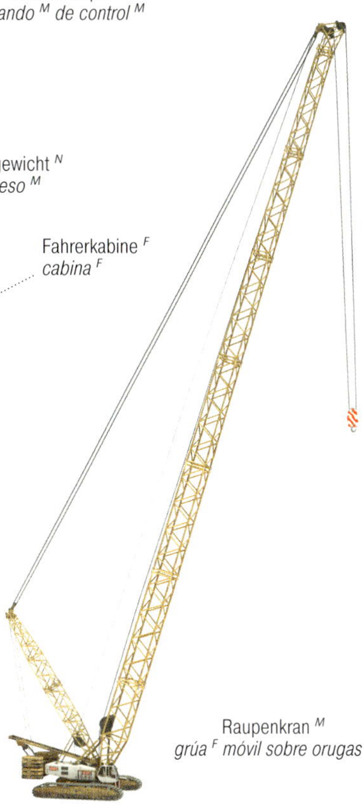

Raupenkran [M]
grúa [F] móvil sobre orugas [F]

Kreis [M]
Círculo [M]

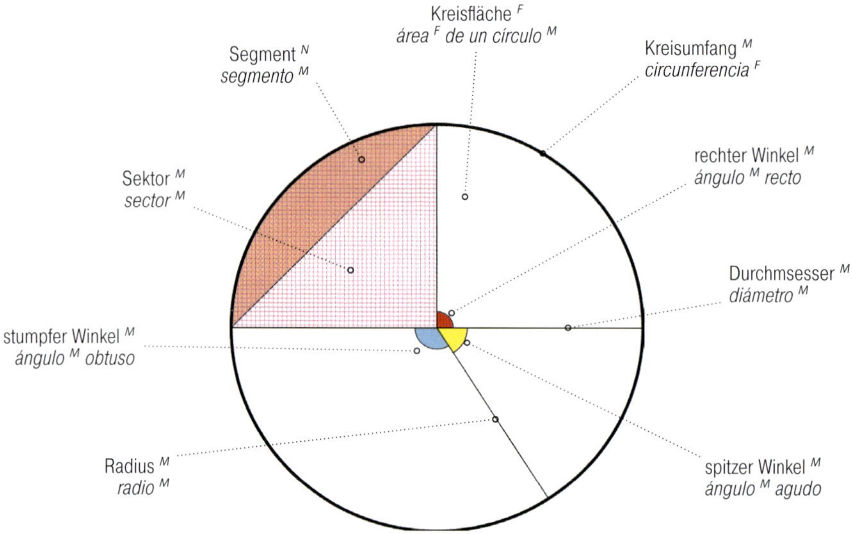

Dreiecke [N]
Triángulos [M]

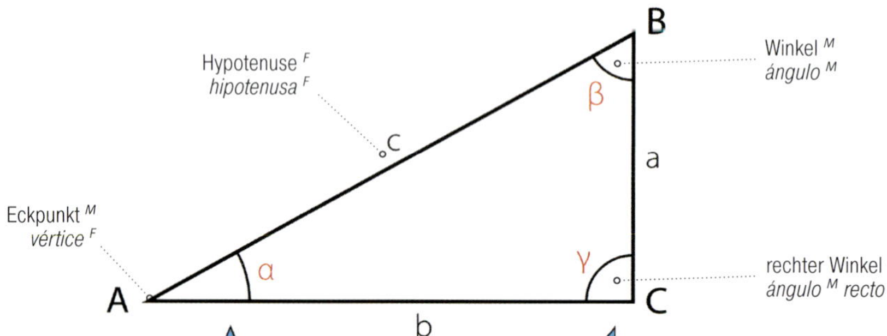

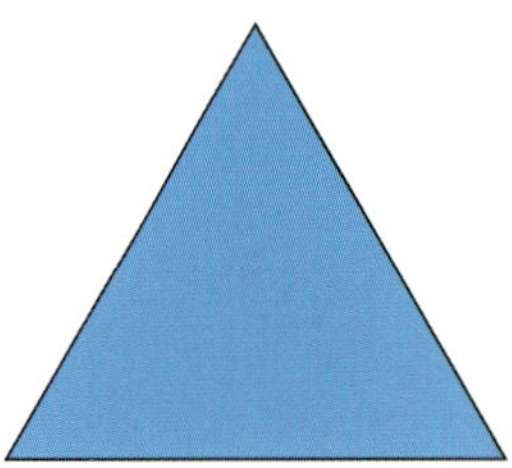

gleichseitig
equilátero [M]

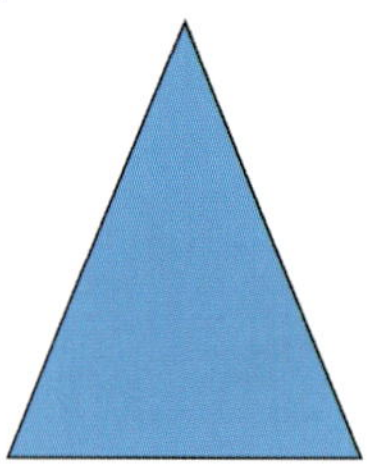

gleichschenkelig
isósceles [M]

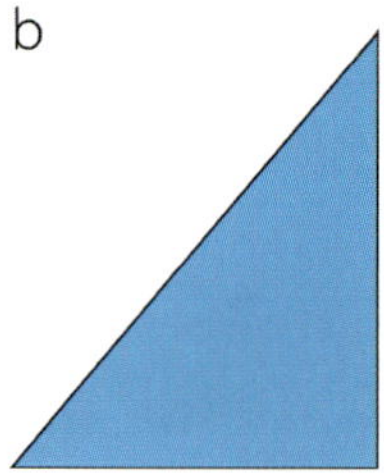

rechtwinkeliges Dreieck [N]
triángulo [M] *rectángulo*

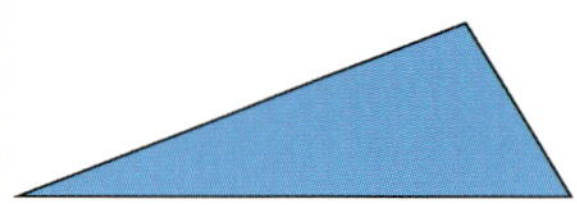

ungleichschenkelig
escaleno [M]

Polygone [N]
Polígonos [M]

Quadrat [N]
cuadrado [M]

Rechteck [N]
rectángulo [M]

Rhombus [M]
rombo [M]

Deltoid [N]
deltoide [M]

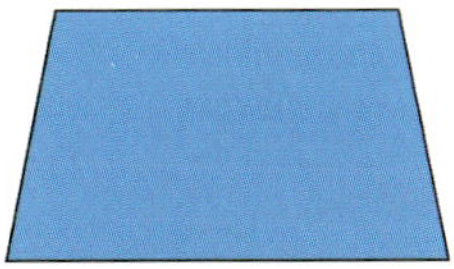

Trapez [N]
trapezoide [M]

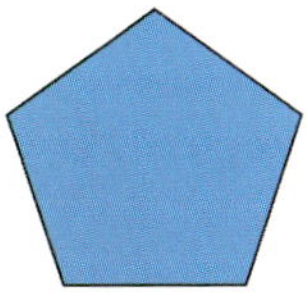

Fünfeck [N]
pentágono [M]

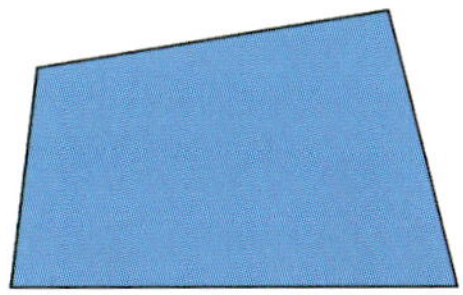

Trapez [N]
trapecio [M]

Parallelogramm [N]
romboide [M]

Diagramme [N]
Diagramas [M]

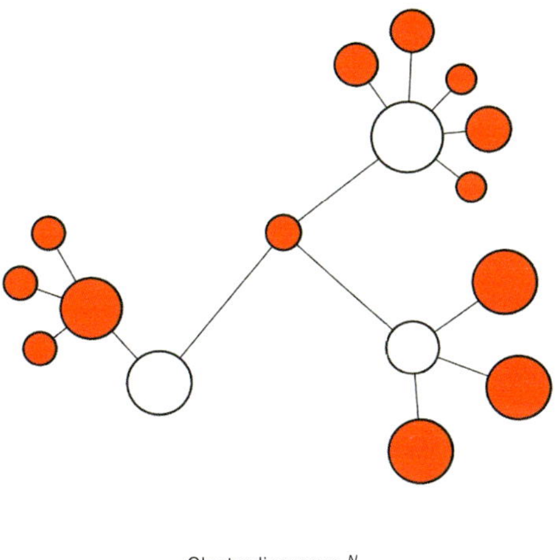

Clusterdiagramm [N]
diagrama [M] *de racimo* [M]

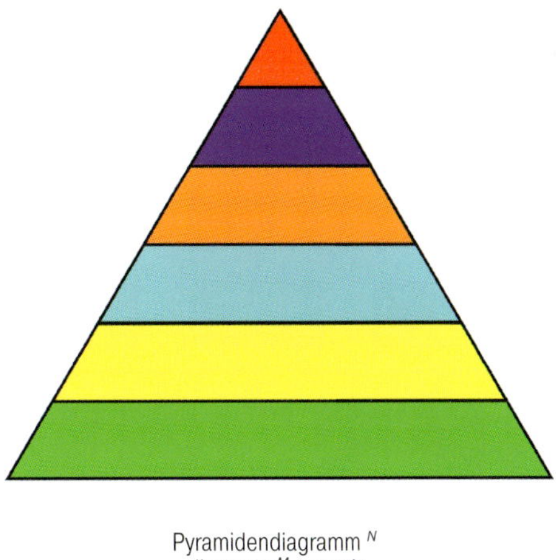

Pyramidendiagramm [N]
diagrama [M] *ternario*

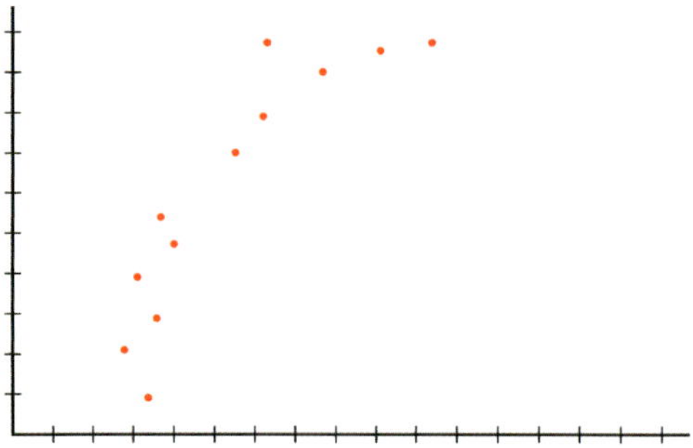

Punktdiagramm N
diagrama M de dispersión F

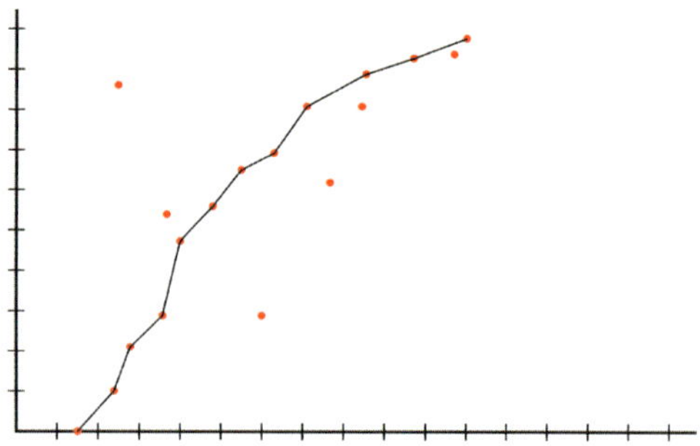

Liniendiagramm N
gráfico M lineal

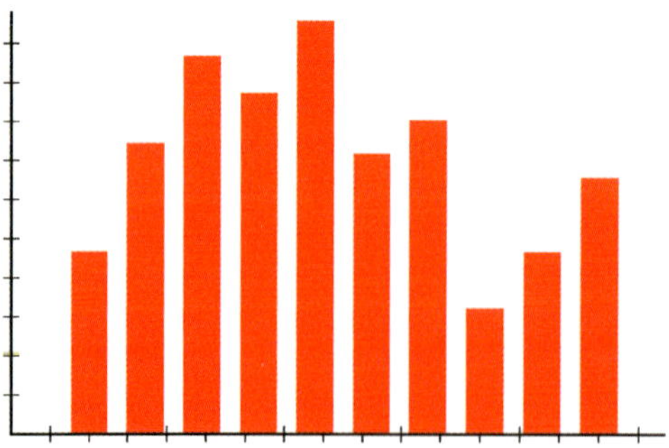

Balkendiagramm N
diagrama M de columnas F

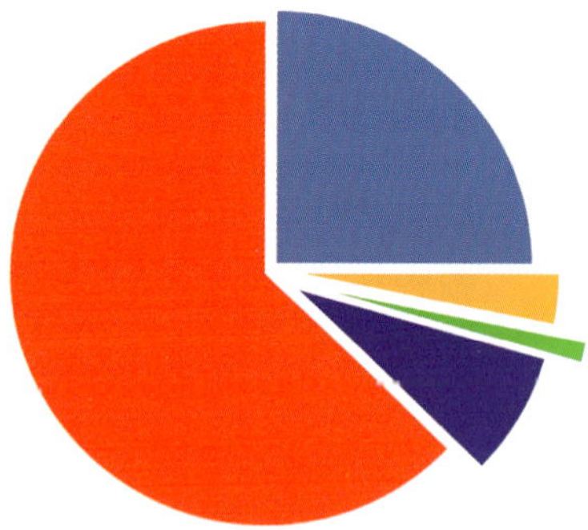

Kreisdiagramm N
gráfico M circular

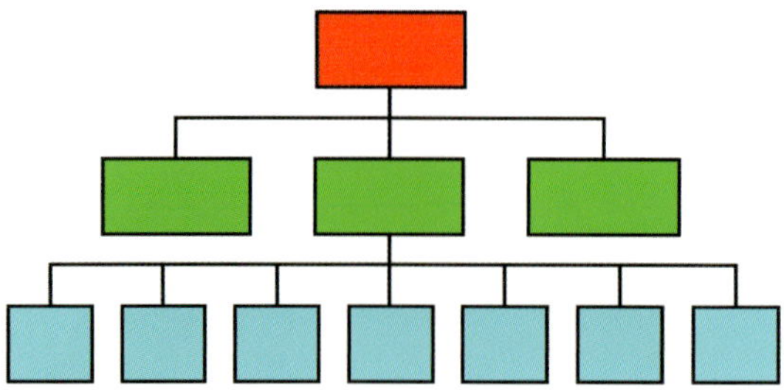

Baumdiagramm N
diagrama M de árbol M

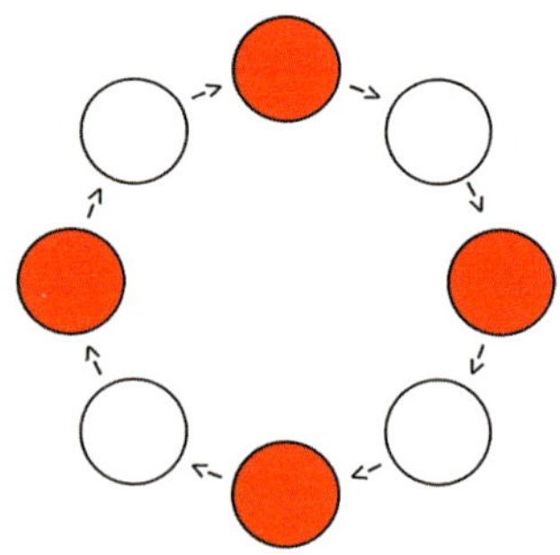

Kreislaufdiagramm N
diagrama M de ciclos M

Körper [M]
Sólidos [M]

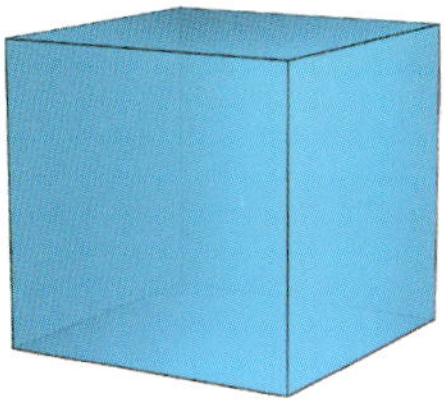

Würfel [M]
cubo [M]

rechtwinkeliger Quader [M]
cuboide [M] *rectangular*

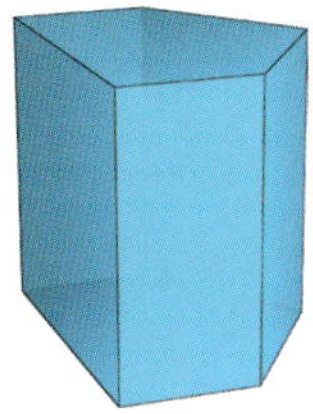

Prisma [N]
prisma [M]

Zylinder [M]
cilindro [M]

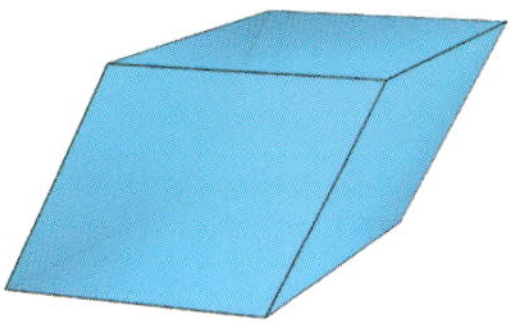

Rhomboeder [M]
romboedro [M]

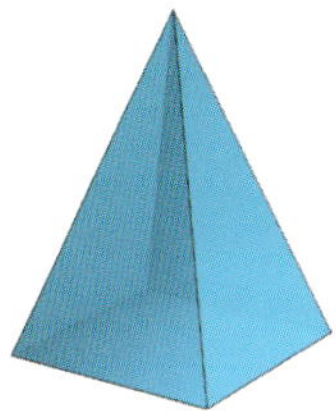

Pyramide [F]
pirámide [F]

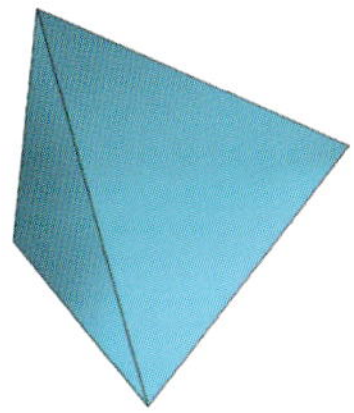

Tetraeder [M]
tetraedro [M]

Kegel [M]
cono [M]

Kugel [F]
esfera [F]

Ellipsoid [N]
elipsoide [M]

Torus [M]
toro [M]

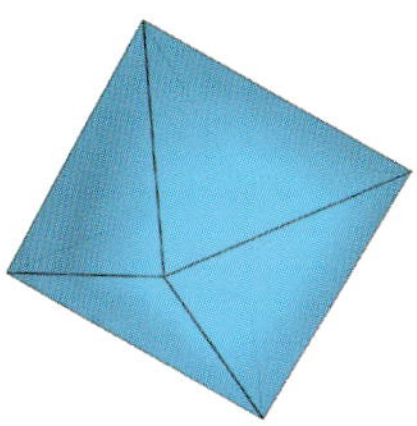

Oktaeder [M]
octaedro [M]

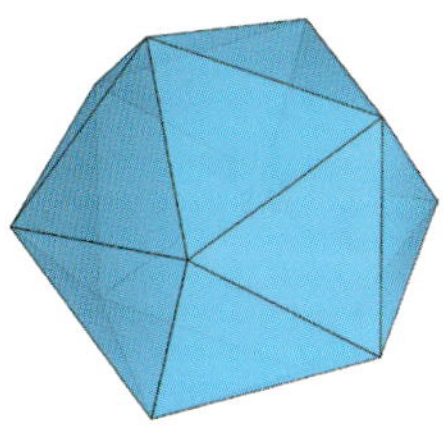

Ikosaheder [M]
icosaedro [M]

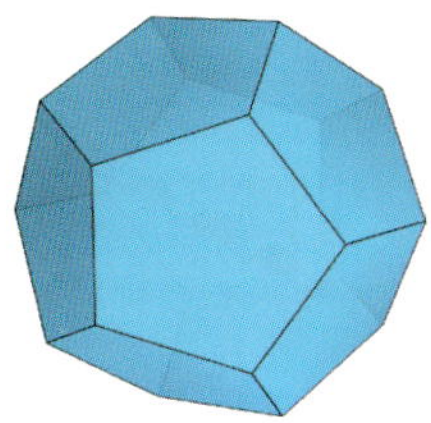

Dekaeder [M]
dodecaedro [M]

Hochdruckgebiet N
área F de alta presión F

Tiefdruckgebiet N
área F de baja presión F

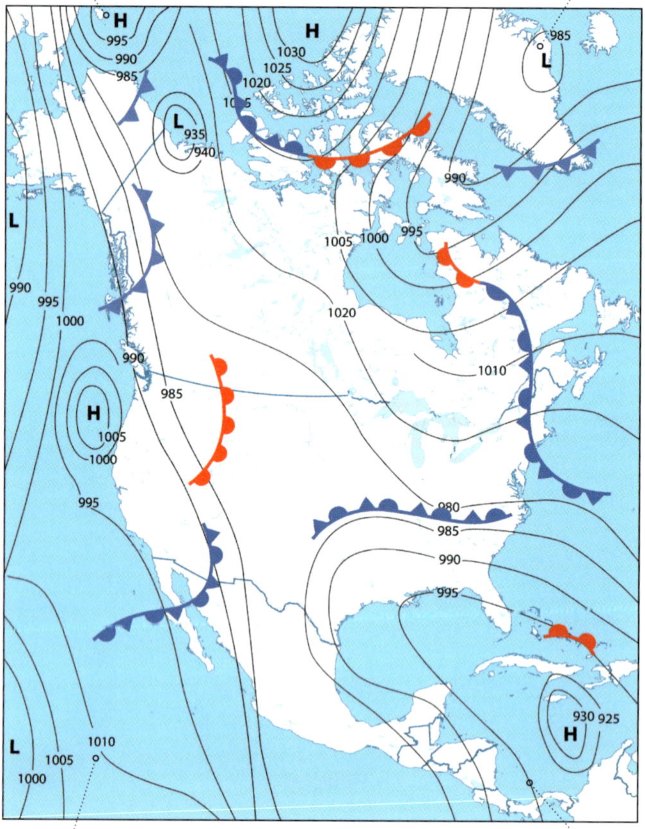

Luftdruck M
presión F barométrica

Isobare F
isobara F

Fronten F
Frentes M

Warmfront F
frente M cálido

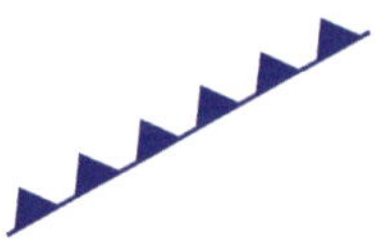

Kaltfront F
frente M frío

geschlossene Front F
frente M ocluido

stationäre Front F
frente M estacionario

Stationsmodell [N]
modelo [M] de estación [M]

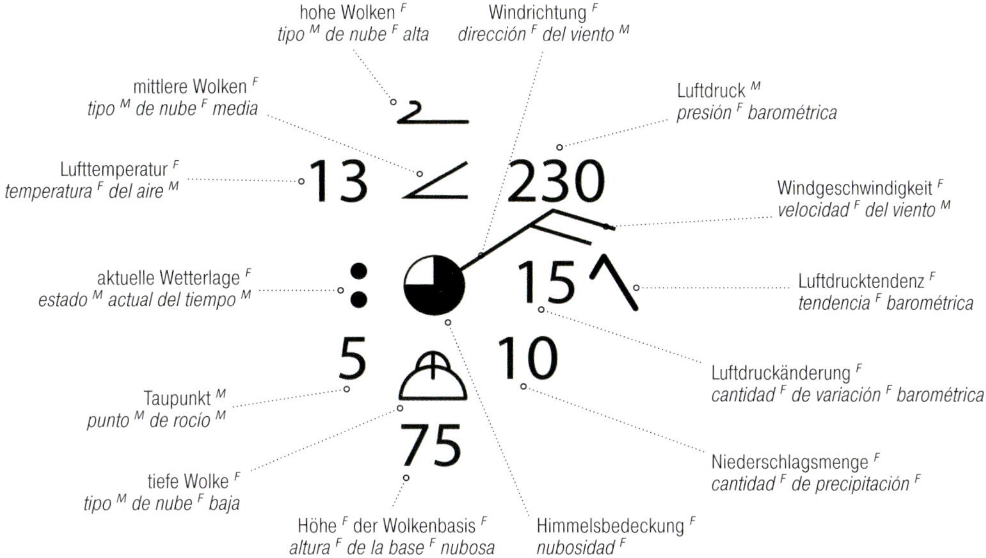

Wolkenkodifizierung [F]
Nubes [F]

tiefe Wolken [F]
Nubes [F] bajas

Kumuluswolke [F]
cúmulos [M]

Haufenschichtwolke [F]
estratocúmulos [M]

Schichtwolke [F]
estratos [M]

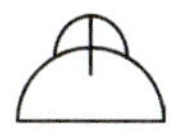
Gewitterwolke [F]
cumulonimbos [M]

mittlere Wolken [F]
Nubes [F] medias

Altokumuluswolke [F]
altocúmulos [M]

Altostratuswolke [F]
altoestratos [M]

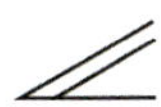
Regenschichtwolke [F]
nimboestratos [M]

hohe Wolken [F]
Nubes [F] altas

Zirruswolke [F]
cirros [M]

Schleierwolke [F]
cirroestratos [M]

Cirrokumuluswolke [F]
cirrocúmulos [M]

Stativ N mit Feststellklemmen F
base F de anillos M con abrazaderas F

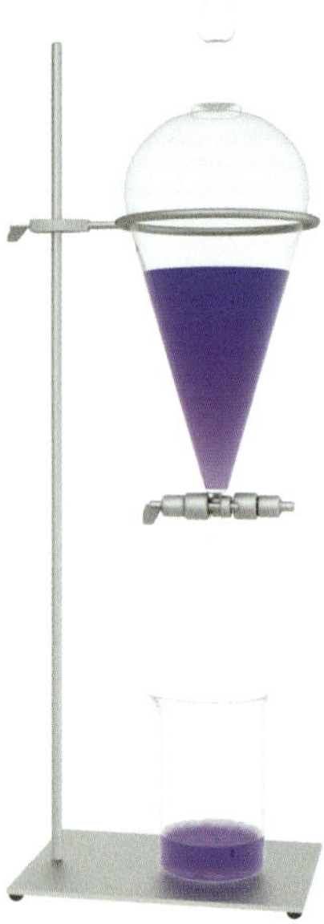

Scheidetrichter M
pera F de decantación M

Fass N
barril M

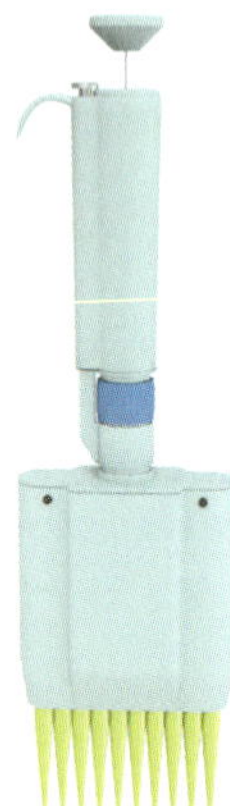

elektronische Pipette F
pipeta F electrónica

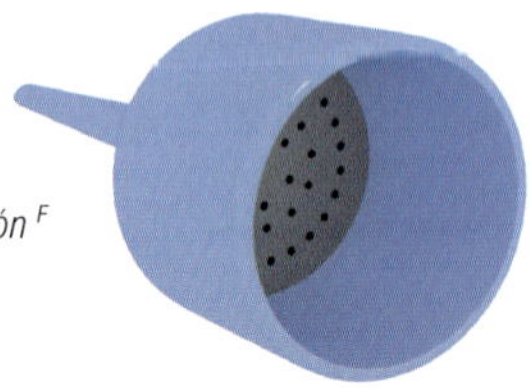

Filternutsche F
embudo M de filtración F

Reagenzglas N mit Stopfen M
tubo M de ensayo M con tapón M

Reagenzglas N in Halterung F
tubo M de ensayo M en soporte M

Becher M mit Griff M
jarra F con asa F

Spritzflasche F
botella F de lavado M

Becher M
vaso M de precipitado M

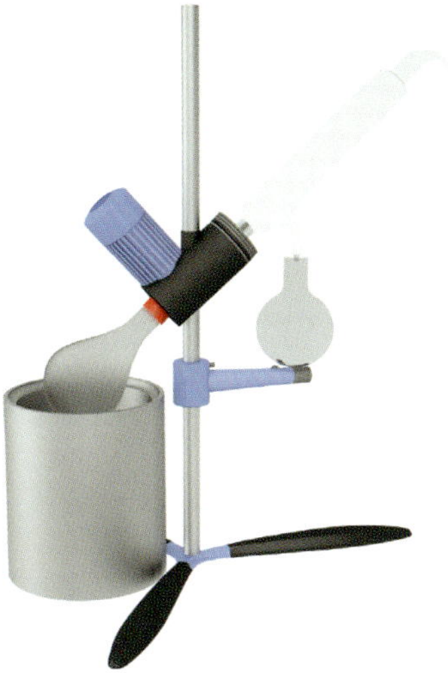

Verdunster M
evaporador M

Magnetrührer M /Wärmeplatte F
agitador M magnético

Temperaturfühler M
sonda F de temperatura F

Becherglas N
vaso M de precipitación M

Wärmeplatte F
elemento M calorífico

Anzeigepaneel N
panel M indicador

Drehknopf M
perilla F de control M

Standfuß M
pie M

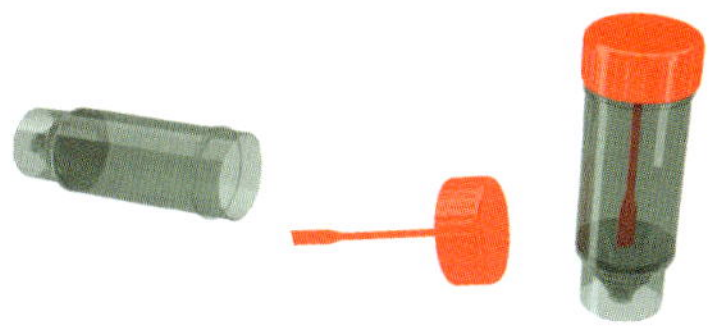

Flasche F mit Spatelverschluss M
vial M con tapa F de paleta F

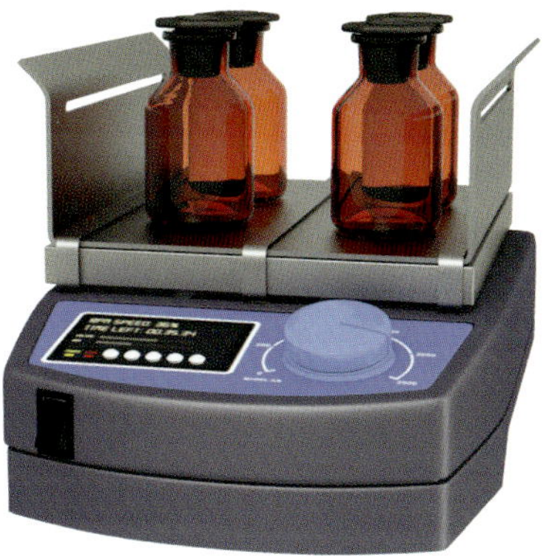

Mixer N
dispositivo M mezclador

Handschuhe M
guantes M

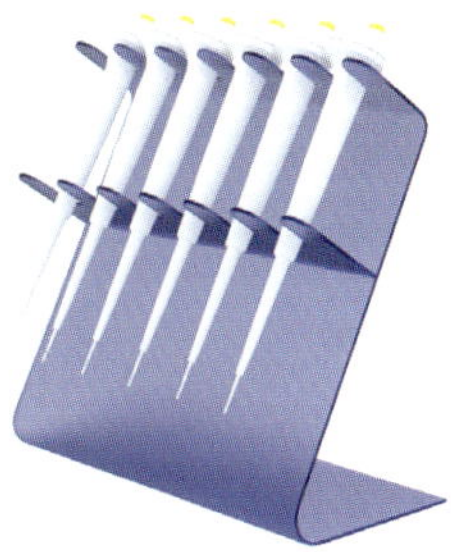

Pipettenständer M
soporte M para pipetas F

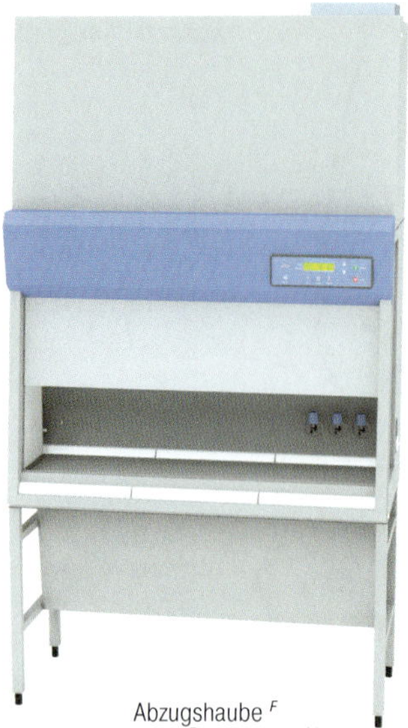

Abzugshaube [F]
campana [F] de humos [M]

Notizenständer [M]
atril [M]

Sicherheitswerkbank [F]
cabina [F] de flujo [M] laminar

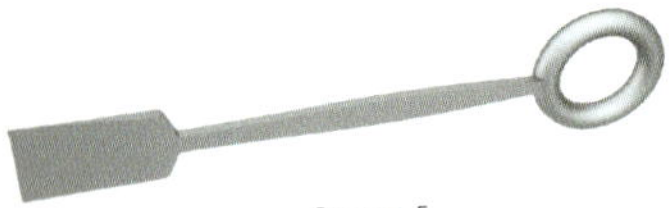

Spatel [F]
espátula [F]

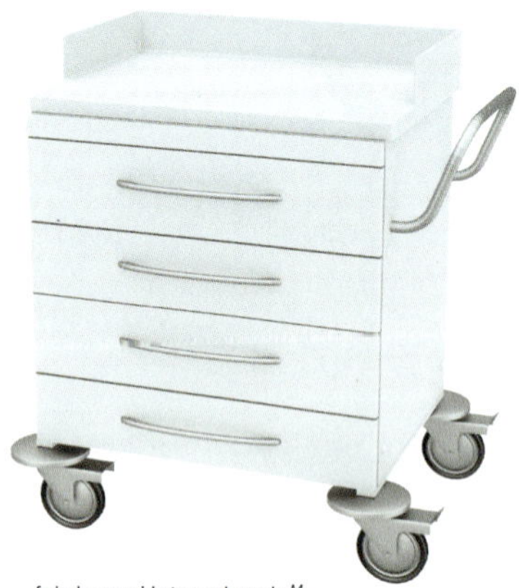

fahrbarer Unterschrank [M]
armario [M] móvil

Dampfdruckgefäß [N]
autoclave [M] a vapor [M]

Kolbenanschlussring [M]
anillo [M] de soporte [M] para matraz [M]

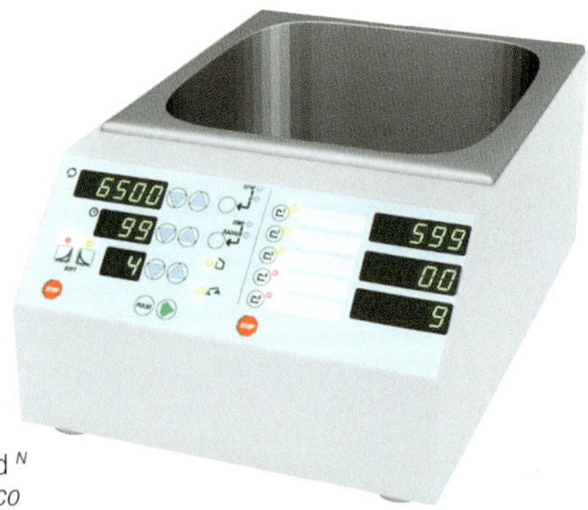

elektrisches Wasserbad [N]
baño [M] María [F] eléctrico

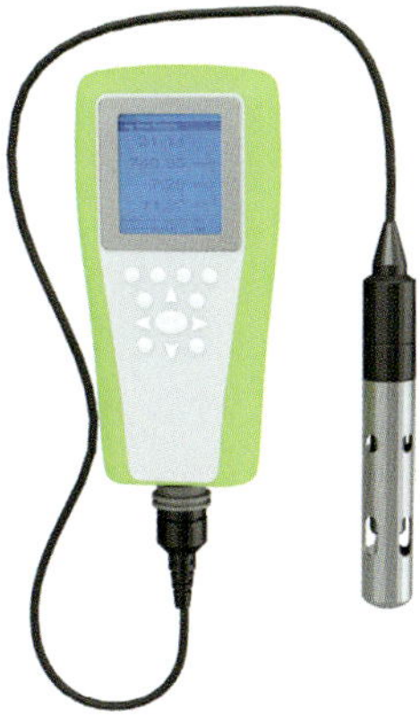

Thermometer ^{N} mit Fühler ^{M}
termómetro ^{M} con sonda ^{F}

Schallmesser ^{M}
sonómetro ^{M}

Mikroskop ^{N}
microscopio ^{M}

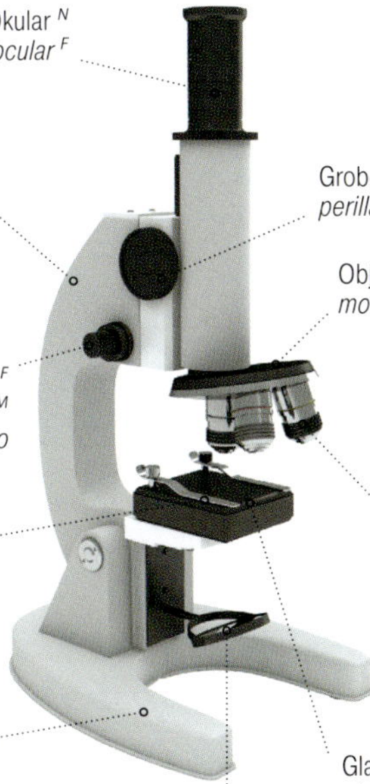

Stößel ^{M} und Mörser ^{M}
mortero ^{M}

Vergrößerungsglas ^{N}
lupa ^{F}

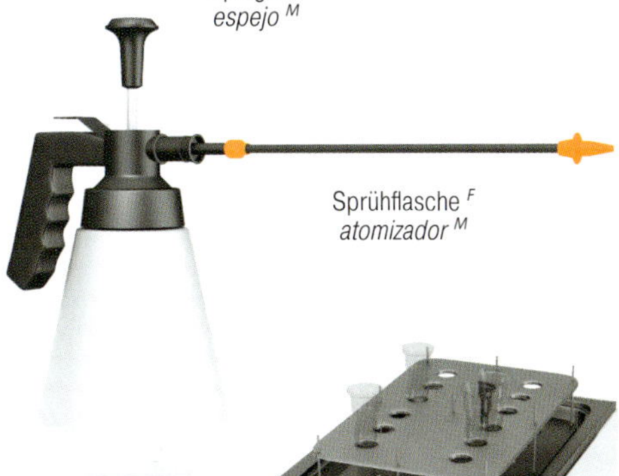

Sprühflasche ^{F}
atomizador ^{M}

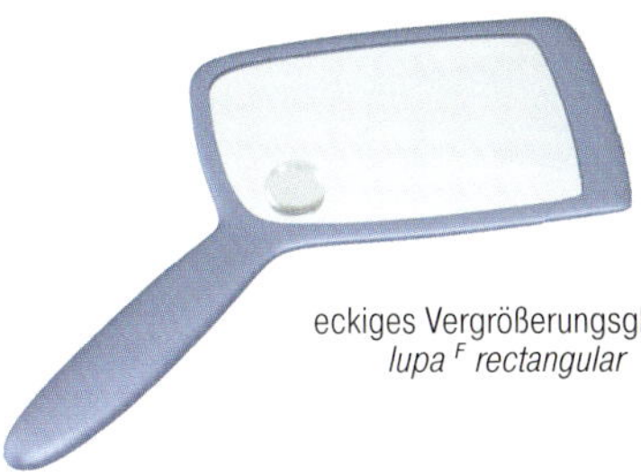

eckiges Vergrößerungsglas ^{N}
lupa ^{F} rectangular

Pipette ^{F}
pipeta ^{F}

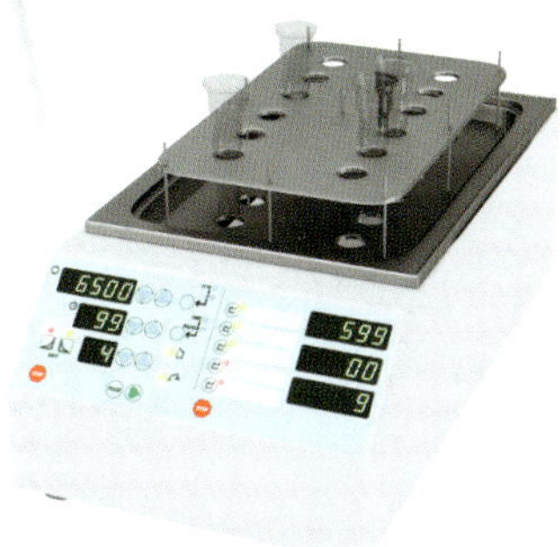

Reagenzglas-Rührer ^{M}
agitador ^{M} de tubos ^{M} de ensayo ^{M}

Sonnensystem ᴺ
sistema ᴹ solar

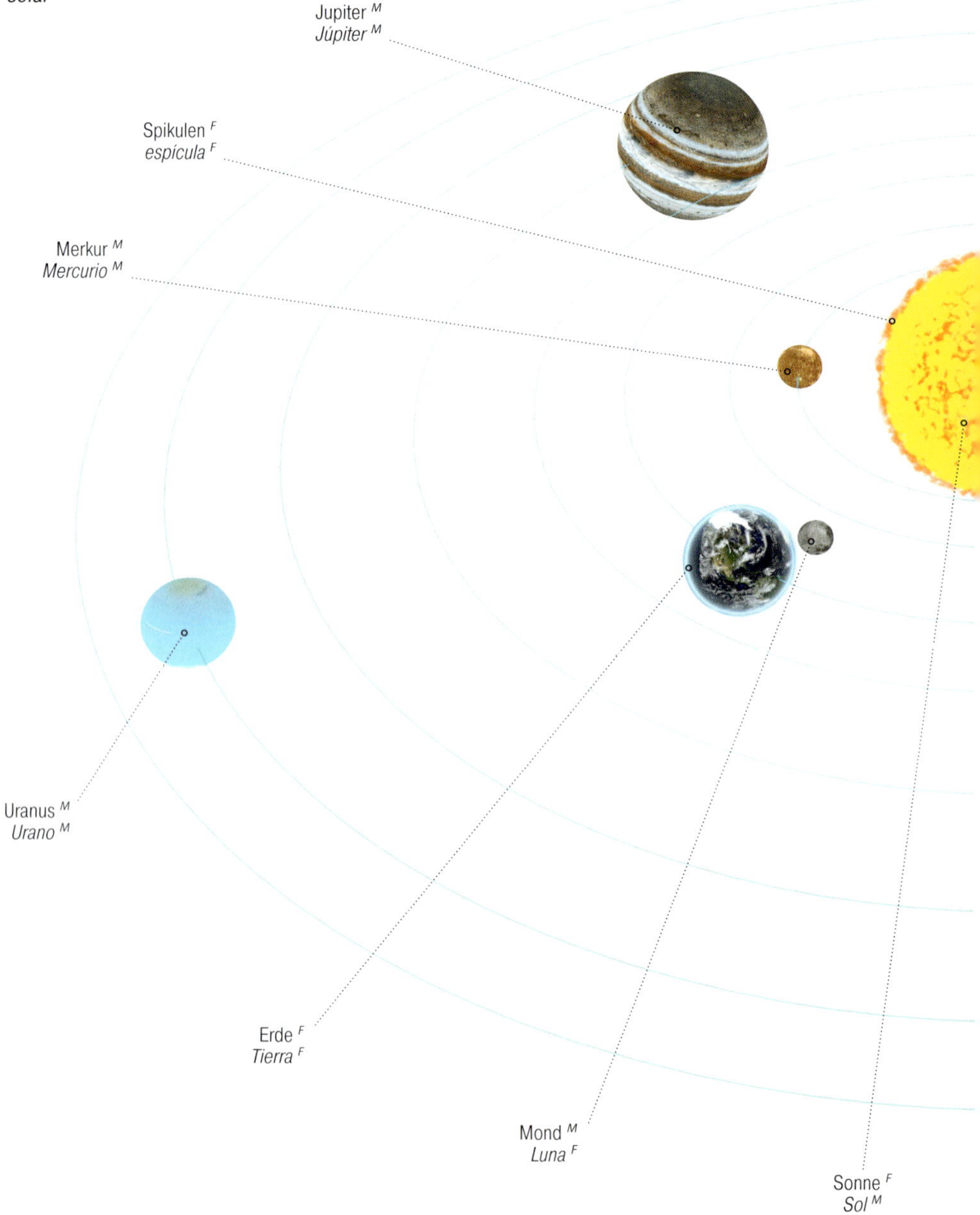

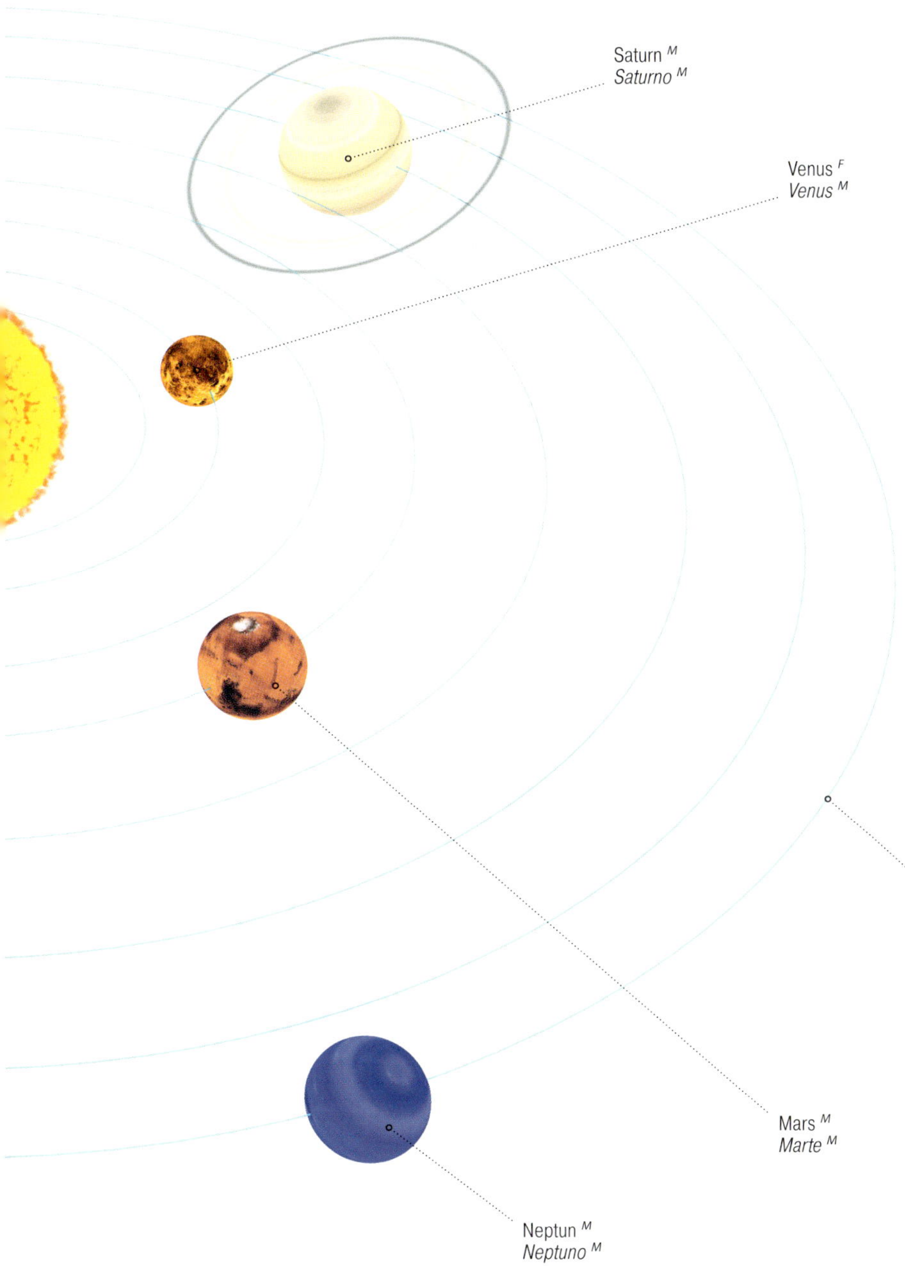
Saturn ᴹ
Saturno ᴹ
Venus ᶠ
Venus ᴹ
Orbit ᴹ
órbita ᶠ
Mars ᴹ
Marte ᴹ
Neptun ᴹ
Neptuno ᴹ

Jahreszeiten F
estaciones del año F

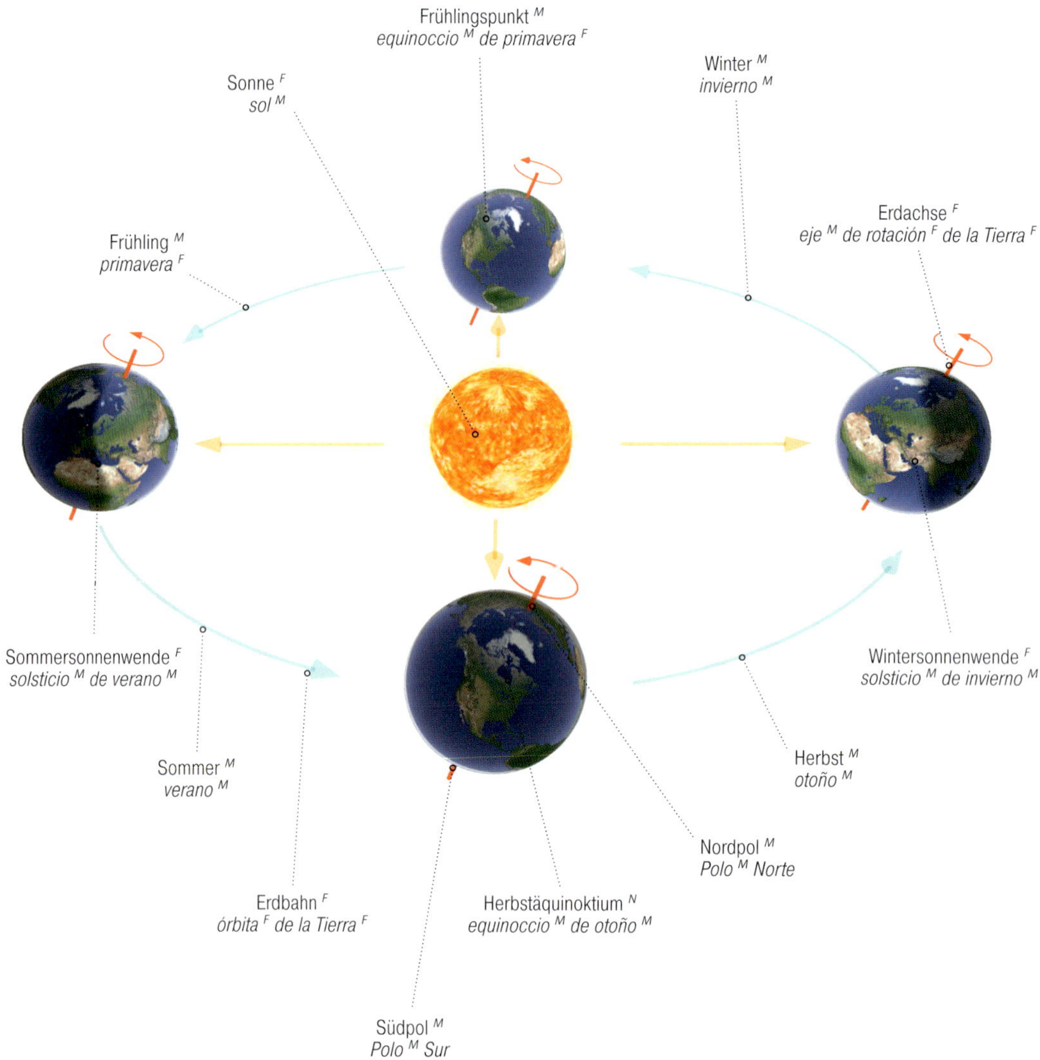

Innerer Aufbau [M] der Erde [F]
estructura [F] de la Tierra [F]

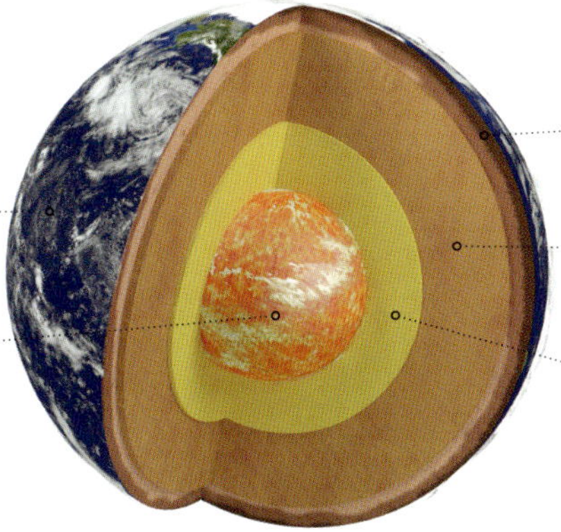

Vulkanausbruch [M]
erupción [F] volcánica

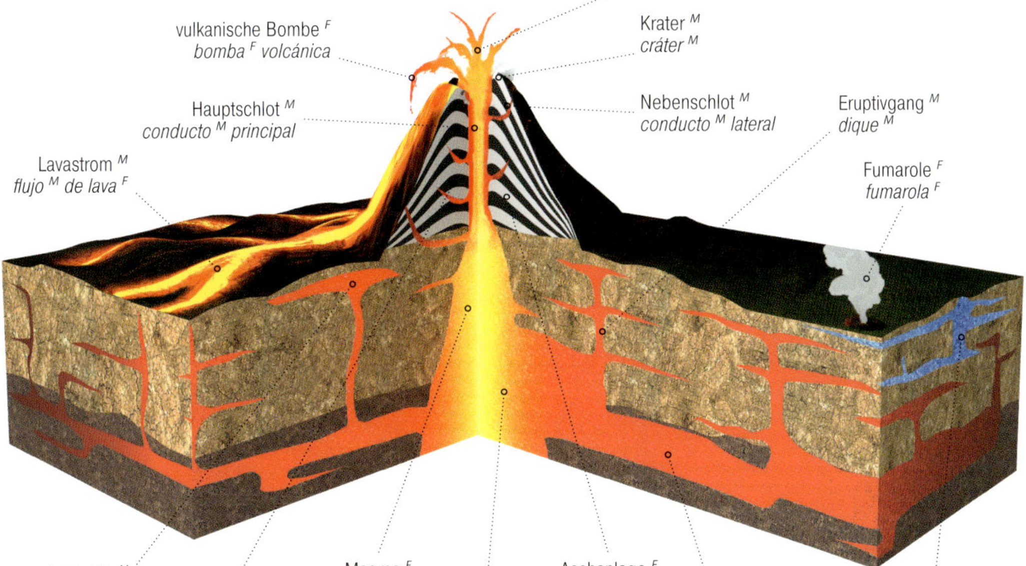

Radioteleskop N
radiotelescopio M

Observatorium N
observatorio M

Teleskop N
telescopio M

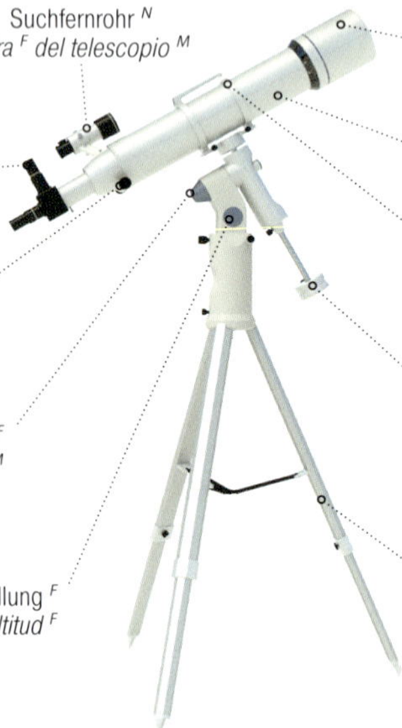

internationale Raumstation F
Estación F espacial internacional

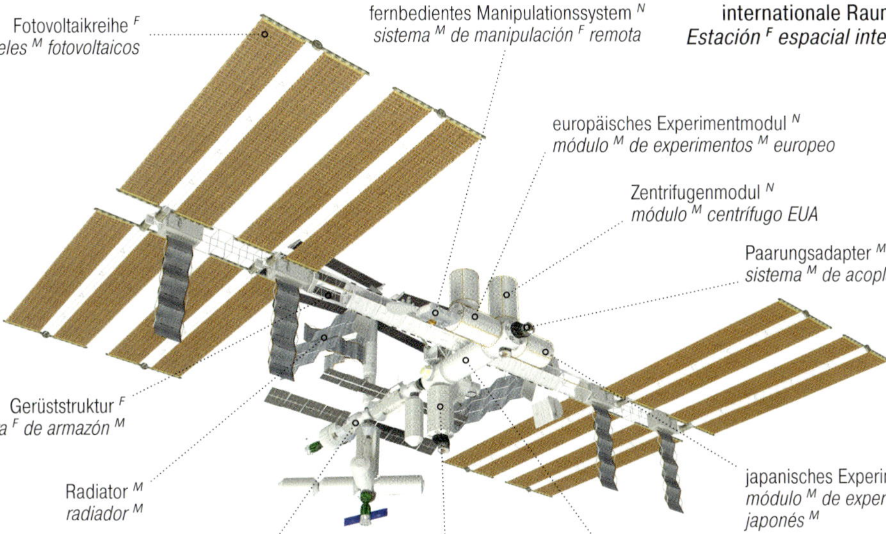

Raumsonde F
sonda M espacial

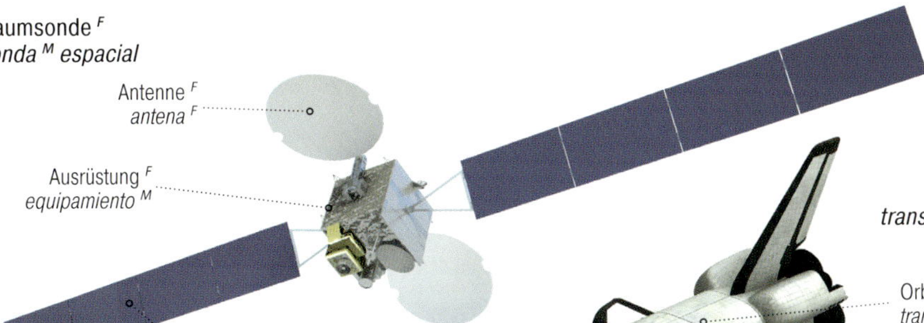

Raumschiff N
transbordador M espacial

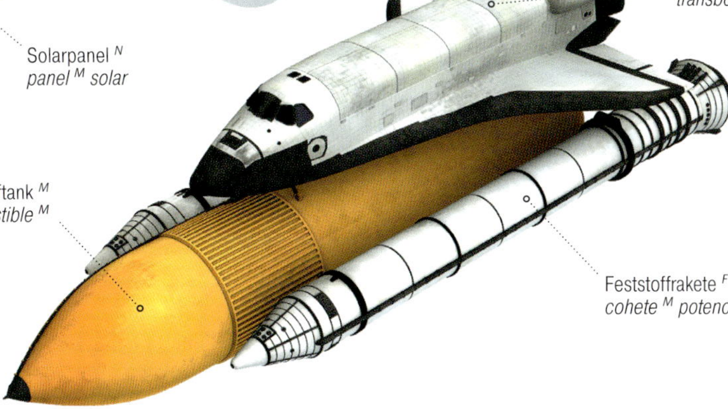

Mondlandung ^{F}
aterrizaje ^{F} lunar

Weltraumteleskop N
telescopio M espacial

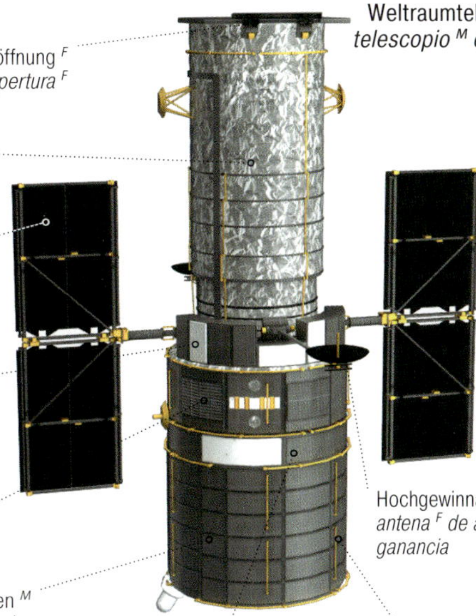

Trägerrakete F
lanzadora F espacial

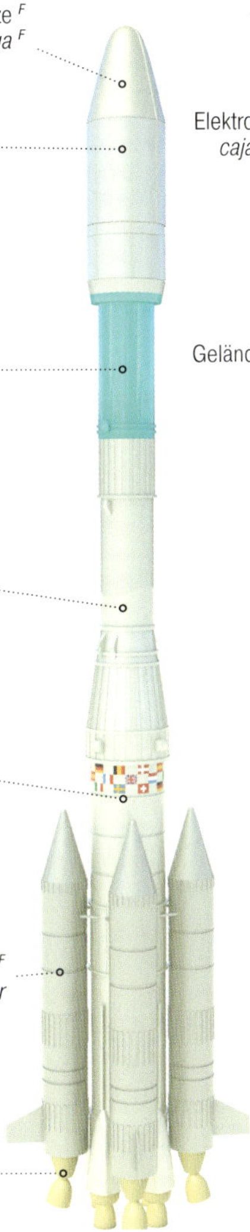

Raumanzug M
traje M espacial

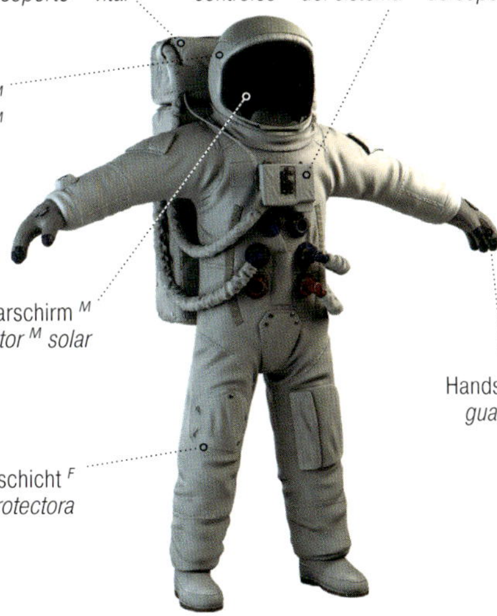

Sonnenkollektor M
panel M solar

Wasserkraftwerk N
represa F hidroeléctrica

Freileitungsmast ^{M}
torre ^{F} de transmisión ^{F}

Windkraftanlage ^{F}
turbina ^{F} de viento ^{M}

Kernkraftwerk N
planta F de energía F nuclear

Dampfturbine F
turbina F de vapor F

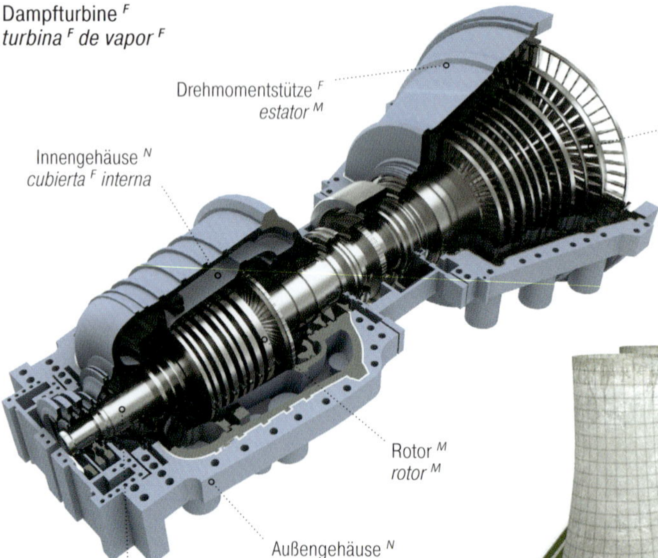

Kühlturm M
torre F de refrigeración F

Ölbohrinsel F
plataforma F petrolera marina

Öltanklager N
patio M de tanques M de petróleo M

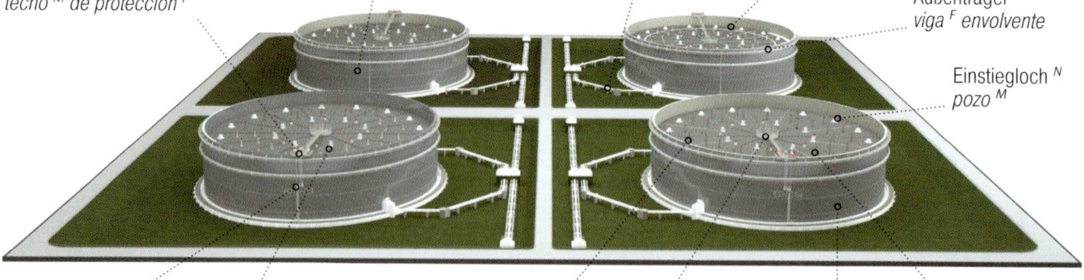

Tiefpumpe F
bomba F de balancín M

Bohranlage F
torre F de extracción F petrolífera

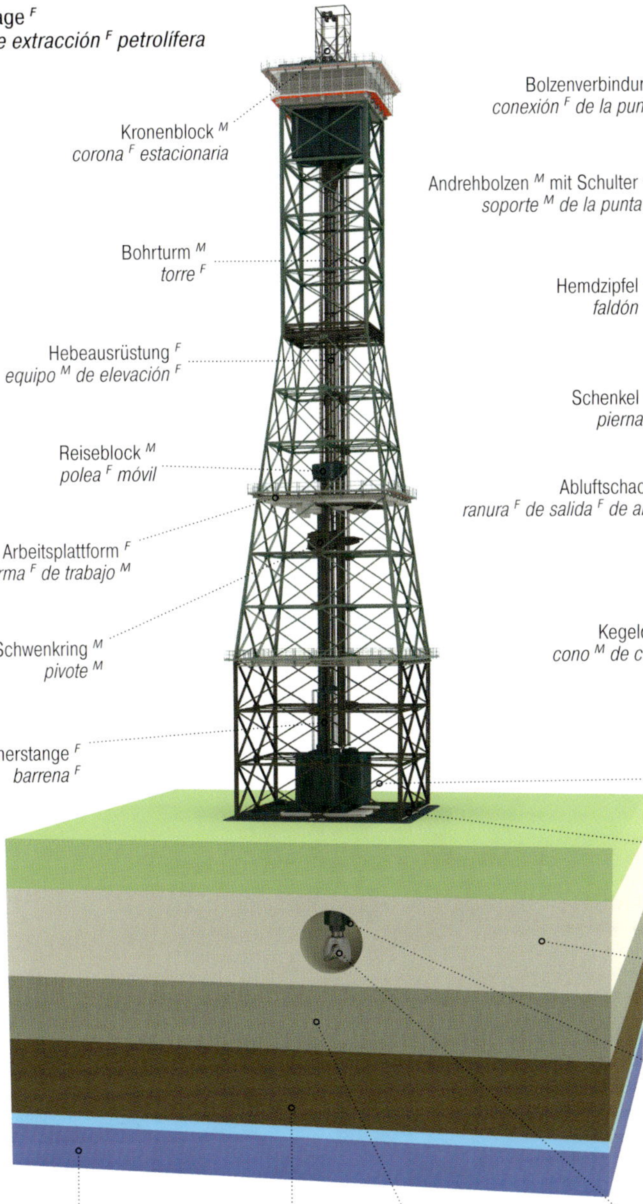

Rollenmeißel M
broca F de rodillo M cónico

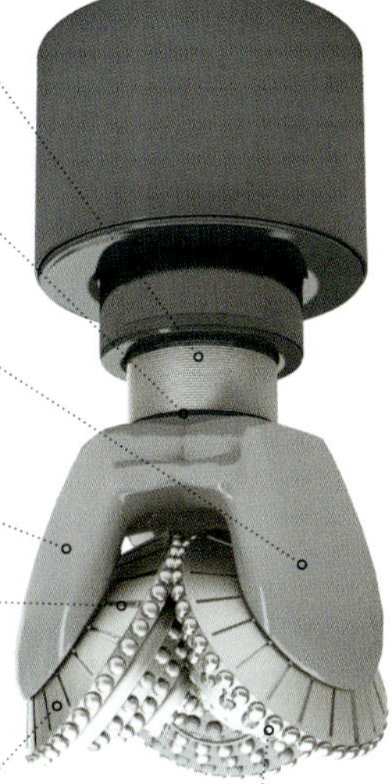

Öl-und-Gasfeld [N]
campo [M] petrolero y de gas [M]

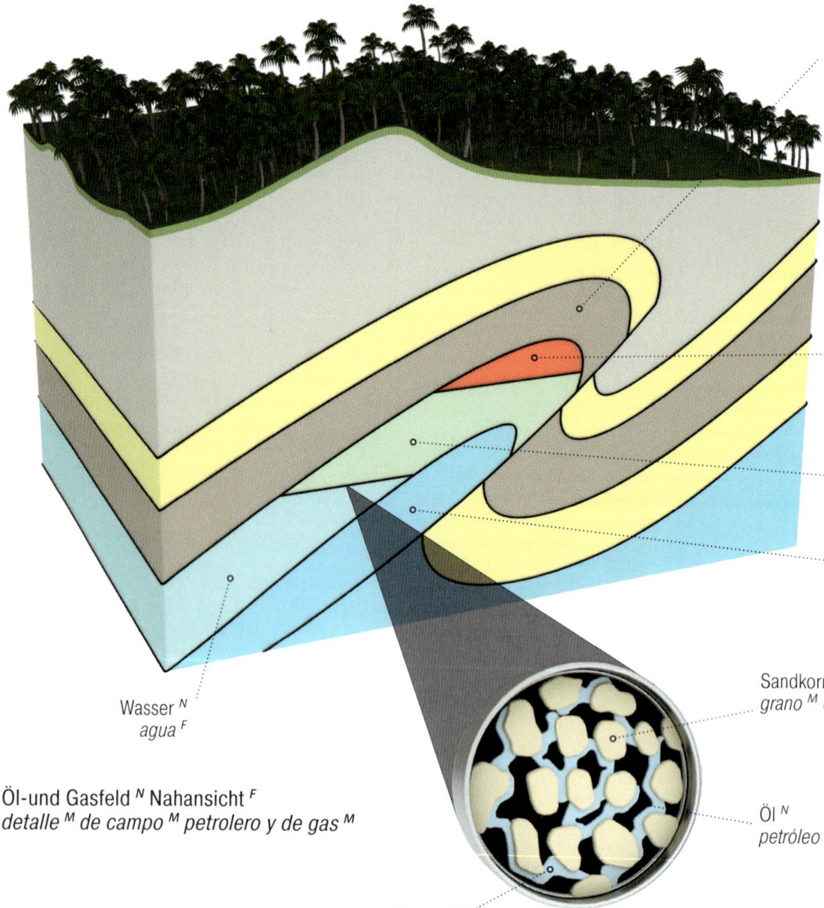

Öl-und Gasfeld [N] Nahansicht [F]
detalle [M] de campo [M] petrolero y de gas [M]

Oktan [N]
octano [M]

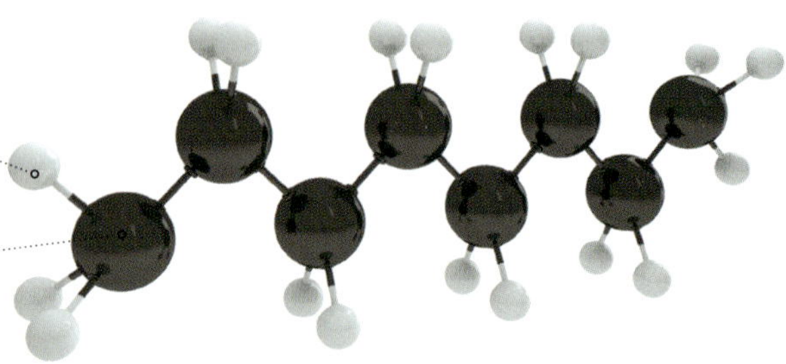

Offshore-Ölfeld N
campo M petrolero costa F afuera

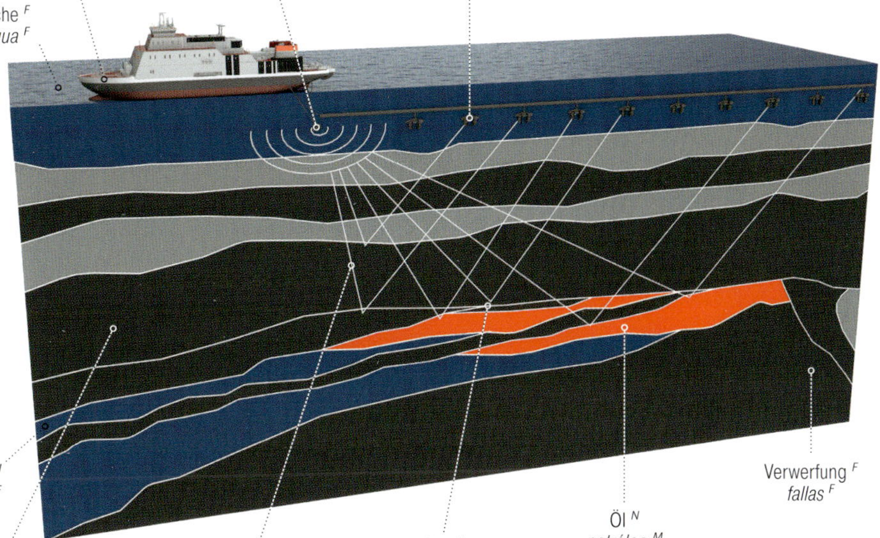

Öl- und Gaserzeugungsschemata N
creación F de combustible M fósil

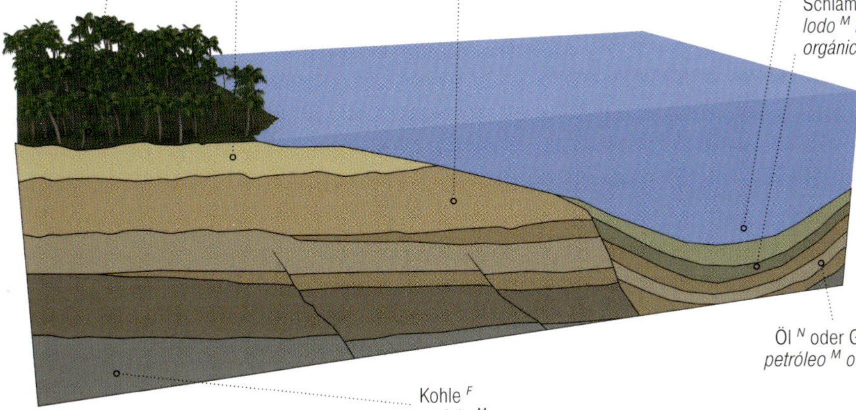

überirdische Pipeline F
tubería F exterior

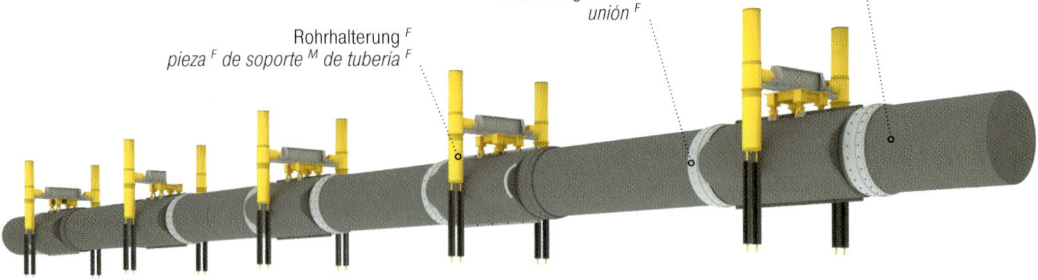

Sperrventil N
válvula F de compuerta F

Treibstofflagertank M
tanques M de almacenamiento M de combustible M

Schrumpffolie-Verpackungsmaschine [F]
máquina [F] de retractilado [M]

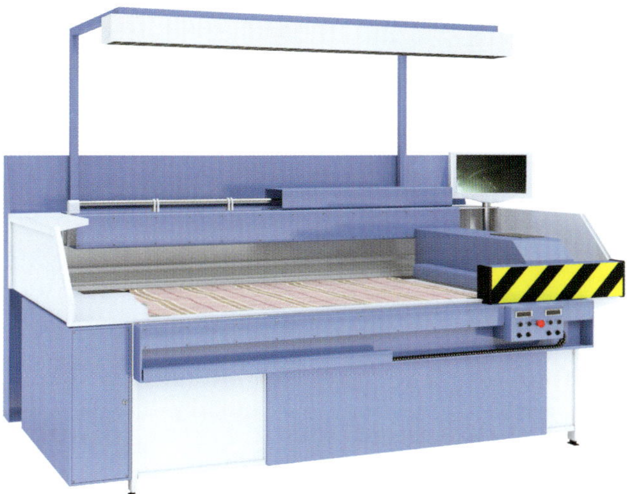

Stoffschneidemaschine [F]
máquina [F] de corte [M] de telas [F]

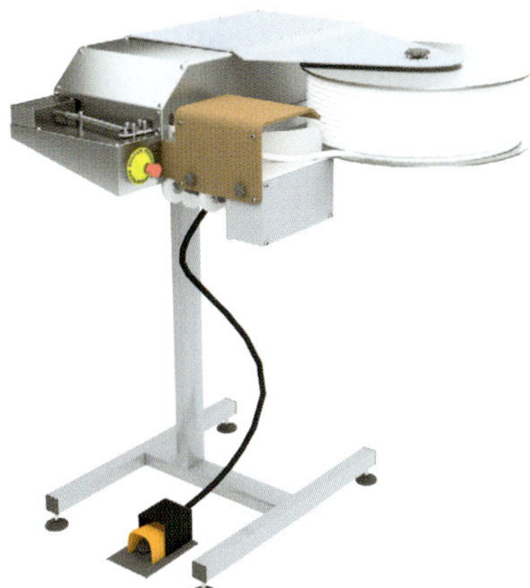

Bindemaschine [F]
máquina [F] embaladora

Stickmaschine F
máquina F de bordar

Schuhherstellungsmaschine F
maquinaria F para calzado M

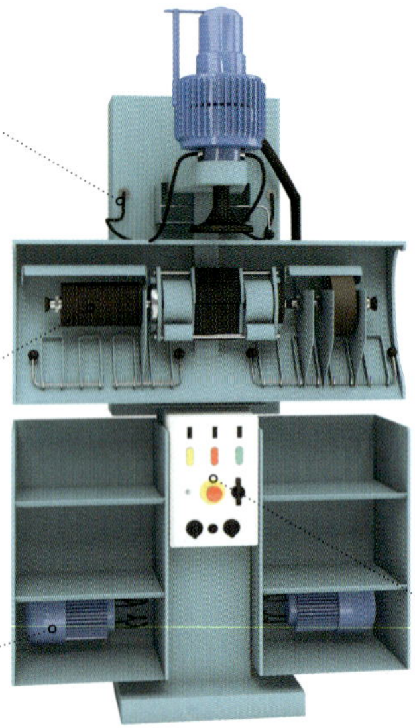

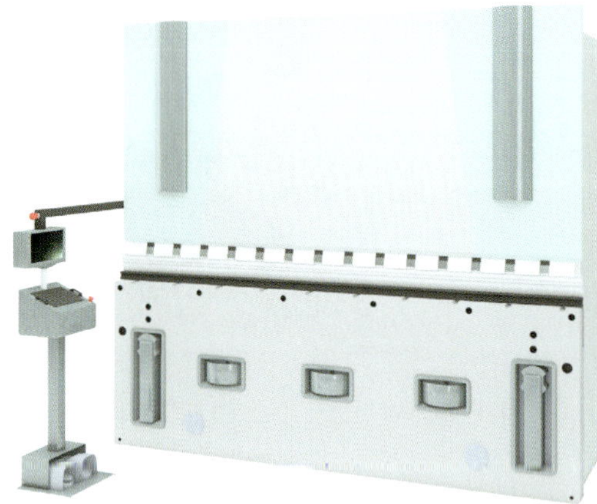

Abkantmaschine F
freno M de prensa F

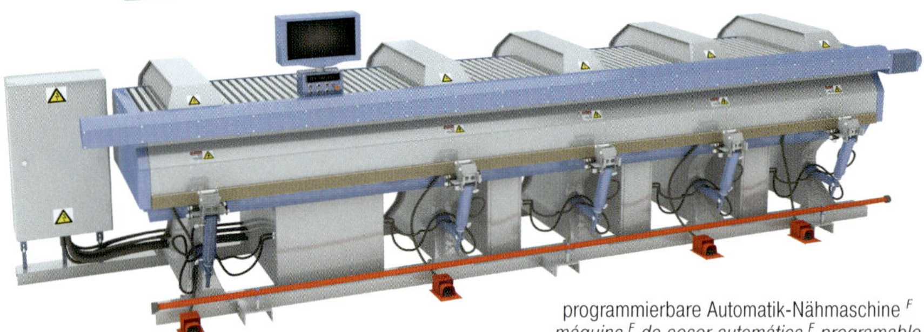

programmierbare Automatik-Nähmaschine F
máquina F de coser automática F programable

Drehmaschine F
torno M

Hydraulikpresse F
prensa F hidráulica

manuelle Rahmenblechschere F
guillotina F manual

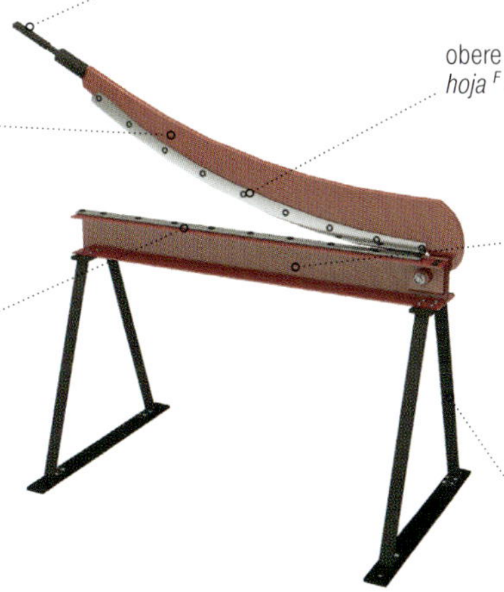

Gesichtsschutz M
protector de cara M

Schutzhelm M
casco M de seguridad F

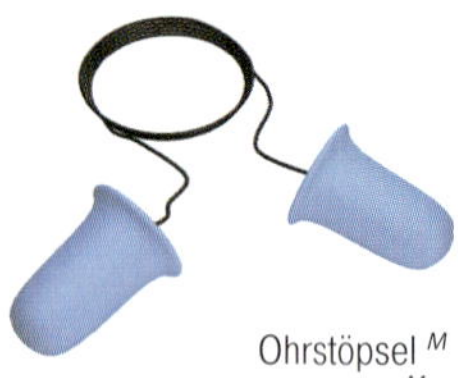

Ohrstöpsel M
tapones M

Ohrenschützer M
protectores M para el oído M

Sicherheitsschuh M
botas F de seguridad F

Zehenschützer M
protector para los dedos M de los pies M

Arbeitsschutzbrille F
gafas F de protección F

Atemschutzmaske F
máscara F para el polvo M

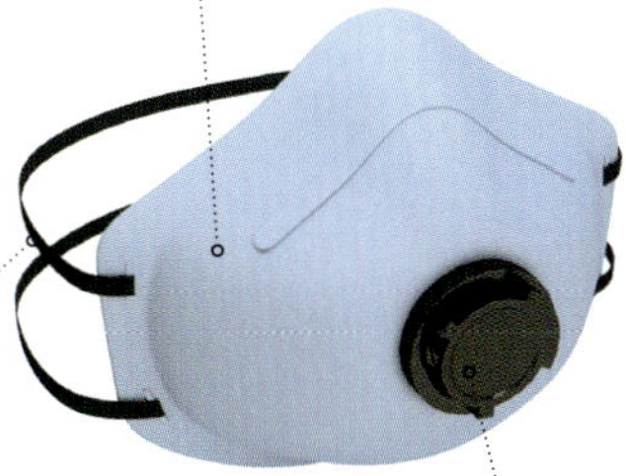

Schutzbrille F
gafas F de seguridad F

leichte Atemschutzmaske F
máscara F antigás de medio rostro M

Gasmaske F
máscara F antigás de rostro M entero

DEUTSCHES REGISTER

2 Block-Multistation 417
2-Meter-Linie 437
4-Meter-Linie 437
50 Yards Linie 389
7 m Linie 396

A

A 374
A-Linien-Kleid 252
Abblendlicht 503
Abdeckplatte 178
Abdeckstift 271
Abdeckung 176, 372
Abdomen 59
Abfalleimer 139, 179, 549
Abfallkorb 483
Abfangjäger 342
Abfertigungsschalter 541
Abflugbereich 542
Abflughalle 544
Abfluss 188
Abflussrinne 188
Abgase 502
Abgaskrümmer 509
Abgottschlange 38
Abkantmaschine 596
Ablage 152, 411, 474, 492, 505
Ablage für Gläser 301
Ablagebox 474
Ablagekasten 492
Ablageregal 191
Ablageschrank 477
Ablaufberg 550
Ablaufrohr 187
Ablegeschale 541
Abluftkamin 187
Abluftschacht 591
Abluftventilator 295
Abnehmerwahlschalter 375
ABS-Warnleuchte 506
Absatz 260, 376, 445
Abschirmung 115, 149
Abschlepphaken 340
Abschminkwatte 270
Absolventenring 267
Abspannleine 338, 471
absteigendes Kolon 103
Abstellstützfuß 519
Abstoßsäge 445
Abstreifgitter 202
Abtastkopf 480
Abtropfschale 150
Abwasserkanal 187
Abwehrlinie 398
Abwehrreihe 446
Abzug 334, 335, 336, 472
Abzugbügel 334
Abzugsbügel 334, 472
Abzugshaube 147, 576
Abzweigleitung 187
Abzweigrohr 499
Acerolakirsche 229
Achat 269
Achse 424
Achselarterie 92
Achselhöhle 74, 76
Achselkrücke 124
Achselvene 93
Achselwelle 535
Achsenwelle 499
Achtelnote 364
Achtelpause 364
Achterbahn 456
Ackerbohne 219
Adamsapfel 76
Aderhaut 107
Adzukibohne 219
Aerophone 377
Afghanistan 322
Afrika 326
Afro-Kamm 277
Afterflosse 213
Afterklaue 12
Agakröte 39
Ägypten 327
Airbagwarnleuchte 507
Airbrush 379
Airhockeytisch 465
Akkordeon 377
Akkusauger 175
Akkuschrauber 198
Aktenschrank 109, 475, 476
Aktenständer 477, 493
Aktentasche 263
Aktenvernichter 483
aktive Freizeit 471, 472, 473
aktuelle Wetterlage 573
Akustikgitarre 376
Akzent 365
Albanien 325
Albatros 51
Aleppo-Kiefer 69
Algerien 326
alkoholische Getränke 241
All-In-One Computer 478
Allzweckkorb 112
Alpensteinbock 13
alphanumerische Tastatur 332, 333
Altokumuluswolke 573
Altostratuswolke 573
Amaranth 222
Amaryllis 71
Ambos 106
Ambulanz 125
Ameise 58
American Football 388, 389
Amerikanische Buche 68
Amerikanische Krähe 49
Amerikanische Platane 68
Amerikanische Rot-Kiefer 70
amerikanische Steckdose 178
amerikanische Sumpfschildkröte 36
amerikanischer Käse 211
Amethyst 269
Ampel 289
Amphibien 39
Ampulle 120
An-/Ausschalter 274, 278, 310, 478, 479, 480, 481, 482
An/Aus Schalter 423, 471
Analoguhr 264
Analschild 54
Analwinkel 55
Analwinkel des Hinterflügels 55
Ananas 225
Ananassaft 240
Anästhesiemonitor 115
Anästhesist 110
andere elektronische Geräte 483, 484, 485, 486
andere Fahrzeuge 566
andere Zeichen 365
Andorra 325
Andrehbolzen mit Schulter 591
Angelausrüstung 473
Angelhaken 473
Angelrolle 473
Angelrute 473
Angelschnur 473
Angelwurzel 159
Angiografie-Apparat 108
Angiografieraum 108
Angola 326
Angriffslinie 395
Angriffszone 394
Anhänger 519
Anhängerkupplung 498, 519
Anis 220
Anker 348, 350, 351, 565
Ankleidezimmer 128, 244
Ankunftsbereich 544
Ankunftshalle 544
Anpfiffkreis 442
Ansaugkrümmer 502
Ansaugung 502
Anschluss für Maus und Tastatur 479
Anschluss für Zündkabel 509
Anschlüsse 478
Anschlussleitung 187
Anschlussöffnung 115
Antenne 133, 341, 348, 482, 513, 583
Antennenmast 288
Anti-Rutsch-Oberfläche 435
Antidiebstahlsensor 292
Antigua und Barbuda 328
Antilope 13
Antriebshebel 590
Antriebskettenrad 427
Antriebskopf 375, 376
Antriebswelle 499, 535
Anus 102
Anzeige 109, 149, 152, 162, 176, 333, 346, 381, 481, 482, 484, 486
Anzeigepaneel 575
Anzeigetafel 115, 386, 403, 406, 410, 497
Anzieh-Lippe 441
Anzug 246
Anzug und Accessoires 246
Anzugschuh 260
Aorta 94
Aortenbogen 92, 94
Aortenbogen 95
Aortenklappe 95
Apex 55
Apfel 68
Apfelessig 233
Apfelsaft 240
Apfelsine 226
Apollo 56
App-Symbol 478, 481
Aprikose 229
Apsis 382
Aquamarin 269
Aquarium 180
aquatische Toxizität 319
Äquatorialguinea 327
Arabesque auf Spitze 363
Arbeitsplatte 147, 302
Arbeitsplattform 591
Arbeitsprozess des Viertaktmotors 502
Arbeitsschutzbrille 599
Arbeitstablett 116
Arbeitstisch 595
Arcade-Spiele 464, 465, 466, 467
Architektur 382, 383, 384, 385
Architrav 384
Arena 385
Argentinien 330
Arkade 383, 385
Arm 40, 75, 77, 123, 351, 381, 473, 536
Armarterie 92
Armaturenbrett 511, 521, 524, 528, 547
Ärmel 245, 248, 252, 254
Armenien 322
Armlehne 123, 172, 411, 476, 528
Armnervengeflecht 98
Armschwingen 46
Armtrizeps 79
Artikulation 365
Artischocke 215
Arzneimittel 120
Arzneimittelkapsel 120
Arzt 321, 391, 414, 440
Arztschreibblock 114
Aschenbahn 404
Aschenlage 581
Aserbaidschan 322
Asiatischer Elefant 16
Asien 322
Ass 470
Ast 66
Äste 66
Astronaut 584
Astronomie 578, 579, 580
Astsäge 192
Atemloch 43, 54
Atemschutz benutzen 319
Atemschutzmaske 599
Äthiopien 327
Atlas 83, 86
Atmungssystem 91
Attitude-nach vorne-Spitze 363
Aubergine 64, 217
Audio-Anschluss 479
Audiosystem 511
audiovisuelle Geräte 176
Aufbau der Blume 71
Aufbewahrungsbereich 519, 530
aufblasbares Spielzeug 188
Aufhängeband 107
Aufhängepunkt 432
Aufhängring 181
Aufkleber 493
Auflaufform 167
Auflösung 365
Aufschlaglinie 400
Aufschlagmittellinie 401
aufsteigendes Kolon 103
Auftriebsrotor 547
Auftriebsrotorwelle 547
Augapfel 107
Auge 20, 26, 29, 31, 32, 33, 34, 36, 42, 43, 45, 46, 74, 107
Augenbohne 219
Augenbrauen- und Wimpernbürstchen 271
Augenbrauenbogen 40
Augenbrauenstift 272
Augenbraunenpinzette 273
Augencreme 271
Augenfleck 55
Augenringmuskel 80
Augenschutz benutzen 319
Augenspüleinrichtung 321
Augenstiel 45
Augentropfen 266
Ausatmungsventil 599
Ausbruchwolke 581
Ausgabedatum 332
Ausgabefach 480
Ausgang 354, 548
Ausgangsbuchse 375
Ausgangsposition 363
Ausgangsstellung 440
Ausgleichsgewicht 590
Ausguss 150, 151
Auslage 296
Auslass 519
Auslassventil 502
Ausleger 435, 567
Auslöser 202, 203, 486
Auslösknopf 198
Auspuffanlage 500
Auspuffkrümmer 500
Auspuffrohr 341, 500, 520, 524, 564
Ausrüstung 583
Ausrüstung der Bodentruppen 338, 339, 340, 341
Ausrüstung der Luftwaffe 342, 343, 344, 345, 346, 347
Ausrüstung der Marine 348, 349, 350, 351
Ausstellfenster 513
Ausstiegsgeländer 439
Ausstoß 502
Austernpilz 230

Austernsauce 233
Australien 331
Australien und Ozeanien 331
Ausziehgriff 263
Ausziehschirm 432
Auto 127, 131, 287, 288, 457, 494, 497, 586
Autoaußenansicht 512
Autoinjektor 120
Autokühler 535
Automat 355
automatische Kupplung 555, 556
automatischer Einzelblatteinzug 482
automatisches Gewehr 335
Automatisierter externer Defibrillator (AED) 321
Autos 498, 499, 500, 501, 502, 503, 504, 505, 506, 507, 508, 509, 510, 511, 512, 513, 514, 515, 516, 517, 518, 519
Autoschlosserei 318
Autotransportwaggon 557
Autoverleih 317
Autowaschanlage 497
Autozubehör 498
Außenansicht des Hauses 130
Außengehäuse 588
Außenkamin 191
Außenknöchel 84
Außenkreis 446
Außenspielgeräte 453, 454, 455
Außenträger 590
Außentürgriff 505
äußere Halsvene 93
äußerer Gehörgang 88, 106
äußerer Kern 581
äußerer Schenkelmuskel 78, 79
äußerer schräger Bauchmuskel 78, 79
äußeres Keilbein 84
Avocado 216
Axis 83, 86
Axon 81
Axt 192
Azimutfeineinstellung 582

B

Baby 280
Babyausstattung 258, 259
Babybadewanne 259
Babybody 259
Babylotion 142
Babyschale 258, 498
Babyspielbogen 450
Babywickelraum 316
Babywippe 258
Babyzimmer 129
Back Judge 389
Backcourt 401
Backe 11, 12, 31, 32
Bäckerei 291, 293, 294
Backform 166, 167
Backgammon 459
Backsteinhaus 184
Backwaren 292, 235, 236
Badebombe 279
Badehandtuch 138
Badehose 249
Badekappe 439
Badelaken 279
Bademantel 189
Badematte 138, 308
Badeschaum 279
Badeshorts 249
Badetuch 279
Badewanne 138, 259, 308
Badezimmer 128, 138
Badminton 398, 399
Badmintonplatz 398
Badmintonschläger 399
Bagel 235
Bagger 534
Baggerlader 533
Baguette 235
Baguetteschliff 268
Bahamas 328
Bahn 461, 462
Bahnhof 317, 548, 548, 549, 550, 551
Bahnhofsschild 558
Bahnknotenpunkt 550
Bahnmarkierung 438
Bahnsteig 548, 559
Bahnteiler 438
Bahrain 322
Bajan 377
Balkendiagramm 570
Balkon 128, 130, 132, 362, 451
Balkongeländer 132
Balkonset 128, 130
Balkontür 132
Ball 410
Ballablage 462
Ballett 363
Ballettschuhe 363
Balljunge 400
Ballkorb 401
Ballsportarten 386, 387, 388, 389, 390, 391, 392, 393, 394, 395, 396, 397
Balsamicoessig 233
Banane 224
Bananenbrot 236
Bananenschale 224
Bande 442, 466
Bandenspiegel 463
Bandnudel 234
Bandscheibe 86
Bandsystem 375
Bangladesch 322
Bank 355, 418, 548, 559
Bankautomat 332, 559
Banknote 332
Banksofa 172
Bar 300, 303, 317
Barbados 328
Barbecue 191
Barbecuesoße 232
Barbierkamm 277
Bären 19
Barhocker 126, 146, 171, 300, 303
Baribal 19
Barista 295
Barkeeper 301, 302
Barren 407, 408
Barsch 43
Bart 61
Bartresen 300, 302, 354
Baseball 392, 392, 393
Baseballfeld 287, 392
Baseballkappe 262
Basilarvene 93
Basilikum 220
Basis 170, 175, 180, 198, 310, 378, 399, 476, 489
Basketball 391, 390, 391
Basketballschuh 260
Basketballspiel 390
Basmati-Reis 222
Bassgitarre 353, 375
Bassgitarrist 353
Bassklarinette 373
Bassschlüssel 364
Basstrommel 368, 370
Basstrommelpedal 368
Basstrommelschlägel 370
Batter Box 393
Batterie 198, 510
Batteriefach 555
Bau- und Malerwerkzeug 202, 203
Bauch 11, 12, 20, 26, 31, 46, 54, 55, 57, 74, 76, 207, 374
Bauchaorta 101
Bauchbein 54
Bauchflosse 213
Bauchgurt 430, 431
Bauchlappen 208
Bauchpanzer 36
Bauchsegment 54
Bauchspeicheldrüse 103, 104
Bauer 458
Bauklötze 451
Baum 435
Baumdiagramm 570
Baumtomate 225
Baumweißling 56
Baustelle 288
Baustellenabsperrung 495
Baustellenschild 495
Be 365
Be-Vorzeichen 365
Beachvolleyball 395
Becher 574
Becher mit Griff 574
Becherglas 575
Becherhalterung 411
Becken 369
Beckenflosse 43
Beckenunterschrank 139
Beckenwand 188
Bedachung 184
Bedien- und Informationsfeld 115
Bedienfeld 148, 152, 174, 176, 366, 467, 480, 481
Bedienhebel 193
Bedienknopf 149, 174, 464, 567
Bedienkonsole 123, 419
Bedientaste 310, 483, 484
Bedientasten 176
Bedienungsknopf 149
Beere 63
Beeren 227
befestigte Umfassungsmauer 383
Befestigung 416, 420, 515
Befestigungsriemen 424, 425
Begleitschiff 564
Begrenzer 491
Behälter 180
Behälter 147
Behandlungstisch 113
Behindertengerechter Eingang 318
Beifuß 220
Bein 36, 40, 42, 45, 54, 75, 77, 144, 249, 284, 477
Beinbeugermaschine 417, 422
Beine 42
Beinscheibe 209
Beinstütze 114
Beistelltisch 170
Bekleidungsgeschäft 290, 298
Belag 238
Beleuchtung und elektrisches Zubehör 177, 178
Beleuchtungsgeschäft 291
Belgien 325
Belize 328
Belüftung 180
Belüftungslöcher 444
Belugalinsen 219
Benin 326
Benzintank 193
Beratungstheke 296
Bermudashorts 246
Beschaufelung 588
Besen 179, 447
Besteck 158
Besteckhalter 164
Betonmischer 288, 529, 533
Betonmischmaschine 203
Betonpfeiler 566
Betreten verboten 320
Betriebsartenschalter 275
Bett 136, 140, 145, 309, 597
Bettdecke 309
Bettführung 597
Bettlaken 140
Bettleuchte 111
Bettungsschicht 185
Beuteltiere 32
Bewässerungsstab 193
bewehrter Betonblock 587
Bewerter der Arbeit mit dem Gerät 410
Bewohner 132
Bezogener 332
Bezug 399
BH 257
Bhutan 322
Bibliothek 289
Bier 241
Bierglas 169
Bierkrug 169
Bierzapfanlage 300
Biforienfenster 382
Biker-Stiefel 261
Bild 126, 141, 146
Bildanzeige 486
bildende Künste 378, 379
Bildkarten und spezielle Karten 470
Bildschirm 176, 356, 358, 420, 467, 478, 483, 542, 545
Bildungseinrichtungen 282, 283, 284, 285
Bildverstärker 108
Billiard 463
Billiardkugel 463
Billiardtisch 463
Bindehaut 107
Bindemaschine 595
Binderschicht 495
Binderückengerät 491
Bindung 376, 425, 449
Bird's Eye Chili 231
Birken-Röhrling 230
Birkenfeige 73
Birne 66, 229
Birnenfassung 178
Bison 14
Bistroset 190
Bit 198
Bittermelone 228
Bizeps 78
Blasinstrumente 371, 372, 373
Blasloch 34
Blatt 61, 62, 63, 64, 71, 72, 226, 229, 350, 434, 441
Blatt Papier 488
Blattfeder 508
Blattgemüse 214
blaue Linie 442
Blauer Morphofalter 56
Blaufichte 70
Blauhäher 47
Blauhai 44
Blauvioletter Waldlaufkäfer 53
Blauwal 35
Blazer 255
Blechblasinstrumente 371
Bleigürtel 441
Bleistift 492
Bleistiftanspitzer 490
Bleistifthalter 285
Bleistiftrock 253
Blende 289
Blendenöffnung 585
Blendenskalaring 486
Blendgranate 337
Blinddarm 103
Blindspiegel 314
Blinker 340, 530

Blinklicht 551
Blitzkontakt 486
Blockflöte 372
Blumenbeet 126, 130
Blumenkäfer 53
Blumenkohl 63, 215
Blumentopf 72
Blumenvase 418
Blutdruckmessgerät 118
Blüte 61, 62, 63, 71
Blütenblatt 62, 71
Blütenboden 71
Blütengemüse 215
Blütenpflanzen 71, 72
Blütenrest 229
Blütenstiel 71
Blutgefäße 90
Blutkreislauf 92, 93, 94, 95
Blutorange 226
BMX-Rad 525
Boardingbereich 540
Bob 445
Bock 407
Bockkäfer 53
Boden 190, 311, 471
Bodenbalken 185
Bodenhobelmaschine 534
Bodenleuchte 243
Bodenstewardess 543
Bodentransport 317
Body 257
Bogen 372, 496
Bogenbrücke 494, 496
Bogenstange 374
Bohnensprossen 219
Bohranlage 591
Bohrbühne 591
Bohreinsatz 591
Bohrer 198
Bohrfutter 198
Bohrkragen 591
Bohrlochkopf 590
Bohrmaschinen 198
Bohrturm 589, 591
Bolero 254
Bolivien 330
Bolzen 196, 275, 276, 508
Bolzenloch 594
Bolzenverbindung 591
Bombenflugzeug 342
Bongos 370
Bootskörper 434
Bootskran 349
Bordcomputer 511
Bördelgerät 194
Borsten 278
Bosnien und
Herzegowina 325
Botswana 326
Bowling 460, 460, 461, 462
Bowlingbahn 462
Bowlingkugel 461, 462
Bowlingsimulator 464
Boxboden 414
Boxen 414, 415
Boxer 414
Boxershorts 249
Boxhandschuh 414
Boxhandschuhe 415
Boxring 414
Boxringeckenpolster 414
Boxsack 415
Boxsimulator 466
Brahmaea wallichii 56
Brandbekämpfungsgerät 321
Brandmelder 321
Brandschutzschilder 321
brasiliansiche Guave 225
Brasilien 330
Brät 204
Bräter 155
Brätform 167
Bratpfanne 167
Bratschenschlüssel 364
Bratwurst 204
Brauner Champignon 230
Bräunungsregler 153
Breakfast Sausage 204
Brechbohne 219
Brecheisen 199
Breicontainer 151
Bremsanlage 500
Bremsanlagenwarnlicht 506
Bremsbeläge 500, 508
Bremse 58, 258, 590
Bremsflüssigkeits-
behälter 500
Bremsgestänge 555
Bremshebel 124,
521, 523, 524
Bremskabel 124
Bremskreis 500
Bremslicht 315, 503
Bremspedal 467,
511, 522, 528
Bremsregelung 500
Bremssattel 521, 524
Bremsscheibe 500, 508, 520
Brenner 162
Brett 459
Brettspiele 458, 459
Brezel 235
Brie 211
Briefkasten 126
Briefumschlag mit
Fenster 488
Brille 265
Brillen und
Kontaktlinsen 265, 266
Brillenband 266
Brillenetui 266
Brillenputztuch 266
Britisch Kurzhaar 29
Brokkoli 63, 215
Brombeere 227
Brot 295
Brot und Butterteller 156
Brotbackautomat 153
Brötchen 238, 295
Brotkasten 162
Brotmesser 159
Brücke 265, 290, 472
Brücken 496
Brückenpfeiler 496
Bruder 280
Brüder und Schwestern 280
Brühkopf 150
Brunei 322
Brust 11, 12, 20, 26, 29,
31, 32, 46, 74, 76,
100, 206, 208, 209
Brustbein-Schildknorpel-
Muskel 80
Brustdrüse 100
Brustflosse 34, 43, 213
Brustkorb 20
Brustlymphgang 99
Brustlymphknoten 99
Brustmuskeltrainer 417, 422
Brustschlagader 92
Brustwarze 74, 76
Brustwirbel 83, 86, 87
Brutkasten 115
Bube 470
Buch 134, 136, 309
Bücherregal 134,
173, 283, 476
Buchweizen 222
Buckelwal 34
Büffel 14
Bug 547
Bügel 265, 473
Bügel 430, 431
Bügeleisen 174
Bügeleisensohle 174
Bügelriemen 430, 431
Bügelsäge 196
Buggy 258
Bugnase 563
Bugschürze 585
Bühne 353, 354, 360
Bulgarien 325
Bulgur 223
Bull's eye 464
Bullauge 348, 351, 435,
562, 563, 564
Bulldogge 27
Bullypunkt 442, 465
Bund 375, 376
Buntbarsch 43
Burg 385
Burghof 385
Burgtor 385
Burgunderglas 169
Burkina Faso 326
Bürogebäude 289
Büroklammer 490
Büromaterial 488, 489,
490, 491, 492, 493
Büroräume 474, 475, 476, 477
Bürosessel 477
Bürotafeln 489
Bürotechnik 478, 479,
480, 481, 482, 483,
484, 485, 486, 487
Bürozubehör 489,
490, 491, 492
Bürste mit Stangen 429
Burundi 326
Bus 317
Busse 526, 527
Butter 210
Buttermesser 156, 158
Buttermilch 210

C

C 374
C-Bogen-Schlitten 108
Cabrio 515
Café 286, 291, 294, 317,
542, 549, 559
Callcenter 475
Camping (Wohnwagen) 318
Camping (Zelt) 318
Campingausrüstung 471
Cannelloni 234
Cantaloupe-Melone 65, 228
Carapax 45
Cashewnuss 221
Casino-Pokertisch 469
Catcher 393
Catcher Box 393
Cayennepfeffer 231
Cello 374
Chaiselounge 172
Chamäleon 180
Champagner 241
Champignon 230
Chateaubriand 208
Check-In Automat 542
Check-In Schalter 541
Check-in-Automat 543
Cheddar 211
Chefsessel 476, 477
Cherimoya 224
Chicorée 214
Chiffonier 173
Chihuahua 28
Chile 330
Chilipfeffer 64
China 322
Chinakohl 214
Chip 333
Chips 238
Chips und Dip 239
Chipsockel 468
Chirurg 110, 122
chirurgische Ausrüstung
121, 122
chirurgische Zange 122
Chloroplast 60
Chopper 524
Cirrokumuluswolke 573
Clementine 226
Clip 492
Clusterdiagramm 569
Cockpit 342, 344, 346
Cockpittür 344
Cocktail 241
Cocktailglas 168, 241
Cocktailkleid 252
Cognac 241
Cola 238
Collie 27
Computer 296
Computer und
Peripheriegeräte 478,
479, 480, 481
Conchiglie 234
Container 288, 561, 565, 589
Containerkran 561
Containerschiff 561, 565
Containerterminal 561
Corona radiata 10
Costa Rica 329
Couch 134
Couchtisch 476
Coupé 516
Couscous 223
Crapstisch 468
Crashbecken 368
Cremaster 54
Creole 267
Crescendo 365
Crossover-Fahrzeug 516
Crosstrainer 416
Croupierbereich 468
Cruiser 524
Cupcake 236
Curling 446, 446, 447
Curlingbesen 447
Curlingstein 446, 447
Currypulver 231
Cutaway 375

D

D 374
Dach 130, 190, 338,
387, 411, 513
Dachboxdeckel 515
Dachfenster 290
Dachfirstbalken 185
Dachgepäckträger 515
Dachgeschoss 185
Dachlatten 185
Dachlüfter 187
Dachluke 130
Dachplattform 590
Dachs 23
Dachsparren 185
Dachunterlage 185
Dachverstrebung 509
Dackel 27
Daikon-Rettich 218
Dalmatiner 28
Dame 458, 470
Damebrett 459
Damenhut 262
Damenkleidung 250,
251, 252, 253, 254,
255, 256, 257
Damenschal 262
Damenschuhe 261
Damentoilette 316
Damenuhr 264
Damespiel 459
Damestein 459
Dammkrone 586
Dämmung 186, 197
Dampfdruckgefäß 576
Dampfdüse 150
Dampfgarer 154
Dampfknopf 174
Dampflokomotive 554
Dampfturbine 588
Damwild 15
Dänemark 325

dänischer
Blauschimmelkäse 211
Darmbein 82
Darmlymphknoten 99
darstellende Künste
352, 353, 354, 355,
356, 357, 358, 359,
360, 361, 362, 363
Dart 464
Dattel 229
Datum 485, 488
Datumsstempel 491
Daumen 105
Daumenauflage 118, 372
Daunenmantel 250
Davidstern 384
Deck 435, 565
Deckel 150, 151, 152,
153, 155, 191, 237, 366,
480, 483, 491, 514
Deckelgriff 152
Deckelhalter 367
Deckelöffner 150, 151
Deckenbalken 185
Deckenhalterung 175
Deckenleuchte 297
Deckenmonitor 114
Deckenventilator 175
Deckgestein 593
Decrescendo 365
Dekaeder 571
dekorativer Hintergrund 180
Delfin 34
Delle 413
Deltamuskel 78
Deltoid 569
Demokratische Republik
Kongo 327
Dendriten 81
Dentin 90
Deodorant 279
Deospray 279
Desinfektionsmittel 417, 418
Desktop-Computer
474, 475, 479
Dessertgabel 156, 158
Dessertmesser 156, 158
Desserts und
Süßigkeiten 237
Dessertschale 161
Dessertteller 161, 237
Detrusormuskel 101
Deutsche Eiche 68
Deutsche Schabe 59
Deutscher Schäferhund 28
Deutschland 325
Diagramme 569
Diamant 269
Dickdarm 102
Dickhornschaf 15
Diesellokomotive 555
digitale Küchenwaage 162
digitale Spiegelreflexkamera
- Rückseite 486
digitale Spiegelreflexkamera
- Vorderseite 486
digitaler Messschieber 202
digitales Diktiergerät 484
Digitalprojektor 354
Digitalthermometer 118
Digitaluhr 264, 485
Dill 220
Dimmer 178
Dinkelweizen 222
Dirigent 360
Diskus 405
Display 197, 297, 485
Divana diva 56
Djembe 370
Dobermann 27
Dokumentenaufbewahrung
492, 493
Dokumentenscanner 542
Dokumententasche 493
Dollar 332
Dominica 329
Dominikanische Republik 329
Döner Kebab / Schawarma
/ Gyros 239
Doppelblattpaddel 434
Doppeldecker-Reisebus 527
Doppeldeckerbus 526
Doppelerniedrigung 365
Doppelfalttür 244
Doppelhacke 192
Doppellokomotive 556
Doppeloxer 428, 429
doppelreihiger Mantel 246
Doppelspüle 187
Doppelstrich 364
doppelte Gardinenstange 182
Doppeltürkühlschrank 148
dorische Halbsäule 385
Dorn 71
Dornfortsatz 87
Dorsch 43
Dosenöffner 163
Dosierflasche 305
Dosierinhalator 120
Double 464
Drachenbaum 72
Drachenfrucht 225
Drahtbinder 197
Drahtseil 566
Drahtstange 181
Drahtzug 551
Drainage 495
drehbares Rad 123, 124
Drehknopf 112, 575
Drehkreuz 558
Drehmaschine 597
Drehmomentstütze 588
Drehplattform 567
Drehscheibe 148
Drehteller 591
Drehventil 371
Drehzahlmesser 506
Dreieck 463
Dreiecke 568
Dreiecksbein 85
Dreiecksschliff 268
Dreifachbalken 428
Dreifachhaken 473
Dreifußstand 368
Dreipunktelinie 390
Dreirad 452, 525
Dreivierteltakt 364
Drilling 470
dritte Position 363
dritte Stufe 585
Dromedar 17
Drossel 49
Druckanzeige 150
Drucker 474
Drücker 492
Drucker, Kopierer und
Scanner 480
Druckerpatrone 480
Druckknopf 381
Druckluftflasche 441
Druckminderer 441
Druckregulierung 441
Druckscheibe 381
Dschibuti 327
Dübel 202
Dunkle Erdhummel 58
dunkles Spielquadrat 459
Dünndarm 102
dünner Vorhang 183
Dunstabzug 139
Dunstabzugshaube 149, 303
Durchmesser 568
Durchnähknöpfe 381
durchschnittlich 281
Durianfrucht 224
Dusche 440
Duschgel 279
Duschkabine 138, 187, 308
Düse 202, 203, 275
Düsenjäger 342
DVD 135
DVD-Player 135
Dynamik 365

E

E-Book-Reader 484
E-Gitarre 357, 375
E-Piano 367
Eau de Parfum 279
Eau de Toilette 279
Ebene 424
Eckballmarkierung 387
Ecke 414
Eckfahne 387
eckiges
Vergrößerungsglas 577
Eckpunkt 568
Eckschrank 173
Ecksofa 172
Eckzahn 89
Ecuador 330
Edel-Reizker 230
Edelsteine und
Halbedelsteine 269
Edelsteinschliffe 268
Efeu 73
Ehering 267
Eichelhäher 46
Eichelkürbis 217
Eichhörnchen 33
Eierablage 148
Eierkocher 152
Eierring 164
Eierstock 100, 104
Eileiter 100
Eimer 179, 189
Ein-/Aus-Taste 485
Einatmungsventil 599
Einband 488
Einbauleuchte 138
Einfahrt 131
Einfamilienhaus 286
Einfüllschacht 154
Eingabebildschirm 460
Eingang 383, 384, 457
Eingangsstufen 126
Eingangstür 417, 566
Eingangstür zum
Wohnbereich 518
eingeschlossenes Material 81
Einkaufen 290, 291,
292, 293, 294, 295,
296, 297, 298, 299
Einkaufswagen 292
Einkaufszentrum 287, 290
Einkerbung an der Fluke 34
Einlassventil 502
Einlaufturm 586
Einsatzfahrzeuge 530, 531
einseitig gezahnte
Effilierschere 276
Einspülkasten 174
Einstellungsanzeige 486
Einstiegloch 590
Einstiegsgriff 519, 526
Einstiegsluke 590
Einstiegsplattform 526
Eintauchen 440
Einweg-Kontaktlinse 266
Einwegrasierer 274
Einwegrasierklinge 274
Einzahlungsschlitz 332
Einzelblatt-Scanner 480
Einzelhandelsregal 293
Einzugsschnecke 537
Eis 237, 443
Eisbär 19
Eisbecher 237
Eisbergsalat 214
Eisbrecher 564
Eisen 10
Eisenbahnschiene 551, 559
Eisenbahnschienen 560
Eisenschläger 413
Eisenwaren 200
Eisfläche 442, 447
Eiskratzer 498
Eiskratzer mit
Schneefeger 498
Eiskübel 157, 166
Eiskugel 237
Eiskunstlauf 445
Eiskunstläuferin 445
Eiskunstlaufschuhe 445
Eisportionierer 164
Eisstockspieler 446
Eisvogel 48
Eiswaffel 237
Eizelle 10
El Salvador 329
Elch 13
elektrische Zahnbürste 278
elektrische Zitruspresse 151
elektrischer Fleischwolf 155
elektrischer Golfwagen 412
elektrischer
Rasierapparat 274
elektrischer Rollstuhl 123
elektrisches Kabel 596
elektrisches Wasserbad 576
Elektrizitätswerk 586
Elektroantrieb 123
Elektroauto 514
Elektrobohrer 198
Elektrogrill 191
Elektroherd 149
Elektrokabel 178, 275
Elektrolokomotive 555
Elektromotor 596
Elektronikausrüstung 585
Elektronikgeschäft 291, 296
elektronische Pipette 574
elektronisches
Basketballspiel 467
elektronisches Dartbrett
464, 466
elektronisches
Zahlungsterminal 333
Elektrotacker 199
Elektrotriebzug 554
Elfenbein 269
Elfenbeinküste 327
Elfmetermarke 386
Elfmeterraum 386
Elfmeterraumlinie 386
Ellbogen 11, 12, 20,
26, 31, 75, 77
Ellbogenhöcker 83
Ellbogenschoner 425
Elle 82, 85
Ellenarterie 92
Ellenbogenhöckermuskel 79
Ellennerv 98
ellenseitiger Handbeuger 79
ellenseitiger Handstrecker 79
Ellipsoid 571
Eltern 280
Eltern und Kinder 280
Emmentaler 211
Empfänger 472, 582
Endbronchiole 91
Endglied 84, 85
Endlinie 395
endokrines System 104
endoplasmatisches
Retikulum 10, 60
Endoskop 122
Enduro-Motorrad 522
Endzone 388
Englischer Sattel 430
Englischhorn 373
Enkel 280
Enkelin 280
Enkelkinder 280
Enoki 230
Ente 51, 205
entflammbare Materialien 319
Entlüftung 176

Entsafter 151
Epilierer 275
Erbse 64, 219
Erbsenbein 85
Erdachse 580
Erdbahn 580
Erdbeere 63, 227
Erdboden 495
Erdbohrer 537
Erde 72, 578, 581, 584
Erde und Weltraum 578, 579, 580, 581, 582, 583, 584, 585
Erdgeschoss 126
Erdkruste 581
Erdleiter 178
Erdnuss 219
Erdnussöl 233
Eritrea 327
Erlenzeisig 47
Erntemaschine 537
Ersatzbank 386, 397
Ersatzspieler 386, 389, 397
Ersatzspielerbank 390, 394, 442
Ersatzspielerbereich 397
Erste Hilfe 125, 316, 321
erste Stufe 585
Erste-Hilfe -Kasten 499
Erste-Hilfe-Kit 125
erster Molar 89
erster Prämolar 89
erster Rang 362
erster Stock 128
Eruptionssäule 581
Eruptivgang 581
Erweiterungssteckplatz 479
Esche 67
Esel 18
Espe 67
Espressomaschine 150
Essen außer Haus 300, 301, 302, 303, 304, 305
Essenszubereitung 148, 149, 150, 151, 152, 153, 154, 155, 156, 157, 158, 159, 160, 161, 162, 163, 164, 165, 166, 167, 168, 169
Essgeschirr 160
Esskastanie 221
Esslöffel 157, 158
Essteller 156
Esstisch 126
Esszimmer 126
Esszimmerstuhl 126, 171
Estland 325
Estragon 220
Etikett 240
Etikettenträger 475
Etikettiergerät 484
Etui 273
Eule 49
Euro 332
Europa 324
Europäische Eibe 69
Europäische Union 331
Europäisches Chamäleon 37
europäisches Experimentmodul 583
Europäisches Reh 15
Eustachi-Röhre 106
Euthynterie 384
Externe Festplatte 484
externer Kraftstofftank 583

F

Fabrik 289
Facettenauge 55, 57, 59
Facettenschliff 268
Fach 314
Fächerpalme 73
Fächerpinsel 272
Fachöffnungsknopf 175
Fadenaufwickelhebel 381
Fadenführung 381
Fagott 373
Fahrbahn 496
fahrbare Planierraupe 533
fahrbarer Aktenschrank 474
fahrbarer Betonmischer 534
fahrbarer Unterschrank 576
Fähre 562
Fahrer 341, 497
Fahrerkabine 526, 533, 535, 536, 554, 555, 556, 567
Fahrersitz 522, 552
Fahrertür 518
Fahrgastkabine 566
Fahrgastraum des Hubschraubers 346
Fahrgastsitz 552, 566
Fahrgasttür 526
Fahrgastwagen 554
Fahrgestell 547
Fahrkartenautomat 559
Fahrkartenkontrolleurstand 558
Fahrkartenschalter 548, 558
Fahrkran 567
Fahrmodusauswahl 511
Fahrplananzeigetafel 548
Fahrplantafel 549
Fahrräder 525, 426, 427
Fahrradergometer 416, 419
Fahrradständer 427
Fahrradträger 498
Fahrscheinautomat 548
Fahrstuhl 307, 316
Fahrstuhlknopf 307
Fährterminal 317
Fahrtrichtungsanzeiger 503, 518, 520, 524, 526
Fahrwerk 342, 343, 344, 556
Fahrzeugarten 514
Fahrzeugdeck 562
Fallschirm 432
Fallschirmkappe 432
Fallschirmspringer 432
Fallstrang 187
falsche Rippe 83
Familie 280, 281
Farbcontainer 203
Färbepinsel 277
Farbpinsel 203
Farbrolle 203
Farbsprayer 203
Farbstift 379
Farbtablett 202
Farfalle 234
Farhzeugsysteme 499
Fasan 205
Faserwurzel 66
Fass 351, 574
Fassade 132, 382
Fassadenschild 295
Fast Food und Snacks 238, 239
Fastfood-Restaurant 304
Faullinie 392, 461
Fax 482
Feder 202, 415, 453, 501
Federaufhängung 508
Federball 399
Federbein 501
Federwippe 453
Feige 224
feine Pinzette 122
Feineinstellung 577
Feineinstellungssystem 585
Feinkost 204
Feldmaus 33
Feldsalat 214
Felge 426, 520
Fell 29, 33, 40
Fenchel 215, 220
Fenster 125, 132, 139, 148, 305, 312, 315, 341, 505, 513, 518, 519, 526, 547, 553, 566
Fensterbekleidungen 182
Fensterdekorationen und Textilien 182, 183
Fensteröffnung 338
Fermate 365
fernbedientes Manipulationssystem 583
Fernbedienung 134, 309
Fernglas 472
Fernlicht 503
Fernscheinwerferanzeige 507
Fernsehen 356, 357, 358, 359
Fernseher 127, 135, 176, 309
Fernsehkamera 359
Fernsehshow 356
Fernsehstudio 358
Fernverkehr 554
Ferocactus 72
Ferse 75, 77, 249, 256, 260
Fersenbein 83, 84
Fersenglied 57
Fertiggerichte 292
Fesselgelenk 11
Feststellbremsenleuchte 507
Feststellbremsentaste 511
Feststellklemme 490
Feststellschrauben 487
Feststoffrakete 583, 585
Fettgewebe 81
Feuchtigkeitscreme 279
Feuerdämpfer 336
Feuerlöscher 318, 321, 498
Feuerstelle 318
Feuerwanze 59
Feuerwehr 314
Feuerwehrfahrzeug 530
Feuerwehrfahrzeug: von hinten betrachtet 315
Feuerwehrfahrzeug: von vorne betrachtet 314
Feuerwehrmann 314
Fidschi 331
Field Judge 389
Filet 208
Filmprojektor 354, 355
Filmtablette 120
Filter 149, 151, 186
Filterabdeckung 599
Filterhalter 150
Filterkaffeemaschine 150
Filterkorb 150
Filternutsche 574
Filz 463
Filzhut 262
Filzstift 285
Finger 105
Fingerglied 85
Fingerhaken (vierter Hebel) 371
Fingerhantel 423
Fingerhut 381
Fingernagel 105
Fingernerv 98
Fingerstrecker 79
Finne 34
Finnland 325
Finnwal 35
First Base 393
First Base Trainerbox 393
Fisch 213
Fisch und Meeresfrüchte 212, 213
Fische 180
Fische, Krustentiere und Weichtiere 42, 43, 44, 45
Fischmesser 157, 158
Fitnessball 113
Fitnesscenter 416, 417, 418, 419, 420, 421, 422, 423
Fitnessgeräte 419, 420, 421, 422, 423
Fitnesstation 417
Fixpunkt 364
Flachband 480
Flachbettscanner 480
Flachbohrer 198
Flachbürste 277
Flächenbegrenzung 447
Flachmopp 179
Flachpinsel 379
Flachschlitzschraubendreher 201
Flachwurzel 66
Flagellum 55
Flageolet Bohnen 219
Flamingo 51
Flammenschutzwand 351
Flanke 11, 12, 20, 26, 31, 46
Flansch 594
Flasche mit Spatelverschluss 575
Flaschenverschluss 240
Flatterulme 68
Fleecejacke 245
Fleisch 191
Fleischfliege 58
Fleischfressende Säugetiere 20, 21, 22, 23, 24
Fleischhauer 164
Fleischstücke 206, 207, 208, 209
flexibles Netzkabel 274
Fliege 246
Fliegenrolle 473
Fliegenrute 473
Fliegenschnur 473
Fliegerbombe 337
Fliese 138, 184
Fliesen 295
Fliesenboden 147, 308
Fließband 292
Flinte 336
Flipchart 477
Floh 59
Flosse 435, 441
Flossen 441
Flugauskunftstafel 545
Flugbegleiterin 546
Flugdeck 351, 547
Flügel 54, 57, 175, 302, 342, 343, 367, 432
Flügelader 55
Flügeladern 57
Flügelhorn 372
Flügelmutter 194, 196
Flügelzellen 57
Fluggastbrücke 540
Flughafen 317, 538, 539, 540, 541, 542, 543, 544, 545
Flughafenaußenansicht 538
Flughafenmitarbeiter 541
Fluginformationsanzeige 542
Flugsteig 543
Flugsteigmitarbeiter 543
Flugsteignummer 543
Flugzeug 351, 540
Flugzeuge 342
Flugzeuge und Hubschrauber 546, 547
Flugzeugrumpf 547
Flugzeugträger 350
Flugzeugwartungshalle 538
Fluoreszierende Lampen 423
Flur 128
Flush 470
flüssiger Eyeliner 271
flüssiger Lidschatten 271
flüssiges Make-up 272
Flusspferd 16
Flutlichtanlage 387
Fock 435
Föderierte Staaten von Mikronesien 331
Fokussierknopf 582
Fonduegabel 162
Fondueset 162
Fonduetopf 162
Football 389

Footballfeld 388
forderer Katalysator 500
Forelle 43
Forellenbarsch 43
Fornix 97
Forte 365
Fortepedal 366, 367
Fortissimo 365
Fortpflanzungssystem 100, 101
fossile Brennstoffe 589, 590, 591, 592, 593, 594
Foto 136, 140
Fotograf 243
Fotografieren verboten 320
Fotovoltaikreihe 583
Foyer 355
Fracht- und Fischereischiffe 565
Frachtfahrzeuge 528, 529
Frachtraum 565
Frachtwagen 556, 557
Frankreich 325
Frau 281
freie Rippe 82
Freileitung 587
Freileitungsmast 587, 588
Freiraum 395
Freischwinger 171
Freiwurfkreis 390
Freiwurflinie 390, 397
Freizeitkanu 434
Freizeitzentrum 287
French Dressing 232
Fries 384
Frischkäse 210
Frischtheke 293
Fritteuse 152
Fritteusengriff 152
Frontallappen 97
Fronten 572
Frontlader-Waschmaschine 174
Frontplatte 511
Frontscheinwerfer 339, 340
Frontschürze 503, 512
Frontstütze 314
Frosch 374
Froschkäfer 53
Frucht 66
Früchtetee 223
Fruchtfleisch 224, 229
Fruchtgemüse 216
Fruchtknoten 71
Fruchtsauce 236
Fruchtsoße 237
Fruchttörtchen 236
Frühling 580
Frühlingspunkt 580
Frühstücksbar 126, 146
Fugenkelle 202
Fühler 42, 45, 54, 55, 57, 59, 197
Fühlerspitze 55
Führer 473
Führung 446
Full House 470
Füller 285
Fülltablett 155
Fumarole 581
Fundament 185, 595
Fundbüro 316
Fünfeck 569
Funktionsknöpfe 153, 154
Funktionstaste 333
Funktionstasten 332, 366
Funktionstastenleiste 112
Furche 34, 59
Fusilli 234
Futter 445
Futter- und Wassernapf 181
Futternapf 181
Futterrohr 151, 155
Futuro-Melone 228
Fuß 40, 46, 57, 74, 75, 76, 77, 151, 249, 256, 577
Fußablage 313, 453
Fußauflage 144
Fußball 387, 386, 387
Fußballfeld 386
Fußboden 139
Fußboden-Sandsack 415
Fußgänger 495
Fußgängerampel 289
Fußgängerbrücke 550
Fußgängerknopf 289
Fußhalteriemen 434
Fußknochen 84
Fußkontakt 177
Füßling 256
Fußrücken 76
Fußrückenarterie 92
Fußschalter für vertikale Höhenverstellung 115
Fußstütze 123, 420, 434, 555
Fußteil 109
Fußwurzel 46, 52, 59, 84

G

G 374
Gabel 536
Gabelfederung 501
Gabelkamm 277
Gabelschlüssel 195
Gabun 327
Galápagos-Schildkröte 36
Gallenblase 102
Gambia 327
Gangway 589
Gans 51, 205
ganze Note 364
ganze Pause 364
Garagentor 131
Garderobe 303, 316
Garderobenaufseher 303
Gardinenring 182
Gardinenstange 182, 183
Gardinenstangenendstück 182
Gardinenträger 182
Garn 380
Garnele 42, 212
Garnierung 241
Gartenkelle 192
Gartenkresse 220
Gartenkreuzspinne 52
Gartenmöbel 190
Gartenpflanzen 62, 63, 64, 65
Gartenschere 192
Gartenschlauch 193
Gartenwerkzeug 192, 193
Gas 591, 592, 593
Gasabzug 335
Gasbrenner 149
Gasdrehgriff 521
Gasflasche 191
Gasherd 149
Gasmaske 599
Gaspedal 467, 511, 528
Gasse 399, 400
Gast 300, 303, 305, 307
Gästebadezimmer 126
Gaumen 89
Gaumenzäpfchen 89
Gazelle 13
Gebälk 384
Gebärmutter 100
Gebäude 288, 385
Gebetshalle 383
Gebiss 89, 90
Gebläse 499, 557
Gecko 37
Gefahrensymbole 319
Geflügel 205
Geflügelherz 204
geformter Griff 275
Gefriertruhe 148
Gefriertruhentür 148
Gefurchter Dickmaulrüssler 53
Gegen-Drehmoment Heckrotor 547
Gegengewicht 371, 473, 551, 567, 582
Gehäuse 178, 189, 264, 274, 275, 337, 471, 484, 485
Gehhilfe 124
Gehirn 98, 96, 97
Gehörschutz benutzen 319
Gehstock 124
Gehstock „Alter Fritz“ 124
Geige und Geigenbogen 374
Geländelimousine 517
Geländer 127, 128, 290, 292, 424, 496, 535
Geländer für Astronauten 585
gelbe Wassermelone 228
gelber Paprika 217
gelbes Licht 289
Geld und Zahlungsmittel 332, 333
Geldautomat 291, 318
Geldscheinausgabe 332
Geldscheinstapel 332
Geldzählmaschine 332
Gelenk 505
Gelenkfortsatz 87
Gelenkwagen 552
gemahlener Kaffee 223
gemahlener Pfeffer 231
Gemeine Fichte 70
gemeinsame Hüftarterie 92, 100
gemeinsame Hüftvene 93
gemeinsame Kopfschlagader 92
Gemüse 214, 215, 216, 217, 218, 219
Gemüsefach 148
Gemüsemesser 159
Gemüseschüssel 160
Generatorenhaus 588
Genick 11
Geometrie 568, 569, 570, 571
Georgien 323
Gepäckabfertigungsschalter 542
Gepäckabteil 526
Gepäckausgabe 317
Gepäckermittlungsschalter 544
Gepäckkarussell 540, 544
Gepäckrückgabebereich 544
Gepäckschließfächer 316
Gepäckwagen 540
gepanzertes Fahrzeug 531
gepanzertes Metallüberzug 342
Gepard 21
gepunkteter Taktstrich 364
gerader Bauchmuskel 78
gerader Schenkelmuskel 78
Geranie 62
Geräteturnanlage 406
Gerätewagen 114, 121
geräucherter Lachs 213
Gerfalke 49
Gerippe 432
geröstete Kaffeebohne 223
Gerste 61, 222
Gerüst 242
Gerüststruktur 583
Gesamtbetragsanzeige 497
Gesäß 11
Gesäßspalte 77
Geschäft 289
Geschäftleiter 296
Geschäftsjet 546
Geschirr 156, 157, 158, 159, 160, 161, 162, 163, 164, 165, 166, 167, 168, 169
Geschirrbürste 164
Geschirrspüler 147, 187
Geschirrspülmaschine 149
Geschlitzter Pfannenwender 165
geschlossene Front 572
Geschlossener Doppeltür-Güterwaggon 556
Geschwindigkeitsbegrenzungszeichen 495
Geschwindigkeitsregler 175
Gesicht 40, 76
Gesichtscreme 270
Gesichtsmaske 314
Gesichtsmuskeln 80
Gesichtsschutz 598
Gesichtsschutz benutzen 319
Gesichtsstück 599
Gestell 263, 421, 441, 520, 524, 555
Gesundheitsrisiko 319
Gesundheitsschädliche oder reizende Stoffe 320
Getränk 389
Getränke 292, 355, 240, 241
Getränkeautomat 304, 417
Getränkedose 240
Getränkekühlschrank 292
Getränkestand 355
Getreide 222, 223
Getreideanhänger 536
Getriebe 499, 535
Getriebegehäuse 590
Getriebesystem 499
getrocknete Chilischote 231
getüpfelter Gabelwels 44
Gewässeroberfläche 593
Gewehrkolben 472
Gewehrpatrone 472
Gewehrrohr 334
Geweih 12
Gewicht 416
Gewichtanpassung 421
Gewichtsblock 421
Gewinde 178, 198, 200
Gewindesockel 177
Gewitterwolke 573
gewölbter Teller 160
Gewürze 231
Ghana 327
Giebel 382
Giebelfeld 382
Gießkanne 193
Gimpel 47
Ginkgo 66
Giraffe 16
Girlande 183
Gitarre 352
Gitarrenkoffer 376
Gitarrenverstärker 376
Gitarrist 352
Gitter 310, 499, 512
Gladiole 72
Glanzschicht der Haut 81
Glas 237, 265, 471
Gläser 304
Glasfrosch 39
Glaskörper 107
Glasscheibe 577
Glasschneider 202
Glasschutz 109
Glasschutzwand 442
Glastür 189, 244
Glasware 168
Glätteisen 275
glattes endoplasmatisches Retikulum 81
Gleichmacherauflage 590
Gleichmacherbalken 590
Gleichniszeichen 365
gleichschenkelig 568
gleichseitig 568
Gleise 549
Gleiskette 339
Gleiter 263

Gleitschiene 420
Globus 282
Glocke 371
Glockenturm 382
Glücksspielautomat 468
Glücksspiele 468, 469
Glühbirne 177
Glühfaden 177
Glühlampe 177
Gnocchi 234
Golden Retriever 28
Goldglänzender Rosenkäfer 53
Goldkäfer 53
Goldzeisig 48
Golf 411, 412, 413
Golfball 412, 413
Golfhandschuh 412
Golfjunge 412
Golfschläger 411, 412
Golfschlägerarten 413
Golfschuhe 412
Golfspiel 412
Golfspieler 412
Golftasche 411, 412
Golfwagen 412
Golfwagen: Rückansicht 411
Golfwagen: Vorderansicht 411
Golgi-Apparat 10, 60
Goliathkäfer 53
Gondel 587
Gong 369
Gorgonzola 211
Gorilla 41
Gottesanbeterin 59
Gouache 379
Gouda 211
Grafiktablett 479
Granat 269
Granatapfel 225
Granatapfelsaft 240
Granate 336
Grand Jeté 363
Granit 446
Grapefruit 226
Grasfrosch 39
Grashüpfer 59
Grassammler 193
Greiferspielautomat 464
Greiffinger 32, 40
Greifreifen 123
Grenada 329
Grenadilla 225
Griechenland 325
griechischer Tempel 384
Grieß 223
Griff 123, 124, 144, 148, 149, 150, 152, 154, 159, 174, 179, 193, 195, 196, 197, 198, 199, 201, 202, 203, 244, 258, 263, 275, 334, 336, 374, 399, 402, 413, 416, 419, 420, 421, 433, 434, 444, 446, 447, 449, 452, 453, 471, 472, 473, 475, 489, 490, 491, 493, 597
Griffbrett 374, 375
Griffe 452
Griffel 71
Griffelfortsatz 88
Grifffeld 334
Grillen 191
Grillrost 191
Gripzange 195
Grizzlybär 19
Grobeinstellung 577
Große Armdecken 46
große Rosenader 93
Großeltern 280
Großeltern und Enkelkinder 280
großer Adduktor 79
großer Brustmuskel 78
großer Gesäßmuskel 79
großer Jochbeinmuskel 80
Großer Panda 19
großer Rollhügel 83
großer Rückenmuskel 79
großer Rundmuskel 79
Großer Schillerfalter 56
Großer Speerspanner 56
großer Spiegel 298
großes Rad 123
Großgeräte 148
Großhirn 97
Großmutter 280
Großraumbüro 474
Großraumflugzeug 546
Großsegel 435
Großvater 280
Grün 412
Grundglied 84, 85
Grundlinienrichter 400
Grundwasser 581
grüne Kaffeebohne 223
Grüne Linsen 219
Grüne Meeresschildkröte 36
grüne Oliven 216
Grüne Schälerbsen 219
grüner Apfel 229
grüner Chili 216
grüner Paprika 217
Grüner Scheinbockkäfer 53
grüner Tee 223
grünes Licht 289
Grünkern 222
Grünkohl 214
Gruppetto 364
Guatemala 329
Guave 224
Guinea 327
Guinea-Bissau 327
Gummiball 118
Gummibaum 67
Gummidichtung 237
Gummifuß 415
Gummimatte 498
Gummistempel 491
Gummistiefel 314
Gurke 65, 217
Gurt 263, 441
Gürtel 246, 312, 338
Gürtelschlaufe 246, 251
Gurtschnalle 431
Gurtschnappverschluss 504
Gurtsicherung 590
Gurtwerk 441
Gusseisenplatte 367
Güterwagen 557
Güterwaggon 551
Guyana 330
Gymnastik 406, 407, 408, 409, 410
Gymnastikball 423
Gynäkologin 114
gynäkologischer Untersuchungsraum 114
Gyrus 96

H

Haar 75, 77, 374
Haarfarbe 276
Haargel 276
Haargummi 276
Haarklammer 277
Haarklemme 276
Haarnadel 276
Haarpflege 275, 276, 277
Haarreif 275
Haarschneidemaschine 274
Haarschneideschere 276
Haarspange 275
Haarspray 276
Haarspülung 276
Haartrockner 275
Hackenbremse 425
Hackmesser 159
Hafen 560
Hafer 222
Hahn 50, 334
Hähnchen 205
Hähnchenflügel 205
Hähnchenkeule 205
Hähnchenleber 204
Hainbuche 67
Haiti 329
Häkchen 54
Häkchen am Cremaster 54
Häkeln 380
Häkelnadel 380
Haken 380, 471, 567
Hakenbein 85
Halbdornmuskel 79
halbe Note 364
halbe Pause 364
Halbfinger-Handschuhe 262
Halbkreuz 365
halbmembranöser Muskel 79
Halbmond 383
Halbrandbrille 265
Halbresonanzgitarre 376
Halbsehnenmuskel 79
Halfpipe 424
Halfter 312, 338
Halogen-Glühbirne 177
Hals 11, 12, 26, 29, 31, 36, 75, 77, 372, 375, 376, 409
Hals-Tonabnehmer 375
Halsband 181
Halskorken 372
Halslymphknoten 99
Halswirbel 83, 86, 87
Haltegriff 314
Halterung 178, 194
Hamburger 239
Hammer 106, 122, 368, 405
Hammondorgel 367
Hämoglobin 10
Hand 40, 75, 77, 105
Hand- und Nagelpflege 272, 273
Handarbeit 380, 381
Handball 396, 396, 397
Handballspiel 396
Handballtor 396
Handfläche 105
Handforke 192
Handgelenk 29, 75, 77
Handgelenk 105
Handgelenkexpander 423
Handgelenkschoner 425
Handgriff 523, 524
Handkaffeemühle 162
Handknochen 85
Handlauf 555, 556
Handlauf für Austronauten 585
Handlocher 490
Handrad 381, 594
Handrasenmäher 193
Handrücken 105
Handschuh 338, 444, 585
Handschuhe 122, 262, 575
Handschuhfach 511
Handschutz 335, 336
Handschutz benutzen 319
Handschwingen 46
Handstaubsauger 175
Handtuch 139, 189, 308, 394, 398, 416, 418
Handwurzel 85
Handy 296
Hängebrücke 496
Hängegleiter 432
Hängeleuchte 295
Hangelsprossen 454
Hängemappe 493
Hänger 496
Hängestange 175
Hantelbank 416, 421
Hantelgewichte 419
Hanteln 416
Hantelscheiben 417
Hantelscheiben und Ständer 420
Harissa 232
Harmonika 377
Harmonium 377
Harnblase 100, 101
Harnleiter 100, 101
Harnröhre 100, 101
Harnsystem 101
Harnweg 101
harte Kontaktlinse 266
Hartglas 170
Hartholzboden 137, 141, 185
Hase 31
Haselnuss 221
Hasentiere 31
Haufenschichtwolke 573
Hauptalarmanzeige 125
Hauptanzeigetafel 387
Hauptarterien 92
Hauptbronchus 91
Hauptdeck 350, 589
Hauptdeckel 367
Haupteingang 132, 382
Hauptleitung 594
Hauptlicht 110
Hauptrahmen 595
Hauptriebwerk 585
Hauptrohr 582
Hauptschiedsrichter 387
Hauptschlafzimmer 136
Hauptschlot 581
Hauptvenen 93
Hauptverteilleitung 186
Hauptvorhang 360
Hauptzugring 337
Hauptzylinder 500
Haus 446
Hauseinrichtung 170, 171, 172, 173, 174, 175, 176, 177, 178, 179, 180, 181, 182, 183
Haushaltsgeräte 150, 174
Haushaltsgeräte und technische Geräte 174, 175, 176
Haushaltswaren 290
Hausmaus 33
Hausmeisterin 291
Hausschuh 261
Haustierbedarf 180, 181
Haustür 126, 130
Haut 81
Hautflügler 57
Hautmikroskop 119
Hautschnitt 81
Head Linesman 389
Headset 475, 481
Hebeausrüstung 591
Hebekran 589
Hebel 153
Hebel für den Klemmbügel 275
Hebevorrichtung 567
Hebevorrichtungen 567
Hebewerk 351
Hecht 44
Heck 547
Heckausleger 313, 345
Hecke 131
Heckfederung 501
Heckflosse 342, 343
Heckrotor 313, 345
Heckschürze 503
Hecksporn 547
Heckstütze 315
Hefezopf 235
Heftel 381
Hefter 489
Heftklammerentferner 489
Heftklammern 489
Heftmappe 476, 477, 492, 493
Heidelbeere 227

Heidelbeerkuchen 236
Heiliger Pillendreher 53
Heinzug, Zwangsumlauf und Klimatisierung 186
Heizbehälter 155
Heizelement 197
Heizkessel 186
Heizlampe 180
Heizung 186, 189
Heißluftpistole 202
Helikopter 589
Helikopterdeck 350
helles Spielquadrat 459
Helling 560
Helm 314, 338, 425, 585
Hemd mit Brusttaschen 248
Hemden 248
Hemdzipfel 591
Herbst 580
Herbstäquinoktium 580
Herdplatte 147, 148
Herkulespoller 590
Herkulesspinner 56
Hermelin 23
Herren-Accessoires 267
Herrenausstatter 290
Herrenkleidung 245, 246, 247, 248, 249
Herrenschuhe 260
Herrenstrickjacke 247
Herrentoilette 316
Herz 94, 104, 204, 470
Herz im Querschnitt 95
Herzmuskel 95
Herzschliff 268
Herzwandschicht 95
Heuschrecke 59
Hexagonschliff 268
Hi-Hat 368
Hi-Hat-Ständer 368
Hibachi-Grill 191
High Top Sneaker 260
Hilfs-, Service- und Arbeitsschiffe 564
Himbeere 227
Himmelblauer Bläuling 56
Himmelsbedeckung 573
Hinteransicht der Muskulatur 79
Hinteransicht des Skeletts 83
Hinteransicht des Verdauungssystems 103
Hinteransicht eines männlichen Körpers 77
Hinteransicht eines weiblichen Körpers 75
Hinterbein 20, 31, 57, 171, 378
Hinterbrust 54, 59
hintere Aufschlaglinie für das Doppelspiel 398
hintere Felgenbremse 427
hintere Fontanelle 88
hintere Skibindung 449
Hintere Stoßstange 341
hinterer Katalysator 500
hinterer knöcherner Bodengang 106
Hinterflügel 55, 563
Hinterflügel für den Flug 59
Hintergepäckträger 523
Hintergliedmaße 32, 33
Hintergrund 361
Hinterhauptbein 83, 88
Hinterhauptlappen 97
Hinterhauptmuskel 79, 80
Hinterkeule 209
Hinterkotflügel 523
Hinterkufe 445
Hinterpfote 32, 33
Hinterradschwinge 520
Hinterteil 448
Hintertür 125
Hinterzehe 46
Hinterzone 395
Hinterzwiesel 430, 431
Hinweisschilder 320
Hirnbalken 97
Hirnlängsfurche 96
Hirnnerven 98
Hirnrinde 96
Hirnstamm 96
Hirschkäfer 53
Hirse 222
Hitzdraht 178
Hochbetten 145
Hochdruckgebiet 572
Hochgeschwindigkeits-Rollbahn 538
Hochgeschwindigkeits-zug 554
Hochgewinnantenne 585
hochgiftig 319
Hochsprung 404
Hochstuhl 144
Hochzeitskleid 253
Höcker 34, 90
Hocker 368
Hockey 442, 443, 444
Hockeyschläger 444
Hockeyspieler 444
Hoden 101
Hodensack 76
Hof 188, 189, 190, 191
Hog-Linie 446
Höhe der Wolkenbasis 573
hohe Wolken 573
Höhenfeineinstellung 582
Höhenleitwerk 313, 345, 547
höhenverstellbares Fußteil 108
Höhenversteller 175
Höhenverstellhebel 476
Höhenverstellung 409, 419, 421
hohes Becken 368
Holunderbeere 227
Holz 413
Holzblasinstrumente 372
Holzbrett 424
hölzerner Barrenholm 408
Holzfällerhemd 248
Holzhammer 199
Holzlöffel 164
Holzpfannenwender 164
Holzplatte 402
Holzschlägerkopf 413
Holztransportwagen 557
Holzvorhangstange 182
Home-Taste 481
Honduras 329
Honig 237
Honigbiene 58
Siglöffel 163
Honigmelone 228
Hörer 481, 482
Hörerschnur 482
Hörnerv 106
Horngurke 224
Hornhaut 107
Hornisse 58
Hornschicht der Haut 81
Hornschnabel 36
Hörsaal 284
Hortensie 62
Höschen 257
Höschenbund 257
Hose 312
Hose mit weitem Bein 251
Hosel 413
Hosen 251
Hosen und Gürtel 246
Hosenbein 246, 251
Hosenbund 246, 251
Hosenstall 246
Hosentasche 246, 251
Hosenträger 246
Hotdog 238
Hotel 286, 306, 307, 308, 309
Hotelzimmer 308
Hub- und Knickzylinder 315
Hubschrauber 288, 344, 349, 350, 547
Hubschrauberhangar 349
Hubschrauberlandeplatz 288, 349, 563, 589
Huf 11, 12
Hufglocke 430
Hufkrone 11
Hüfte 26, 57, 59, 75, 77
Huftiere 11, 12, 13, 14, 15, 16, 17, 18
Hühnerbrust 205
Hühnerei 205
Hülle 413, 493, 590
Hülsenfrüchte 219
Hummer 42
Hunde 26, 27, 28
Hundeauslaufzone 318
Hundeleine 181
Hüpfball 452
Hürde 404
Hut 230
Hutband 262
Hybridschläger 413
Hydrant 315, 321
Hydrant-Zufuhr 315
Hydraulikheber 519
Hydraulikpresse 597
Hygieneartikel 279
Hygrometeranzeige 189
Hypotenuse 568

I

Ikosaheder 571
Iltis 23
Im Notfall Scheibe einschlagen 321
Impuls-Sprinkler 193
Inbusschlüssel 195
Indien 323
Indonesien 323
Industriell verarbeitete Lebensmittel 232, 233, 234, 235, 236, 237
Industriemaschinen 595, 596, 597, 598, 599
Inflator 441
Information 317
Informationsanzeige 291
Informationsstand 290
Informationstafel 543, 544
Infusionsbeutel mit Schlauch 118
Infusionsständer 111
Ingwer 231
Injektionsnadel 118
Inline-Skates 425
Inlineskating 425
Innenausstattung 540, 134, 135, 136, 137, 138, 139, 140, 141, 142, 143, 144, 145, 146, 147
Inneneinheit der Klimaanlage 175
Innengehäuse 588
Innenhof 383
Innenraumfilter 510
Innenstadt 288
Innentürgriff 505
Innenvorhof 106
innere Halsvene 93
innere Hüftarterie 92
Innereien 204
Innerer Aufbau der Erde 581
innerer Kern 581
innerer Schenkelmuskel 78
Innnenkreis 446
Insekten 52, 53, 54, 55, 56, 57, 58, 59
Instrumentenanzeige 591
Instrumentenbrett 346
Instrumententafel 506
Instrumententisch 111
Instrumentenwagen 110
Intensivstation 112
interaktives Spielzeug 450
Internationale Organisationen 331
internationale Raumstation 583
Internationales Olympisches Komitee 331
Internet Stick 482
ionische Halbsäule 385
Irak 323
Iran 323
Iris 107
Irland 325
Ischiasnerv 98
Island 325
Isobare 572
Isolator 177, 178, 587
isolierter Griff 197
Israel 323
Italien 325
Italienische Zypresse 70
Italienisches Dressing 232

J

Jacke 245, 312
Jacke mit Reißverschluss 247
Jade 269
Jagdausrüstung 472
Jagdgewehr 472
Jagdschrotflinte 472
Jaguar 22
Jahreszeiten 580
Jalapeño-Chilischote 231
Jamaika 329
Japan 323
japanische Wollmispel 229
japanisches Experimentmodul 583
Japanmakak 40
Jararaca 38
Jeans 246
Jeans mit Schlag 251
Jeansjacke 250
Jeggings 251
Jemen 322
Jeté 363
Jochbein 46, 82, 88, 89
Jochweite 496
Joghurt 210
Joker 470
Jordanien 323
Journalist 401
Junge 281
Jupiter 578
Juweliergeschäft 290

K

Kabel 352, 358, 421, 481, 487, 586
Kabelklemme 178
kabellose Maus 479
Kabelzugbaum 422
Kabelzugstation 417
Kabine 547, 563
Kabinentür 556
Kaffee 239
Kaffeekanne 166
Kaffeemaschine 146, 301
Kaffeemühle 150
Käfigtür 181
Kahnbein 84, 85
Kajak 434
Kaki 225
Kalbfleisch 209
Kalbsbrust 209
Kalbskotelett 209
Kalender 488

Kaltfront 572
Kaltwassersteigleitung 187
Kaltwasserzufuhr 187
Kambodscha 322
Kamera 242, 402, 443
Kamera und Messgeräte 343
Kameragehäuse 108, 486
Kameralinse 478, 481
Kameramann 242, 358, 391, 400, 402, 443
Kamerun 326
Kamm 11, 208
Kammerseptum 95
Kammerwasser 107
Kammmuschel 212
Kämpferfaltenmuskel 80
Kampfgericht 429
Kampfhubschrauber 347
Kampfmaschinenpistole 337
Kampfpanzer 339
Kampfsimulator 465
Kanada 328
kanadischer Tigerschwalbenschwanz 55
Känguru 32
Kaninchen 31, 205
Kanister-Staubsauger 175
Kanne 150
Kanone 339
Kante 382, 444
Kantenschiene 424
Kanu 434
Kap Verde 326
Kaper 220
Kapitänsbrücke 562, 563, 565
Kappe 262, 484
Kapuzenjacke 247
Kapuzenpullover 247
Karaffe 168
Kardamom 231
Karo 470
Karosserie 509, 519, 535
Karosserieboden 509
Karosserieseitenleiste 513
Karotte 64
Karottengrün 218
Karpalballen 26
Karpfen 43
Karrote 218
Karteikarten 488
Karteilift 492
Kartenabreißer 354
Kartenlese-Slot 332, 333
Kartennummer 333
Kartenschlitz 176
Kartentisch 469
Kartoffel 218
Kartoffelkäfer 53
Kartoffelstampfer 163
Kartonunterlage 488
Kartusche 599
Karussell 455, 457
Kasachstan 323
Kaschmirziege 15
Käse 210
Käsekuchen 236
Käseschneider 163
Käsesorten 211
Kasse 299
Kassen-Computer 301
Kassencomputer 299
Kassiererin 292
Kastagnetten 369
Kastanie 67
Katalysator 510
Katar 323
Kathedrale 382
Katzen 29, 30
Katzentoilette 181
Käufer 389
Kaufhaus 290
Kaumuskel 80
Kaviar 212
Kefir 210
Kegel 151, 461, 462, 571
Kegeldüse 591
Kegelrobbe 25
Kehldeckel 91
Kehle 46
Kehlkopf 91
Kehrblech 179
Keilbein 84, 88
Keilbeinfontanelle 88
Kein Trinkwasser 320
Keine Haustiere erlaubt 320
Kelchblatt 71
Kelle 189, 202
Kellnerin 295, 300, 303, 304
Kenia 327
Keramiktopf 155
Kern 61, 229
Kernhülle 10
Kernkörperchen 60
Kernkraftwerk 588
Kernobst 229
Kernspintomograf 109
Kerze 157
Kerzenhalter 157
Kesseltrommel 370
Ketchup 232
Kette 264, 415, 427, 454
Kettenblattumwerfer 427
Kettenschaltung 427
Keule 207
Keyboardspieler 352
Kichererbse 219
Kieferklauen 52
Kieferknochen 90
Kiefernspinner 56
Kiel 473
Kiemendeckel 213
Kieselstein 180
Kiesschicht 495
Kimme 334, 336
Kinder 280
Kinderbett 143, 145
Kinderfahrrad 452
Kinderfahrradanhänger 525
Kinderfahrradsitz 525
Kinderlaufrad 525
Kindermobiliar 144
Kindersicherheitssitz 498
Kindersitzwarnleuchte 506
Kinderwagen 258
Kinderwagengestell 258
Kinderzimmer 129, 142, 140, 141, 142, 143, 144, 145
Kinn 46, 74
Kinnmuskel 80
Kinnstütze 374
Kino 354, 354, 355
Kinoeingang 355
Kinokasse 355
Kinoplakat 355
Kirchenschiff 382
Kirgisistan 323
Kiribati 331
Kirsche 229
Kirschkuchen 236
Kissen 135, 137, 140, 143, 145
Kiste 293
Kiwi 225
Klammer 194, 197
Klappe 372
Klappendrücker 372
Klapperschlange 38
Klappseite 488
Klappstuhl 171, 471
Klarinette 373
klassische gerade Jeans 251
klassische Shorts 251
Klauenhalter 505
Klaviatur 367
Klaviaturboden 366
Klavier 366
Klavierbank 367
Klavierinstrumente 366, 367
Klebeband 489
Klebebandabroller 489
Klebebandhalter 489
Klebeetiketten 488
Klebezettel 474, 488
Klebstift 490
Kleid 445
Kleid mit Flügelärmel 253
Kleider und Röcke 252, 253
Kleiderbügel 298
Kleiderhaken 298, 308
Kleidermotte 56
Kleiderschrank 144, 173, 244, 308
Kleiderschutz 123
Kleiderstange 299
Kleidung 244
Kleidungsaufbewahrung 244
Kleinbus 527
kleine Rosenader 93
Kleine Stubenfliege 58
kleiner Finger 105
kleiner Jochbeinmuskel 80
kleiner Junge 281
Kleiner Kohlweißling 56
kleiner Rundmuskel 79
kleiner Tierkäfig 181
kleines Mädchen 281
kleines Mehrparteienhaus 286
Kleinhirn 96, 97
Kleinkinder-Toilettensitz 259
Klemmbacken 195, 201
Klemmbügel 275
Klemmschraube 178
Klettergerüst 454, 456
Kletterturmgerüst mit Rutschen 453
Klettlockenwickler 276
Klettverschluss 259, 415, 448
Klimaanlage 186
Klinge 154, 159, 274, 275, 490
Klinke 180
Klinkenstecker 487
Klosettbecken 187
Klüse 564
Knarren-Ringschlüssel 195
Knie 11, 12, 26, 31, 40, 74, 76
Kniekehlenlymphknoten 99
Kniekehlenvene 93
Kniescheibe 52, 82
Knieschoner 425
Kniestrumpf 256
Knoblauch 215
Knoblauchmayonnaise 232
Knoblauchpresse 163
Knöchel 74, 76
Knollengemüse 218
Knopf 245, 248, 254, 371
Knospe 62
Koala 32
Kobra 38
Koch 302
Kochgeräte-Set 164
Kochmesser 159
Kochwurst 204
Kochzange 163
Köder 473
Koffer 263, 307, 541, 544
Kofferkuli 306, 541, 544
Kofferraum 513
Kofferraumdichtung 503
Kohle 593
Kohlenstoff 592
Kohlmeise 47
Kohlrabi 218
Kohlrübe 218
Kokosnuss 221
Kolanuss 221
Kolben 61, 118, 502
Kolbenanschlussring 576
Kolbenbolzen 590
Kolibri 48
Kollimatorgehäuse 108
Kolumbien 330
Kombi 516
Kombilimousine 515
Kombination 429
Kombischlüssel 195
Kombizange 201
Kommandoturm 348
Kommode 140
Kommunale Dienste 312, 313, 314, 315
Kommunikationsgeräte 481, 482
Komoren 327
Kompakte Doppelwalze 532
Kompaktlader 532
Kompaktleuchtstofflampe 177
Kompaktpuder 270
Kompaktraupenbagger 532
Kompaktwagen 514
komprimiertes Gas 319
Kondensmilch 210
Kondor 50
Konferenzsaal 310, 477, 310, 311
Konferenztisch 311, 477
Koniferen 69, 70
König 458, 470
Konservenfisch 213
Kontakt 178
Kontaktlinsenbehälter 266
Kontaktloch 178
Kontrafagott 373
Kontrolldisplay 486
Kontrollleuchte 149, 197, 310, 482, 487
Kontrollraum 109, 539
Kontrollturm 539
Konzert 352, 353
Konzertflöte 373
Konzertina 377
Koordinierungsrichter 410
Kopf 32, 54, 55, 57, 59, 75, 77, 213, 374, 380, 381, 413
Kopf des Wurzelgemüses 64
Kopfband 598, 599
Kopfbein 85
Kopfbügel 481
Kopfhörer 485
Kopfriemen 599
Kopfsalat 63, 214
Kopfschutz 414
Kopfschutz benutzen 319
Kopfspiegel 119
Kopfstütze 504
Kopfvene 93
Kopfwender 80
Kopierer 481
Korb 124, 258, 390, 411, 452
Korbanlage 390
Korbbrett 390
Körbchen 257
Koriander 220
korinthischer Pilaster 385
Korkenzieher 162
Korn 334, 336
Kornett 372
Kornhalter 335
Korntank 537
Körper 571
Körperpflege 270, 271, 272, 273, 274, 275, 276, 277, 278, 279
Korpus 366, 375
Korrekturband 490
Korrekturstift 492
korrosive Substanz 319
Kosmetikgeschäft 290, 296
Kosovo 325
Kotflügel 313, 512
Krabbe 45
Krabbenspinne 52
Kraftaufwandsregler 420
Kraftraum 416
Kraftstoffanzeige 507
Kraftstoffartanzeige 497
Kraftstofffilter 510

Kraftstoffreserveanzeige 507
Kraftstofftank 520, 523, 524, 555, 556, 560
Krafttrainingsgerät 421
Kragen 245, 248
Kragenhuhn 50
Krakauer 204
Kralle 20, 26, 32, 33, 36, 46
Kran 288
Kranfahrzeug 567
Krankenhaus 288, 318, 108, 109, 110, 111, 112, 113, 114, 115, 116, 117
Krankenhauszimmer 111
Krankenschwester-Ruftaste 111
Krankenwagen 531
Kranznaht 88
Krater 581, 584
Kräuter 220, 221
Kräuterseitling 230
Krawatte 246
Krawattenhalter 267
Krawattennadel 267
Kreditkarte 333
Kreditkate: hinten 333
Kreditkate: vorne 333
Kreide 282, 406, 410, 463
Kreideschüssel 409
Kreis 568
Kreisdiagramm 570
Kreisfläche 568
Kreislaufdiagramm 570
Kreissäge 196
Kreisumfang 568
Krempe 262
Kreuz 365, 428, 470
Kreuz-Vorzeichen 365
Kreuzbein 82, 83, 86, 87
Kreuzfahrtschiff 562
Kreuzschlitzschraubendreher 201
Kreuzstich 380
Kreuzung 286, 289
Kriebelmücke 58
Kriechstrombarriere 509
Kroatien 325
Krone 46, 66, 90, 262, 264
Kronenblock 591
Kronfleischsteak 208
Kropf 159
Kroton Petra 73
Krug 151
Krümel 235
Krümelablage 153
Kruppe 11, 26, 409
Kruste 235, 238
Kuba 329
Kubakrokodil 37
Küche 126, 146, 302
Kuchen 294
Küchengeräte 148, 149, 150, 151, 152, 153, 154, 155
Küchenmaschine 154
Küchenmesser 159
Kuchenplatte 166
Küchenutensilien 162
Kufe 444, 445
Kufen 313, 547
Kugel 334, 335, 571
Kugelrückgabe 460, 462
Kugelschreiber 285, 492
kugelsichere Weste 338
kugelsicherer Tresor 531
Kugelstoßen 404
Kühler 499, 510
Kühlergrill 312, 314, 340, 503, 531
Kühlmittelausgleichsbehälter 499
Kühlraum 302
Kühlschrank 126, 146, 148, 301
Kühlschranktür 148
Kühltasche 471
Kühlturm 588
Kühlungssystem 499
Kühlvitrine 292, 294
Kuhmilch 210
Kuli und Papier 475
Kuli- und Stiftehalter 474
Kulisse 356, 358
Kulturbeutel 279
Kümmel 231
Kumquat 226
Kumuluswolke 573
Kunde 290, 294, 295, 297
Kundin 292
Kuppel 382, 383
Kuppelklappe 582
Kupplungshebel 524
Kupplungspedal 511, 528
Kurbelwelle 502
Kurbelwellengehäuse 535
Kürbis 65, 216, 217
Kürbiskernöl 233
Kurtine 385
kurzärmlige Bluse 254
kurzärmliges Hemd 248
kurze Fühler 42
kurze Strickjacke 255
kurzer Ärmel 248
kurzer speichenseitiger Handstrecker 79
kurzer Vorschlaf 364
kurzer Wadenbeinmuskel 79
kurzer Zehenstrecker 78
Kurzwahltaste 482
Kurzwahlverzeichnis 482
Küstenwachschiff 348
Kuwait 323

L

Labor 582
Laborgeräte 574, 575, 576, 577
Labrador-Retriever 26
Labyrinthspiel 464
Lachmuskel 80
Lachs 44
Lachsfilet 213
Lachsrogen 212
Lachssteak 213
Ladebehälter 531
Ladekabel 514
Laden 548
Ladeneingang/Ausgang 292
Ladeschaufel 533
Ladestation 278, 514
Ladestreifen 334
Ladung 337
Lage 413
Lagergang 581
Lagerhaus 287
Lagerraum 293, 302
Lakkolith 581
laktosefreie Milch 210
Lama 17
Lambdanaht 88
Lamm 206
Lammfelljacke 250
Lammhachse 206
Lammkeule 206
Lammlendenstück 206
Lammrippenkotelett 206
Lammrücken 206
Lampe 141, 189, 295, 305, 466, 471, 551
Landefenster 344
Landeklappe 342
Landemodul 584
Länder und Flaggen 322, 323, 324, 325, 326, 327, 328, 329, 330, 331
Landwirtschaftliche Nutzpflanzen 61
Landwirtschaftsmaschinen 536, 537
lange Bluse 254
lange Strickjacke 255
lange Unterhose 249
langer Adduktor 78
langer Hohlhandmuskel 78
langer Rock 252
langer Vorschlag 364
langer Wadenbeinmuskel 78
langer Zehenstrecker 78
Langhantel 416, 421
Langhantelablage 416, 422
Languste 42
Laos 323
Lapislazuli 269
Lappenbronchus 91
Laptop 297, 309, 353, 418, 477, 478
Laptop-Netzteil 487
Lasagne 234
Lasche 368
Laserdrucker 480
Lasthaken 567
Lastkraftwagen 287, 288
Laterne 382, 471
Latte 396
Lattentasche 435
Laub 66
Laubbäume 66, 67, 68
Lauch 215
Lauchzwiebel 215
Lauf 334, 335, 336, 472
Laufbahnträger 567
Laufband 113, 416, 420
Laufbandoberfläche 420
Laufbein 52
Läufer 458
Laufrädchen 425
Laufrolle 595
Laufsteg 243
Laus 59
Lautsprecher 352, 410, 481, 484, 505, 528
Lautstärkeregler 355, 375, 478
Lautstärketaste 481
Lavafontäne 581
Lavaschicht 581
Lavastrom 581
LCD 153, 366
Lebensabschnitte: Frau 281
Lebensabschnitte: Mann 281
Lebenserhaltungssystem 585
Lebenserhaltungssystemsteuerung 585
Leber 102, 104
Leberzelle 81
LED-Glühbirne 177
Lederhaut 107
Lefzen 26
Legato 365
Leggins 256
Leguan 37
Lehne 144
Lehrer 282
Lehrerpult 282
Leichtathletik 404, 405
leichte Atemschutzmaske 599
leichtes Maschinengewehr 335
leichtes Sommerkleid 252
Leichtfluzeug 546
Leier 367
Leinsaat 222
Leinwand 354, 378
Leiste 74, 76, 145, 505
Leistenlymphknoten 99
Leiter 145, 188, 315, 321, 535, 557, 590
Leiterfuß 203
Leitkegel 495
Leitplanke 495
Leitspindel 597
Leitsystem 316
Lemur 40
Lende 11, 12, 26, 75, 77, 206, 207, 209
Lendenstück 209
Lendenwirbel 83, 86, 87
Lenkarm 590
Lenker 313, 426, 523
Lenkrad 411, 467, 511, 528
Lenkstange 432
Lesotho 327
Lettland 325
Leuchtanzeige 151
Leuchteinheit 315
Leuchtkörper 136
Leuchtmittel 177
Leuchtturm 561
Libanon 323
Liberia 327
Libyen 327
Lichter 360
Lichthaube 180
Lichtmaschine 502
Lichtmaschinenwarnanzeige 506
Lichtquelle 110
Lichtschalter 137
Lichtschutzschirm 585
Lichtset 352
Lidschatten 270
Liechtenstein 325
Liefersystem 116
Lieferwagen 518
Liegestuhl 190, 471
Ligatur 372
Likörglass 169
Limette 226
Limousine 514, 517
Line Judge 388
Lineal 285, 490
Liniendiagramm 570
Linienrichter 387, 395, 398, 400, 443
Liniensystem 364
linke Herzkammer 95
linke Lunge 91
linke Lungenarterie 95
linke Lungenvene 94
linke Lungenvenen 95
linke Niere 101
linker Angreifer 394
linker Hinterspieler 395
linker Vorhof 95
linkes Aufschlagfeld 401
linkes Blinklicht 506
Linse 107, 176, 219, 441, 448
Linsenlaterne 561
Linsenschalthebel 176
Linsensystem 472
Lipgloss 271
Lippe 11, 12, 29
Lippenbalsam 271
Lippenkonturenstift 272
Lippenpinsel 272
Lippenstift 271, 297
Lippentaster 55
Litauen 325
Literanzahl 497
Litschi 224
LKW und Tandemtrailer 529
Lkw-Schlafkabine 528
Loch 246, 412
Lockenstab 275
Lockenwickler 276
Löffelablage 161
Lokomotive 550
Lokomotiven 555, 556
Lokscheinwerfer 555, 556
Lorbeerblatt 220
Löschtaste 486
loser Lidschatten 270
loser Vorhang 183
loses Puder 270
Löteisen 197
Lotion 139
Lotosblume 73
Lötpistole 197
Lötwerkzeug 197

Lötzinn 197
Lounge 563
Löwe 21
Löwenäffchen 41
Lubra-Strip 274
Luchs 21
Luftbefeuchter 186
Luftdruck 572, 573
Luftdruckänderung 573
Luftdrucktendenz 573
Lufteinlass 275, 340
Luftfilter 193, 510
Luftkissenboot 349
Luftpumpe 180
Luftröhre 91
Luftschlauch 441
Luftsport 432
Lufttemperatur 573
Lufttransport 538, 539, 540, 541, 542, 543, 544, 545, 546, 547
Lüftung 196, 308
Lüftungsblech 512
Lüftungsgitter 175, 176, 511
Lüftungsschacht 131, 149
Lüftungsschlitz 479, 555
Lüftungsschlitze 186, 556, 557
Lüftungssieb 180
Luftverteiler 186
Luke 188, 339, 348
Luna-Motte 56
Lünette 382
Lunge 91
Lungenarterie 92
Lungenstamm 94
Lungenstamm 95
Lungenvene 93
Luxemburg 325
Lymphsystem 99
Lyoner 204
Lysosom 10, 81

M

Macadamia 221
Madagaskar 327
Madagaskar-Fauchschabe 59
Mädchen 281
Mädchenzimmer 140
Magazin 334, 335, 336, 472
Magazinhalter 334
Magen 102
mager 281
Magma 581
Magmakammer 581
Magnetrührer/Wärmeplatte 575
Magnetschwebebahn 566
Magnettafel 489
Mähdrescher 537
Mahlplatte 155
Mähne 11
Maikäfer 53
Maine-Coon-Katze 30
Mais 61, 222
Maisgrieß 222
Maiskeimöl 233
Maiskolben 61
Make-up 270, 271, 272
Make-up-Entferner 270
Makrele 43
Makrophage 81
Malachit 269
Malawi 327
Malaysia 323
Malediven 323
Mali 328
Malta 325
Mandarine 226
Mandel 221
Mandibel 54, 57
Mandrill 41
Mango 225
Mangold 214
Mangostane 225
Mann 281
Mannequin 299
männliche Fortpflanzungsorgane 101
männlicher Körper 76, 77
männliches Fortpflanzungssystem 101
Mannschaftsbank 437
Mannschaftsbereich 388, 392
Mannschaftsquartier 589
Mannschaftswagen 530
Manschette 248
Manschettenknöpfe 267
Mantel 45, 245, 250
Mäntel und Jacken 250
manuelle Rahmenblechschere 597
Maracuja 225
Marder 24
Margarine 211
Marienkäfer 53
Mark 225
Marker 492
Marmelade 237
Marokko 328
Marquiseschliff 268
Mars 579
Marshallinseln 331
Maschinenbett 381
Maschinengewehr 340, 348
Maschinengewehr-magazin 341
Maschinengewehr-schütze 341
Maschinengewehrturm 341
Maschinenpistole 337
Maske 441
Maskendichtung 599
Massage-Haarbürste 277
Masseeketrode 509
Mast 348, 435, 551
Mathematik 568, 569, 570, 571
Matratze 108, 115, 145
Matratzenablage 115
Matte 404
Mauer 428
Mauer mit Stangen 428
Mauerbohrer 198
Mauereidechse 37
Mauersegler 47
Mauerturm 385
Maul 11, 12, 31, 34, 36, 40
Maulkorb 181
Maultier 15
Maurerhammer 199, 203
Maurernagel 200
Mauretanien 328
Mauritius 328
Maus 474, 479
Maxikleid 253
Mayo-Instrumentenständer 116
Mayonnaise 232
Mazedonien 325
Maßband 203, 381
McPherson-Federbein 501
Mechanisches Korn 336
medialer Epicondylus 83
medialer Oberschenkel-gelenkknorren 83
medizinische Klemme 122
medizinische Untersuchungsgeräte 118, 119
Medizinschrank 139
Meeresfrüchte 293
Meeressäuger 25
Meerrettich 218
Meersalz 231
Meerschweinchen 33
Megnetstreifen 333
Mehl 223
mehrfach bewegliche Aufhängung 110
Mehrfachklingenrasierer 274
Mehrfachsteckerleiste 178
Mehrkornbrot 235
Mehrstärkenglas 265
Mehrzweck-Sandsack 415
Mehrzweckgelände-wagen 340
Mehrzweckkampfjäger 343
Mehrzwecklösung 266
Meißel 122
Melanozyt 81
Melisse 221
Melodica 377
Melonen 228
Melonenlöffel 163
Membrana Hyothyroidea 91
menschlicher Körper 74, 75, 76, 77
Menüanzeige 294, 295
Menüständer 303
Menütafel 304
Menütaste 481, 486
Merkur 578
Mesosoma 52
Mesothorax 57
Messanzeige 195
Messebecher 166
Messer 597
Messer-Set 159
Messerblock 159
Messerschärfer 159
Messgerät 346
Metallbearbeitung 597
Metallbearbeitungs-werkzeug 201
Metalldetektor 541
Metalldruckreifen 370
Metallgardinenstange 182
Metallhülse 449
Metallrahmen 284, 587
Metasoma 52
Metathorox 57
Meteorologie 572, 573
Metronomzeichen 365
Mexikanische Vogelspinne 52
Mexiko 329
Mezzo forte 365
Mezzo piano 365
Miesmuschel 212
Mikrofon 284, 310, 311, 357, 358, 481, 482
Mikroskop 577
Mikrovillus 81
Mikrowelle 146, 148
Milch und Sahne 210
Milchgang 100
Milchkrug 161
Milchsäckchen 100
Militär 334, 335, 336, 337, 338, 339, 340, 341, 342, 343, 344, 345, 346, 347, 348, 349, 350, 351
Milz 99
Minarett 383
Mine 337
Mineralwasser mit Kohlensäure 240
Mini-Wohnwagen 519
Minikleid 253
Minivan 515
Minuten 485
Minutenzeiger 264
Minze 220
Mischpult 353, 354, 355
Mississippi-Alligator 37
Mitnehmerstange 591
Mitochondrien 60
Mitochondrium 10, 81
Mitralklappe 95
Mitte 446
Mittel- oder C-Bügel 374
Mittelbein 57
Mittelbrust 54, 59
Mittelfeldangreifer 394
Mittelfinger 105
Mittelfuß 84
Mittelfußknochen 84
Mittelglied 84, 85
Mittelhand 85
Mittelhandknochen 85
Mittelkonsole 511
Mittelkreis 387, 390
Mittellappen 91
Mittelläufer 395
Mittellinie 387, 396, 398, 436, 443, 446, 447
Mittelstück 399
Mittelträger 590
Mittlere Armdecken 46
mittlere Wolken 573
mittlerer Schneidezahn 89
mittlerer Tonabnehmer 375
Mixer 150, 575
Möbel 170, 171, 172, 173
Möbelscharnier 200
Mobile 450
Mobilfunk verboten 320
Mobilitätshilfen 123, 124
Modedesigner 242
Modell 243
Modenschau 242, 242, 243
Moderator 356, 358
Mohn 231
Molaren 89
Moldawien 325
Molkereiprodukte 293, 210, 211
Moltebeere 227
Monaco 325
Monarchfalter 56
Monat 485, 488
Mond 578
Mondbein 85
Mondfahrzeug 584
Mondlandung 584
Mondstein 269
Mondvogel 56
Mongolei 323
Monitor 296, 352, 474, 475, 483
Monitoranschluss 479
Monitorkabel 487
Monokel 265
Montenegro 325
Moosbeere 227
Moppkopf 179
Mordent 364
Mörser und Stößel 166
Mosaik 379
Mosaikkleber 379
Mosaikstein 379
Mosambik 328
Moschee 383
Moschusochse 14
Motocross-Motorrad 523
Motor 344, 502, 590
motorbetriebener Tisch 109
Motorblock 154, 502
Motorengehäuse 175, 196, 198
Motorgehäuse 151, 155, 175
Motorhaube 340, 512, 518, 531
Motorräder und Geländefahrzeuge 520, 521, 522, 523, 524
Motorradrennensimulator 466
Motorraum 433, 552, 554, 555
Motorroller 522
Motortemperaturanzeige 507
Motorträger 501
Mountainbike 426, 525
Mountainboard 424
Mousepad 487
Möwe 51

Mozzarella 210
MP3-Spieler 485
MRT-Raum 109
Mu-Err 230
Mückennetz 338
Muldenkipper 529, 535
Muldenkipperunteransicht 535
Müllauto 531
Mülleimer 287, 290, 307, 308, 317, 354
Mülllader 531
Multikraftstation 419
Mund 32, 74
Mundschutz 414
Mundspiegel 116, 119
Mundstück 371, 372, 441
Mundstückaufnahme 371
Mündung 334
Mundwasser 278
Mundwerkzeuge 59
Mundwinkelniederzieher 80
Mungbohne 219
Münzrolle 332
Muschel 212
Musculus bulbospongiosus 101
Museum 288
Musik 364, 365, 366, 367, 368, 369, 370, 371, 372, 373, 374, 375, 376, 377
Musikant 359
Musikband 352
Musiknotation 364, 365
Muskat 231
Muskeln 78, 79, 80
Müslischale 160
Muster 381
Mutter 196, 200, 280, 374, 375, 376
Mutterschlosshebel 597
Mütze 122, 262, 312, 436, 441
Mütze mit Ohrenklappen 262
Mützen und Schals 262
Myanmar 323

N

Nabe 123, 350, 426
Nabel 74, 76
Nachschieber 54
nächster Titel 485
Nachthemd 257
Nachtigall 49
Nachttisch 111, 112, 136, 141, 309
Nacken 12, 31, 46, 75, 77, 206
Nackenstütze 113
Nadel 118, 380, 381
Nadelansatz 118
Nadelbaum-Marienkäfer 53
Nadeleinfädler 381
Nadelkissen 381
Nadelplatte 381
Nadelzange 201
Nagel 40, 200
Nagelaufhellstift 273
Nagelbürste 279
Nagelfeile 273
Nagelhalbmond 105
Nagelhautschaber 273
Nagelhautschere 272
Nagelhautschieber 273
Nagelhauttrimmer 273
Nagelhautzange 272, 273
Nagelklaue 199
Nagellack 272
Nagellackentferner 272
Nagelpistole 199
Nagelschere 272, 273
Nageltreiber 199
Nagelzange 272
Nagetiere 33
Nähen 381
Nähmaschine 381
Naht 251, 389, 415
Naked Bike 524
Name des Inhabers 333
Namibia 328
Napfkuchen 236
Narbe 71
Nase 12, 20, 26, 29, 31, 32, 33, 40, 74
Nasen-Peitschennatter 38
Nasenbein 88, 89
Nasenerker 441
Nasenloch 26
Nasenmuskel 80
Nasenrücken 20, 26
Nasenspray 120
Nashi-Birne 224
Nashorn 16
Nashornkäfer 53
Naturreis 222
Nauru 331
Navigationstasten 484
Nebel 572
Nebelscheinwerfer 503
Nebengriff 336
Nebenhoden 101
Nebenniere 101, 104
Nebenschlot 581
Nebenzugring 337
Neigungseinstellknopf 378
Nektarine 229
Nelke 231
Neonatologin 115
Neonröhre 177
Nepal 323
Neptun 579
Nerv 90
Nervenendigung 81
Nervensystem 96, 97, 98
Nervenzelle 81
Netz 390, 394, 396, 399, 400, 403
Netzhaut 107
Netzschalter 149, 151, 155, 175
Netzstrumpfhose 256
Netzteilkühler 479
Netzteilschalter 479
Netzwerkadapteranschluss 479
Netzwerkkabel 487
Neuflügler 59
Neugeborenen-Intensivstation 115
Neugeborenes 115
Neuntöter 47
Neuseeland 331
Neutralleiter 178
Nicaragua 329
nicht wärmeleitende Spitze 275
nichtbewegliche C-Bogen-Spurstange 108
Nickhaut 29
Niederlande 325
Niederschlag 572
Niederschlagsmenge 573
Niederzieher der Unterlippe 80
Niere 104, 204
Nierenarterie 92, 101
Niereneintrittspforte 101
Nierenschale 116
Nierenvene 93, 101
Niger 328
Nigeria 328
Nordamerika 328
Nordkorea 323
Nordmanntanne 69
Nordpol 580
Norwegen 326
Norwegische Waldkatze 30
Notausgang 321
Notenlinien 364
Notenschlüssel 364
Notenständer 366, 367
Notenzeichen 364
Notizenständer 576
Notlichtanzeige 507
Notregulierung 441
Notruftelefon 321
Nudelholz 163
Nukleolus 10
Nüsse 221
Nussknacker 163
Nüster 11
Nut 198
Nutzlast 585
Nymphensittich 48

O

Oberarm 20
Oberarmknochen 82, 84
Oberarmkopf 83, 84
Oberarmmuskel 78
Oberarmspeichenmuskel 78, 79
Oberbekleidung 245
Oberbügel 374
Oberdeck 526
obere (kraniale) Gekrösevene 93
obere Hohlvene 93, 94
obere Hohlvene 95
obere Klinge 597
obere Mesenterialarterie 92
obere Platte 173, 366
oberer gerader Muskel 107
oberer Holm 408
oberer knöcherner Bodengang 106
oberer Mantel 581
oberer Querlenker 501
oberer Träger 567
Oberfläche 413, 418
Oberfläche des Mondes 584
Oberhaut 81
Oberhemd 248
oberirdische Rohrleitung 590
Oberkellner 303
Oberkellner-Theke 303
Oberkeule 206
Oberkiefer 46, 82, 88, 89
Oberlappen 91
Oberlid 29, 107
Oberlippengrübchen 26, 29
Oberschenkel 11, 12, 20, 26
Oberschenkelarterie 92
Oberschenkelbizeps 79
Oberschenkelfaszienspanner 78
Oberschenkelhals 83
Oberschenkelknochen 52, 59, 82
Oberschenkelkopf 83
Oberschenkelmuskulaturtrainer 417
Oberschenkelnerv 98
Oberschenkelvene 93
Oberschlitten-Handrad 597
Oberschwanzdecken 46
Oberschwelle 184
Oberteil 253, 254
Oberteil mit Dreiviertelarm 255
Objektiv 472, 486
Objektive 577
Objektivrevolver 577
Oboe 373
Observatorium 582
Obst 224, 225, 226, 227, 228, 229
Obst und Gemüse 63, 292
Obstschale 134
Ofen 146, 149
Ofenregelknopf 149
offener Ringschlüssel 195
offenes Feuer untersagt 320
offenes Rasiermesser 275
Offroad Inline-Skates 425
Offshore-Ölfeld 593
Ohr 12, 20, 26, 29, 31, 32, 33, 74, 76, 106
Ohrenschützer 598
Ohrenthermometer 118
Ohrgehänge 267
Ohrmuschel 106
Ohrregion 46
Ohrring mit Schraubverschluss 267
Ohrringe 267
Ohrstecker 267
Ohrstöpsel 598
Ohrwurm 59
Okraschote 216
Oktaeder 571
Oktan 592
Oktavklappen 372
Oktopus 45
Okular 472, 577, 582
Öl 591, 592, 593
Öl oder Gas 593
Öl- oder Acrylfarbe 378
Öl- und Gaserzeugungsschemata 593
Öl-und Gasfeld Nahansicht 592
Öl-und-Gasfeld 592
Ölbohrinsel 589
Öle 233
Ölfilter 510
Olivenöl 233
Ölpastell 379
Ölsardine 213
Öltank 590
Öltanklager 590
Ölwarnleuchte 507
Oman 323
On-Deck Circle 392
Onyx 269
Oolong-Tee 223
OP-Hose 122
OP-Kittel 122
OP-Leuchte 116, 121
OP-Schwester 110
OP-Stuhl 121
OP-Tisch 110, 121
Opal 269
Operationsabdecktuch 108
Operationsmaske 110, 121, 122
Operationsraum 110
Operationsschwester 108
Operationstuch 110
Opernglas 265
Opossum 32
opponierbare Finger 32
opponierbarer Daumen 40
Orang-Utan 41
Orangensaft 240
Orangenschäler 159
Orbit 579
Orbiter 583
Orchestergraben 360
Orchidee 72
Ordner 492, 493
Ordnerdeckel 493
Oregano 221
organisch reichhaltiger Schlamm 593
Ornamente 364
Öse 182
Öse für Tragriemen 486
Ösenvorhänge 182
Österreich 325
Osttimor 324
Otoskop 119
Otter 23
Ottomane 172
Ovalschliff 268
Overall 252

Oxidationsmittel 319

P

Paar 470
Paarungsadapter 583
Pad 447
Paddel 433, 434
Pakistan 323
Palau 331
Palette 293, 378
Palettenhubwagen 293
Palme 68
Panama 329
Panflöte 372
Pannacotta 237
Panzerfaust 336
Panzerturm 339
Panzerung 339, 340, 531
Papagei 181
Papaya 224
Papier 476, 492
Papier-Einkaufstüte 293
Papierfach 480
Papierführung 490
Papierhandtuchrolle 418
Papierkorb 417, 418, 490
Papierprodukte 488
Papierrolle 483
Papierschneidemaschine 490
Papiertuch 417
Papierzufuhrtisch 490
Papillarmuskel 95
Paprikapulver 231
Paprikaschote 217
Papua-Neuguinea 331
PAR-Scheinwerfer 352
parabolischer Reflektor 582
Paraguay 330
Parallelogramm 569
Parameterfelder 112
Paranuss 221
Paravent 111
Parfüm 297
Park 289
Parkett 362
Parkplatz 286, 317, 538
Parmesan 211
Passagier 541, 543, 544, 562
Passagierschiffe 562
Passagierterminal 538
Passepartout 378
passierte Tomaten 232
Pasta 234
Pastellkreiden 378
Pastete 204
Pastinak 218
Patient 110, 114
Patientenanschlussleiste 112
Patientenkabel 112
Patientenmonitor 110, 112
Patisson 216
Patrone 335
Patronenhülse 334, 335
Patrouillenboot 349
Pausche 409
Pausenzeichen 364
Pavian 40
Pavillion 190
PC mit Bilderfassungs-
hardware 109
Pechnase 385
Pedal 419, 427, 452
Pedalkasten 367
Pedicellus 55
Pedipalpus 52
Peelinghandschuh 279
Peep-Toe-Schuh 261
Peeptoe Ballerinas 261
Peeptoe Stiefelette 261
Pekannuss 221
Pelikan 51
Pendelsprenkler 193
Pendlerzug 549
Penis 76, 101
Peniseichel 101
Penne 234
Penthaus 289
Penthouse 132
Pepino 228
Peristyl 384
Perlgraupen 222
Perlhuhn 205
Perserkatze 30
Personenzüge 552, 553, 554
Peru 330
Pesto 232
Petersilie 220
Pfahlwurzel 66
Pfannenwender 164, 165
Pfau 50
Pfeffermühle 164
Pfeiler 496
Pferd 11, 409
Pferdeanhänger 537
Pferdekopf 590
Pfifferling 230
Pfirsich 229
Pfirsichsaft 240
Pflanze 180
Pflanzen 60, 61, 62, 63,
64, 65, 66, 67, 68,
69, 70, 71, 72, 73
Pflanzen sterben ab, werden
vergraben und verrotten,
Torf wird gebildet 593
Pflanzenzelle 60
Pflanzliche Lebensmittel
214, 215, 216, 217, 218,
219, 220, 221, 222, 223,
224, 225, 226, 227,
228, 229, 230, 231
Pflaster 118
Pflasterstein 127
Pflaume 229
Pfosten 390, 394, 396, 454
Pfosten mit Latte 428, 429
Pfosten mit Stange 429
Pfote 20, 31
Pfund 332
Phalangen 84
Philippinen 323
Physalis 227
Physiotherapeut 113
Pianississimo 365
Piano 365
Pianobar 302
Pianopedal 366, 367
Piccolo 373
Picknickplatz 318
Pickup 517
Pik 470
Pillen 120
Pilot 547
Pilotenkoffer 263
Pilze 230
Piment 231
Pinguin 51
Pinienkern 221
Pinsel 270, 379
Pinsel für loses Puder 271
Pinsetter-Balken 461
Pinzette 122, 271
Pipette 577
Pipettenständer 575
Pistazie 221
Pistole 312, 334, 338
Pistolendüse 193
Pistolengriff 335
Pitcher 393
Pizza 238
Pizzabrett 238
Pizzaschneider 163
Pizzastück 238
Plakatwand 387, 388,
390, 392, 396, 398,
400, 402, 494
Planierraupe 532
Planschbecken 453
Plasmabrücke 60
Plastikdose 166
Plastiktüte 293
Platinring 267
Platte 170
Plattform 162
Plattpfirsich 229
Plattstich 380
Platysma (Hautmuskel) 80
Play-Taste / Pausentaste 485
Pleuelstange 502
Plotter 480
Plumploris 41
Plüschtier 450
Plüschwürfel 450
Pobacke 75, 77
Podest 424
Podium 284, 310, 356, 358
Podiumstisch 310
Pokerkombinationen 470
Pokertisch 469
Polen 326
Polierstange 590
Politik 322, 323, 324,
325, 326, 327, 328,
329, 330, 331
Polizei 312
Polizeiauto 312
Polizeibeamter 312
Polizeihubschrauber 313
Polizeimotorrad 313
Polizistin 530
Polohemd 248, 255
Polster 171
Polygone 569
Pomelo 226
Pommes frites 238
Pompon 262
Pons 97
Pool und Sauna 188, 189
Popcorn 239, 354, 389
Popcornstand 389
Porro-Prisma 472
Portglas 169
Portier 306
Portugal 326
Posaune 371
Positionsmarkierung 375
Post 316
Postamt 289
Postein- und
ausgangsablage 474
Potentiometer 355
Power-LED 355
Powerboot 433
Prämolaren 89
Präzisions-
Schraubendreher 201
Preis pro Liter Kraftstoff 497
Preiselbeere 227
Pressefotograf 391, 396
Pressplattenglas 480
Primaten 40, 41
Primer 335
Prinzessschliff 268
Prisma 571
programmierbare Automatik-
Nähmaschine 596
Programmwahlrad 486
Projektionsraum 355
Projektionswand 310
Projektor 176
Propeller 343, 348
Propellerwelle 350
Prosoma 52
Prostata 101
Protektoren 425
Prothorax 57
Prothoraxschild 54
Protokollanten 437
Psychotherapieraum 117
Publikum 361
Puck 442
Puckrückgabe 465
Pudel 28
Puderdose 270
Puderquaste 270
Puffer 555, 556
Pullover 247, 254
Pullover mit drei Knöpfen 247
Pullover mit
Fledermausärmeln 255
Pullunder 255
Pulmonalklappe 95
Pulverkaffee 223
Puma 20
Pumpe 188
Pümpel 194, 202
Pumps 261
Punchingball 415
Punktaugen 57
Punktdiagramm 570
Punkteanzeige 464
Punktestandanzeige
460, 465, 467
Punktezähler 394, 403
Punktrichter 440
Pupille 107
Puppe 451
Puppenhaus 451
Pürierstab 151
Push-Up-BH und
Höschen 257
Putter 413
Putz 184
Pyjama 257
Pylon 496
Pyramide 571
Pyramidendiagramm 569

Q

Quad (Geländefahrzeug) 523
Quadrat 569
Quadratschüssel 160
Quadratteller 160
Quark 210
Quarterdeck 562
Quarzkristall 269
Quecksilberthermometer 118
Querbalken 454
Querflöte 373
Querfortsatz 86, 87
Querkolon 103
Querlatte 378
Querlenker 501
Querrippe 208
Querschlitten 597
Querschnitt des Gehirns 97
Querschnitt einer Straße 495
Querschnitt eines Molars 90
Querschnitt eines
Steckers 178
Querstabilisator 501
Querstange 515
Quersteg 371
Querstrebe 244
Quetschfuß 177
Queue 463
Quinoa 222
Quirl 165

R

Rachenenge 89
Rad 123, 124, 175, 191,
193, 258, 339, 345,
378, 411, 424, 425, 432,
452, 476, 508, 540
Radar 348, 350
Radarkuppel 342
Radiantschliff 268
Radiator 583
Radicchio 214
Radierer 490
Radieschen 218
Radiologe 108
Radioteleskop 582

Radius 568
Radkappe 508, 513
Radkasten 509
Radmutternschlüssel 499
Radnabe 500, 501, 521
Radsatz 557
Radscheibe 424
Rahmen 145, 196, 265, 399, 419, 420, 421, 425, 427, 448, 452, 545, 586, 594, 597
Rahmenverstrebung 509
Rakete 337, 343
Raketenschacht 348
Rambutan 225
Ramen 234
Rammschutzbügel 312
Rand 368
Randeinlage 374
Rändel 195
Randschild 36
Rasen 127, 130, 184, 404, 412
Rasenmäher 193
Rasierer 274
Rasierpinsel 275
Rasierprodukte 274, 275
Rasierschaum 274
Rasierwasser 274
Rasterbrille 266
Rathaus 289
Rauch- und Wärmeabzug 186
Rauchen verboten 320
Räucherkäse 211
Raucherzone 317
Rauchkammer 554
Rauchschwalbe 48
Rauke 214
Raumanzug 585
Raumschiff 583
Raumsonde 583
Raupenkipper 534
Raupenkran 567
Ravioli 234
Reagenzglas in Halterung 574
Reagenzglas mit Stopfen 574
Reagenzglas-Rührer 577
Reaktorgebäude 588
Reaktornebengebäude 588
Rebhuhn 49
Rebschere 192
Rechenkamm 277
Rechner 483
Rechner mit Druckfunktion 483
rechte Herzkammer 95
rechte Lunge 91
rechte Lungenarterie 95
rechte Lungenvene 94
rechte Lungenvenen 95
rechte Niere 101
Rechteck 569
Rechteckballenpresse 536
rechteckige Maurerkelle 202
rechter Angreifer 394
rechter Hinterspieler 394
rechter Vorhof 95
rechter Winkel 568
rechtes Aufschlagfeld 401
rechtes Blinklicht 507
rechtwinkeliger Quader 571
rechtwinkeliges Dreieck 568
Redner 284
Rednerpult 284, 285, 310
Reduktionsscheibe 590
Reduzierstück des Unterbaus 590
Referee 388
reflektierende Sicherheitsweste 499
Reflektor 340
Reflexhammer 119
Regal 127, 135, 142, 144, 148, 173, 284, 293, 308, 417, 418
Regalbefüller 293
Regalbrett 244
Regale 299, 451
Regen 572
Regenschichtwolke 573
Regenschirm 263
Regenwald 593
Regiestuhl 171
Regisseur 359
Registratur 475
Registrierkasse 304
Reifen 313, 340, 380, 424, 426, 513, 520, 523, 535
Reifenprofil 508
Reifenschaukel 455
Reihe 285
Reihenhaus 286
Reiher 51
Reinigungsbereich 418
Reinigungsgerät 179
Reinigungspinsel 274
Reis 61, 222
Reiseblock 591
Reisebüro 290
Reisebus 526
Reisemotorrad 522
Reisetasche 263
Reisnudeln 234
Reisschale 160
Reiter 429, 430
Reitgerte 431
Reithelm 430, 431
Reithose 430
Reitjacke 430
Reitsport 428, 429, 430, 431
Reitstock 597
Reitstock-Handrad 597
Reitstockpinole 597
Reißleine 432
Reißverschluss 381, 412
Reißzwecke 490
Rektum 103
Remoulade 232
Reneklode 229
Rennen mit Reiter 431
Rennen und Rodeo 431
Rennkatamaran 433
Rennrad 427
Rentier 13
Reprise 365
Reptilien 37, 38
Republik Kongo 328
Resonanzboden 376
Resonator 500
Restaurant 288, 302, 317
Rettungsboot 349, 562, 564, 565
Rettungsfloß 349, 564
Rettungshubschrauber 347
Rettungsring 349, 564
Rettungszeichen 321
Revolver 334
Rezeption 306, 417, 418, 476
Rezeptionist 307
Rhabarber 215
Rheinweinglas 168
Rhomboeder 571
Rhombus 569
Rhythmische Sportgymnastik 410
Rib Eye-Steak 208
Rib Roast 208
Ribosom 10, 60
Richter 406, 414
Richter für künstlerische Darstellung 410
Richtungsangabe 321
Richtungszeichen 558
Ridebecken 368
Riemen 411, 435, 444, 448, 449, 502
Riemenmuskel 79
Riemenscheibe 502
Riesen-Kürbis 217
Riesen-Lebensbaum 69
Rigatoni 234
Rille 413, 461
Rind 18
Rinderbeinscheibe 208
Rinderbraten 208
Rinderbrust 208
Rinderhackfleisch 208
Rinderleber 204
Rinderrücken 208
Rindfleisch 208
Ring 264, 267, 390, 433, 454
Ringe 267, 407
Ringelblume 62
Ringfinger 105
Ringgriff 276
Ringmappe 493
Ringmuskel des Mundes 80
Ringschlüssel 195
Rippe 55, 208, 209, 374, 376
Rippen 82
Rippenbündchen 249
Rippenkotelett 209
Rippenschild 36
Rippenstück 206
Rippung 391
Risotto-Reis 222
Roboterstaubsauger 175
Rochen 43
Rock 253
Roggen 222
Roggenbrot 235
Röhrbein 11, 12
Rohrblattinstrument 372
Röhrchen 372
Röhre 177
Röhrenglocken 369
Röhrenjeans 251
Rohrführung mit Verstellmöglichkeit 408
Rohrgewindeschneider 194
Rohrhalterung 594
Rohrkatze 24
Rohrreinigungsspirale 194
Rohrschlitz 194
Rohrschneider 194
Rohschinken 204
Rollator 124
Rollbahn 539
Rollbahnmarkierung 539
Rolldeckel 162
Rolle 203, 367, 370, 489
Rollengehäuse 473
Rollenhalter 473, 595
Rollenmeißel 591
Roller 525
Rollfeld 539
Rollgabelschlüssel 195
Rollo 182
Rollsitz 420
Rollsport 424, 425
Rollstuhl 123
Rolltor 293
Rolltreppe 355, 542, 548, 558
Rolltreppe nach oben 316
Rolltreppe nach unten 316
Römersalat 214
römisches Amphitheater 385
Röntgenrohr 108
Rose 12, 71
Rosenfenster 382
Rosenkohl 214
Rosenpfeffer 231
Rosette 376
Rosmarin 220
Rostrum 34
Rotbuche 68
Rote Bete 218
rote Johannisbeere 227
rote Kidneybohne 219
Rote Röhrenspinne 52
Rote Waldameise 58
rote Weintraube 227
rote Zwiebel 215
Roteiche 67
roter Apfel 229
Roter Basilikum 221
Roter Brüllaffe 41
roter Chili 216
roter Paprika 217
rotes Blutkörperchen 10
rotes Licht 289
Rotfuchs 24
Rothirsch 15
rotierende Bahn 582
rotierende Kuppel 582
rotinthische Halbsäule 385
Rotkardinal 48
Rotkohl 214
Rotor 587, 588
Rotorblatt 313, 344, 587
Rotornabe 313, 344, 547, 587
Rottweiler 27
Rotwein 241
Rotweinglas 157, 169
Rouge 270
Rouge-Puder 270
Rouletterad 468
Roulettetisch 468
Round Steak 208
Royal Flush 470
Ruanda 328
Rübe 64, 218
Rubin 269
Rückansicht des Gehirns 96
Rücken 11, 12, 20, 26, 31, 46, 75, 77, 159, 206
Rückenlehne 123, 171, 172, 394, 411, 433, 476, 504, 522
Rückenmark 98
Rückenschild 36, 42
Rückenschwimmer-flaggen 438
Rückgabefenster 462
Rückplatte 173
Rucksack 471, 525
Rücksitze 504
Rückspiegel 313, 314, 505, 511, 518, 521, 524, 526, 530, 536
Rückstelltaste Tageskilometerzähler 507
Rücktrittkurbel 426
Rückwärtsschaufel 533
Rückwärtssperrenhebel 473
Rudergerät 416, 420
Rudern 433, 434
Ruhebank 416
Rührbesen 154
Rührschüssel 154, 166
Rumänien 326
Rumpf 11, 75, 77, 313, 342, 343, 344, 433, 435, 562, 563, 565
Rundballenpresse 536
Rundbürste 277
runde Bahn 582
runder Pronator 78
Rundfenster 382
Rundgang 561
Rundstricknagel 380
Rundumleuchte 312, 313, 314, 315, 345, 530, 536
Runflat-Reifen 531
Rüschenbluse 254
Russisch Blau 30
russisches Modul 583
Russland 326
rutschfeste Oberfläche 416, 419, 420, 424
rutschfester Sockel 409
Rutschschutz 471

S

Safran 231
Saftmengenanzeige 151
Sägeblatt 196

Sägen 196
Sagopalme 72
Saiga 17
Saite 374, 375, 376
Saitenhalter 374
Saiteninstrumente 374, 375, 376
Salamander 39
Salami 204
Salat 238
Salatgabel 156, 158
Salatschleuder 167
Salatzange 163
Salbei 220
Salomon-Inseln 331
Salsa 232, 239
Salz- und Pfefferstreuer 304
Sambal Oelek 232
Sambia 328
Samen 224
Samenanlage 71
Samenleiter 101
Samenmantel 225
Sammelstelle 321
Samoa 331
San Marino 326
Sand 180
Sandale mit Keilabsatz 261
Sandblattfeile 273
Sandkasten 127, 130, 453, 456
Sandkorn 592
Sandschicht 495
Sandwich 239
Sandwichtoaster 155
Sänger 353, 359
Sanitärwerkzeug 194
Sanitäter 125, 428
São Tomé und Príncipe 328
Saphir 269
Sartorius 78
Satelliten-TV-Empfänger 176
Satellitenschüssel 133, 288
Satellitenterminal 540
Sattel 409, 419, 427, 430, 431, 452
Sattelauflage 590
Sattelgurt 430, 431
Sattelschlepper mit Schlafkabine 529
Sattelschlepper-Fahrerkabine 528
Satteltasche 522
Saturn 579
Saudi Arabien 323
Sauerampfer 214
Sauerkirsche 229
Sauerrahm 210
Sauerteigbrot 235
Saugnapf 45
Saugrohr 175
Saugschlauch 315
Säule 384
Sauna 189
Saunaeimer 189
Saxhorn 372
Saxophon 372
SB-Bezahlterminal 497
Scanner 541
Scannertechniker 541
Scapus 55
Sceliphron 58
Schach 458
Schachbrett 458
Schachfigur 458
Schachtel 244
Schädel 88
Schädel eines Erwachsenen 88
Schädel eines Kindes 88
Schaf 18
Schaft 199, 200, 276, 335, 336, 351, 380, 413, 434, 472, 492
Schakal 21
Schale 191, 221, 225, 226, 229
Schalenständer 121
Schallbecher 371, 372
Schallbechersteg 371
Schalldämpfer 500, 510, 524
schalldichtes Fenster 311
Schallempfänger 593
Schallloch 374, 376
Schallmesser 577
Schallquelle 593
Schallwand 495
Schallwellen 593
Schalter 178, 381
Schalthebel 426
Schaltknüppel 467, 511, 528
Schaltregler 154, 155, 191
Schaltstelle 551
Schamhügel 74, 76
Schar 351
scharfe Soße 233
Scharfschützengewehr 336
Scharfstellring 472, 486
Scharnierstift 505
Schaubühne 361
Schaufel 192, 444, 449
Schaufelstück 209
Schaukeln 456
Schaukelset 454
Schaukelspielzeug 452
Schaukelstuhl 143, 171
Schaumfestiger 276
Schaumlöffel 165
Schauspieler 361
Schauspielerin 360
Scheck 332
Scheckkarte 333
Scheibe 235
Scheibe zur Einstellung des Jahres 491
Scheibe zur Einstellung des Monats 491
Scheibe zur Einstellung des Tags 491
Scheibenbremse 524
Scheibenwischer 346, 505
Scheibenwischerarm 505
Scheibenwischerblatt 505, 526
Scheidetrichter 574
Scheinwerfer 242, 314, 315, 358, 512, 521, 523, 524, 526, 530, 531, 533, 536, 552, 554, 555, 556
Scheinwerferanzeige 507
Scheinwerferlicht 312
Scheitel 57
Scheitelbein 83, 88
Scheitellappen 97
Schellfisch 43
Schenkel 57, 75, 77, 591
Schere 42, 52, 285, 491
Scherenbein 45
Scherenschwanz-Sergeant 43
Scheuerbürste 179
Schichtwolke 573
Schieberegler 355
Schiebermütze 262
Schiebersperre 490
Schiebetor 562
Schiebetür 531, 557
Schiebetürrinne 557
Schiedsrichter 391, 395, 397, 399, 400, 402, 414, 436, 439, 443
Schiedsrichterbank 443
Schiedsrichterstuhl 398
Schienbein 52, 59, 82, 84
Schiene 57, 472
Schienen 552
schienengleicher, gesicherter Bahnübergang 551
Schienentransport 548, 549, 550, 551, 552, 553, 554, 555, 556, 557, 558, 559
Schießscharte 531
Schiffe und sonstige Wasserfahrzeuge 562, 563, 564, 565
Schiffskörper 348
Schiffspropeller 350
Schiffsrumpf 350
Schilddrüse 104
Schilder und Piktogramme 316, 317, 318, 319, 320, 321
Schildknorpel 91
Schildkröten 36
Schimpanse 40
Schinkenmesser 159
Schirm 598
Schirmfedern 46
Schirmstange 263
Schläfe 76
Schläfenbein 82, 88
Schläfenmuskel 80
Schlafsack 471
Schlafzimmer 128
Schlagbrett 375
Schlägel 370
Schläger 399, 401, 402
Schlägertasche 398
Schlagfell 368
Schlaginstrumente 368, 369, 370
Schlagmal 393
Schlagmann 393
Schlagsahne 210, 237
Schlagzeug 353, 357, 368
Schlagzeuger 353
Schlangen 38
Schlangenbohrer 198
Schlankmuskel 79
Schlauch 175, 202, 441, 497
Schlauchhaspel 193
Schlaufe 435
Schlaufenvorhang 183
Schleierwolke 573
Schleifrad 596
Schlepper 560, 564
Schließfach 292, 418
Schlitten 445, 597
Schlittenglocke 369
Schlittenrad 597
Schlittschuhe 444
Schlitz 153
Schloss 418
Schlüsselbein 82, 84
Schlüsselbeinarterie 92
Schlüsselbeinvene 93
Schlüsselkasten 307
schmal geschnittene Hose 251
Schmeißfliege 58
Schmetterlinge und Falter 54
Schmiedeeisen-gardinenstange 182
Schmiermittel-Spray 201
Schminkspiegel 511
Schminktisch 170
Schmuck 267, 268, 269
Schnalle 246, 312
Schnauze 20, 26, 29, 31, 40, 43
Schnecke 106, 212, 374
Schnee 572
Schneeleopard 22
Schneide 159, 445
Schneidekopf 483
Schneidemesser 489
Schneidezähne 89
Schneidwerk 537
Schnellstraße 494, 495
Schnittlauch 215
Schnitzmesser 159
Schnorchel 441
Schnürhacken 445
Schnurrhaare 20, 33
Schnurrollenmutter 473
Schnürschuh 260
Schnürsenkel 260, 444, 445
Schnürung 389, 415, 425
Schokoladensauce 237
Schokoladentorte 236
Schöpfkelle 165
Schornstein 554
Schrägbank 416, 421
Schräge 118
schräge Oberseite 284
Schrank 147
Schränke 126
Schranke 551
Schrankwand 173
Schraube 200, 201, 374
Schraube und Mutter 200
Schraubenschlüssel und Zangen 195
Schraubkopf 200, 201
Schraubstock 201
Schraubzwinge 201
Schreibfläche 489
Schreibtisch 144, 284, 309, 474
Schreibtisch mit Stuhl 144
Schreibtischlampe 309
Schreibtischsessel 309, 311
Schreibtischstuhl 474, 475
Schreibwaren 285
Schrotflintenpatrone 472
Schrumpffolie-Verpackungsmaschine 595
Schrumpffolienrolle 595
Schrumpfkammer 595
Schublade 144, 145, 148, 173, 244, 475
Schublade für Accessoires 244
Schuh 372
Schuhe 244, 260, 261
Schuhherstellungs-maschine 596
Schuhregal 244, 460
Schuhverleihschalter 460
Schulbank 283
Schüler 282
Schulklassenzimmer 282
Schultafel 282
Schulter 11, 12, 20, 26, 29, 31, 46, 74, 76, 84, 206, 207, 209
Schulterblatt 75, 77, 82, 83, 84, 207
Schulterdach 83
Schulterfedern 46
Schultergräte 83
Schulterträger 257
Schuppe 36, 213
Schuppennaht 88
Schürze 597
Schüssel 151, 154, 162
Schutzbrille 432, 599
Schützenpanzer 339
Schutzgeländer 348, 494
Schutzgitter 175
Schutzglas 198
Schutzhaube 196
Schutzhelm 432, 444, 495, 598
Schutzkäfig 404
Schutzkleidung 314
Schutzkleidung benutzen 319
Schutzkuppel 466
Schutzschicht 585
Schutzschild 340
Schutzschuhe benutzen 319
Schutzvorrichtung 536
Schwalbenschwanz-Puppe 54
Schwalbenschwanz-Raupe 54
Schwan 51
Schwanenhals 310
Schwanz 11, 12, 20, 26, 29, 31, 33, 213
Schwanzflosse 34, 43, 213

Schwanzschild 36
Schwanzstiel 34
Schwanzwurzel 20
Schwarze Bohnen 219
schwarze Johannisbeere 227
schwarze Oliven 216
Schwarze Witwe 52
schwarzer Pfeffer 231
schwarzer Senf 231
schwarzer Tee 223
Schwarzerle 66
Schwarzes Brett 283
schwarzes Feld 458
Schwarzkopfmeise 48
Schwarzrettich 218
Schwebebalken 406, 409
Schweden 326
Schweifhuhn 50
Schweifrübe 11
Schwein 18
Schweinebraten 207
Schweinefleisch 207
Schweinekotelett 207
Schweinerippchen 207
Schweinesteak 207
Schweinsfilet 207
Schweinshachse 207
Schweiz 326
Schwelle 549
Schwenkarm 154
Schwenkring 591
Schwenktür 180
schwerer Panzer 339
Schwermaschinen 532, 533, 534, 535
Schwertfarn 73
Schwertfisch 44
Schwertwal 34
Schwester 280
Schwierigkeitsrichter 410
Schwimmbad 286
Schwimmbahn 438
Schwimmbecken 188, 456
Schwimmbereich 318
Schwimmbrille 439
Schwimmdach 590
Schwimmen 438, 439
Schwimmer 473
Schwimmkopf 274
Schwimmkran 564
Schwimmleine 438
Schwimmreifen 188
Schwimmrichter 438
Schwingbalken 590
Schwungfunktions-schalter 175
Sclussleuchte 520
Sechsaugenspinne 52
Sechskantmutter 509
Sechzehntelnote 364
Sechzehntelpause 364
Second Base 393
Seebär 25
Seelöwe 25
Seeschwalbe 51
Seetransport 560, 561, 562, 563, 564, 565
Seezunge 43
Segel 435
Segelboot 435
Segelfalter 56
Segment 568
Segmentpunktzahl 464
Sehnerv 107
Sehrohr 339, 348
Seidenspinner 56
Seifenschale 139
Seil 414
Seilbahn 566
Seilspule 439
Seilverspannung 414
Seitelinie für Einzelspiele 398, 400
Seitenabzug 519
Seitenansicht des Gehirns 97
Seitenansicht eines Mehrzweck-hubschraubers 344
Seitenfenster 344, 346, 556
Seitenleuchte 125
Seitenlinie 213, 387, 391, 395, 396
Seitenlinie Doppel 398, 400
Seitenöffnung 496
Seitenplatte 173
Seitenspiegel 125, 341, 512, 531
Seitensteg 265
Seitentrenner 488
Seitentür 125
seitlicher Gelenkhöcker 83
seitlicher knöcherner Bodengang 106
seitlicher Oberschenkel-gelenkknorren 83
seitlicher Schneidezahn 89
Seitpferd 406, 409
Sektglas 157, 168
Sektor 568
Sektschale 168
Sekundenzeiger 264
Sellerie 215
Senegal 328
Senf 232, 238
Septum pellucidum 97
Sequenztasten 366
Serbien 326
Servicemodul 585
Servierlöffel 164
Servierplatte 161
Servierwagen 302
Serviette 157
Serviettenhalter 301, 304, 305
Serviettenring 158
Sesamöl 233
Sessel 135, 306, 476
Seychellen 328
Sforzando 365
Shampoo 138, 276, 297
Sherryglas 168
Shiitake 230
Siamkatze 30
Siberian Husky 27
Sicherheit 598, 599
Sicherheitnetz 393
Sicherheitsbeauftragter 545
Sicherheitscode 333
Sicherheitsdienst-mitarbeiter 541
Sicherheitsgeländer 145
Sicherheitsgriff 193
Sicherheitsgurt 258, 346, 504
Sicherheitsgurtanzeiger 506
Sicherheitsgurt-befestigung 346
Sicherheitshebel 337
Sicherheitslinie 559
Sicherheitsnadel 381
Sicherheitsschere 272
Sicherheitsschleuse 541
Sicherheitsschloss und Feuerhebel 335
Sicherheitsschuh 598
Sicherheitsschuhe 495
Sicherheitsverriegelung 151
Sicherheitswachmann 292
Sicherheitswerkbank 576
Sicherrungsscheibe 200
Sicherung 472
Sicherungsflügel 334
Sichtfenster 152, 153
Sieb 151, 167
Sieblöffel 165
Siegelring 267
Sierra Leone 328
Sigmoid 103
Signalhorn 371
Signalmast 550
Signalstreifen 314
Simbabwe 327
Simultandolmetscher-kabine 311
Singapur 323
Sinnesorgane 105, 106, 107
Siphon 45
Sirloin-Steak 208
Sirup 120
Sitz 123, 144, 171, 189, 284, 313, 346, 354, 362, 394, 411, 421, 430, 431, 433, 434, 452, 453, 454, 467, 471, 476, 504, 520, 523, 524, 528
Sitzbank 189, 190, 287, 290, 298, 303, 305, 504
Sitzbein 83
Sitzeinstellung 504
Sitzerhöhung 498
Sitzkissen 127, 135
Sitzpolster 172
Sitzstange 181
Skala 366, 506
Skalpell 122
Skateboard 424
Skateboarding 424
Skelett 82, 83, 84, 85, 86, 87, 88
Skelettbürste 277
Ski 449
Ski Alpin 448, 449
Skibrille 448
Skiende 449
Skiläufer 448
Skip 446
Skischuhe 448
Skistöcke 449
Skiträger 498
Skorpion 52
Skript 358
Slider 432
Slip Joint-Zange 195
Slowakei 326
Slowenien 326
Smaragd 269
Smaragdschliff 268
Smartphone 481
Snare 368
Sneaker Socke 256
Snookertisch 463
Snowboard 449
Sockel 289, 408, 409, 415
Socken 249
Sofa 127, 306
Sofas 172
Sohle 249, 260, 413, 445
Sohn 280
Sojabohnen 219
Sojamilch 211
Sojaöl 233
Sojasoße 233
Solarmodul 131, 288
Solarpanel 583
Solarschirm 585
Solarzelle 586
Soldat 338
Soldat der Spezialeinsatzkräfte 338
Solitär-Ring 267
Somalia 328
Sommer 580
Sommersonnenwende 580
Sonne 578, 580
Sonnenbank 423
Sonnenblende 511
Sonnenblendschutz 498
Sonnenblumenkerne 235
Sonnenblumenöl 233
Sonnenbrille 265
Sonnenbrillen-Clip 265
Sonnendeck 563
Sonnenhut 262
Sonnenkollektor 586
Sonnenrollos 498
Sonnenschirm 389
Sonnensegel 585
Sonnensystem 578
Sonnenterasse 188
Soziushaltegriff 522
Soziussitz 522
Soziustrittbrett 522
Spachtel 202
Spaghetti 234
Spaghettiheber 164, 165
Spalte 226
Spanfangbehälter 597
Spanien 326
Spannfutter 597
Spannschraube 370
Spannseil 408
Spannungsprüfer 197
Spannvorrichtung 491
Spargel 215
späte Traubenkirsche 229
Spatel 576
Spaten 192
Specht 48
Speck 204
Speer 405
Speerwurf 404
Speiche 82, 85, 426
Speichenarterie 92
Speichennerv 98
Speicherkarte 481
Speisegabel 156, 158
Speisemesser 157, 158
Speiseröhre 102
Speisesaal 303
Speisesalz 231
Speiseteller 161
Speisezwiebel 215
Spenzer 254
Sperling 49
Sperrbereichbogen 390
Sperrventil 594
Spiccato 365
Spickmesser 159
Spiegel 139, 244, 270, 296, 308, 416, 577
Spielchip 468
Spiele 458, 459, 460, 461, 462, 463, 464, 465, 466, 467, 468, 469, 470
Spiele mit Schlägern 398, 399, 400, 401, 402, 403
Spielecontroller 479
Spieler 387, 389, 391, 392, 397, 399, 403, 443, 466
Spieler auf der Strafbank 442
Spielerbank 394, 399, 400
Spielfeld 465, 468
Spielfeldeingang 386, 392
Spielfeldlinie 400
Spielkarten 470
Spielkartenfarben 470
Spielteppich 259
Spielzeug 141, 142, 259, 450, 451, 452
Spielzeugfeuerwehrauto 451
Spielzeuggeschäft 291
Spielzeugzug 451
Spieß 164
Spikulen 578
Spinalnerven 98
Spinat 214
Spind 417
Spindel 594, 597
Spindel-Handrad 597
Spindelstock 597
Spinnengerbera 72
Spinnentiere 52
Spiral-Schraubendreher 201
Spiralbohrer 198
Spiralheftung 488
Spiralnagel 200
Spirituosenflasche 301
Spitzahorn 68
Spitzbogenfenster 382
Spitze 159, 197, 198,

200, 201, 249, 374, 380, 399, 413, 444, 448, 449, 459, 492
spitzer Winkel 568
Spitzhacke 192
Spoonula 165
Sport-BH 257
Sportanzug 245
Sportflasche 394
Sportgeschäft 290
sportlich 281
Sportmedizin und Rehabilitationseinrichtung 113
Sportmotorrad 520
Sportshorts 249
Sportwagen 516
Sprechanlage 132
Sprengstoffe 319
Springbrunnen 287
Springer 440, 458
Springmaus 33
Springreiten 428, 429, 430
Springreiten Parcours 429
Spritze 118
Spritzflasche 574
Spritzschutz 341, 441
Spritztülle 163
Sprosse 12, 557
Sprossenwand 416
Sprühflasche 577
Sprungbein 83
Sprungbrett 188, 406, 409, 440
Sprunggelenk 11, 12, 20, 26, 31
Sprunglatte 404
Sprungphase 440
Sprungphasen 440
Sprungständer 404
Sprungtisch 408
Sprungturm 440
Spülbecken 147, 187, 303
Spule 473
Spulnadel 381
Spulrad 381
Spurstange 551
Sri Lanka 323
St. Kitts und Nevis 329
St. Lucia 329
St. Vincent und die Grenadinen 329
Stabchochsprung 404
Stabhochsprung 405
Stabilisator 342
Stachel 52, 57, 374
Stachelbeere 227
stachelige Rückenflosse 213
Stachelschwein 33
Stadion 404
Stadt 282, 283, 284, 285, 286, 287, 288, 289, 290, 291, 292, 293, 294, 295, 296, 297, 298, 299, 300, 301, 302, 303, 304, 305, 306, 307, 308, 309, 310, 311, 312, 313, 314, 315
Stadtbahn 552
Stadtbus 527
Stadtplan 558
Stadtviertel 286, 287, 288, 289
Staffelei 378
stagnierender Meeresboden 593
Stahlbesen 369
Stakkato 365
Stamm 66, 72
Stand 162, 175, 176, 368
Standardrumpfflugzeug 547
Standbein 172, 203, 366, 367, 368, 412, 471
Standbohrmaschine 198
Ständer 198, 415, 586, 597
Standfuß 567, 575
Standmixer 154
Standventilator 175
Stange 12, 201, 466, 471
Stängel 216
Stangen 425
Stangengemüse 215
Stapelstuhl 171
Star 49
Startblock 405, 439
Starter 439
Starthilfekabel 498
Startknopf 174, 466
Starttaste 482
stationäre Front 572
Stationsmodell 573
Stativ 577, 582
Stativ mit Feststellklemmen 574
Staubbeutel 71
Staubecken 586
Staubfaden 71
Staubgefäß 71
Staufach 315
Stausee 586
Steak aus der Flanke 208
Stechmücke 58
Stechpaddel 434
Steckbuchse 487
Steckdose 137, 487
Stecker 178, 484, 514
Steckschlüsselgarnitur 195
Stecksockel 177
Steg 374, 375, 376
Steg-Tonabnehmer 375
Stehlampe 143
Steigbügel 106, 430
Stein 229
Steinfrüchte 229
Steinpilz 230
Steiß 12, 20, 31
Steißbein 82, 86, 87
Stempel 71, 491
Stempelkissen 491
Steppbrett 423
Stepper 419
Sternfrucht 224
Sternum 82
Stethoskop 119
steuerbarer parabolischer Reflektor 582
Steuereinheit 346
Steuerfedern 46
Steuergerät 420
Steuerhaus 564
Steuerknüppel 346, 547
Steuerpaneel 595, 596
Steuerpedal 346
Steuerruder 435
Steuertaste 152
Steuerventil 315
Stich 380
Stichsäge 196
Stickerei 380
Stickmaschine 596
Stiefel 312, 338, 425, 445, 449
Stiefel mit Keilabsatz 261
Stiefelette 261
Stiege 590
Stiel 61, 62, 63, 64, 71, 229, 230
Stielkamm 277
Stielkasserolle 166
Stift 177, 594
stilles Mineralwasser 240
Stimmstift 375
Stimmwirbel 374, 376
Stimmzug 371
Stinktier 23
Stinkwanze 59
Stirn 11, 20, 29, 31, 46, 76
Stirnbein 82, 88
Stirnhaar 11
Stirnmuskel 80
Stock 374
Stoff 263, 380, 381
Stoffschneidemaschine 595
Stop 20, 26
Stopfer 151, 155
Stopfleber 204
Stopplicht 125
Stör 44
Störanzeigeleuchte 506
Storch 49
Stoßdämpfer 508, 523
Stoßdämpfergabel 426
Stößel und Mörser 577
Stoßstange 312, 314, 535
Stoßstangenleiste 512
Stoßstangenverkleidung 503
Strafbank 443
Strahlenkörper 107
Strauch 127
Strauchtomate 216
Strauß 50
Straße 286, 288, 470, 494, 538, 586
Straße in einer Farbe 470
Straßenbahn 553
Straßenbauarbeiter 494, 495
Straßenbelag 495
Straßenbeleuchtung 287
Straßenkreuzung 494
Straßenmarkierung 494
Straßentransport 494, 495, 496, 497, 498, 499, 500, 501, 502, 503, 504, 505, 506, 507, 508, 509, 510, 511, 512, 513, 514, 515, 516, 517, 518, 519, 520, 521, 522, 523, 524, 525, 526, 527, 528, 529, 530, 531
Straßenwalze 533
Streckenanzeige 526, 552
Streifenhyäne 22
Strichcode 240
Stricken 380
Strickleiter 454
Strickmaß 380
Stricknadel 380
Strohhut 262
Stromabnehmer 553, 554
Stromanschluss 479
Stromarmaturen 178
Stromerzeugung 586, 587, 588
Stromkabel 196, 197, 595
Stromschalter 197
Stromversorgungseinheit 487
Stromwerkzeug 197
Struktur des Nervensystems 98
Strumpf 256
Strumpfhose 256, 363
Strumpfwaren 256
Stubenfliege 58
Stubenküken 205
Student 285
Studiogast 357, 359
Stufe 203, 285, 315, 345
Stufenbarren 407, 408
Stufenschlüssel 195
Stuhl 144, 190, 282, 292, 294, 305, 307, 353, 357, 460
Stuhlbein 144
Stuhlschiedsrichter 400
Stulpe 256
stumpfer Winkel 568
Stunden 485
Stundenzeiger 264
Sturmgewehr mit Klappschaft 335
Sturmhaube 338
Sturzbügel 313
Stützbalken 190
Stützbein 590
Stütze 203, 315
Stützgriff 526
Stützmauer 127, 131
Stützpfeiler 382
Stützrollen 421
Stylobat 384
Subdorsallinie 54
Sucherokular 486
Suchfernrohr 582
Suchscheinwerfer 313
Südafrika 328
Südamerika 330
Sudan 328
Südkorea 323
Südpol 580
Südsudan 328
Sulkus 96
Supermarkt 288, 292
Suppenschale 160
Suppentopf 161, 167
Support 597
Surfbrett 435
Surfen und Windsurfen 435
Suriname 330
Süßkartoffel 218
Swasiland 328
Sweatshirt 247
Swimmingpool 562
Synagoge 384
Synthesizer 352, 366
Syrien 323

T

T-Bone-Steak 208
T-Shirt 248, 255
Tablet 296, 478
Tablett 144, 162
Tablette 120
Tachometer 507
Tachonadel 506
Tadschikistan 323
Tafel 284
Tafelwasser 240
Tages- und Gesamtkilometerzähler 506
Tageskilometerzähler 507
Tagliatelle 234
Taille 75, 77
Taillierung 449
Take-Down-Hebel 334
Taktart 364
Taktstrich 364
Tamarinde-Paste 232
Tambour 382
Tamburine 369
Tandemfahrrad 525
Tanker 560
Tankklappe 513
Tankstelle 318, 497
Tankstelle Übersicht 497
Tankstellenangestellter 497
Tansania 328
Tanzfläche 467
Tapete 141
Tapir 14
Tarnuniform 338
Tarsalklaue 57
Tasche 245, 255, 263, 312, 338, 412, 463
Taschen und Accessoires 263, 264
Taschenlampe 471
Taschenmesser 471
Taschenrechner 483
Taschenschirm 263
Taschenuhr 264
Tasse 147, 160, 476
Tasse mit Untertasse 161
Tassenwärmer 150
Tastatur 474, 475, 478, 479, 484
Taste 366, 482, 483
Tastenblock 366
Tastenfeld 482
Tastenklappe 366
Tasthaare 31

Tasthaare an der Schnauze 29
Tauabschirmung 582
Taube 47, 205
Täubling 230
Tauchanzug 441
Tauchen 440
Taucher 441
Taucherausrüstung 441
Taucherbrille 441
Taucherhandschuh 441
Tauchmaskenbefestigung 441
Taumelscheibe 547
Taupunkt 573
Taxistand 317
Tee 413
Tee und Kaffee 223
Teekessel 161, 166
Teelöffel 157, 158
Teich 287
Teichfrosch 39
Teichmolch 39
Teigrad 163
Teigtasche 235
Teilstücke vom Kalb 209
Teilstücke vom Lamm 206
Teilstücke vom Rind 208
Teilstücke vom Schwein 207
Telefon 137, 309, 316, 474, 477, 482
Telefonhörer 482
Telefontisch 170
Teleskop 582
Teleskoplader 536
Teller 449
Teller mit Rand 160
Telson 42, 52
Temperatur 485
Temperaturanzeige 189
Temperaturfühler 575
Temperaturregelung 152
Temperaturregler 174
Temporallappen 97
Tender 554
Tennis 400, 401
Tennisball 401
Tennisplatz 287, 400
Tennisschläger 400
Tennisspieler 401
Tenor Drum 368
Tentakel 45
Tenuto 365
Teppich 136, 141, 143, 259, 309, 354, 407, 410
Teppich- und Fußbodenbürste 175
Teppichmesser 490
Terasse 126, 130
Terassenschirm 126, 130, 471
Terassentisch 170
Tergum 57
Terminplaner 488
Termite 59
Terpentin 379
Terrarium 180
Terrasse 133
Terrassenschirm 133
Tetraeder 571
Textmarker 492
Thailand 324
Thalamus 97
Theater 362, 360, 361, 362
Theke 292, 294
Therapeutennotizen 117
Therapeutenstuhl 117
Therapieliege 117
Thermometer 189
Thermometer mit Fühler 577
Thermoskanne 471
Thermostat 186
Third Base 392
Third Base Trainerbox 392
Thorax 54, 55, 57, 74, 76
Thoraxsegment 54
Thunfisch 44
Thymian 220
Thymus 99
Ticketschalter 457
Tiefdruckgebiet 572
tiefe Wolke 573
tiefe Wolken 573
tiefer Teller 160
tiefes Becken 368
Tiefkühlkost 292
Tieflöffelzylinder 533
Tiefpumpe 590
Tiere 10, 11, 12, 13, 14, 15, 16, 17, 18, 19, 20, 21, 22, 23, 24, 25, 26, 27, 28, 29, 30, 31, 32, 33, 34, 35, 36, 37, 38, 39, 40, 41, 42, 43, 44, 45, 46, 47, 48, 49, 50, 51, 52, 53, 54, 55, 56, 57, 58, 59
Tierische Lebensmittel 204, 205, 206, 207, 208, 209, 210, 211, 212, 213
tierische Zelle 10
Tiger 22
Tigerauge 269
Timer 152
Tintenstrahldrucker 481
Tisch 190, 198, 295, 305, 306, 353, 356, 460
Tisch mit Stühlen 417
Tisch und Stühle 291, 354
Tischaufsteller 298
Tischbein 170, 463
Tischdecke 156
Tischfußball 465
Tischgedeck 156
Tischgrill 153
Tischhockey 466
Tischklammer 577
Tischlerhammer 199
Tischplatte 477
Tischsäge 196
Tischtennis 402, 403
Tischtennisball 402
Tischtennisplatte 403
Tischtennisschläger 402
Tischtennisturnier 402
Tischuhr 475
Toastbrot 235
Toaster 153
Toasterofen 152
Tochter 280
Tofu 211
Togo 328
Toilette 129, 139, 291, 294, 303, 308, 355
Toiletten 316
Toilettenbürste 139, 308
Toilettenpapier 139, 308
Tom-Tom 368
Tomate 64, 216
Tomatenmark 232
Tomatensaft 240
Tomografieraum 109
Tomographieröhre 109
Tonabnehmer 375
Tonart 365
Tonerkartusche 480
Tonga 331
Tonhaltepedal 366, 367
Tonhöhenregler 366
Toningenieur 352
Tonregler 375
Top mit Gummizug im Taillenbereich 255
Topas 269
Topcase 520, 522
Töpfchen 259
Topfdeckel 150
Topfpflanze 290, 306
Topinambur 218
Toplader-Waschmaschine 174
Tops und Jacken 254, 255
Tor 127, 131, 386, 389, 396, 436, 442, 465, 466
Torf wird gestochen, zusammengepresst und erhitzt 593
Torhüter 442
Torhüter-Schutzpolster 442
Torlinie 389, 396, 436, 442
Torpedo 348
Torpedorohr 348
Torraum 396
Torraumlinie 397
Torrichter 436
Torte 236
Tortellini 234
Tortenheber 163
Torus 571
Torwart 386, 397, 437, 465
Totpunkt 597
Touchpad 478
Touchscreen 478, 481
Toupierkamm 277
Tourenfahrrad 525
Tow-in Surfboard 435
Trachealringe 91
Tragarm 108
tragbarer Metall-Detektor 541
Tragegriff 152
Träger 509
trägerloses Kleid 252
Trägerrakete 585
Tragfläche 547
Tragflächenboot 563
Traggerüst> 177
Tragkabel 496
Tragschicht 495
Trainer 386, 391, 394, 396, 406, 414, 437, 440, 442
Trainingsanzug 257
Traktor 537
Trampeltier 17
Tranchiergabel 165
Tränenkarunkel 107
Transitlager 560
Transportband 540, 541
Transportbox 181
Transportflugzeug 343
Transporthubschrauber 347
Trapez 569
Trapez-Baguetteschliff 268
Trapezium 85
Trapezmuskel 78, 79, 80
Traubensaft 240
Travelsystem 258
Traverse 353, 358
Treble 464
Treibholz 180
Treibstofflagertank 588, 594
Tremolo 375
Trenchcoat 245
Trennwand 474, 475
Treppe 126, 316, 392, 400, 407, 410, 414, 424, 548
Treppe zum Sprungbrett 440
Treppen 558
Treppenabsatz 185
Treppeneingang 306
Treppenschliff 268
Treppenstufe 185
Tresen 294, 296, 304
Triangel 369
Tribüne 386, 390, 392, 400
Triebwerk 547
Trikuspidalklappe 95
Triller 364
Trillionschliff 268
Trinidad und Tobago 330
Trinkwasser 318
Trittbrett 125, 522, 523, 530, 533, 536, 547
Trittfläche 430, 431
Trittleiter 203
Trochanter 52, 59
Trockenfrachtschiff 565
Trockner 174
Trommel 174
Trommelfell 106, 370
Trommelstöcke 369
Trompete 371
Tropenfrüchte 224
Tropfenschliff 268
Trüffel 230
Tschad 326
Tschechische Republik 325
Tsetsefliege 58
Tuba 372
Tubus 472
Tulpe 72
Tunesien 328
Tungsten-Halogen-Glühbirne 177
Tunika 254, 255
Tunnel 558
Tüpfelhyäne 22
Tür 137, 148, 149, 152, 174, 244, 294, 311, 312, 313, 315, 341, 348, 418, 505, 513, 519, 530, 531, 547, 553, 566, 582
Türen 285, 293
Türgriff 125, 174, 513
Türkei 326
Türkis 269
Türklingel 126
Turkmenistan 324
Turm 440, 458, 561, 587
Turmalin 269
Turnanzug 363
Turner 406
Turnerin 410
Turngeräte 408
Turnschuh 260
Türscharnier 200
Tuvalu 331

U

U-Bahn-Zug 558
U-Bahnplan 558
U-Bahnstation 558, 558, 559
U-Boot 348
U.S. Labor 583
U.S. Wohnmodul 583
Überbau 589
Überblick der Abflug- und Ankunftsbereiche 544
Überdruckventil 441
übergewichtig 281
überirdische Pipeline 594
Überkniestrumpf 256
Überlaufabfluss 590
Überlaufablass 188
Überspannungsschutz 487
Überwachungskamera 129, 131
Überwurfmutter 371
Ufer 586
Uganda 328
Uhr 417, 474, 548
Uhrband 264
Uhren 264
Ukraine 326
Umkehrschalter 198
Umkleidekabine 298
Umluft 186
Umpire 389, 392
Umschlag 488
umsetzbare Flagge 412
Umstandshose 251
Unbemanntes Kampfflugzeug 343
undurchlässiger Felsen 591
undurchlässiges Gestein 592
Ungarn 325
ungleichschenkelig 568
Universalmessgerät 197
Universalschraubenschlüssel 194
Unreife Beere 63
Unterarm 11, 20, 26, 29, 75, 77

Unterarmgehstütze 123
Unterbau 185
Unterboden 185
Unterbügel 374
Unterdeck 351, 526, 589
untere Hohlvene 93, 94, 101
untere Hohlvene 95
untere Klinge 597
untere Platte 173, 366
unterer Holm 408
unterer Mantel 581
Untergrätenmuskel 79
Untergrundbahn 553
Unterhaut 81
Unterhemd 249
Unterhose 249
Unterkeule 206
Unterkiefer 29, 46, 82, 88, 89
Unterkunft 317
Unterlage 115, 491
Unterlappen 91
Unterlegscheibe 200, 435
Unterlid 29, 107
Unterschale 208
Unterschenkel 11
Unterschrift des Ausstellers 332
Unterschrift des Inhabers 333
Unterschwanzdecken 46
Untersetzungsgetriebe 499
Unterstütungsstruktur 582
Untersuchungsstuhl 114
Unterteiler 488
Unterwäsche und Nachtwäsche 257
Unterwäsche, Bademode und Socken 249
Uranus 578
Uropod 42
Uropoden 42
Uruguay 330
USB-Anschluss 479
USB-Kabel 487
USB-Stick 484
Usbekistan 324

V

V-Ausschnitt 248, 253
V-Motor 524
Vagina 100
Vakuole 60, 81
Vanuatu 331
Vase 160
Vase mit Blumen 309
Vater 280
Vatikanstadt 326
Venezuela 330
Ventilbogen 371
Ventiltaste 371
Venus 579
Veranda 130
Verband 118
Verbandtrommel 115
Verbindungshülse 413
Verbindungsstelle 594
Verbrennung 502
Verdauungssystem 102, 103
Verdeck 258
Verdichtung 502
Verdunster 575
Vereinigte Arabische Emirate 324
Vereinigte Staaten von Amerika 329
Vereinigtes Königreich 326
Vereinte Nationen 331
Verfallsdatum 333
Vergnügungspark 456, 457
Vergnügungsparkbauten 456
Vergrößerungsglas 577
Verkäufer 297, 355, 389
Verkäuferin 293, 294
Verkaufs- und Warenbereich 299
Verkaufsautomat 290
Verkaufsstand 388, 389
Verkehrszeichen 494
verlängertes Rückenmark 96, 97
Verlängerungsleiter 203
Verlobungsring 267
Vermessungsschiff 593
Verriegelungshebel 557
verschiebbares Mittelstück 378
Verschiedene Körpertypen 281
Verschluss 263, 334, 336, 448, 493
Verschlussdeckel 499
Versorgungsstraße 539
Verstärkungsschwelle 598
Versteifungsträger 496
verstellbare Hantel 420
verstellbare Rückenlehne 421
verstellbarer Chirurgenstuhl 110
verstellbarer Hocker 113
verstellbarer Stuhl 116
verstellbares Krankenbett 111
verstellbares Krankenhausbett 112
Verstellschraube 203
Verstimmungspedal 376
Vertikale 424
vertikales Seitenband 394
Vertikalplatte 173
Vertikalruder 348
Verwaltungsgebäude 588
Verwerfung 592, 593
Vestibularnerv 106
Viadukt 496
Vibrafon 369
Vibrissen über den Augen 29
Videokamera 311
Videomonitor 110
Videomonitore 108
Videoüberwachung 318
Vieleckbein 85
Vielfraß 24
Vierkant-Schraubendreher 201
Vierling 470
Vierradroller 124
vierte Offizielle 386
Viertel 260
Viertelnote 364
Viertelpause 364
Viervierteltakt 364
Vietnam 323
Violinschlüssel 364
Visier 335, 472, 599
Vize-Skip 447
Vögel 46, 47, 48, 49, 50, 51
Vogelkäfig 181
Volant 183
Volleyball 394, 394, 395
Volleyballspielfeld 394
Vollkornbrötchen 235
Vollmetallrahmen 445
Vollschliff-Brillant 268
Volta 365
vom Beginn 365
vom Zeichen 365
Vorbühne 360
Vorderansicht der Muskulatur 78
Vorderansicht des Gehirns 96
Vorderansicht des Hubschraubers 345
Vorderansicht des Skeletts 82
Vorderansicht des Verdauungssystems 102
Vorderansicht eines männlichen Körpers 76
Vorderansicht eines weiblichen Körpers 74
Vorderbein 20, 31, 57, 171, 378
Vorderbein zum Greifen 59
Vorderbremse 426
Vorderbremsenkurbel 426
Vorderbrust 54, 59
Vorderdeckel 367
vordere Aufschlaglinie 398
vordere Fontanelle 88
vordere Schienbeinaterie 92
vordere Skibindung 449
vordere Stoßstange 340
Vordereingang 307
vorderer Nasendorn 88
vorderer Schienbeimuskel 78
Vorderflügel 55, 59, 563
Vorderfußgelenk 26
Vordergepäckträger 523
Vordergliedmaße 32, 33
Vorderkeule 206, 208, 209
Vorderkotflügel 521, 523, 524
Vorderkufe 445
Vordermittelfuß 11, 20, 26, 29
Vorderpfote 32, 33
Vorderrad 123
Vorderradgabel 524
Vorderschaft 472
Vorderseite 199, 402
Vordersitze 504
Vorderstoßstange 509, 523
Vordertür 308
Vorderzwiesel 430, 431
Vorgarten 286
Vorhang 136, 143, 182, 183, 298, 309, 540
Vorhänge 183
Vorhangschiene 182
Vorhangstangen 182
vorheriger Titel 485
Vorläutewerk 551
Vorlegelöffel 165
Vorschlaghammer 201
Vorschubhebel 198
Vorschubkasten 597
Vorzeichen 365
Vulkanausbruch 581
vulkanische Bombe 581
Vulva 74

W

Waage 293
Wachmann 290
Wacholder 69
Wacholderbeere 231
Wachsmalstift 379
Wachtel 205
Wachtelbohne 219
Wachtelei 205
Wade 75, 77
Wadenbein 82, 84
Wadenbeinarterie 92
Waffel 237
Waffeleisen 153
Waffen und Munition 334, 335, 336, 337
Wagen 112, 595
Wagenheber 498
Wahlschalter 197
Wahlschalter für Geschwindigkeit 198
Währungsbetrag 332
Wald-Erdbeere 227
Waldhorn 371
Walnuss 221
Walnussöl 233
Walross 25
Wamme 26
Wandaufkleber 140
Wanderdrossel 48
Wanderratte 33
Wanderweg 318
Wandgemälde 306
Wandleuchte 111, 309
Wandschrank 128
Wanduhr 140, 146
Wange 20, 29, 57, 74
Want 435
Wapiti 13
Waran 37
Warenkorb 292
Wärmeplatte 575
Wärmesenke 588
Warmfront 572
Wärmplatte 150
Warmwassersteigleitung 187
Warmwasserzufuhr 187
Warnanzeige 506
Warndreieck 499
Warnkreuz 551
Warnpiktogramme 319
Warnschilder 320
Warnung vor ätzenden und korrosiven Stoffen 320
Warnung vor feuergefährlichen Stoffen 320
Warnung vor gefährlicher elektrischer Spannung 320
Warnung vor giftigen Stoffen 320
Warnung vor magnetischem Feld 320
Warnung vor radioaktiven Stoffen 320
Warnung vor Rutschgefahr 320
Wartezimmer 316
Wartungsarbeiter 290
Warzenfortsatz 88
Warzenfortsatzfontanelle 88
Wasabi 232
Waschbär 23
Waschbecken 139, 308
Wäschekorb 189
Waschlappen 270
Waschmaschine 187
Wasser 591, 592, 593
Wasser und Säfte 240
Wasserbadtopf 166
Wasserball 436
Wasserballspiel 436, 436, 437
Wasserballspieler 436, 437
Wasserbehälter 150, 174
Wassererhitzer 187
Wasserfarbe 378
Wasserfilter 188
Wasserflasche 398, 414, 418
Wasserglas 168
Wassergraben 428, 429
Wasserhahn 138, 139, 147
Wasserhindernis 412
Wasserklappe 371
Wasserkocher 151
Wasserkraftwerk 586
Wasserkühler 477
Wasserleitungen 187
Wasserleitungssystem 187
Wassermelone 65, 228
Wassermengenanzeige 150
Wassermotorsport 433
Wasseroberfläche 440, 589
Wasserpflanzen 73
Wasserpumpenzange mit Rillen-Gleitgelenk 194
Wasserrutsche 456
Wassersäuger 34, 35
Wasserschale 180
Wasserspinne 52
Wassersport 433, 434, 435, 436, 437, 438, 439, 440, 441
Wasserspülung 308
Wasserstoff 592
Wasserturm 550
Wasserwaage 203
Wasserwerfer 315

Wattestäbchen 271
WC 542, 545
WC-Eingang 497
Webcam 478, 482
Wechselstube 316
weibliche Fortpflanzungsorgane 100
weiblicher Körper 74, 75
weibliches Fortpflanzungssystem 100
weibliches Hormonsystem 104
Weiche 551
weiche Kontaktlinse 266
weiche Rückenflosse 213
Weichenantrieb 551
Weinbrandschwenker 169
Weinflaschenverschluss 241
Weinglas 147
Weinregal 301
Weinschrank 146
Weitsprung 405
Weizen 61, 222
Weißbirke 67
Weißbrot 235
weiße Kidneybohne 219
weiße Weintraube 227
weißer Pfeffer 231
weißer Rettich 218
weißer Senf 231
weißer Tee 223
weißes Band 395
weißes Feld 458
Weißkopfseeadler 50
Weißkraut 214
Weißrussland 325
Weißwal 35
Weißwedelhirsch 12
Weißwein 241
Weißweinessig 233
Weißweinglas 157, 168
Wellblechverkleidung 557
Welle 588
Wellenfelder 112
Weltraumforschung 582, 583, 584, 585
Weltraumteleskop 585
Wendelgehäuse 155
Wenderichter 439
Werbetafel 243, 287, 289, 395, 526, 558
Werferplatte 393
Werkzeug 192, 193, 194, 195, 196, 197, 198, 199, 200, 201, 202, 203
Werkzeughalter 597
Wespe 57
Weste 246
Westernsattel 431
Wetterkarte 572
Wettersymbole 573
Wettkampfbecken 438
Wettkampfleiter 410
Wetzstein 159
Weymouth-Kiefer 70
Whirlpool 440
Whisky 241
Whiskyglas 169
Whiteboard 285, 489
Wickelraum 291
Wickeltisch 142, 144
Widerrist 11, 26
Wiedereintrittsraum für ausgeschlossene Spieler 437
Wiederholungen 365
wiederverwendbare Einkaufstüte 293
Wiege 582
Wiener Würstchen 204, 238
WiFi-Zone 318
Wildfleisch 205
Wildkatze 24
Wildreis 222
Wildschwein 18
Wildwasserkajak 433
Wimper 107
Wimpern-Milchling 230
Wimperntusche 271
Wimpernzange 271
Windel 259
Windgeschwindigkeit 573
Windkraftanlage 587
Windrichtung 573
Windschutzscheibe 312, 313, 346, 433, 512, 518, 521, 522, 526, 530, 531, 566
Windschutzscheibenwischer 511
Windsurfbrett und Segel 435
Winkel 568
Winkelmaß 202
Winter 580
Wintersonnenwende 580
Wintersport 442, 443, 444, 445, 446, 447, 448, 449
Wipfel 66
Wippe 452, 455
Wirbel 86, 87
Wirbelbogen 87
Wirbelbrett 375
Wirbelkasten 374
Wirbelkörper 87
Wirbelloch 87
Wirbelsäule 82, 86
Wirbelschild 36
Wirsing 214
Wischmopp 179
Wisent 14
WLAN-Router 482
Wochentag 485, 488
Wodka 241
Wohnbauten 184, 185, 186, 187
Wohnblock 132
Wohngebäude 289, 126, 127, 128, 129, 130, 131, 132, 133
Wohngebiet 286
Wohnhochhaus 286
Wohnmobil 518
Wohnmobile und Anhänger 518
Wohnzimmer 127, 134
Wohnzimmertisch 127, 134, 170
Woilach 430, 431
Wok 167
Wolf 21
Wolfskralle 20
Wolkenkodifizierung 573
Wolkenkratzer 288
Wollmantel 250
Wrap 239
Wundsalbe 120
Würfel 450, 459, 571
Würfelbein 84
Würfelschneider 162
Wurmfortsatz 102
Wurzelgemüse 218
Wurzelhals 64
Wurzelhaut 90
Wurzelkanal 90
Wurzelspitze 90
Wurzelspitzenöffnung 90
Würzsaucen und Essige 232, 233
Wüsten-Hornviper 38

X

Xylophon 369

Y

Yogamatte 423

Z

Zahlungsbeleg 333
Zahlungsempfänger 332
Zahn 276
zahnärztlicher Raum 116
Zahnarztstuhl 116
Zahnbürste 139, 278
Zahnbürstenhalter 139
Zähne und Schädel 89
Zahnfleisch 89, 90
Zahnfleischstimulator 278
Zahnmark 90
Zahnpasta 278
Zahnpflege 278
Zahnpinzette 116
Zahnschmelz 90
Zahnseide 278
Zahnzement 90
Zäpfchen 120
Zapfpistole 497
Zapfsäule 497
Zapfsäulennummer 497
Zaun 126, 130, 456
Zebra 17
Zecke 52
Zeh 74, 76
Zehblock 366
Zehe 20, 26, 29, 31, 33, 46, 215
Zehennagelschere 272
Zehenschützer 598
Zehenspitze 260
Zeichenwinkel 490
Zeigefinger 105
Zeigertasten 366
Zeitnehmer 397, 414, 437, 439
Zeitschaltuhr 148
Zeitschrift 134
Zeitschriftenständer 292, 307
Zeitung 306, 309
Zeitungen und Zeitschriften 292
Zeitungskiosk 291, 549
Zelle 55
Zellen 81
Zellkern 10, 60, 81
Zellkörper 81
Zellmembran 10
Zellwand 60
Zelt 338, 471
Zeltwand 471
Zentralafrikanische Republik 326
zentrale Klimaanlage 186
zentrales Anspielkreis 465
zentrales Scharfstellrad 472
Zentrifugenmodul 583
Zentriol 10, 81
zerkleinerte Nüsse 237
Ziege 14
Ziegel 384
Ziegenkäse 211
Ziegenmilch 210
Zielfernrohr 336, 472
Ziellinie 404
Ziergitter 284
Zierleiste 361
Zierpflanze 416
Zierstein 180
Zifferblatt 189, 264, 485
Zimmer 451
Zimmercalla 62
Zimmermannswerkzeug 199
Zimmerpflanze 135
Zimmerpflanzen 72, 73
Zimmerthermostat 186
Zimt 231
Zinnenkranz 385
Zirruswolke 573
Zitronatzitrone 226
Zitrone 226
Zitronenfalter 56
Zitronengras 220
Zitronenlimonade 240
Zitrusfrüchte 226
Zollbeamter 545
Zollgebäude 561
Zoomtaste 486
Zubehörschuh 486
Zubehörteile und Kabel 487
Zucchini 65, 216
Zucker-Ahorn 67
Zuckermelone 228
Zuckerschale 161
Zufahrtsweg 412
Zug 371, 549, 560
Zug-Stoßvorrichtung 557
Zugantriebsrad 555
Zugauskunftstafel 549
Zugbrücke 385
Zügel 46, 431
Zugset 451
Zugspindel 597
Zuleitungsdraht 177
Zündkerze 509
Zündkerzendichtring 509
Zündkerzengehäuse 509
Zündschloss 511
Zündung 502
Zunge 46, 89, 204, 260, 444, 445
Zungenbein 91
Zurück-Taste 481
Zusatzanzeige 485
zusätzliche Alarmanzeige 125
Zuschauer 242, 359, 429
Zutritt für Unbefugte verboten 320
Zwei Paare 470
Zweiflügler 58
Zweig 66
Zweihalbetakt 364
Zweipersonen-Rallyesimulator 467
Zweipersonen-Schießsimulator 466
zweireihiger Mantel 250
zweiseitig gezahnte Effilierschere 276
Zweisitzer 172
zweite Position 363
zweite Stufe 585
Zweiter 446
zweiter Molar 89
zweiter Prämolar 89
zweiter Schiedsrichter 394
Zweiträgerlaufkran 567
Zweiunddreißigstelnote 364
Zweiunddreißigstelpause 364
Zwerchfell 91
Zwickelsäule 496
Zwiebel 65
Zwiebelgemüse 215
Zwillinge 280
Zwillingswadenmuskel 79
Zwischendeck 589
Zwischenrippennerv 98
Zwischenschiene 551
zwölfte Bundmarkierung 375
Zylinder 275, 334, 502, 554, 571

SPANISCHES REGISTER

A

abadejo 43
abdomen 11, 26, 54, 55, 57, 59, 74, 76
abedul común 67
abeja europea 58
abejorro común 58
abeto del Cáucaso 69
ablandador de carne 164
abrazadera 178, 194, 201, 372
abrelatas 163
abrigo 245
abrigo de doble botonadura 246, 250
abrigo de lana 250
abrigo de plumón 250
ábside 382
abuela 280
abuelo 280
abuelos 280
abuelos y nietos 280
acceso 586
acceso cerrado 320
acceso para personas en sillas de ruedas 318
Accesorios de afeitado 274, 275
Accesorios de automóvil 498
Accesorios eléctricos 178
Accesorios para hombre 267
Accesorios para mascotas 180, 181
Accesorios y cables 487
acedera 214
aceite de ajonjolí 233
aceite de cacahuete 233
aceite de girasol 233
aceite de maíz 233
aceite de nuez 233
aceite de oliva 233
aceite de semillas de calabaza 233
aceite de soja 233
Aceites 233
aceitunas negras 216
aceitunas verdes 216
acelerador 521
acelga 214
acento 365
acerola 229
achicoria roja 214
acondicionador 276
acoplador 557
acordeón 377
acromion 83
Actias luna 56
actor 361
actriz 360
acuarela 378
acuario 180
aderezo francés 232
aderezo italiano 232
admisión 502
aduana 561
aductor largo 78
aductor mayor 79
aerodeslizador 349
Aerófonos de lengüeta libre 377
aerógrafo 379
Aeropuerto 538, 539, 540, 541, 542, 543, 544, 545
aeropuerto 317
aerosol lubricante 201
aerosol nasal 120
afeitadora para hombre 274
Afganistán 322
afiche 355
afinador 374
África 326
agarradera 368
agarre 416, 420, 421, 424, 425, 434, 435, 515, 582
agarre de la gafa de bucear 441
agarre para el pasajero 522
ágata 269
agavilladora 537
agencia de viajes 290
agenda 488
agente de facturación 541
agente de seguridad 545
agentes oxidantes 319
agitador de tubos de ensayo 577
agitador magnético 575
agua 591, 592, 593
agua embotellada 240
agua mineral 240
agua mineral con gas 240
agua potable 318
aguacate 216
aguamarina 269
aguas subterráneas 501
aguijón 52, 57
águila calva 50
aguja 118, 207, 380, 381, 506
aguja circular 380
aguja de ferrocarril 551
aguja de ganchillo 380
aguja de tejer punto 380
aguja hipodérmica 118
agujero 246, 594
agujero apical dental 90
agujero de ventilación 444
agujero para clavija 178
aire acondicionador central 186
aire acondicionador de la habitacion 186
aislante 177, 178, 186, 197
Ajedrez 458
ajo 215
ajuste de altitud 582
ajuste de altura 175, 421
ajuste de azimut 582
ala 54, 57, 262, 342, 343, 432, 547
ala frontal 55
ala inferior 55
ala trasera para volar 59
alacenas 147
alambre de sujeción 177
álamo temblón 67
alarma contra incendio 321
albahaca 220
albahaca morada 221
Albania 325
albardilla 424
albaricoque 229
albatros 51
albornoz 189
alcachofa 215
alcachofa de Jerusalén 218
alcantarillado del edificio 187
alcaparra 220
alcaudón dorsirrojo 47
alce 13
alce americano 13
Alemania 325
alerón 342
alerta de carga del alternador 506
aleta 441
aleta adiposa 213
aleta anal 213
aleta caudal 34, 43, 213
aleta dorsal 34, 213
aleta pectoral 34, 43, 213
aleta pélvica 43, 213
aletas 441
alfarda 185
alfil 458
alfiletero 381
alfombra 136, 141, 143, 309, 354
alfombrilla 308, 498
alfombrilla de baño 138
alfombrilla para el ratón 487
alforfón 222
alforja 522
alianza de boda 267
alicate de unión deslizante 194
alicates ajustables 195
alicates de muela deslizante 195
alicates de punta 201
alicates multiusos 201
alimentador de documentos 482
alimentos de origen animal 204, 205, 206, 207, 208, 209, 210, 211, 212, 213
alimentos de origen vegetal 214, 215, 216, 217, 218, 219, 220, 221, 222, 223, 224, 225, 226, 227, 228, 229, 230, 231
alimentos procesados 232, 233, 234, 235, 236, 237
alioli 232
aliso negro 66
alitas de pollo 205
almacén 287, 293, 302
almacén de productos en tránsito 560
almacenamiento de ropa 244
almeja 212
almena 385
almendra 221
almohada 113, 137, 140, 143, 145
almohadilla 203, 447
almohadilla carpiana 26
almohadilla de tinta 491
almohadilla para aplicar maquillaje 270
almohadillas de frenos 500
alquiler de coches 317
altamente tóxico 319
altavoces 352
altavoz 410, 484, 505, 528
alteraciones 365
alto voltaje 320
altocúmulos 573
altoestratos 573
altura de la base nubosa 573
alubia flageolet 219
alubias negras 219
alubias rojas 219
alza de mira 335
alza de mira mecánico 336
alza de mira óptico 336, 472
alza de mira trasera 334
amaranto 222
amarilis 71
amatista 269
ambulancia 125, 531
ametrallador 341
ametralladora 340, 348
ametralladora ligera 335
amolador 596
amortiguador 415, 501, 508, 523
amplificador de guitarra 376
ampolla de vidrio 120
anca 20, 31
ancla 348, 350, 351, 565
ancóneo 79
andadera 124
andamiaje 242, 353
andén 548, 559
Andorra 325
anestesista 110
Anfibios 39
anfiteatro romano 385
angiógrafo 108
Angola 326
ángulo 568
ángulo agudo 568
ángulo obtuso 568
ángulo recto 568
anilla 182, 264, 390, 433, 454
anilla colgante 181
anilla de tiro principal 337
anilla de tiro secundaria 337
anilla para correa 486
anillas 407
anillo de compromiso 267
anillo de enfoque 472
anillo de graduación 267
anillo de platino 267
anillo de sello 267
anillo de soporte para matraz 576
anillo doble 464
anillo guía 473
anillo para ajustar el enfoque 486
anillo solitario 267
anillo tipo banda 267
anillo triple 464
Anillos 267
anillos traqueales 91
animal de peluche 450
animales 10, 11, 12, 13, 14, 15, 16, 17, 18, 19, 20, 21, 22, 23, 24, 25, 26, 27, 28, 29, 30, 31, 32, 33, 34, 35, 36, 37, 38, 39, 40, 41, 42, 43, 44, 45, 46, 47, 48, 49, 50, 51, 52, 53, 54, 55, 56, 57, 58, 59
ano 102
antebrazo 11, 20, 26, 29, 75, 77
antena 42, 45, 54, 55, 57, 59, 133, 341, 348, 482, 513, 583
antena corta 42
antena de alta ganancia 585
antena parabólica 133, 288
antera 71
Antigua y Barbuda 328
antílope 13
anuncio publicitario 558
anzuelo 473
anzuelo triple 473
anís 220
aorta 94
aorta abdominal 101
aorta torácica 92
aparato de aire acondicionado interior 175
aparato de Golgi 10, 60
aparato para apretar el espiral 491
Aparato reproductor femenino 100
Aparato reproductor masculino 101
Aparatos de gimnasia artística 408
Apatura iris 56
apéndice vermiforme 102
Aphidecta obliterata 53
ápice 55, 90
apio 215
apisonadora 533
apisonadora compacta 532
apófisis articular 87
apófisis espinosa 87
apófisis estiloides 88
apófisis mastoides 88
apófisis transversa 86, 87
apolo 56
apósito adhesivo 118
apoyatura breve 364
apoyatura larga 364
apuntes del terapeuta 117
arabesco en punta 363
Arabia Saudí 323
Arácnidos 52
araña cangrejo 52
araña de agua 52
araña de jardín europea 52

araña disdera 52
arándano agrio 227
arándano azul 227
arándano rojo 227
arandela 200
arandela de cierre 200
árbitro 389, 391, 392, 397, 399, 400, 402, 414, 439
árbitro de campo 389
árbitro de línea 387, 388, 395, 398
árbitro de línea principal 389
árbitro principal 387, 388, 395, 398, 403, 436, 443
árbol de caucho 67
Arboles de hoja grande 66, 67, 68
arbustos 127
arcada 383, 385
arcada central 496
arcada lateral 496
arce azucarero 67
arce de Noruega 68
archivador / fichero 475
archivo 109
Archivo 492, 493
arco 196, 374, 496
arco aórtico 92, 94, 95
arco superciliar 40
arco vertebral 87
ardilla 33
área de alta presión 572
área de baja presión 572
área de campamento 318
área de córner 387
área de equipo 388
área de fumadores 317
área de gol 396
área de jugadores 389
área de limpieza 418
área de llegada 544
área de maniobras 539
área de natación 318
área de penalti 386
área de picnic 318
área de recepción 418
área de salida 542
área de saque 465
área de servicio 497
área de suplentes 397
área de tiro libre 390
área de un círculo 568
área de ventas y mercancías 299
área para cambiar pañales 316
área para fogatas 318
área para perros 318
área pavimentada 127
área residencial 286
arena 180, 385
arenero 127, 130, 453, 456
arenero cubierto 181
Argelia 326
Argentina 330
armadura con bemoles 365
armadura con sostenidos 365
armadura de clave 365
armario 144, 244, 308, 477
armario empotrado 244
armario móvil 576
armario para zapatos 244
armario ropero 173
armarios 128
Armas y munición 334, 335, 336, 337
armazón 427
armazon de carriola 258
Armenia 322
armiño 23
armónica 377
armonio 377
arnés de seguridad 258
aro 276, 370, 374, 376, 380, 390, 430, 431
aro de unión 371
aro para servilleta 158
aros 267
aros de empuje 123
arquitectura 382, 383, 384, 385
arquitrabe 384
arrendajo 46
arroz 61, 222
arroz basmati 222
arroz integral 222
arroz para el risotto 222
arroz salvaje 222
artemisa 220
arteria axilar 92
arteria braquial 92
arteria carótida común 92
arteria dorsal del pie 92
arteria femoral 92
arteria fibular 92
arteria ilíaca común 92, 100
arteria ilíaca interna 92
arteria mesentérica superior 92
arteria pulmonar 92
arteria pulmonar derecha 95
arteria pulmonar izquierda 95
arteria radial 92
arteria renal 92, 101
arteria subclavia 92
arteria tibial anterior 92
arteria ulnar 92
arterias principales 92
artes escénicas 352, 353, 354, 355, 356, 357, 358, 359, 360, 361, 362, 363
artes visuales 378, 379
articulación 505
articulaciones 365
artículos de escritorio 285
artículos de higiene personal 270, 271, 272, 273, 274, 275, 276, 277, 278, 279
artículos de laboratorio 574, 575, 576, 577
Artículos de limpieza 179
artículos domésticos 170, 171, 172, 173, 174, 175, 176, 177, 178, 179, 180, 181, 182, 183
arzón 409
as 470
asa 148, 149, 152, 263, 433, 452, 453, 493
asa de la puerta 174
asa de la tapa 152
asa de transporte 152
asa extensible 263
asado de costilla 208
asado de paleta 209
ascensor 307, 316
asfalto 495
Asia 322
asiento 123, 144, 171, 284, 313, 346, 394, 411, 421, 433, 434, 452, 453, 454, 467, 471, 476, 504, 509, 520, 523, 524, 528, 548
asiento acolchado 172
asiento adaptador para inodoro 259
asiento de pasajero 552, 566
asiento del conductor 522, 552
asiento del pasajero 522, 547
asiento del piloto 547
asiento del rodillo 473
asiento deslizante 420
asiento elevador 498
asientos anatómicos 504
asientos traseros 504
asistente de embarque 543
asistente de ventas 297
asistente del guardarropa 303
aspa 175
aspa del rotor 313
aspersor 193
aspersor de impacto 193
aspersor oscilante 193
aspiradora 175
aspiradora automática 175
aspiradora de mano 175
aspiradora vertical 175
asta 12
astrágalo 83, 84
astronauta 584
Astronomía 578, 579, 580
atacante central 394
atacante derecho 394
atacante izquierdo 394
atenuador 355
aterrizaje lunar 584
ático 132
atlas 83, 86
atlético 281
atletismo 404, 405
atomizador 577
atracciones 456
atril 284, 285, 310, 366, 367, 576
attitude hacia adelante en punta 363
atún 44
auricular 481, 482
auriculares 475, 481, 485
aurícula derecha 95
aurícula izquierda 95
Australia 331
Australia y Oceanía 331
Austria 325
autobús de viaje de dos pisos 527
autobús londinense 526
autobús urbano 527
Autobuses 526, 527
autocar 526
autoclave a vapor 576
autoinyector 120
Autopista 494, 495
avellana 221
avena 222
Aves de corral 205
avestruz 50
avión 351, 540
avión de ataque 342
avión de combate 343
avión de fuselaje ancho 546
avión de pasillo único 547
avión de transporte 343
Aviones 342
aviones de combate no tripulados 343
Aviones y helicópteros 546, 547
avioneta 546
avispa 57
avispa alfarera 58
Avispas e insectos parecidos 57
avispón 58
axila 74, 76
axis 83, 86
axón 81
ayuntamiento 289
azada doble 192
azafata 546
azafrán 231
Azerbaiyán 322
azucarero 161
azul ruso 30
azulejo 138
azulejos 295

B

baca 515
bacalao 43
Backgammon 459
Bádminton 398, 399
bagel 235
baguette 235
Bahamas 328
bajista 353
bajo 353
bajo eléctrico 375
bala 334, 335
balancín 452
balcón 128, 130, 132, 451
baldosa 184
ballena azul 35
ballena jorobada 34
Ballet 363
balón de voleibol playero 395
balón de waterpolo 436
Baloncesto 390, 391
Balonmano 396, 397
balsa salvavidas 349, 564
bálsamo de labios 271
bañador de slip 249
bañador largo 249
banco 189, 190, 287, 290, 298, 355, 418, 559
banco acolchado 172
banco de árbitros 443
banco de descanso 416
banco de ejercicios 421
banco de jugadores 442
banco para abdominales 416, 421
banco para hacer pesas 416
banda 391, 463, 466
banda antideslizante 471
banda de la cabeza 481
banda del sombrero 262
banda lateral de la red 394
banda lubricante 274
banda magnética 333
banda reflectante 314
banda transportadora 292
bandeja 144, 162, 474, 492, 597
bandeja calienta tazas 150
bandeja de goteo 150
bandeja de huevos 148
bandeja de salida 480
bandeja de trabajo 116
bandeja de utensilios 116
bandeja giratoria 148
bandeja inferior 595
bandeja para asados 167
bandeja para papeles 480, 492
bandeja recogemigas 153
Banderas 322, 323, 324, 325, 326, 327, 328, 329, 330, 331
banderas para nadar de espaldas 438
banderín de córner 387
banderín móvil 412
bañera 138, 259, 308
bañera para bebé 259
Bangladesh 322
baño 129, 291, 294, 303, 316
baño completo 128
baño de caballeros 316
baño de espuma 279
baño de invitados 126
baño de señoras 316
baño María eléctrico 576
baños 542, 545
banqueta 303, 305
banquilllo de suplentes 386
banquillo 392, 394, 443
banquillo de jugadores 390, 399, 400
banquillo de piano 367
banquillo de suplentes 394, 397
banquillo del equipo 437
baquetas 369

bar 300, 303, 317
baranda 424, 495
baranda de protección 348
barandal 585
barandilla 127, 290, 292, 494, 535, 555
barandilla de seguridad 145
barandilla del balcón 128, 132
barandillas 439
barbacoa 191
barbacoa de picnic 191
Barbados 328
barbilla 46, 74
barco de servicio 564
barco de sondeo 593
Barcos auxiliares 564
Barcos cargueros y de pesca 565
Barcos de pasajeros 562
Barcos y buques 562, 563, 564, 565
barman 301, 302
barquillo 237
barquillo de helado 237
barra 182, 244, 294, 300, 302, 416
barra alta 408
barra americana 146
barra baja 408
barra cruzada 428
barra de bar 563
barra de control 193
barra de corte 537
barra de cortina 182, 183
barra de cortina de hierro forjado 182
barra de cortina de madera 182
barra de cortina doble 182
barra de cortina metálica 182
barra de dirección 432
barra de equilibrio 406, 409
barra de labios 271
barra de luces 125, 312, 314
barra de madera 408
barra de remolque 519
barra de soporte 422
barra divisoria 364
barra divisoria punteada 364
barra energética 178
barra fija 454
barra para colgar ropa 299
barra parachoques 312, 313
barra pulida 590
barra vertical 175
barras 429
barras asimétricas 407
Barras de cortina 182
barras paralelas 407, 408
barras paralelas asimétricas 408
barrena 198, 591
barrena giratoria 537
barrera 551
barrera de obras 495
barrera de sonido 495
barril 275, 334, 351, 574
báscula digital de cocina 162
base 109, 170, 174, 175, 180, 185, 198, 310, 378, 381, 408, 409, 413, 420, 476, 489, 490, 491, 577, 597
base de altura ajustable 108
base de anillos con abrazaderas 574
base de calefacción 155
base de cartón 488
base de la aguja 118
base de la torre 496
base de madera 402
base del colchón 115
base del reductor 590
base líquida 272
bastidor metálico 445
bastón 263
bastón de cuatro patas 124
bastón de empuñadura curvada 124
bastón Fritz 124
bata quirúrgica 122
batea 116
bateador 393
baterista 353
batería 198, 353, 357, 368, 510
batidor 165
batidora 150
batidora de mano 151
batidora de pie 154
baya 63
baya verde 63
bayán 377
bayas de enebro 231
bazo 99
bebé 280
bebidas 292, 355, 240, 241
Bebidas alcohólicas 241
becuadro 365
Béisbol 392, 393
bejuquilla verde 38
Bélgica 325
Belice 328
beluga 35
bemol 365
beneficiario 332
Benín 326
berenjena 64, 217
bermudas 246
biblioteca 173, 289
bicicleta BMX 525
bicicleta de carreras 427
bicicleta de equilibrio 525
bicicleta de montaña 426, 525
bicicleta de paseo 525
bicicleta estática 419
bicicleta fija 416
bicicleta sin pedales 452
Bicicletas 525
biela 502
biela de empuje 371
Bielorrusia 325
bigote 31
bigotes 20, 33
bigotes mistaciales 29
bigotes superciliares 29
billar 463
billete 332
binoculares 472
binoculares para ópera 265
biombo 111
bisagra 200
bisagra de mueble 200
bisonte 14
bisonte europeo 14
bistec 208
bisturí 122
bizcocho bundt 236
bjuvia 68
blanca 364
blanca del majuelo 56
blanquita de la col 56
blazer clásico 255
blazer corto 254
blindado 340
blindaje 339
bloc del médico 114
bloque de apartamentos 132, 286
bloque de hormigón armado 587
bloque del motor 502
bloque del teclado 366
bloqueo de seguridad y selector de disparos 335
bloques 450
bloques de construcción 451
blusa 254
blusa campesina 254
blusa de manga corta 254
blusa drapeada 254
boa 38
bobina 473
bobina de cuerda 439
boca 31, 32, 34, 36, 40, 74, 334, 376
boca de incendio 315
boca del pozo 590
bocadillo / sándwich 239
bocal 372
bodega 565
body 257, 259
bogavante 42
bogie 556
bol con tapa 160
bol de agua 180
bol de sopa 160
bol mezclador 166
bol para talco 409
bola de billar 463
bola de bolos 461, 462
bola de helado 237
bolero 254
boleto birch 230
Bolivia 330
bollito 238
bolo 462
bolo / boliche 460
bolos 461, 460, 461, 462
bolsa de aseo 279
bolsa de compras reusable 293
bolsa de palos 412
bolsa de palos de golf 411
bolsa de papel para víveres 293
bolsa de plástico 293
bolsa de viaje 263
bolsa y sonda intravenosa 118
bolsas y accesorios 263, 264
bolsillo 245, 246, 251, 255, 263, 312, 338, 412
bolsillo de la puerta 505
bolígrafo 285, 492
bomba 188
bomba aérea 337
bomba de afinación 371
bomba de aire 180
bomba de balancín 590
bomba de baño 279
bomba de gasolina 497
bomba volcánica 581
bombardero 342
bombero 314
Bomberos 314
bombilla de bajo consumo 177
bombilla de luz LED 177
bombilla fluorescente 177
bombilla halógena 177
bombilla halógena de tungsteno 177
bombilla incandescente 177
Bombillas 177
bombo 368, 370
bongos 370
boniato 218
boquilla 202, 203, 371, 372, 413, 441
boquilla de la bomba 497
boquilla de pistola 193
boquilla de vapor 150
Bordado 380
borde 238, 368
borrén trasero 430, 431
Bosnia y Herzegovina 325
bosques tropicales antiguos 593
bota 312, 338, 425, 445, 449
bota con suela de cuña 261
bota de la corona del casco 430
bota de motorista 261
botalón 435
botas de esquí 448
botas de goma 314
botas de seguridad 495, 598
botas de tacón alto con punta abierta 261
botavara 435
bote 147, 237
bote de salsa 305
bote salvavidas 349, 562, 564, 565
botella de agua 394, 398, 414, 418
botella de lavado 574
botella de licor 301
botellero 301
botiquín 139
botiquín de primeros auxilios 499
botón 245, 248, 254, 482, 492
botón anterior 485
botón atrás 481
botón con agujeros 381
botón de ampliar 486
botón de apertura del depósito 175
botón de control 152, 310, 464, 483, 484
botón de cruce de peatones 289
botón de eliminar 486
botón de encendido 174, 274, 278, 423, 471, 478, 479, 481, 482
botón de encendido/apagado 480, 485
botón de enviar fax 482
botón de freno de mano 511
botón de funciones de visualización 486
botón de inicio 466, 481
botón de lectura / pausa 485
botón de llave 372
botón de marcado rápido 482
botón de pulsación (cuarto botón) 371
botón de revisión de imagen 486
botón de vapor 174
botón de volumen 478, 481
botón del ascensor 307
botón del menú 481
botón disparador 486
botón menú 486
botón para abrir la tapa 150, 151
botón para llamar a la enfermera 111
botón para resetear el cuentakilómetros diario 507
botón siguiente 485
botones de control 153, 154, 176
botones de función y subfunción 366
botones de funciones 112
botones de navegación 484
botones del cursor 366
botones para tirar de la cadena 308
Botsuana 326
botín 261
boxeador 414
boxeo 414, 415
bozal 181
bragas 257
bragueta 246
Brahmaea wallichii 56
braquial 78
braquiorradial 78, 79
Brasil 330
brazo 40, 75, 77, 123,

172, 276, 351, 381, 473, 536, 577
brazo auxiliar 108
brazo de control 501
brazo de control superior 501
brazo de grúa 533
brazo multimovimiento 110
brazo oscilante 520
brida 594
Brie 211
brillo de labios 271
británico de pelo corto 29
broca 198, 591
broca de mampostería 198
broca de rodillo cónico 591
broca fresadora 198
brocha 203
brocha de afeitar 275
brocha de maquillaje 270
brocha para polvo suelto 271
brocha para teñir 277
broche a presión 381
brocheta 164
brócoli 63, 215
bronquio principal 91
bronquiolo terminal 91
brotes 219
Brunei 322
buceador 441
Buceo 440, 441
buchaca 463
buey almizclero 14
búfalo 14
búho 49
buje 123
buje del rotor 547
bujía 509
bulbo 177
bulbo de proa 563
buldog 27
Bulgaria 325
bulgur 223
buque carguero 561
buque de carga 565
buque de carga seca 565
buque de patrulla costera 348
buque petrolero 560
Burkina Faso 326
burrito 239
burro 18
Burundi 326
butaca 354, 362
Bután 322
buzón 126
bíceps 78
bíceps femoral 79

C

caballa 43
caballete 378, 427
caballo 11, 409, 458
caballo con arcos 409
cabello 75, 77
cabeza 32, 54, 55, 57, 59, 75, 77, 199, 200, 201, 213, 374, 380, 409, 413
cabeza de la mopa 179
cabeza de palo de golf 413
cabeza del fémur 83
cabeza del húmero 83, 84
cabeza móvil 154
cabezal 150, 155, 159, 274, 381, 590
cabezal de corte 483
cabezal de escaneo 480
cabina 533, 535, 536, 563, 564, 567
cabina de flujo laminar 576
cabina de interpretación simultánea 311
cabina de semirremolque 528
cabina de vuelo 346
cabina del conductor 526, 554, 555, 556
cabina del piloto 342, 344
cable 352, 358, 421, 481, 487, 566, 586
cable aislante colgante 587
cable de alimentación 595
cable de carga 514
cable de fase 178
cable de freno 124
cable de red 487
cable de señal del monitor 487
cable de suspensión 496
cable de tierra 178
cable de tirante 408
cable del auricular 482
cable eléctrico 178, 196, 197, 275, 596
cable flexible 274
cable neutro 178
cable USB 487
cables 112
cables puente 498
Cabo Verde 326
cabra 14
cabra de cachemira 15
cabra salvaje de los Alpes 13
cacahuete 219
cacatúa ninfa 48
cacerola 166
cacerola ovalada 167
cacerola para baño María 166
cactus de barril 72
cadena 264, 415, 427, 454
cadera 26, 75, 77
cadi 412
café 239
café instantáneo 223
café molido 223
cafetera 146, 150
cafetera de goteo 150
cafetera espresso 150
cafetería 286, 291, 294, 317, 542, 549, 559
caimán americano 37
caja 244, 293, 299, 366
caja archivadora 477
caja de documentos 474
caja de humos 554
caja de pedales 367
caja de velocidades 597
caja del bateador 393
caja del carrete 473
caja del coach de primera 393
caja del coach de tercera 392
caja del receptor 393
caja registradora 304
cajas electrónicas 585
cajero 292
cajero automático 291, 318, 332, 559
cajón 144, 145, 148, 173, 244, 475
cajón corredero 244
cajón de accesorios 244
cajón de las verduras de la nevera 148
cajonera 140
cala 62
calabacita 65, 216
calabacín 65, 216, 217
calabaza 217
calabaza buttercup 217
calabaza pattypan 216
calcáneo 83, 84
Calcetería 256
calcetines 249
calcetines hasta la rodilla 256
calcetines por encima de la rodilla 256
calcetines tobilleros 256
calculadora 483
calculadora con función de impresión 483
calculadora de bolsillo 483
caldera 186
calderón 365
Calefacción y refrigeración 186
calefactor 189
calendario 488
caléndula 62
calentador 256
calentador de agua 187
calibrador del freno 521
calibrador digital 202
califórido 58
calle 438
callejón 399, 400
callosidades 34
calzado 260, 261
Calzado de caballero 260
Calzado de señora 261
calzoncillos bóxer 249
calzoncillos de slip 249
calzoncillos largos 249
cama 136, 140, 145, 309
cama regulable de hospital 111, 112
cama solar 423
camachuelo 47
camaleón 37, 180
cámara 242, 402, 443, 486
cámara de reducción 595
cámara de seguridad 129, 131
cámara de televisión 359
cámara de vídeo 242
cámara digital reflex de lente única: vista frontal 486
cámara digital reflex de lente única: vista trasera 486
cámara frigorífica 302
cámara magmática 581
cámara web 478
cámara Web 482
cámara y sensores 343
camarera 295, 300, 303, 304
camarógrafo 358
camarón 42, 212
camarín 528
cambiador 144
cambio de agujas 551
cambio de divisas 316
Camboya 322
camello bactriano 17
Camerún 326
camilla de tratamiento 113
camión 287, 288
camión blindado 531
camión de basura 531
camión de bomberos 530
camión de bomberos de juguete 451
camión de bomberos: vista delantera 314
camión de bomberos: vista trasera 315
camión de reparto 518
camión de volteo 535
camión de volteo: vista inferior 535
camión grúa 567
camión hormigonero 288
camión volteo 529
camión y remolque tándem 529
camioneta 517
camisa con bolsillos 248
camisa con puños 248
camisa de cuadros 248
camisa de manga corta 248
camisa polo de señora 255
Camisas 248
Camisas y chaquetas 254, 255
camiseta 248, 255
camiseta interior 249
camisón 257
campamento en caravana 318
campana 147, 303, 371, 372
campana de humos 576
campanario 382
campanas tubulares 369
campo 412
campo de béisbol 287, 392
Campo de fútbol 386
campo de futbol americano 388
campo de juego 465
campo de vóleibol 394
campo magnético 320
campo petrolero costa afuera 593
campo petrolero y de gas 592
campos de onda 112
campos de parámetro 112
caña 11, 12, 209, 413
caña de mosca 473
caña de pescar 473
Canadá 328
canal 461
canal anal 77
canaleta 188, 597
cancha de bádminton 398
cancha de baloncesto 390
cancha de tenis 287, 400
candelero 157
canela 231
canelones 234
cangrejo 45
canguro 32
caniche 28
canino 89
canoa de carreras 434
canoa para actividades recreativas 434
cañón 334, 335, 336, 339, 472
cañón de agua 315
canónigo 214
cantante 353, 359
cantidad de dinero 332
cantidad de precipitación 573
cantidad de variación barométrica 573
canto 445
cantonera 472
capa aglutinante 495
capa base 495
capa córnea 81
capa de arena 495
capa de ceniza 581
capa de grava 495
capa de lava 581
capa impermeable 592
capa protectora 585
capa translúcida 81
caparazón 36, 42, 45
caperuza 441
capitado 85
capó 512, 518, 531
capota 258, 340
cápsula 120
capullo de flor 62
caqui 225
cara 40, 413
Carabus problematicus 53
caracol 212
carbón 593
carbonero cabecinegro 48
carbono 592
carcasa 590
carcoma 53
cardamomo 231
cardenal 48
cárdigan corto 255

cárdigan de caballero 247
cárdiganlargo 255
carenado 342, 521, 523
carenado de carga 585
careta 599
carga 337, 585
cargador 334, 335, 336, 472
cargador de basura 531
cargador de la ametralladora 341
carne 191
Carne 206, 207, 208, 209
carne asada 208
carne de cerdo 207
carne para guisar 208
carne picada 208
carpa común 43
carpe 67
carpeta 493
carpeta archivadora 476, 477, 493
carpeta colgante 493
carpeta de anillas 492
carpeta de espiral 493
carpeta de gancho 492
carpo 29, 85
Carrera y rodeo 431
carreras de caballos 431
carrete 473
carrete de mosca 473
carrete de pesca 473
carrete portamangueras 193
carretera 286, 288, 494, 538
carretilla para paletas 293
carril de cortinero 182
carrito 112, 302, 306, 595
carrito de equipaje 544
carrito de golf 412
carrito de golf: vista delantera 411
carrito de golf: vista trasera 411
carrito de instrumental 110, 114, 121
carrito de la compra 292
carrito para equipaje 540, 541
carro de golf eléctrico 412
carro móvil de brazo en C 108
carro transversal 597
carrocería 519, 535, 597
carrocería blindada 531
carrusel 455, 457
carril fijo de brazo en C 108
Cartas 470
Cartas de números y cartas de figuras 470
cartel de información 549
cárter 535
cartuchera 335
cartucho 335, 599
cartucho de impresora láser 480
cartucho de tinta de impresora 480
cartucho para escopeta 472
cartucho para rifle 472
cartílago tiroides 91
carúncula lacrimal 107
casa 446
casa adosada 286
casa de ladrillo 184
casa de muñecas 451
casa rodante 518
casa unifamiliar 286
cascabeles 369
cascanueces 163
cáscara 61
cáscara de nuez 221
casco 11, 314, 338, 348, 350, 414, 425, 430, 431, 432, 433, 434, 435, 444, 495, 562, 563, 565, 585
casco de seguridad 598
casilla blanca 459
casilla negra 459
casillero 292
casilleros de llaves 307
casquillo 177
castaña 221
castaño 67
castañuelas 369
castillo 385
catamarán motorizado de carreras 433
catedral 382
caviar 212
Caza 205
cazoleta 335, 336
cebada 61, 222
cebada perlada 222
cebolla 65, 215
cebolla roja 215
cebolleta 215
cebollino 215
cebra 17
cefalotórax 52
cejilla 374, 375, 376
celda 55
celda fotovoltaica 586
celdas de las alas 57
célula vegetal 60
célulaanimal 10
células 81
cemento 90
centeno 222
centrifugador de ensalada 167
centriolo 10, 81
centro 446
centro comercial 287, 290
centro de atención telefónica 475
Centro de conferencias 310, 311
centro de recreación 287
centro urbano 288
cepillo de baño 279
cepillo de cerdas 179
cepillo de dientes 139, 278
cepillo de dientes eléctrico 278
cepillo de limpieza 274
cepillo esqueleto 277
cepillo lavaplatos 164
cepillo para cejas y peine para pestañas 271
cepillo para limpiar el inodoro 139
cepillo para nieve con raspador 498
cepillo para pisos y alfombras 175
cepillo plano 277
cepillo redondo 277
cepillos de batería 369
cerdas 278, 374
cerdo 18
Cerdo 207
Cereales 222, 223
cerebelo 96, 97
cerebro 97, 98
Cerebro 96, 97
cereza 229
cereza ácida 229
cereza negra 229
cerveza 241
césped 127, 130, 184, 404
cesta 124, 258, 292
cesta de instrumental 112
cesta de pelotas 401
cesta para la ropa 189
cesto 411, 452
cesto de basura 290, 483
cesto del filtro 150
Cetonia aurata 53
chacal 21
Chad 326
chaiselongue 172
chaleco 246
chaleco antibalas 338
chaleco reflector 499
chaleco tejido 255
champán 241
champiñón común 230
champiñón marrón 230
champiñón ostra 230
champiñones 230
champú 138, 276, 297
chándal 245, 257
chaqueta 245, 247, 312, 314
chaqueta acolchada 245
chaqueta de montar 430
chaqueta de piel de borrego 250
chaqueta vaquera 250
charcutería 293
Charcutería 204
charles 368
charrán 51
chasis 520, 524, 555
Chateaubriand 208
chef 302
cheque 332
chica 281
chico 281
chifonier 173
Chihuahua 28
Chile 330
chile 64
chile verde largo 216
chiles 216
chimenea 554
chimpancé 40
China 322
chinche roja 59
chinche verde 59
chincheta 490
chip 333
Chipre 326
chirimoya 224
chirivía 218
chocolate fundido 237
chopper 524
chuleta de cerdo 207
chuleta de ternera 209
chuletas de costilla 206
chuletón 208
ciclismo 426, 427
ciclo de un motor de cuatro tiempos 502
ciego 103
cierre 259, 418, 425, 493
Cierres 200
ciervo volante 53
cigüeña 49
cigüeñal 502
cilantro 220
cilindro 275, 334, 371, 502, 571
cilindro de freno 500
cilindro elevador 315
cimientos 185
cincha 430, 431
cine 354
cinta 420, 441, 480
cinta antideslizante 424
cinta blanca 395
cinta correctora 490
cinta de correr 416, 420
cinta de equipaje 544
cinta métrica 203, 381
cinta para caminar 113
cinta para la cabeza 598, 599
cinta transportadora 540, 541
cinta transportadora del equipaje 540
cintura 75, 77, 257
cinturón 246, 312, 338
cinturón de seguridad 346, 504
cinturón lastrado 441
ciprés mediterráneo 70
circuito de frenos 500
circunferencia 568
cirrocúmulos 573
cirroestratos 573
cirros 573
ciruela 229
ciruela claudia 229
cirujano 110, 122
cisne 51
cisterna 530
citoplasma 10, 60
citronela 220
ciudad 282, 283, 284, 285, 286, 287, 288, 289, 290, 291, 292, 293, 294, 295, 296, 297, 298, 299, 300, 301, 302, 303, 304, 305, 306, 307, 308, 309, 310, 311, 312, 313, 314, 315
Ciudad del Vaticano 326
clarinete 373
clarinete bajo 373
clarín 371
clave de do 364
clave de fa 364
clave de sol 364
claves 364
clavija 178, 374, 375, 376
clavija de corriente 487
clavijero 374, 376
clavo 231
clavo común 200
clavo de mampostería 200
clavo espiralado 200
clavícula 82, 84
clementina 226
cliente 290, 292, 294, 295, 297, 389
cliente habitual 300, 303, 305
clip 490
cloroplasto 60
coberteras de la ala grande 46
coberteras de la ala mediana 46
coberteras debajo de la cola 46
coberteras encima de la cola 46
cobertura de mermelada 236
cobra 38
coche 127, 131, 287, 288, 457, 494, 497, 586
coche de policía 312
coche eléctrico 514
cochecito de paseo 258
Coches 498, 499, 500, 501, 502, 503, 504, 505, 506, 507, 508, 509, 510, 511, 512, 513, 514, 515, 516, 517, 518, 519
cocina 126, 302
Cocina 146
cocina de gas 149
cocina eléctrica 149
cóclea 106
coco 221
cocodrilo cubano 37
cóctel 241
codera 425
código de barras 240
código de seguridad 333
codo 11, 12, 20, 26, 31, 75, 77
codorniz 205
cohete potenciador 583, 585
cojín 135
col china 214
col lombarda 214
col rizada 214
col Savoy 214
cola 11, 12, 20, 26, 29, 31, 33, 213, 342, 343, 379, 449, 547

cola de estabilización 342
colador 151, 167
colchón 108, 115, 145
colchoneta 259, 404
colchoneta de yoga 423
colector de admisión 502
colector de gases de escape 500, 509
coles de Bruselas 214
colibrí 48
coliflor 63, 215
colinabo 218
colirrábano 218
collar 181
collarín 416
collie 27
Colombia 330
colon ascendente 103
colon descendente 103
colon sigmoide 103
colon transverso 103
color 470
colorete 270
colorete en polvo 270
columna 384
columna corintia adosada 385
columna de pesas 421
columna dórica adosada 385
columna eruptiva 581
columna jónica adosada 385
columna vertebral 82, 86
columpio de muelle 453
columpio de neumático 455
columpios 454, 456
combinación 429
combustibles fósiles 589, 590, 591, 592, 593, 594
combustión 502
comedor 126, 303
comida rápida y aperitivos 238, 239
comino 231
comisura de los labios 26
Comité Olímpico Internacional 331
Comoras 327
compactación y alteración química de la turba 593
compacto 270, 514
compartimento 314
compartimento de almacenamiento 315
compartimento de pasajeros 346
compartimento del motor 151, 154, 155, 175, 196, 198
compartimiento 315, 411
compartimiento de la batería 555
compartimiento del motor 433, 552, 554, 555
compartimiento frontal 519
compartimiento para equipajes 526
compás 364
Compras 290, 291, 292, 293, 294, 295, 296, 297, 298, 299
compresión 502
comprimido 120
compuerta corredera 557
compuerta de acceso 590
compuerta del techo 130
computadora de a bordo 511
computadora de escritorio 474, 479
computadora de punto de venta 301
computadora portátil 296, 309, 353, 477, 478
Computadoras y equipo periférico 478, 479, 480, 481
coñac 241
concentrado de tomate 232
concertina 377
conchas 234
Concierto 352, 353
cóndilo lateral del fémur 83
cóndilo medial del fémur 83
condimentos 238
cóndor 50
conducto auditivo externo 88
conducto de caldera 186
conducto de ventilación 131, 149
conducto de ventilación vertical 187
conducto espermático 101
conducto lactífero 100
conducto lateral 581
conducto principal 186, 581
conducto radicular 90
conducto semicircular lateral 106
conducto semicircular posterior 106
conducto semicircular superior 106
conducto torácico 99
conductor 341, 497
conector jack 487
conector para hidrante 315
conejillo de Indias / cobaya 33
conejo 31, 205
conexión de la punta 591
congelador 148
conjuntiva 107
cono 571
cono de corte 591
cono de tráfico 495
conserje 291
consola 353
consola central 511
construcción residencial 184, 185, 186, 187
contacto eléctrico 177
contador de dinero 332
contenedor 288, 561, 565, 589
contera 263
contrafagot 373
contrafuerte 260, 382
contrapeso 371, 551, 567, 582, 590
contrapunto 597
control de entrada de datos 366
control de esfuerzo 420
control de freno 500
control de potencia 153
control de temperatura 152
control de tono 375
control de velocidad 175
control de volumen 375
control del jugador 466
controlador del asiento 504
controles del sistema de soporte vital 585
convertidor catalítico 510
convertidor catalítico delantero 500
convertidor catalítico trasero 500
Coníferas 69, 70
copa 66, 257
copa alta de champán 157, 168
copa baja de champán 168
copa de Borgoña 169
copa de cóctel 168, 241
copa de helado 237
copa de jerez 168
copa de licor 169
copa de oporto 169
copa de vino 147
copa de vino blanco 157
copa de vino del Alsacia 168
copa de vino tinto 169
copade coñac 169
copade vino blanco 168
copade vino tinto 157
copete 11
coraza 342
corazón 94, 104, 204
Corazón aves 204
corazones 470
corbata 246
corchea 364
corchete 445
corcho 399
corcho del bocal 372
cordal 374
Cordero 206
cordón 260, 389, 444, 445
cordones 415, 425
cordones eléctricos de computadora portátil 487
Corea del Norte 323
Corea del Sur 323
córnea 107
corneta 372
corno francés 371
corno inglés 373
coroides 107
corola 71
corona 11, 12, 46, 90, 262, 264
corona estacionaria 591
corona radiada 10
corpiño 253
corpulento 281
correa 181, 263, 264, 411, 430, 431, 444, 448
correa de la cincha 431
correa del ventilador 502
correas de los aparatos de buceo 441
correas para la cabeza 599
corrector 271
corredor de hielo para curling 446
corrosivo para la piel y los metales 319, 320
corta pizza 163
cortacésped 193
cortacutículas 272, 273
cortador 489
cortador de cristal 202
cortador en cubitos 162
cortapelos 274
cortaquesos 163
cortarramas 192
cortaúñas 272
corte para asado 207
cortes de carne de res 208
cortes de cerdo 207
cortes de cordero 206
cortes de ternera 209
corteza 235, 581
corteza cerebral 96
cortina 136, 182, 183, 298, 309, 540
cortina de la presa 586
cortina principal 360
Cortinaje y lencería 182, 183
Cortinajes 182
cortinas 143, 183
cortinas con visillos 183
cortinas correderas 183
cortinas de anillas 182
cortinillas 498
corvejón 11
corzo 15
cosechadora combinada 537
Costa de Marfil 327
Costa Rica 329
costilla 208, 209
costilla flotante 82
costillar 208
costillas 20, 82, 206, 208
costillas de cerdo 207
Costura 381
costura 251, 389, 415
coxa 57, 59
coxis 82, 86, 87
Cráneo 88
cráneo de un adulto 88
cráneo de un niño 88
cráter 581, 584
creación de combustible fósil 593
crema 139
crema agria 210
crema batida 210, 237
crema facial 270
crema para los ojos 271
cremallera 263, 381, 412
cremáster 54
crescendo 365
cresta 11
crin 11
crisálida de mariposa macaón 54
cristal 448, 471, 480
cristal de cuarzo 269
cristal protector 466
cristalería 304
Cristalería 168
cristalino 107
Croacia 325
cronometrador 414
cronometradores 437
cronometrista 397
crotón 73
crucero 562
cruz 11, 26
cruzamiento 551
cuadrado 569
cuadrado de saque 401
cuadrante 189, 264, 485
cuadro 126, 141
cuartilla 11, 20, 26, 29
cuarto 260
cuarto árbitro 386
cuarto de la ducha 138, 187
cuarto del bebé 142
cuarto para cambiar al bebé 291
cuatro por cuatro 364
Cuba 329
Cubertería 158
cubeta de pintura 202
cubierta 115, 188, 366, 435, 485, 488, 493, 565
cubierta de despegue 351
cubierta de helicópteros 350
cubierta del ventilador 275
cubierta externa 588
cubierta inferior 351, 448, 526, 589
cubierta intermedia 589
cubierta interna 588
cubierta para vehículos 562
cubierta posterior 585
cubierta principal 350
cubierta superior 448, 526, 562, 563, 589
cubierta trasera 520
cubitera 157, 166
cúbito 82, 85
cubo 179, 189, 350, 500, 501, 521, 571
cubo de basura 179, 317
cubo de sauna 189
cuboide rectangular 571
cuboides 84
cubículos 474
cucaracha gigante de Madagascar 59
cucaracha rubia 59
cuchara 157, 158
cuchara de cocina 164
cuchara de madera 164
cuchara de miel 163
cuchara de servir 165
cuchara perforada 165

cucharilla 157, 158
cucharón 165, 189, 533
cucharón trasero 533
cuchilla 154, 274, 444, 445, 597
cuchillo 157, 158
cuchillo de aperitivo 157, 158
cuchillo de carne 159
cuchillo de chef 159
cuchillo de jamón 159
cuchillo de pan 159
cuchillo de postres 156, 158
cuchillo de trinchar 159
cuchillo multiuso 159
cuchillo para cáscaras 159
cuchillo para pelar 159
cuchillo para untar 156, 158
Cuchillos de cocina 159
cuecehuevos 152
cuello 11, 12, 26, 29, 31, 36, 64, 75, 77, 206, 245, 248, 376, 413
cuello de perforación 591
cuello de pico 248, 253
cuello del fémur 83
cuello flexible 310
cuencos de agua y comida 181
cuentakilómetros 506
cuentakilómetros del viaje 507
cuerda 338, 374, 375, 376, 414
cuerda de do 374
cuerda de la 374
cuerda de re 374
cuerda de sol 374
cuerdas 399
cuerno / pomo 431
cuerpo 178, 200, 274, 337, 375, 425, 449, 471, 484, 492
cuerpo calloso 97
cuerpo celular 81
cuerpo ciliar 107
cuerpo del fórnix 97
Cuerpo femenino 74, 75
cuerpo inferior 374
Cuerpo masculino 76, 77
cuerpo metálico de la bujía 509
cuerpo principal 12
cuerpo superior 374
cuerpo vertebral 87
cuervo americano 49
Cuidado dental 278
culata 335, 336, 372, 472
cumulonimbos 573
cúmulos 573
cuna 143, 145
cupcake 236
cupé 516
cúpula 382, 383
cúpula rotatoria 582
Curling 446, 447
cuscús 223
cutaway 375
cúter / cuchillo de trabajo 490
Círculo 568
círculo central 387
círculo de espera 392
círculo de portería 442
círculo de restricción 390
círculo de salto 390
círculo de saque central 465
círculo externo 446
círculo interno 446
cítricos 226

D

da capo 365
dado 459
dado de peluche 450
dal segno 365
dálmata 28
Damas 459
dardo 464
dardos 464
dátil 229
decantador 168
decorado 356, 358
dedal 381
dedo 20, 29, 32, 33, 40, 105
dedo anular 105
dedo del corazón 105
dedo del pie 26, 31, 46, 74, 76
dedo meñique 105
dedo oponible 32, 40
dedo posterior 46
dedo índice 105
defensor central 395
defensor derecho 394
defensor izquierdo 395
deflector de viento de los aviones 351
delantal 597
delfín 34
delgado 281
delineador de ojos líquido 271
deltoide 569
deltoides 78
dendritas 81
dentadura y cráneo 89
dentina 90
depiladora 275
deportes acuáticos 433, 434, 435, 436, 437, 438, 439, 440, 441
deportes aéreos 432
deportes de pelota 386, 387, 388, 389, 390, 391, 392, 393, 394, 395, 396, 397
deportes de raqueta 398, 399, 400, 401, 402, 403
deportes ecuestres 428, 429, 430, 431
deportes sobre ruedas 424, 425
Deportes sobre tabla 435
deportesde invierno 442, 443, 444, 445, 446, 447, 448, 449
deportivo 516
depósito 180, 385, 531
depósito de agua 150, 174
depósito de carbón 191
depósito de césped 193
depósito de combustible 193, 523, 524, 555, 556, 560
depósito de expansión 499
depósito de pintura 203
depósito de pulpa 151
depósito del líquido de frenos 500
depresión frontonasal 20, 26
dermis 81
desagüe 187, 188
desatascador 194
descapotable 515
desfibrilador externo automático (DEA) 321
desfile de moda 242
deshidratadora 154
desinfectante 418
desinfectantes 417
deslizador 432
desmaquillante 270
desodorante en espray 279
desodorante sólido 279
despojo 204
destornillador de precisión 201
destornillador de punta cuadrada 201
destornillador en espiral 201
destornillador phillips 201
destornillador plano 201
desviador delantero 427
desviador trasero 427
detalle de campo petrolero y de gas 592
detector de metal portátil 541
detector de metales 541
diadema 275
diafragma 91
diagrama de árbol 570
diagrama de ciclos 570
diagrama de columnas 570
diagrama de dispersión 570
diagrama de racimo 569
diagrama ternario 569
Diagramas 569
dial de datos 366
dial selector de función 149
diamante 269
diamantes 470
diámetro 568
diana 464
diapasón 374, 375
diente 276
diente de ajo 215
dientes 89, 90
diferencial 499
diminuendo 365
Dinamarca 325
Dinámica 365
dintel 184
dique 581
dirección del viento 573
director 359, 360
directorio de marcado rápido 482
disco 405, 424, 442
disco de año 491
disco de día 491
disco de mes 491
disco duro externo 484
disco intervertebral 86
discos de algodón 270
discos de pesas 417
discos y árbol de pesas 420
diseñador de moda 242
diseño de moda 242, 243
disipador térmico 588
dispensadorde bebidas 304
disposición de la mesa 156
dispositivo mezclador 575
dispositivos de ayuda para la movilidad 123, 124
dispositivos electrónicos de oficina 478, 479, 480, 481, 482, 483, 484, 485, 486, 487
divana 56
divisor 488
divisor de tensión (potenciómetro) 355
djembe 370
dóberman 27
doble barra divisoria 364
doble bemol 365
doble sostenido 365
documento 476
dodecaedro 571
dólar 332
Dominica 329
dormitorio de bebé 129
dormitorio de niña 140
dormitorio infantil 129
Dormitorio infantil 140, 141, 142, 143, 144, 145
dormitorio principal 128, 136
dorso 55, 105
dorso de la nariz 26
dorso nasal 20
dos pares 470
dos por dos 364
dracaena de puntas rojas 72
dragonera 449
drenaje 188, 495, 590
driza 435
dromedario 17
ducha 308, 440
durián 224
durmiente 549
DVD 135
día 488
día de la semana 485

E

eau de parfum 279
eau de toilette 279
Ecuador 330
edificio 288
edificio administrativo 588
edificio auxiliar del compartimento del reactor 588
edificio de oficinas 289
edificio de pocos pisos 286
edificio del generador 588
edificio del reactor 588
edificio principal 589
edificio residencial 289
Egipto 327
eje 275, 350, 351, 424, 426, 499
eje circular 582
eje de alimentación 597
eje de contrapunto 597
eje de rotación de la Tierra 580
eje de transmisión 499, 535, 588
eje del rotor 587
eje deslizante central 378
eje montado 557
eje rotatorio 582
eje trasero 535
El Salvador 329
electrodo de masa 509
Electrodomésticos 174, 174, 175, 176
Electrodomésticos de cocina 148, 148, 149, 150, 151, 152, 153, 154, 155
Electrodomésticos pequeños 150
elefante asiático 16
elemento calefactor 197
elemento calorífico 575
elevador 351
elipsoide 571
elíptica 419
embalse 586
embalse de compensación 586
embarcación de ataque rápido 349
embobinador 381
émbolo 118, 202
émbolo de presión 118
embudo de filtración 574
embutido crudo 204
embutido seco 204
Emiratos Árabes Unidos 324
emisión de billetes 332
Emmental 211
empacadora cuadrada 536
empacadora redonda 536
empalme 550
empapador 115
empeine 76
empleado de mantenimiento 290
empleado del aeropuerto 543
empujador 151
empujador de alimentos 155
empujador de cutículas 273
empuñadura 334, 399, 449, 523, 524

empuñadura de la pistola 335
en caso de emergencia rompa el cristal 321
encargado 355
encargado de la cafetería 295
encargado de rayos X 541
encargado de recepción 307
encendido 502
enchufe 137, 178, 484, 487, 514
enchufe americano 178
encimera 147, 302
encuadernadora 491
encía 89, 90
endocardio 95
endoscopio 122
enebro común 69
eneldo 220
enfermera de quirófano 108, 110
enfoque 176
enganche automático 555, 556
enganche de plataforma 577
enganche de remolque 519
enganche del cinturón de seguridad 346
enhebrador 381
enjuague bucal 278
enjuta 496
ensalada griega 238
entablamento 384
entrada 128, 457
entrada a la sala de cine 355
entrada a las escaleras 306
entrada al agua 440
entrada al baño 497
entrada de delante 307
entrada del campo 386, 392
entrada para el coche 131
entrada principal 132, 383, 384
entrada/salida de la tienda 292
entramado 358
entrenador 386, 391, 394, 396, 406, 414, 437, 440, 442
entrenador de natación 438
entretenimiento al aire libre 471, 472, 473
envoltura 334
epicóndilo lateral 83
epicóndilo medial 83
epidermis 81
epidídimo 101
epiglotis 91
equilátero 568
equinoccio de otoño 580
equinoccio de primavera 580
equipaje de mano 263
equipamiento 583
Equipo audiovisual 176
equipo contra incendio 321
Equipo de camping 471
Equipo de caza 472
equipo de cirugía 121, 122
equipo de elevación 591
equipo de examen médico 118, 119
equipo de juegos al aire libre 453, 454, 455
Equipo de pesca 473
equipo de primeros auxilios 428
equipo industrial 595, 596, 597, 598, 599
Equipo para hacer ejercicio 419, 420, 421, 422, 423
eresus 52
Eritrea 327
erupción volcánica 581
escafoides 85
escala 195, 506
escala de abertura de objetivos 486
escaleno 568
escalera 188, 315, 321, 392, 400, 407, 410, 414, 424, 470, 535, 557, 590
escalera al trampolín 440
escalera de color 470
escalera de cuerda 454
escalera de mano 145
escalera de plataforma 203
escalera extensible 203
escalera horizontal 416
escalera mecánica 542, 548, 558
escalera mecánica, hacia abajo 316
escalera mecánica, hacia arriba 316
escalera real 470
escaleras 126, 316, 548, 558, 590
escaleras mecánicas 355
escalón 185, 203, 285, 315, 345, 523, 530, 533, 536, 547, 555, 557
escalón para ejercicio aeróbico 423
escalones de la entrada 126
escama 36, 213
escanda 222
escáner de alimentación vertical 480
escáner de documentos 542
escáner de IRM 109
escáner plano 480
escape 502
escapo 55
escápula 82, 83, 84
escaque blanco 458
escaque negro 458
escarabajo de la patata 53
escarabajo de las flores 53
escarabajo dorado 53
escarabajo Goliat 53
escarabajo pelotero 53
escarabajo rinoceronte europeo 53
escarabajo sanjuanero 53
escarola 214
escarpín 441
escena 356, 358
escenario 353, 354, 360, 361
esclerótica 107
escoba 179, 447
escoba de curling 447
escobén 564
escobilla 308
escobilla de limpiaparabrisa 511
escopeta 336, 472
escoplo 122
escorpión 52
escotadura 374
escotilla 339, 348, 582
escritorio 144, 283, 309, 474
escroto 76
escuadra 202
escudo costal 36
escudo marginal 36
escudo precentral 36
escudo protorácico 54
escudo vertebral 36
esfenoides 88
esfera 571
eslabones modulares de oruga 339
Eslovaquia 326
Eslovenia 326
esmalte 90
esmalte de uñas 272
esmeralda 269
esnórkel 441
esófago 102
espaguetis 234
espalda 11, 12, 20, 26, 31, 46, 75, 77
España 326
espárrago 215
espátula 164, 165, 576
espátula de madera 164
espátula perforada 164, 165
espátula plana 165
Especias 231, 232, 233
espectador 359
espejo 139, 244, 270, 296, 308, 313, 416, 511, 526, 577
espejo bucal 116
espejo de cuerpo entero 298
espejo dental 119
espejo frontal 119
espejo lateral 125, 512, 531
espejo para punto ciego 314
espejo retrovisor 505, 511, 518, 521, 524, 530, 536
espejo retrovisor lateral 314, 341
espina 71
espina de la escápula 83
espina nasal anterior 88
espinaca 214
espinazo 159
espiráculo 34, 43, 54
espiral 488
esplenio de la cabeza 79
espolón 12, 20, 59
espuma 276
espuma de afeitar 274
espumadera 165
espícula 578
esqueleto 82, 83, 84, 85, 86, 87, 88
esquiador 448
esquina 414
esquí sobre tabla 435
Esquí y snowboarding 448, 449
esquís para campo a través 449
estabilizador 435, 547, 567
estabilizador horizontal 313, 345
estabilizador transversal 501
estación de carga 514
estación de metro 558
Estación de servicio 497
estación de servicios 318
estación de tren 548
Estación de tren 548, 549, 550, 551
estación de trenes 317
Estación espacial internacional 583
estación para lavar los ojos 321
estacionamiento 317
estaciones del año 580
estadio 404
estado actual del tiempo 573
Estados Federales de Micronesia 331
Estados Unidos de América 329
estambre 71, 229
estanque 287
estante 135, 142, 144, 148, 173, 244, 284, 308, 417, 418, 475, 476
estante de almacenamiento 191
estante de copas de cristal 301
estante de periódicos y revistas 292
estante para revistas 292
estantería 293, 299, 451
estanterías 127
estator 588
esternocleidomastoideo 80
esternón 82
esternotiroideo 80
estetoscopio 119
estigma 71
estilo 71
estilóbato 384
estimulador de encías 278
estómago 102
Estonia 325
estornino 49
estragón 220
estratocúmulos 573
estratos 573
estrella de David 384
estribo 106, 313, 430, 431
estructura 145, 334, 372, 419, 420, 421, 432, 452, 545, 586, 594, 597
estructura de alambre 181
estructura de armazón 583
estructura de cola 313, 345
estructura de la Tierra 581
estructura de soporte 582
estructura del sistema nervioso 98
estructura metálica 587
estructura principal 595
estructurade una flor 71
estuche 264, 273
estuche de guitarra 376
estuche para gafas 266
estuche para lentes de contacto 266
estudiante 282, 285
estudio de televisión 358
esturión 44
etapas de la vida: hombres 281
etapas de la vida: mujeres 281
Etiopia 327
etiqueta 240, 488, 493
etiquetadora 484
euro 332
Europa 324
euthynteria 384
evaporador 575
excavadora 532, 534
excavadora compacta 532
excavadora rodada 533
exhibidor de comida congelada 292
exhibidor de zapatos 460
expansor de tubos 194
Exploración espacial 582, 583, 584, 585
explosivos 319
expositor 294, 295, 296
expositor del menú 303
exprimidor 151
exprimidor de cítricos 151
extensor 263
extensor común de los dedos 79
extensor corto de los dedos del pie 78
extensor largo de los dedos del pie 78
extensor radial corto del carpo 79
extensor ulnar del carpo 79
Exterior del aeropuerto 538
exterior del hogar 130
extintor 318, 321, 498
extractor 139, 149, 295
extremidad anterior 32, 33
extremidad posterior 32, 33

F

fábrica 289
fachada 132, 382
facturación de equipajes 542

fagot 373
faisán 205
fajo de billetes 332
falange 85
falange distal 84, 85
falange media 84, 85
falange proximal 84, 85
falanges 84
falda 208, 209, 253
falda de ternera 209
falda de tubo 253
falda larga 252
faldón 591
falla 592
fallas 593
falsa costilla 83
familia 280, 281
faro 561
faro delantero 312, 339, 340, 512, 521, 524, 552
farola 287
faros de niebla 503
fascia delantera 512
fase del salto 440
fases del salto 440
fax 482
fecha 485, 488
fecha de emisión 332
fecha de vencimiento 333
feijoa 225
fémur 52, 57, 59, 82
ferry 562
fibular corto 79
fibular largo 78
ficha 459
ficha de ajedrez 458
ficha de juego 468
fideos de arroz 234
fideos de huevo 234
fieltro 463
fijador 421
Fiji 331
filamento 71, 177
filete 208, 374
filete de salmón 213
filete de ternera 209
Filipinas 323
filo 159, 198, 444
filtro 149, 151, 186, 188
filtro de aceite 510
filtro de aire 193, 510
filtro de cabina 510
filtro de combustible 510
Finlandia 325
firma del librador 332
firma del titular 333
fiscorno 372
fisioterapeuta 113
fisura longitudinal 96
flagelo 55
flamenco 51
Flammulina velutipes 230
flanco 11, 12, 20, 26, 31, 46
flauta 373
flauta dulce 372
flauta travesera 373
flautín 373
flexor ulnar del carpo 79
flor 62, 63
flotador 188, 473
flujo de lava 581
foca 25
foca peletera 25
foco reflector 314
fogón 149
fogones 148
foie gras 204
follaje 66
fondo decorativo 180
fondue 162
fontanela anterior 88
fontanela esfenoidal 88
fontanela mastoidea 88
fontanela posterior 88
Fontanería 187
foque 435
foramen vertebral 87
fórceps 122
forro 445
forte 365
fortissimo 365
fosa nasal 11, 26
foso de la orquesta 360
foto 136, 146
fotocopiadora 481
fotógrafo 243
fotógrafo de prensa 391, 396
fotografía 140
frambuesa 227
Francia 325
fregadero 147, 187, 303
fregadero doble de cocina 187
fregona 179
freidora 152
freno 258, 555, 590
freno de disco 500, 508, 520, 524
fieltro
freno de prensa 596
freno delantero 426, 473
freno trasero 427
frente 20, 29, 31, 46, 76
frente cálido 572
frente estacionario 572
frente frío 572
frente ocluido 572
Frentes 572
fresa 63, 227
fresa silvestre 227
fresno norteño 67
frigorífico para vino 146
frijol chino 219
frijol de ojo negro 219
frijol pintado 219
frijol rojo 219
friso 384
frontal 80
frontón 382
fruta de estrella 224
fruta del dragón 225
Frutas 224, 225, 226, 227, 228, 229
Frutas de hueso 229
Frutas de pepita 229
Frutas del bosque 227
Frutas tropicales 224
frutas y vegetales 292
Frutas y verduras 63
frutero 134
fruto 66
fuente 161, 287
fuente de lava 581
Fuerzas aéreas 342, 343, 344, 345, 346, 347
Fuerzas navales 348, 349, 350, 351
Fuerzas terrestres 338, 339, 340, 341
full 470
fumarola 581
funda de pistola 312, 338
funda de plástico 493
funda de raquetas 398
funda de sable 435
furgoneta de policía 530
fusa 364
fuselaje 313, 342, 343, 344, 547
fusil automático de asalto 335
fusta 431
Fútbol 386, 387
Fútbol americano 388, 389
futbolito 465

G

Gabón 327
gacela 13
gafas 265, 432
gafas de esquí 448
gafas de media montura 265
gafas de natación 439
gafas de protección 599
gafas de seguridad 599
gafas de sol 265
gafas reticulares 266
gafas y lentes de contacto 265, 266
gajo 226
galería 561
gallo 50
gallo de las praderas rabudo 50
Gambia 327
gamo común 15
ganchillo 380
gancho 380, 471, 567
gancho ajustable 448
gancho cremáster 54
gancho de cortina 182
gancho de remolque 340, 498
gancho de seguridad 151
gancho para correa 375
gancho para el bolsillo 492
gancho y bucle 381
ganchos de ropa 298
ganchoso 85
ganso 51, 205
garbanzos 219
garganta 46, 472
garra 20, 26, 32, 33, 36, 46
garra posterior 33
garra tarsal 57
garrapata 52
garza 51
gas 591, 592, 593
gasa quirúrgica 108
gases comprimidos 319
gases quemados 502
gastrocnemio 79
gatillo 202, 203, 334, 335, 336, 472
gato 498
gato del bosque de Noruega 30
gato estabilizador 519
gato hidráulico 519
gato maine coon 30
gato montés 24
gato salvaje 24
Gatos 29, 30
gaviota 51
geco 37
gel de ducha 279
gel para el pelo 276
gemelos 267, 280
gena 57
generación eléctrica 586, 587, 588
generador 502
Geometría 568, 569, 570, 571
Georgia 323
geranio 62
gerente de la tienda 296
Ghana 327
gimnasia 406, 407, 408, 409, 410
gimnasia artística 406
gimnasia rítmica 410
gimnasio 416, 417, 418, 419, 420, 421, 422, 423
gimnasio para bebé 450
gimnasta 406, 410
ginecóloga 114
gingko 66
giro 96
gladiolo 72
glande 101
glándula mamaria 100
glándula suprarrenal 101, 104
glándula tiroides 104
globo ocular 107
globo terráqueo 282
glóbulo rojo 10
glorieta 190
glotón 24
glúteo mayor 79
gofrera 153
golden retriever 28
golf 411, 412, 413
golfista 412
golondrina común 48
golpeador 375
goma 402
goma de borrar 490
goma limpiaparabrisas 505
goma para el pelo 276
góndola 587
gong 369
gorgojo negro de la vid 53
Gorgonzola 211
gorila 41
gorra 262, 312
gorra de béisbol 262
gorra irlandesa 262
gorrión 49
gorro 122, 436
gorro con pompón 262
gorro de natación 439
gorro orejero 262
gotas oculares lubricantes 266
gouache 379
Gouda 211
grabadora digital 484
grácil 79
gradas 386, 390, 392, 400, 560
gráfico circular 570
gráfico lineal 570
Granada 329
granada 225, 336
granada de aturdimiento 337
granada propulsada por cohete y lanzacohetes 336
granadilla 225
granate 269
grand jeté 363
grandes almacenes 290
grano 61
grano de arena 592
grano de mostaza blanca 231
grano de mostaza negra 231
granos de café tostado 223
granos de café verde 223
grapadora 489
grapadora eléctrica 199
grapas 489
grava 180
Grecia 325
green 412
grifo 138, 139, 147
grip 413
grosella 227
grosella negra 227
grosella roja 227
grúa 288
grúa elevadora 589
grúa flotante 564
grúa móvil sobre orugas 567
grúa para contenedores 561
grúa suspendida 567
grupa 11, 12, 26, 409
grupeto 364
grupo musical 352
guante 444, 585
guante de boxeo 414
guante de buceo 441
guante de golf 412
guante de masaje 279
guantera 511
guantes 122, 262, 338, 575
guantes de boxeo 415
guantes sin dedos 262
guarda de llave 372
guarda equipajes 316

guardabarro 313
guardabarros 341, 509, 512
guardabarros delantero 521, 523, 524
guardabarros trasero 523
guardamanos 472
guardamonte 334
guardamontes 334, 472
guardarropa 303, 316
guarnición 241
Guatemala 329
guayaba 224
guepardo 21
guillotina 490
guillotina manual 597
Guinea 327
Guinea Ecuatorial 327
Guinea-Bissau 327
guión 358
guirnalda 183
guisante verde pelado 219
guisantes 64, 219
guitarra acústica 376
guitarra eléctrica 352, 357, 375
guitarra semi-acústica 376
guitarrista 352
gusano de mariposa macaón 54
gusano de seda 56
Guyana 330
guía 462, 491
guía para el papel 490
guía-hilo 381

H

haba 219
habitación 451
habitación de hospital 111
habitación de hotel 308
hacha 192
Haití 329
halcón gerifalte 49
hamburguesa 239
hangar de helkicópteros 349
hangar de mantenimiento 538
Harina 223
harina común 223
harina de escanda 222
harissa 232
haya americana 68
haya común 68
hebilla 246, 312, 448, 504
helado 237
helecho común 73
hélice 343, 348, 587
hélice del barco 350
helicóptero 288, 349, 350, 547, 589
Helicóptero 344
helicóptero de búsqueda y rescate 347
helicóptero de combate 347
helicóptero de pasajeros 347
helicóptero de policía 313
helicóptero multi función: vista lateral 344
helicóptero: vista delantera 345
helipuerto 288, 349, 563, 589
hemoglobina 10
hendidura mediana 34
hepatocito 81
hermana 280
hermano 280
hermanos y hermanas 280
herramientas 192, 193, 194, 195, 196, 197, 198, 199, 200, 201, 202, 203
Herramientas de carpintería 199
Herramientas de fontanería 194
Herramientas de jardinería 192, 193
Herramientas de metalurgia 201
Herramientas de pintura 202, 203
Herramientas de soldadura 197
Herramientas eléctricas 197
herrerillo común 47
hidroala delantera 563
hidroala trasera 563
hidrodeslizador 563
hidrógeno 592
hiedra 73
hielo 443
hiena manchada 22
hiena rayada 22
hierba 412
Hierbas 220, 221
hierro 10, 413
Higiene 279
higo 224
hija 280
hijo 280
hilio renal 101
hilo 380
hilo de contacto 177
hilo dental 278
hinojo 215, 220
hipopótamo 16
hipotenusa 568
hisopo de algodón 271
hocico 11, 12, 20, 26, 29, 31, 40
Hockey 442, 443, 444
hockey de mesa 466
hoja 61, 62, 63, 64, 71, 72, 159, 226, 229, 275, 350, 490
hoja de afeitar desechable 274
hoja de papel 488
hoja de sierra 196
hoja del limpiaparabrisas 505
hoja del rotor 344
hoja inferior 597
hoja superior 597
hojade sierra 196
hojas 588
hojas de laurel 220
hojas de zanahoria 218
hombre 281
hombro 11, 12, 20, 26, 29, 31, 46, 74, 76
home plate 393
Honduras 329
hongo porcini 230
horario 264
horas 485
hormiga 58
hormiga roja de la madera 58
hormigonera 203, 529, 533
hormigonera móvil 534
horno 146, 149
horno tostador 152
horquilla 276
horquilla de jardín 192
horquilla de moño 276
horquilla de suspensión 426
horquilla delantera 524
horquillas 536
hortensia 62
hospital 288, 318, 108, 109, 110, 111, 112, 113, 114, 115, 116, 117
hotel 286, 317
Hotel 306, 307, 308, 309
hoyo 412
hoyuelo 413
huella 508
hueso 229
hueso alveolar 90
hueso cigomático 82, 88, 89
hueso cuneiforme lateral 84
hueso frontal 82, 88
hueso hioides 91
hueso nasal 88, 89
hueso occipital 83, 88
hueso parietal 83, 88
hueso temporal 82, 88
huesos de la mano 85
huesos del hombro 84
huesos del pie 84
huésped 307
huevas de salmón 212
huevo de codorniz 205
huevo de gallina 205
húmero 82, 84
humidificador 186
humor acuoso 107
humor vítreo 107
Hungría 325
husky siberiano 27
hibrido 413
higado 102, 104
higado de pollo 204
higado de ternera 204

I

icono de la aplicación 481
iconode la aplicación 478
icosaedro 571
iguana 37
ilion 82
Iluminación y accesorios eléctricos 177, 178
imperdible 381
impermeable 245
impresora 474
impresora de chorro de tinta 481
impresora láser 480
Impresoras, fotocopiadoras y escáneres 480
incisivo central 89
incisivo lateral 89
incisivos 89
incubadora 115
India 323
indicador 149, 197, 482, 487
indicador de alerta 506
indicador de alerta de ABS 506
indicador de alerta de combustible bajo 507
indicador de alerta de la silla para niños 506
indicador de alerta de las bolsas de aire 507
indicador de alerta de los frenos 506
indicador de baja presión de aceite 507
indicador de combustible 507
indicador de destino 558
indicador de dirección 321
indicador de falla 506
indicador de freno de mano 507
indicador de luces altas 507
indicador de luces de emergencia 507
indicador de luces delanteras 507
indicador de nivel de zumo 151
indicador de ruta 526, 552
indicador de temperatura 507
indicador del cinturón de seguridad 506
indicador del hidrómetro 189
indicador del nivel de agua 150
indicador del termómetro 189
indicador del tipo de combustible 497
indicador intermitente 340
Indonesia 323
Industria del metal 597
inflamable 320
inflorescencia 61
información 317
infraespinoso 79
ingle 74, 76
inhalador dosificador 120
inodoro 139, 187, 308
Insectos 52, 53, 54, 55, 56, 57, 58, 59
inspector de vueltas 439
institución financiera 332
Instituciones educativas 282, 283, 284, 285
Instrumentos de cuerda 374, 375, 376
Instrumentos de metal 371
Instrumentos de percusión 368, 369, 370
Instrumentos de teclado 366, 367
Instrumentos de viento 371, 372, 373
Instrumentos de viento de madera 372
intensificador de imagen 108
intercambio vial 494
interceptor 342
interior de oficina 474, 475, 476, 477
Interior del aeropuerto 540
interiores de vivienda 134, 135, 136, 137, 138, 139, 140, 141, 142, 143, 144, 145, 146, 147
interruptor 149, 151, 155, 175, 178, 197, 198
interruptor con regulador 178
interruptor de encendido 511
interruptor de encendido/ apagado 310
interruptor de la luz 381
interruptor de luz 137
interruptor de modo 275
intersección 286, 289
intestino delgado 102
intestino grueso 102
invierno 580
invitado 357, 359
Irán 323
Iraq 323
iris 107
Irlanda 325
irritante 320
Islandia 325
Islas Marshall 331
Islas Mauricios 328
Islas Salomón 331
isobara 572
isósceles 568
isquion 83
Israel 323
istmo de las fauces 89
Italia 325
iwan 383

J

jabalina 405
jabalí 18
jabonera 139
jack de salida 375
jade 269
jaguar 22
jalá 235
jalapeño 231
Jamaica 329
jamón prosciutto 204
Japón 323
jarabe 120

jararaca 38
jardín delantero 286
jarra 151
jarra con asa 574
jarra de café 166
jarra de cerveza 169
jarra de leche 161
jarrete 12, 20, 26, 31
jarrete de cerdo 207
jarrete de ternera 209
jarrón 160
jarrón con flores 309
jarrón de flores 418
jaula de pájaro 181
jaula de protección 404
jaula pequeña 181
jeggings 251
jengibre 231
jerbo 33
jeringa 118
jersey 247
jersey de mangas de murciélago 255
jersey de punto 247
jet de negocios 546
jeté 363
jilguero americano 48
jinete 429
jinete 430
jirafa 16
joker 470
Jordania 323
joyería 290, 267, 268, 269
judía 219
judías verdes 219
juego de baloncesto electrónico 467
juego de cuchillos de cocina 159
juego de llave de cubos 195
juego de utensilios de cocina 164
juegos 458, 459, 460, 461, 462, 463, 464, 465, 466, 467, 468, 469, 470
juegos de azar 468, 469
juegos de mesa 458, 459
juez 406, 414, 440
juez de coordinación 410
juez de dificultad 410
juez de ejecución artística 410
juez de gol 389, 436
juez de línea 400, 443
juez de salida 439
juez de silla 400
juez de técnica de ejecución 410
juez falta de pie 400
juez principal 410
jugador 387, 389, 391, 392, 397, 399, 403, 443, 466
jugador de curling 446
jugador de hockey 444
jugador de tenis 401
jugador de waterpolo 436, 437
jugador sancionado 442
juguete 141, 142, 259
juguete hinchable 188
juguete interactivo 450
juguetería 291
juguetes 450, 451, 452
junta 435
junta del rotor 547
Júpiter 578
jurado 429

K

kayak 434
kayak de río 433
Kazajstán 323
kéfir 210
Kenia 327
ketchup 232
kiosco 549
Kirguistán 323
Kiribati 331
kit de primeros auxilios 125
kiwi 225
koala 32
Kosovo 325
Kuwait 323

L

labio 11, 12, 29
laboratorio 582
laboratorio EUA 583
labrador 26
laca 276
lacolito 581
Lactarius resimus 230
lagartija 37
Lagomorfos 31
lamas enrollables 182
lámpara 111, 136, 141, 305, 382, 471
lámpara calefactora 180
lámpara colgante 295
lámpara de campana 180
lámpara de escritorio 309
lámpara de pie 143
lámpara lateral 125
lámpara operatoria 116
lana 380
lancha 433
lanchas motoras 433
langosta 59
langosta marina 42
lanzador 393
lanzadora espacial 585
lanzamiento de jabalina 404
lanzamiento de peso 404
Laos 323
lápices de colorear 379
lapislázuli 269
lápiz 492
lápiz blanqueador de uñas 273
lápiz corrector 492
lápiz de cejas 272
lápiz de cera 379
lápiz labial 297
lápiz y papel 475
larguero 396
laringe 91
las plantas mueren, se pudren y se convierten en turba 593
lasaña 234
latísimo dorsal 79
Laurel de la India 73
lavabo 139, 308
lavadora 187
lavadora de carga delantera 174
lavadora de carga superior 174
lavavajillas 147, 149, 187
leche de cabra 210
leche de soja 211
leche de vaca 210
leche evaporada 210
leche sin lactosa 210
Leche y nata 210
lecho de mar estancado 593
lechuga 63
lechuga francesa 214
lechuga iceberg 214
lechuga romana 214
lector de libros electrónicos 484
legato 365
leggings 256
Legumbres 219
lémur 40
lengua 46, 89, 204
lenguado 43
lengüeta 260, 372, 444, 445
lente 176, 265
lente de la cámara 478, 481
lentejas 219
lentejas beluga 219
lentejas verdes 219
lentes 577
lentes bifocales 265
lentes de contacto blandas 266
lentes de contacto desechables 266
lentes de contacto duras 266
lentes de sol enganchables 265
león 21
león marino 25
leopardo de las nieves 22
Lesoto 327
Letonia 325
letrero 295
Liberia 327
Libia 327
libra 332
librero 283, 476
librería 134
libro 134, 136, 309
lichi 224
liebre 31
Liechtenstein 325
lienzo 378
ligamento periodontal 90
ligamento suspensorio 107
lima 226
lima de cartón 273
lima de uñas 273
limón 226
limonada 240
limpiaparabrisas 346, 505, 526
limusina 514
lince 21
lino 222
linterna 471
lira 367
lisosoma 10, 81
listón 404
listones 428, 429
listones de seguridad 145
listones del techo 185
literas 145
Lituania 325
llama 17
llanta 426
llanta trasera 520
llave 372
llave abierta 195
llave combinada 195
llave de ajuste de válvula 195
llave de cruz 499
llave de desagüe 371
llave de estrella 195
llave de trinquete 195
llave hexagonal 195
llave inglesa 194, 195
llave poligonal 195
Llaves y alicates 195
lluvia 572
lobina negra 43
lobo 21
lóbulo bronquial 91
lóbulo frontal 97
lóbulo inferior 91
lóbulo medio 91
lóbulo occipital 97
lóbulo parietal 97
lóbulo superior 91
lóbulo temporal 97
loción hidratante 279
loción infantil 142
loción para después del afeitado 274
locomotora 550, 560
locomotora bidireccional 556
locomotora de vapor 554
locomotora diesel 555
locomotora eléctrica 555
Locomotoras 555, 556
lodo rico en materia orgánica 593
lomo 11, 12, 26, 206, 207, 208, 209
lomo de cerdo 207
lomo de cordero asado 206
lona 411, 414
loris perezosos 41
loro 181
loto 73
luces 110, 360
luces altas 503
luces bajas 503
luces de suelo 243
luces fluorescentes 423
luces peatonales 289
lucio 44
lúgano 47
lugar en obras 288
Luna 578
luna creciente 383
luneta 382
lúnula 105
lupa 577
lupa rectangular 577
Luxemburgo 325
luz 189, 295, 358, 466
luz ámbar 289
luz de barrera 551
luz de freno 125, 315, 503
luz de operación 110
luz de pared 111, 309
luz de posición 555, 556
luz de techo 297
luz del techo 297
luz delantera 526, 530, 531, 533, 536, 554, 555, 556
luz empotrada 138
luz indicadora 151, 310
luz indicadora de seguridad 125
luz intermitente 313, 345, 530, 536, 551
luz intermitente trasera 315
luz LED de encendido 355
luz quirúrgica 121
luz roja 289
luz trasera 520
luz verde 289
Líbano 323
límites de la pista 447
línea 432
línea azul 442
línea central 387, 396, 398, 401, 447
línea de 4 m 437
línea de 50 yardas 389
línea de 7 metros 396
línea de ataque 395
línea de banda 387
línea de distribución 587
línea de dos metros 437
línea de falta 392, 461
línea de fondo 395, 398
línea de fondo o de base 400
línea de gol 389, 396, 442
línea de juego 446
línea de la diana 446
línea de llegada 404
línea de meta 436
línea de mosca 473
línea de seguridad 559
línea de servicio 400
línea de servicio corto 398
línea de servicio larga 398
línea de tiro libre 390, 397
línea de tres puntos 390
línea del área de gol 397
línea del área de penalti 386
línea del medio campo 436

línea lateral 213, 391, 395, 396, 398
línea lateral de dobles 400
línea lateral de individuales 398, 400
línea roja 443
línea subdorsal 54
línea trasera 446
Líneas 364
líneas adicionales 364
líneas de carretera 494
líneas de pista 539

M

macaco japonés 40
Macedonia 325
machuelo 194
macrófago 81
Madagascar 327
madera 413
madre 280
magma 581
maillot 363
maitre 303
malaquita 269
Malasia 323
Malawi 327
Maldivas 323
maléolo lateral 84
maleta 263, 307, 541, 544
maletero 513, 522
maletero de techo 515
Mali 328
malla 202
malla de protección 393
mallas 256, 363
Malta 325
mampara de cristal 244
Mamíferos carnívoros 20, 21, 22, 23, 24
Mamíferos carnívoros acuáticos 25
Mamíferos marinos 34, 35
mancuerna ajustable 420
mancuernas 416
mancuernas fijas 419
mandarina 226
mando a distancia 134, 309
mando de control 547, 567
mando de control de cocina 149
mando de control del horno 149
mando de videojuegos 479
mandril 41, 597
mandrinadora 198
mandíbula 29, 54, 57, 82, 88, 89
mandíbula inferior 46
mandíbula superior 46
manga 245, 248, 252, 254
manga corta 248
manga pastelera 163
mango 123, 150, 154, 159, 174, 193, 195, 196, 197, 198, 199, 201, 202, 203, 225, 244, 275, 314, 334, 336, 402, 420, 434, 444, 446, 447, 471, 473, 489, 490, 491, 597
mango adicional 336
mango aislado 197
mango de goma 423
mango del cesto de la freidora 152
mangostán 225
manguera 175, 497, 499
manguera de incendios 321
manguera de jardín 193
manguera de succión 315
Manicura y pedicura 272, 273
manilla de la puerta 125, 513, 519
manilla exterior 505
manilla interior 505
manillar 258, 313, 419, 420, 426, 452, 523
maniquí 299
manivela 473, 490, 590, 594
manivela de contrapunto 597
mano 40, 75, 77, 105, 206
manómetro 346
Manos de póquer estándar 470
manta 309
manta de actividades 259
manta de la silla 430
manta del sillín 431
mantel 156
mantequilla 210
mántido 59
manto 45
manto inferior 581
manto superior 581
manualidades 380, 381
manzana roja 229
manzana verde 229
manzano 68
mapa de la ciudad 558
Mapa del tiempo 572
mapache 23
máqina de pesas 417
Maquillaje 270, 271, 272
máquina atrapa peluches 464
máquina cruzada 417
máquina de agua 477
máquina de bordar 596
máquina de brazos 422
máquina de brazos uso general 419
máquina de café 301
máquina de cintura 417
máquina de corte de telas 595
máquina de coser 381
máquina de coser automática programable 596
máquina de pan 153
máquina de pecho 417, 422
máquina de pesas 421
máquina de piernas 417, 422
máquina de rayos X 541
máquina de remo 416, 420
máquina de retractilado 595
máquina de venta de billetes 548, 559
máquina elíptica 416
máquina embaladora 595
máquina expendedora 290, 355, 417
máquina interruptora de encendido 551
máquina para brazos 417
máquina tragamonedas 468
Maquinaria agrícola 536, 537
maquinaria de elevación 567
maquinaria para calzado 596
Maquinaria pesada 532, 533, 534, 535
maquinilla de afeitar desechable 274
maquinilla de afeitar eléctrica 274
maracuyá 225
marca de la calle 438
marca del doceavo traste 375
marca del metrónomo 365
marcador 386, 394, 403, 406, 410, 464, 465, 467
marcador de posición 375
marcador principal 387
marco de soporte 590
marco limitador 490
marfil 269
margarina 211
margarita africana 72
mariposa hércules 56
mariposa monarca 56
mariposa morpho azul 56
mariposa niña celeste 56
mariposa pájaro luna 56
mariposas 234
Mariposas y polillas 54
mariquita 53
Marruecos 328
Marsupiales 32
marta europea 24
Marte 579
martillo 106, 122, 334, 405
martillo de albañilería 199
martillo de mampostería 203
martillo neurológico 119
martillo sacaclavos 199
martín pescador 48
máscara 338, 441
máscara antigás de medio rostro 599
máscara antigás de rostro entero 599
máscara para el polvo 599
mascarilla 599
mascarilla de operaciones 110, 121, 122
masetero 80
maslo de la cola 11
mástil 348, 375, 376, 435, 551
mástil de la antena 288
mastuerzo 220
matacán 385
matemática 568, 569, 570, 571
material de oficina 488, 489, 490, 491, 492, 493
material fagocitado 81
Materiales de escritorio 489, 490, 491, 492
materiales inflamables 319
matorral y barras 429
Mauritania 328
maxilar 82, 88, 89
mayonesa 232
maza 368
mazo 199, 201, 370
mazo de bombo 370
mazo de portero 465
mazorca de maíz 61
maíz 61, 222
meato auditivo externo 106
mecanismo de ajuste de altura 419
mecanismo de biela y manivela 554
mecanismo de control de aspas automático 313, 344
mecanismo de corte 537
mecanismo de octava 372
mecanismo de oscilación 175
mecanismo elevador 567
mecanismo reductor 590
mecedora 143, 171
mecedora para bebé 258
medias 256
medias de redecilla 256
medias panty 256
medias sin puño 256
medicamentos 120
médico 321, 391, 414, 439, 440
medidor de aguja de tejer punto 380
medidor de presión 150
medidor de voltaje 197
medidor de volumen 355
medio-tubo 424
médula espinal 98
médula oblongada 96, 97
mejilla 11, 12, 20, 29, 31, 32, 46, 74
mejillón 212
melanocito 81
melisa 221
melocotón 229
melódica 377
melón 65, 228
melón africano 224
melón amargo 228
melón de piel lisa 228
melón dulce 228
Melones 228
membrana celular 10
membrana nictitante 29
membrana nuclear 10
membrana tiroidea 91
memoria USB 484
menta 220
mentonera 374
menudillo 11
Mercurio 578
merey / nuez de cajú 221
mermelada 237
mes 485, 488
mesa 190, 198, 295, 305, 306, 353, 356, 460
mesa arbitral 391
mesa auxiliar 111, 112, 170
mesa con sillas 354, 417
mesa de billar 463
mesa de blackjack 469
mesa de café 476
mesa de cartas 469
mesa de comedor 126, 171
mesa de conferencia 311
mesa de conferencias 477
mesa de dados 468
mesa de desayuno 126
mesa de exhibición 298
mesa de exterior 128, 130, 190
mesa de hockey de aire 465
mesa de operaciones 110
mesa de póquer 469
mesa de rotación 591
mesa de snooker 463
mesa de terraza 170
mesa de trabajo 595
mesa del profesor 282, 284
mesa instrumental de Mayo 116
mesa motorizada 109
mesa para cambiar al bebé 142
mesa para instrumental médico 111
mesa principal 310
mesa quirúrgica 121
mesa y silla 144
mesa y sillas 291
mesita baja 127, 134, 170
mesita de noche 136, 141, 309
mesita de teléfono 170
mesocarpio 225
mesosoma 52
mesotórax 54, 57, 59
metacarpiano 85
metacarpo 85
metasoma 52
metatarsal 84
metatarso 57, 84
metatórax 54, 57, 59
meteorología 572, 573
Metro 558, 559
metro 553
México 329
mezquita 383
mezzoforte 365
mezzopiano 365
micrófono 284, 310, 311, 357, 358, 481, 482
microondas 146, 148
microscopio 577
microscopio para la piel 119
microvilli 81
miel 237
miga 235
mijo 222
militares 334, 335, 336,

337, 338, 339, 340, 341, 342, 343, 344, 345, 346, 347, 348, 349, 350, 351
mina 337
minarete 383
minibús 527
minicargadora 532
minivan 515
minivestido 253
minutero 264
minutos 485
miocardio 95
mira del telescopio 582
mira delantera 334
mirilla 472
mirlo americano 48
misil 337, 343
mitocondria 60, 81
mitocondrio 10
mochila 471
mochilla 525
modelo 243
modelo de estación 573
módem USB 482
módulo centrífugo EUA 583
módulo de aterrizaje 584
módulo de experimentos europeo 583
módulo de experimentos japonés 583
módulo habitacional 589
módulo habitacional EUA 583
módulo móvil con cajones 474
módulo ruso 583
mofeta / zorrillo 23
molares 89
Moldavia 325
molde de pan 167
molde para huevo 164
molde para pasteles 166
molde para tartas 166
moldura 505
moldura chasis lateral 513
moldura del parachoques 512
molinillo de café 150
molinillo de café manual 162
molinillo de pimienta 164
Mónaco 325
Mongolia 323
monitor 149, 197, 296, 352, 356, 358, 381, 474, 475, 483
monitor anclado al techo 114
monitor de anestesia 115
monitor de presión arterial 118
monitor de vídeo 108, 110
monitor del paciente 110, 112
mono 252
mono aullador rojo 41
mono tití 41
mono-chasis 509
monóculo 265
monoriel por conducción magnética 566
montacargas telescópico 536
montaña rusa 456
Montenegro 325
montura 194, 265, 376, 399, 441, 448, 597
montura giratoria 577
montura inferior 378
montículo del lanzador 393
mopa 179
moqueta 407, 410
mora 227
mora de los pantanos 227
morcillo 208
mordente 364
morrillo 208
morro 43
morsa 25
mortero 577
mortero y pilón 166
mosaico 379
mosca 58
mosca doméstica 58
mosca negra 58
mosca tse-tse 58
moscarda de la carne 58
Moscas verdaderas 58
mosquitera 338
mosquito 58
mosquito quirúrgico 122
mostaza 232, 238
mostrador 292, 294, 296, 304, 354, 418, 541
mostrador de comida preparada 292
mostrador de facturación 541
mostrador de servicio 460
moto de enduro 522
moto de motocross 523
motocicleta 522
motocicleta de crucero 524
motocicleta de policía 313
motocicleta de turismo 522
motocicleta deportiva 520
motocicleta naked 524
Motocicletas y vehículos todo terreno 520, 521, 522, 523, 524
motor 344, 502, 547, 590, 596
motor cohete 585
motor eléctrico 123
motor en V 524
móvil 450
Mozambique 328
mozzarella 210
mueble de pared 173
Muebles 170, 171, 172, 173
muebles de exterior 190
Muebles infantiles 144
Muebles y equipo de jardín 190
muelle 453, 501, 508
muelle de contenedores 561
muelle de suspensión 508
muesca 198
muflón 15
mujer 281
mujer policía 530
mula 15
muleta axilar 124
muleta de antebrazo 123
multímetro 197
muñeca 26, 75, 77, 105, 451
muñequera 425
mural 306
muralla 383, 385
muro 188, 428
muro de contención 127, 131
muro de cristal 442
muro y barras 428
músculo bulbocavernoso 101
músculo cigomático mayor 80
músculo cigomático menor 80
músculo depresor del ángulo de la boca 80
músculo depresor del labio inferior 80
músculo detrusor 101
músculo mentoniano 80
músculo nasal 80
músculo papilar 95
músculo platisma 80
músculo prócer 80
músculo recto superior 107
músculo risorio 80
músculo temporal 80
músculo trapecio 80
Músculos 78, 79, 80
músculos faciales 80
museo 288
música 364, 365, 366, 367, 368, 369, 370, 371, 372, 373, 374, 375, 376, 377
músico 359
muslo 11, 12, 20, 26, 75, 77
muslos de pollo 205
Myanmar 323

N

nabo 218
nachos 239
Naciones Unidas 331
nalga 75, 77
nalgas 11
Namibia 328
naranja 226
naranja china 226
naranja sanguina 226
nariz 12, 20, 26, 29, 31, 32, 33, 40, 74, 547
Natación 438, 439
Nauru 331
navaja 471
navaja de afeitar de barbero 275
nave 382
navicular 84
nectarina 229
negra 364
neonatóloga 115
Neópteros 59
Nepal 323
Neptuno 579
nervio 90, 382
nervio auditivo 106
nervio ciático 98
nervio digital 98
nervio femoral 98
nervio intercostal 98
nervio óptico 107
nervio radial 98
nervio ulnar 98
nervio vestibular 106
nervios craneales 98
nervios espinales 98
neumático 313, 340, 424, 426, 508, 513, 520, 523, 535
neumáticos 508
neumáticos antipinchazo 531
neurona 81
nevera 126, 146, 148, 301, 471
nevera de bebidas 292
nevera de doble puerta 148
Nicaragua 329
niebla 572
nieta 280
nieto 280
nietos 280
nieve 572
Nigeria 328
nimboestratos 573
niña pequeña 281
niño pequeño 281
niño recién nacido 115
niños 280
nivel 203
niveladora 534
no es agua potable 320
no pasar 320
no se permiten las mascotas 320
nódulos linfáticos cervicales 99
nódulos linfáticos inguinales 99
nódulos linfáticos intestinales 99
nódulos linfáticos poplíteos 99
nódulos linfáticos torácicos 99
nombre de la estación 558
nombre del titular 333
ñoquis 234
normal 281
Norteamérica 328
Noruega 326
nota autoadhesiva 474
Notación musical 364, 365
notas adhesivas 488
notas musicales 364
nube eruptiva 581
Nubes 573
Nubes altas 573
Nubes bajas 573
Nubes medias 573
nubosidad 573
nuca 11, 12, 31, 46, 75, 77
núcleo 10, 60, 81
núcleo externo 581
núcleo interno 581
nucléolo 10, 60
Nueces 221
Nueva Zelanda 331
nuez 76, 221, 374
nuez de Brasil 221
Nuez de kola 221
nuez de macadamia 221
nuez moscada 231
nuez pacana 221
número de bomba 497
número de la tarjeta 333
número de puerta 543
número de puntaje de segmento 464
nutria europea 23
Níger 328
níscalo 230
níspero 229

O

obenque 435
objetivo 472
objetivos 486
objetos perdidos 316
oblicuo externo 78, 79
obligatorio el uso de calzado protector 319
obligatorio el uso de casco 319
obligatorio el uso de gafas protectoras 319
obligatorio el uso de guantes protectores 319
obligatorio el uso de pantalla facial 319
obligatorio el uso de protección respiratoria 319
obligatorio el uso de protectores auditivos 319
obligatorio el uso de ropa de seguridad 319
oboe 373
observatorio 582
obstáculo 404
occipital 79, 80, 88
ocelo 57
ocelos 55
octaedro 571
octano 592
ocular 472, 577, 582
óculo 382
Oedemera nobilis 53
oficial de aduanas 545
oficial de policía 312
oficial de seguridad 541
oficina de correos 289, 316
oficina de venta de billetes 548, 558
ojal 182
ojo 20, 26, 29, 31, 32, 33, 34, 36, 42, 43, 45, 46, 74, 107
ojo compuesto 55, 57, 59
ojo de buey 435, 562, 563, 564

ojo de tigre 269
olécranon 83
olla de cerámica 155
olla de cocción lenta 155
olla sopera 167
olmo blanco europeo 68
Omán 323
ombligo 74, 76
omóplato 75, 77
ondas de sonido 593
ónix 269
ópalo 269
operador de cámara
391, 400, 402, 443
opérculo 213
orador 284
orangután 41
orbicular de la boca 80
orbicular de los ojos 80
órbita 579
órbita de la Tierra 580
orca 34
ordenador de escritorio 475
ordenador portátil 297, 418
ordenador todo en uno 478
orégano 221
oreja 12, 20, 26, 29,
31, 32, 33, 61, 76
oreja de Judas 230
oreja de martillo 199
Organizaciones
internacionales 331
organizador de escritorio 474
órgano eléctrico 367
órganos linfáticos 99
órganos reproductores
femeninos 100
órganos reproductores
masculinos 101
órganos respiratorios 91
órganos sensoriales
105, 106, 107
órganos urinarios 101
orilla 586
orinal 259
ornamentos 364
orquídea 72
oso negro americano 19
oso panda 19
oso pardo americano 19
oso polar 19
Osos 19
otomana 127, 135, 172
otoño 580
otoscopio 119
Otros aparatos electrónicos
481, 482, 483,
484, 485, 486
Otros signos 365
ovario 71, 100, 104
oveja 18
óvulo 10, 71
oxer 429
óxer de barras 428
Oxfords 260
oído 74, 106, 374

P

pabellón 371
pabellón auricular 106
paciente 110, 114
padre 280
padres 280
padres e hijos 280
pajarita 246
pájaro carpintero 48
Pájaros 46, 47, 48, 49, 50, 51
Pakistán 323
pala 375, 402, 434, 444
pala con punta 192
pala cuadrada 192
pala de helado 164
pala de jardín 192
pala para melón 163
paladar 89
palanca 153, 275, 590
palanca antirretroceso 473
palanca de cambio
426, 511, 528
palanca de cambios 467
palanca de cierre 557
palanca de control 123, 346
palanca de control del
acelerador 193
palanca de descenso 198
palanca de dirección 551
palanca de embrague 524
palanca de freno 124,
521, 523, 524
palanca de freno
delantero 426
palanca de freno trasero 426
palanca de seguridad 337
palanca hacia delante/
hacia atrás 597
palanca media tuerca 597
palanca para desmontar 334
palanca para soltar
la bobina 381
palanca tira-hilo 381
Palau 331
palco 362
palco de honor 362
paleta 202, 206, 209, 378
paleta cuadrada 202
paleta de madera 293
paleta en punta 202
paleta para pizza 238
paletilla 207
palma 105, 351
palma de abanico 73
palmar largo 78
palmera sagú 72
palo 179, 396
palo de golf 411, 412
palo de hockey 444
paloma 47, 205
palomitas de maíz
239, 354, 389
Palos 470
palos de esquí 449
Palos de golf 413
palpo labial 55
pamela 262
pan 295
pan blanco 235
pan de centeno 235
pan de centeno grueso 235
pan de multicereales 235
pan de plátano 236
panadería 291, 293, 294
pañal desechable 259
Panamá 329
panceta 207
páncreas 103, 104
pandereta 369
panecillo 295
panecillo integral 235
panel de conexión con
el paciente 112
panel de control 148, 152,
154, 155, 174, 191, 366,
420, 480, 481, 595, 596
panel de control e
información 115
panel de datos 486
panel de empuñadura 334
panel de horarios
545, 548, 549
panel de horarios de
los vuelos 545
panel de iluminación 352
panel de información
291, 497
panel de información
de vuelos 542
panel de instrumentos 346
panel de mando 419
panel de mezclas 354
panel frontal 511
panel indicador 575
panel inferior 173, 366
panel lateral 173
panel publicitario
243, 395, 526
panel solar 131, 288,
583, 585, 586
panel superior 173, 366
panel táctil 478
panel trasero 173
panel vertical 173
paneles fotovoltaicos 583
panera 162
panna cotta 237
paño para limpiar
las gafas 266
pantalla 109, 115, 152, 162,
176, 333, 346, 354, 420,
467, 478, 481, 482, 483,
484, 485, 486, 542, 545
pantalla adicional 485
pantalla de cristal 109
pantalla de cristal
líquido 153, 366
pantalla de entrada 460
pantalla de menú 304
pantalla de precio total
de venta 497
pantalla de puntos 460
pantalla de volumen 497
pantalla del proyector 310
pantalla protectora
149, 198, 340
pantalla táctil 478, 481
Pantalones 246, 251
pantalones 122, 312
pantalones ajustados 251
pantalones cortos 251
pantalones de
maternidad 251
pantalones de montar 430
pantalones de pierna
ancha 251
pantógrafo 553, 554
pantorrilla 75, 77
pañuelo de señora 262
panza 11
papada 26
papatas fritas 238
papaya 224
papel 492
papel higiénico 139, 308
papel tapiz 141
papelera 139, 287, 307, 308,
354, 417, 418, 490, 549
papilo glaucus 55
papión amarillo 40
Papua Nueva Guinea 331
parabrisas 312, 313, 346,
433, 512, 518, 522,
526, 530, 531, 566
paracaidista 432
paracaídas 432
paracaídas auxiliar 432
parachoque 314
parachoque delantero 340
parachoque trasero 341
parachoques 312, 535
parachoques delantero
509, 523
parachoques moldeado 503
parada de autobús 317
parada de taxi 317
paraguas 263
paraguas plegable 263
Paraguay 330
paraguayo 229
paramédico 125
parapente 432
parapeto 496
parasol 389, 498, 511
parche 368
parche de tambor 370
pared celular 60
parietal 88
parmesano 211
párpado inferior 29, 107
párpado superior 29, 107
parque 289
parque de atracciones
456, 457
parque infantil 454, 456
parrilla 191
parrilla de mesa 153
parrilla eléctrica 191
parrilla para exteriores 191
Parrillas y barbacoas 191
parte delantera 503
parte plana 424
parte superior 66, 170
parte superior del brazo 20
parte superior inclinada 284
parte trasera 503
parterres 126, 130
partes de la boca 59
partes del cuerpo
74, 75, 76, 77
partido de balonmano 396
pasador del émbolo 590
pasador para el pelo 275
pasajero 541, 543, 544, 562
pasamanos 526, 556
pasamanos vertical 526
pasapurés 163
pasarela 243, 550
pasarela de acceso 540
pasillo 285
pasillos 589
paso a nivel 551
Pasta 234
pasta de tamarindo 232
pasta dentífrica 278
pastel 236, 294
pastel al aceite 379
pastel de chocolate 236
pastel seco 378
pastelito relleno 235
pastilla 120, 375
pastilla de agudos 375
pastilla de bajos 375
pastilla de medios 375
pastillas 120
pastillas de freno 508
pastor alemán 28
pata 20, 31, 40, 42, 45,
46, 52, 144, 170, 172,
203, 206, 209, 284,
366, 367, 368, 471, 477
pata de cabra 199
pata de cordero 206
pata de mesa 463
pata del medio 57
pata delantera 20, 31,
32, 57, 171, 378
pata delantera rapaz 59
pata posterior 32
pata trasera 20, 31,
57, 171, 378
pata verdadera 54
patas 54
patas antideslizantes 419
patata 218
patatas chips 238
paté 204
patilla 265
patinador artístico 445
Patinaje artístico 445
patinaje en línea 425
patines 547
patines de aterrizaje 313
patines de hockey 444
patines de patinaje
artístico 445
patines en línea 425
patines en línea todo
terreno 425
patineta 424

patineta todo terreno 424
patinete 525
patio 383
patio de armas 385
patio de equipaje 317, 544
patio de tanques de petróleo 590
Patio trasero 188, 189, 190, 191
pato 51, 205
patrón 381
patín 425
patín de cola 547
patín delantero 445
patín trasero 445
pava 166
pavo real 50
Países Bajos 325
PC con sistema de captura de imágenes 109
peatón 495
Peces, crustáceos y moluscos 42, 43, 44, 45
pecho 11, 12, 20, 26, 29, 31, 32, 46, 74, 76, 100, 206, 208
pechuga de pollo 205
pectoral mayor 78
pedal 368, 419, 427, 452
pedal de amortigación 366, 367
pedal de control 346
pedal de distorsión 376
pedal de embrague 511, 528
pedal de freno 467, 511, 522, 528
pedal de resonancia 366, 367
pedal de sordina 366, 367
pedal del acelerador 467, 511, 528
pedales de ajuste vertical 115
pedestal 415
pedipalpo 52
pedúnculo 55, 71
pedúnculo caudal 34
pedúnculo ocular 45
pegamento en barra 490
peine Afro 277
peine ahuecador 277
peine de peluquero 277
peine para cardado 277
peine púa 277
peine rastrillo 277
pelacables 197
peligro para la salud 319
pelo 29
pelo de maíz 61
pelota 410
pelota canguro 452
pelota de baloncesto 391
pelota de balonmano 396
pelota de béisbol 392
pelota de ejercicio 113
pelota de futbol 387
pelota de futbol americano 389
pelota de gimnasia 423
pelota de golf 412, 413
pelota de tenis 401
pelota de tenis de mesa 402
pelota de voleibol 394
pelícano 51
Películas 354, 355
Pendientes 267
pendientes colgantes 267
pendientes con cierre a presión 267
pendientes de tornillo 267
pene 76, 101
pentágono 569
pentagrama 364
penthouse 289
peón 458
pepino 65, 217
pepita 229
pera 66, 229
pera de boxeo 415
pera de decantación 574
pera oriental 224
perca 43
percha 181, 308
perchero 298
perdiz 49
perdiz martineta copetona 50
perejil 220
perfilador de labios 272
perforadora de papel 490
perfume 297
perilla de ajuste 112, 378
perilla de ajuste basto 577
perilla de ajuste fino 577
perilla de control 575
perilla de enfoque 582
periódico 306, 309
periodista 401
periscopio 339, 348
peristilo 384
pernera del pantalón 246, 251
pernil 207
perno 196, 594, 597
peroné 82, 84
peroneo largo 78
perrito caliente 238
perro salchicha 27
Perros 26, 27, 28
persa 30
personal de piso 354
Perú 330
pesas 421
pescado 213
pescado en conserva 213
Pescado y marisco 212, 213
pescados y mariscos 293
pescante 349
pesos 293
pestaña 107
pestillo 180
pesto 232
pétalo 62, 71
petróleo 591, 592, 593
petróleo o gas 593
pez 180
pez espada 44
pez gato americano 44
pez sargento 43
pezón 74, 76
pezuña 12
pianissimo 365
piano 365
piano de cola 302, 367
piano eléctrico 367
piano vertical 366
pica 374
picas 470
pick-up 473
pico 150, 151, 192
pico calloso 36
pie 74, 75, 76, 77, 249, 256, 575
pie de goma 415
piedra 447
piedra de afilar 159
piedra de curling 446
piedra de luna 269
piedra de mosaico 379
Piedras preciosas y semipreciosas 269
piel 33, 40, 224, 225, 226, 229
Piel de Sapo 228
pierna 36, 40, 75, 77, 206, 208, 249, 591
pierna de soporte 590
pieza de soporte de tubería 594
pieza nasal 441
pijama 257
pilar 496, 509
pilar de hormigón 566
pilastra corintia 385
pilón de la estructura de cola 345
piloto 547
pimentón 231
pimienta blanca 231
pimienta de Cayena 231
pimienta de Jamaica 231
pimienta molida 231
pimienta negra 231
pimienta rosa 231
pimiento 217
pimiento amarillo 217
pimiento rojo 217, 231
pimiento seco 231
pimiento verde 217
piña 225
pincel 379
pincel facial 272
pincel para labios 272
pincel plano 379
pingüino 51
pino blanco 70
pino de Alepo 69
pino rojo 70
piñón 221, 427
pintada 205
pinturas al óleo o acrílicas 378
pinza 42, 45, 52, 275, 505
pinza de freno 524
pinza para corbata 267
pinza para el pelo 276, 277
pinzas acodadas 122
pinzas de cocina 163
pinzas de depilar 271
pinzas de mano 423
pinzas dentales 116
pinzas para depilar 273
pinzas para ensalada 163
pinzas quirúrgicas 122
piojo 59
pipeta 577
pipeta electrónica 574
pirámide 571
pisacorbatas 267
piscina 188, 286, 456, 562
piscina de hidromasaje 440
piscina de waterpolo 436
piscina inflable 453
piscina olímpica 438
Piscina y sauna 188, 189
pisiforme 85
pista 404, 461
pista de aterrizaje o despegue 538
pista de bolos 462
pista de hielo 442, 447
pista de rodaje 539
pista para salto de obstáculos 429
pistacho 221
pistilo 71
pistola 312, 334, 338
pistola de aire caliente 202
pistola de calafateo 202
pistola de clavos 199
pistola de pintura 203
pistón 335, 502
pivote 276, 591
pizarra 282, 284
pizarra blanca 285, 489
pizza 238
placa 416
placa anal 54
placa calentadora 150
placa de inclinación 547
placa de la aguja 381
placa de vidrio 577
placa trituradora 155
plancha 174
plancha de windsurf 435
plancha metálica 367
plano del metro 558
planta 249
planta baja 126
planta de energía nuclear 588
planta de interior 135
planta decorativa 290, 306, 416
planta energética 586
plantas 180, 60, 61, 62, 63, 64, 65, 66, 67, 68, 69, 70, 71, 72, 73
Plantas acuáticas 73
Plantas de agricultura 61
Plantas de Flores 71, 72
Plantas de hogar 72, 73
Plantas de jardín 62, 63, 64, 65
plaqueta 265
plasmodesmo 60
plastrón 36
plataforma 162, 406, 424, 440, 496
plataforma de baile 467
plataforma de embarque 526
plataforma de trabajo 591
plataforma elevada 550
plataforma giratoria 567
plataforma petrolera marina 589
plátano 224
plátano occidental 68
platea 362
platillo 368
platillo inferior 368
platillo superior 368
platillos 369
plato 156
plato auxiliar 156
plato con borde 160
plato con relieve 160
plato cuadrado 160
plato de postres 161
plato de servir 161
plato hondo 160
plato llano 161
Platos y utensilios 156, 157, 158, 159, 160, 161, 162, 163, 164, 165, 166, 167, 168, 169
plaza de estacionamiento 286, 538
plexo braquial 98
plinto 409
plomo 473
pluma 399, 567
pluma fuente 285
plumas 399
plumas de la cola 46
plumas escapulares 46
plumas primarias 46
plumas secundarias 46
plumas terciarias 46
plumitas 234
podadora de mano 192
podalirio 56
podio 310
polea 502
polea móvil 591
polea reductora 590
polenta 222
Policía 312
polilla 56
pollo 205
pollo tierno 205
polo 248
Polo Norte 580
Polo Sur 580
Polonia 326
polvo compacto 270
polvo de curry 231
polvo suelto 270
Polígonos 569
política 322, 323, 324, 325, 326, 327, 328, 329, 330, 331

pomada 120
pomelo 226
pomo 123, 124, 430
pompón 262
popilla limonera 56
póquer 470
porche 130, 185
porción de pizza 238
portabicicletas 498
portabroca 597
portabrocas 198
portacucharas 161
portadocumentos 493
portaesquís 498
portaetiquetas 475
portafolio 263
portaherramientas 597
portal 382
portalámparas 178
portalápices 285, 474
portapaquetes delantero 523
portapaquetes trasero 523
portavasos 411
portaviones 350
porteria 436
porterillo automático 132
portero 306, 386, 397, 437, 442
portería 386, 389, 396, 442, 465, 466
portería de balonmano 396
portilla 115
Portugal 326
posición de salida 440
pospierna 11
poste 390, 394
poste de salto 404
poste de semáforo 289
poste de soporte 590
postre 237
Postres y caramelos 237
potro 406, 407, 408
pozo 590
precio por galón o litro de combustible 497
Precipitación 572
premolares 89
prensa hidráulica 597
prensador de ajo 163
Preparación de alimentos y hora de comer 148, 149, 150, 151, 152, 153, 154, 155, 156, 157, 158, 159, 160, 161, 162, 163, 164, 165, 166, 167, 168, 169
presentador 356, 358
presilla 197
presión barométrica 572, 573
pretina 246, 251
pretzel 235
Primates 40, 41
primavera 580
primer molar 89
primer piso 128
primer premolar 89
primera base 393
primera fase 585
primera posición de brazos 363
primero 446
primeros auxilios 125, 316, 321
prisma 571
prisma de Porro 472
probador 298
procesionaria del pino 56
productos congelados 292
Productos de panadería 235, 236
productos de panadería y confitería 292
Productos de papel 488
Productos lácteos 210, 211
productos lácteos 293
Productos para el cuidado del cabello 275, 276, 277
profesor 282
programa de televisión 356
prohibido fumar 320
prohibido fumar y encender fuego 320
prohibido tomar fotos 320
prohibido usar teléfonos móviles 320
pronador redondo 78
propata anal 54
propatas 54
proscenio 360
próstata 101
protección 371, 536
protecciones de portero 442
protector 123, 289
protector bucal 414
protector contra salpicaduras 441
protector contra sobretensión 487
protector de cara 598
protector de correa 590
protector de esquina 414
protector de hoja 196
protector de rocío 582
protector de seguridad 175, 314
protector para los dedos de los pies 598
protector solar 585
protectores 425
protectores para el oído 598
protórax 54, 57, 59
proyector 176, 313, 355
proyector acústico 593
proyector de cine 354
proyector digital 354
pubis 74, 76
público 242, 361, 429
puente 265, 290, 374, 375, 472
puente colgante 496
puente de arco 494
puente de la campana 371
puente de mando 562, 563, 565
puente de soporte 371
puente de Varolio 97
puente del mando 565
puente en arco 496
puente flotante 375
puente levadizo 385
Puentes 496
puercoespín 33
puerro 215
puerta 137, 148, 149, 152, 174, 244, 294, 311, 312, 313, 315, 341, 348, 418, 461, 505, 513, 519, 530, 531, 547, 553, 566, 582
puerta al remolque 518
puerta batiente 180
puerta corredera 531, 557
puerta de acceso 181
puerta de apertura 585
puerta de cristal 189
puerta de embarque 543
puerta de entrada 417
puerta de garaje 131
puerta de guillotina 562
puerta de la cabina 344, 556
puerta de la nevera 148
puerta de pasajeros 526
puerta de persiana 293
puerta del balcón 132
puerta del conductor 518
puerta del congelador 148
puerta delantera 308
puerta lateral 125
puerta plegable 244
puerta principal 126, 130
puerta trasera 125
puertas 285, 293
puerto 560
puerto adaptador de red 479
puerto de alimentación 479
puerto de audio 479
puerto de vídeo 479
puerto USB 479
puertos 478
puertos del ratón y del teclado 479
puesto 297
puesto de información 290
puesto de palomitas 389
puesto de venta de golosinas 355
puesto de venta de periódicos 291
puesto del colector de billetes 558
puesto del maitre 303
pulga 59
pulgar 105
pulmón derecho 91
pulmón izquierdo 91
pulmones 91
pulpa 90, 224, 229
pulpo 45
puma 20
puño 248
punta 159, 197, 200, 201, 249, 374, 380, 413, 444, 449, 492
punta biselada 118
punta fría 275
puntal 190
puntal MacPherson 501
puntera 260
punto 380, 442
punto central 442
punto de control de seguridad 541
punto de cruz 380
punto de encuentro 321
punto de mira 334, 335, 336
punto de partida 405
punto de penalti 386
punto de rocío 573
punto de satén 380
punto de venta 388
punzón 199
punzón de uñas 273
pupila 107
puré de tomate 232
putter 413
pícea azul de Colorado 70
pícea común 70

Q

Qatar 323
quelícero 52
quemador 162
queso ahumado 211
queso amarillo 211
queso Cheddar 211
queso crema 210
queso danés 211
queso de cabra 211
Quesos 210, 211
quijada 195, 201
quilla 473
quimbombó 216
quinua 222
quiosco de auto-facturación 542, 543
quitaesmalte 272
quitagrapas 489

R

rábano 218
rábano blanco 218
rábano japonés 218
rábano negro 218
rábano picante 218
radar 348, 350
radiador 499, 510, 583
radio 82, 85, 426, 568
radiólogo 108
radiotelescopio 582
raicilla 66
rama 66, 216
rama madre 66
ramas 66
rambután 225
ramita 66
rana comestible 39
rana común 39
rana de cristal 39
ranchera 516
ranura 153, 413, 509
ranura circular 194
ranura de depósito 332
ranura de expansión 479
ranura de salida de aire 591
ranura lector de tarjeta 332, 333
ranura para tarjeta 176
raqueta 399, 401, 402
raqueta de bádminton 399
raqueta de tenis 400
rascacielo 288
rasqueta 202, 498
rata parda 33
ratón 474, 479
ratón común 33
ratón inalámbrico 479
ravioles 234
raya 43
raíces superficiales 66
raíz de cultivo 64
raíz de la cola 20
raíz primaria 66
rebanada 235
rebozuelo 230
recepción 306, 417, 476
receptáculo 71
receptor 393, 472, 481, 582
receptor acústico 593
receptor de televisión por satélite 176
recibo de transacción 333
recinto 189
recinto de colimador 108
recinto de la cámara 108
recipiente 541
recipiente de comida 181
recipiente de plástico 166
recipiente de utensilios 164
recipiente para fondue 162
recogedor 179
recogepelotas 400
rectángulo 569
rectificador de cuchillos 159
recto 103
recto abdominal 78
recto femoral 78
red 390, 394, 396, 399, 400, 403
redoblante 368
redonda 364
redondo 208
reflector 242, 315, 340
reflector parabólico 582
reflector parabólico aluminizado 352
reflector parabólico orientable 582
refresco 389
refresco de cola 238
refresco en lata 240
refuerzo 598
refuerzo del asiento 504
regadera 193
región auricular 46
registro de aire frío 186
regla 285, 490
regulador 490
regulador de altura 409, 476

regulador de la segunda etapa de descompresión 441
regulador de presión 381
reguladorde emergencia 441
reguladorde la primera etapade descompresión 441
reina 458, 470
Reino de Bahréin 322
Reino Unido 326
rejilla 310, 499, 512
rejilla de entrada de aire 275
rejilla de parrilla 191
rejilla de salida de aire 275
rejilla de ventilación 175, 176, 180, 511, 555
rejilla decorativa 284
rejilla del radiador 312, 314, 340, 503, 531, 535
rejillas de ventilación 186, 556, 557
reloj 140, 146, 152, 417, 474, 548
reloj para mujer 264
relojde mesa 475
relojes 264
reloj analógico 264
reloj de bolsillo 264
reloj digital 264, 485
remache 505
Remo 433, 434
remo 433, 434
remo de dos palas 434
remo de una pala 434
remolacha 218
remolcador 560, 564
remolque 519
remolque de bicicleta para niños 525
remolque para caballos 537
remolque para granos 536
remolque tipo lágrima 519
remoulade 232
reno 13
repetición de compás 365
repeticiones 365
repisa 152, 462
repollo 214
reponedor 293
reposabrazos 123, 411, 476, 528
reposacabezas 504
reposapies 123, 125
reposapiés 144, 420, 434, 453
reposapiés del conductor 522
reposapiés del pasajero 522
represa hidroeléctrica 586
reproductor de audio 511
reproductor de DVD 135
reproductor de sonido digital portátil 485
Reptiles 37, 38
Republica Checa 325
República de África Central 326
República del Congo 328
República Democrática del Congo 327
República Dominicana 329
requesón 210
resaltador 492
residente 132
resonador 500
resorte 202
respaldo 123, 144, 171, 172, 394, 411, 433, 476, 504, 522
respaldo ajustable 421
respiradero 176, 187, 196, 335
restaurante 288, 302, 317
restaurante de comida rápida 304
retén del cargador 334
retina 107
retorno de aire frio 186
retorno de bolas 460, 462
retorno de disco 465
retroexcavadora 533
retículo endoplasmático 10, 60
retículo endoplásmico granular 81
revestimiento 413
revestimiento de metal corrugado 557
revista 134
revistero 307, 493
revólver 334
rey 458, 470
Rheumaptera hastata 56
ribete 376
ribosoma 10, 60
rieles 552, 559
riendas 431
rifle 472
rifle de asalto con culata plegable 335
rifle de francotirador 336
rigatoni 234
rinconera 173
ring de boxeo 414
rinoceronte 16
riñón 104, 204
riñón derecho 101
riñón izquierdo 101
ritmo 368
ritornelo 365
rizador de pestañas 271
roble común 68
roble rojo 67
robot de cocina 154
roca decorativa 180
roca impermeable 591
roca sello 593
rodilla 11, 12, 26, 31, 40, 74, 76
rodillera 425
rodillo 163, 203
rodillo de espuma 421
rodillo de pintor 203
Roedores 33
rollo de cinta adhesiva 489
rollo de film 595
rollo de papel 417, 418, 483
rollo de peniques 332
rombo 569
romboedro 571
romboide 569
romero 220
rompehielos 564
ropa 244
Ropa de abrigo 245, 250
ropa de caballero 245, 246, 247, 248, 249
ropa de señora 250, 251, 252, 253, 254, 255, 256, 257
Ropa interior y pijamas 257
Ropa interior, trajes de baño y calcetines 249
Ropa y accesorios para bebé 258, 259
rorcual común 35
rosa 71
rosca 178, 198, 200
roseta 12, 376, 382, 449
rostro 34, 76
rotafolios 477, 488
rotor 547, 587, 588
rotor de cola 313, 345, 547
rottweiler 27
rótula 52, 82
rotulador 285
rotulador / marcador 492
router inalámbrico 482
Ruanda 328
rubí 269
rúcula 214
rueda 123, 124, 175, 191, 193, 258, 339, 345, 378, 424, 425, 432, 452, 476, 489, 540, 555
rueda central de enfoque 472
rueda de modulación 366
rueda de penetración 591
rueda de reposteria 163
rueda de ruleta 468
rueda de timón 435
rueda grande 123
rueda libre 123
rueda volante 381
ruedas 411
ruedecilla 367
ruedecita 123, 124, 370, 595
ruibarbo 215
ruiseñor 49
ruleta 468
rulo 276
rulo regulable 276
Rumanía 326
Rusia 326
rúsula 230
rímel 271

S

sábana quirúrgica 110
sábanas 140
sacacorchos 162
sacapuntas 490
saco de boxeo 415
saco de boxeo colgante 415
saco de boxeo con base 415
saco de dormir 471
sacro 82, 83, 86, 87
Sagra buqueti 53
saiga 17
sal de mar 231
sal de mesa 231
sala de angiografía 108
sala de baño 138
sala de conferencias 310
sala de control 539
sala de espera 316
sala de estar 127, 134
sala de examen ginecológico 114
sala de operaciones 110
sala de operadores 109
sala de pesas 416
sala de proyección 355
sala de psicoterapia 117
sala de resonancia magnética 109
sala de tenis de mesa 402
sala del escáner 109
sala dental 116
salamandra 39
salchicha ahumada cocida 204
salchicha ahumada fresca 204
salchicha boloñesa 204
salchicha fresca 204
salchicha polaca 204
salchicha vienesa 204, 238
salero y pimentero 304
salida 354, 548
salida de emergencia 321
Salir a comer 300, 301, 302, 303, 304, 305
salmón 44
salmón ahumado 213
salón 355
salón de clase 282
salón de conferencias 284, 477
salón del piano 302
salpicadero 512
salsa 232, 239
salsa barbacoa 232
salsa de frutas 237
salsa de soja 233
salsa picante 233
saltador de trampolín 440
saltamonte 59
salto de agua 428, 429
salto de altura 404
salto de garrocha 404, 405
salto de longitud 405
Salto de obstáculos 428, 429, 430
salvavidas 349, 564
salvia 220
sambal 232
Samoa 331
San Cristóbal y Nieves 329
San Marino 326
San Vicente y las Granadinas 329
sandalia con tacón 261
sandalia de cuña 261
sandwichera 155
sandía 65, 228
sandía amarilla 228
Santa Lucía 329
Santo Tomé y Príncipe 328
sapo de caña 39
sardinas enlatadas 213
sartén 167
sartorio 78
Saturno 579
saúco 227
sauna 189
saxhorno 372
saxofón 372
scooter eléctrica de cuatro ruedas 124
secador de pelo 275
secadora 174
sección de equipamiento 585
sección de la piel 81
sección frontal 599
sección transversal de corazón 95
sección transversal de un enchufe 178
sección transversal de un molar 90
secretarios 437
sector 568
sector bancario 332, 333
sedán 517
segadora manual 193
segmento 568
segmento abdominal 54
segmento torácico 54
segunda base 393
segunda fase 585
segunda posición de los brazos 363
segundero 264
segundo 446
segundo árbitro 394
segundo molar 89
segundo premolar 89
Seguridad personal 598, 599
seguro 334, 472
selección de tipo de conducción 511
selector de dirección de giro 198
selector de función 174, 197
selector de modos 486
selector de pastilla 375
selector de suministro eléctrico 479
selector de temperatura 174
selector de velocidad 597
selector de velocidad de giro 198
sello de goma 237, 491
sello del maletero 503
sello fechador 491

sello preentintado 491
semáforo 289, 550
semicorchea 364
semiespinoso de la cabeza 79
semilla 225
semillas 224
semillas de amapola 231
semillas de girasol 235
semilunar 85
semimembranoso 79
semirremolque con camarín 529
semitendinoso 79
sémola 223
señal 459
señal de cruce 503, 518, 520, 524, 530
señal de cruce a la derecha 507
señal de cruce a la izquierda 506
señal de límite de velocidad 495
señal de obras 495
señal de paso a nivel 551
señal de tráfico 494
señal intermitente 526
Señales de advertencia 320
Señales de emergencia 321
Señales de precaución 319
Señales de prevención de incendios 321
Señales informativas 316
señales y pictogramas 316, 317, 318, 319, 320, 321
sendero 318
Senegal 328
seno lactífero 100
sensor antirrobo 292
señuelo 473
sépalo 71
separador 474, 475
separador de calle 438
separador de hojas 488
septo pelúcido 97
Serbia 326
serpiente de cascabel 38
Serpientes 38
serreta 445
servicio de equipajes perdidos 544
servicios 355
Servicios municipales 312, 313, 314, 315
servidor de pasta 165
servidor de pastel 163
servilleta 157
servilletero 301, 304, 305
seta de cardo 230
seto 131
Seychelles 328
sforzando 365
shawarma 239
shiitake 230
short de baño 249
siamés 30
sien 76
sierra de arco 196
sierra de disco 196
sierra de mesa 196
sierra de vaivén 196
Sierra Leona 328
sierra radial 196
Sierras 196
sifón 45
silenciador 500, 510, 524
silencio de blanca 364
silencio de corchea 364
silencio de fusa 364
silencio de negra 364
silencio de redonda 364
silencio de semicorchea 364
silla 144, 189, 282, 292, 294, 305, 307, 353, 357, 409, 430, 431, 433, 460
silla apilable 171
silla cantilever 171
silla de director 171
silla de escritorio 309, 311
silla de exploración 114
silla de exterior 190
silla de montar inglesa 430
silla de montar western 431
silla de oficina 474, 475, 477
silla de ruedas 123
silla de ruedas eléctrica 123
silla de seguridad para bebés 498
silla de seguridad para niños 498
silla de terraza 190
silla ejecutiva 476, 477
silla para bebés 258
silla para el terapeuta 117
silla plegable 171, 471
sillas de comedor 126
sillita alta 144
sillita de niños para bicis 525
sillón 135, 306, 476
sillón de dentista 116
sillón de terapia 117
sillón quirúrgico 121
sillín 419, 427, 430, 431, 452
simulador de bolos 464
simulador de boxeo 466
simulador de carreras doble 467
simulador de combate 465
simulador de motos 466
simulador de tiro en paralelo 466
sinagoga 384
Singapur 323
sintetizador 352, 366
Siria 323
sistema circulatorio 92, 93, 94, 95
sistema de acoplamiento 583
sistema de escape 500
sistema de fontanería 187
sistema de frenado 500
sistema de lentes 472
sistema de limpieza de alcantarillas 194
sistema de manipulación remota 583
sistema de orientación precisa 585
sistema de refrigeración 499
sistema de soporte vital 585
sistema de transmisión 499
sistema de transporte 258
sistema digestivo 102, 103
sistema endocrino 104
sistema endocrino femenino 104
sistema forzado de calefacción y aire acondicionado 186
sistema linfático 99
sistema nervioso 96, 97, 98
sistema reproductor 100, 101
sistema respiratorio 91
sistema solar 578
sistema urinario 101
Sistemas del coche 499
skateboard 424
skip 446
sobre 488
sobre con ventana transparente 488
sofá 127, 134, 306
sofá estrecho 172
sofá seccional 172
Sofás 172
soja 219
Sol 578
sol 580
Solanum muricatum 228
soldado 338
soldado de las fuerzas especiales 338
soldador 197
soldadura 197
solera 581
Sólidos 571
solomillo 206, 208, 209
solsticio de invierno 580
solsticio de verano 580
solución multiusos 266
Somalia 328
sombra de ojos 270
sombra de ojos líquida 271
sombra de ojos suelta 270
sombrero 230
sombrero de paja 262
sombrero de señora 262
sombrero tirolés 262
sombreros y pañuelos 262
sombrilla de terraza 471
sombrilla para terraza 126, 130, 133
sonda 197
sonda de temperatura 575
sonda espacial 583
sonómetro 577
sopera cuadrada 160
soporte 151, 162, 175, 176, 178, 182, 198, 203, 368, 412, 415, 454, 472, 586, 597
soporte de billar 463
soporte de carga 278
soporte de cuchillos 159
soporte de la punta 591
soporte de la tapa 367
soporte de metal 284
soporte de montaje 175
soporte del charles 368
soporte del pulgar 372
soporte del punto de mira 336
soporte del teclado 366
soporte frontal 314
soporte medio 315
soporte nivelador 590
soporte para bolsa intravenosa 111
soporte para cinta adhesiva 489
soporte para discos 416
soporte para el pulgar 118
soporte para ficha 468
soporte para lavamanos 121
soporte para piernas 114
soporte para pipetas 575
soporte trasero 315
sostenido 365
sota 470
spatola 449
Sri Lanka 323
staccatissimo 365
staccato 365
Suazilandia 328
subchasis 501
subcutis 81
sube y baja 455
subfusil 337
subfusil de combate 337
submarino 348
sudadera 247
sudadera con capucha 247
Sudáfrica 328
Sudamérica 330
Sudán 328
Sudán del Sur 328
Suecia 326
suela 260, 445
suelo 139, 190, 311, 471, 509
suelo de baldosas 147, 308
suelo de madera 137, 141, 185
suelo de perforación 591
suelo del desván 185
suelo intermedio 185
suelo subyacente 185
suero de leche 210
suéter 247, 254
Suéteres 247
Suiza 326
sujeción del muslo y puntas del pie 434
sujeción delantera 449
sujeción trasera 449
sujeciones 449
sujetador 257
sujetador deportivo 257
sujetador y bragas push-up 257
suministro de agua caliente 187
suministro de agua fría 187
superficie antideslizante 420, 424, 435
superficie de escritura 489
superficie de granito 446
superficie del agua 440, 589, 593
superficie lunar 584
superficie resbaladiza 320
supermercado 288, 292
suplente 386, 397
supositorio 120
surco 96
surco subnasal 26, 29
surcos de la garganta 34
Surinam 330
surtidor de cinta adhesiva 489
surtidor del rollo 595
suspensión 432
suspensión delantera 501
suspensión trasera 501
sustancia radioactiva 320
sutura coronal 88
sutura escamosa 88
sutura lambdoide 88
símbolos de pausa 364
Símbolos de peligro 319
Símbolos de prohibición 320
Símbolos meteorológicos 573

T

tábano 58
tabique interventricular 95
tabla 424, 435, 449
tabla de balanceo 409
tabla de madera 424
tabla de snowboard 449
tabla de surf 435
tablas laterales 442
tablero 390, 458, 459
tablero de control 176, 467, 506
tablero de dardos electrónico 464, 466
tablero de información de vuelos 543, 544
tablero de instrumentos 511
tablero de mandos 511, 521, 524, 528, 547
tablero de mesa 477
tablero de mezcla 355
Tableros de oficina 489
tableta 296, 478
tableta gráfica 479
tablón de anuncios 283
tablón magnético 489
taburete 146, 300, 303, 368
taburete ajustable 110, 113, 116
taburete de bar 171
taburetes 126
taco 202, 463
taco de salida 439
taco freno 425
tacómetro 506

tacón 260, 445
tagliatelle 234
Tailandia 324
taladro de impacto 198
taladro eléctrico 198
Taladros 198
tálamo 97
talla baguete 268
talla baguette trapezoidal 268
talla brillante 268
talla corazón 268
talla en tijera 268
talla esmeralda 268
talla Flandes 268
talla hexagonal 268
talla marquesa 268
talla oval 268
talla pera 268
talla princesa 268
talla radiante 268
talla triángulo 268
talla trillón 268
Tallas de gemas 268
taller de reparación 318
tallo 61, 62, 63, 64, 71, 229, 230
talón 75, 77, 159, 249, 256, 374, 413
tam-tam 368
tamarillo 225
tambor 174, 382
tambor de esterilización 115
tampón 491
tándem 525
tanque 180
tanque de aire comprimido 441
tanque de batalla 339
tanque de combustible 520
tanque de gas 191
tanque de petróleo 590
tanque externo de combustible 583
tanque pesado 339
tanques de almacenamiento de combustible 588, 594
tanza de pescar 473
Tanzania 328
tapa 151, 152, 153, 155, 176, 178, 191, 237, 366, 480, 483, 491, 514
tapa armónica 376
tapa de cocina 147
tapa de la cafetera 150
tapa del filtro 150, 599
tapa del tanque de combustible 513
tapa frontal 367
tapa principal 367
tapacubos 508, 513
tapadera corredera 162
tapir / danta 14
tapizado 171
tapón 240, 484
tapón del depósito 499
tapón para vino 241
tapones 598
taquilla 355, 417, 418, 457
tarántula de anillos rojos 52
tarima 284
tarjeta de crédito 333
tarjeta de crédito: parte delantera 333
tarjeta de crédito: parte trasera 333
tarjeta de débito 333
tarjeta de memoria 481
tarjeta índice 488
tarjetero giratorio 492
tarso 46, 52, 57, 59, 84
tarta de arándanos 236
tarta de queso 236
tartaleta de cerezas 236
tartaleta de frutas 236
Tayikistán 323
taza 147, 160, 476
taza de medir 166
taza y plato 161
tazón 154, 162
tazón de arróz 160
tazón de postres 161
tazón para cereales 160
tazón para mezclar 154
té blanco 223
té de frutas 223
té negro 223
té oolong 223
té verde 223
Té y café 223
Teatro 360, 361, 362
teatro 362
techo 190, 338, 513
techo de protección 590
techo flotante 590
techo intermedio 185
tecla 366, 483
tecla de operaciones 333
tecladista 352
teclado 474, 475, 478, 479, 482, 484
teclado alfanumérico 332, 333
teclas blancas 367
teclas de operación 332
técnico de sonido 352
tee 413
tegmina 59
teja 384
tejado 130, 184
tejido 263
tejido adiposo 81
Tejido de punto 380
tejo común 69
tejón 23
tela 361, 380, 381
tela de tienda 471
teleférico 566
teléfono 137, 309, 316, 474, 477, 482
teléfono de emergencia 321
teléfono de emergencias 321
teléfono inteligente 481
teléfono móvil 296
telescopio 582
telescopio espacial 585
Televisión 356, 357, 358, 359
televisor 127, 135, 176, 309
telón de fondo 361
telson 42, 52
telsón 42
temperatura 485
temperatura del aire 573
templo griego 384
temporizador 148, 152
tenacillas 275
tenazas para alisar el cabello 275
tendencia barométrica 573
ténder 554
tenderete 389
tenedor 156, 158
tenedor de cocina 165
tenedor de ensalada 156, 158
tenedor de pasta 164
tenedor de postres 156, 158
tenedor para fondue 162
Tenis 400, 401
Tenis de mesa 402, 403
tenis de mesa 403
tensor 414
tensor de la fascia lata 78
tentáculo 45
tenuto 365
tercera base 392
tercera fase 585
tercera posición de los brazos 363
teres mayor 79
teres menor 79
tergum 57
terminación nerviosa 81
terminal 178
terminal de abordaje 540
terminal de autoservicio 497
terminal de caja 299
terminal de ferry 317
terminal de la bujía 509
terminal de pago electrónico 333
terminal de pasajeros 538
terminal satélite 540
termita 59
termo 471
termómetro 189
termómetro auricular 118
termómetro con sonda 577
termómetro de mercurio 118
termómetro digital 118
termostato 186
termostato de habitación 186
termostato de radiador 186
Ternera 208, 209
terraplén 495
terrario 180
terraza 126, 130, 133
testuz 11
testículo 101
tetera 161
tetera eléctrica 151
tetraedro 571
tibia 52, 57, 59, 82, 84
tibial anterior 78
tiburón azul 44
tienda 289, 338, 548
tienda de artículos deportivos 290
tienda de artículos para el hogar 290
tienda de campaña 471
tienda de cosméticos 290, 296
tienda de electrónica 291, 296
tienda de lámparas 291
tienda de ropa 290, 298
tienda de ropa de hombre 290
Tierra 578, 581, 584
tierra 72
tierra y espacio 578, 579, 580, 581, 582, 583, 584, 585
tiesto / maceta 72
tigre 22
tijera cortatubos 194
tijeras 285, 491
tijeras de entresacar de doble hoja 276
tijeras de entresacar dentadas con hoja única 276
tijeras de jardín 192
tijeras de peluquería 276
tijeras de seguridad 272
tijeras para cutículas 272
tijeras para pedicura 272
tijeras para uñas 272, 273
tijereta 59
tilapia 43
timbal 370
timbre 126
timbre del paso a nivel 551
timo 99
timón vertical 348
Timor Oriental 324
tinte para el pelo 276
tipo de nube alta 573
tipo de nube baja 573
tipo de nube media 573
Tipos de coche 514
tipos de cuerpos 281
tipos de vivienda 126, 127, 128, 129, 130, 131, 132, 133
tira 415, 448
tira para el hombro 257
tira para las gafas 266
tirador 144, 475
tiradores de cerveza 300
tirantes 246, 496
tiza 282, 406, 410
tiza de billar 463
toalla 189, 308, 394, 398, 416, 418
toalla de baño 138, 279
toalla de baño grande 279
toalla de mano 139
toallita facial 270
tobillo 74, 76
tobillo de canalé 249
tobogán de agua 456
tocador 139, 170
tocino 204
todoterreno 517
tofu 211
Togo 328
toldos 387
tolva 155, 537
tom de suelo 368
toma de electricidad 487
tomacorriente 519
tomate 64, 216
tomate en rama 216
tomillo 220
Tonga 331
top 254
top con cintura elástica 255
top de manga larga 255
topacio azul 269
tope 182, 555, 556
tope de la presa 586
topillo agreste 33
tórax 54, 55, 57, 74, 76
tordo 49
tornal 55
tornal del ala inferior 55
tornillo 200, 201, 374, 508
tornillo de ajuste 195, 203
tornillo de banco 201
tornillo de tensión 370
tornillo patrón 597
tornillo y tuerca 200
tornillos 234
tornillos de cierre 487
torniquete 558
torno 597
toro 571
torpedo 348
torre 458, 496, 561, 587, 591
torre de agua 550
torre de control 539
torre de extracción petrolífera 591
torre de iluminación 387
torre de mando 348
torre de perforación 589
torre de refrigeración 588
torre de trampolín 440
torre de transmisión 587, 588
torreta 339, 385
torreta ametralladora 341
torso 75, 77
tortellini 234
tortuga Blandingii 36
tortuga de las galápagos 36
tortuga marina verde 36
Tortugas 36
tostada 235
tostadora 153
tóxico para el medio acuático 319
trabajador de carreteras 494, 495
trabajador de estación

de servicio 497
Trabajo de mosaico 379
trabilla 246
trabilla para el cinturón 246, 251
tractor 537
tragaluz 290
traje 246, 445
traje de neopreno 441
traje espacial 585
Trajes y accesorios formales 246
trampa de agua 412
trampilla 188
trampolín 188, 440
transbordador 583
transbordador espacial 583
transición 424
transmisión 499, 535
transportador 490
transporte acuático 560, 561, 562, 563, 564, 565
transporte aéreo 538, 539, 540, 541, 542, 543, 544, 545, 546, 547
transporte ferroviario 548, 549, 550, 551, 552, 553, 554, 555, 556, 557, 558, 559
Transporte ferroviario urbano 552
Transporte interurbano 554
transporte para perros 181
transporte terrestre 317, 494, 495, 496, 497, 498, 499, 500, 501, 502, 503, 504, 505, 506, 507, 508, 509, 510, 511, 512, 513, 514, 515, 516, 517, 518, 519, 520, 521, 522, 523, 524, 525, 526, 527, 528, 529, 530, 531
tranvía 553
tranvía articulado 552
trapecio 78, 79, 85, 569
trapezoide 85, 569
tráquea 91
traste 375, 376
travesaño 378, 454, 515
travesero frontal 597
traviesa 366, 551
trazador de gráficos 480
tréboles 470
trementina 379
tren 549
tren de alta velocidad 554
tren de aterrizaje 342, 343, 344, 547
tren de juguete 451
tren de lavado 497
tren de levitación magnética 566
tren de unidades eléctricas múltiples 554
tren del metro 558
tren suburbano 549
trenca 250
trenecillo de madera 451
Trenes de pasajeros 552, 553, 554
tres por cuatro 364
tres puertas 515
triángulo 369
triángulo de seguridad 499
triángulo rectángulo 568
Triángulos 568
triciclo 452, 525
trigo 61, 222
trineo de bobsleigh 445
trineo de carreras 445
Trinidad y Tobago 330
trino 364
triple barra 428
triquetral 85
tritón común 39
triturador de carne eléctrico 155
trituradora 483
trocánter 52, 59
trocánter mayor 83
trocito de nueces 237
trombón 371
trompa 371
trompa de Eustaquio 106
trompa de Falopio 100
trompeta 371
tronco 66, 72, 180
tronco del encéfalo 96
tronco pulmonar 94, 95
trucha 43
trufa 230
tríceps del brazo 79
trío 470
trípode 368, 582
tuba 372
Tubérculos 218
tubería 594
tubería ascendente de agua caliente 187
tubería ascendente de agua fría 187
tubería de servicio de agua 187
tubería exterior 594
tubería sobre tierra 590
tubo 177, 202, 441, 472
tubo de aire 441
tubo de ajuste 408
tubo de alimentación 151, 155
tubo de desagüe 187
tubo de ensayo con tapón 574
tubo de ensayo en soporte 574
tubo de entrada 154
tubo de escáner 109
tubo de escape 177, 341, 500, 520, 524, 564
tubo de misiles 348
tubo de rayos X 108
tubo de resonancia 372
tubo de succión 175
tubo del filtro de aire 340
tubo del torpedo 348
tubo principal 582
tudel 371
tuerca 196, 200
tuerca de mariposa 194, 196
tuerca hexagonal 509
tuerca y perno 200
tulipán 72
tumbona 471
túnel 558
Túnez 328
túnica de playa 255
turbina de vapor 588
turbina de viento 587
Turkmenistán 324
turmalina 269
turón 23
turquesa 269
Turquía 326
Tuvalu 331
tuya gigante 69
tímpano 106, 382

U

uchuva 227
Ucrania 326
udon 234
Uganda 328
un par 470
uña 40, 105
Ungulados 11, 12, 13, 14, 15, 16, 17, 18
unidad de control central 346
unidad de cuidados intensivos 112
unidad de cuidados intensivos para neonatos 115
unidad de iluminación 315
unidad de medicina deportiva y rehabilitación 113
unidad de suministro de corriente 487
uniforme de camuflaje 338
unión 594
Unión Europea 331
Urano 578
uréter 100, 101
uretra 100, 101
urópodos 42
urraca azul 47
Uruguay 330
Utensilios de cocina 162
útero 100
uva blanca 227
uva negra 227
úvula 89
Uzbekistán 324

V

vaca 18
vacuola 60, 81
vagina 100
vagón 551
vagón cubierto 557
vagón cubierto de doble puerta 556
vagón de pasajeros 554, 566
vagón de troncos 557
vagón para vehículos 557
Vagones de carga 556, 557
Vajilla 160
valla 126, 130, 456
valla publicitaria 287, 289, 387, 388, 390, 392, 396, 398, 400, 402, 494
válvula aórtica 95
válvula de admisión 502
válvula de aire comprimido 441
válvula de cierre 315
válvula de compuerta 594
válvula de escape 502
válvula de exhalación 599
válvula de inhalación 599
válvula de purga 441
válvula mitral 95
válvula pulmonar 95
válvula tricúspide 95
Vanuatu 331
vaqueros 246
vaqueros ajustados 251
vaqueros de campana 251
vaqueros rectos 251
vara 199, 201, 371, 374, 471
varano 37
varas 425
varilla 380, 399, 505
varilla de batir 154
vaso de agua 168
vaso de cerveza 169
vaso de precipitado 574
vaso de whisky 169
vaso para cepillo de dientes 139
vaso sanguíneo 90
vasode precipitación 575
vástago 594
vasto lateral 78, 79
vasto medial 78
Vecindarios 286, 287, 288, 289
vehículo blindado 531
vehículo de combate de infantería 339
vehículo de exploración lunar 584
vehículo mixto 516
vehículo todoterreno 523
vehículo todoterreno multiuso 340
vehículos alternativos 566
Vehículos de carga 528, 529
Vehículos de servicio 530, 531
Vehículos recreativos 518
vejiga urinaria 100, 101
vela 157, 435
vela mayor 435
velero 435
velocidad del viento 573
velocímetro 507
vena axilar 93
vena basílica 93
vena cava inferior 93, 94, 95, 101
vena cava superior 93, 94
vena cefálica 93
vena femoral 93
vena ilíaca común 93
vena mesentérica superior 93
vena poplítea 93
vena pulmonar 93
vena pulmonar derecha 94, 95
vena pulmonar izquierda 94, 95
vena renal 93, 101
vena safena mayor 93
vena safena menor 93
vena subclavia 93
vena yugular externa 93
vena yugular interna 93
venacava superior 95
venado de cola blanca 12, 15
venas de las alas 57
venas del ala 55
venas principales 93
vencejo común 47
venda 118
vendedor 293, 294, 297, 389
veneno 320
Venezuela 330
ventana 125, 132, 139, 148, 153, 305, 312, 315, 341, 505, 513, 518, 519, 526, 547, 553, 556, 566
ventana a prueba de sonidos 311
ventana con parteluz 382
ventana de aterrizaje 344
ventana de retorno de bolas 462
ventana de ventilación 338
ventana ojival 382
ventanilla 344, 346, 351, 531, 563
ventanilla trasera 513
ventanita 152
ventilación 180
ventilación lateral 519
ventilación principal 187
ventilador 499, 557
ventilador de fuente de poder 479
ventilador de pie 175
ventilador de techo 175
ventilador del recinto 479
ventilador extractor 308
ventosa 45
ventrículo derecho 95
ventrículo izquierdo 95
Venus 579
verano 580
Verduras 214, 215,

216, 217, 218, 219
Verduras de bulbo 215
Verduras de flor 215
Verduras de fruto 216
Verduras de hoja 214
Verduras de raíz 218
Verduras de tallo 215
verja 127, 131, 385
vértebra cervical 83
vértebra lumbar 83
vértebra torácica 83, 87
Vértebras 86, 87
vértebras cervicales 86, 87
vértebras lumbares 86, 87
vértebras torácicas 86
vértice 57, 568
vestido de mangas cortas 253
vestido de novia 253
vestido de tela de jersey 252
vestido largo 253
vestido sin tirantes 252
vestido suelto 252
vestido veraniego 252
vestidor 128
Vestidos y faldas 252, 253
vestíbulo 106
vesícula biliar 102
viaducto 496
vial con tapa de paleta 575
vibráfono 369
vice skip 447
video cámara 311
videojuego 464
videojuegos 464, 465, 466, 467
vidrio templado 170, 441
vieira 212
viento 471
vientre 12, 20, 31, 46, 374
Vietnam 323
viga 454
viga chasis 509
viga cumbrera 185
viga de impacto superior 509
viga de refuerzo 496
viga envolvente 590
viga galopante 590
viga móvil 567
viga niveladora 590
viga rígida radial 590
viga superior 567
vigilante de seguridad 290, 292
viguetas del suelo 185
viguetas del techo 185
vinagre balsámico 233
vinagre de manzana 233
vinagre de vino blanco 233
vinagre destilado 233
vinilo decorativo 140
vino blanco 241
vino tinto 241
violoncello 374
violín y arco 374
visera 598
visillo 183
visor 486
vista anterior de los músculos principales 78
vista anterior del cerebro 96
vista anterior del cuerpo femenino 74
vista anterior del cuerpo masculino 76
vista anterior del esqueleto 82
vista anterior del sistema digestivo 102
vista de las áreas de salida y llegada 544
vista de una estación de servicio 497
vista exterior de un coche 512
vista lateral del cerebro 97
vista posterior de los músculos principales 79
vista posterior del cerebro 96
vista posterior del cuerpo femenino 75
vista posterior del cuerpo masculino 77
vista posterior del esqueleto 83
vista posterior del sistema digestivo 103
vista transversal de carretera 495
vista transversal del cerebro 97
vitrina 126
vitrina con refrigeración 294
viuda negra 52
vodka 241
volante 183, 411, 467, 511, 528
volante de carrocería 597
Voleibol 394, 395
volquete sobre orugas 534
volta 365
voluta 374
vuelta 371
vulva 74
vía de servicio 539
vía del carrito 412
vías 549
vías del ferrocarril 560
vías férreas 551
víbora cornuda sahariana 38
vídeo de vigilancia 318

W

wasabi 232
Waterpolo 436, 437
whisky 241
wok 167

X

xilófono 369

Y

Yemen 322
yeso 184
Yibuti 327
yogur 210
yunque 106

Z

zafiro 269
Zambia 328
zampoña 372
zanahoria 64, 218
zapata antideslizante 409
zapata de contacto para flash 486
zapata para accesorios 486
zapatilla deportiva 260
zapatillas de ballet 363
zapatillas de deporte 260
zapatillas deportivas altas 260
zapato con punta abierta 261
zapato de salón 261
zapato de vestir 260
zapato plano con punta abierta 261
zapatos 244
zapatos de baloncesto 260
zapatos de golf 412
zarigüeya 32
zarpa 33
Zimbabue 327
zona de anotación 388
zona de ataque 394
zona de defensa 395
zona de entrada de los jugadores expulsados 437
zona de juego 468
zona de juego con toboganes 453
zona de llegadas 544
zona de salidas 544
zona de saque derecha 401
zona de saque izquierda 401
zona del crupier 468
zona libre 395
zona lumbar 75, 77
zona suberificada 64
zona Wi-Fi 318
zorro rojo 24
zumo de granada 240
zumo de manzana 240
zumo de melocotón 240
zumo de naranja 240
zumo de piña 240
zumo de tomate 240
zumo de uva 240
Zumos y agua 240